# 한국교육철학 시원
韓 國 教 育 哲 學 始 原

## 洪益人間論
## - 홍익인간론 -

이 용 길

*The Origin of Korean Educational Philosophy*

*- The Theory of Hongik Ingan(nefiting mankind) -*

교육과학사

[서문(序文)]

# 머리말

교육철학(教育哲學)은 교육의 신념체계(信念體系)로 교육의 역사에서 형성되고 발전한다. 한민족(韓民族)의 역사 속에서 교육신념체계인 홍익인간론(弘益人間論)은 가르치고 배우는 일의 사실(史實)로 인간의 최고의 선(善)을 지향한 교육적 사유(思惟)의 함의(含意)들 이다. 홍익인간론(弘益人間論)은 교육에서 추구해야 할 홍익인간상(弘益人間像)으로 그 교육 완성체로서 '성(誠)'을 이루도록 교육 전반에 투영하면서 한국의 반만년(半萬年) 역사와 함께 문화의 가치를 창조(創造)하였다.

교육철학은 근본적으로 인간을 이롭게 하는 교육에 대한 사유(思惟)의 총체로서 한국교육철학은 한민족문명(韓民族文明)의 사유(思惟)와 활동(活動)을 통한 삶의 생활과정을 해명한 것으로 교육의 모든 현상은 홍익인간론(弘益人間論)에 터 한 사유(思惟)의 토대 위에 있는 것이다. 그러므로 홍익인간론(弘益人間論)은 한국 교육의 신념체제(信念體制)로서 교육철학의 바탕이 된다. 홍익인간론(弘益人間論)의 교육철학은 교육을 왜 해야 하느냐, 교육을 왜 받아야 하느냐의 관념으로 한국 교육이 지향하는 교육의 목적을 제시한다. 교육에서 철학(哲學)이 없으면 교육이 바로 될 수 없다. 교육철학은 교육에 관련한 모든 사상(事象)의 형성과 발달과정, 그리고 그 전개에 관한 올바른 판단 과정을 담고 있어 교육이 형이상학(形而上學)과 가치론(價值論)과 인식론(認識論)의 기준을 설정하여 자아(自我) 정체성(正體性)을 정립하도록 한다. 그리하여 교육에 대한 정당한 식견으로 바른 교육의 길을 자각(自覺)하고 신념(信念)을 갖게 하므로, 한국교육철학의 시원(始原)인 홍익인간론(弘益人間論)은 사람을 사람답게 하여 널리 이롭게 하는 교육이념인 동시에 지금 여기에서 실천되고 있는 것이고, 미래의 교육을 상정하여 인류공영(人類共榮)의 새 역사를 창조하는 바탕이다.

한국 교육의 바탕으로서 홍익인간론(弘益人間論)은 그 지적성장(知的成長) 속에서 교육내용과 교육활동을 위한 사유(思惟)는 한국 교육의 방향을 설정하며 이론과 실제를 탐구하고 평가하여 미래의 가치를 창조하고 교육을 개혁한다. 그러므로 홍익인간론(弘益人間論)의 교육철학은 인본주의(人本主義)의 주체사상(主體思想), 이성주의(理性主義)의 전일관념(全一觀念)인 정체사상(整體思想)으로 모든 사람에게 숭고한 인격도야(人格陶冶)로 재세간(在世間)에 널리 인간을 이롭게 하는 교육의 중요성에 대한 의식을 강화한다.

이 책은 한국교육철학의 시원으로서 홍익인간론(弘益人間論)을 통해 발전해 온 교육의 신념(信念)과 사상(思想)과 철학(哲學)으로 축적되어온 교육적 현상과 교육 관련 규범 등이 역사적으로 발전되어 왔음을 탐구하여 교육철학의 관점에서 서술하여 「한국교육철학 시원(韓國敎育哲學始原)」으로 책명(冊名)하였다. 이 책이 한국 전통교육철학을 공부하는 분들, 나아가 교육철학을 연구하는 분들에게 좋은 길잡이가 되기를 바랄 뿐이다.

이 책의 출판을 맡아준 교육과학사 한정주 사장님을 비롯한 관계자 여러분의 노고에 감사드린다.

단기(檀紀) 4358년 5월 단오(端午)

서기(西紀) 2025년 5월 31일

저자 이용길(李蓉吉)

[범례(凡例)]

# 일러두기

- 이 책의 맞춤법과 띄어쓰기는 한글맞춤법 통일안을 따르는 것을 원칙으로 하였다. 다만, 본문의 인용문(引用文)과 각주(脚註)의 원문(原文)에서는 원래 표기대로 하였다.

- 일반 명사(名詞)의 소괄호( ) 안에 한자(漢字)를 넣은 것은 표의문자(表意文字)의 이해를 돕기 위한 것이다.

- 시대(時代)별 연호(年號)와 왕조(王朝) 기년(紀年)의 연도는 소괄호( ) 안에 양력(陽曆)을 병기(倂記)하였고, 해당 왕(王)이나 황제(皇帝)의 재위(在位) 기간, 국가의 존속기간, 인물의 생몰연대를 소괄호( ) 안에 양력으로 표기하였다.

- 등장하는 인물의 성명(姓名)은 한글로 표기하고 소괄호( ) 안에 한자(漢字)와 해당 나라의 언어로 병기(倂記)하였다. 각주(脚注)에서 설명할 때는 한자와 해당 나라의 언어로 표기하고 소괄호( ) 안에 한글로 병기(倂記)하였다.

- 인물 소개에서 나오는 본관(本貫)은 성씨(姓氏)의 고향(故鄕)이며, 자(字)는 성인(成人)이 되어서의 이름이고, 호(號)는 거처(居處)와 의지(意志) 등을 담아 지은 이름, 시호(諡號)는 사후(死後)에 나라로부터 받은 이름이다.

- 기술문(記述文)이나 논지(論旨)에서 강조하는 어구(語句)나 문장(文章)은 작은따옴표 ‘ ’로, 발어(發語)를 인용하는 문장은 큰따옴표 “ ”로 표시하였다.

- 본문(本文) 기술에서 원문(原文)의 내용을 번역하여 인용한 경우는 원문을, 의미만을 인용한 경우 원문과 한글 번역문(飜譯文)을 같이 각주를 달았다.

- 각주를 한 원문(原文)에 의미 구분을 위하여 구두점(,)과 마침표(.)로 표시하였고, 서적을 강조하는 경우 홑낫표「 」로 표시하였다.

- 본문(本文)에서 제시된 왕호(王號)와 인명(人名)과 문헌(文獻)의 경우 한글로 표기하고 괄호 안에 왕호와 인명과 문헌의 한자(漢字) 및 외국어(外國語)를 병기(倂記)하였고, 왕호와 인명과 문헌의 내용을 설명하는 각주에서는 왕호와 인명과 문헌의 원명대로 표기하고 괄호 안에 한글로 표기하였다.

- 사서(史書 )의 인용 경우, 본문과 각주에 군주(君主)의 존호(尊號)의 기년(紀年)에 양력을 병기 하였고, 일진(日辰)이 있는 경우 각주(脚註)에서는 날짜와 같이 표시하였다.

- 서적(書籍)은 홑낫표「 」로, 편명(篇名)과 자료(資料)에 해당하는 것은 홑화살괄호〈 〉로 표시하였다. 다만, 조선왕조실록 표기는 겹낫표『 』로, 군주별 실록은 홑낫표「 」로 하였다.

- 쌍반점(;)은 등위(等位)접속사로 의미가 밀접한 사항을 연결한 것으로, 쌍점(:)은 앞에 있는 어구나 문장을 보충하거나 인용하여 설명하는 것으로, 가운뎃점(·)은 단어 구분으로서 짝을 이루는 어구(語句), 공통성분을 생략한 어구, 열거한 어구들을 일정한 기준으로 묶을 때 사용하였다.

- 홑화살괄호〈 〉는 소괄호( )의 내용을 묶을 때, 대괄호[ ]는 소괄호( )와 홑화살괄호〈 〉의 내용을 묶을 때 사용하였다.

- 참고문헌은 문헌(文獻) · 자료(資料)의 명(名), 문헌의 저자(著者)의 생몰연대 · 관찬(官撰)의 경우 왕(王)과 황제(黃帝)의 존호 재위 표기, 저작 · 편찬된 시대의 나라 순서로 표기하였다.

# 차 례

머리말 2

일러두기 4

**제1장 홍익인간론(弘益人間論)** 9

1. 삼백육십육사〈三百六十六(366)事〉 9
2. 홍범 9주(洪範九疇) 114
   1) 5행(五行) 115
   2) 5사(五事) 118
   3) 8정(八政) 126
   4) 5기(五紀) 140
   5) 황극(皇極) 154
   6) 3덕(三德) 157
   7) 계의(稽疑) 160
   8) 서징(庶徵) 163
   9) 5복(五福) 165

**제2장 한국교육철학의 시원(始原)으로서 홍익인간론(弘益人間論)의 특색** 183

1. 인본사상(人本思想) 185
2. 주체사상(主體思想) 196
3. 이성주의 사상(理性主義 思想) 200
4. 정체사상(整體思想) 207

**제3장 홍익인간론(弘益人間論)의 교육적 사유(思惟)로서 주체론(主體論)** 211

1. 음양(陰陽)의 근본 법칙 211
2. 선성(善性)의 실재(實在) 213
3. 생성(生成)과 변화(變化) 215
4. 본체〈本體; 이(理)〉와 본성〈本性; 성(性)〉과 역할〈役割; 명(命)〉 216
5. 경(敬)과 의(義) 217
6. 명덕(明德) 219
7. 본래 인성〈本來 人性; 성(性)〉의 역할 천명(天命) 221

8. 교육적 사유(思惟)의 주체로서 성(誠) 223
9. 성(誠)의 교육 사상적 사유(思惟) 체계(體系) 227

**제4장 홍익인간론(弘益人間論)의 교육적 사유(思惟)로서 가치론(價値論) 239**

1. 인(仁) 239
   1) 문교(文教) 242
   2) 행교(行教) 317
   3) 충교(忠教) 326
   4) 신교(信教) 329
2. 예(禮) 333
   1) 예(禮)의 내면적 속성 334
   2) 예(禮)의 형식과 가치 337
   3) 예(禮)의 교육적 사유(思惟)와 역할 340

**제5장 한국교육철학의 시원(始原)으로서 홍익인간론(弘益人間論) 345**

1. 전통사상(傳統思想)으로서 홍익인간론(弘益人間論) 346
2. 홍익인간론(弘益人間論)의 인식론(認識論) 349
   1) 지식(知識)의 출발점 351
   2) 지식(知識)의 방법과 과정 353
   3) 교육적 사유(教育的 思惟)의 바탕 354
3. 홍익인간론(弘益人間論)의 지적성장(知的成長) 356
4. 창조교육(創造教育)의 함의(含意) 364
5. 인류공영(人類共榮)의 교육이념(教育理念) 368
   1) 교육실천으로서의 목적 370
   2) 학교(學校)의 형성 371
   3) 교육이념의 확립 409

**참고문헌 424**

**발문 430**

**찾아보기 435**

제 1 장

# 홍익인간론(弘益人間論)

## 1. 삼백육십육사〈三百六十六(366)事〉

홍익인간론(弘益人間論)은 동방 세상〈東方 世上; 삼위태백(三危太伯)〉의 사람들을 널리 이롭게 하려고 나라를 다스리는 데서 시작된다.[1] 한국교육철학의 시원(始原)으로서 홍익인간론(弘益人間論)의 교육철학의 사유(思惟)는 환웅(桓雄)[2]이 세상을 다스린[3] '인간에 필요한 360 여사(人間三百六十餘事)'[4]로

1) 古記云, 昔有桓因(謂帝釋也)庶子桓雄, 數意天下, 貪求人世, 父知子意, 下視三危太伯可以弘益人間, 乃授天符印三箇, 遣往理之 〈「三國遺事」, 紀異, 古朝鮮(王儉朝鮮)〉.

2) 환웅(桓雄)은 대한민국의 고조선(古朝鮮)의 하나인 단군조선(檀君朝鮮)을 건국한 것으로 기록되어 전해오는 인물이다〈「三國遺事(1281)」, 「帝王韻紀(1287)」, 「朝鮮王朝實錄(1392~1910)」〉. 천제자(天帝子) · 천왕(天王) · 천왕랑(天王郞) · 환웅천왕(桓雄天王) · 신웅(神雄) · 단웅천왕(檀雄天王) 등으로도 기록되어 있다. 홍익인간(弘益人間) 문화권의 홍산문화(紅山文化)에서 밝음의 광명인 태양을 숭배하는 부족(部族)인 한족(韓族)과 그 족장(族長)을 나타내는 환인(桓因)은 그 아들 환웅(桓雄)에게 고조선 지역을 다스리도록 분할하여 주었고, 환웅은 호랑이를 숭배하는 부족인 예족(濊族)과 곰을 숭배하는 맥족(貊族)과 연맹하여 단군조선(檀君朝鮮)을 세웠다. 이 환웅(桓雄)의 고조선에서 홍익인간(弘益人間)을 위한 360여 가지 일로 세상을 다스리는 근간으로 삼았으며, 이와 같은 홍익인간론(弘益人間論)을 바탕으로 환웅의 아들이라고 기록〈司馬遷(기원전 145~기원전 86), 「史記」; 曾先之(생몰년대 미상), 「十八史略」〉되어 있는 복희씨(伏羲氏)가 하도(河圖)를 만들어 그것을 근저로 하여 역(易)이 나타났고, 우(禹)임금은 낙서(洛書)를 근저로 홍익인간론(弘益人間論)에 입각한 홍범 9주(洪範九疇)를 제정하였다. 이 홍범 9주는 고조선 지역의 통치자였던 기자〈箕子(생몰년대 미상), 성(姓)은 자(子), 이름은 서여(胥餘) 또는 수유(須臾), 동이족(東夷族)이 세운 중국 상(商)나라 28대 태정제(太丁帝; 재위 기원전 1112~기원전 1102) 문정(文丁)의 아들로 왕족이다.〉에 의해 더욱 드러나 고조선의 문명(文明)에서 한민족(韓民族)의 교육철학의 사유(思惟)로 작용하였다.

3) 雄率徒三千降於太伯山頂〈卽太伯今妙香山〉神壇樹下, 謂之神市, 是謂桓雄天王也, 將風伯雨師雲師而主穀主命主病主刑主善惡, 凡主人間三百六十餘事在世理化〈「三國遺事」, 紀異, 古朝鮮(王儉朝鮮).〉.

서 366사(三百六十六事)를 근저(根柢)로 한다. 인간에게 필요한 366사는 홍익인간문화권(弘益人間文化圈)인 한국의 고조선(古朝鮮) 시대부터 참전(叅佺)[5] 들에 의해 교육되어 암송(暗誦)의 경(經)으로 전수되어 오던 것을 대한민국 고구려(高句麗) 시대에 이르러 을파소(乙巴素)[6]가 「참전계경(叅佺戒經)」[7]으로

4) 360여사(三百六十餘事)는 ① 第一綱領: 誠(6體 47用) 54事, ② 第二綱領: 信(5團 34部) 42事, ③ 第三綱領: 愛(5範 43圍) 50事, ④ 第四綱領: 濟(4規 32模) 37事, ⑤ 第五綱領: 禍(6條 42目) 49事, ⑥ 弟六綱領: 福(6門 45戶) 52事, ⑦ 第七綱領: 報(6階 30及) 37事, ⑧ 第八綱領: 應(6果 39形) 45事로 모두 366事이다(「叅佺戒經」).

5) 참전(叅佺)은 선인(仙人)의 경지에 이르러 사람으로서 온전하게 됨을 꾀한다는 뜻으로 교육에 의한 인격의 완성을 나타낸다. 이는 참전(叅佺)이 홍익인간(弘益人間) 문화권의 고조선(古朝鮮)에서 인간의 366가지 일을 주재하였다는 데서 유래한 것이다. 그리하여 무리 가운데서 366사에 밝은 자를 뽑아서 그 가르침을 담당하도록 하는 교화(敎化)를 주관하는 자를 참전(叅佺)이라고 하였다. 잘못을 뉘우치고 바로 잡아 고치도록 하는 데 참여했다는 데서 교육적 의미를 지니게 되었다. 대한민국의 역사에서 참전(叅佺)에 의한 교육대상은 고조선(古朝鮮)의 국자랑(國子郞), 북부여(北扶餘)의 천왕랑(天王郞), 백제(百濟)의 무절(武節), 신라(新羅)의 화랑(花郞), 고려(高麗) 시대의 선랑(仙郞), 조선(朝鮮) 시대 사(士; 선비)로 계승되었다. 대한민국 고구려(高句麗) 초기에 문(文) 교육담당자를 참전선인(叅佺仙人; 仙人), 무(武)교육 담당자를 조의선인(早衣先人: 皁衣)이라고 하였고, 이 명칭 중 참전(叅佺)을 의미하는 선인(仙人)은 고구려(高句麗) 관등제(官等制)로 편입되어 교육을 담당하는 박사(博士)로 발전하였고, 백제(百濟)에서는 문독(文督) · 무독(武督), 박사(博士)로, 신라(新羅)에서는 박사(博士), 조교(助敎)로 발전하여 고려(高麗) 시대로 계승되었으며, 조선(朝鮮) 시대에 이르러 교육의 관직으로 직강(直講), 박사(博士), 교수(敎授), 훈도(訓導) 등으로 발전되었다.

6) 을파소(乙巴素; 생년 미상~203) 대한민국 고구려(高句麗) 시대 유리왕(琉璃王) 때의 재상인 을소(乙素; 생몰년대 미상)의 후손이며, 평양(平壤)에 을밀대(乙密臺)를 세우고 3,000명의 무리를 이끌어 다물흥방(多勿興邦)의 노래를 부르게 한 5세기 초반의 인물로 알려진 을밀선인(乙密仙人; 싱몰년대 미상)과 대한민국 고구려(高句麗) 시대 영양왕(嬰陽王) 23(612)년 살수대첩(薩水大捷)의 명장(名將)인 을지문덕(乙支文德; 생몰년대 미상)의 선조이다. 서압록곡(西鴨淥谷) 좌물촌(左勿村)의 가난한 농부로 살다가 대한민국 고구려 시대 고국천왕(故國川王) 13(191)년에 안류(晏留; 생몰년대 미상)의 추천으로 국상(國相)이 되어 고구려 산상왕(山上王) 때까지 고구려의 새로운 정치 질서를 수립하고 진대법(賑貸法) 실시를 통해 사회안정에 크게 이바지하였다.

7) 「叅佺戒經(참전계경)」 홍익인간 문화권에서 환족(桓族)인 환인(桓因; 생몰연대 미상)이 고조선(古朝鮮)을 건국한 환웅(桓雄; 생몰년대 미상)에게 전해준 내용으로 원명(原名)은 '366사(三百六十六事)'로 인간의 360여 가지 일을 주재하였다(凡主人間三百

정리하여 전해진 것이다. 내용은 재세(在世)간에 인간의 삶에서 홍익인간(弘益人間)으로서 인성(人性) 회복을 위한 가르침과 깨달음을 위한 교육철학의 사유(思惟)를 담고 있다. 홍익인간론(弘益人間論)의 366사〈삼백육십육사(三百六十六事)〉는 다음과 같다.

[제1사(第一事)] **誠**(성)

성(誠)은 진심(盡心)에서 우러나오는 정성으로 본연(本然)의 성품을 지키는 것이다.8)

[제2사(第二事)] **敬神**(경신)

경(敬)이란 지극한 마음을 다하는 것이다. 무한한 정신〈신(神)〉은 우주 자연의 기운〈천신(天神)〉으로서 우주〈천(天)〉이다. 해와 달과 별들과 바람과 비와 우레는 모습이 있는 우주이요, 모든 것을 보지 않음이 없고 소리를 듣지 않음이 없는 것은 모습이 없는 우주〈태양계(太陽系)〉이다. 모습이 없는 우주를 우주의 하늘이라 하며, 우주의 하늘이 곧 우주 자연의 기운이 큰 우주〈은하계(銀河系)〉이니 사람이 우주 자연의 기운을 어기고 공경(恭敬)하지 않으면 우주도 사람에게 응(應)하지 않아 마치 풀과 나무가 비와 이슬과 서리와 눈을 받지 못하는 것과 같다.9)

---

六十餘事.「三國遺事」)는 데서 유래한다. 366사의 범주를 성(誠), 신(信), 애(愛), 제(濟), 화(禍), 복(福), 보(報), 응(應) 8강령(八綱領)으로 나누어서 팔리훈(八理訓)이라고도 한다. 구전(口傳)과 암송(暗誦)의 가르침으로 전해 내려오던 것을 문자(文字)의 사용으로 인하여 대한민국 고구려(高句麗) 시대 을파소(乙巴素; 생년 미상~203)가 정리한 것이라고 전해지며, 환인(桓因) · 환웅(桓雄) · 환검(桓儉)을 신앙의 대상으로 하고 있는 대한민국의 민족종교인 대종교〈大倧敎; 단군교(檀君敎)〉에서 경전(經典)으로 계승하였다. 1972년 대한민국 단단학회(檀檀學會)에서「參佺戒經(참전계경)」의 제목으로 출판하였다.

8) 誠者 衷心之所發, 血性之所守(「參佺戒經」, 第一章 誠理訓.).

9) 敬者 盡至心也, 神 天神也, 日月星辰風雨雷霆, 是有形之天, 無物不視無聲不聽, 是無形之天無形之天 謂之天之天, 天之天卽天神也, 人不敬天天不應人, 如草木之不敬雨露霜雪(「參佺戒經」, 第一章 誠理訓.).

[제3사(第三事)] **尊奉(존봉)**

존(尊)은 존중하여 높이는 것이고, 봉(奉)은 진실로 우러나와 우주 자연의 이치〈성(誠); 천도(天道)〉를 다하는 것이다. 사람이 우주 자연의 기운〈천신(天神)〉을 따라 우주 자연의 이치〈성(誠); 천도(天道)〉를 다하면 우주 자연의 기운이 사람에게 바르게 이르는 것처럼 마치 갓난아기에게 젖을 먹이며 추운 몸에 옷을 입혀 주는 것과 같은 것이다. 그러나 만약 우주 자연의 기운을 따르는 정성을 갖지 않는다면 농인(聾人), 맹인(盲人) 같아 우주 자연계의 섭리를 들으려 해도 들리지 않고 보려고 해도 볼 수 없게 된다.[10)]

[제4사(第四事)] **崇德(숭덕)**

숭(崇)은 우주 자연의 법칙을 인정하고 존중하는 것이다. 덕(德)은 우주 자연〈천(天)〉이 주는 혜택이다. 우주 자연의 덕(德)은 가문 땅에 단비가 내리고, 그늘진 골짜기에 따스한 봄볕이 드는 것과 같은 것이다. 잠시라도 이와 같은 덕이 없으면 사람이 사람 될 수 없고, 물건이 물건 될 수 없다. 그러므로 알게 되어 군자〈君子; 참전(參佺)〉는 부지런하게 꾸준히 자연의 덕(德)을 고마워한다.[11)]

[제5사(第五事)] **導化(도화)**

도(導)란 가르쳐서 이끄는 것이요, 화(化)란 우주 자연 작용〈천공(天工)〉의 조화(造化)이다. 사람이 우주 자연계의 조화를 모르면 우주 자연과 사람과의 이(理)에 어두워서 나의 타고난 본성(本性)의 받은바 알지 못하며, 또 내 몸이 어디서 왔는지를 모른다. 이를 먼저 깨닫지 못한다면 다른 것을 깨달을 수 없으니, 그러므로 알게 되어 군자〈君子; 참전(參佺)〉는 우주 자연 작용의 조화를 알려서 후세대의 사람들을 가르쳐서 이끌어야 한다.[12)]

---

10) 尊崇拜也, 奉誠佩也, 人而存奉天神, 天神亦降精于人, 如乳於赤喘. 衣於凍體. 若無誠而尊之, 且聾且盲 聽之無聞, 視之無見(「叄佺戒經」, 第一章 誠理訓.).

11) 崇尊之也, 德天德也, 天德者甘霖於旱土, 陽春於陰谷之類也, 造次之間, 苟未有天德, 人而不爲人, 物爲不爲物, 是以君子孜孜頌天德 (「叄佺戒經」, 第一章 誠理訓.).

12) 導指引也, 化天工造化也, 人不知有天工造化則 昧於天人之理, 不知我賦性從何而

[제6사(第六事)] **彰道(창도)**

창(彰)은 밝히어 드러냄이며, 도(道)는 우주 자연의 기운〈천신(天神)〉에 대한 바른 도(道)이다. 사람이 이 바른 도(道)를 따르면 자연의 법칙에 어긋나는 모습〈요괴(妖怪)〉이 없으며, 마음속의 번뇌망상〈煩惱妄想; 사마(邪魔)〉의 간사함을 드러내지 못한다. 무릇, 바른 도(道)는 중도(中道)이니 그 중심의 하나를 그 규칙(規則)으로 삼으면 우주 자연〈천(天)〉의 도(道)가 이내 밝게 드러난다.[13)]

[제7사(第七事)] **克禮(극례)**

극(克)은 지극함이며, 예(禮)는 우주 자연의 기운〈천신(天神)〉의 법칙에 따른 그 절도(節度)에 맞는 예(禮)이다. 절도(節度)에 맞는 예(禮)를 갖추지 않으면 공손(恭遜)하지 못하고 공손(恭遜)하지 못하면 성(誠)이 없으니, 만약 예(禮)와 경(敬)을 다한다면 우주 자연의 기운〈천신(天神)〉은 처음〈상(上)〉부터 순화(純化)의 섭리(攝理)로서 이르게 된다.[14)]

[제8사(第八事)] **肅靜(숙정)**

숙(肅)은 기(氣)를 정제(整齊)하여 세우는 것이며, 정(靜)은 마음을 정(定)하는 것이다. 기(氣) 세우면 물욕(物慾)이 일어나지 않으며, 마음을 정하면 우주 자연〈천(天)〉의 이치가 저절로 밝아지므로, 햇빛 아래 걸어놓은 거울이 그늘져 어두운 곳을 밝게 비추는 것과 같다. 기(氣)를 정제하여 세우고 마음을 정하여 우주 자연계의 이치를 우러러 따르면 능히 우주 자연의 이치(理致)가 영험(靈驗)하다는 것을 관찰할 수 있다.[15)]

---

受矣, 亦不知我身體自何而來矣, 覺不先比無所餘覺, 君子宜開 導後人(「叅佺戒經」, 第一章 誠理訓.).

13) 彰贊也, 道天神正道也, 人以正道則妖怪不能顯其狀, 邪魔不能逞其奸, 夫正道者中道也, 中一其規, 天道乃彰(「叅佺戒經」, 第一章 誠理訓.).

14) 克極也, 禮敬天神之禮也, 無禮則不恭, 不恭則無誠, 若盡禮盡敬, 天神穆臨于上(「叅佺戒經」, 第一章 誠理訓.).

15) 肅立氣也, 靜定心也, 立氣則物慾不作, 定心則天理自明, 如日下掛鏡陰暗映輝, 以肅靜敬之, 能觀在天之靈(「叅佺戒經」, 第一章 誠理訓.).

**[제9사(第九事)] 淨室(정실)**

정실(淨室)은 우주 자연의의 이치를 알기 위해 존중하여 높여서 진실로 우러나와 정성을 다하는 곳이다. 우주 자연의 기(氣)를 헤아려〈복척건(卜陟乾)〉 맵고 탁한 비린내와 더러움이 섞이지 않도록 하고, 시끄러운 소리를 차단해야 하고, 번거로운 격식을 갖추지 말아야 한다. 사용하는 기구의 진귀하고 호화로운 것에 있는 것이 아니라, 본질이 정결해야 우주 자연의 요체를 제대로 알 수 있다.[16)]

**[제10사(第十事)] 擇齊(택재)**

택(擇)은 지극한 정성의 행위이며, 재(齊)는 고요히 마음을 경계하는 것이다. 비록 우주 자연〈천(天)〉에 원하는 바가 있어도 7정〈七情; 희(喜) · 노(怒) · 애(哀) · 락(樂) · 애(愛) · 오(惡) · 욕(欲)〉에 따라 즉흥적으로 구한다면 이는 우주 자연의 기운〈천신(天神)〉을 업신여기는 것이다. 그러므로 반드시 정성으로 날을 택하고 마음을 경계하여, 오직 하나의 도(道)로서 정성 된 마음 줄을 잡아 가슴속에 가득 차 서린 후에 염원하여 구하면 마침내 우주 자연의 섭리(攝理)를 서서히 느껴 알게〈부감(俯瞰); 멀리서 굽어살핌〉 된다.[17)]

**[제11사(第十一事)] 懷香(회향)**

마음에 품은 바를 정성(精誠)으로 드리는 향(香)을 올리는 시(詩)에 이르기를, 하나의 향〈香; 정성(精誠)〉을 올릴 때는 공손히 천리(千里)를 가는 정제(整齊)의 마음으로 올려야 한다고 하였다. 그 향(香)이 흩어지지 않듯이 마음을 정(定)하면 깊은 성(誠)으로 향한다.[18)]

---

16) 淨室者尊奉天神之處也, 卜陟乾, 禁葷穢, 絶喧譁, 勿繁式, 器具不在重寶, 質潔是要(「參佺戒經」, 第一章 誠理訓.).

17) 擇至精之儀也, 齊靜戒之意也, 雖有所禱, 以七情餘使, 猝然求之, 此慢天神也, 必擇日戒心, 一道誠線 盤縈于胸次然後, 乃行則天神俯瞰(「參佺戒經」, 第一章 誠理訓.).

18) 懷香詩曰, 欲供一爐奉, 恭懷千里心, 香煙飛不散定向至誠深(「參佺戒經」, 第一章 誠理訓.).

[제12사(第十二事)] **正心**(정심)

정심(正心)은 타고난 마음〈천심(天心)〉을 바르게 하는 것이다. 마음에는 일곱 구멍이 있어 일곱 가지 감정〈7정(七情); 희(喜) · 노(怒) · 애(哀) · 낙(樂) · 애(愛) · 오(惡) · 욕(欲)〉에 치우치면 우주 자연의의 이치를 구해도 얻지 못한다. 한 조각의 마음〈영대(靈臺)〉이라도 뚜렷하게 우뚝 선다면, 밝은 햇빛이 구름과 안개를 걷고, 넓은 바다 물결이 먼지를 없애 버리듯 일곱 가지 감정이 없어진다.[19)]

[제13사(第十四事)] **意植**(의식)

뜻〈의(意)〉은 마음의 지침이고, 심어〈식(植)〉 있음은 심어 있는 뿌리를 옮기지 않은 것이다. 뜻이 타고난 마음〈천심(天心)〉에 의해 지침을 받지 않고, 사람이 망동(妄動) 된 욕심을 좇으면, 오히려 신체 전부가 타고난 마음의 지침을 어기게 되어, 마침내 아무런 실효〈공(功)〉도 거두지 못하고, 바람에 흔들리는 가지로 말미암아 그 뿌리까지 흔들리는 것처럼 된다. 타고난 마음을 바르게 하려면 먼저 뜻을 심을 마음의 밭을 잘 골라놔야 뜻이 잘 이뤄진다.[20)]

[제14사(第十四事)] **立身**(입신)

입(立)은 곧게 함이며, 신(身)은 몸이다. 마음에 부끄러움이 없는 뒤에 몸을 곧게 하여 세상에 서야 하며 마음을 바르게 하지 않으면 자기도 모르는 사이에 번뇌와 고민이 연달아 일어나서 정신을 흩어지게 하고 기운을 쇠약해지게 한다. 그러므로 철인〈哲人; 군자(君子) · 참전(參佺)〉은 순수하고 당당하나 뭇사람들은 굽실거리고 아첨한다.[21)]

---

19) 正心者正天心也, 心有七竅, 七情弄焉, 求天理而不可得也, 若一片靈臺巍然獨立, 太陽光明雲霧消滅之, 大海汪洋塵埃杜絶之(「參佺戒經」, 第一章 誠理訓.).

20) 意受命於心者也, 植 株植而不移也, 意不受命於天心, 從人欲而妄動則百體反令, 終不收功而風枝遂搖根矣, 欲正天心, 先耕意田于衡乃運(「參佺戒經」, 第一章 誠理訓.).

21) 立直也, 身躬也, 無所傀於心然後乃直躬, 立於世矣. 不正則隱微之間, 惱懣交至,

**[제15사(第十五事)] 不惑(불혹)**

불혹(不惑)은 사물에 미혹(迷惑)되지 않음이다. 마음이 바르면 밝으므로 사물이 밝게 비추어져 그 추함과 아름다움, 섬세함과 엉성함이 저절로 나타난다. 내가 분별하기도 전에 스스로 밝음으로 인하여 사물을 먼저 알아내므로 어찌 미혹될 수 있겠는가? 마음이 밝지 못하면 마치 겹겹이 쳐놓은 발〈렴(簾)〉에 가려있는 것과 같아서, 발을 쳐놓은 밖에서 달아나고 날아가는 것이 들짐승인지 날짐승인지 정확히 알지 못하므로, 마침내 사물에 대한 미혹이 생긴다.[22)]

**[제16사(第十六事)] 溢嚴(일엄)**

일(溢)은 물이 가득 차서 넘친다는 것이며, 엄(嚴)은 바르고 큰 기색이다. 하늘이 가을빛을 머금음으로써 숙연한 기운이 온 세상에 차고 넘치며, 사람이 바른 마음을 간직함으로써 엄숙한 기운이 한결같이 일어나서 그 위엄은 신령스러운 용(龍)과 같고, 그 모습은 우뚝 솟은 큰 산〈교악(喬嶽)〉과 같다.[23)]

**[제17사(第十七事)] 虛靈(허령)**

허(虛)는 비어 있어 물건이 없음이며, 영(靈)은 신성한 마음의 영검함을 말한다. 비어서 영검한 자는 마음에 가린 것이 없어 얼굴빛이 옥같이 아름답고, 빈 가운데에서 이치와 기운이 생겨 크게는 우주 자연계〈천계(天界)〉를 아우르고 작게는 티끌에까지 미치니, 그 이치와 기운은 비어 있고 신성한 마음의 영검함이다.[24)]

---

精散而氣衰. 是故哲人粹潤, 衆人傴僂(「叄佺戒經」, 第一章 誠理訓.).

22) 不惑者不惑之於物也, 心正則明, 物照於明, 自顯其醜姸精粗, 不待我別之而物先知於明何惑焉, 心不明則如隔重簾, 簾外走的飛的不知是獸是禽, 惑遂生焉(「叄佺戒經」, 第一章 誠理訓.).

23) 溢水盈而遇也, 嚴正大之氣色也, 天含秋意肅氣溢于世界, 人包正心嚴氣一于動作, 威如神龍形似喬嶽(「叄佺戒經」, 第一章 誠理訓.).

24) 虛無物也, 靈心靈也, 虛靈者心無所蔽犀色玲瓏, 虛中生理氣, 大周天界細入微塵, 其理氣也且虛且靈(「叄佺戒經」, 第一章 誠理訓.).

[제18사(第十八事)] **致知**(치지)

치지(致知)는 알지 못하는 것을 알아서 깨닫는 것이다. 마음을 바르게 하기를 끊임이 없이 하면 마음의 무한한 정신은 앎을 주관하고, 마음의 신성한 깨달음을 주관하여 소리를 들으면 무한한 정신이 통하고 사물이 다가오면 신성하게 깨달아서 과거와 미래의 때를 당하여 밝게 알게 된다.[25)]

[제19사(第十九事)] **閉物**(폐물)

폐(閉)는 닫혀 있음이고, 물(物)은 사물이다. 마음은 일을 간직해 두는 곳간이고, 몸은 일을 행하는 중추적인 기관이다. 마음에 간직하고 실행하지 않으면 어찌 그 일을 이룰 수 있겠는가? 마음을 열고 일으킴에 때가 있고 장소가 있으니, 때에 맞지 않고 실행하되 장소에 맞지 않으면 우주의 이치〈천리(天理)〉가 혼탁해지고 사람의 도리가 어긋난다. 그러므로 밝은이〈군자(君子); 참전(叅佺)〉는 사물에 대한 마음을 닫고 여는 데서 실행함을 신중히 한다.[26)]

[제20사(第二十事)] **斥情**(척정)

척(斥)은 물리침이고, 정(情)은 정욕(情欲)이다. 기쁨과 노여움이 있으면 바른 마음을 얻지 못하고, 좋아하고 미워함이 있으면 바른 마음을 얻지 못하며, 편안함과 즐거움을 구하여도 바른 마음을 얻지 못하고, 가난함과 천박함을 싫어해도 바른 마음을 얻지 못하니, 바른 마음을 얻으려면 먼저 정욕(情欲)을 버려야 한다.[27)]

---

25) 致知者知覺乎所不知也, 正心而無間斷焉則心神掌知, 心靈掌覺聲入而神通, 物來而靈悟, 旣往將來燎若當時(「叅佺戒經」, 第一章 誠理訓.).

26) 閉不開也, 物 事物也, 心者藏事之府庫, 身者行事之樞機也, 藏而不發, 安得現做乎, 開發 有時有地, 開不以時 發不以地, 天理昏暗, 人道顚覆, 故君子閉物而愼開發(「叅佺戒經」, 第一章 誠理訓.).

27) 斥却也, 情情慾也, 有喜怒則不得正心, 有好惡則不得正心, 求逸樂則不得正心, 厭貧賤則不得正心, 慾正心先斥情慾(「叅佺戒經」, 第一章 誠理訓.).

[제21사(第二十一事)] **默安**(묵안)

묵(默)은 깊이 잠겨 있음이고, 안(安)은 맑게 머무름이다. 깊이 잠겨 있음으로써 마음이 어지러워지려는 것을 경계하고 맑게 머무름으로써 마음이 번잡해지려는 것을 경계하면 흙탕물이 점점 맑아지듯 심하게 흐린 물도 마침내 정화된다. 이것이 마음을 맑게 하는 근원이니 맑은 마음은 바른 마음의 기초가 된다.[28)]

[제22사(第二十二事)] **不忘**(불망)

불망(不忘)은 잊지 않는 것이 아니라 저절로 잊지 않음이다. 성(誠)은 도리를 이루는 전체이며, 만사를 이루는 큰 근원이니 저절로 잊지 않고 마음속에 간직한 그 성(誠)이 참 진실이며, 그다음은 한결같은 어김이 없는 것이다.[29)]

[제23사(第二十三事)] **自任**(자임)

자임(自任)은 다른 데에 의지하지 않고 오직 자연적으로 우러나는 성(誠)을 다하면 구하지 않아도 저절로 이르게 되어, 마치 봄과 가을이 차례로 바뀌고 해와 달이 번갈아 뜨는 것과 같다.[30)]

[제24사(第二十四事)] **自記**(자기)

자기(自記)는 기억하려고 하지 않아도 저절로 기억되는 것이다. 기억하려고 함은 마음이 의지로 하는 것이지만, 저절로 기억됨은 마음의 의지하지 않아도 저절로 기억되는 것이다. 도리를 닦는 사람은 우주의 본질〈성(誠)〉대로 사람 도리〈성지(誠之)〉의 이치를 간직하고 있을 뿐만 아니라 그 본질은 뇌(腦)와 정신 속에 깊이 스며들어 있어 비록 만 가지 생각이 갈라져도 오직 굳은 한결같은 마

---

28) 默沈遠也, 安淡泊也, 沈遠以戒心之亂近, 淡泊以戒心之冗劇則泥水漸淸, 重濁乃定此淸心之源也, 淸心者正心之基也(「叅佺戒經」, 第一章 誠理訓.).

29) 不忘者不是欲不忘是天然不忘也, 誠者成道之全體作事之大源也, 天然不忘其所抱之誠則誠, 一而無違者直其次焉耳(「叅佺戒經」, 第一章 誠理訓.).

30) 自任者不由他而專其自然之誠, 不求而自至如春秋之代序日月之相替(「叅佺戒經」, 第一章 誠理訓.).

음은 성(誠)밖에 없다.[31]

**[제25사(第二十五事)] 貼膺(첩응)**

첩응(貼膺)은 가슴(마음)에 붙어 떠나지 않음이다. 우주의 그대로인 우주본질〈성(誠)〉은 무한한 정신이 그 본질을 이끌며, 정신의 기운을 보호하고, 몸에 이것을 실어 가슴(마음)에 단단히 간직하면 몸은 비록 추워도 가슴(마음)은 열정에 차 있다.[32]

**[제26사(第二十六事)] 在目(재목)**

재목(在目)은 사람의 도리〈성지(誠之)〉가 있는 바를 따로 생각하지 않고, 항상 눈에 사람의 도리가 서려 있는 것이다. 눈으로 사물을 봄에 있어 물건이 없으면 보이지 않으나, 다만 우주의 본질〈성(誠)〉 된 뜻이 눈에 있다면 가까운 사물의 이름을 몰라도 물건의 깊은 본질은 그림 보듯 환하다.[33]

**[제27사(第事)] 雷虛(뇌허)**

뇌허(雷虛)는 우레같이 헛되다는 것으로, 우주 자연의 이치[성(誠)]에 대한 마음을 오직 귀로 듣는 데만 얽매이면 그 이치가 일어날 때 비록 우레같이 큰 소리라도 저절로 공허해져 그 소리를 들을 수 없다.[34]

**[제28사(第二十八事)] 神聚(신취)**

신(神)은 무한한 정신(精神)이고, 취(聚)는 합치는 것이다. 사람 몸의 모든 부

---

31) 自記者不欲記而自記也, 欲記者是求之於心者也, 自記者不求之於心而自在者也, 修道之士存誠於誠之之理, 己爲糝腦洽精, 故雖萬想交迭 斷斷一念 不外乎誠(「叄佺戒經」, 第一章 誠理訓.).

32) 貼膺者貼乎膺而不離也, 夫天然之誠, 神御之, 靈包之, 身載之, 牢拴於膺體寒而膺熱(「叄佺戒經」, 第一章 誠理訓.).

33) 在目者不思誠之所在而常在於目也, 目之於視物, 無物不見, 但誠意在目則近物不知名, 遠物如畫圖(「叄佺戒經」, 第一章 誠理訓.).

34) 雷虛者誠心纏于耳聞, 誠發之時以雷聲之大, 自虛而不聞也(「叄佺戒經」, 第一章 誠理訓.).

분은 정신이 각각 지키는데 간(肝)이 하는 일에 폐(肺)가 참여하지 않고, 위(胃)가 하는 일에 콩팥[신(腎)]이 참여하지 않는다. 하지만 우주 자연의 이치[성(誠)]에는 모든 정신(精神)들이 다 합쳐지나니 그중 하나라도 없으면 우주 자연의 이치가 이뤄질 수 없다.[35)]

[제29사(第二十九事)] **不息**(불식)

불식(不息: 쉬지 않음)이란 지극한 우주 자연의 이치〈성(誠)〉가 쉬지 않음을 말한다. 쉬지 않는다는 것과 쉼이 없다는 것은 각자 다르니, 그것이 도력(道力)을 떨치거나 움츠러들거나, 사람 욕심의 사라지고 생김에 있어서 가는 털끝만한 차이라도 하늘과 땅만큼의 큰 차이가 있다.[36)]

[제30사(第三十事)] **勉强**(면강)

면강(勉强)이란 힘써서 스스로 강해짐을 말한다. 스스로 강해진다는 것은 잔꾀를 이기고 나아가 갈림길에서도 조금도 머뭇거림이 없이 마침내 힘들여 이룩해내는 것이다. 힘써서 강해지면 우주 자연의 이치〈성(誠)〉의 뿌리가 깊고 단단해져서 강함을 다스리지 않아도 능히 강해지고, 억지로 어찌하고자 하지 않아도 능히 이루어진다.[37)]

[제31사(第三十一事)] **圓轉**(원전)

원전(圓轉)은 우주 자연의 이치〈성(誠)〉가 쉬지 않음이 마치 둥근 물건이 평탄한 땅에서 스스로 구르는 것과 같은 것이다. 멈추려 해도 되지 않고 느리게 하려 해도 되지 않으며, 빠르게 하려 해도 또한 되지 않으니 그저 몸체를 따라 스

---

35) 神精神也, 聚合也, 人之諸經部神各守, 肝役肺不叅, 胃役腎不叅, 但於誠役諸神聚合, 無一則不能成誠(「叅佺戒經」, 第一章 誠理訓.).

36) 不息者至誠不息也, 不息及無息, 各自有異, 其在道力之奮蹲, 人慾之消長, 纖毫之隔, 相去天壞也(「叅佺戒經」, 第一章 誠理訓.).

37) 勉强者勉自强也, 自强者克圖進向, 無岐隅澍趄之端緒畢竟困而得之也. 勉强則誠本深固, 不治强而能强 無何而能成也(「叅佺戒經」, 第一章 誠理訓.).

스로 굴러 나아가 쉬지 않는다.[38)]

**[제32사(第三十二事)] 休算(휴산)**

휴(休)는 쉬는 것이며, 산(算)은 헤아림이다. 무엇을 하고자 하는 것이 있어, 정성을 다하는 사람이 정성이 시작되는 날부터 끝나는 날까지 계산하여 그동안에 혹 무슨 느낌이 있지 않을까 하고 기대하는 것은 정성을 들이지 않음과 같다. 무릇 정성을 쉬지 않는 사람은 정성이 시작되는 해도 헤아리지 않으며, 또 정성이 끝나는 해도 헤아리지 않는다.[39)]

**[제33사(第三十三事)] 失始(실시)**

실(失)은 잊어버린 것이다, 시(始)는 처음이다. 처음에 하고자 하는 것이 있어 정성을 시작하여 차츰 깊은 경지로 들어가면 하고자 하는 바는 점점 적어지고 사람의 도리〈성지(誠之)〉를 다하고자 하는 마음은 점점 커지며, 그리고 차츰 참 경지로 들어가면 하고자 하는 바는 없어지고 오직 우주 자연의 이치〈성(誠)〉를 다하고자 하는 마음만 있다.[40)]

**[제34사(第三十四事)] 塵山(진산)**

진(塵)은 티끌이다. 티끌이 바람에 날려 산기슭에 쌓여 세월이 오래되면 마침내 한 산을 이루니, 지극히 적은 흙으로 지극히 큰 언덕을 이루는 것은 바람이 쉼 없이 티끌을 모았기 때문이다. 우주 자연의 이치〈성(誠)〉도 또한 이와 같아서 지극한 우주 자연의 이치〈성(誠)〉가 쉬지 않으면 우주 자연의 이치〈성(誠)〉가 쌓여 그 산을 가히 이루지 않겠는가.[41)]

---

38) 圓轉者誠之不息, 如圓物之自轉於坪坦也, 欲止而不得, 欲緩而不得, 欲速而又不得, 隨體轉向而不息(「叄佺戒經」, 第一章 誠理訓.).

39) 休歇也, 算計也, 有欲而爲誠者輒計自起日, 日迄于幾時抑未有感歟, 此與不誠同, 夫誠之不息者不算誠之起年, 又不算誠之終年(「叄佺戒經」, 第一章 誠理訓.).

40) 失忘也, 始初也, 初有所欲爲而始誠, 漸入深境則所欲爲漸微, 所欲誠漸大, 又漸入眞境則無所欲爲而只有所欲誠而已(「叄佺戒經」, 第一章 誠理訓.).

41) 塵塵埃也, 塵埃隨風積于山陽, 年久乃成一山, 以至微之土, 成至大之丘者是風之

[제35사(第三十五事)] **放運**(방운)

방(放)은 우주 자연의 이치〈성(誠)〉의 뜻을 넓히는 것이다. 운(運)은 우주 자연의 이치〈성(誠)〉의 힘이 움직이는 것이다. 우주 자연의 이치〈성(誠)〉를 쉬지 않고 넓히면 캄캄한 밤에도 밝은 달이 뜨며, 우주 자연의 이치〈성(誠)〉의 힘을 쉬지 않고 움직이면 한 손으로 만근을 들 수 있다. 비록 우주 자연의 이치[성(誠)]가 그렇다 하나 우주 자연의 이치〈성(誠)〉의 뜻이 떴다 가라앉았다 하거나 우주 자연의 이치〈성(誠)〉의 힘이 부드럽거나 강하거나 하게 되면 그 결과를 알 수 없다.[42)]

[제36사(第三十六事)] **慢他**(만타)

게으름〈만(慢)〉은 마음에 있지 않음이다, 다름〈타(他)〉은 다른 일을 생각함이다. 마음의 일념이 오로지 우주 자연의 이치〈성(誠)〉에 있고, 우주 자연의 이치〈성(誠)〉의 일념이 오직 쉬지 않음에 있으면 다른 일에 대한 생각이 어찌 싹터 움직이겠는가. 그러므로 가난하고 천함이 그 우주 자연의 이치〈성(誠)〉를 게으르게 할 수 없으며, 부유하고 귀함이 그 우주 자연의 이치〈성(誠)〉를 어지럽히지 못한다.[43)]

[제37사(第三十七事)] **至感**(지감)

지감(至感)은 지극한 우주 자연의 이치〈성(誠)〉를 느끼고 응함에 이르는 것이다. 느끼고 응한다는 것은 하늘이 사람의 정성을 느껴 그것에 응답함이다. 사람이 가히 느낄 수 없는 우주 자연의 이치〈성(誠) 〉라면 하늘이 어찌 그 우주 자연의 이치〈성(誠)〉를 느끼며, 사람이 응답할 수 없는 우주 자연의 이치〈성(誠)〉라면 하늘이 어찌 그 우주 자연의 이치〈성(誠)〉에 응답하겠는가. 그러므로 우주

---

驅埃不息也, 誠亦如是, 至不息則誠山可成乎(「叅佺戒經」, 第一章 誠理訓.).

42) 放放誠意也, 運運誠力也, 放誠意而不息則黑夜生明月, 運誠力而不息則隻手擧萬鈞, 雖誠有然 其或誠意浮沈, 誠力柔强不能識其果(「叅佺戒經」, 第一章 誠理訓.).

43) 慢不存乎心也, 他 念外事也, 心一念在乎誠, 誠一念在乎不息則念外事, 安能萌動乎, 是以貧賤不能倦其誠, 富貴不能亂其誠(「叅佺戒經」, 第一章 誠理訓.).

자연의 이치[성(誠)]에 지극함이 없으면 우주 자연의 이치〈성(誠)〉가 없는 것과 같으며, 느끼되 응답함이 없으면 느끼지 않는 것과 다름이 없다.[44)]

[제38사(第三十八事)] **順天**(순천)

순천(順天)은 하늘의 이치 〈천리(天理)〉에 순응하여 우주 자연의 이치〈성(誠)〉를 추구하는 것이다. 하늘의 이치를 알면서도 거스르기를 바라는 자가 혹 있는가 하면, 하늘의 이치를 모르면서 성급히 원하는 바(응답)를 바라는 자도 있으니, 이는 모두 하늘을 느끼게 하지 못하며, 그 바라는 바(응답)를 얻지 못한다. 만약 바라는 바(응답)를 얻고자 한다면 하늘의 이치를 따라야 하며, 거스르고 성급하지 말아야 한다.[45)]

[제39사(第三十九事)] **應天**(응천)

응천(應天)은 하늘의 이치〈천리(天理)〉에 응하여 우주 자연의 이치〈성(誠)〉를 기르는 것이다. 하늘이 고통과 어려움을 주어도 기꺼이 여겨 우주 자연의 이치〈성(誠)〉를 다함에 어김이 없어야 하고, 하늘이 길상〈吉祥; 5복(五福; 福, 祿, 壽, 喜, 財)〉을 주면 오히려 조심하여 우주 자연의 이치〈성(誠)〉를 다함에 게을리하지 말아야 한다. 환란(患亂)은 우주 자연의 이치〈성(誠)〉가 아닌 것에 속하는 것이지만, 길상(吉祥)의 복(福)이 어찌 우주 자연의 이치〈성(誠)〉가 아닌 것에 속하겠는가.[46)]

[제40사(第四十事)] **聽天**(청천)

청천(聽天)은 천명(天命)을 듣는 것으로 우주 자연의 이치〈성(誠)〉를 느끼고

---

44) 至感者以至誠至於感應也, 感應者天感人而應之也, 人無可感之誠天何感之, 人無可應之誠天何應之哉, 誠而不克與無誠同, 感而不應與不感無異(「叅佺戒經」, 第一章 誠理訓.).

45) 順天者順天理而爲誠也, 知天理而逆禱者或有之, 難天理而速禱者亦有之, 此皆止感而不受應也, 若受應者順天理而不逆, 順天理而不速(「叅佺戒經」, 第一章 誠理訓.).

46) 應天者應天理而養誠也, 天授患難甘受而誠不違, 天遺吉祥反懼而誠不怠, 歸患難於無誠屬吉祥於非誠(「叅佺戒經」, 第一章 誠理訓.).

응(應)함이 있을 것을 기대하지 않는 것은 나의 우주 자연의 이치〈성(誠)〉에 대함이 반드시 하늘에 느끼게 함에 이르지 못했는데, 어찌 그 응(應)함이 있을 것인가 생각하여 더욱 오래도록 맑게 하며, 부지런히 하고, 고요히 하며, 도리어 우주 자연의 이치〈성(誠)〉가 어디에 있는지조차 알지 못하는 것처럼 한다.[47)]

**[제41사(第四十一事)] 樂天(낙천)**

낙천(樂天)은 하늘의 뜻을 즐거워하는 것이다. 사람에 대한 하늘의 뜻은 지극히 공평하고 사사로움이 없으니, 나의 우주 자연의 이치〈성(誠)〉가 깊으면 하늘의 감응도 깊고, 나의 우주 자연의 이치〈성(誠)〉가 얕으면 하늘의 감응도 얕으니 스스로 하늘의 느낌의 깊이를 아는 것이 내 우주 자연의 이치[성(誠)]의 깊고 얕음을 아는 것이다. 그러므로 점점 더 우주 자연의 이치〈성(誠)〉를 다할수록 점점 즐거운 것이다.[48)]

**[제42사(第事)] 待天(대천)**

대천(待天)은 하늘이 반드시 지극한 우주 자연의 이치〈성(誠)〉를 다하는 사람에게 느끼고 응함이 있음을 기다리는 것이다. 하늘의 응함을 기다리는 깊은 마음이 없으면 하늘을 믿는 우주 자연의 이치〈성(誠)〉도 없으니, 기다림도 무한하고 우주 자연의 이치〈성(誠)〉도 또한 무한해야 한다. 비록 하늘이 응하여 은혜로움이 있더라도 스스로 하늘을 믿는 우주 자연의 이치〈성(誠)〉에 대한 마음을 멈추지 말아야 한다.[49)]

---

47) 聽天者聽天命而不以誠待感應也, 謂吾之誠必不至於感矣, 有何所應哉, 愈久愈淡愈動愈寂, 還不知誠在何邊(「叅佺戒經」, 第一章 誠理訓.).

48) 樂天者樂天之意也, 天意於人至公無私, 我之誠深則天之感深, 我之誠淺則天之感亦淺, 自知天感深淺 知我誠之深淺, 故漸誠漸樂也(「叅佺戒經」, 第一章 誠理訓.).

49) 待天者待天必有感應於至誠之人也, 無待天之深則無信天之誠, 待之無限而誠亦無限, 雖經感應自不已信天之誠也(「叅佺戒經」, 第一章 誠理訓.).

[제43사(第四十三事)] **戴天(재천)**

재천(戴天)은 머리 위에 하늘을 이고 있다는 것이다. 물건이 머리 위에 있으면 아주 가벼운 무게라도 느낄 수 있으니 하늘을 머리에 이고 있는 것은 마치 무거운 물건을 인 것처럼 감히 머리를 옆으로 기울이거나 몸을 함부로 흩트리지 못한다. 하늘을 이처럼 공경하여 받들면 그 우주 자연의 이치〈성(誠)〉의 뜻으로 능히 하늘을 느끼고 응함에 이르게 할 수 있다.[50)]

[제44사(第四十四事)] **禱天(도천)**

도천(禱天)이란 하늘에 바라는 것이다. 바라는 것을 할 줄 모르는 자는 어렵다고 하여 어렵게 바라고, 쉽다고 하여 쉽게 바라지만, 바랄 줄 아는 자는 그렇지 않다. 쉽다고 하는 자는 쉽게 바랄 줄만 알아서 우주 자연의 이치〈성(誠)〉가 자기 한 몸에도 철저하지 못하지만, 어렵다고 하는 자는 어렵게 빌 줄을 알므로 우주 자연의 이치〈성(誠)〉가 능히 하늘에 철저하다.[51)]

[제45사(第四十五事)] **恃天(사천)**

시(恃)는 의지함이다. 낮은 우주 자연의 이치〈성(誠)〉로는 하늘을 의심하고, 보통의 우주 자연의 이치〈성(誠)〉로는 하늘을 믿으며, 큰 우주 자연의 이치〈성(誠)〉로는 하늘에 의지한다. 지극한 우주 자연의 이치〈성(誠)〉로 세상을 접하면 하늘이 반드시 도와주어 저절로 의지하는 바가 있지만, 세상 사람들은 우주 자연의 이치〈성(誠)〉에 이르려 함에 어찌 다른 험하고 괴이한 것으로 행하는가.[52)]

[제46사(第四十六事)] **講天(강천)**

강천(講天)은 우주 자연의 이치〈천도(天道); 성(誠)〉를 헤아리는 것이다. 사

---

50) 戴天者頭戴天也, 有物在頭毫重可覺, 戴天如戴重物, 不敢斜頭而縱身, 敬戴如此, 其誠意能至於感應也(「叄佺戒經」, 第一章 誠理訓.).

51) 禱天者禱于天也, 不知禱者謂難者難禱易者易禱, 知禱者不然易者知易禱, 故誠不徹己, 難者知難禱, 故 誠能徹天(「叄佺戒經」, 第一章 誠理訓.).

52) 恃依恃也, 下誠疑天, 中誠信天, 大誠恃天, 以至誠接世, 天必庇佑自有所依, 凡他行險索怪於至誠何(「叄佺戒經」, 第一章 誠理訓.).

람의 일이 순조로움은 우주 자연의 이치〈천도(天道); 성(誠)〉에 화합함이고, 사람의 일이 막힘은 우주 자연의 이치〈천도(天道); 성(誠)〉에 거스르는 것이다. 사람 일의 순조롭고 막힘을 알아서 하늘의 이치에 거스르는 것이면 우주 자연의 이치〈천도(天道); 성(誠)〉를 헤아려 생각하고 또 생각해야 한다. 그리하여 두려워하고 삼가 조심함을 마음속에서 버리지 않는다면 그 우주 자연의 이치〈성(誠)〉의 뜻이 마침내 하늘을 감동케 한다.[53)]

**[제47사(第四十七事)] 大孝(대효)**

대효(大孝)는 지극한 효도이다. 한 사람의 효도가 한 나라의 사람들을 감동하게 할 수 있으며, 나아가 온 세상 사람들을 감동하게 할 수 있으니, 천하를 감동하도록 하는 지극한 우주 자연의 이치〈성(誠)〉가 아니고서 어찌 자극한 효도에 이르겠는가. 사람이 감동하면 하늘도 또한 감동한다.[54)]

**[제48사(第四十八事)] 安衷(안충)**

안(安)은 평안함이다, 충(衷)은 마음이 지극함이다. 사람의 자녀가 되어 부모의 마음을 편안히 하며, 부모의 마음을 기쁘게 하며, 부모의 마음을 안정되게 하며, 부모의 마음을 먼저 생각하면 곧 상서로운 구름이 집에 끼고, 상서로운 기운이 맑게 퍼진다.[55)]

**[제49사(第事)] 鎖憂(쇄우)**

잠그는 것은 닫음이다, 근심은 즐겁지 않은 일이다. 부모가 근심이 있으면 자식은 마땅히 이를 없애서 화평하게 하고, 그 근심이 있는 뒤에 이를 없도록 함에는 근심될 말을 부모의 귀에 들리지 않도록 하며, 설혹 자기의 힘이 미치지 못하

---

53) 講天者講天道也, 人事順則天道和, 人事逆則天道乖, 知順知逆乖之理者念念講天, 恐懼勤愼不捨於心則誠意乃至感天(「參佺戒經」, 第一章 誠理訓.).

54) 大孝者至孝也, 一人之孝能感一國之人又能感天下之人, 非天下之至誠焉能至此, 人感則天亦感之(「參佺戒經」, 第一章 誠理訓.).

55) 安和之也, 衷心曲也, 爲人子而安父母之心, 悅父母之心, 定父母之心, 先父母之心則祥雲擁室瑞氣亘霽(「參佺戒經」, 第一章 誠理訓.).

고 형세에 따르지 못한다 하더라도 오직 지극한 우주 자연의 이치〈성(誠)〉로 얻도록 해야 한다.[56)]

**[제50사(第五十事)] 順志(순지)**

순(順)은 평안함이다. 지(志)는 뜻의 기운이다. 부모 뜻의 기운은 저마다 다르니, 자식이 그 부모의 뜻을 알지 못하면 부모도 뜻을 얻지 못하여, 비록 몸과 집안의 좋은 즐거움을 다할지라도 항상 평안치 않은 기운이 있게 된다. 그러므로 큰 효를 하는 자식은 능히 그 부모의 뜻을 평안하게 한다.[57)]

**[제51사(第五十一事)] 養體(양체)**

양체(養體)는 부모의 몸을 봉양함이다. 부모님의 몸이 건강하다 하더라도 마땅히 봉양해야 하는데, 하물며 잔병(殘病)이 있거나 중병(重病)이 있음에랴, 잔병(病)이 있으시면 성한 몸처럼 편안하게 해드리고, 중병(重病)이 있으시면 남은 증세가 말끔히 없어지도록 해드린 연후에야 사람의 자식으로서 효(孝)를 다하는 것이다.[58)]

**[제52사(第五十二事)] 養口(양구)**

양구(養口)란 부모님의 입에 맞도록 봉양하는 것이다. 부유하여 진수성찬을 드리더라도 남에게 맡겨서 하면 봉양하는 것이 아니다. 가난해서 물고기를 잡고 나물을 캐는 수고를 하더라도 손수 봉양해야 한다. 그렇지 않으면 부모님의 식성을 모르게 되어 그 즐기시는 것을 버리게 되고, 알맞게 조리해 드리는 것을 어기게 되니, 비록 육지와 바다에서 나는 온갖 음식을 다 드린다고 해도 잡수시면서 만족해하지 않는다. 큰 효(孝)를 하는 자는 봉양할 줄을 알아서 다섯 가지

---

56) 鎖閉也, 憂不樂事也, 父母有憂子宜掃平, 與其憂有而後無莫若不登乎父母之聆聞, 設有力不及勢不追 惟至誠 得之(「叄佺戒經」, 第一章 誠理訓.).

57) 順平也, 志志氣也, 父母之志氣各自不同, 子不知父母之知氣則父母不得志, 雖窮身家之好娛常有不平之氣, 故爲大孝子能順父母之志(「叄佺戒經」, 第一章 誠理訓.).

58) 養體者養父母之體也, 父母之肢體在健康猶適宜奉養, 況或有殘疾或有重疴乎, 使殘疾安如完體, 重疴 無遺術然後可盡人子之孝矣(「叄佺戒經」, 第一章 誠理訓.).

맛을 식성에 맞도록 해드리고, 사계절에 제철이 아닌 음식을 해드리는 것은 하늘이 실로 감동한다.[59)]

**[제53사(第五十三事)] 迅命(신명)**

신(迅)은 빠름이요, 명(命)은 부모님의 명령이라. 부모님의 명령이 있으면 자식은 반드시 받들어 행해야 한다. 부모님의 명령은 인자하고 자애로운 명령이다. 부모님의 명령이 자애로움이 있는 것 같지 않다고 하여 선후(先後)를 뒤바꾸거나 완급(緩急)이 적당함을 잃으면 비록 입으로는 말씀하시지 않아도 부모님의 마음은 달리 생각한다. 그러므로, 큰 효(孝)를 하는 사람은 부모님의 명령에 따르고 어김없이 행한다.[60)]

**[제54사(第五十四事)] 忘形(망형)**

망형(忘形)은 자기 모습을 잊는 것이다. 자식이 부모님을 섬기되 감히 자기 몸 있음을 생각지 않는 것은 부모님의 은혜에 깊이 보답함이다. 오직 그것을 알아서 자기 몸을 감히 생각하지 말아야 하니, 자기 몸을 잊지 않는 것은 도리어 자기 몸을 아직 생각하는 것이다. 큰 효(孝)를 하는 사람은 부모님이 살아 계실 때는 언제나 자기 몸을 잊으며 부모님이 돌아가신 후에야 비로소 자기 몸이 있음을 깨닫는다.[61)]

**[제55사(第五十五事)] 信(신)**

믿음이란 하늘의 이치(天理)에 부합되어 사람의 일을 반드시 이루는 것으로

---

59) 養口者養父母之甘毳也, 富而供珍羞之味任人非養也, 貧而盡漁採之勞自執養也, 不養則不知父母之食性捨其所嗜違其所調和之變, 雖進水陸萬種食猶不滿足也, 大孝者知養五味隨性. 四時致非時物者實天感之(「參佺戒經」, 第一章 誠理訓.).

60) 迅速也, 命父母之命也, 父母有命子必奉行, 然父母之命是慈愛之命, 故嚴托督囑未有於慈愛之間, 若先後相左, 緩急失當, 口雖不言, 意思則新, 是以大孝隨命無遺(「參佺戒經」, 第一章 誠理訓.).

61) 忘形者忘身形也, 子事父母不敢有其身者重報父母之恩也, 只認之不敢有其身無忘自己之身形者還有其身也, 大孝者父母在世頓忘其身, 父母沒後始覺有其身(「參佺戒經」, 第一章 誠理訓.).

5단〈五團; 의(義), 약(約), 충(忠), 열(烈), 순(順)〉 34부〈三十四部; 1部 정직(正直), 2部 공렴(公廉), 3部 석절(惜節), 4部 불이(不貳), 5部 무친(無親), 6部 사기(捨己), 7部 허광(虛誑), 8部 불우(不尤), 9部 체담(替擔), 10部 천실(踐實), 11部 지중(知中), 12部 속단(續斷), 13部 배망(排忙), 14部 중시(重視), 15部 천패(天敗), 16部 재아(在我), 17部 촌적(忖適), 18部 하회(何悔), 19部 찰합(拶合), 20部 패정(佩政), 21部 담중(擔重), 22部 영명(榮命), 23部 안민(安民), 24部 망가(忘家), 25部 무신(無身), 26部 빈우(賓遇), 27部 육친(育親), 28部 사고(嗣孤), 29部 고정(固貞), 30部 일구(昵仇), 31部 멸신(滅身), 32部 사시(四時), 33部 일월(日月), 34部 덕망(德望)〉가 있다.[62]

**[제56사(第五十六事)] 義(의)**

의(義)는 크게 믿고 따르는 기운이다. 그 기운이 느끼고 움직여 용기를 일으키고 용기가 정하여져서 일을 세워 마음속에 굳게 간직하여 천둥 벼락도 깨뜨리지 못하니, 굳세기는 금강석과 같고 밀고 나아갈 때의 활발한 힘은 큰 강물과도 같다.[63]

**[제57사(第五十七事)] 正直(정직)**

바르면 사사로움이 없고 곧으면 굽음이 없다. 무릇 의로움은 바름으로써 뜻을 세우고 곧음으로써 일을 처리하여 그사이에 사사로움과 굽음이 없으므로 차라리 일이 이루어지지 않을지언정 남에게 신의(信義)를 잃는 일은 없다.[64]

**[제58사(第五十八事)] 公廉(공렴)**

공(公)은 치우치지 않음이다. 렴(廉)은 깨끗함이다. 공(公)으로써 일을 보면

---

62) 信者天理之必合人事之必成, 有五團三十四部(「叄佺戒經」, 第二章 信理訓.).

63) 義粗信而孚應之氣也, 其爲氣也感發而起勇, 勇定而立事牢鎖心關霹靂莫破, 堅剛乎金石, 決瀉乎江河(「叄佺戒經」, 第二章 信理訓.).

64) 正則無私直則無曲也, 夫義以正秉志以直處事無私曲於其間, 故寧事不成未有失信於人(「叄佺戒經」, 第二章 信理訓.).

사랑과 미움이 없고 깨끗함으로써 물건을 대하면 사사로운 욕심이 없으니, 사랑과 미움이 없으면 사람들이 그 의(義)로움에 순종하고, 사사로운 욕심이 없으면 사람들이 그 깨끗함을 믿는다.[65)]

[제59사(第五十九事)] **惜節**(석절)

사람에게 의(義)로움이 있다 함은 마치 대나무에 마디가 있는 것과 같은 것이다. 대나무가 불에 타면 마디에서 소리가 나고 몸은 재가 될지라도 마디는 재가 되지 않으니, 의(義)로움이 어찌 이와 다를 수 있겠는가. 사람이 절개를 아끼는 것은 절개를 무너뜨림으로 이 세상에서 믿음을 잃을까 두려워서이다.[66)]

[제60사(第六十事)] **不貳**(불이)

불이(不貳)는 남에게 두 가지 행동을 하지 않는 것이다. 흐르는 물은 한 번 가면 되돌아오지 않고, 의(義)로운 사람은 한 번 승낙하면 다시 고치지 않는다. 그러므로 끝마침을 잘하는 것이 중요한 것이 아니라 그 처음 시작이 중요하다.[67)]

[제61사(第六十一事)] **無親**(무친)

친(親)은 친족과 친근한 사람이다. 의(義)로움은 친하다고 하여 가까이하지 않고, 멀다고 하여 물리치지 않는다. 의(義)로우면 비록 멀더라도 마음이 서로 화합하며, 의롭지 않으면 비록 친하더라도 반드시 버리게 된다.[68)]

---

65) 公不偏也, 廉潔也, 公以視事無愛憎, 廉以接物無利慾, 無愛憎人服其義, 無利慾人信其潔(「參佺戒經」, 第二章 信理訓.).

66) 人之有義猶竹之有節也, 竹焚則節有聲身灰而節不灰, 義何異哉, 人之惜節者恐其壞節而不取信於各界也(「參佺戒經」, 第二章 信理訓.).

67) 不貳者不貳於人也, 流水一去而不返, 義人一諾而不改, 故不重其克終重其有始(「參佺戒經」, 第二章 信理訓.).

68) 親親屬及親近也, 義無昵親斥疎, 義則雖疎心合, 不義則雖親必棄(「參佺戒經」, 第二章 信理訓.).

[제62사(第六十二事)] **捨己**(사기)

사기(捨己)는 그 몸을 분별하지 않음이다. 사람이 이미 남에게 마음을 허락하고서 이로 인하여 환난을 겪게 되면 몸과 의리를 함께 보전할 수는 없게 되니, 소인은 의리를 버리고 몸을 보전하지만, 군자(君子)는 몸을 버리고 의리를 온전히 지킨다.[69)]

[제63사(第六十三事)] **虛誑**(허광)

허광(虛誑)은 헛된 말로 사람을 속이는 것이다. 바른 사람이 나를 믿으면 나도 그 사람을 믿으며, 바른 사람이 나에게 의(義)로우면 나도 또한 그에게 의(義)로워야 하고, 바른 사람이 어려움을 당하면 나는 마땅히 그 어려움을 구해야 한다. 속여서도 안 되고 한갓 헛된 말로써 이룰 수도 없으니 작은 절개를 버리고 신의를 온전히 한다면 군자(君子)는 나무라지 않는다.[70)]

[제64사(第六十四事)] **不尤**(불우)

불우(不尤)는 남을 탓하지 않는 것이다. 의(義)로운 자는 스스로 바른 중심을 잡아 마음을 결단하고 일에 임하니 일의 길흉과 성패를 다른 사람과 관련시키지 않는다. 비록 흉(凶)하더라도 남을 원망하지 않으며, 비록 패(敗)하더라도 남을 탓하지 않는다.[71)]

[제65사(第六十五事)] **替擔**(체담)

체담(替擔)은 남을 위하여 걱정을 부담하는 것이다. 착한 사람은 억울함이 있어도 스스로 변명하지 못하고, 바른 사람은 위급한 일이 있어도 스스로 구제하

---

69) 捨己者, 不分其身也, 旣許心於人, 仍蹈患難身義, 不可俱全, 小人捨義而全, 君子 捨身而全義(「參佺戒經」, 第二章 信理訓.).

70) 虛誑者虛言誑人也, 正人信我我亦信其人, 正人義我我亦義其人, 正人有難我當救之, 非誑不可用片言成之, 棄小節而全信義者君子不咎焉(「參佺戒經」, 第二章 信理訓.).

71) 不尤者不尤人也, 義者自執中正決心就事, 伊吉伊凶乃成乃敗不關於人也, 雖凶不怨人, 雖敗不尤人(「參佺戒經」, 第二章 信理訓.).

지 못하나니, 군자(君子)가 이를 가엾이 여겨 그 걱정을 부담하는 것이 의로움이다.72)

**[제66사(第六十六事)] 約(약)**

약속은 믿음의 좋은 매개체이며, 믿음의 엄한 스승이고, 믿음의 근원이자 믿음의 영혼이다. 매개체가 없으면 합치지 못하고, 스승이 아니면 꾸짖지 못하며, 물의 근원이 없으면 흐르지 못하고, 영혼이 없으면 살 수 없다.73)

**[제67사(第六十七事)] 踐實(천실)**

천실(踐實)은 약속과 같은 것이다. 때에 맞게 약속된 일을 깨끗하게 이루면, 어긋남도 없고 틀림도 없으며 남의 헐뜯음도 없다.74)

**[제68사(第六十八事)] 知中(지중)**

지중(知中)은 약속을 지킴에 중도(中道)를 아는 것이다. 이미 약속했다가 중간에 이르러 멈추고, 고생이 싫어서 멈추며, 상황이 변하여 멈추고, 헛된 말을 듣고 멈추는 것은 모두 중도가 아니다. 그러므로 이를 아는 자는 스스로 경계해야 한다.75)

**[제69사(第六十九事)] 續斷(속단)**

속단(續斷)은 장차 끊어질 약속을 이어 가는 것이다. 바르고 큰 약속이 서게 되면, 간사한 이가 이를 막아 농간함으로써 한 쪽으로 의심을 품어 약속이 장차 끊어짐에 이르더라도, 군자(君子)는 우주 자연의 이치〈성(誠)〉와 믿음으로 의

---

72) 替擔者爲人擔憂也, 善人有寃自不能伸, 正人有急自不能救, 君子憫焉而擔憂者義也(「叅佺戒經」, 第二章 信理訓.).

73) 約者信之良媒, 信之嚴師, 信之發源, 信之靈魂也, 非媒不合, 非師不責, 非源不流, 非魄不生(「叅佺戒經」, 第二章 信理訓.).

74) 踐實者如約也, 合奔時日完淸事物, 無叅差無錯誤無讒凶(「叅佺戒經」, 第二章 信理訓.).

75) 知中者知就約有中道也, 旣約而被間而止, 厭苦而止, 推移而止, 聞虛信而止, 皆非中道也, 故知者自戒(「叅佺戒經」, 第二章 信理訓.).

혹을 풀고 깨우쳐 자연스레 처음으로 돌아가 그 약속을 계속 이어간다.[76)]

[제70사(第七十事)] **排忙**(배망)

배망(排忙)은 바쁨을 물리치고 초연히 약속에 임하는 것이다. 사람이 믿음으로 성품을 지키면 일에 질서가 있고, 이치에 어긋남이 없으므로 스스로 바쁘다고 해서 약속을 어기는 일이 없다. 혹 생각에 막힘이 있더라도 마치 달이 지나가는 구름을 꿰뚫는 것과도 같으니, 믿음이 적은 사람은 애써 고생한 뒤에서야 약속을 이룬다.[77)]

[제71사(第七十一事)] **重視**(중시)

중시(重視)는 보고 또 보는 것이다. 약속을 보기를 귀중한 보물을 즐겨 보듯 하여 살피고 또 살펴야 한다. 장차 할 약속은 영(靈)으로 보고, 이미 한 약속은 마음에서 보며, 약속한 때에 이르면 기운으로 보아야 한다.[78)]

[제72사(第事)] **天敗**(천패)

천패(天敗)는 사람이 약속을 깨뜨리는 것이 아니라 하늘이 약속을 무너뜨리는 것이다. 하늘이 무너뜨림으로 인해 약속을 이루지 못했다면 하늘의 소리를 듣고 그만 둘 것인가, 하늘에 고(告)하고 다시 할 것인가. 큰 약속은 하늘의 뜻을 들으며, 작은 약속은 하늘에 고(告)한다.[79)]

---

76) 續斷者續將斷之約也, 正大成約, 奸人沮戲偏方懷疑將至斷約, 君子誠信解論渾然復初(「參佺戒經」, 第二章 信理訓.).

77) 排忙者排擱奔忙而超然趁約也, 人以信守性則事有倫次, 理無違背自無由紛忙而失約, 或想襮有障則如月穿行雲, 少信者困後成之(「參佺戒經」, 第二章 信理訓.).

78) 重視者視之又視也, 視約如玩重寶察之又察, 將約視之於靈, 旣約視之於心, 臨期視之於氣(「參佺戒經」, 第二章 信理訓.).

79) 天敗者非人罷約天敗約也, 由之天敗約旣不完, 聽諸天而已乎, 告諸天而復乎, 大約聽天小約 告天(「參佺戒經」, 第二章 信理訓.).

[제73사(第七十三事)] **在我**(재아)

약속을 이루는 것도 나에게 달려있고, 약속을 이루지 못하는 것도 나에게 달려있다. 어찌 남이 권한다고 약속을 이행하며, 남이 좋지 않게 말한다고 그만두겠는가. 권유를 받아들이지 않음도 나에게 달려있고, 좋지 않게 말하는 것을 곧이듣지 않음도 또한 나에게 달려있으니, 그렇게 한 다음에야 믿음의 힘이 큰 줄 알게 된다.[80)]

[제74사(第七十四事)] **忖適**(촌적)

촌(忖)은 헤아리는 것이다, 적(適)은 마땅함이다. 차가움으로 더움을 기약할 수 없고, 약함으로써 강함을 기약할 수 없으며, 서먹함으로써 친근함을 기약할 수 없고, 가난함으로써 부유함을 기약할 수 없지만, 비록 차고 약하고 서먹하고 가난하다 할지라도, 능히 따뜻하고 강하고 친근하고 부유함을 온전히 기약할 수 있는 것은 그 믿음과 정성이 서로 마땅하여 헤아릴 수 있기 때문이다.[81)]

[제75사(第七十五事)] **何悔**(하회)

이(利)로움을 위해 약속을 어기면 비록 이롭기는 하지만 믿음이 없어지며, 사랑을 꾀하여 약속을 어기면 비록 사랑은 얻어도 믿음이 없어진다. 이미 믿음이 없으면 이로움도 얻지 못할 수도 있고, 사랑도 또한 얻지 못하니, 장차 후회하게 된다.[82)]

[제76사(第七十六事)] **搽合**(찰합)

찰합(搽合)은 평평한 나무를 잘 갖춰서 서로 합친 것이다. 한 사람이 믿음을 높이 받들면 한 나라가 밝게 믿고, 한 사람이 몸을 바르게 세우면 천하가 그 믿

80) 約之成在我, 約之不成在我也, 豈須人勸而成, 人讒而止哉, 不被勸在我, 不信讒亦在我, 然後知信力之大(「叅佺戒經」, 第二章 信理訓.).

81) 忖度也, 適宜也, 寒不可以約熱, 弱不可以約强, 疎不可以約親, 貧不可以約富, 雖寒弱疎貧, 能完約於熱强親富者恃其信慤之相適也(「叅佺戒經」, 第二章 信理訓.).

82) 向利背約則雖利無信, 謀愛背約則雖愛無信, 旣無信矣, 利或不成, 愛亦不得, 將悔焉(「叅佺戒經」, 第二章 信理訓.).

음을 따르니, 큰 약속은 마치 찰합(摎合) 같아, 그 사이로 한 방울의 물도 새어 들지 못하고, 가는 티끌 하나도 능히 끼지 못하는 것과 같다.[83)]

### [제77사(第七十七事)] **忠(충)**

충(忠)은 임금이 자기를 알아주는 의리에 감격하여 성의를 다하고, 도학(道學)을 궁리하여 천리(天理)로 임금을 섬기고 그 은혜에 보답하는 것이다.[84)]

### [제78사(第七十八事)] **佩政(패정)**

패정(佩政)은 정사(政事)를 돌보는 것이다. 임금이 신하를 믿고 정사를 맡기면 신하는 임금을 대신하여 정사를 맡아보되, 뛰어난 인재를 구하여 등용하며 자기보다 어진 사람이 있으면 임금께 간곡히 아뢰어 그 사람이 자기를 대신하여 정사를 맡아보게 해야 한다.[85)]

### [제79사(第七十九事)] **擔重(담중)**

담중(擔重)은 중요한 일을 부담하는 것이다. 나라에 큰일이 있어 몸이 맡은 직책으로 국가의 안위가 달려있을 때, 천지의 기운과 돌아가는 운수를 잘 헤아려 순하고 거스르는 이치에 따를 것이며, 온 재주와 지혜를 다하여 번성하고 쇠하는 도(道)를 알아야 한다.[86)]

### [제80사(第八十事)] **榮命(영명)**

영명(榮命)은 임금의 명령을 빛나게 하는 것이다. 외국의 손님을 맞이하여서는 부드럽게 회유하여 교섭하고, 나라 밖에 나가서는 잘 분별하여 대처함으로

---

83) 摎合者平木之具相合也, 一人崇信一國景信, 一人立身天下就信, 大約如摎合點水不能, 硝纖芥不能容(「叄佺戒經」, 第二章 信理訓.).

84) 忠者感君知己之義盡誠意, 窮道學以天理, 事君而報答也(「叄佺戒經」, 第二章 信理訓.).

85) 佩政者爲政也, 君信臣而任政臣代君而爲政, 求俊人而進用, 有賢於己者則苦諫而替任(「叄佺戒經」, 第二章 信理訓.).

86) 擔重者擔負重事也, 國有大事身在當職安危收係, 籌算氣數運順逆之理彈竭才智, 知盛衰之道(「叄佺戒經」, 第二章 信理訓.).

위기를 막아서, 충성된 마음이 날로 빛나게 하고, 기운은 서릿발과 같이 위엄 있게 가져 임금의 명령을 천하에 널리 떨쳐야 한다.87)

[제81사(第八十一事)] **安民**(안민)

안민(安民)은 백성을 무사히 편안하게 하는 것이다. 임금이 자기를 믿어주는 의리를 지켜서 백성들에게 도덕을 펴고, 교화(敎化)하며, 일과 배움을 장려하여 천하(天下)를 평안하게 해야 한다.88)

[제82사(第八十二事)] **忘家**(망가)

어진 이가 있으면 임금에게 천거하여 집에 머물러 있지 않게 하고, 재물이 있으면 공익에 보태고 사사롭게 경영하지 말며, 인재가 아니면 친척이라도 천거하지 말고, 임금이 하사하더라도 받지 말아야 한다.89)

[제83사(第八十三事)] **無身**(무신)

무신(無身)은 임금께 몸을 바침으로써 자기 몸이 있음을 알지 못함이다. 임금의 명령이 있으면 괴로운 것이라도 사양하지 말아야 하며, 편안하고 즐거울 때도 근심이 있을 것을 잊지 말아야 한다. 마음이 항상 튼튼하여 그 튼튼함이 점차 쇠약해지는 줄을 몰라야 하며, 마음이 늙지 않아서 늙음이 장차 오게 됨도 몰라야 한다.90)

[제84사(第八十四事)] **烈**(열)

열(烈)은 절개가 굳은 아내이다. 열부는 그 남편에게 절개를 지켜 목숨을 잇

---

87) 榮命者榮君命也, 迎賓懷柔, 出境辨捍, 丹心炳日, 氣如霜雪, 使君命振揚於瀛漠(「參佺戒經」, 第二章 信理訓.).

88) 安民者安國民無事也, 守君信己之義, 布道德於民, 行敎化於民, 勉業奬學, 四境晏然(「參佺戒經」, 第二章 信理訓.).

89) 有賢薦君而不留家, 有財補公而不營私, 非才不擧親戚, 君賜不受(「參佺戒經」, 第二章 信理訓.).

90) 無身者許身於君不知有其身也, 君有命則不辭辛苦, 在安樂亦不忘憂, 心壯知壯之漸衰, 心不老不知老之將至(「參佺戒經」, 第二章 信理訓.).

는 이도 있고 남편의 뒤를 따라 삶을 버리는 이도 있다. 혹 초혼이든, 혹은 재혼이든, 그 도리는 오직 남편에 대한 믿음에 있다.[91)]

**[제85사(第八十五事)] 賓遇(빈우)**

빈우(賓遇)는 아내가 남편 공경하기를 손님 대하는 예로써 하는 것이다. 가난하고 천하여도 더욱 사랑하고, 늙어갈수록 더욱 공손히 받들며, 자녀가 집에 가득하여도 오히려 친히 음식을 갖추어 드려야 한다.[92)]

**[제86사(第八十六事)] 育親(육친)**

육친(育親)이란 아들을 잃은 시부모님을 봉양하는 것이다. 금석같이 믿고 언약했던 남편이 세상을 떠나면, 홀로 살고자 하는 욕심 없이 늙은 시부모님을 친어버이같이 극진히 봉양하며 살아 남편의 몸을 대신해야 한다.[93)]

**[제87사(第八十七事)] 嗣孤(사고)**

사고(嗣孤)는 유복자(遺腹子)를 보존하여 남편의 뒤를 잇게 하는 것이다. 인륜은 대(代)를 잇게 하는 것보다 더 중요한 것이 없고, 신의는 유복자를 보존하는 것보다 더 큰 것이 없으니, 사람 일의 윤리와 신의를 지키며, 마침내는 천리(天理)의 바른 법도를 좇아서 살아야 한다.[94)]

**[제88사(第八十八事)] 固貞(고정)**

고정(固貞)은 마음을 굳게 하여 흔들림이 없고, 절개를 곧게 하여 옮기는 일도 없으며, 굳게 가진 한결같은 일념은 오직 그 남편에 대한 믿음뿐이니, 눈으

---

91) 烈烈婦也, 烈婦節于其夫有延命者有捐生者, 或於初適, 或於再嫁,其道信也(「參佺戒經」, 第二章 信理訓.).

92) 賓遇者婦敬夫以賓禮, 貧賤而愈愛, 老去而愈恭, 子女滿堂猶親供具飮食(「參佺戒經」, 第二章 信理訓.).

93) 育親者養無子之親也, 金石信約夫沒, 不欲獨存, 爲養老至親, 生代夫身(「參佺戒經」, 第二章 信理訓.).

94) 嗣孤者保道胎嗣夫後也, 倫莫重於嗣後, 信莫大於保孤, 故捨人事之倫義, 終天理之正經(「參佺戒經」, 第二章 信理訓.).

로 다른 일을 보지 않으며, 귀로 자녀들의 말을 듣지 않는다.[95)]

[제89사(第八十九事)] **昵仇**(일구)

일구(昵仇)는 남편이 원한을 품고 죽으면 아내는 마땅히 그 원통함을 갚아 씻어 주는 것이니, 그 일이 오래되지 않아 원수 되는 자가 뉘우치고 스스로 찾아와 용서를 구할 때 사랑으로 용서하여 도를 이룬다면, 군자(君子)도 그것을 어여삐 여긴다.[96)]

[제90사(第九十事)] **滅身**(멸신)

몸이 멸(滅)하면 잠시도 몸 자체로 이 세상에 존재하지 못한다. 육신은 다른 영혼과 서로 접할 수 없지만, 영혼은 다른 영혼과 만나서 서로 짝을 이룰 수 있으니 죽게 되면 빨리 영혼을 지어 남편의 영혼을 따르기를 원해야 한다.[97)]

[제91사(第九十一事)] **循**(순)

순(循)은 형상(形狀)이 있는 하늘의 운행이다. 모습이 있는 하늘의 윤회는 일정한 도수(度數)가 있어서 조금도 어김이 없으므로, 사람들은 이를 우러러보아 재앙(災殃)을 살펴 믿지 않는지 스스로 경계해야 한다.[98)]

[제92사(第九十二事)] **四時**(사시)

사시(四時)는 춘하추동(春夏秋冬)이다. 춘하추동의 순서에 따라 기후가 바뀌어 생물이 공(功)을 거두니, 이렇게 이루어지는 일을 믿어 해양 간의 육지 나라

---

95) 固貞者固其心無轉回貞其節, 無移動 斷斷一念信乎其夫, 目不見産業, 耳不聞子女(「叅佺戒經」, 第二章 信理訓.).

96) 昵仇者夫帶寃而逝婦宜報雪, 仇人自來其事不遠區區成道, 君子憐之(「叅佺戒經」, 第二章 信理訓.).

97) 滅身者晷刻之間不存身於世也, 肉身不可與靈魂相接, 靈魂可與靈魂成雙, 速做靈魂願隨夫靈魂(「叅佺戒經」, 第二章 信理訓.).

98) 循有形之天之輪回也, 有形之天輪回有定數而無違, 故人瞻仰察災異自戒不信(「叅佺戒經」, 第二章 信理訓.).

가 교역하여 귀한 이득과 천한 손해가 있게 된다.[99)]

[제93사(第九十三事)] **日月**(일월)

해는 낮이 되고 달은 밤이 되니, 양이 가면 음이 오며, 음이 다하면 양이 나와서 그 나뉨이 털끝만치도 어긋나지 않는다. 이는 하늘의 믿음이니 사람의 믿음도 하늘의 믿음과 같아야 가히 군자(君子)의 믿음이라 할 수 있다.[100)]

[제94사(第九十四事)] **德望**(덕망)

덕(德)은 성스러운 덕(德)이다, 망(望)은 사람이 우러러봄이다. 성스러운 덕(德)은 소리가 없으나 미치는 곳마다 사람들의 우러러봄이 있으니, 이는 하늘의 돌아감이 소리는 없으나 다하는 곳마다 만물의 모습이 있는 것과 같다. 덕(德)은 우러러보지 않음이 없고 하늘의 돌아감은 반드시 모습으로 보이지 않음이 없으니, 이는 사람의 믿음이 하늘의 믿음과 같은 것이다.[101)]

[제95사(第九十五事)] **無極**(무극)

무극(無極)은 두루 돌아서 다시 처음의 원래 기운으로 되돌아오는 것이다. 이것이 그치고 쉼이 있다면 하늘의 이치가 이내 없어질 것이니, 사람이 믿음을 기르는 것은 또한 끊임없이 다시 비롯하는 무극(無極)의 원기(元氣)와도 같아 만일 털끝만치라도 끊어짐이 허용되면 사람의 도리가 무너진다.[102)]

[제96사(第九十六事)] **愛**(애)

사랑은 자비한 마음에서 자연히 일어나는 것이며, 어진 성품의 가장 근본적인

---

99) 四時者春夏秋冬也, 春夏秋冬次序有氣候生物收功, 信之爲業海陸交易貴賤利害(「叅佺戒經」, 第二章 信理訓.).

100) 日爲晝月爲夜, 陽去陰來陰盡陽生, 分毫不差, 此天之信也, 人之信如天之信然後可謂君子之信也(「叅佺戒經」, 第二章 信理訓.).

101) 德聖德也, 望人望也, 聖德無聲而所及處有人望, 如天之輪回無聲而所盡處有物色也, 德無不望輪無不色, 此人之信如天之信(「叅佺戒經」, 第二章 信理訓.).

102) 無極者周而復始之元氣也, 如有止息天理乃滅, 人之養信亦如無極元氣斷若容髮人道廢焉(「叅佺戒經」, 第二章 信理訓.).

성질이 되는 것으로, 이에는 6범〈六範; 1범 서(恕), 2범 용(容), 3범 시(施), 4범 육(育), 5범 교(敎), 6범 대(待)〉과 43위〈四十三圍; 1위 유아(幼我), 2위 사시(似是), 3위 기오(旣誤). 4위 장실(將失), 5위 심적(心蹟), 6圍 유정(由情), 7위 고연(固然), 8위 정외(情外), 9위 면고(免故), 10위 전매(全昧), 11위 반정(半程), 12위 안념(安念), 13위 완급(緩急), 14위 원희(原喜), 15위 인간(認艱), 16圍 긍발(矜發), 17위 공반(公頒), 18위 편허(偏許), 19위 균련(均憐), 20위 후박(厚薄), 21위 부혼(付混), 22위 도업(導業), 23위 보산(保産), 24위 장근(奬勤), 25위 경타(警墮), 26위 정로(定老), 27위 배유(培幼), 28위 권섬(勸贍), 29위 관학(灌涸), 30위 고부(顧賦), 31위 양성(養性), 32위 수신(修身), 33위 주륜(湊倫), 34위 불기(不棄). 35위 물택(勿擇), 36위 달면(達勉), 37위 역수(力收), 38위 미형(未形), 39위 생아(生芽), 40위 관수(寬遂), 41위 온양(穩養), 42위 극종(克終), 43위 전탁(傳托)〉가 있다.[103)]

**[제97사(第九十七事)] 恕(서)**

용서는 사랑하는 마음에서 연유하는 것으로, 자비한 마음에서 일어나며, 어진 마음에서 결정하고, 참지 못하는 마음에서 (참는 마음으로) 돌아가게 하는 것이다.[104)]

**[제98사(第九十八事)] 幼我(유아)**

유아(幼我)는 남을 나와 같이 생각하는 것이다. 내가 춥고 더우면 남도 춥고 더운 줄 알고, 내가 배고프면 남도 또한 배고픈 줄 알며, 내가 어찌할 수 없는 일을 당할 때, 남도 또한 어찌할 수 없는 사정이 있음을 알아야 한다.[105)]

**[제99사(第九十九事)] 似是(사시)**

사시(似是)는 옳은 것 같으면서 그른 것이고 그른 것 같으면서 옳은 것이다.

---

103) 愛者慈心之自然仁性之本質, 有六範四十三圍(「叅佺戒經」, 第三章 愛理訓.).

104) 恕由於愛, 起於慈, 定於仁, 歸於不忍(「叅佺戒經」, 第三章 愛理訓.).

105) 幼我者推人如我也, 我寒熱人亦寒熱, 我飢餓人亦飢餓, 我無奈人亦無奈(「叅佺戒經」, 第三章 愛理訓.).

사랑은 무엇이든 만물을 포용할지언정 만물을 내뱉지는 않으니, 가까운 것은 백 가지가 옳고, 먼 것은 쉰 가지도 그르다 할 때, 가까운 것은 끌어 인도하고, 멀리 있는 것은 물리치지 않는 것이 마땅하다.[106]

[제100사(第一百事)] **旣誤**(기오)

기오(旣誤)는 잘못을 알고도 그릇된 길로 가는 것이다. 그릇된 길로 달려감을 힘써 돌이키게 하여 처음 자리인 진실한 길에 바로 서게 하면, 그 공(功)이 바다를 헤엄쳐서, 바다에 빠진 사람을 건지는 것보다 더 현명하다.[107]

[제101사(第一百一事)] **將失**(장실)

장실(將失) 장차의 욕심 때문에 바른 이치를 잃음이다. 절름발이가 중간에 머물러 미치지 못하는 것을 능하지 않다고 하면 옳으나, 내닫는 사람이 지나친 것을 능하지 않다고 하면 옳지 않으니, 미치지 못하거나 지나침은 그 잘못이 비록 같다 하겠으나, 중간에서 머무는 사람은 깨우쳐 주어야 하며, 지나치게 내닫는 사람은 손짓하여 목적한 곳으로 불러야 한다.[108]

[제102사(第一百二事)] **心蹟**(심적)

심적(心蹟)은 겉은 선(善)하고 속은 악(惡)하여 들춰내고 숨기는 것이 나타나지 않으나, 철인(哲人)은 오히려 이를 알아본다. 물은 그 원천을 막으면 넘쳐 흐르고, 풀은 그 뿌리를 끊어버리면 잎이 떨어지나니, 이것은 자연에서 본받을 용서의 법칙이다.[109]

---

106) 似是者似是而非似非而是也, 愛包物不吐物, 近是一百遠非五十, 宜挽近而拒遠(「參佺戒經」, 第三章 愛理訓.).

107) 旣誤者旣誤解而誤程也, 趲及勉返正立於初卽, 其功賢於泳海拯人(「參佺戒經」, 第三章 愛理訓.).

108) 將失者將欲失理也, 蹇者不及謂不能卽可, 走者過之謂不能卽不可, 一失雖同蹇者諭之, 走者招之(「參佺戒經」, 第三章 愛理訓.).

109) 心蹟者表善裡惡未有顯隱而哲人猶視之也, 水塞源卽過流, 草去根卽無葉, 此恕之自然(「參佺戒經」, 第三章 愛理訓.).

[제103사(第一百三事)] **由情(유정)**

유정(由情)은 여러 가지 정이 어찌할 수 없이 우러나는 것이다. 놀라는 것은 뉘우침이며, 슬퍼하는 것은 진정시키는 것이다. 그런 줄을 알지 못하다가 알게 되고, 그러함을 알아서 행하게 되는 것에 따라 용서의 가볍고 무거움이 있다.[110)]

[제104사(第一百四事)] **容(용)**

용(容)은 만물을 받아들이는 것이다, 만 리 바다에는 만 리의 물이 흘러 들어가고, 천 길 산에는 천 길의 흙이 실렸다. 그러므로 바닷물이 넘치는 것도 받아들임 이 아니며, 높은 산이 무너지는 것도 받아들임이 아니다.[111)]

[제105사(第一百五事)] **固然(고연)**

고연(固然)은 인간의 이치가 항상 그러한 것이다. 자기 분수를 모르고 행동하는 사람은 하늘의 이치에서는 좋은 운을 잃으며, 하늘의 도(道)에서는 바름을 잃는다. 그러므로 자벌레는 돌산에 오르지 않으며, 닭은 공중을 날지 않으려 하니, 이것은 받아들임의 시초이다.[112)]

[제106사(第一百六事)] **情外(정외)**

정외(情外)는 진정으로 뜻하지 않은 일이다. 조각배가 폭풍(暴風)을 만나면, 그 누가 판자 조각에 의지하지 않으며, 큰 누각에 불이 나면, 그 누가 뛰어내리지 않겠는가. 폭풍을 만나고, 불이 나는 것은 뜻밖의 일로, 판자 조각에 의지하거나, 뛰어내리는 것은, 위기를 받아들이는 것이다.[113)]

---

110) 由情者 出諸情之無奈也, 愕然是悔, 悵然是鎭, 不知然而知之知然, 而知之者恕之輕重也(「參佺戒經」, 第三章 愛理訓.).

111) 容容物也, 萬里之海逝萬里之水, 千仞之山載千仞之土, 濫之者非容也, 崩之者非容也(「參佺戒經」, 第三章 愛理訓.).

112) 固然者人理之常然也, 於天理失運, 於天道失正, 然尺不上石山鷄不戾空, 此容之始也(「參佺戒經」, 第三章 愛理訓.).

113) 情外者非眞情也, 扁舟颶孰不析順, 重樓失火孰不跳下, 遇颶失火是情外也, 析順跳下是容機也(「參佺戒經」, 第三章 愛理訓.).

### [제107사(第一百七事)] **免故(면고)**

면고(免故)는 이미 지난 일을 행하고 행하지 않음에서 벗어나는 것이다. 잘못 인도하고 그릇되게 권고하는 사람은 한 되로 한 말의 분량을 채우라는 것과 같으니, 성품이 편협하고 성품이 허망하며 성품이 가볍고 조급하여, 진실이 무엇인지를 알지 못하고 스스로 진실하다고 하는 사람은 큰 받아들임의 마음이 있어야 살아간다.[114)]

### [제108사(第一百八事)] **全昧(전매)**

전매(全昧)는 전혀 성품의 이치를 깨닫지 못하고 어둠에 빠지는 것이다. 신령한 성품은 하늘의 이치를 간직하고, 하늘의 이치는 사람의 도리를 간직하고, 사람의 도리는 정욕을 감추었으니, 그러므로 정욕(情欲)이 심한 사람은 사람의 도리가 무너지며, 하늘의 이치가 잠기고, 신령한 성품이 파괴된다. 편안함을 이루고 혼돈을 막으면 스스로 받아들임을 깨닫는다.[115)]

### [제109사(第一百九事)] **半程(반정)**

반정(半程)은 중도에서 그치는 것이다. 착하고 착하지 않은 사이에서 중립하여 나아감도 물러감도 없는 사람은 능히 착한 것도 깨달으며 착하지 못한 것도 깨달으니, 만물의 이치는 받아들일 수 있되, 성품의 이치는 받아들일 수 없다. 그러나 만물의 이치가 스스로 쇠하는 것을 주의하면 성품의 이치도 스스로 성대하게 될 것이니, 받아들임은 주의함에 있다.[116)]

### [제110사(第一百十事)] **安念(안념)**

안념(安念)은 안일한 생각을 너무 크게 하면, 성품이 소멸하고 너무 작으면

---

114) 免故者免乎故行故止也, 導誤勸錯升斗沒量, 性偏小性虛誕性輕燥, 不知所及眞而謂之自眞者大容生焉(「叅佺戒經」, 第三章 愛理訓.).

115) 全昧者全沒覺性理也, 靈性包天理, 天理包人道, 人道藏情慾, 故情慾甚者人道廢, 天理沈, 靈性壞, 闢安閉混卽已容自覺(「叅佺戒經」, 第三章 愛理訓.).

116) 半程者止於中程也, 間於善否中立而無進退者能悟善而悟不善也, 可容物理不可容性理, 然戒物理自衰卽性理自盛, 容在乎戒(「叅佺戒經」, 第三章 愛理訓.).

능히 뜻이 소멸하니, 성품과 뜻이 함께 소멸하면, 그 존망(存亡)을 분별하기 어렵다. 사람이 이를 깨닫고도 안일한 생각의 불꽃으로 몸을 태운다면 마치 받아들임을 바라는 것 아닌가. 누가 그것을 받아들이겠는가.[117)]

[제111사(第一百十一事)] **緩急**(완급)

완(緩)은 느린 지경이다. 급(急)은 급한 지경이다, 급한 지경의 재앙은 사람이 혹 받아들일 수 있으나, 느린 지경의 재앙은 사람이 받아들이지 못한다.[118)]

[제112사(第一百十二事)] **施**(시)

시(施)는 굶는 사람에게 먹을 것을 주어 구조하는 것이며, 덕을 펴는 것이다. 굶는 사람에게 곡식을 주어 궁핍을 구제하며, 덕(德)을 펴서 성품의 이치를 밝혀야 한다.[119)]

[제113사(第一百十三事)] **原喜**(원희)

원희(原喜)는 사람의 천성이 원래 사람을 사랑하고, 베푸는 것을 기뻐하는 것이다. 인간이 하늘의 이치를 배반하여 사람을 사랑하지 않으면 고독해지며, 베푸는 것을 기뻐하지 않으면 비천하게 된다.[120)]

[제114사(第一百十四事)] **認艱**(인간)

인간(認艱)은 남의 어려움을 자기가 당한 것처럼 생각하는 것이다. 남에게 급한 어려움이 있으면 방략(方略)을 다하여 정성스럽게 구해줘야 한다. 이는 힘이 있어서가 아니라 남을 사랑하는 것을 자기 사랑과 같기 때문이다.[121)]

---

117) 安念者大可滅性小能滅志, 性與志俱滅存亡難辨, 遂而人覺火焰燒身猶望容乎, 其容者誰(「參佺戒經」, 第三章 愛理訓.).

118) 緩緩界也, 急急界也, 急界妖孼人或可容, 緩界妖孼人不可容也(「參佺戒經」, 第三章 愛理訓.).

119) 施賑物也, 布德也, 賑物以救艱乏, 布德以明性理(「參佺戒經」, 第三章 愛理訓.).

120) 原喜者人之天性原來愛人喜施也, 人反天性不愛人卽孤, 不喜施卽賤(「參佺戒經」, 第三章 愛理訓.).

121) 認懇者人之艱難認若己當也, 人有急難懇求方略, 不在乎力在乎愛人如己(「參佺戒

**[제115사(第一百十五事)] 矜發(긍발)**

긍발(矜發)은 자비로운 마음이 친하고 소원함이 없으며, 또 착하고 악함을 따지지 않는 것이다. 다만 불쌍한 것을 보면 일어나는 자비로움이다. 이에 사나운 짐승이 사람에게 의지하려고 오면 오히려 이를 구해줘야 한다.[122)]

**[제116사(第一百十六事)] 公頒(공반)**

공반(公頒)은 천하에 바른 도리를 널리 베푸는 것이다. 한번 선(善)을 펴면 천하가 착한 데로 향하며, 한번 불선(不善)한 것을 바로 잡으면 천하가 허물을 고치니 한 지아비가 착하지 않으면 집안 도(道)의 허물이다.[123)]

**[제117사(第一百十七事)] 偏許(편허)**

편허(偏許)는 위급함은 구원해 주고 넉넉함은 돕지 않는 것이다. 베풀어줌에 있어 방법을 겸하면 사랑 가운데 더 사랑이 있으며, 자비로움 가운데 더 자비로움이 있고, 어짊 가운데 더 어짊이 있으니, 넓게 통하면 베푸는 것이 합당하지 않음이 없다.[124)]

**[제118사(第一百十八事)] 均憐(균련)**

균련(均憐)은 멀리 있는 남의 어려움을 들으면 눈앞에서 보듯 하고, 모진 곤궁이 아니라도 귀를 기울여 들어야 한다. 하늘이 비를 곡식에 내림에는 가려서 비를 내리지 않을 이치가 있겠는가. 고루 베푸는 것도 비에 젖는 것과 같은 것이다.[125)]

---

經」, 第三章 愛理訓.).

122) 矜發者慈心無親疎, 又無善惡, 但見矜卽發, 是以猛獸依人猶且救之(「叄佺戒經」, 第三章 愛理訓.).

123) 公頒者普施天下也, 布一善天下向善, 矯一不善天下改過, 一夫之不善道家之過也(「叄佺戒經」, 第三章 愛理訓.).

124) 偏許者援急不助贍也, 施亦兼術愛中有愛, 慈中有慈, 仁中有仁, 博以其通施無不合(「叄佺戒經」, 第三章 愛理訓.).

125) 均憐者聞遠艱如目睹, 非犍困如殘傾也, 天有雨稂不雨莠之理乎, 施之均如雨之霑(「叄佺戒經」, 第三章 愛理訓.).

**[제119사(第一百十九事)] 厚薄(후박)**

후(厚)는 지나치지 않는 것이다, 박(薄)은 부족하지 않음이다. 베푸는 것이 적당한 양이 아니면 물 한잔이 해갈을 물리치지 못할 것이니, 고르게 하는 것이 마땅하면 반드시 고르게 하고, 간략하게 하는 것이 마땅하면 반드시 간략하게 해야 한다.[126)]

**[제120사(第一百二十事)] 付混(부혼)**

부혼(付混)은 베풀어도 그 갚음을 바라지 않는 것이다. 사랑의 마음으로 움직이고, 자비의 마음으로 일어나며, 어진 마음으로 결정한 것이니, 그러므로 베풂을 따르면 잊어버림도 따라 스스로 덕(德)으로 여기는 뜻이 없어야 한다.[127)]

**[제121사(第一百二十一事)] 育(육)**

육(育)은 교화(敎化)로서 사람을 기르는 것이다. 사람은 정한 가르침이 없으면, 그물에 벼리를 달지 않은 것과 같으며, 옷에 깃을 달지 않은 것과 같아서, 제각기 자기주장만을 세워 분잡(奔雜)을 이루니, 이로 말미암아 일정한 주된 가르침으로 사람들을 보호하여 길러야 한다.[128)]

**[제122사(第一百二十二事)] 導業(도업)**

업(業)은 사람이 생활을 유지해 가는 방법이다. 사람의 타고난 성품의 이치는 비록 같으나, 성품의 질과 기운은 같지 않아서 억세고 부드럽게, 강하고 약하게, 행하여 가는 길이 각기 다르니, 교화(敎化)하여 크게 행하게 하면 성품의 질이 윤택하고 성품의 기운을 안정되어, 비록 굴속을 처소로 하고 둥지에 살더라

---

126) 厚非過也, 薄非不足也, 施不適量勺水解渴不可斥, 當準必準當略必略(「參佺戒經」, 第三章 愛理訓.).

127) 付混者施之而不望報也, 愛心而動, 慈心而發, 仁心而決, 故隨施隨忘, 無自德之意(「參佺戒經」, 第三章 愛理訓.).

128) 育以教化育人也, 人無定教卽罟不綱, 衣不領, 各自樹門奔雜成焉, 因此一其主教保育人衆(「參佺戒經」, 第三章 愛理訓.).

도 그 직업은 자연히 번영하게 된다.[129]

**[제123사(第一百二十三事)] 保産(보산)**

보산(保産)은 생산하는 일의 경영에 실패하지 않는 것이다. 마음을 굳게 하고, 뜻을 단단히 세워 함부로 물건을 팔고 사지 말아야 하며, 일을 오래 계속하여 통하면 떨쳐 퍼져 축소됨이 없으므로 능히 그 일을 보전한다.[130]

**[제124사(第일백이십事)] 奬勤(장근)**

장근(奬勤)은 사람이 부지런함을 권장하여 기르는 것이다. 사람은 부지런함을 길러 이루면 봄철의 만물이 점점 자라남과 같고, 먼지 낀 거울이 밝게 바뀌는 것과 같으니 단점은 가리며 장점은 드러내고, 선(善)함은 밝혀주며 능력은 떨치게 한다.[131]

**[제125사(第一百二十五事)] 警墮(경타)**

경타(警墮)는 교육에서 뒤떨어지는 것을 경계하는 것이다. 실천하다 다시 돌아오고, 깨우쳤다가 다시 잊을지라도, 오히려 실천하지 않고 깨우치지 않는 것보다 나으니, 이치로서 밝아지면 긴 어두운 밤의 먼 곳에서 번갯불이 번쩍이는 것과 같이 밝아진다.[132]

**[제126사(第一百二十六事)] 定老(정로)**

정로(定老)는 노련한 사람의 교화(敎化)이다. 현명하고 노련한 사람이 스승이 되어 전하고 펴서 교화하여 스스로 그 덕(德)을 기르게 하며, 나이가 많은 경

---

129) 業生計也, 人之性理雖同性質及性氣不同, 剛柔强弱, 行路各殊, 敎化大行, 潤性質而安性氣卽穴處巢居自營其業(「叄佺戒經」, 第三章 愛理訓.).

130) 保産者不失産業也, 心固志硬放肆不售, 業久卽通有振無縮, 能保其産(「叄佺戒經」, 第三章 愛理訓.).

131) 奬勤者奬人之勤化育也, 育人而人化, 春物漸滋塵鏡轉明, 掩短揭長開善揚能(「叄佺戒經」, 第三章 愛理訓.).

132) 警墮者警之墮敎育也, 行而復回醒而復睡, 猶勝乎不行不醒矣, 明之以理, 長洲黑夜遠電閃閃(「叄佺戒經」, 第三章 愛理訓.).

험 많은 노련한 늙은이가 우주 자연의 이치를 지키도록 교화하여 스스로 그 안정됨을 기르게 한다.133)

[제127사(第一百二十七事)] **培幼**(배유)

배유(培幼)는 어린아이를 북돋아 기르는 것이다. 싹이 이슬에 젖지 않으면 비록 줄기가 있다 하더라도 반드시 시들듯이, 어린아이가 기름을 받지 않으면 장성하더라도 반드시 어리석을 것이니, 북돋아 심으며, 길러서 성장하는 교화(教化)는 가지와 잎이 서로 번성하게 한다.134)

[제128사(第一百二十八事)] **勸閃**(권섬)

권섬(勸閃)은 너그러운 덕행(德行)을 권하는 것이다. 너그럽고 덕(德)이 있는 사람이라도 그 성품이 혹 남에게 이기기를 좋아하여, 덕(德)을 길러서 펴지게 함을 일삼지 않고, 자신의 현명함만을 최고로 여기니, 마땅히 덕(德)을 권하여 나아가도록 해야 한다.135)

[제129사(第一百二十九事)] **灌涸**(관학)

관학(灌涸)은 큰물을 마른 하천에 대는 것이다. 하천이 마르면 산물(産物) 일체가 없어지거나 쇠잔하여, 그 나고 자라는 이치를 얻지 못하니, 이때 은혜로운 큰비가 내리는 것은 사람이 부모의 기름을 받음과 같다.136)

[제130사(第一百三十事)] **教**(교)

교(教)는 윤리강상(倫理綱常)과 도학(道學)으로 사람을 배우게 하는 것이다.

---

133) 定老者定老人之教化也, 賢老爲師傳布教化, 自育其德, 篤老爲翁誠守教化 自育其安(「叅佺戒經」, 第三章 愛理訓.).

134) 培幼者培養幼穉也, 萌不霑露雖莖必萎, 童不服育雖長必頑, 培而植之, 養而成之, 教化與枝葉相繁(「叅佺戒經」, 第三章 愛理訓.).

135) 勸贍者勸裕德也, 有裕德者性或好勝, 不事流育自善其賢, 宜勸而進就(「叅佺戒經」, 第三章 愛理訓.).

136) 灌涸者灌洪波於涸川也, 川涸産物靡殘不得生成之理, 惠霈降之, 如人受育(「叅佺戒經」, 第三章 愛理訓.).

사람에게 가르침이 있으면 백 가지 행실의 근본 됨을 얻고, 가르침이 없으면 비록 뛰어난 목공일지라도 먹줄이 없음과 같다.[137)]

[제131사(第一百三十一事)] **顧賦**(고부)

고부(顧賦)는 태어날 때 하늘이 준 성품을 돌아보는 것이다. 하늘이 사람으로 태어날 때 부여한 것은 이치이고 기운이다. 모든 이치에 의하여 합하는 것이 없으면 모든 기운이 행하는 것도 부합되지 않으니, 그러므로 상철(上喆)은 타고난 성품을 부리고, 중철(中喆)은 타고난 것을 거느리며, 하철(下喆)은 타고난 것을 돌아보는 것이다.[138)]

[제132사(第一百三十二事)] **養性**(양성)

양성(養性)은 천성(天性)을 넓히고 채우는 것이다. 천성(天性)은 원래 착하지 않음이 없되, 다만 인성(人性)은 선악이 서로 섞이어 물욕이 틈을 타니, 진실로 천성을 넓히어 채우지 않으면 천성이 점점 닳고 사라져 근본을 잃을까 두렵다.[139)]

[제133사(第一百三十三事)] **修身**(수신)

몸은 영(靈; 마음)이 기거하는 집이다. 마음으로 하는 바이니 모든 것을 마음으로 말미암지 않고, 안일한 뜻에 연유하여 방자한 기운으로 착하지 않은 행동을 갑자기 하면, 원래의 이치를 해치게 된다. 그러므로 자신을 바른 마음으로 완전히 수련하고 나면 그 천성(天性)을 잃은 사람은 아직 없다.[140)]

---

137) 敎敎人以倫常道學也, 人有敎卽百行得體, 無敎卽雖良工無繩墨(「叅佺戒經」, 第三章 愛理訓.).

138) 顧賦者顧稟賦也, 天之賦與以人者理也氣也, 未有不依諸理而合之者, 不付諸氣而行之者, 故上哲命賦 中哲轄賦, 下哲顧賦(「叅佺戒經」, 第三章 愛理訓.).

139) 養性者擴充天性也, 天性元無不善, 但人性相雜物慾乘釁, 苟不擴充天性漸磨漸消恐失其本(「叅佺戒經」, 第三章 愛理訓.).

140) 身靈之居宅也, 心之所使也, 不由諸心而由於妄意肆氣輒行不善反害元理, 故修身而失天性者未之有也(「叅佺戒經」, 第三章 愛理訓.).

[제134사(第一百三十四事)] **湊倫(주륜)**

주륜(湊倫)은 변함없는 인륜에 합하는 것이다. 인간의 윤리는 사람의 가장 큰 의로움이다. 만약 인간에게 윤리가 없으면 짐승에 가깝다. 그러므로 사람을 가르치는 데 있어서 반드시 인간의 윤리를 앞세워야 하며, 이것으로 서로 사랑하는 이치를 바르게 해야 한다.[141)]

[제135사(第一百三十五事)] **不棄(불기)**

불기(不棄)는 사람을 가르쳐서 버리지 않는 것이다. 가르침이 아니면 영(靈)이 사람과 짝하지 않으며, 가르침이 없으면 마음이 사람과도 합하지 않으니, 하늘의 영령함을 듣지 않고 천심을 지키지 않으면 불기(不棄)의 이치를 알지 못한다.[142)]

[제136사(第一百三十六事)] **勿澤(물택)**

물택(勿澤)은 거리끼거나 걸리는 것이 없음이다. 교화(敎化)를 널리 펴서 행함은 해 그림자가 사물을 따라감과 같아서, 사물이 없으면 비치지 않으니, 어찌 어진 사람만 가르치며, 어질지 않은 사람은 가르치지 않겠는가. 그러므로 가르침이란 어리석음을 고쳐서 어짊으로 돌이키는 것이다.[143)]

[제137사(第一百三十七事)] **達勉(달면)**

달면(達勉)은 가르침에 힘쓰고 가르침에 통달하는 것이다. 가르침대로 행하는 것은 가르친 것을 깨달은 것보다 어렵고, 가르침에 힘쓰는 것은 가르침대로 행하는 것보다 어려우며, 가르침을 통달하는 것은 가르침에 힘쓰는 것보다도 어려우니, 그러므로 가르침을 통달하면, 능히 만물을 사랑하는 이치를 알게 된다.[144)]

---

141) 湊倫者合於倫常也, 倫人之大義也, 無倫與畜生相近, 故教人必先倫理以正相愛之義(「參佺戒經」, 第三章 愛理訓.).

142) 不棄者教不棄人也, 非教靈不配人, 無教心不合人, 不聽天靈不守天心者不知不棄之理(「參佺戒經」, 第三章 愛理訓.).

143) 勿擇者不拘碍也, 教化之流行如日影隨物, 無物不照, 何擇賢者而教之不賢者而不教, 故教者改愚而返賢也(「參佺戒經」, 第三章 愛理訓.).

144) 達勉者勉教而達教也, 行教難於知教, 勉教難於行教, 達教難於勉教, 達教卽能知愛

### [제138사(第一百三十八事)] **力收(역수)**

역수(力收)는 가르침의 힘을 한 곳에 쏟아서 공을 거두는 것이다. 굴러떨어진 돌은 능히 곱게 다듬지 못하며, 꾸부러진 벚나무는 능히 곧게 하지 못하고, 어리석고 미련한 사람은 능히 교화시키지 못하니, 그러므로 반드시 가르침은 힘을 한 곳에 쏟아서 공을 거두어 이웃 사람들이 물들지 않게 해야 한다.[145)]

### [제139사(第一百三十九事)] **待(대)**

사랑의 여러 분야에서 가장 크게 기대하며 바라는 것은 그것이 보이지도 않고 들리지도 않는 것으로 사랑하는 마음을 장래의 무궁한 것으로 쌓아 두는 것이다. 사랑하는 마음을 쌓아 두는 것만이 아니라 또한 사랑하는 방법이 있어야 한다.[146)]

### [제140사(第一百四十事)] **未形(미형)**

미형(未形)은 사물이 그 형태를 나타내지 않는 것이다. 모습을 갖추지도 않은 것을 보아 이를 사랑하고, 모습이 나타나는 것을 기다려 이를 보호하는 것이다. 종자(種子)도 이와 같은 어짊(仁)으로 심어서 변하게 한다.[147)]

### [제141사(第一百四十一事)] **生芽(생아)**

생아(生芽)는 사물이 비롯되는 것이다. 무릇 사물을 사랑하는 사람은 사물을 사랑하기 시작할 때에 중간에서 잘못될까 염려하면서 마침내는 번성하기를 끝내 기다리니 열매가 맺으면 씨앗으로 돌아간다.[148)]

---

物之理(「參佺戒經」, 第三章 愛理訓.).

145) 力收者專力以收功也, 磅石不能琢, 樗木不能直, 獃愚不能化, 必用力收勿染漬於隣(「參佺戒經」, 第三章 愛理訓.).

146) 愛之諸部待最大焉者以其不見不聞, 蘊愛於將來之無窮也, 非徒蘊愛亦有方焉(「參佺戒經」, 第三章 愛理訓.).

147) 未形者事物之未形也, 見未形而愛之, 待現形而護之, 若種仁而變之(「參佺戒經」, 第三章 愛理訓.).

148) 生芽者物之始也, 凡愛物者愛物之始慮有中廢, 克待晚榮結果卽反之(「參佺戒經」, 第三章 愛理訓.).

[제142사(第一百四十二事)] **寬遂(관수)**

관수(寬遂)는 때에 따라 너그럽게 하여 일의 완성을 보이는 것이다. 사람들은 자신에게 너그러움이 있으면 즐거워하고, 너그러움이 없어 근심하는 것은 너그러움이 내게 이로움이 없고, 너그러움이 나를 방해하는 것이니, 내게 너그러움이 있을 때 그 즐거움에 이르는 것을 볼 수 있다.[149]

[제143사(第一百四十三事)] **穩養(온양)**

온양(穩養)은 편안하게 구휼(救恤)하는 것이다. 재물은 있으면서 의지할 데가 없으면 외롭고 위태롭고 또 근심이 있으니, 이를 거두어 구휼(救恤)하여 자라는 것을 편안하게 하고, 구휼(救恤)하는 적당한 곳을 찾아 서로 바탕으로 삼아서 그 일에 나아가게 해야 한다.[150]

[제144사(第一白四十四事)] **克終(극종)**

극종(克終)은 일의 끝마침을 선(善)하게 하는 것이다. 사랑을 시작하여 그 사랑에 마침이 없으면 사물의 마치는 형국(形局)이 없는 것이다. 늙은 누에가 뽕나무 가지에서 떨어지면, 한자의 명주실을 어찌 얻을 수 있겠는가. 그러므로 사물을 사랑함에는 반드시 일의 끝마침을 선(善)하게 해야 한다.[151]

[제145사(第一百四十五事)] **傳託(전탁)**

전탁(傳托)은 사물을 전하여 맡기는 것이다. 철인(哲人)은 사물을 사랑함에 반드시 시작과 마치는 것을 다하니, 마치는 것은 어려운 것이 아니고, 때가 적절하게 맞지 않아도 전하고 맡겨서 나를 이어서 잘 마무리한다.[152]

---

149) 寬遂者寬時而睹遂也, 人有我寬卽樂, 不寬卽憂者不寬益我, 寬妨我, 我寬時睹其樂遂(「叅佺戒經」, 第三章 愛理訓.).

150) 穩養者安以養之也, 有物無依孤危且患, 收而養之安其成長, 養之有地相質就業(「叅佺戒經」, 第三章 愛理訓.).

151) 克終者善其終也, 愛始不愛終物無終局, 老蠶落枝尺絲何得, 故愛物必克終(「叅佺戒經」, 第三章 愛理訓.).

152) 傳托者傳物而託也, 哲人愛物必克始終, 終之非難時正不適, 傳之託之續我克終(「叅

[제146사(第一百四十六事)] **濟(제)**

제(濟)는 덕(德)을 겸한 선(善)함으로 도(道)에 힘입는 것이다.[153]

[제147사(第一白四十七事)] **時(시)**

시(時)는 만물을 구제하는 때이다. 구제함에 때를 맞추지 않으면, 제비와 기러기가 서로 제때를 어김과 같고, 물과 산이 멀어지고, 털과 껍질이 같지 않음과 같다.[154]

[제148사(第一百四十八事)] **農災(농재)**

농재(農災)는 농사에 부지런하지 않아 재앙을 만나는 것이다. 농사는 천하의 큰 근본이며 4업〈농(農)·사(士)·상(商)·공(工)〉 중 으뜸이다. 교화가 융성하여 화합하니 사람이 한가하고 게으름이 없이 건강한 자는 농사를 짓고, 총명한 자는 학업을 닦고, 민첩한 자는 상업을 하고, 재주 있는 자는 공업을 한다. 공(工)은 이치를 잘 궁구하며, 상(商)은 탐욕을 일삼지 말고, 학(學)은 능히 도에 통달한다. 농사는 때를 잃지 않아야 하며, 농사에 때를 잃지 않으면 사람에게 재앙이 없다.[155]

[제149사(第一百四十九事)] **凉怪(양괴)**

양괴(凉怪)는 가을바람 숙연한 기운에 요사하고 괴이한 기운(氣運)이 사람을 해롭게 하는 것이다. 마음을 바르게 하면 사특함이 없으며 기운을 맑게 하면 동요함이 없고, 뜻을 정하여 사사로움이 없으면 요사하고 괴이한 기운이 감히 가까이 못 한다.[156]

---

佺戒經」, 第三章 愛理訓.).

153) 濟者德之兼善 道之賴(「叄佺戒經」, 第四章 濟理訓.).

154) 時濟物之時也, 濟不以時燕鴻相違, 水與山遠, 毛甲不同(「叄佺戒經」, 第四章 濟理訓.).

155) 農災者不勤農而遭災也, 農者天下之大本四業之首也, 敎化隆洽人無閑慵, 健者農聰者學敏者商巧者工, 工能窮理, 商不徑貪, 學能達道, 農不失時, 農不失時卽無人災(「叄佺戒經」, 第四章 濟理訓.).

156) 凉怪者秋風肅氣妖怪害人也, 正心而無邪氣淸而無動, 意定而無亂卽妖怪不敢近(「叄

[제150사(第一百五十事)] **熱染(열염)**

열염(熱染)은 찌는 듯한 모진 더위의 괴이한 마귀〈병(病)〉가 사람을 해롭게 하는 것이다. 육정〈六丁; 음(陰): 땅〉의 기운이 하늘을 데우고, 삼경〈三庚; 삼복(三伏; 초복, 충복, 말복)〉이 땅에 숨어 있으니, 위로는 수증기 느낌이 더운 기운을 눌러 다시 아래로 엉기어 괴이함이 그 사이에서 생긴다. 마음을 맑게 하며 처소를 깨끗이 하고, 금기(金氣; 서늘한 가을 기운)를 들이마셔서 배부르지 않고 배고프지 않으면, 괴이한 마귀〈병(病)〉가 감히 생겨나지 못한다.[157)]

[제151사(第一百五十一事)] **凍莩(동표)**

동표(凍莩)는 겨울에 굶주려 얼어 죽는 것이다. 4업〈농(農)·사(士)·상(商)·공(工)〉을 하는 집에 교화(敎化)되지 않은 자가 있어 맡은 일도 없이 편안함만을 즐기고 한가함만을 찾게 되며, 옷을 우선하여 음식을 숭상〈사치(奢侈)〉하는 자는 그 도모함이 오래가지 못해 굶어 얼어 죽는 지경에 이른다. 그러므로 철인(哲人)은 만물을 구제함에 이런 사람이 없도록 먼저 교화(敎化)를 해야 한다.[158)]

[제152사(第一百五十二事)] **無時(무시)**

무시(無時)는 상시 할 수 있음이다. 철인(哲人)은 덕(德)으로써 만물을 구제함에 어진 도를 갖추어 때 없이 제공하니, 그 훈훈함이 마치 따뜻한 봄볕에 남은 얼음이 스스로 녹음과 같다.[159)]

[제153사(第一百五十三事)] **往時(왕시)**

왕시(往時)는 이미 때가 지났음이다. 모든 병에 있어 치료의 때를 놓쳐버리면

---

佺戒經」, 第四章 濟理訓.).

157) 熱染者酷暑蒸熱 妖魔害人也, 六丁鑣天三庚伏地, 上感下凝妖生其間, 淸心淨處, 哈取金氣不飽不飢卽妖魔不敢生(「叄佺戒經」, 第四章 濟理訓.).

158) 凍莩者凍餓死也, 四業之家有不霑敎化者擔賴無業嗜逸訪閑, 尊衣尙食其謀不長竟至凍莩, 故哲人濟物 必先于此(「叄佺戒經」, 第四章 濟理訓.).

159) 無時者常時也, 哲人以德濟物準備良道爲供不時, 薰若春暖殘氷自消(「叄佺戒經」, 第四章 濟理訓.).

능히 새 기운을 소생시키기 어렵고, 정상적인 치료의 도리를 펴지 못하니, 그 사특한 뿌리를 혁신적으로 고쳐야 사특한 뿌리가 없어진다.[160]

**[제154사(第一百五十四事)] 將至(장지)**

장지(將至)는 장차 오는 것이다. 철인(哲人)의 큰 도(道)는 만 세상 사람들의 법도가 된다. 그러나 만물이 지나치게 번성한즉 그 법도가 쇠해져서 고칠 수 없는 고질이 되어 철인(哲人)의 도(道)가 실천되지 못하니 복리(福利)가 떨어져 없어진다.[161]

**[제155사(第一百五十五事)] 地(지)**

지(地)는 만물을 구제하는 땅이다. 구제함은 그 땅의 이치에 합해야 하고, 땅은 구제하는 본질에 마땅해야 이치에 맞게 구제하게 된다. 만약 돌아가는 큰 두 바퀴가 서로 응하지 않아서 행하면 굽은 갈래 길이 생긴다.[162]

**[제156사(第一百五十六事)] 憮柔(무유)**

무유(憮柔)는 땅의 성질이 유약한 것을 어루만져서 황폐하지 않게 회복하는 것이다. 땅의 성질이 유약하면 사람의 마음이 번복되어 교화가 행해지지 않으니, 물을 끌어 동산에 대어 꽃나무를 심고, 깊은 샘물을 먹도록 해야 한다.[163]

**[제157사(第一百五十七事)] 解剛(해강)**

해강(解剛)은 땅의 성질이 억센 것을 풀어 화평한 기운으로 만회하는 것이다. 땅의 성질이 억세면 사람의 성질도 강하고 사나워져, 사사로이 싸우고 잔인해짐

---

160) 往時者過去時也, 有病諸過時不能蘇新氣, 未展以正道, 革其邪根邪根卽除(「叅佺戒經」, 第四章 濟理訓.).

161) 將至者將來也, 哲人大道爲萬世人規, 然物盛卽規衰趁痼未完, 祛爲福利(「叅佺戒經」, 第四章 濟理訓.).

162) 地者濟物之地也, 濟合於地理, 地宜於濟質然後濟理質, 若不應巨輪行有曲岐(「叅佺戒經」, 第四章 濟理訓.).

163) 撫柔者撫地性之柔挽回不廢也, 地性柔卽人心反覆敎化不行, 導水灌園種花樹, 飮深井(「叅佺戒經」, 第四章 濟理訓.).

이 많아 덕화(德化)가 막히니, 수양버들을 심어 흐르는 물을 먹게 해야 한다.[164)]

[제158사(第一百五十八事)] **肥甘**(비감)

비감(肥甘)은 땅의 바탕과 땅의 맛이 단 것이다. 땅의 바탕이 기름지고 맛이 단 즉 사람의 성품도 순후하고 화락하여, 덕(德)을 펴고 교화(敎化)를 베푸는 데 있어 마치 바람이 싱싱한 풀을 지나가는 것과 같아 그 천성(天性)을 이루며, 그 천심(天心)을 길러 가까이에까지 미치게 된다.[165)]

[제159사(第一百五十九事)] **燥濕**(조습)

조습(燥濕)은 땅의 바탕이 메마르고 습한 것이다. 땅의 바탕이 메마르고 습하면 사람의 마음도 천하고 악하여 자신의 이익만 꾀하여 의(義)로 향하지 않으며, 욕심만 따르고 덕(德)을 알지 못하니, 너그러이 가르쳐 성품을 침착하게 하고, 순하고 평화롭게 하여, 마음이 편안하게 돌아오게 해야 한다.[166)]

[제160사(第一百六十事)] **移物**(이물)

이물(移物)은 하늘이 이 땅의 사물을 저 땅으로 옮기는 것이다. 하늘이 사물을 구제하는 데 있어 치우침이 없으며, 사물에 내려줌에도 치우치게 내림이 없다. 동쪽이 풍년 들고 서쪽은 흉년 들며, 남쪽이 장마지고 북쪽이 가무는 것은 치우치는 것이 아니라 회전하는 것이다. 이것은 사람의 기혈이 통하고, 혹 통하지 않으며, 몸이 건강하고, 혹 건강하지 못한 것과 같은 것이다.[167)]

---

164) 解剛者解地性之剛轅回和氣也, 地性剛卽人質强暴, 私鬪多殘害德化淹滯, 飮流水種楊柳(「叅佺戒經」, 第四章 濟理訓.).

165) 肥甘者地質地味甘也, 地質肥味甘卽人性淳厚和樂, 布德施教如風過健草成其天性, 養其天心派及附近(「叅佺戒經」, 第四章 濟理訓.).

166) 燥濕者地質有燥有濕也, 地質燥濕卽人心薄惡謀利而不向義, 縱慾而不知德, 寛教沈性順和平心, 安以回之(「叅佺戒經」, 第四章 濟理訓.).

167) 移物者天移此地物於彼地也, 天濟物無偏濟, 下物無偏下, 東豊西歉南霖北旱者非偏乃轉也, 如人之氣血通或不通, 身體健或不健(「叅佺戒經」, 第四章 濟理訓.).

[제161사(第一百六十一事)] **易種**(역종)

역종(易種)은 하늘이 생산물의 씨앗을 바꾸는 것이다. 하늘이 만물을 구제함에 극히 귀(貴)하고 극히 성(盛)함도 없으며, 극히 천(賤)하고 극히 쇠(衰)함도 없으니, 무릇 만물이 귀하고 성하면 반드시 천해지고 쇠퇴하며, 천해지고 쇠퇴하면 반드시 귀하고 성하게 되는 것은 하늘이 이 생산을 저편으로 바꾸고, 저 생산물을 이편으로 바꾸는 것이니, 사람이 성품을 바꾸는 지혜를 통달하게 된다.[168)]

[제162사(第一百六十二事)] **拓闢**(척벽)

척벽(拓闢)은 사람이 살지 않는 황무지의 땅을 개척하는 것이다. 하늘이 사람을 구제함에 먼저 만물을 열어 주어 벽지에는 사람이 없게 하고 황무지에는 만물이 없게 하니, 그러므로 신성(神聖)함으로 개척을 시작하고, 어질고 지혜로움으로 이를 돕게 하여, 어리석고 몽매함도 교화(敎化)하여 마치도록 한다.[169)]

[제163사(第一百六十三事)] **水山**(수산)

수산(水山)은 바다와 육지이다. 하늘이 바다를 구제함에 뭍으로써 하고, 뭍을 구제함에 바다로써 하여, 가르침은 뭍에서 시작하여 바다에서 이뤄지며, 도(道)도 뭍에서부터 시작하여 바다에 그 덕(德)이 미치게 한다. 교화가 서면 구제의 공이 밝고, 도덕(道德)이 이루어지면 구제(救濟)의 공(功)이 드날린다.[170)]

[제164사(第一百六十四事)] **序**(서)

서(序)는 만물을 구제하는 도(道)에는 그 차례 순서가 없는 것이 아니다. 형세를 살피어 베풀며, 마땅함을 헤아려 결단하여, 다시 헤아림이 없어야 하는 것으

---

168) 易種者天易所産物種也, 天濟物無極貴極盛無極賤極衰, 凡物貴盛必賤衰, 賤衰必貴盛者, 天易此産於彼易彼産於此, 換人性達人知(「叄佺戒經」, 第四章 濟理訓.).

169) 拓闢者拓僻闢荒也, 天濟人先開物, 故爲僻地無人荒地無物, 以神聖而始賢智而補, 愚昧而繼敎化而終(「叄佺戒經」, 第四章 濟理訓.).

170) 水山者海陸也, 天濟海以陸濟陸以海, 敎自陸而化于海, 道自陸而德于海, 敎化立卽濟功明, 道德成卽濟功揚(「叄佺戒經」, 第四章 濟理訓.).

로, 이것은 어금니가 있고 뺨이 있는 것과 같은 것이다.[171)]

[제165사(第一百六十五事)] **先遠**(선원)

선원(先遠)은 먼 곳에 있는 사람을 먼저 구제하고 가르치는 것이다. 철인(哲人)은 만물을 구제하고 교화하되 멀리 소외된 곳부터 하니, 어리석고 게으름을 스스로 변하게 하여 밝고 맑게 하며, 완고한 자도 스스로 깨달아 예절이 있게 한다.[172)]

[제166사(第一百六十六事)] **首濱**(수빈)

수빈(首濱)은 물가에 있는 위태한 사람을 먼저 구제하는 것이다. 구제에도 선후가 있으니, 거꾸로 매달려 있는 것이 비록 급하긴 하지만, 물에 빠진 사람이 더 급하고, 물에 빠진 사람이 비록 급하다 하더라도, 불에 타는 사람이 더 급하다.[173)]

[제167사(第一百六十七事)] **輕重**(경중)

사람의 곤란과 위험에는 무거운 것과 가벼운 것이 있으니, 반드시 구제하고자 함에 마땅히 무거움과 가벼움을 알아야 한다. 무거운 것은 오로지 시간이고, 가벼운 것은 오로지 날짜이다. 시간과 날짜가 아니라면, 무거움도 가벼움도 없는 것이다.[174)]

[제168사(第一百六十八事)] **衆寡**(중과)

천(1,000) 사람 가운데에 8분(八分; 8%)이 곤란하고, 백 사람 가운데에 그 10분(十分; 10%)이 곤란하면, 그 곤란함은 많음이 적음보다 더 곤란하니, 천의 8분(8%)이 백의 10분(10%)보다 많지만, 둘 다 구제하려면, 많은 인원의 곤란함을

---

171) 序濟物之道非無次序也, 審勢而施 量宜而決無再算, 如有牙有頰(「叄佺戒經」, 第四章 濟理訓.).

172) 先遠者先于遠人也, 哲人濟物敎化先于遐陬. 愚貽自變爲明哲, 頑骨自覺有禮節(「叄佺戒經」, 第四章 濟理訓.).

173) 首濱者首先濟濱危之人也, 濟有先後倒懸雖急溺水有矣, 溺水雖急焚火有矣(「叄佺戒經」, 第四章 濟理訓.).

174) 人之困厄有重有輕, 必欲濟之宜知重知輕, 重固時矣, 輕固日矣, 不時不日, 無重無輕(「叄佺戒經」, 第四章 濟理訓.).

구제하는 데에는 덕(德)으로써 하고, 적은 인원의 곤란함을 구제하는 데는 은혜로써 해야 한다.[175)]

**[제169사(第一百六十九事)] 合同(합동)**

합동(合同)은 세상을 같이 하는 것이다. 세상이 덕(德)의 뜻만 숭상하면 이치가 없어지고, 세상이 이치(理致)만 숭상하면 덕(德)의 뜻이 없어진다. 그러므로 철인(哲人)은 사람을 구제하는 데에 있어서 덕(德)과 함께 그때(이치)를 짐작해야 한다.[176)]

**[제170사(第一百七十事)] 老弱(노약)**

노인을 구제함에는 은혜로써 하고, 약한 사람을 구제함에는 방도로써 한다. 은혜로움은 가히 바꾸지 못하는 것이며, 구제의 방도는 가히 무궁한 것이다. 정녕 은혜로 하지 않고 방도로 하지 않는다 하더라도, 없다 하여 바꾸지 못하며 무궁함이 바뀌지 않는다.[177)]

**[제171사(第一百七十一事)] 壯健(장건)**

장건(壯健)은 하늘의 해침을 만나 어려운 처지에 서게 되는 것이다. 비록 힘들여 샘물 두레박으로 마시고자 하여도 두레박 줄의 구제함의 단순한 은혜가 없는 것이니, 가히 경계하여 은혜를 다시 찾아야 하며, 경계하지 않으면 은혜는 복구되지 않는다.[178)]

---

175) 千人八分其困, 百人十分其困, 其困而衆困勝寡困, 十分多八分, 其雙成者濟衆以德濟寡以惠(「參佺戒經」, 第四章 濟理訓.).

176) 合同者擧世也, 擧世尙德意無物理, 擧世尙物理無德意, 是以哲人濟人相德物斟時(「參佺戒經」, 第四章 濟理訓.).

177) 濟老以恩濟弱以方, 恩可不易方可無窮, 寧爲不恩不方不可無不易無窮(「參佺戒經」, 第四章 濟理訓.).

178) 壯健者遭天敗立絶地, 雖欲筋力井匏 無繩濟之單恩, 可警其復, 不警復非恩(「參佺戒經」, 第四章 濟理訓.).

[제172사(第一百七十二事)] **智**(지)

지(智)는 앎의 스승이고, 재주의 스승이며, 덕(德)의 벗이다. 지혜가 능하면 모든 일에 통달하고, 재주가 능하면 세밀히 판단하며, 덕(德)이 능하면 모든 사람을 감화시키니, 오직 철인(哲人)의 지혜라야만 사람을 구제하는 데 쓰인다.[179)]

[제173사(第一百七十三事)] **設備**(설비)

하늘의 이치를 밝히고, 우주 자연의 이치〈천도(天道); 성(誠)〉를 따르고 닦는 것은 사람의 욕심을 억제하는 법을 미리 설명하는 것이다. 계명(戒命)을 잘 정리하여 마음에 새기어 모아 두는 것은 사람이 자신을 닦는 준비를 하는 것이다. 하늘을 대신하여 갖추어 베푸는 것은 만세를 이어 만물을 구제하는 귀감(龜鑑)이다.[180)]

[제174사(第一百七十四事)] **禁癖**(금벽)

금벽(禁癖)은 사람의 고약한 성질과 나쁜 버릇을 금하는 것이다. 오만과 횡포, 잔인과 포악은 사람의 고약한 성질이며, 아첨과 참소, 속임과 거짓은 사람의 나쁜 버릇이다. 규범을 정하여 틈 없이 선을 긋는 것이, 사람의 고약한 성질과 나쁜 버릇을 고치는 좋은 약재이다.[181)]

[제175사(第一百七十五事)] **要儉**(요검)

요검(要儉)은 일을 위하여는 검소하게 행하는 것이다. 사람의 행위가 잘못되는 것은 사치한 생활에서 생기며, 음란한 행위도 생활이 사치한 데서 생긴다.

---

179) 智者知之師也, 才之師也, 德之友也, 知能通達才能剖判, 德能感化, 惟哲人之智用濟人(「叄佺戒經」, 第四章 濟理訓.).

180) 明天理述天道者制人慾之預設也, 編戒命纂心銘者修人身之準備也, 代天設備爲萬世濟物之鑑(「叄佺戒經」, 第四章 濟理訓.).

181) 禁癖者禁人之痼癖也, 驕橫殘虐人之痼也, 諛讒譎謊人之癖也, 定規箴劃防閒是爲藥石(「叄佺戒經」, 第四章 濟理訓.).

그러므로 일할 때 검소하지 않으면 행동에 음란한 짓을 하게 된다. 검소함은 구할 것 없이 검소함은 사람이 죽을 때까지 행해야 함을 먼저 깨달아야 한다.182)

[제176사(第一百七十六事)] **精食**(정식)

정식(精食)은 많은 음식을 탐하여 구하지 않음이다. 호랑이가 고기를 먹으려다가 함정에 빠지고, 물고기가 미끼를 먹으려다가 낚시에 걸리는 것은 음식을 구하여 탐하는 입 때문이다. 음식을 탐하는 입 때문에 몸을 잃게 되면 영혼이 의지할 곳이 없다. 이를 구제하는 것이 정식(精食)이다.183)

[제177사(第一百七十七事)] **潤資(윤자)**

윤자(潤資)는 가지고 있는 자본을 불리는 것이다. 사람이 자본을 가지고 있으면 구차하게 원하는 것이 없어 인자한 마음이 늘 있으니, 자본을 갖는 것은 부지런한 데서 이루어지고, 게으르면 잃게 된다. 옳게 하면 지켜지고, 어질게 하면 불어난다.184)

[제178사(第一百七十八事)] **改俗**(개속)

개(改)는 버리는 것이다. 속(俗)은 야만스러운 것이다. 스스로 구제하면 완전하고 남이 구제하면 산만하다. 스스로 구제하면 제때에 하고 남이 구제하면 더뎌진다. 완전함과 제때란 나에게 있고, 산만함과 더딤은 남에게 있으니, 이로써 남이 구제하는 것을 기다리는 것은 야만스러운 것이다. 스스로 구제하는 것은 문명 된 일이니, 야만스러움을 버리고 문명으로 나아가면 구제의 지혜가 이뤄진다.185)

---

182) 要儉者爲務儉也, 行乖生於奢, 淫亂生於奢, 未有務儉而爲行乖淫亂者也, 儉卽無求儉爲終身之先覺(「參佺戒經」, 第四章 濟理訓.).

183) 精食者不求重食也, 虎陷肉穽魚縣餌綸者貪口也, 身失於口靈無所寄, 其濟之者精食乎(「參佺戒經」, 第四章 濟理訓.).

184) 潤資者潤其資有也, 人有資有卽無苟願長慈心, 資有成之於勤, 失之於怠, 義卽守, 仁卽潤(「參佺戒經」, 第四章 濟理訓.).

185) 改去也, 俗野也, 自濟完人濟散, 自濟時人濟遲, 完與時在我散與遲在人, 是以待人濟

[제179사(第一百七十九事)] **立本**(입본)

입본(立本)은 뜻의 근본을 세우는 것이다. 지혜의 근본은 뜻이다. 뜻을 가지고 지혜로우면 구제되고, 뜻을 잃고 지혜로우면 구제되지 못하니, 스스로를 구제하는 지혜가 없으면 남을 구제하는 지혜도 부족하다.[186)]

[제180사(第一百八十事)] **收殖**(수식)

수(收)는 인간이 소망한 바를 거두는 것이다. 식(殖)은 재물을 널리 활용하여 불리는 것이다. 구제를 덕으로만 하면 인간이 소망하는 바가 아니어서 구제의 덕을 달성하지 못하니, 구제는 은혜로써 하되 재물을 활용하지 않으면 믿지 않으니, 사람의 구제에 지혜를 다하는 것은 사람의 소망을 귀히 여기고, 재물의 활용을 가볍게(아낌없이) 하는 것이다.[187)]

[제181사(第一百八十一事)] **造器**(조기)

조기(造器)는 하늘이 사람됨의 그릇을 만드는 것이다. 만 사람을 한 형상으로 만들며 만 성품을 한 품격으로 만든다. 다만 만듦에 있어서 여덟 가지〈성(誠), 신(信), 애(愛), 제(濟), 화(禍), 복(福), 보(報), 응(應)〉가 다르고, 아홉 가지〈9규(九竅; 사람의 몸에 있는 아홉 개의 구멍, 눈 2, 코 2, 입 1, 귀 2, 요도, 항문)〉가 특수한 것은 구제하는 바탕이 서로 같지 않아, 반드시 수련〈도용(陶鎔)〉하여 갈고 닦아 익숙해지는 데서 이뤄져야 한다.[188)]

[제182사(第一百八十二事)] **預濟**(예제)

예제(預濟)는 병이 들기 전에 약을 다려 먹는 것이다. 사람이 진흙 구덩이에

---

者野也, 欲自濟者文也, 去野而就文濟之智成(「參佺戒經」, 第四章 濟理訓.).

186) 立本者立志本也, 智之本志也, 帶志而智卽濟, 失志而智卽不濟, 無自濟之智欠濟人之智(「參佺戒經」, 第四章 濟理訓.).

187) 收收人望也, 殖殖財用也, 濟之以德非人望不達, 濟之以惠非財用不信, 欲遂濟人之智者貴人望而賤財用(「參佺戒經」, 第四章 濟理訓.).

188) 造器者天爲造人器也, 造萬人一像造萬性一品, 但造八異而九殊者濟質互相不同, 必陶鎔磨鍊而成(「參佺戒經」, 第四章 濟理訓.).

빠진 후에 부축해주고, 취하여 쓰러진 후에 물을 주는 것은 그 실제를 본 후에 구제하는 것이니, 그 지혜는 미물만도 못하다. 땅 기운이 장차 젖으려 할 때 개미와 땅강아지는 미리 그것을 알고 구멍을 막는다.[189)]

**[제183사(第一百八十三事)] 禍(화)**

화(禍)는 악(惡)이 불러들인 것이다.[190)]

**[제184사(第一百八十四事)] 欺(기)**

사람의 허물과 죄는 속임으로 말미암지 않은 것이 없으니, 속임은 성품을 태우는 화로이며 몸을 베는 도끼이다. 자기 스스로가 속임을 행하는 것을 잘못으로 깨달아야 다시 하지 않으니, 그러므로 속임을 행하는 것은 비록 깨우쳐도 씻을 수 없다.[191)]

**[제185사(第一百八十五事)] 匿心(익심)**

익(匿)은 감추는 것이다. 마음에 마음을 감추고, 마음에 마음을 속이면 마음은 이미 비어 있어 정지해 있으면 흙이나 나무와 같으며 움직이면 시체와 같다. 흙과 나무로서는 능히 일을 의논할 수 있지만, 시체이면 능히 사람을 따르겠는가.[192)]

**[제186사(第一百八十六事)] 慢天(만천)**

만천(慢天)은 하늘의 살핌이 있는 것을 알지 못하는 것이다. 선(善)을 행하여 이루는 것도 또한 하늘의 힘이며, 악(惡)함을 행하여 패(敗)하는 것도 또한 하늘의 힘이다. 위태로움을 행하다 중도에 그치는 것도 역시 하늘의 힘이다. 흐릿한

---

189) 預劑者病前煎藥也, 埴壑而後扶醉倒而後灌, 是見物而濟之, 智不如微物乎, 地氣將濕蟻螻封穴(「參佺戒經」, 第四章 濟理訓.).

190) 禍者惡之所召(「參佺戒經」, 第五章 禍理訓.).

191) 人之過戾無不由欺. 欺者燒性之爐伐身之斧也. 自行欺覺卽不再, 故行欺雖警無滌(「參佺戒經」, 第五章 禍理訓.).

192) 匿藏也, 藏心於心欺心於心, 心已空矣, 止卽土木行卽肉尸, 土木而能論事 肉尸而能追人乎(「參佺戒經」, 第五章 禍理訓.).

사람도 선(善)을 행하면 하늘의 힘이 이루게 하며, 지혜로운 사람이라도 악(惡)을 행하면 하늘이 또한 패하게 하고, 재주 있는 사람이 위태로움을 행하면 하늘이 시험을 놓아 힘을 거둔다.[193)]

**[제187사(第一百八十七事)] 信獨(신독)**

신독(信獨)은 사람이 지각이 없는 것을 이르는 것이다. 홀로 스스로 속였을 때, 비록 아는 사람이 없더라도 영(靈)은 이미 마음에 알리고, 마음은 이미 하늘에 알리고, 하늘은 신(神)에게 명하니, 신(神)은 이미 밝게 임하여 해와 달이 그 위에서 밝게 비친다.[194)]

**[제188사(第一百八十八事)] 蔑親(멸친)**

멸친(蔑親)은 골육의 친족을 속이는 것이다. 골육으로서 골육을 속이는 것은 그 이득을 위하여 다투는 것인가. 의리를 위하여 다투는 것인가. 만약 도모하는 마음이 서로 맞지 않을 때는 윗사람은 금지하고 아랫사람은 그치며, 아랫사람은 윗사람에게 간(諫)할 따름이니, 골육을 속여 사사로움을 이루는 자는 그 집안이 반드시 어지러워진다.[195)]

**[제189사(第一百八十九事)] 驅殞(구운)**

구운(驅殞)은 사람을 어렵고 막힌 곳으로 몰아넣는 것이다. 강한 자는 약한 자를 능멸하고, 꾀가 있는 자는 어리석은 자를 희롱하여 구하는 바를 이루지 못하거나, 말하는 바를 좇지 않으면 몰래 그물과 함정에 몰아넣어 몸에 상처를 입히니, 하늘은 또다시 약하고 어리석은 자들에게 이런 일이 없도록 강한 자나 꾀

---

193) 慢天者不知有天之鑑也, 行善而成亦天力也, 行惡而敗亦天力也, 行險而中亦天力也, 濛者行善天力成之, 知者行惡天亦敗之, 巧者行險天縱試而力收之(「參佺戒經」, 第五章 禍理訓.).

194) 信獨者謂無人知覺也, 獨自做欺 雖謂無知者靈已告心, 心已告天, 天已命神, 神已照臨日月燭其上(「參佺戒經」, 第五章 禍理訓.).

195) 蔑親者欺骨肉之親也, 以骨肉欺骨肉者其爭利歟鬪義歟, 若謀心不合上禁止下, 下諫諍上而已, 欺骨肉而成私者其家必亂(「參佺戒經」, 第五章 禍理訓.).

있는 자가 크게 속이는 것을 소리로 경계한다.[196)]

[제190사(第一百九十事)] **踢傾(척경)**

척경(踢傾)은 사람을 차서 쓰러지게 하는 것이다. 서로 굳게 화합함은 그 꾀를 같이 행함이고, 아랫사람을 차는 것은 잔인하게 쓰러트리는 것이다. 이런 일을 하고자 하는 자는 아부(阿附)하는 것이니, 동쪽 사람이 서쪽 사람을 차면 동쪽 사람은 도리어 이를 의심하고, 서쪽 사람은 아픔을 새긴다. 속임으로 아부하여, 끝내는 동쪽 사람으로 하여 서로 차서 같이 쓰러지게 할 것이다.[197)]

[제191사(第一百九十一事)] **假章(가장)**

가장(假章)은 문장을 거짓으로 꾸며 속이는 것이다. 붓을 잡은 사람은 글로써 희롱하니, 글씨를 바꾸어 착하고 어진 사람을 모함하고, 영악한 것을 종용하여 선(善)과 악(惡)함을 거꾸로 하고, 길함과 흉함의 자리를 바꾸니, 한 사람을 속이면 하나의 세상을 속이는 것으로 하늘이 반드시 용납하지 않을 것이니 하물며 이뿐이겠는가.[198)]

[제192사(第一百九十二事)] **無終(무종)**

무종(無終)은 시작만 생각하고 마침이 없이 속이는 것이다. 사람이 일을 처리하는 데 있어 잘 시작하고 마침이 없는 사람도 있으며, 잘 시작하여 잘 마치는 사람도 있고, 어찌할 수 없이 중간에 멈추는 사람도 있는데, 이는 모두 행한 뒤에 알게 되니, 오직 이 무종은 유혹하여 일을 시작하여 이끌어 감이니, 먼 이치를 가까운 이치라 하고, 나쁜 것을 좋게 한다고 속이니, 그 사사로운 욕심이 극

---

196) 驅殞者驅人於絶地也, 强者凌弱謀者弄痴, 或所求不至所言不從, 暗驅網穽羽肉狼藉, 天不復弱痴者聲其大欺也(「叄佺戒經」, 第五章 禍理訓.).

197) 踢傾者踢傾人也, 和健同謀踢下傾殘, 所欲者阿附也, 爲東人而踢西人, 東人反疑之, 西人刻痛之, 崎哉欺也. 竟使東人踢相傾者(「叄佺戒經」, 第五章 禍理訓.).

198) 假章者假托文章而欺也, 秉筆者弄文換墨捏陷賢良, 慫慂凶寧善惡顚倒, 吉凶易地, 欺一人欺一世, 天必不容况于斯哉(「叄佺戒經」, 第五章 禍理訓.).

에 달하면 반드시 뒤집힌다.[199)]

[제193사(第一百九十三事)] **怙恩(호은)**

호(怙)는 의지하는 것이다. 사람이 나에게 은혜를 입히면 마땅히 그 은혜를 갚아야 하니, 은인(恩人)의 은혜를 모르고, 또 부담 지우며, 또 거리끼니 그것이 옳은 것인가.[200)]

[제194사(第一百九十四事)] **恃寵(시총)**

시(恃)는 힘을 입음이다. 어린 사람이 총애를 받으면 나뭇잎이 푸르게 빼어남과 같으니, 감히 방자한 생각을 품겠는가. 오로지 속임과 해침을 일삼아 마음속에 해로운 좀 벌레가 생기면 받은 총애가 식어 저절로 없어진다.[201)]

[제195사(第一百九十五事)] **奪(탈)**

물욕이 영(靈)을 가리면 아홉 개 구멍〈9규(九竅; 사람의 몸에 있는 아홉 개의 구멍, 눈 2, 코 2, 입 1, 귀 2, 요도, 항문)〉이 막히니, 몸에 있는 아홉 개 구멍이 다 막혀버리면 금수(禽獸)와 같아서, 다만 먹을 것을 빼앗는 욕심만 있을 따름이며, 염치나 두렵고 겁나는 것이 없다.[202)]

[제196사(第一百九十六事)] **滅産(멸산)**

멸산(滅産)은 사람의 산업을 멸망하게 하는 것이다. 남의 산업을 멸망시켜 자기의 소유로 만들면 능히 편안하고 능히 길게 오래 갈 것인가? 이렇게 하면 하

---

199) 無終者始懷無終而欺也, 人於處事有克始無終者, 有善始善終者, 有無奈半停者, 皆行後知之, 惟此無終始誘也, 遠理謂之近理, 歹做謂之好做, 極其私慾卽必反之(「叅佺戒經」, 第五章 禍理訓.).

200) 怙倚也, 人恩己宜思報恩, 恩己之深反輕之, 恩人恩衰, 又負之, 又妨之, 其可乎(「叅佺戒經」, 第五章 禍理訓.).

201) 恃賴也, 蒙人存寵殘葉靑秀, 敢懷恣肆, 專用瞞害蠹於中心, 存寵者冷自去之(「叅佺戒經」, 第五章 禍理訓.).

202) 物慾蔽靈竅塞, 九竅盡塞與禽獸相似, 只有食奪之慾而已, 未有廉恥及畏㤼(「叅佺戒經」, 第五章 禍理訓.).

늘이 그 넋을 빼앗는 머리를 원망하는 벌을 준다.[203]

[제197사(第一百九十七事)] **易祀**(역사)

역사(易祀)는 집안의 제사를 바꿔 지내는 것이다. 남의 재물을 꾀하여 빼앗으며, 가문의 종손을 바꾸고, 몰래 그 제사를 바꿔 지내면, 윤리가 전락하니 저절로 어둡고 어두워진다.[204]

[제198사(第一百九十八事)] **擄金**(노금)

노금(擄金)은 남의 돈을 빼앗는 것이다. 농사는 그 해에 돈이 있고, 글에는 그 달 그믐에 돈이 있으며, 장사는 그날 저녁에 돈이 있고, 공업은 그날 아침에 돈이 있으며, 노동은 때때로 돈이 있으니, 이 중에 어떤 일로 노력한 뒤에 돈을 취하겠는가. 남의 돈을 빼앗는 힘은 농사보다 무겁고, 글보다 수고로우며, 장사보다 세고, 공업보다 날래며, 노동보다 괴롭다. 무겁고 수고로우며, 세고 날래며, 괴로움이 있더라도 또한 돈을 다 얻지 못하는데 몸(수고로움) 없이 어찌 그리하려 하는가.[205]

[제199사(第一百九十九事)] **謨權**(모권)

모권(謨權)은 남의 권세를 꾀하여 빼앗음이다. 남의 응당 맡은 권세를 구차하게 꾀하여 빼앗으려 하면 돌 위에 심은 싹이 뿌리가 잘 뻗지 못하는 것과 같다. 비록 이를 이루었어도 좁은 산골짜기에서 사람이 배를 타는 것 같고, 섬에서 사람이 말을 모는 것과 같다.[206]

---

203) 滅産者滅人之産業也, 滅人産業爲己所有, 能安亨乎, 能長久乎, 天奪其魄與之懟頭(「叁佺戒經」, 第五章 禍理訓.).

204) 易祀者換人家祀也, 謀奪人財換人宗子, 陰易其祀, 倫理轉矣, 自有冥冥(「叁佺戒經」, 第五章 禍理訓.).

205) 擄金者劫人之金也, 農有歲金, 學有晦金, 商有暮金, 工有朝金, 役有時金, 何事擄而後取金, 擄之力, 重於農, 勞於學, 强於商, 猛於工, 苦於役, 重勞强猛苦, 且不得金無身而有(「叁佺戒經」, 第五章 禍理訓.).

206) 謀權者謀奪人之權也, 人之應權苟欲謀奪, 石上種苗不可托根, 雖成峽人駕舟島人御馬(「叁佺戒經」, 第五章 禍理訓.).

[제200사(第二百事)] **偸卷(투권)**

투권(偸卷)은 남의 책을 몰래 모방하여 쓰는 것이다. 욕심으로 실상을 도적질하여 그 바탕을 거짓으로 꾸미고 단장하면, 이는 소를 그린 그림에 용의 무늬를 놓은 것이며, 개가 호랑이 가죽을 뒤집어쓴 격이니, 백 걸음 안에 소는 엎어지고 개는 뒤 집어진다.[207]

[제201사(第二百一事)] **取人(취인)**

취인(取人)은 남의 이름을 도둑질하는 것이다. 남의 공(功)을 자기의 공으로 삼으며, 남의 은혜를 자기의 은혜로 삼는 것은 본받을 것이 아니며, 또 아름다운 것도 아니니, 마침내 이로움과 명예를 도둑질하는 것이니, 공이 헛되고 이로움이 없으며, 은혜가 헛되고 명예도 없다.[208]

[제202사(第二百二事)] **淫(음)**

음(淫)은 몸이 패하는 시작이며, 인간의 윤리를 혼탁하게 하는 근원이고, 집안을 어지럽히는 근본이다. 돼지는 성품이 음탕하고, 개는 색이 음탕하며, 양은 기운이 음탕하다. 그러므로 음탕한 사람을 삼축(三畜)이라고 이른다.[209]

[제203사(第二百三事)] **荒邪(황사)**

황(荒)은 음탕함을 즐겨 몸을 잃는 것이다. 사(邪)는 음탕함을 보아 목숨을 잃는 것이다. 음탕함을 즐겨 하여 몸을 잃으면 인간의 윤리 도덕이 엎어지고, 음탕함을 보고 목숨을 잃으면 환란이 뒤따라온다.[210]

---

207) 偸卷者倣人之卷也, 欲偸實有粧之假質, 牛畵龍文, 犬冒虎皮, 百步之內牛顚犬仰(「參佺戒經」, 第五章 禍理訓.).

208) 取人者窃人之名也, 人功爲己功, 人惠爲己惠者非師之又非娟之, 乃偸利窃譽也, 虛功沒利虛惠無譽(「參佺戒經」, 第五章 禍理訓.).

209) 淫敗身之始混倫之源亂家之本也, 猪也性淫, 狗也色淫, 羊也氣淫, 故淫人謂之三畜(「參佺戒經」, 第五章 禍理訓.).

210) 荒樂淫而忘身也, 邪見淫而忘命也, 樂淫而忘身道理顚覆, 見淫而忘命患難接踵(「參佺戒經」, 第五章 禍理訓.).

[제204사(第二百四事)] **狀主**(장주)

장주(狀主)는 그 아내가 음탕하여 그 남편을 해치는 것이다. 음탕함에는 지혜로움이나 어리석음이 없으니, 지혜로 해침은 그 꾀를 바탕으로 하고, 어리석음이 해침은 해나 달같이 그 완고함을 바탕으로 한다. 바람이 불면 풀이 움직이듯이 소리와 형색으로 스스로 음녀(淫女)임을 나타낸다.[211)]

[제205사(第二百五事)] **藏子**(장자)

장자(藏子)는 음탕한 잉태(孕胎)를 숨기는 것이다. 음탕하게 낳아 밤에 감춘다 하더라도 그 이름을 비록 피하려 하나 피하기 어려우며, 그 사랑을 비록 끊으려 해도 끊지 못하고, 오히려 남의 구원을 바라게 되니 어찌 다행함을 기대하는가, 음탕은 반드시 그 씨앗이 있다.[212)]

[제206사(第二百六事)] **流胎**(유태)

유태(流胎)는 음란한 잉태(孕胎)를 악(惡)으로써 지우는 것이다. 하늘이 악한 종자를 떨어뜨리더라도 땅은 반드시 이를 받아서 낳고, 비와 이슬은 이를 자라게 하여, 누린내 나는 풀이 향기로운 풀과 같으니, 하늘의 이치를 어기고 잉태(孕胎)했어도 이치는 돌아갈 데가 있다(잉태를 지워서는 안 된다.).[213)]

[제207사(第二百七事)] **强勒**(강륵)

강륵(强勒)은 남의 아내와 첩을 간음(奸淫)하고자 강제로 하는 것이다. 순순히 어울리게 하는 것은 간사함이며, 강하게 억지로 함은 도둑이다. 순순히 어울림도 하늘이 용서치 않을 텐데, 강하게 억지로 하는 것을 용서하겠는가. 이는

---

211) 狀主者淫其婦而害其夫也, 淫無智愚智狀也, 鬼神質其謀愚狀也, 日月質其頑, 風吹草動聲色自顯(「叄佺戒經」, 第五章 禍理訓.).

212) 藏子者匿淫胎也, 淫産藏夜名雖避難避, 愛雖絶不絶, 猶望他救, 豈期幸也, 淫必有種(「叄佺戒經」, 第五章 禍理訓.).

213) 流胎者藥於淫孕也, 天落惡種地必受生, 雨露長之, 蕕以薰傍, 若違天理, 理有所歸(「叄佺戒經」, 第五章 禍理訓.).

날아드는 불나비가 등불을 치면 불꽃에 제 몸이 타버리는 것과 같다.[214)]

[제208사(第二百八事)] **絶種(절종)**

절종(絶種)은 남의 집 과부를 음간(淫奸)하여 그 집안 대를 이어갈 후손을 끊는 것이다. 어린이가 우물가로 가까이 가면 반드시 멀리 옮겨 주고, 죽순의 싹이 트면 사람들은 반드시 밟지 않는 법인데, 이미 그 어미와 통정하며 즐기니 어찌 그 아들이 참을 수 있겠는가. 적막하고 어두운 방이라도 하늘의 눈이 알려주는 것 같다.[215)]

[제209사(第二百九事)] **傷(상)**

상(傷)은 사람을 상하게 하는 것이다. 하늘은 악한 사람이 남을 상하게 하는 것을 노엽게 보고 우뢰로 경계하며, 벼락으로 위협하니, 악인은 머리를 선(善)으로 돌리지 못하고, 탐욕의 지경에서 벗어나지 못하여, 어질지 못한 수단으로 사람을 상하게 하면 벌(罰)에는 가볍고 무거움이 있다.[216)]

[제210사(第二百十事)] **凶器(흉기)**

흉기(凶器)는 쇠붙이에 속하는 것이다. 쇠붙이로써 감히 사람을 상하게 할 것인가. 사람을 상해하는 자도 사람이며, 상해를 입은 자도 또한 사람이라. 사람의 신체는 부모에게서 받았으며, 부모가 길러 준 것이니, 사람을 상해(傷害)하는 자는 그 홀로 부모가 없는 것인가.[217)]

---

214) 强勒者欲淫人之妻妾强之勒之也, 和濃淫之奸也, 强勒淫之賊也, 和濃天且不赦, 强勒赦乎, 飛蛾撲燈, 有焰燒身(「叄佺戒經」, 第五章 禍理訓.).

215) 絶種者淫人寡女而絶其嗣也, 稚子近井人必遠徙, 筍芽始生人必不踏, 旣歡其母寧忍其子, 寂寞暗室天眼如輪(「叄佺戒經」, 第五章 禍理訓.).

216) 傷傷人也, 天怒惡人傷人, 雷霆警之, 霹靂威之, 惡之不回頭於利嫌界, 行不仁手段其陽傷陰傷, 罰有輕重(「叄佺戒經」, 第五章 禍理訓.).

217) 凶器者金鐵之屬也, 以金鐵敢傷人乎, 傷人者人也, 被傷者亦人也, 人之身, 受於父母, 育於父母, 傷人者獨無父母乎(「叄佺戒經」, 第五章 禍理訓.).

**[제211사(第二百十一事)] 鴆毒(짐독)**

짐독(鴆毒)은 독(毒)이 있는 새에서 나온 독한 약이다. 짐독은 독 묻은 기구보다 더 독하니, 쇠붙이로 상해를 입은 사람은 혹 목숨을 보전할 수 있지만, 짐(鴆) 새의 약물을 맞은 사람은 모두 목숨이 남지 않으니, 부모에게 효도하는 사람은 그 몸이 온전하게 됨을 기뻐하라. 효자는 짐(鴆) 새가 독을 쏘는 일이 없다.[218)]

**[제212사(第二百十二事)] 奸計(간계)**

간계(奸計)는 간사한 계교(計巧)로 사람을 상하게 하는 것이다. 간사하다는 것은 요사스러운 기능이다. 일에 간사스러우면 혼란이 있지 않음이 없으며, 만물에 대하여 간사스러우면 패하지 않음이 없다. 하물며 간사스러움으로 상하게 할 것인가. 그 계교(計巧)가 하얀 눈에 단청같이 어찌 사라지겠는가.[219)]

**[제213사(第二百十三事)] 摧殘(최잔)**

최잔(摧殘)은 썩은 가지를 꺾는 것이다. 비록 의심과 원한이 있다 하더라도, 차마 썩은 가지를 꺾듯이 잔인하지 못한 것은 인(仁)의 경계이다. 인(仁)의 경계를 밟으면 의심과 원한이 저절로 풀어지고, 행복과 이로움이 저절로 이른다. 만약 썩은 가지를 꺾는 것과 같이 쉽게 뒤집어, 의심과 원한에 대하여 잔인하게 하더라도 1년이 안 되어 봄 뿌리가 다시 돋아난다.[220)]

**[제214사(第二百十四事)] 必圖(필도)**

필도(必圖)는 도모하는 뜻을 새겨 두는 것이다. 우주 자연의 이치〈성(誠)〉에는 반드시 수칙이 있고, 그 믿음에는 반드시 실천이 있으며, 그 사랑함에는 반

---

218) 鴆毒者鴆藥也. 鴆毒毒於器, 金鐵加人或有可保, 鴆水灌人合無餘命, 孝於父母者喜其全歸歟, 孝子無受鴆之夭(「叄佺戒經」, 第五章 禍理訓.).

219) 奸計者奸計傷人也, 奸妖邪之技能也, 奸於事未有不患者, 奸於物未有不敗者, 況以奸傷, 其計能丹靑於雪而不消乎(「叄佺戒經」, 第五章 禍理訓.).

220) 摧殘者拉朽枝也, 雖有嫌怨不忍於殘者仁界也, 蹈仁界卽嫌怨自解, 福利自至, 若以拉朽之易飜然下抉之, 未年春根復至(「叄佺戒經」, 第五章 禍理訓.).

드시 용서가 있고, 그 구제함에는 반드시 지혜가 있으니, 이는 사람의 천성(天性)이다. 이에 반하여 미미한 의심에도 반드시 사람을 상하게 하는 의도를 마음에 새겨두고, 꾀와 음흉함을 찾아 상해하지도 못하고 잊지도 못하니 천성이 멸(滅)하게 된다. 문을 열어 보면 먹구름이 하늘에 가득하다.[221]

[제215사(第事)] **委唆(위사)**

위사(委唆)는 남에게 청탁하는 것이다. 일이 잘 돌아가지 않음에 남의 도움을 청하는 것은 정성이며, 믿고 있는 물에서 잡아당기기가 어려울 때 남이 붙잡아 줄 것을 구하는 것은 의로움이다. 사사로운 원한을 갚고자 하여 남에게 부탁하는 것은 심히 어질지 못함이며, 남의 원한을 풀기 위하여 떳떳하지 못한 청탁을 받는 것은 지혜로움이 아니다. 부탁한 사람은 위태롭고, 부탁을 받는 사람은 망한다.[222]

[제216사(第二百十六事)] **凶謨(흉모)**

흉모(凶謨)는 야만적인 행동이다. 사람이 야만적 행동을 하면 착한 사람을 성내게 하며, 의로운 사람을 소리 나게 한다. 그리하여 까닭 없이 만물의 이치를 악하게 만들고, 까닭 없이 천도(天道)를 완악(頑惡)하게 멸하니 재앙은 몰아치지 않아도 긴 밤에 비가 질펀하게 내리는 것과 같다.[223]

[제217사(第二百十七事)] **陰(음)**

음(陰)은 음모이다. 의리가 다함에 음모로 돌아가고, 술책이 다함에 음모가

---

221) 必圖者刻意圖之也, 於誠有必守, 於信有必踐, 於愛有必恕, 於濟有必智, 此人之天性也, 反此於微嫌, 有必圖傷人之心, 覓謀尋險不傷不忘, 天性滅矣, 開戶視之黑雲滿天(「參佺戒經」, 第五章 禍理訓.).

222) 委唆者托囑於人也, 事輪不轉請人助力誠也, 信河難挽求人扶翼義也, 欲報私怨托於人不仁之甚, 欲爲人解怨受非常之囑不智也, 指者危領者亡(,「參佺戒經」 第五章 禍理訓.).

223) 兇謀者蠻行也, 人有蠻行卽怒善人咬義人, 無何而惡戮物理, 無何而頑滅天道, 禍不驟乃長夜雨漫(「參佺戒經」, 第五章 禍理訓.).

나타나며, 욕심이 지나치매 음모를 세운다. 음모로 이루어지는 것은 오직 재앙 뿐이다.[224]

[제218사(第二百十八事)] **黑箭**(흑전)

흑전(黑箭)은 어두운 곳에서 사람을 활로 쏘는 것이다. 지혜로 활을 쏘는 것은 혹 남과 같이하나, 꾀로 활을 쏘는 것은 반드시 자기 혼자 한다. 차라리 지혜로 할지언정 꾀로 해서는 안 되니 사냥을 하는 데 있어 잠자는 짐승을 죽이지 않는 것은 어짊이다. 사람이 어질지 못하면 사람의 도리가 폄훼되고, 사람의 도리(道理)가 폄훼되면 그 재앙만 높아진다.[225]

[제219사(第二百十九事)] **鬼焰**(귀염)

귀염(鬼焰)은 술에 취하여 남의 집에 불을 지르는 것이다. 불이 일어나는 것은 만물의 당연한 이치이며, 취하여 혼미해지는 것도 사람의 당연한 이치이지만, 이러한 자연 만물에 따라, 자연히 사람을 해치니 큰불이 도리어 술을 깨게 한다.[226]

[제220사(第二百二十事)] **妬賢**(투현)

투현(妬賢)은 소인이 어진 사람을 미워하는 것이 여자가 여자를 투기하는 것과 같은 것이다. 자기의 단점을 가지고 남의 장점을 투기하나, 어찌 단점이 능히 장점과 같을 수 있겠는가. 도움을 주는 거미줄을 잔인하게 하는 것은 거미에게 재앙이다.[227]

---

224) 陰陰謀也, 義窮歸陰謀, 術盡生陰謀, 欲極立陰謀, 陰謀而成者禍也(「叅佺戒經」, 第五章 禍理訓.).

225) 黑箭者暗地射人也, 智箭或兼人謀箭必由己, 寧可智 不可謀 獵不殺宿仁也, 人而不仁貶人道, 貶人道者其禍仰噴(「叅佺戒經」, 第五章 禍理訓.).

226) 鬼焰者放火於醉人之家也, 火之發物之自然之理也, 醉之昏人之自然之理也, 縱自然之物害自然之人, 大火反及於醒(「叅佺戒經」, 第五章 禍理訓.).

227) 妬賢者小人惡賢人如女妬女也, 將己短妬人長, 安能距長否, 翼殘蛛網者蛛之禍也(「叅佺戒經」, 第五章 禍理訓.).

**[제221사(第二百二十一事)] 嫉能(질능)**

질능(嫉能)은 덕(德)이 없으면서 덕(德)이 있는 것을 방해하며, 재주가 없으면서 재주 있는 것을 헐뜯는 것이니, 이미 그만 같지 않으면 사양할 것이며, 이미 사양하지 않았으면 뒤에 할 것이다. 사양하는 것을 알지 못하며, 뒤에 하는 것도 알지 못하고, 홀로 먼저 덕과 재주 있는 사람을 음해하고자 하는 자는 인간 족속의 큰 도둑이니, 도둑은 능히 그물을 벗어날 수는 있어도, 오래가지는 못한다.[228)]

**[제222사(第二百二十二事)] 間倫(간륜)**

간륜(間倫)은 인륜을 이간질하는 것이다. 겨울이 따뜻한 것을 보고 기뻐하는 사람은 어리석고, 꽃샘추위를 두려워하는 사람도 또한 어리석다. 자기 몸에 욕심을 붙여 인륜을 끊고자 꾀한다고 겨울이 길게 따뜻할 것이며, 봄이 길게 춥겠는가. 이간질을 듣는 사람은 겨울이 따뜻함과 같으며, 이간질을 받는 사람은 봄의 추위와 같아서, 겨울의 따뜻함이 다시 추워지고 봄의 추위가 다시 따뜻해지듯이 재앙이 곧 돌아 이른다. 이는 하늘의 이치다.[229)]

**[제223사(第二百二十三事)] 投質(투질)**

투질(投質)은 사람의 근본 바탕을 폄훼하여 던져버리는 것이다. 남의 험담하고, 남의 진실을 그릇된 것으로 만들어서 근본 본질과 만물을 버리게 하여 살길을 막는 사람은 하늘이 그 은밀한 마음을 깨뜨릴 것이니, 꿩의 소리를 듣고 그 자취를 아는 것과 같다.[230)]

---

228) 嫉能者無德妨有德無才毁有才也, 旣不如可讓, 旣不讓可後, 不知讓, 不知後, 獨欲先陰害德才者人族之大盜也, 盜能脫羅無餘世(「叄佺戒經」, 第五章 禍理訓.).

229) 間倫者離間人倫也, 見冬煖而喜者愚, 見春寒而畏者亦愚, 爲己贅慾謀絶人倫卽冬長煖乎, 春長寒乎 聽間者冬煖也, 受間者春寒也, 冬煖更寒春寒更煖禍旋者, 此天理也(「叄佺戒經」, 第五章 禍理訓.).

230) 投質者投下可質也, 爲呵嫌嚨謀人實過, 投之質物, 堡其活路者天破其隱, 鳴得雉跡(「叄佺戒經」, 第五章 禍理訓.).

### [제224사(第二百二十四事)] 送絶(송절)

송절(送絶)은 겉으로는 은혜 입은 체하고, 속으로는 원수로 여기는 것이다. 은혜를 원수로 삼지 못하며, 원수를 은혜로 삼지 못하는 것은 사람의 이치이다. 하고자 하자는 바가 있지 않으면 은혜를 입은 체하고 해치고자 하는 모함이 깊어져, 그 하고자 하는 바가 반드시 남의 집안을 어지럽게 한다. 이는 마치 피의 흔적이 마르기도 전에 이웃집 닭들이 번갈아 우는 것과 같다.[231]

### [제225사(第二百二十五事)] 誹訕(비산)

비산(誹訕)은 소인이 말로만 잘 하는 것이다. 마음을 나쁘게 다 쓰면 악질보다 더 독하여 남의 부드러운 호흡을 곤란하게 하고, 사람을 베는 칼은 보이지 않는다 하더라도 그 칼의 자루는 날카롭고, 칼집은 간악하다.[232]

### [제226사(第二百二十六事)] 逆(역)

역(逆)은 순리를 행하지 못한 것의 극단이다. 사람의 백 가지 행함이 순리를 따르면 이루고, 역(逆)을 따르면 잃는다. 순리를 행하지 않으면서 큰 복과 큰 이득을 구하는 자는 토끼가 한 굴속에서만 사는 것과 같다.[233]

### [제227사(第二百二十七事)] 褻神(설신)

설신(褻神)은 불경스러운 말로 신성한 기운을 더럽히는 것이다. 우주 자연의 이치〈천도(天道)〉를 아는 자는 하늘을 능멸하지 않으며, 하늘의 이치를 아는 자는 하늘을 원망하지 않는다. 그러므로 하늘에 버릇없이 하는 사람은 우주 자연의 이치〈천도(天道)〉도 모르고, 하늘의 이치도 모르는 자이다.[234]

---

231) 送絶者陽惠陰仇也, 惠不仇仇不惠人理也, 非有所欲咋爲惠而謀害深, 其所欲爲必亂人家, 血痕未乾隣鷄迭唱(「叅佺戒經」, 第五章 禍理訓.).

232) 誹訕者小人之善口也, 全心卽毒于惡疾, 困人軟呼吸, 割人不見刀, 其刀利柄奸鞘(「叅佺戒經」, 第五章 禍理訓.).

233) 逆不順之極也, 人之百行成于順, 失于逆, 逆而求大福大利者兎止一窟(「叅佺戒經」, 第五章 禍理訓.).

234) 褻神者以不敬言語褻天神也, 知天道者不凌天, 知天理者不怨天, 是以褻天者無道

[제228사(第二百二十八事)] **瀆禮(독례)**

독례(瀆禮)는 예(禮)를 물리쳐 멸하는 것이다. 사람의 예는 몸의 손과 다리와 같으며, 집의 문과 같다. 손과 다리를 움직이지 않고 몸을 옮긴다는 사람은 아직 없으며, 집의 문을 거치지 않고 방으로 들어가는 사람은 아직 없다. 예의 행함을 물리쳐 멸하여 그 지역에서 나쁜 풍속을 이루는 자를 거느리는 부류의 우두머리라고 한다.[235)]

[제229사(第二百二十九事)] **敗理(패리)**

패리(敗理)는 우주 자연의 이치를 무너뜨려 어지럽게 하는 것이다. 선(善)을 버리고 악(惡)을 지으며, 올바름을 버리고 사특한 뜻을 행하는 것은 하늘의 이치를 거스르는 것이다. 악(惡)함을 지으면서 도리어 선(善)을 치고, 사특하면서 도리어 올바름을 폄훼하는 것은 우주 자연의 이치를 무너뜨리는 것이다.[236)]

[제230사(第二百三十事)] **犯上(범상)**

범상(犯上)은 윗사람을 범하여 허물을 씌우는 것이다. 아들이 효도하지 않으며, 신하가 직분을 다하지 않고, 아우가 도리어 훈계하여 형제가 화목하지 않고, 부부가 불화하여 거칠고 어지러운 것은 모두 윗사람에게 허물을 씌우는 것이다. 여기에서 백 가지 화근이 된다.[237)]

[제231사(第二百三十一事)] **逆詬(여구)**

역구(逆詬)는 순리를 거역하는 이치로, 덕(德) 있는 관리와 원로(元老)를 힐

---

無理(「參佺戒經」, 第五章 禍理訓.).

235) 瀆禮者撲滅禮行也, 禮於人如 體之手脚室之門戶, 不動手脚而運體者未有也, 不由門戶而達室者未有也, 撲滅禮行區成惡俗者其比類之首悖乎(「參佺戒經」, 第五章 禍理訓.).

236) 敗理者壞亂天理也, 捨善而做惡, 棄正而行邪, 違天理也, 做惡而反伐善, 行邪而反貶正, 敗天理也(「參佺戒經」, 第五章 禍理訓.).

237) 犯上者犯上科過戾也, 子而不孝, 臣而不職, 弟子而反訓兄弟而不睦, 夫婦而荒亂不和, 皆上科過戾, 百禍根於玆(「參佺戒經」, 第五章 禍理訓.).

난하여, 윤리를 손상하여 차례를 바꾸는 것이니, 이는 멸구 애벌레와 같은 역적이다.[238]

[제232사(第二百三十二事)] **福(복)**

복(福)은 선(善)함으로 받게 되는 경사(慶事)이니, 이에는 6문〈六門; 인(仁), 선(善), 순(順), 화(和), 관(寬), 엄(嚴)〉과 45호〈四十五戶; 1호 애인(愛人), 2호 호물(護物), 3호 체측(替惻), 4호 희구(喜救), 5호 불교(不驕), 6호 자겸(自謙), 7호 양열(讓劣), 8호 강개(慷慨), 9호 불구(不苟), 10호 원혐(遠嫌), 11호 명백(明白). 12호 계인(繼人), 13호 존물(存物), 14호 공아(空我), 15호 양능(揚能), 16호 은건(隱愆), 17호 안정(安定), 18호 정묵(靜默), 19호 예모(禮貌), 20호 주공(主恭), 21호 지념(持念), 22호 지분(知分), 23호 수교(修敎), 24호 준계(遵戒), 25호 온지(溫至), 26호 물의(勿疑), 27호 성사(省事), 28호 진노(鎭怒), 29호 자취(自就), 30호 불모(不謀), 31호 홍량(弘量), 32호 불린(不吝), 33호 위비(慰悲), 34호 보궁(保窮), 35호 용부(勇赴), 36호 정선(正旋), 37호 능인(能忍), 38호 장가(藏呵), 39호 병사(屛邪), 40호 특절(特節), 41호 명찰(明察), 42호 강유(剛柔), 43호 색장(色莊), 44호 능훈(能訓), 45호 급거(急祛)〉가 있다.[239]

[제233사(第二百三十三事)] **仁(인)**

인(仁)은 사랑의 저울추이다. 사랑은 무엇이나 사랑하지 않는 것이 없으므로 혹 치우치게 사랑함과 사사롭게 사랑함이 있으니, 인(仁)이 아니면 능히 그 중심을 잡지 못한다. 인(仁)은 봄기운의 온화함과 같아서 만물과 만물을 피어나고 살아나게 한다.[240]

---

238) 逆詬者以逆理, 叱官德老長傷倫革次, 爲子弟 螟蛉之賊(「叄佺戒經」, 第五章 禍理訓.).
239) 福者善之餘慶, 有六門四十五戶(「叄佺戒經」, 第六章 福理訓.).
240) 仁者愛之鎚也, 愛無不愛故或有偏愛私愛, 非仁莫能執中, 仁如春氣溫和, 物物發生(「叄佺戒經」, 第六章 福理訓.).

[제234사(第二百三十四事)] **愛人**(애인)

철인(哲人)이 사람을 사랑함은 선(善)한 사람도 사랑하고, 또한 악(惡)한 사람도 사랑한다. 악(惡)을 버리고 선(善)에 나아가도록 하고, 사람이 성내는 것을 화평하게 하여 남과 원수를 맺게 하지 않으며, 사람의 의심을 풀어주어 사람을 타락하게 하지 않고, 사람의 어리석음을 인도하여 자기 스스로 깨우치게 한다.[241]

[제235사(第二百三十五事)] **護物**(호물)

호물(護物)은 만물을 사랑하여 보호하는 것이다. 무릇 하늘과 땅 사이에, 사람은 사람대로 두고, 만물은 만물대로 두면, 반드시 사람의 구분도 없고 만물의 구분도 없으니, 철인(哲人)이 만물을 포용함은 홀로 가지는 마음으로 남이 가짐을 내가 가진 듯하며, 남이 잃어버림을 내가 잃은 듯이 한다.[242]

[제236사(第二百三十六事)] **替惻**(체측)

체측(替惻)은 사람들은 남의 근심을 당하고 있는 것을 보고도 가엾게 여기지 않지만, 오직 철인(哲人)은 이를 가엾게 여기며, 사람들은 남의 곤경을 당하고 있음을 보고도 불쌍하게 여기지 않지만, 오직 철인(哲人)만은 이를 불쌍하게 여기니, 가엾이 여기는 데에는 실질(實質)이 있으며, 불쌍하게 여기는 데에는 진실(眞實)에 이르는 것이다.[243]

[제237사(第二百三十七事)] **喜救**(희구)

희구(喜救)는 남의 급한 어려움을 보고 구하기 좋아하는 것이다. 남의 급한 어려움을 구원하는 데에는 혹 공(功)을 위하여 구원하는 수가 있으며, 마지못해 하는 수가 있다. 오직 철인(哲人)은 공(功)을 위하여 구원하지 않으며, 마지못해

---

241) 哲人之愛人愛善人亦愛惡人, 勸去惡就善平人慍勿結嫌於人. 決人惑勿轉致於人 導人迷自得於己(「叁佺戒經」, 第六章 福理訓.).

242) 護物者愛物而護也, 凡於天地間, 人固自人, 物固自物, 必無人無物, 哲人包萬物獨有之心, 人之所有 若我所有, 人之有失若我有失(「叁佺戒經」, 第六章 福理訓.).

243) 替惻者人於當憫人之憂不憫, 惟哲人憫之, 人於當憐人之困不憐, 惟哲人憐之, 憫之有實, 憐之致眞(「叁佺戒經」, 第六章 福理訓.).

구원하지 않는다. 남의 급한 것을 들으면 빈번하게 구원하기를 기뻐하며, 물질이 곤궁한 것을 보면, 빈번하게 베풀기를 기뻐하니, 그 힘이 쇠잔해져도 생각하고, 그 길이 멀어도 바라본다.[244)]

[제238사(第二百三十八事)] **不驕**(불교)

인(仁)은 어리석은 사람에게 교만하지 않은 것이며, 부자라고 가난한 사람에게 교만하지 않고, 지위가 높다고 낮은 사람에게 교만하지 않은 것이다. 어진 사람은 스스로 미혹될까 염려하여, 얼굴빛을 가까이하여 온화하게 하며, 말은 바르게 하고 온순하게 한다.[245)]

[제239사(第二百三十九事)] **自謙**(자겸)

자겸(自謙)은 비록 재주와 덕망이 있어도 스스로 장점을 말하지 않음이다. 뭇 사람은 적은 재주와 얄팍한 덕(德)을 가지고도 스스로 얼굴에 나타내고, 부추켜 들춰내어, 오직 작은 볕이 처마 안으로 들어오지 못할 것처럼 염려한다. 건전한 사람의 재주는 물에 잠겨 있어도 허우적거리지 않으며, 건전한 사람의 덕은 뜨거워도 불꽃이 일지 않는다.[246)]

[제240사(第二百四十事)] **讓劣**(양열)

양열(讓劣)은 나은 사람이 못한 사람에게 사양하는 것이다. 명예를 구함은 추잡하게 도리어 명예를 훼손시키며, 명성을 낚음은 시끄러워서 도리어 명성을 상하게 한다. 이에 철인(哲人)은 가히 공(功)이 있어도 공이 없는 사람에게 양보

---

244) 喜救者好救人之急難也, 救人之急難, 或有功救焉, 或緣難辭焉, 惟哲人無功救無難辭, 聞人之急, 輒喜救之, 見物之困輒喜施之, 力殘卽思程遠卽望(「叄佺戒經」, 第六章 福理訓.).

245) 仁者德不驕愚, 富不驕貧, 尊不驕卑, 慮人自迷, 色近而和, 言正而溫(「叄佺戒經」, 第六章 福理訓.).

246) 自謙者雖有才德不自長也, 衆人有微才薄德自色焉, 唆揚焉, 惟恐單晷不徹宇內, 健者之才潛而不泳, 健者之德熱而不炎(「叄佺戒經」, 第六章 福理訓.).

하고, 가히 상(賞)을 받을만해도 상을 받지 않은 사람에게 양보한다.[247]

**[제241사(第二百四十一事)] 善(선)**

선(善)은 사랑이 흐르는 물줄기이며, 인(仁)의 어린아이(순수함)이다. 사랑을 심으면 일어나는 마음은 반드시 선(善)하고, 인(仁)을 배우면 행하는 일이 반드시 선(善)하다.[248]

**[제242사(第二百四十二事)] 慷慨(강개)**

강개(慷慨)는 선(善)의 의로움이다. 폭포의 빠른 물은 땅에 떨어지면 편히 흐르고, 백번 단련된 쇠는 물건에 임하면 잘 자르니, 강개는 숭상해야 하며 또 상쾌한 것이다. 사람이 상쾌하게 여기지 않는 것은 나에게 있는 이로움과 해로움을 가리지 못하기 때문이다.[249]

**[제243사(第二百四十三事)] 不苟(불구)**

불구(不苟)는 선(善)으로 한번 결단하면 구차스럽게 하지 않는 것이다. 성품이 착한 사람은 결단이 없어 유약하여 영단을 내리는 데 머뭇거린다. 선(善)의 결단은 실행하려면 반드시 실행하고, 베풀고자 하면 구차스러움이 없이 베풀어야 한다.[250]

**[제244사(第二百四十四事)] 遠嫌(원혐)**

원혐(遠嫌)은 의심할 겨를이 없는 것이다. 철인(哲人)은 만물에 접함에 있어 차라리 지혜의 소홀과 부족이 있어도, 정성은 족하지 않음이 없으며, 차라리 말

---

247) 讓劣者優讓於劣也, 求譽陋而反損譽, 釣名諱而反傷名, 是以哲人有可功讓於無功, 有可賞讓於不賞(「叄佺戒經」, 第六章 福理訓.).

248) 善愛之派流也, 仁之童稚也, 種於愛故發心必善, 學於仁故行事必善(「叄佺戒經」, 第六章 福理訓.).

249) 慷慨者善之義也, 瀑布之湍落地便流, 百鍊之鐵臨物便切, 其尙且快, 人所不快不擇在己利害(「叄佺戒經」, 第六章 福理訓.).

250) 不苟者善有決而不苟且也, 性善者無決卽柔穎斷逡滯, 善之決欲行必行, 欲施無所苟且(「叄佺戒經」, 第六章 福理訓.).

을 더듬어도 마음에는 속임과 거짓이 없으므로, 의심도 없으며, 겨를도 없으니, 선(善)을 모르는 사람은 도리어 선(善)하지 못한 것이다.[251)]

[제245사(第二百四十五事)] **明白(명백)**

성품이 선(善)하면 일을 처리하고 판단함이 분명하며, 일을 행하고 결정함에 지난 뒤가 밝고 깨끗하며, 나아가고 물러감에 있어 머뭇거림이 없으며, 왼편과 오른편을 같이 의심함이 없어서 하늘의 이치와 사람의 일이 자연히 명백해진다.[252)]

[제246사(第二百四十六事)] **繼物(계물)**

선(善)은 사람을 만물로 구휼(救恤)하는 선(善)이다. 사람의 일이 장차 폐(廢)하면, 어찌 사람의 부모와 처자의 인륜을 편안하게 해주며, 사람이 우물을 등지고 부엌을 떠나 그 자취를 정하겠는가.[253)]

[제247사(第二百四十七事)] **存物(존물)**

선(善)은 만물이 생존하는 것을 기뻐하고, 만물이 망함을 싫어하니, 그물로 잡은 것은 놓아주고, 사냥하여 잡은 것을 슬퍼함이다. 놓아주는 것은 하늘에 날개를 펼치는 것을 보는 것이며, 슬퍼하는 것은 언덕에 다리를 펴고 달리는 것을 보지 못하는 것이다.[254)]

[제248사(第二百四十八事)] **空我(공아)**

공아(空我)는 내가 나를 생각하지 않은 것이다. 철인(哲人)은 대중과 같이 있

---

251) 遠嫌者無嫌隙也, 哲人接物, 寧智疎短誠無不足, 寧言訥焉心無詐僞, 故無嫌無隙, 不知其善者 反不善(「叄佺戒經」, 第六章 福理訓.).

252) 性善卽剖截丁寧, 行決的歷無猶豫進退, 無疑似左右, 天理人事明白乎自然之間(「叄佺戒經」, 第六章 福理訓.).

253) 善善於恤人繼物, 人事將廢, 安人父母妻子之倫, 定人背井離廚之蹤(「叄佺戒經」, 第六章 福理訓.).

254) 善喜物存而惡物亡, 羅而放之, 獵而悲之, 放之者見其拂翼于雲霄, 悲之者不見其展脚于丘陵(「叄佺戒經」, 第六章 福理訓.).

을 때는 대중을 편안하게 하여 나를 수고롭게 하며, 대중과 떨어져 있을 때는 대중을 후하게 하고, 나를 박하게 하니, 근심을 대중과 함께하면서 혼자 당한 것처럼 한다.[255)]

[제249사(第二百四十九事)] **揚能**(양능)

양능(揚能)은 능력 있는 사람의 능력을 찬양하는 것이다. 철인(哲人)은 남의 능력 있는 것을 보고 마음에 먼저 기뻐하고, 기꺼이 칭찬하는 말을 하는 것은 능력이 있는 사람에게 그 능력을 힘쓰게 하고, 능력이 없는 사람에게는 그 능력을 본받게 한다.[256)]

[제250사(第二百五十事)] **隱愆**(은건)

은건(隱愆)은 남의 지은 허물을 숨기는 것이다. 철인(哲人)은 남의 허물을 듣고, 바로 숨겨서 새지 않게 하는 것은, 먼저 스스로 부끄러워하며, 먼저 스스로 경계하고, 또한 그 허물이 남에게 관련될까 두려워하여, 한 사람을 잃는 것을 천하의 사람을 잃은 것같이 한다.[257)]

[제251사(第二百五十一事)] **順**(순)

순(順)은 법도를 거스르지 않는 것이다, 가난해도 힘써 재물을 취하지 않으며, 곤궁해도 힘써 면하려 하지 않음은 하늘의 이치에 순응함이고, 은혜를 갚음에 있어 아첨하지 않으며, 위엄 앞에 굴하지 않는 것은 사람의 이치에 순응함이다.[258)]

---

255) 空我者我不念我也, 哲人處衆逸衆而勞我, 分衆厚衆而薄我, 同憂以衆有若獨當(「叅佺戒經」, 第六章 福理訓.).

256) 揚能者揚能人之所能也, 哲人見人之能心先喜悅, 說輒揚言者使能者勉能不能者效則(「叅佺戒經」, 第六章 福理訓.).

257) 隱愆者隱人之做愆也, 哲人聞人之愆直隱而不泄者, 先自愧焉, 先自警焉, 又恐聯於人, 失一人如失天下之人(「叅佺戒經」, 第六章 福理訓.).

258) 順不逆度也, 貧不强取, 困不强免, 順天理也, 答恩不之諛, 枉威不之屈, 順人理也(「叅佺戒經」, 第六章 福理訓.).

**[제252사(第二百五十二事)] 安定(안정)**

마음을 편안하게 가져 마음을 움직이지 않아 꾸짖음과 헐뜯음을 받아도 성내지 않으며, 기운을 안정하게 하여 기운을 어지럽게 하지 않아서 분함을 당해도 화를 내지 않는 사람은 하늘의 덕(德)에 순응하는 것이다. 하늘의 덕(德)이 안에서 서면 사람의 덕(德)은 밖에서 이루어진다.259)

**[제253사(第二百五十三事)] 靜默(정묵)**

성품이 참되면 고요하고, 앎을 이루면 잠잠하다. 고요하면 능히 통달함을 이룰 수 있고, 잠잠하면 능히 어지러움을 진압한다. 이는 사람의 지혜에 순응하는 것으로, 사람의 지혜가 안정되면 심령(心靈)이 관통하여 가히 사람의 스승이 될 수 있다.260)

**[제254사(第二百五十四事)] 禮貌(예모)**

행동에 예(禮)의 모습이 있는 사람은 사람의 일에 순응하는 것이다. 사람이 예의 모습이 있으면 말없이 어지러운 것을 풀고, 완고(頑固)하고 패역(悖逆)한 사람이 감히 방자하지 못하니, 어진 이들이 스스로 멀리서 찾아온다.261)

**[제255사(第二百五十五事)] 主恭(주공)**

주공(主恭)은 엄숙과 순수를 주장하는 것이다. 한번 움직이고 한번 멈춤에 반드시 공순함을 주로 하여, 일을 맡음에 물을 드는 듯하고, 사람을 접할 때 무거운 것을 찬 듯이 하여, 삼가 조심스럽게 믿음과 덕(德)을 이루고, 나아가 영예(榮譽)의 덕(德)을 이루어 거두는 것이다.262)

---

259) 安心而心不動受詆毁而不愠, 定氣而氣不亂逢忿激而不作者順天德也, 天德內立卽人德外成(「參佺戒經」, 第六章 福理訓.).

260) 性眞卽靜, 知遂卽默, 靜能成達, 默能鎭紊, 此順人智也, 人智定卽心靈貫通可爲人師(「參佺戒經」, 第六章 福理訓.).

261) 動有禮貌者順人事也, 人有禮貌卽不言而可解紛, 頑悖不敢肆, 賢良自遠至(「參佺戒經」, 第六章 福理訓.).

262) 主恭者主恭順也, 一動一靜必主恭順, 視事如擧溢, 接人如佩重, 謹愼成信德, 就收

[제256사(第二百五十六事)] **持念(지념)**

지념(持念)은 사고의 목표를 가지고 생각하는 바가 있는 것이다. 무릇 사람이 마음을 정하지 못하면 기운 또한 순수하지 못하고, 마음이 정해지고 기운이 순수하면, 스스로 생각하는 바가 있어 이치와 도를 찾는 데 쉽게 통달하며, 덕(德)에 순응하여 아름다움을 이룬다.[263)]

[제257사(第二百五十七事)] **知分(지분)**

지분(知分)은 마땅히 할 것을 알며, 마땅히 하지 않을 것을 아는 것으로, 우주 자연의 이치〈천도(天道); 성(誠)〉를 알아 사람의 일과 더불어 서로 합치시키며, 만물의 이치를 알아 사람의 이치와 더불어 서로 대하게 하는 것이다. 분수를 알면 만 가지 이치가 순수하고, 백 가지 일이 화합하여, 밤바다에 달이 떠오름과 같다.[264)]

[제258사(第二百五十八事)] **和(화)**

해의 조화(調和)와 바람의 조화는 하늘의 조화이다. 기운의 조화와 소리의 조화는 사람의 조화이다. 해가 조화되고 바람이 조화되면, 복스럽고 상서로움이 때맞춰 내려 한 해의 공(功)을 이루고, 기운이 조화되고 소리가 조화되면 신령(神靈)이 밝고 화창하여 밝은 덕(德)이 나타난다.[265)]

[제259사(第二百五十九事)] **修敎(수교)**

수(修)는 스스로 자기를 닦는 것의 닦음이다. 사람을 닦게 하는 것도 또한 닦음이다. 우주 자연의 이치〈천도(天道); 성(誠)〉의 도리를 닦는 것은 어두운 사람

---

成譽德(「叅佺戒經」, 第六章 福理訓.).

263) 持念者 持念標而有所思也, 夫人心不定氣亦不順, 心定氣順卽自有所思, 於尋理覔道容易達通, 順德成美(「叅佺戒經」, 第六章 福理訓.).

264) 知分者知當爲者, 知不當爲者, 知天道與人事相合, 知物理與人理相對也, 知分卽萬理順百事和, 如夜海月上(「叅佺戒經」, 第六章 福理訓.).

265) 日之和風之和天和也, 氣之和聲之和人和也, 日和風和卽禎祥時降歲功遂, 氣和聲和卽靈神精暢昭德著(「叅佺戒經」, 第六章 福理訓.).

을 가르쳐서 밝은 도(道)를 보게 하며, 악한 사람을 가르쳐서 착한 도에 돌아오게 하고, 착한 사람을 가르쳐서 사람의 도에 옮기게 하는 것으로 단비가 쏟아지는 공(功)을 넘는다.[266)]

[제260사(第二百六十事)] **遵戒(준계)**

준(遵)은 지키는 것이다. 계(戒)는 참전(參佺)의 8계〈성(誠), 신(信), 애(愛), 제(濟), 화(禍), 복(福), 보(報), 응(應)〉이다. 새 옷을 입은 자는 가지런함을 기본으로 삼아 오직 남루할까 염려하고, 새로 목욕한 사람은 깨끗함을 기본으로 삼아 오직 몸이 더러워질까 염려하니, 참전팔계(參佺八戒)를 지키고 따르기를 가지런함을 기본으로 하고, 깨끗함을 기본으로 하여, 부지런히 돌보아 방자하고 게으름이 없으면, 사람과 무한한 정신〈신(神)〉이 합쳐지고 무한한 정신은 우주자연〈천(天)〉과 합쳐진다.[267)]

[제261사(第二百六十一事)] **溫至(온지)**

온(溫)은 온화함이다. 지(至)는 다다르는 것이다. 무릇 철인(哲人)은 사람과 조화(調和)하여 말을 온화하게 하고, 일과 조화하여 기(氣)를 온화하게 하며, 재물(財物)과 조화하여 의(義)를 온화하게 하니, 마치 봄날에 따뜻함이 이르러 사람이 그 따뜻함을 떠나지 않는 것과 같다.[268)]

[제262사(第二百六十二事)] **勿疑(물의)**

물의(勿疑)는 내가 남을 의심하지 않아야 남도 나를 의심하지 않는 것이다. 내가 중화(中和)로 사람을 대하면 남도 또한 중화(中和)로 나를 만나니 이쪽 정성을 저쪽에서 믿으며, 저쪽 정성을 이쪽에서 믿어, 화기(和氣)가 응집하여 흩

---

266) 修者自修修也, 修人亦修也, 修天道之道者敎昏人見明道, 敎惡人歸善道, 敎善人遷人道卽功過於甘霈(「參佺戒經」, 第六章 福理訓.).

267) 遵守也, 戒參佺八戒也, 新衣者主整惟恐襤褸, 新浴者主潔惟恐汚穢, 遵戒如主整主潔, 顧勤而無放怠, 人和神亦和神和天亦和(「參佺戒經」, 第六章 福理訓.).

268) 溫溫和也, 至臨也, 夫哲人和人語溫, 和事氣溫, 和財義溫, 若春日之溫臨而人不離溫也(「參佺戒經」, 第六章 福理訓.).

어지지 않는다.[269)]

[제263사(第二百六十三事)] 성사(**省事**)

성사(省事)는 일의 힘든 것을 스스로 제거하는 것이다. 모든 사람은 가는 길에 굴곡이 많고 갈래가 많으며, 가는 길이 험하여 돌이 많은 것과 같으니, 비록 방법을 다해도 그 일의 어려움을 능히 제거하지 못한다. 오직 철인(哲人)만이 일을 잡아 행하여 태양이 남은 눈(雪)에 이르는 것같이 하여 그 사라짐이 보이지 않아도 스스로 해결한다.[270)]

[제264사(第二百六十四事)] **鎭怒**(진노)

진노(鎭怒)는 괴이한 성냄이 몸에 미치지 않게 하는 것이다. 선(善)하지 않고 믿음이 없으면, 남이 반드시 나를 책망하고, 혹 선(善)하지 않고 믿음이 없어도 잘못 성냄에 이르게 되니, 화합하는 덕(德)이 있으면 선(善)하지 않음과 믿음 없음이 없게 되어, 남이 또 나를 믿어 또한 잘못 성냄에 이르는 일이 없다.[271)]

[제265사(第二百六十五事)] **自就**(자취)

자취(自就)는 자연히 성취되는 것이다. 사람이 욕심내는 바가 있으면 반드시 분주하고 바쁘며, 사람이 구하는 바가 있으면 반드시 애달프고 가련하게 된다. 분주하고 바빠도 얻지 못하면 욕심을 내지 않은 것만 못하고, 애달프고 가련하게 되어도 얻지 못하면, 구하지 않은 것만 같지 못하다. 화합하는 덕(德)이 있으면, 따뜻한 화로가 방에 있는 것 같아 불을 때지 않아도 저절로 따뜻해진다.[272)]

---

269) 勿疑者勿我疑人勿人疑我也, 我以中和接人人亦以中和遇我, 此誠彼信彼誠此信, 和氣凝而不散(「叄佺戒經」, 第六章 福理訓.).

270) 省事者事之劇自去也, 衆人曲路多岐險路多石, 雖窮術不能省事, 惟哲人執事如太陽臨殘雪, 不見其消而自消(「叄佺戒經」, 第六章 福理訓.).

271) 鎭怒者嗔怪不及於己也, 有不善不信人必責己, 或無不善不信錯怒有至, 有和德卽無不善不信, 人且信之, 錯怒亦不至(「叄佺戒經」, 第六章 福理訓.).

272) 自就者自然就成也, 人有所慾必奔忙, 人有所求必哀憐, 奔忙而不得不如無慾, 哀憐而不得不如無求, 有和德卽如烘爐在室不爨而自薰(「叄佺戒經」, 第六章 福理訓.).

[제266사(第二百六十六事)] **不謨(불모)**

불모(不謨)는 꾀하지 않고 남과 더불어 화합하는 것이다. 상서로운 구름이 하늘에 있음에 저절로 퍼지고 저절로 합쳐서 머무름도 없고 막힘도 없는 것은 철인(哲人)이 자기 몸을 처신하는 것과 같다. 이러한 사람에 있어서는 화합하지 않음이 없으므로 꾀하지 않고 남과 더불어 화합한다.[273)]

[제267사(第二百六十七事)] **寬(관)**

봄꽃을 재배하여 빨리 꽃을 보는 것은 너그러움의 이치이다. 해가 하늘 가운데에 있어 사해(四海)가 모두 밝은 것은 너그러움의 모습이다. 이치와 모습이 함께 이루어지면 철인(哲人)의 도(道)에 가깝다.[274)]

[제268사(第二百六十八事)] **弘量(홍량)**

홍량(弘量)은 성품을 쓰는 큰 법도이다. 부드러운 가운데 강함이 있으나 그 강함이 보이지 않으며, 화(和)한 가운데 굳셈이 있어도 그 굳셈을 보지 못하니, 부드러움을 측량해도 부드러운 것 같지 않으며, 화(和)함을 측량해도 화(和)한 것 같지 않아야 끝닿음과 굽어짐이 없다.[275)]

[제269사(第二百六十九事)] **不吝(불린)**

린(吝)은 아끼는 것이다. 남에게 적게 주고 많이 주는 것을 옳게 하며, 가볍게 빌리고 무겁게 빌리는 것을 옳게 하여, 능히 일함에 흡족하게 한다. 남의 궁핍한 것을 보고는 내가 넉넉하지 말 것이며, 남의 근심을 보고는 내가 즐거워하지 말아야 능히 일을 편안하게 할 수 있다.[276)]

---

273) 不謀者不謀而和於人也, 瑞雲在霄自舒自合, 無滯無碍者哲人之處己也, 於人無不和故不謀而和(「叅佺戒經」, 第六章 福理訓.).

274) 栽培春花迅于見花者寛之理也. 日在中天四海通明者寛之形也, 理形俱成哲人之道近焉(「叅佺戒經」, 第六章 福理訓.).

275) 弘量者性用之大度也, 柔中有剛而不見剛, 和中有毅而不見毅, 測之柔不似柔, 測之和不似和, 無際涯屈曲(「叅佺戒經」, 第六章 福理訓.).

276) 吝惜也, 可與之短而與之長, 可假之輕而假之重, 能使洽存, 見人乏莫我贍, 見人愁

[제270사(第二百七十事)] **慰悲(위비)**

위비(慰悲)는 남의 더한 슬픔을 위로하는 것이다. 다스림의 허물은 반드시 사람을 잃으며, 재물의 허물은 마땅히 사람을 얽매이게 하니, 도리어 위로한 뒤에 그 허물이 앞서 허물보다 가벼우면 이를 기뻐하고, 허물이 없으면 맡긴다.[277)]

[제271사(第二百七十一事)] **保窮(보궁)**

보궁(保窮)은 자신의 뜻한 바를 얻지 못하여 스스로 자기의 궁함을 능히 보호하며, 뜻을 얻어서는 남의 궁(窮)함도 능히 보호해야 한다. 그러나 너그러움이 아니면 스스로 자기의 궁함도 보호하지 못하며, 또, 남의 궁함도 돕지 못한다.[278)]

[제272사(第二百七十二事)] **勇赴(용부)**

너그럽고 어진 것은 일에 머뭇거림이 없이 소통하여 깨닫는 것이다. 그러므로 선(善)함을 보면 용감히 달려가 스스로 그 위대함과 만족을 얻어 장막 속에 바람이 가득 찬 것같이 한다.[279)]

[제273사(第二百七十三事)] **定旋(정선)**

정(定)은 정해진 이치이다. 선(旋)은 돌아가는 이치이다. 아래 맷돌은 가만히 있고 윗 맷돌이 둥글게 돌아, 움직이지 않고 어긋나지 않는 것은 그 진압하는 쇠가 중심에 있기 때문이다. 사람도 인(仁)을 중심으로 살아 너그럽게 돌면 법규에 맞지 않는 바가 없다.[280)]

---

莫我歡, 能使逸免(「參佺戒經」, 第六章 福理訓.).

277) 慰悲者慰人之可悲也, 政愆必失人, 貨愆當留人, 反慰之後愆輕於前愆喜之, 無愆任之(「參佺戒經」, 第六章 福理訓.).

278) 保窮者不得意能自保窮, 得意能保人窮, 非寬不能自保窮, 又不能保人窮(「參佺戒經」, 第六章 福理訓.).

279) 寬仁者豁如無所趑趄, 故見善卽勇赴而自得其偉飽, 若風滿帳中(「參佺戒經」, 第六章 福理訓.).

280) 定定理也, 旋旋理也, 下石靜定上石環旋不動不違者, 以鎭鐵居中也, 人仁居中寬環而旋之, 無所不合規(「參佺戒經」, 第六章 福理訓.).

[제274사(第二百七十四事)] **能忍(능인)**

참음의 세 가지는 첫째 참아야 할 이유로 참는 것이고, 둘째 억지로 참는 것이며, 셋째는 능히 참는 것이다. 이유가 있어서 참는 것은 결단의 주장이 없으며, 억지로 참는 것은 결단을 주장함이 없이 욕심으로 결단을 주장하고, 홀로 능히 참는 것이 결단의 주장에 정함이 있으니 너그러움이 아니면 능히 할 수 없다.[281)]

[제275사(第二百七十五事)] **藏呵(장기)**

장가(藏呵)는 너그럽고 온화하게 꾸지람을 감추고 숨기는 것이다. 나약한 너그러움은 사람이 그 깨우침을 알지 못하며, 유약한 너그러움은 사람이 그 은혜를 알지 못하고, 사나운 너그러움은 사람이 도리어 너그러움을 치고 반발하니, 오직 꾸지람을 감추는 너그러움만이 사람이 스스로 존경하고 복종하므로 이는 어진 사람이 능히 할 수 있다.[282)]

[제276사(第二百七十六事)] **嚴(엄)**

온화하여 정돈되고 엄숙히 하면서 고요함은 기운이 엄한 것이다. 사사로이 돌보지 않고 재물을 사사로이 하지 않는 것은 의리(義理)가 엄한 것이며, 정직함을 주장하고 청렴과 결백을 내세움은 말이 엄한 것이다.[283)]

[제277사(第二百七十七事)] **屛邪(병사)**

병사(屛邪)는 사특함을 버리는 것이다. 기운이 엄하면 사특한 기운이 능히 생겨나지 못하며, 의리가 엄하면 사특한 꾀가 능히 들리지 않고, 말이 엄하면 사특한 말이 입에 용납되지 않는다.[284)]

---

281) 忍有三, 一曰因忍, 二曰强忍, 三曰能忍, 因忍無主決, 强忍無主決而欲主決, 獨能忍定有主決, 非寬不能(「參佺戒經」, 第六章 福理訓.).

282) 藏呵者寬和而藏隱呵也, 弱之寬人不知警, 柔之寬人不知惠, 猛之寬人反伐之, 惟藏呵之寬人自敬服, 仁者能之「參佺戒經」(, 第六章 福理訓.).

283) 和而整肅而靜者氣嚴也, 不顧私不私財者義嚴也, 主正直主廉潔者詞嚴也(「參佺戒經」, 第六章 福理訓.).

284) 屛邪者去邪也. 氣嚴卽邪氣不能生, 義嚴卽邪謀不能聞, 詞嚴卽邪說不容口(「參佺

[제278사(第二百七十八事)] **特節**(특절)

특절(特節)은 특별히 뛰어난 높은 절개(節概)이다. 그 형상은 흰 눈 속의 푸른 소나무이며, 그 몸은 바다에 우뚝 솟은 바위이다.[285)]

[제279사(第二百七十九事)] **明察**(명찰)

명찰(明察)은 엄하여 시끄러움을 밝히지 않으며, 엄하여 흩어짐을 살피지 않는 것이다. 그러므로 철인(哲人)은 사람의 시끄러움이 없게 하며, 사람의 흐트러짐이 없게 한다.[286)]

[제280사(第二百八十事)] **剛柔**(강유)

성품이 강한 사람이 오히려 엄하면 한 집안이 해체되고, 성품이 유약한 사람이 오히려 엄하면 육친의 마음이 떠나 헤어진다. 비록 강하고 엄하더라도 반드시 은혜롭게 하며, 비록 유약하고 엄하더라도 온화하게 하면 강함도 없고 유함도 없다.[287)]

[제281사(第二百八十一事)] **色莊**(색장)

장(莊)은 엄하면서 윤택한 것이다. 기운이 엄하고 기색이 씩씩하지 않으면 성내는 것 같고, 의리가 엄하고 기색이 씩씩하지 못하면 의탁하는 것 같고, 말이 엄하고 기색이 씩씩하지 못하면 의논하는 것 같으니, 장(莊)은 엄하고 윤택함의 기틀이다.[288)]

---

戒經」, 第六章 福理訓.).

285) 特節者特特有高節也, 其像也雪裡青松, 其身也海上峭巖(「叄佺戒經」, 第六章 福理訓.).

286) 明察者嚴而不明嚚, 嚴而不察散, 是以哲人無人之嚚, 無人之散(「叄佺戒經」, 第六章 福理訓.).

287) 性剛者尙嚴一家解體, 性柔者尙嚴六親離心, 雖剛嚴必恩, 雖柔嚴必和, 有恩有和無剛無柔(「叄佺戒經」, 第六章 福理訓.).

288) 莊厲而潤也, 氣嚴而不色莊近於怒, 義嚴而不色莊近於托, 詞嚴而不色莊近於論, 莊發之機也(「叄佺戒經」, 第六章 福理訓.).

[제282사(第二百八十二事)] **能訓**(능훈)

스승이 엄하면 가르치지 않아도 문도(門徒)들이 능히 스스로 훈계하여 엄숙해지고, 부모가 엄하면 가르치지 않아도 그 자녀들이 능히 스스로 훈계하여 점잖아지고, 어른이 엄하면 가르치지 않아도 마을의 이웃이 능히 스스로 훈계한다.[289)]

[제283사(第二百八十三事)] **急袪**(급거)

성품이 엄하지 못하면 용기가 없고 엄하면 용기가 있다. 용기는 착하지 못한 것을 보면 급히 물리치며, 믿지 못할 것을 보아도 급히 물리치고, 의롭지 못한 것을 보아도 급히 물리친다. 엄(嚴)함은 용기의 근원이다.[290)]

[제284사(第二百八十事)] **報**(보)

보(報)는 하늘이 악한 사람에게는 재앙으로써 갚고, 착한 사람에게는 복으로써 갚는 것이니, 이에는 6계〈六階; 1계 적(積), 2계 중(重), 3계 창(刱), 4계 영(盈), 5계 대(大), 6계 소(小)〉와 30급〈三十及; 1급 세구(世久), 2급 무단(無斷), 3급 익증(益增), 4급 정수(庭授), 5급 천심(天心), 6급 자연(自然), 7급 유조(有早), 8급 공실(恐失), 9급 면려(勉勵), 10급 주수(株守), 11급 척방(斥訪), 12급 광포(廣佈), 13及 유구(有久), 14급 유린(有隣), 15급 기연(其然), 16급 자수(自修), 17급 불권(不倦), 18及 욕급(欲及), 19급 습범(襲犯), 20급 연속(連續), 21급 유가(有加), 22급 전악(傳惡), 23급 감상(勘尙), 24급 무탄(無憚), 25급 취준(驟峻), 26급 외선(外善), 27급 배성(背性), 28급 단련(斷連), 29급 불개(不改), 30及 권린(勸隣)〉이 있다.[291)]

---

289) 傅嚴卽不訓而門徒能自訓, 父兄嚴卽不訓而子弟能自訓, 長嚴卽不訓而隣里能自訓(「參佺戒經」, 第六章 福理訓.).

290) 性不嚴卽無勇嚴卽有勇, 勇者見不善急袪. 見不信急袪, 見不義急袪, 嚴勇之源也(「參佺戒經」, 第六章 福理訓.).

291) 報者天報惡人以禍, 報善人以福, 有六階三十及(「參佺戒經」, 第六章 報理訓.).

[제285사(第二百八十五事)] **積**(적)

적(積)은 수가 많이 쌓인 것이다. 덕(德)을 닦고 선(善)을 행하여 이것이 쌓이고 또 쌓이면, 사람이 오랫동안 감동되고, 무한한 기운〈신(神)〉이 또한 감동하면, 하늘도 또한 감동하여 가히 으뜸 된 복을 받을 수 있다.[292)]

[제286사(第二百八十六事)] **世久**(세구)

세구(世久)는 여러 세대에 걸쳐 선(善)을 행하는 것이다. 한 해 자란 나무는 한 해의 이슬을 받으며, 십 년 자란 나무는 십 년의 이슬을 받으니, 거듭 이슬을 받아 열매를 맺어 가히 으뜸 된 복을 이어받는다.[293)]

[제287사(第二百八十七事)] **無斷**(무단)

무단(無斷)은 선(善)을 행하는 마음이 끊어질 새가 없는 것이다. 하룻밤에 세 편의 책을 읽으면 천 권의 책도 읽을 수 있으며, 하루에 천 걸음을 걸으면 만 리 길도 도달할 수 있으니, 선(善)도 또한 이같이 행하면, 가히 그 복을 받을 수 있다.[294)]

[제288사(第二百八十八事)] **益增**(익증)

익증(益增)은 날로 선(善)을 더하고, 달로 덕(德)을 더하는 것이다. 쇠를 단련하고 또 단련하면 마침내 보검을 이루고, 옥돌을 갈고 또 갈면 마침내 아름다운 옥이 되니, 선(善)이 칼과 같이 빛나고, 덕(德)이 옥과 같이 윤택해야 가히 그 복을 받을 수 있다.[295)]

---

292) 積者多數之謂也, 修德行善積之纍之, 人久感之, 神已感之, 天亦感之, 可領上福(「叄佺戒經」, 第六章 報理訓.).

293) 世久者累世行善也, 一年之木受一年之露, 十年之木受十年之露, 重露結實可領次福(「叄佺戒經」, 第六章 報理訓.).

294) 無斷者行善之心無間斷也, 一夜三篇千書可讀, 一日千步萬里可達, 善亦如之可領其福(「叄佺戒經」, 第六章 報理訓.).

295) 益增者日益善而月增德也, 鍊之又鍊終成寶劍, 磨之又磨終爲美玉, 善如劍光德如玉潤, 可領其福(「叄佺戒經」, 第六章 報理訓.).

[제289사(第二百八十九事)] **庭授(정수)**

정수(庭授)는 가정에서 아버지의 선(善)을 잇는 것이다. 아버지는 선(善)하나 그 아들은 악(惡)한 자 있으며, 아버지는 어리석으나 그 아들은 현명한 자가 있으니, 아버지도 착하고 아들도 착한 경우는 드물지만, 능히 아버지의 착함을 잇는 것을 계속 촛불을 밝히는 것이라 이르니 가히 그 복을 받을 수 있다.[296)]

[제290사(第二百九十事)] **天心(천심)**

천심(天心)은 배운 바는 없으나 다만 우주 자연〈천(天)〉의 마음이 있어 선(善)으로 향하는 것이다. 선(善)한 행실이라 일러 주면 따르고, 착한 일이라 일러 주면 행하며, 착한 마음이라 이르면 베푸니, 비록 인(仁)의 길을 실천하지 못하여도 선(善)하지 않은 것을 하지 않음이니, 가히 그 복을 받을 수 있다.[297)]

[제291사(第二百九十一事)] **自然(자연)**

자연(自然)은 저절로 선(善)하게 되는 것이다. 글을 배우려는 포부를 가지고 자리를 잡고 얽매여 있으면, 비록 선(善)하지 않은 일을 하고자 해도 하지 못한다. 덕을 닦고 선을 행하여 티가 없고 흠이 없으면, 가히 그 복을 받을 수 있다.[298)]

[제292사(第二百九十二事)] **重(중)**

중(重)은 일거에 큰 선(善)을 행하는 것이다. 남이 행하지 못하는 것을 행함은 선의 용기이며, 남이 미치지 못하는 것에 미침은 선(善)의 우주 자연의 이치〈성(誠)〉이다. 선(善)에 용기가 있고, 선(善)에 대한 우주 자연의 이치〈성(誠)〉를 가지면, 가히 그 복을 받을 수 있다.[299)]

---

296) 庭授者繼父善也, 父善而子惡者有, 父愚而子賢者有, 父善而子善者鮮, 能繼父善謂之聯燭, 可領其福(「叅佺戒經」, 第六章 報理訓.).

297) 天心者無所學而只有天心之向善也. 云善行從, 云善事作, 云善心施, 雖不蹈仁不善不爲, 可領其福(「叅佺戒經」, 第六章 報理訓.).

298) 自然者自然爲善也, 抱持文學縻絆位處, 雖欲爲不善不得, 修德行善無瑕無疵, 可領其福(「叅佺戒經」, 第六章 報理訓.).

299) 重一擧而爲大善也, 行人之不行善之勇也, 及人之不及善之誠也, 有善勇有善誠, 可

[제293사(第二百九十三事)] **有早(유조)**

유조(有早)는 나이 어릴 때 있어 선(善)을 하는 것이다. 사람이 어려서는 뜻이 정해지지 않고, 배움이 결정되지 못하여 지혜의 문이 열렸다 닫혔다 하며, 역량이 어둡거나 밝기도 한다. 능히 착한 일을 하면 그 복을 받을 수 있다.300)

[제294사(第二百九十四事)] **恐失(공실)**

공실(恐失)은 그 선(善)을 잃을까 두려워하는 것이다. 선(善)을 알기를 보배같이 하고, 악(惡)을 알기를 도적같이 하여, 항상 보배를 도적에게 잃을까 두려워하고, 보배를 껴안아 스스로 보전하며, 한마음으로 도적을 진압하여 보배가 있는 방에 가까이하지 못하게 하면 가히 그 복을 받을 수 있다.301)

[제295사(第二百九十五事)] **勉勵(면려)**

면려勉勵)는 선(善)에 힘써서 선(善)을 권하는 것이다. 선(善)을 권하여 떨치지 않으면 선(善)에 힘써 선(善)을 권해서 떨치게 하고, 다시 선(善)에 힘쓰면 선(善)하고 선(善)하니, 가히 그 복을 받을 수 있다.302)

[제296사(第二百九十六事)] **株守(주수)**

주수(株守)는 선(善)을 지켜 옮기지 않는 것이다. 성품이 유약하면 선(善)하나 선(善)을 빛내지 못하며, 성품이 가벼우면 선(善)하나 선(善)을 통솔하지 못하고, 성품이 나약하면 선(善)하나 선(善)을 세우지 못한다. 스스로 선(善)을 지키기를 줄기가 뿌리를 지키듯 하면 우주 자연〈천(天)〉의 기틀이 저절로 있으니

---

領其福(「叅佺戒經」, 第六章 報理訓.).

300) 有早者有早年爲善也, 人之幼也志未定, 學未決慧竇開閉, 局量晦明, 能爲善事可領其福(「叅佺戒經」, 第六章 報理訓.).

301) 恐失者恐失其善也, 認善如寶認惡如盜, 恒恐失寶於盜, 抱寶自保 一心鎭盜, 不近寶室可領其福(「叅佺戒經」, 第六章 報理訓.).

302) 勉勵者勉善而勵善也, 勉善而不振勵善, 勵善而振, 更勉善善哉善哉, 可領其福(「叅佺戒經」, 第六章 報理訓.).

가히 그 복을 받을 수 있다.[303)]

[제297사(第二百九十七事)] **斥訪(척방)**

척방(斥訪)은 선(善)을 해치는 비난을 물리치는 것이다. 성품이 치우쳐도 하나의 선(善)을 보고 백 가지 비난을 물리치고, 하나의 선(善)을 듣고 백 가지 비난을 물리치며, 이를 더욱 하면 선(善)은 더해져 비난이 따르지는 않아 천성(天性)을 굳게 하는 것이니, 가히 그 복을 받을 수 있다.[304)]

[제298사(第二百九十八事)] **廣佈(광포)**

광포(廣佈)는 선(善)을 널리 퍼지게 하는 것이다. 선(善)한 일을 들춰내 남이 듣도록 하고, 선(善)한 말로 설명하여 남을 선양하여, 선(善)한 사람이 나를 따르고, 악(惡)한 사람이 나를 희롱함을 알지 못하는 것은 천성(天性)이 순수함이니 가히 그 복을 받을 수 있다.[305)]

[제299사(第二百九十九事)] **刱(창)**

창(刱)은 선행을 시작하는 것으로, 물든 것을 쪄서 제거하는 것은 찌는 것의 시작이고, 씻어서 더러움을 제거하는 것은 씻는 것의 시작이다. 악(惡)을 뉘우쳐서 제거하는 것은 선(善)의 시작이니, 몸에 고인 혼탁함을 벗고, 마음을 흐르는 맑은 물에 씻으면 가히 그 복을 받을 수 있다.[306)]

[제300사(第三百事)] **有久(유구)**

유구(有久)는 악(惡)을 버리고 선(善)을 취하여 나가는 만족의 세월이 오래되

---

303) 株守者守善不遷也, 性柔善而不能彰善, 性俠善而不能統善 性弱善而不能立善, 自守善如株守根, 天機自在, 可領其福(「叄佺戒經」, 第六章 報理訓.).

304) 斥謗者斥害善之謗也, 性僻見一善百謗斥之, 聞一善百謗斥之, 甚卽益於善而亦不縱天性之固也, 可領其福(「叄佺戒經」, 第六章 報理訓.).

305) 廣佈者廣佈善也. 擧善事聞人說善言揚人, 不知善人之從己惡人之戲己, 天性之純也, 可領其福(「叄佺戒經」, 第六章 報理訓.).

306) 刱刱善, 蒸而去染者蒸刱也, 浣而去汚者浣刱也, 悔而去惡者善刱也, 脫身混涿洗心清流, 可領其福(「叄佺戒經」, 第六章 報理訓.).

는 것이다. 성품이 악(惡)하면 사람을 상(傷)하고, 마음이 악(惡)하면 사람을 모함하며, 욕심이 악(惡)하면 사람을 해친다. 능히 이 세 가지 악(惡)을 제거하여 선(善)을 취하여 나아가고, 또 나아감의 세월이 오래되어 악(惡)의 옛 처음으로 돌아가지 않으면, 어릴 적의 선(善)함이 어려워도 가히 그 복을 받을 수 있다.[307]

**[제301사(第三百一事)] 有隣(유린)**

유린(有隣)은 선(善)을 이웃과 함께 하는 것이다. 양(羊)은 개와 무리 짓지 않으며, 기러기는 제비와 만나지 않는 것이 이치이다. 착한 사람은 선(善)을 이웃하니, 이웃이 선(善)하지 않으면 그 이웃을 버려 그 선(善)한 덕이 손상될까 두려워하므로 가히 그 복을 받을 수 있다.[308]

**[제302사(第三百二事)] 其然(기연)**

기연(其然)은 선(善)은 그렇다고 하고, 악(惡)은 그렇지 않다고 하는 것이다. 바람에 흔들리는 창포(菖蒲)가 정함이 없이 흔들리나 잎은 언덕에 나부끼지 않아 사람의 성품은 본래 선(善)한 것이다. 혹 그 성품이 물결과 같아서 선(善)을 하고자 하고, 악(惡)을 하고자 해도, 선(善)이 그렇다고 하고, 악(惡)이 그렇지 않다고 하는 것은 참으로 돌아가는 것이니, 가히 그 복을 받을 수 있다.[309]

**[제303사(第三百三事)] 自修(자수)**

자수(自修)는 스스로 자기의 선(善)을 닦는 것이다. 남에게 선을 나타내는 것은 할 수 없고, 남에게 선(善)을 권하는 것도 또한 할 수 없으면, 무리에서 스스로 선(善)을 닦아 다른 사람의 큰 선(善)을 들어 빈번히 부끄러워하는 것은 어진

---

307) 有久者去惡就善足有歲久也, 性惡傷人, 心惡陷人, 慾惡殘人, 能去三惡而就善, 就又有歲久, 不回舊頭難于稚善, 可領其福 (「參佺戒經」, 第六章 報理訓.).

308) 有隣者同隣于善也, 羊不群犬, 鴻不集燕理也, 善者隣善, 隣不善卽去之, 恐損善德可領其福(「參佺戒經」, 第六章 報理訓.).

309) 其然者然善不然惡也, 風蒲無定葉不飄岸, 人之性善也, 性或浪欲善欲惡, 然善而不然惡返眞也, 可領其福(「參佺戒經」, 第六章 報理訓.).

성품이니, 가히 그 복을 받을 수 있다.[310)]

[제304사(第三百四事)] **不倦(불권)**

불권(不倦)은 선(善)함에 게으르지 않은 것이다. 부지런한 장인(匠人)은 그릇을 만듦에 아름다움을 다하여 그치고, 부지런한 의원은 병의 진료에 약을 다하여 그친다. 선(善)을 부지런히 하는 것 또한 이와 같아서 선(善)을 찾아 선(善)을 쌀 씻듯 하여, 선(善)을 합쳐 그치면 부지런한 성품이니 가히 그 복을 받을 수 있다.[311)]

[제305사(第三百五事)] **欲及(욕급)**

욕급(欲及)은 선(善)에 미치고자 하는 것이다. 성품이 혼미하면 아는 것도 어두워져 비록 착한 일을 하고자 해도 그 선(善)함의 선(善)한 바를 알지 못한다. 오직 악(惡)이 옳지 않음을 아는 것이 참 성품이니, 가히 그 복을 받을 수 있다.[312)]

[제306사(第三百六事)] **盈(영)**

영(盈)은 10의 수(數)이다. 다한 악(惡)은 9에 차는 지금 세상의 악(惡)이며, 극한 악(惡)은 10에 차니, 또한 전(前)부터 내려오는 악(惡)이다. 악이 차면 남음이 없으니 가히 가장 큰 화(禍)를 받는다.[313)]

[제307사(第三百七事)] **襲犯(습범)**

습범(襲犯)은 아버지의 악(惡)을 잇는 것이다. 앞집에 불이 나고 뒷집에 또 불이 나면 멸하지 않는 사람이 없다. 아버지가 이미 악을 범하여 아들이 또 악(惡)

---

310) 自修者自修己善也, 著人善曰不能, 勸人善亦曰不能, 徒自修善, 聞人大善而輒愧之良性也, 可領其福(「參佺戒經」, 第六章 報理訓.).

311) 不倦者不倦爲善也, 勤匠造器窮美而止, 勤醫診疴盡藥而止, 勤善亦如之尋善淘善合善而止勤性也, 可領其福(「參佺戒經」, 第六章 報理訓.).

312) 欲及者欲及於善也, 性昏知昧, 雖欲爲善不知善之所善, 惟知惡之不可眞性也, 可領其福(「參佺戒經」, 第六章 報理訓.).

313) 盈十數也, 窮惡盈九惡於當世, 極惡盈十亦惡於前世也, 惡盈無餘可領上禍(「參佺戒經」, 第六章 報理訓.).

을 이어가면 꺾지도 못하고 그치지도 못하여 가히 차례로 화(禍)를 받는다.[314)]

[제308사(第三百八事)] **連續**(연속)

연속(連續)은 악(惡)을 짓는 것을 연달아 계속하는 것이다. 도적 된 사람은 아버지에게 악(惡)을 듣고, 흉악한 사람은 아들에게 가르치니, 아버지의 악(惡)을 들을 것인가. 아들에게 악(惡)을 가르칠 것인가. 아버지에게 악(惡)을 듣고 행하며, 아들에게 악(惡)을 가르쳐 이를 채찍질하여 연속 악(惡)으로 떨어지게 하니, 가히 큰 화(禍)를 받는다.[315)]

[제309사(第三百九事)] **有加**(유가)

유가(有加)는 악(惡)을 더 하는 것이다. 악어는 작은 물고기를 삼키지 않고, 이리는 연약한 짐승을 먹지 않는 것과 같이 악(惡)이 가벼우면 그치고, 악이 무거우면 행하는 것이 악(惡)을 더 하니, 가히 그 화(禍)를 받는다.[316)]

[제310사(第三百十事)] **傳惡**(전악)

전악(傳惡)은 남에게 악(惡)을 전하는 것이다. 자신의 악(惡)을 고칠 줄 모르고, 남의 악(惡)을 고칠 것을 권하지 않으며, 오히려 어리석은 사람과 어진 사람을 꼬여 희롱하여 무리를 지어 자신의 악(惡)을 돕게 하고, 악(惡)을 옹호하여 변명을 보태어 어리석고 어진 사람에게 미루고 전가하여, 진짜 악(惡)이 거짓 악(惡)도 빠지게 하니 가히 그 화(禍)를 받는다.[317)]

---

314) 襲犯者承父惡也, 前家火起後家又火不滅者未有, 父已犯惡子又襲惡, 不折不止可領次禍(「參佺戒經」, 第六章 報理訓.).

315) 連續者做惡連續也, 賊人聽父凶人敎子, 聽父惡乎, 敎子惡乎, 聽父惡而行之, 敎子惡而鞭之, 連續轉惡也, 可領大禍(「參佺戒經」, 第六章 報理訓.).

316) 有加者加惡也, 鰐不呑細泳, 狼不嗜殘走, 惡輕卽止惡重卽行加惡也, 可領其禍(「參佺戒經」, 第六章 報理訓.).

317) 傳惡者傳惡於人也, 己惡不知改, 人惡不勸改, 反誘弄愚良黨助己惡, 護惡登辨推委愚良, 眞惡陷假惡, 可領其禍(「參佺戒經」, 第六章 報理訓.).

[제311사(第三百十一事)] **大**(대)

대(大)는 한 번의 행위로 큰 악(惡)을 짓는 것이다. 작은 악을 짓는 사람은 어리석으니 대처하는 것이 같지 않아 혹 스스로 깨닫기 어려우며, 큰 악(惡)을 짓는 사람은 지혜가 있어 영악스러우니, 한때의 일을 행함에 죄가 무한한 기운[신(神)]과 사람을 꿰뚫어 가히 그 화(禍)를 받는다.[318)]

[제312사(第三百十二事)] **勘尙**(감상)

감상(勘尙)은 징계하여 그 죄를 감해 주어도 고치지 못하는 것이다. 한 번의 악(惡)은 징계로 다스리고, 두 번의 악(惡)은 죄를 감안하여 다스린다. 오히려 고칠 줄을 알지 못하여 종신토록 악(惡)을 지음은 미친 악(惡)이니 그 화(禍)를 받는다.[319)]

[제313사(第三百十三事)] **無憚**(무탄)

무탄(無憚)은 악(惡)을 짓고도 어렵게 여기는 꺼림이 없는 것이다. 악(惡)을 말하면 남이 이를 모두 말할까 두려워하며, 악(惡)에 처하면 남이 알까 두려워하여 스스로 악(惡)을 숨기려고 한다. 이미 악(惡)을 도와 진심으로 두려워하고 겁내는 것이 없이 장차 지을 악(惡)에 진심으로 어렵게 여기는 꺼림이 없는 것은 완고한 악(惡)으로 가히 그 화(禍) 받는다.[320)]

[제314사(第三百十四事)] **驟峻**(취준)

취준(驟峻)은 평소 착하고 어질게 살다가 한순간에 험한 악(惡)을 짓는 것이다. 어질면서 악(惡)을 짓는 사람은 없으며, 착하면서 악(惡)을 짓는 사람 또한 없으

---

318) 大一爲而做大惡也, 做小惡者愚也處否似, 或難自覺, 做大惡者智也一時行事, 罪貫神人, 可領其禍(「叄佺戒經」, 第六章 報理訓.).

319) 勘尙者懲勘而不改也, 一惡經懲, 再惡經勘, 猶不知改終身做惡狂惡也, 可領其禍(「叄佺戒經」, 第六章 報理訓.).

320) 無憚者做惡而無忌憚也, 說惡而怕人道破, 處惡而畏人知覺, 自謂隱惡, 旣裨惡無眞心畏怯, 將營惡無眞心忌憚頑惡也, 可領其禍(「叄佺戒經」, 第六章 報理訓.).

니, 그 원래 마음이 어질지 못하고 원래 성품이 선(善)하지 못하여, 갑자기 험한 악(惡)을 행하는 것은 악(惡)을 감추어 둔 것으로, 가히 그 화(禍)를 받는다.[321]

**[제315사(第三百十五事)] 外善(외선)**

외선(外善)은 겉은 선(善)한 것 같으나 속은 악(惡)한 것이다. 말은 바르나 그 행동은 합당하지 않으며, 행동은 합당하나 일은 믿을 수 없는 것과 같아 눈 쌓인 아래의 함정에 악(惡)의 태반에 가득 찬 것은 눈이 멀은(볼 수 없는) 어두운 악(惡)이니, 가히 그 화(禍)를 받는다.[322]

**[제316사(第三百十六事)] 小(소)**

소(小)는 작은 악(惡)이다. 허물이 지나치니 그 지나친 것을 악이라고 한다. 큰 허물과 큰 악(惡)은 어두운 지혜로부터 스스로 나오는 것이나 작은 악(惡) 또한 그와 같이 짓는 바이니, 가히 그 화(禍)를 받는다.[323]

**[제317사(第三百十七事)] 背性(배성)**

배성(背性)은 본성을 버리는 것이다. 믿고 돕는 마음을 버려 본성을 어기는 것을 마땅히 여기며, 졸렬함을 화통한 것으로 고치고, 편협함을 호탕함으로 고쳐, 악(惡)을 시도하여 이득을 이루고, 좋은 방법으로 하는 것을 알면서도 몸을 바쁘게 하여 악(惡)을 사는 것은 뛰는 악(惡)이니 가히 그 화(禍) 받는다.[324]

**[제318사(第三百十八事)] 斷連(단연)**

단연(斷連)은 악(惡)을 끊고자 하면서도 다시 악(惡)을 이어 짓는 것이다. 비

---

321) 驟峻者平居善良驟爲峻惡也, 良而做惡者無, 善而做惡者亦無, 其原心不良, 原性不善, 輒行峻惡藏惡也, 可領其禍(「參佺戒經」, 第六章 報理訓.).

322) 外善者外善而內惡也, 言正而行不合, 行合而事不孚. 雪下陷穽, 惡胎產滿盲惡也, 可領其禍(「參佺戒經」, 第六章 報理訓.).

323) 小小惡也, 過愆過曰惡, 大愆大過出自昧智, 小惡亦所做, 可領其禍(「參佺戒經」, 第六章 報理訓.).

324) 背性者捨本性也, 使挾便闊, 使拙便豪. 試惡成利, 認作良方奔身買惡, 跳惡也 可領其禍(「參佺戒經」, 第六章 報理訓.).

밀로 행한 악(惡)이 이미 드러나서 두려움을 품고 끊고자 하다가도 남의 말이 잦아들면 다시 그 악(惡)을 꾀하는 것은 요사한 악(惡)이니 가히 그 화(禍)를 받는다.[325]

**[제319사(第三百十九事)] 不改(불개)**

불개(不改)는 악(惡)한 사람이 악(惡)을 고치는 것을 고치지 못하는 것이다. 마땅히 고쳐야 할 줄을 알면서도 고치지 못하는 것은 이득을 탐하는 것이니, 어두운 악(惡)에 들떠 있는 것으로 가히 그 화(禍)를 받는다.[326]

**[제320사(第三百二十事)] 권隣(권린)**

권린(勸隣)은 자신의 악(惡)이 고립되는 것이 두려워서 어질고 순한 사람이 자기를 따르기를 권하는 것이다. 어질고 순한 사람이 따르지 않으면 도리어 어질고 순한 사람을 모함한다. 이에 자신의 악(惡)이 불어나는 것은 굶주린 악(惡)이니, 가히 그 화(禍)를 받는다.[327]

**[제321사(第三百二十一事)] 應(응)**

응(應)은 악(惡)은 화(禍)로 보답을 받고, 선(善)은 복(福)으로 보답을 받는 것이다. 이에는 6과〈六果; 1과 적(積), 2과 중(重), 3과 담(淡), 4과 영(盈), 5과 대(大), 6과 소(小)〉와 39형〈三十九形; 1형 극존(極尊), 2형 거유(巨有), 3형 상수(上壽), 4형 제손(諸孫), 5형 강녕(康寧), 6형 선안(仙安), 7형 세습(世襲), 8형 혈사(血祀), 9형 복중(福重), 10형 옥백(玉帛), 11형 절화(節化), 12형 현예(賢裔), 13형 건왕(健旺), 14형 길경(吉慶), 15형 세장(世章), 16형 응복(應福), 17형 유고(裕庫), 18형 무액(無厄), 19형 이수(利隨), 20형 천권(天捲), 21형 뇌진

325) 斷連者欲斷惡而復連惡也, 密惡旣露懷懼欲斷, 人言稍定, 復謀其惡妖惡也, 可領其禍(「叅佺戒經」, 第六章 報理訓.).

326) 不改者知惡人當改而不忍改也, 知其當改不忍改者爲欲利, 浮於昧惡, 可領其禍(「叅佺戒經」, 第六章 報理訓.).

327) 勸隣者恐己惡孤立, 勸良順從己良順不從, 反謀良順己惡乃漲餓惡也, 可領其禍(「叅佺戒經」, 第六章 報理訓.).

(雷震), 22형 귀갈(鬼喝), 23형 멸가(滅家), 24형 절사(絶祀), 25형 실시(失屍), 26형 인병(刃兵), 27형 수화(水火), 28형 도적(盜賊), 29형 수해(獸害), 30형 형역(形役), 31형 천라(天羅), 32형 지망(地網), 33형 급신(及身), 34형 빈궁(貧窮), 35형 질병(疾病), 36형 패망(敗亡), 37형 미실(靡室), 38형 도개(道丐), 39형 급자(及子)〉이 있다.[328)]

[제322사(第三百二十二事)] **積**(적)

우주 자연의 이치〈성(誠)〉는 인간이 하는 일의 근본이며, 응(應)은 우주 자연의 이치〈천리(天理)〉가 표현되는 저자 거리(시장)와 같다. 화(禍)와 복(福)은 그 쌓은 바에 따라서 온다. 큰 화를 내려 악한 사람에게 갚으며, 모든 복(福)을 내려 착한 사람에게 갚는다.[329)]

[제323사(第三百二十三事)] **極尊**(극존)

철인(哲人)은 큰 덕을 부여받아 큰 자리에 처하여 천지(天地)를 관리하고, 사람의 겨레에 교화를 펼친다.[330)]

[제324사(第三百二十四事)] **巨有**(거유)

거유(巨有)는 후한 덕을 부여받아 소박한 생활을 하며, 땅을 널리 가지고 보화를 저장하여 근심을 끊고 비참함을 막는다.[331)]

[제325사(第三百二十五事)] **上壽**(상수)

상수(上壽)는 양생에 절도가 있어 신선 골격의 몸이 되어, 화사한 햇볕을 받으며, 이슬을 마시고, 기운은 강건하며, 따뜻한 옷을 휘날리고, 달고 맛있음을

---

328) 應者惡受禍報, 善受福報, 有六果三十九形(「參佺戒經」, 第六章 應理訓.).

329) 誠者人事之本, 應者天理之市, 禍福皆因所積而來也, 降大禍報惡人, 降諸福 報善人(「參佺戒經」, 第六章 應理訓.).

330) 哲人賦大德, 處大位司天地, 布人族化(「參佺戒經」, 第六章 應理訓.).

331) 巨有者賦厚德居素位, 廣有土地, 貯有寶貨, 絶憂愁塞悲慘(「參佺戒經」, 第六章 應理訓.).

누리며, 학처럼 흰머리에 어린아이의 얼굴로 나이가 늘어 수(壽)를 더하는 것이다.[332)]

[제326사(第三百二十六事)] **諸孫**(제손)

한 집이 열 집이 되고 열 집이 백 집이 되어 자애로움과 효도가 날개깃같이 펴지고, 돈독과 화목이 숲처럼 서 있고, 먹을 것이 넉넉하며 입을 것이 흡족하여, 글 읽는 소리가 낮과 밤을 새운다.[333)]

[제327사(第三百二十七事)] **康寧**(강녕)

강녕(康寧)은 적선(積善)한 좋은 가문에서 태어나 아름다운 자태로 근심이 드물고, 비단과 다진 고기로 자라서 몸이 맑고 건강하며, 안락하게 늙어서 달고 쓴 것이 들리지 않는 것이다.[334)]

[제328사(第三百二十八事)] **仙安**(선안)

선안(仙安)은 인격완성〈참전(叅佺)〉의 경지를 이루어 이름 있는 산과 좋은 터를 주로 하여 뜻을 숭상함이 높고 크며, 실질을 이루고 청백함에 힘쓰는 양생(養生)의 세월로 큰 하늘에 날아오른 것 같은 편안함이다.[335)]

[제329사(第三百二十九事)] **世襲**(세습)

세습(世襲)은 높은 전통을 잇기 위해 문무(文武)의 재주를 품고 장수와 재상에 임하여 공로가 세상을 덮고, 이름을 오랜 세월 떨치는 것이다.[336)]

---

332) 上壽者養生有度仙骨化爲身, 挹日華, 飮露液, 筋健氣, 揮煖裳, 享甘旨, 鶴髮童顔延年益壽(「叅佺戒經」, 第六章 應理訓.).,

333) 一家化十家, 十家化百家, 慈孝羽列, 睦和林立 裕食足衣 書聲徹日夜(「叅佺戒經」, 第六章 應理訓.).

334) 康寧者生於吉門, 英姿罕懤, 長於錦欒, 身體淸健, 老於安樂甘苦不入聞(「叅佺戒經」, 第六章 應理訓.).

335) 仙安者叅佺成度, 主名山勝地, 尙志高大, 徵實務白, 養生衍年飛昇大空(「叅佺戒經」, 第六章 應理訓.).

336) 世襲者爲嗣尊統, 懷文武之才, 受將相之任, 功盖一世, 名振千秋(「叅佺戒經」, 第六

[제330사(第三百三十事)] **血祀**(혈사)

혈사(血祀)는 도(道)가 높고 덕(德)이 거듭 쌓이므로 하늘을 대신하여 교화(敎化)하여 규범을 이루어 만세의 스승이 되는 것이다.[337]

[제331사(第三百三十一事)] **重**(중)

종(倧; 사람의 으뜸으로 우두머리)을 중(重)히 함은 나라의 주체이기 때문이다. 전〈佺; 참전(叅佺)〉을 중(重)히 여기는 것은 백성을 가르치기 때문이다. 다스리고 교화하는 바탕이 모두 이로 인하여 일어난 것이다. 철인(哲人)은 정기를 산천에서 빚어내어, 종(倧)을 일으켜 다스리도록 하니, 하늘 물이 먼저 맑아지고, 전(佺)이 교화(敎化)를 하니 밝은 땅〈백악(白岳)〉이 먼저 영험해진다.[338]

[제332사(第三百三十二事)] **福重**(복중)

복이 거듭되면 크게 영화로우며, 세세(世世)로 복록이 있고 부귀가 끊어지지 않으며, 영리하고 준수함이 서로 이어져 가문이 빛난다.[339]

[제333사(第三百三十三事)] **玉帛**(옥백)

아름다운 집과 화려한 집에 살면서 금, 은, 옥백(玉帛)을 저장하고, 상인(商人)이 문에 가득 차서 교역(交易)이 날로 번성하며, 한평생 안락하여 시비도 없고 송사(訟事)도 없다.[340]

[제334사(第三百三十四事)] **節化**(절화)

이름난 학사를 사람이 모두 스승으로 섬기면 살아서는 맑은 덕(德)이 있고,

---

章 應理訓.).

337) 血祀者道高德重, 代天立教化人成規, 爲萬世師(「叅佺戒經」, 第六章 應理訓.).

338) 倧之所重者國體也, 佺之所重者民教也, 治化皆因所本而興也, 哲人之氣醞釀山川倧興至治, 天河先澄, 佺行教化, 白岳先靈(「叅佺戒經」, 第六章 應理訓.).

339) 福重卽大榮, 世有爵祿富貴不絶, 英俊相承門戶煥爀(「叅佺戒經」, 第六章 應理訓.).

340) 居華堂麗室藏金銀玉帛, 商旅盈門交易日繁, 一世安樂無非無訟(「叅佺戒經」, 第六章 應理訓.).

죽어서는 이끄는 절개가 있다.[341)]

[제335사(第三百三十五事)] **賢裔(현예)**

어진 후손이 태어나면 가난한 집안도 부흥하여 드러나 귀하게 되며, 부자로서 세상에 알려지니, 6친〈六親; 부모(父母), 형제(兄弟), 처자(妻子)〉이 화락(和樂)하고 친척이 그 은혜에 감화된다.[342)]

[제336사(第三百三十六事)] **健旺(건왕)**

운과 때가 왕성하여 원하는 바가 성취되고, 이웃이 화합하고 마을이 칭송하여 말하는 바를 다 따르며, 나무 심고 밭을 갈아 가도(家道)가 풍성하게 융성한다.[343)]

[제337사(第三百三十七事)] **吉慶(길경)**

흉사는 가고 길사(吉事)가 이르니 구하지 않고, 당기지 않아도 경사가 때에 이르고, 자녀가 집안에 가득 차서 종신토록 기쁘다.[344)]

[제338사(第三百三十八事)] **世章(세장)**

세세(世世)로 학업을 닦아 글을 지음을 함께하고, 청백하고 편안하게 녹을 얻어 우아하고 자연스럽게 살며, 풍진의 시끄러움을 떠나 물욕(物慾) 밖에서 소요(逍遙)하는 것이다.[345)]

[제339사(第三百三十九事)] **淡(담)**

바탕이 맑으면 복이 응하고, 모든 사람이 덕을 이뤄 천하에 본성을 잃은 사람

---

341) 著名學士人皆師事, 生有淸德, 死有令節(「参佺戒經」, 第六章 應理訓.).
342) 賢裔誕降復興寒門, 貴以顯名富以著世, 六親和樂族戚感恩(「参佺戒經」, 第六章 應理訓.).
343) 運健時旺所禱皆中, 隣和里頌所言皆從, 植木耕田家道豊隆(「参佺戒經」, 第六章 應理訓.).
344) 凶事去吉事生, 不求不挽慶事時至, 子女滿堂終身喜悅(「参佺戒經」, 第六章 應理訓.).
345) 世修學業翰墨相接, 淸安得祿優雅自居, 不與塵聒物外逍遙(「参佺戒經」, 第六章 應理訓.).

이 없고, 백성은 위법하는 일이 없이 나라의 근본을 밝고 맑게 하여 인정(人情)에 적절하게 합하고, 만물의 힘을 두루 보호하여 즐거움을 뭇사람과 더불어 취하여 법식(法式)을 같게 한다.[346)]

[제340사(第三百四十事)] **應福**(응복)

일생에 시비가 없고, 일생에 질병이 없이 늙어서는 자손이 향연을 베풀어줌을 받고, 좋은 벗으로 세월을 보내는 것이다.[347)]

[제341사(第三百四十一事)] **裕庫**(유고)

관리를 넉넉하게 하는 사람의 창고는 5곡이 가득 차고, 정성과 믿음으로 일을 하여 쌀을 사고파는 데에 스스로 권위로 해도 위태로움이 없다.[348)]

[제342사(第三百四十二事)] **無厄**(무액)

환란이 이미 사라져 환란이 없고, 곤욕이 이미 비어 곤욕이 없으며, 액이 이미 다했으므로 액이 없다.[349)]

[제343사(第三百四十三事)] **利隨**(이수)

방해는 물러가 흩어져 이익이 따라오니, 이익의 가벼움과 이익의 무거움은 부지런함의 작음과 부지런함의 큼에 있다.[350)]

[제344사(第三百四十四事)] **天捲**(천권)

재앙은 사라지고 재액이 물러감은 푸른 하늘에 구름이 걷힌 것과 같다. 모든

---

346) 體淡卽福應全人成德, 天下無一人失性, 百姓無一事違法, 明徵國體, 切合人情, 周護物力樂取與衆, 同爲準式(「叅佺戒經」, 第六章 應理訓.).

347) 一生無是非一生無疾病, 老受子孫亨良朋送歲月(「叅佺戒經」, 第六章 應理訓.).

348) 管裕人之庫五穀充滿, 誠信爲事伊糴伊糶, 自手權柄無厄(「叅佺戒經」, 第六章 應理訓.).

349) 患難已消故無患難, 困辱已空, 故無困辱厄會已盡, 故無厄會(「叅佺戒經」, 第六章 應理訓.).

350) 妨害退散利益隨至, 利益之輕利益之重, 勤之小勤之大(「叅佺戒經」, 第六章 應理訓.).

선(善)한 사람의 아내는 남편과 화합하여 복을 같이하고, 남편이 없는 선(善)한 여인은 자손과 화합하여 복을 같이 한다.[351)]

**[제345사(第三百四十五事)] 盈(영)**

가득 찬 것을 경계하는 것은 밝지만 그렇지 못한 것이 많다. 악(惡)을 버리는 데 게으르지 않고 꾸준히 선(善)을 지켜 옮기지 않는 것이 가득 찬 것을 경계하는 것이다. 살펴서 바르게 하는 것〈혈구(絜矩)〉이 편안함이다.[352)]

**[제346사(第三百四十六事)] 雷震(뇌진)**

악을 지어 화(禍)가 가득하면 패망하니, 천지가 막막하고, 질풍과 폭우에 우뢰가 크게 발생하고 벽력이 치는 곳에 온몸이 타버린다.[353)]

**[제347사(第三百四十七事)] 鬼喝(귀갈)**

악귀가 몸에 따르면 경영하는 일이 거의 이루어지다가 막히며, 구하는 이익이 장차 이루어지려다 깨뜨려지고, 말마다 반드시 비방이 따르고, 움직이면 반드시 노여움을 만나 마음은 초조해지고 혀가 타니, 몸이 죽어야 끝난다.[354)]

**[제348사(第三百四十八事)] 滅家(멸가)**

산업은 바람에 날려 흩어지고, 자손은 서리 맞은 낙엽처럼 쇠잔하니, 부부는 고독하고 외로워 백발이 길어도 울부짖는다.[355)]

---

351) 殃消災退如靑天之捲雲, 諸善人妻和夫同福, 無夫善女和子孫同福(「叄佺戒經」, 第六章 應理訓.).

352) 戒盈者哲否者爲衆, 去惡莫怠守善不遷, 是爲戒盈, 絜矩以安(「叄佺戒經」, 第六章 應理訓.).

353) 禍盈卽敗天地溟漠, 疾風暴雨天雷大發, 霹靂響處全身燒燼(「叄佺戒經」, 第六章 應理訓.).

354) 惡鬼隨身營事幾完沮之, 求利將成破之, 言必被謗, 動必遭怒焦心爛舌, 終身乃止(「叄佺戒經」, 第六章 應理訓.).

355) 産業風揚飛散, 子孫霜打殘葉, 夫妻孤且孑, 白髮長呼哭(「叄佺戒經」, 第六章 應理訓.).

[제349사(第三百四十九事)] **絶祀**(절사)

현세의 재산은 그 식구를 보호하고, 그 재산을 보존하여 해(수명)는 마칠 수 있으나, 단, 자녀가 하나도 없으면 그 제사가 끊어진다.[356)]

[제350사(第三百五十事)] **失屍**(실시)

먼 지방의 나그네가 세월이 쌓여도 돌아오지 못하고, 거친 언덕배기에서 죽으면 돌보는 사람이 없다.[357)]

[제351사(第三百五十一事)] **大**(대)

악(惡)에 대한 느낌이 크면 그 반응도 또한 크니, 부끄러운 모습의 형태가 많으면 화(禍)가 뒤따르지 않겠는가. 백 가지 괴이함이 침노하니 이름과 육신이 같이 멸망한다.[358)]

[제352사(第三百五十二事)] **刃兵**(인병)

늙은이는 악(惡)이 하나로부터 아홉에 이르고, 젊은이는 하나로 악(惡)을 지어 아홉에 이르니 모두 군사(軍士)의 칼날에 해침을 받는다.[359)]

[제353사(第三百五十三事)] **水火**(수화)

흐르는 물에 집을 잃고, 새어 나오는 불에도 집을 잃으며, 떨어지는 물에 목숨을 잃고, 타는 불에도 몸을 상한다.[360)]

[제354사(第三百五十四事)] **盜賊**(도적)

험지에서 도적을 만나면 일의 자금을 잃고, 집 안에서 도적을 만나면 남은 재

356) 世産保其口, 存其産終其年, 但無一個子女絶其祀(「參佺戒經」, 第六章 應理訓.).
357) 遠方爲客積年未歸, 死于荒丘無人見者(「參佺戒經」, 第六章 應理訓.).
358) 感於惡大其應也亦大, 形多愧影禍不旋踵, 百鬼侵凌名與身滅(「參佺戒經」, 第六章 應理訓.).
359) 老者自一至九, 少者一做至九, 並受兵刃之害(「參佺戒經」, 第六章 應理訓.).
360) 漂水失家, 漏火失家, 落水逃命, 焚火傷身(「參佺戒經」, 第六章 應理訓.).

산을 잃는다.[361)]

[제355사(第三百五十五事)] **獸害**(수해)

〈악(惡)을 행하면〉 높은 산마루와 깊은 숲에서 사나운 짐승의 해침을 입는다.[362)]

[제356사(第三百五十六事)] **形役**(형역)

〈악(惡)을 행하면〉 젊을 때 감옥에서 형벌의 많은 고역을 진다.[363)]

[제357사(第三百五十七事)] **天羅**(천라)

〈악(惡)을 행하면〉 매양 날씨의 불리함을 만나고, 어려움에 다다라서는 몸을 빼지 못하고, 일에 좇아가도 끝을 맺지 못한다.[364)]

[제358사(第三百五十八事)] **地網**(지망)

〈악(惡)을 행하면〉 좋은 곳은 저절로 멀어지고, 나쁜 곳은 저절로 가까워져, 어려움에 다다라서는 몸을 빼지 못하고 일에 좇아가도 끝을 맺지 못한다.[365)]

[제359사(第三百五十九事)] **及身**(급신)

〈악(惡)을 행하면〉 사람들이 같이 위험할 때 위험이 혼자에게만 미치고, 열 사람이 같이 살아도 재앙은 자기에게만 미친다.[366)]

[제360사(第三百六十事)] **小**(소)

비록 착한 것이나 작다고 하지 않고, 비록 악한 것이나 크지 않다고 행하는

---

361) 險地遇盜賊失業金, 屋裡遇盜賊失殘産(「參佺戒經」, 第六章 應理訓.).
362) 絶嶺深林被猛獸之害(「參佺戒經」 第六章 應理訓.).
363) 多少年囹圄受刑役之苦(「參佺戒經」, 第六章 應理訓.).
364) 每値天候不利, 臨難脫不得身, 趁事達不得終(「參佺戒經」, 第六章 應理訓.).
365) 吉地自遠, 凶地自近, 臨難脫不得身, 趁事達不得終(「參佺戒經」, 第六章 應理訓.).
366) 衆人同危危獨及於一人, 十人同居殃獨及於自己(「參佺戒經」, 第六章 應理訓.).

것은, 이 또한 응하는 것이 작은 것이어도 경계하지 않을 수 없다.[367)]

[제361사(第三百六十一事)] **貧窮**(빈궁)

〈행한 악(惡)이 적다해도〉 가난은 스스로 보전하지 못하고, 궁핍도 스스로 보존하지 못한다. 이를 면하고자 해도 종신토록 얻지 못한다.[368)]

[제362사(第三百六十二事)] **疾病**(질병)

〈행한 악(惡)이 적다해도〉 일생에 질병이 많아 4계절에 그 순서를 잃으면, 시들고 느른해져 떨치지 못한다.[369)]

[제363사(第三百六十三事)] **敗亡**(패망)

〈행한 악(惡)이 적다해도〉 일마다 패하고 망하니, 하나도 성취되는 것이 없다.[370)]

[제364사(第三百六十四事)] **靡室**(미실)

〈행한 악(惡)이 적다해도〉 아내도 없고 자식도 없어 외로운 몸은 동쪽 회오리 바람에 날려 서쪽 비로 떨어진다.[371)]

[제365사(第三百六十五事)] **道丐**(도개)

〈행한 악(惡)이 적다해도〉 의지할 곳이 없고, 거처할 곳도 없어 길거리에서 비럭질로 구걸하고 있으나 아무도 구제해주는 사람이 없다.[372)]

---

367) 雖善以其小不爲, 雖惡以其不大爲之, 此亦應之小者可不戒哉(「叄佺戒經」, 第六章 應理訓.).
368) 貧不自保窮不自存, 欲免終身不得(「叄佺戒經」, 第六章 應理訓.).
369) 一生多疾病, 四時失序 萎藨不振(「叄佺戒經」, 第六章 應理訓.).
370) 事事敗亡, 無一成就(「叄佺戒經」, 第六章 應理訓.).
371) 無妻無子, 孤孑一身東飄西零(「叄佺戒經」, 第六章 應理訓.).
372) 無依無捿道路乞丐, 無人救濟(「叄佺戒經」, 第六章 應理訓.).

[제366사(第三百六十六事)] **及子(급자)**

〈행한 악(惡)이 적다해도〉 아들은 아버지의 화(禍)를 받으니, 여러 악(惡)한 사람의 아내는 남편과 함께 화(禍)를 같이 받고, 남편이 없는 악(惡)한 여자는 자손과 함께 화(禍)를 같이 받는다.[373)]

홍익인간론(弘益人間論)에서 366사(三百六十六事)의 교육적 사유(思惟)는 당시 고조선(古朝鮮) 사회를 형성하는 과정에 참여한 구성원들이 우주 자연의 이치를 삶의 경험을 통해 체득하고, 여기에 인간이 삶과 더불어 미래의 공영에 이바지할 수 있는 바라는 바를 부족(部族)의 우두머리나 국가의 지도자에게 요청하여 표명한 것이다. 이에, 여기에 밝은 참전〈叄佺; 철인(哲人)·군자(君子)〉이 교사(敎師)로서 교육활동이 전개되어 그 가르침으로 사람들은 나 스스로를 닦는 배움에 의해 관계적 존재를 형상하면서 이타적(利他的) 사랑의 정신인 인(仁)으로 사람을 사랑하고, 만유(萬有)를 구제(救濟)하는 홍익인간(弘益人間)의 교육적 사유(思惟)로서 한국교육철학의 시원(始原)이 되었다.

366사(三百六十六事)의 교육에 대한 사유(思惟)로써 가르침〈교(敎)〉은 윤리강상(倫理綱常)과 우주 자연의 이치인 도학(道學)으로 사람을 배우게 하는 것이며, 이러한 가르침이 사람의 모든 행위를 실천하는 바탕을 얻게 된다고 한다. 그러므로 가르치지 않으면 뛰어난 사람이어도 목공(木工)이 먹줄이 없는 것처럼 내 처지를 미루어 남을 배려하는 인간을 이롭게 하는 마음〈혈구지도(絜矩之道)〉[374)]이 없다고 하였다. 따라서 사람은 가르쳐야 백 가지 행실의 근본 됨을

---

373) 子受父禍, 諸惡人妻和夫同禍, 無夫惡女和子孫同禍(「叄佺戒經」, 第六章 應理訓.).

374) 혈구지도(絜矩之道)의 혈구(絜矩)는 자〈척(尺)〉를 가지고 재어서 목공(木工)이 먹줄로 표시하여 작업하는 뜻으로, 자기의 처지로 남의 처지를 헤아리는 것을 비유한 말이다. 따라서 홍익인간론(弘益人間論)의 366사(三百六十六事) 중에서 가르침을 말하는 130사(一百三十事)에서 '가르침이 없으면 비록 뛰어난 목공이라고 해도 먹줄이 없는 것과 같다(無敎卽雖良工無繩墨)'고 한 것은 혈구지도(絜矩之道)가 없음을 비유적으로 한 말이다. 이러한 비유적 의미는 유학(儒學)의 경전인 「대학(大學)」에 반영되어 상생의 의미로서 치국평천하(治國平天下)의 교육적 사유(思惟)의 덕목(德目)으로 발전하였다. 따라서 '이른바 천하를 화평하게 만드는 일은 그 나라를 다스리

얻는다[375]는 것이다.

기름〈육(育)〉은 교화(敎化)로써 사람을 기르는 것으로 사람은 정한 가르침이 없으면, 그물에 벼리[376]를 달지 않은 것과 같아 사람의 기본적인 도덕과 규범을 이탈하므로 옷깃[377]을 달지 않은 것과 같아 마음을 바르게 할 수 없어, 제각기 주장만을 내세워 분잡(奔雜)을 이루니, 이로 말미암아 일정한 주된 가르침으로 사람들을 보호하여 기르는 것[378]이라고 하였다. 이와 같은 교육에 대한 사유(思惟)는 현명하고 노련한 사람〈정로(定老)〉이 교사(敎師; 스승)가 되어 가르쳐서 교화(敎化)해야 한다[379]고 하였다. 교사로서 정로(定老)는 참천(參佺)·철인(哲人)·군자(君子)를 의미한다.

---

는 데 있는 것으로, 윗사람이 노인을 노인으로 대접하면 백성들 사이에 효(孝)가 일어날 것이고, 윗사람이 연장자를 연장자로 대접하면 백성들이 공경〈恭敬; 제(弟)〉할 것이며, 윗사람이 외로운(孤) 자를 긍휼히 여기면 백성들이 배반하지 않을 것이니, 이런 까닭에 군자(君子)는 혈구지도(絜矩之道)를 지켜야 한다. 윗사람이 싫어하는 것을 아랫사람에게 부리지 말 것이며, 아랫사람이 싫어하는 것으로 윗사람을 섬기도록 하지 않는다. 앞선 어른이 싫어한 것을 그 뒤의 세대 사람의 앞에 놓지 말고, 뒤의 세대 사람이 싫어하는 것인데도 앞선 어른을 따르도록 하지 말아야 한다. 오른편이 싫어하는 것으로 왼편과 사귀지 말며, 왼편에서 싫어하는 것으로 오른편과 사귀지 말아야 한다. 이렇게 하는 것을 혈구지도(絜矩之道)라고 이른다〈所謂平天下在治國者, 上老老而民興孝, 上長長而民興弟, 上恤孤而民不倍, 是以君子絜矩之道也. 惡於上毋以使下所惡於下毋以事上, 所惡於前毋以先後所惡於後毋以從前, 所惡於右毋以交於左所惡於左毋以交於右, 此之謂絜矩之道.「大學」, 第十章.〉'고 하였다.

375) 「參佺戒經」, 第一百三十事, 敎.

376) 벼리〈강(綱)〉는 그물의 코를 꿰어 그물을 잡아당길 수 있게 한 굵은 줄로 일의 중심이나 문장(文章)의 핵심줄거리에 비유된다. 그러므로 인간이 필수적으로 지켜야 할 기본적인 도덕과 규범이라는 뜻으로 쓰이며 그물의 벼리가 이탈할 수 없듯이 인간은 기본 핵심적인 도덕과 규범을 이탈할 수 없다는 의미를 지닌다. 따라서 사물을 총괄하여 규제하는 것의 의미가 되어 다스리고 통치한다는 뜻을 갖게 되었다.

377) 옷깃은 옷에서 목을 둘러싼 곳에 붙여져 있는 부분으로 옷깃의 모양, 색깔, 소재에 가치관이 반영되어있는 삶의 정신을 표현하고 있다. 그러므로 옷깃의 모양과 길이는 고대로부터 사람의 품격과 역할을 나타내는 중요한 요소였다. 옷깃이 있어 옷깃을 여미는 것은 마음의 자세를 바로잡는 것을 일컫는 말로 옷깃이 없음은 마음을 바르게 할 수 없다는 의미이다.

378) 「參佺戒經」, 第一百二十一事, 育.

379) 「參佺戒經」, 第一百二十六事, 定老.

이러한 홍익인간론(弘益人間論)에서의 교육은 어린아이를 북돋아 기르는 것으로 '어린 싹이 이슬에 젖지 않으면 비록 줄기가 있어도 반드시 시든다'[380]는 것에 비유하여 교육이 없으면 어리석게 성장하므로 가지와 잎이 무성하게 자라게 하는 것처럼 교육할 것을 말하고 있다.[381] 이러한 교육은 '가르침에 힘써 가르침에 통달해야 한다'[382]고 하고 있다. 가르침은 가르침의 결과보다 어려우며, 그 가르침에 통달하는 것은 열심히 가르치는 것을 넘어 서야 하는 것으로, 교육에 통달해야 만유(萬有)를 사랑하는 이치를 비로소 알게 된다[383]고 하여 교육의 중요성을 말하고 있다.

홍익인간론(弘益人間論)을 구성하고 있는 366사(三百六十六事)는 인간 세상의 1년의 날수이고 우주의 대연수(大衍數)[384]로서, 우주 자연의 조화(調和)를 바탕으로 교화(教化)하는 교육적 사유(思惟)의 작용으로 광명이세(光明理世)의 치화(治化)를 통해 사람을 널리 이롭게 하는 것이다.

---

380) 어릴 때 교육하지 않으면 '어린싹이 이슬에 젖지 않으면 비록 줄기가 있어도 반드시 시든다(萌不霑露雖莖必萎)'는 비유는 「주역(周易)」에 이르러 산 아래에 험난함이 있어 갈 곳을 찾지 못하고 멈추어져 있는 형상으로의 무성하게 자란 어린 풀에 의하여 덮여 있는 모습을 뜻하는 의미가 되어 사물이 태어나 어린 몽매함으로 '어리다(稚)'라는 뜻을 내포하여 몽(蒙) 자로 표현되어 '어둡다(昧)'라는 의미가 파생되어 몽매한 사람을 교육하여 교화(教化)하는 방법을 설명하는 몽괘(蒙卦)를 형성하였다.

381) 「叅佺戒經」, 第一百二十七事, 培幼.

382) 가르침에 힘써 가르침에 통달해야 한다(達勉者勉教而達教也)는 의미는 「중용(中庸)」에 이르러 교육의 실천방법으로 발전하여 '남이 한번 잘하게 되면 자기는 백번을 하며, 남이 열 번을 잘하게 되면 자기는 천 번을 잘해야 한다(人一能之己百之 人十能之己千之. 「中庸」, 第二十章)고 하여 우주 이치〈성(誠); 천도(天道)〉에 이르는 부단한 교육을 해야 함을 말하고 있다.

383) 「叅佺戒經」, 第三章 愛理訓, 第一百三十七事, 達勉.

384) 대연수(大衍數)는 하늘이 생긴 수를 3으로 잡고 땅이 생긴 수를 2로 잡아, 그 더한 수인 5가 각각 10까지 늘려 이루어진 수 50을 말한다. 이 대연수(大衍數)를 근거로 1년의 길이를 365.2444일로 정하였다.

## 2. 홍범 9주(洪範九疇)

낙서(洛書)에서 유래된 홍범 9주(洪範九疇)는 홍익인간론(弘益人間論)의 이념을 반영하여 인간을 이롭게 하도록 지도자가 세상을 다스리는 방법과 이치를 정리한 것이다. 즉, 홍익인간론(弘益人間論)을 바탕으로 제정[385]한 인본사상의 민본적인 성문율(成文律)로서 규범교육의 근간으로 발전하였다.

---

385) 홍범 9주(洪範九疇)는 중국 주(周; 기원전 1046~기원전 256)나라 무왕(武王; 생년미상~기원전 1043, 재위 기원전 1046~기원전 1043)에게 고조선(古朝鮮)의 이른바 기자조선(箕子朝鮮)의 제1대 군주(君主)로 알려진 기자〈箕子; 생몰연대 미상, 재위 기원전 1126~기원전 1082: 安鼎福(1712~1791), 「東史綱目」〉가 알려준 것이다. 「서경(書經)」의 〈주서편(周書篇)〉의 홍범(洪範)에 따르면, 중국 하(夏)나라 우왕(禹王; 생몰연대 미상, 재위 기원전 2100년경~기원전 2000년경)이 즉위하자 '하늘〈천제(天帝)〉이 그에게 홍범 9주(洪範九疇)를 주어 떳떳한 도리가 펼쳐지게 되었다(禹乃嗣興 天乃錫禹洪範九疇 彝倫惟敍)고 기록하고 있다. 여기서 하늘〈천제(天帝)〉은 단군조선(檀君朝鮮)의 1대 군주인 단군천왕(檀君天王)인 단군왕검〈檀君王儉; 생몰연대 미상, 재위 기원전 2333~기원전 1048: 李承休(1224~1300), 「帝王韻紀」〉을 말한다. 당시 하(夏)나라 순(舜; 생몰연대 미상, 재위 기간; 39년)임금은 홍수(洪水)의 치수(治水)에 실패한 곤(鯀)을 처벌하고(「尙書」, 舜典.), 그 아들 우(禹)에게 치수(治水)의 일을 맡기면서 왕위를 물려주고(「史記」, 「後漢書」), 아울러 고조선(古朝鮮) 단군왕검(檀君王儉)에게 자문(諮問)을 요청하자, 단군왕검(檀君王儉)은 단기(檀紀) 67년 태자(太子) 부루(扶婁; 생몰연대 미상, 고조선의 2대 단군, 재위 기원전 2100~기원전 2000)를 보내 도산회맹(塗山會盟)에 참석하도록 하였다〈「高麗史(1451)」; 「世宗實錄地理志(1454)」; 權擥(1416~1465), 「應製詩註」; 「新增東國輿地勝覽(1530)」; 許穆(1595~1682), 「檀君世家」〉. 도산회맹(塗山會盟)은 도산〈塗山; 중국(中國) 절강성(浙江省) 소흥현(小興縣) 서북산(西北山)〉으로 여러 나라의 제후(諸侯)와 치수(治水)에 밝은 창수사자(蒼水使者)들을 불러모아 치수(治水) 등 나라를 다스리는 방도(方道)를 논의한 모임이다〈趙曄(40년경~130년경), 「吳越春秋」〉. 이때 부루(扶婁)는 우(禹)를 만나 고조선(古朝鮮)의 홍익인간(弘益人間) 366사(三百三十六事)에 근거하여 고조선(古朝鮮)을 다스렸던 천자(天子)의 도(道)를 홍범 9주(洪範九疇)로 정리한 것과 치수법(治水法) 등이 담긴 지옥〈贄玉; 지옥(贄玉)은 금간옥첩(金簡玉牒)을 의미하며 금간(金簡)과 옥첩(玉牒)은 귀중한 기록이라는 뜻으로 옥첩(玉牒)은 역사서를 달리 부르는 말로도 쓰인다.〉을 전해주었고〈安珦(1243~1306), 「晦軒先生實紀」, 卷之一, 詩.〉, 이 홍범 9주(洪範九疇)는 「서경(書經)」에 수록되어 전해지게 되었다.

홍범 9주(洪範九疇)의 내용은 다음과 같다.

첫째는 5행(五行)이요, 둘째는 공경하여 5사(五事)를 함이요, 셋째는 후하게 팔정(八政)을 함이요, 넷째는 5기(五紀)로 화합을 함이요, 다섯째는 황극(皇極)을 세우는 것이요, 여섯째는 3덕(三德)으로 다스리는 것이요, 일곱째는 계의(稽疑)를 밝히는 것이요, 여덟째는 서징(庶徵)으로 생각하는 것이요, 아홉째는 5복(五福)으로서 권장하고 6극(六極)으로 위엄을 세는 것이다.[386)]

## 1) 5행(五行)

5행은 첫째는 수(水)요, 둘째는 화(火)요, 셋째는 목(木)이요, 넷째는 금(金)이요, 다섯째는 토(土)이다. 수(水)는 윤택하게 아래로 내려가는 것이요, 화(火)는 불꽃 위로 올라가는 것이요, 목(木)은 굽으나 곧게 뻗어가는 것이요, 금(金)은 따르며 바꾸는 것이요, 토(土)는 심고 거두는 것이다. 윤하(潤下)는 짠맛을 만들고 염상(炎上)은 쓴맛을 만들고, 곡직(曲直)은 신맛을 만들고, 종혁(從革)은 매운맛을 만들고, 가색(稼穡)은 단맛을 만든다.[387)]

5행(五行)은 우주 자연의 변화양상을 압축해서 설명한 것이다. 즉, 우주 자연의 이치를 사람의 사회에서 화(火) · 수(水) · 목(木) · 금(金) · 토(土)가 행(行)하는 운행변전(運行變轉)을 말한다. 이러한 오행(五行)은 기원전 260년경 홍익인간문화권에서 상생설(相生說)과 상극설(相剋說)로 발전하여 우주 자연의 이치나 인간계의 현상을 오행(五行)의 상생 · 상극으로 이해하고 예측하는 교육적 사유(思惟)가 나타났고 5행설(五行說)이 형성되었다.

---

386) 初一曰五行, 次二曰敬用五事, 次三曰農用八政, 次四曰協用五紀, 次五曰建用皇極, 次六曰乂用三德, 次七曰明用稽疑, 次八曰念用庶徵, 次九曰嚮用五福, 威用六極(「書經」, 洪範.).

387) 一. 五行, 一曰水, 二曰火, 三曰木, 四曰金, 五曰土, 水曰潤下, 火曰炎上, 木曰曲直, 金曰從革, 土爰稼穡, 潤下作鹹, 炎上作苦, 曲直作酸, 從革作辛, 稼穡作甘(「書經」. 洪範.).

5행 사상의 상생(相生)은 목(木)은 화(火)를 화(火)는 토(土)를, 토(土)는 금(金)을, 금(金)은 수(水)를, 수(水)는 목(木)을 생성하는 순환변전(循環變轉)의 이치이다. 상극(相剋)은 수(水)는 화(火)를, 화(火)는 금(金)을, 금(金)은 목(木)을, 목(木)은 토(土)를, 토(土)는 수(水)를 이긴다는 것이다. 여기에 이러한 작용의 출발점을 음양(陰陽)의 2원(二元)에 두어 음양오행설(陰陽五行說)[388]의 사고 논리를 형성하였다. 이러한 5행(五行)의 사고 논리의 형성은 현실 간의 관계를 추상화하여 현실의 특성을 추출하였다. 즉, 현실에서 5행(五行)의 특성을 추출하고 현실을 바라보고 이해하였다. 그리하여 5행은 사람이 자연에서 얻을 수 있는 재료의 개념에서 만물을 구성하는 원소(元素)의 개념으로 발전하여 만물에 대한 추상화의 사유(思惟)가 되었다. 5행은 우주 자연과 현실 세계를 인식하는 기준이 되었다.

5행(五行)에 맞추어 5재(五材: 나무, 불, 흙, 쇳물)를 기본요소로 인식하면서 현상의 시각적 색깔의 기준을 5색〈五色; 청색(青色), 적색(赤色), 황색(黃色), 백색(白色), 흑색(黑色)〉으로, 냄새의 기준도 5취〈五臭; 전(膻: 누린내), 초(焦: 탄내), 향(香: 향), 성(腥: 비린내), 후(朽: 구린내)〉로 하였다. 우주의 별자리 인식 기준을 5성〈五星; 목성(木星), 화성(火星), 토성(土星), 금성(金星), 수성(水星)〉으로 정하고, 방향의 기준도 5방〈五方; 동(東), 남(南), 중(中), 서(西), 북(北)〉으로 정하였다. 동물도 사람에 도움이 되는 5축〈五畜; 구(狗: 개), 양(羊), 우(牛: 소), 계(鷄: 닭), 저(猪: 돼지)〉을 중심으로 인식하였고, 생물의 기준도 5

388) 음양 5행설(陰陽五行說)은 영원히 순환 운동하는 다섯 개의 강력한 힘의 기본 과정을 나타내는 5행(五行)의 개념에 교대로 잇달아 일어나는 사라짐과 자라남의 음(陰)과 양(陽)이 합일하여 우주 자연계의 변화 운동을 다섯 단계로 설명한 5행상생설(五行相生說)과 목(木)은 금(金)에 지고, 금(金)은 화(火)에 지며, 화(火)는 수(水)에 지며, 수(水)는 토(土)에 지며, 다시 토(土)는 목(木)에 지므로 순서는 목(木)·금(金)·화(火)·수(水)·토(土)의 배열로 이루어지는 각 물질의 개별적인 힘을 강조한 것으로, 각 물질과 각 단계가 선행자를 정복한 결과 나타나는 것으로 파악하는 5행상승설(五行相勝說)이다. 이러한 음양 5행설(陰陽五行說)은 우주의 법칙과 인간의 법칙을 통일적으로 파악하고자 우주 만물의 법칙과 원리를 규명하는 핵심이 되었다.

충〈五蟲; 인충(鱗蟲: 물고기, 곤충, 파충류), 우충(羽蟲: 새), 나충(裸蟲: 사람), 모충(毛蟲: 포유류), 개충(介蟲: 거북, 갑각류, 양서류)〉으로 분류하였다. 식물도 사람에 이로운 5곡〈五穀; 저마(苧麻: 모시풀), 서(黍: 기장), 도(稻: 쌀), 속(粟: 옥수수), 숙(菽: 콩)〉, 5채〈五菜; 구(韭: 부추), 해(薤: 쪽파), 규(葵: 해바라기), 총(葱: 파), 곽(藿: 콩잎)〉, 5과〈五果; 리(李: 자두), 행(杏: 살구), 조(棗: 대추), 도(桃: 복숭아), 율(栗: 밤)〉을 기준으로 분류하였다. 그리하여 사람도 5행을 기준으로 5체〈五體; 근(筋: 힘줄), 맥(脈), 근육(筋肉), 피부(皮膚), 뼈(骨: 골)〉, 5장〈五臟; 간장(肝臟), 심장(心臟) 비장(脾臟), 폐장(肺臟: 허파), 신장(腎臟: 콩팥)〉, 5부〈五腑; 담(膽: 쓸개), 소장(小腸), 위(胃), 대장(大腸), 방광(膀胱)〉, 5관〈五官; 목(目: 눈), 설(舌: 혀), 구(口: 입), 비(鼻: 코), 이(耳: 귀)〉의 기준을 정하여 인식하였다. 여기에 5기〈五氣; 근(筋: 힘줄 기운), 혈기(血氣), 근육(筋肉: 힘살 기운), 기(氣: 숨), 골기(骨氣)〉를 기준으로 하여, 5각〈五覺; 시각(視覺), 촉각(觸覺), 미각(味覺), 후각(嗅覺), 청각(聽覺)〉이 작용하며, 5액〈五液; 읍(泣: 눈물), 한(汗: 땀), 연(涎: 침), 체(涕: 콧물), 타(唾: 가래)〉이 생긴다고 하였다. 사람의 정서는 5미〈五味; 산(酸: 신맛), 고(苦: 쓴맛), 감(甘: 단맛), 신(辛: 매운맛), 함(鹹: 짠맛)〉을 느끼며, 5지〈五志; 노(怒: 노여움), 희(喜: 기쁨), 사(思: 생각), 비(悲: 슬픔), 공(恐: 공포)〉가 있다고 하였다. 사람의 소리를 5성〈五聲; 호(呼: 부름), 소(笑: 웃음), 가(歌: 노래), 곡(哭: 울음), 신(呻: 읊조림)〉과 5음[五音: 각〈角: 아음(牙音)〉, 치〈徵: 설음(舌音)〉, 궁〈宮: 순음(脣音)〉, 상〈商: 치음(齒音)〉, 우〈羽: 후음(喉音)〉]으로 구분하여 오행(五行)과 일치시켰다. 이에, 사람을 다스림에는 5정〈五政; 관(寬: 너그러움), 명(明: 밝음), 공(恭: 공손함), 력(力: 힘), 정(靜: 고요함)〉을 바탕으로 5화〈五化; 생(生: 태어남), 장(長: 자람), 화(化: 가르침), 수(收: 거둠), 장(藏: 감춤)〉 이뤄야 하는 데, 거기에는 가르침〈화(化)〉의 교육적 사유(思惟)를 근간으로 두고 있다.

5행(五行)은 「주역(周易)」에 이르러 감괘(坎卦; ☵)로 추상화하였다. 감괘(坎卦)는 자연현상의 구덩이를 의미하여 '빠지다(陷)'의 뜻을 나타내어 험난함을 내포하고 있다. 이와 같은 험난함을 극복하는 길은 험난함을 잘 알아야 한다고 하여 '습감(習坎)'이라고도 명명한다.[389] 5행(五行)을 잘 알고 있어야 한다는 의미다. 그러므로 '습감(習坎)은 믿음과 참됨[부(孚)]이 있어 오직 마음으로 형통하니 진실한 믿음의 마음가짐으로 행(行)한다면 그 높아짐이 있다'[390]고 한 것은 중첩된 험난한 상황을 오행(五行)을 활용한 내적인 진실성으로 극복할 수 있음을 말하고 있다. 그리하여 이러한 오행(五行)을 바탕으로 하는 만유(萬有)를 아끼는 귀결점은 사람을 서로 사랑〈인(仁)〉하여[391] 널리 인간을 이롭게 하는 것이다. 따라서 5행(五行)은 교육을 수반하는 교육 철학적 인식의 덕목인 5상〈五常: 인(仁)·예(禮)·신(信)·의(義)·지(智)〉으로 확립되었다. 이처럼 5행(五行)은 홍익인간론(弘益人間論)에서 교육 철학적 사유(思惟)의 근간으로서 우주의 법칙과 인간의 법칙을 통일적으로 파악하여 우주 자연의 법칙과 원리를 규명하면서 현재의 생활 구석구석까지 적용되어 확장 발전하면서 교육과 학문에 영향을 미치고 있다.

### 2) 5사(五事)

5사(五事)의 첫째는 얼굴이요, 둘째는 말이요, 셋째는 보는 것이요, 넷째는 듣는 것이요, 다섯째는 생각하는 것이니라, 얼굴은 공경(恭敬)함이요, 말은 따르는 것이요, 보는 것은 밝게 하는 것이요, 듣는 것은 총명함이요, 생각함은 슬기로움이다. 공경(恭敬)은 엄숙함을 만들며, 따름은 다스리게 하며, 총명은 일을 도모하게 하며, 슬기로움은 성스러움을 만든다.[392]

389) 坎, 險陷之名也, 習, 謂使習之〈「周易正義」, 王弼(226~249, 중국 삼국시대 魏 나라) 注.〉.
390) 習坎, 有孚維心亨, 行有尙(「周易」, 卦辭.).
391) 君子之於物也, 愛之而弗仁, 於民也, 仁之而弗親, 親親而仁民, 仁民而愛物(「孟子」, 盡心章.).
392) 二. 五事, 一曰貌, 二曰言, 三曰視, 四曰聽, 五曰思, 貌曰恭, 言曰從, 視曰明, 聽曰聰, 思曰睿, 恭作肅, 從作乂, 明作哲, 聰作謀, 睿作聖(「書經」, 洪範.).

### (1) 모(貌)

5사(五事)의 첫째인 모(貌; 얼굴)는 자태 · 용모 · 표정 등을 말한다. 예의나 동작 등의 용태에서 의표(儀表)를 지녀야 한다. 오행(五行)의 목(木)에 해당한다. 목(木)은 굽고 곧음의 모습이 나타나기 때문이다. 이러한 모(貌)는 순(順)하고 공손(恭遜)하며 중정(中正)한 모습으로 예법에 맞는 몸가짐을 갖추면 사람이 따른다. 그러므로 「주역(周易)」에서 진괘(震卦; ☳)에 속한다. 진(震)은 우레가 쳐서 사물을 진동시키는 것을 뜻한다. 우레가 칠 때 두려움이 그로써 이루어지면 이로써 형통한다[393]고 하여 경계하고 삼가고 두려워하고 위태로워하는 태도로 임하면 어떠한 위험과 고난도 극복하는 자태, 용모, 표정이 나타난다는 의미이다. 따라서 진괘(震卦; ☳)는 계신공구(戒愼恐懼)로서, 보지 못한 것도 경계하고 삼가며, 듣지 못한 바를 두려워하고 두려워하여 몸을 바르게 닦아 홀로 있을 때까지도 삼가라고 하였다.[394] 계신공구(戒愼恐懼)는 경(敬)의 근본으로서 결국 홍익인간(弘益人間)의 원형인 우주 자연의 본질인 성(誠)에 이르는 교육적 사유(思惟)이다.

### (2) 언(言)

5사(五事)의 둘째인 말〈언(言)〉은 말은 조리가 있고 부드러우며, 고운 말을 써서 상대방의 감정을 상하게 하지 않으며 알기 쉽게 표현해야 한다는 의미다. 오행(五行)의 금(金)에 해당한다. 금(金)은 소리를 의미하고 사람의 말의 소리에 따라 바꾸고 따르기 때문이다. 그러므로 「주역(周易)」에서 태괘(兌卦; ☱)에 속한다. 태(兌)는 사람이 웃어서 입이 벌어진 모습을 나타내는 데서 '기쁘다'라는 의미가 파생되었다. 그리하여 설득(說得)한다는 뜻으로 설득하여 굳셈을 어기면 아첨(阿諂)이고, 굳세면서 설득을 어기면 사나움이며, 굳센 가운데 부드러움

---

393) 懼以成, 則是以亨〈「周易正義」, 王弼(226~249, 중국 삼국시대 魏나라) 注.〉.

394) 君子, 戒愼乎其所不睹, 恐懼乎其所不聞, 莫見乎隱, 莫顯乎微, 故君子愼其獨也(「中庸」, 第一章.).

이 밖이니 설득함은 곧음이 이로움을 가지고 하는 까닭이다. 굳센 것이 중심이기 때문에 곧아야 이롭고, 부드러운 것이 겉으로 드러나야 설득이 형통된다[395]고 하였다. 그러므로 태괘(兌卦; ☱)는 홍범 9주의 일곱째인 계의(稽疑)와 연관된다. 계의(稽疑)는 전문가에게 의견을 물어 의문점에 대한 문제를 해결하는 의견을 들어 설득(說得)을 얻는 과정으로 모두가 길(吉)한 대동(大同)을 얻는 교육적 사유(思惟)를 함의하고 있다. 그러므로 말〈언(言)〉을 함의하여 설득(說得)을 나타내는 태괘(兌卦; ☱)의 교육적 관점은 '군자(君子)가 그로써 벗들과 외우고 익히는 것은, 문하(門下)가 같음〈동문(同門)〉을 붕(朋 )이라고 말하고, 뜻이 같음〈동지(同志)〉을 우(友)라고 말하며, 이러한 붕우(朋友)가 모여 거주하고 도(道)와 의(義)를 배우고 익히는 서로 설득(說得)의 성(盛)함이 이보다 더한 것이 없으므로 군자(君子)는 그것을 따라서〈상(象)〉 붕우(朋友)가 서로 배우고 익히는 것〈강습(講習)〉이다.'[396] 따라서 말의 설득(說得)을 통하여 무리를 관장하여 교육 등을 담당하는 사도(司徒)의 의미로 확대되었다. 이후, 사도(司徒)는 교육기관을 포함하는 명칭이 되어 「주례(周禮)」에 반영이 되었으며, 대한민국의 백제(百濟) 시대 관제(官制)에서도 사도부(司徒部)를 두어 교육과 의례 관계의 업무를 담당하였다.

### (3) 시(視)

5사(五事)의 셋째인 보는 것〈시(視)〉은 눈으로 보는 것은 무엇이나 바로 보아야 한다는 것으로 사물을 바로 보는 총명(聰明)한 눈이다. 오행(五行)의 화(火)에 해당한다. 화(火)는 상승하는 운동 변화로서 밝음에 이르는 최정점을 나타내기 때문이다. 그러므로 「주역(周易)」에서 이괘(離卦; ☲)에 속한다. 이(離)는 새

395) 兌, 說也. 說而違剛則諂, 剛而違說則暴, 剛中而柔外, 所以說以利貞也, 剛中, 故利貞, 柔外, 故說亨〈「周易正義」, 王弼(226~249, 중국 삼국시대 魏나라) 注.〉.

396) 君子以朋友講習者, 同門曰朋, 同志曰友, 朋友聚居, 講習道義, 相說之盛, 莫過於此也, 故君子象之以朋友講習也〈「周易正義」, 王弼(226~249, 중국 삼국시대 魏나라) 注.〉.

의 날아감을 뜻하는 추(隹)와 허령(虛靈)의 도깨비나 산신(山神)을 뜻하는 리(离)가 합쳐진 글자로 불〈화(火)〉의 특성의 밝음을 나타낸 것이다. 그리하여 불과 태양을 상징하여 현명한 지성으로서 가르치는 지도자가 중정(中正)하는 의미로 확대되었다. 이러한 밝음을 형상화한 것이 이괘(離卦; ☲)로써 지도자〈대인(大人)〉는 밝음과 같이 세상〈사방(四方)〉을 계속하여 비춰줘야 한다고 하였다. 이(離)는 불이 타야 하므로 불이 붙는다는 뜻이 된다. 해와 달은 하늘에 달려있고 온갖 곡식과 초목은 땅에 정착하고 있다. 현명하고도 또 현명한 지성으로 바른길을 밝으면 곧 천하의 인민을 교육하여 교화 육성〈목우(牧牛)〉할 수 있다. 이러한 유려(柔麗)함의 가르침으로 지도자가 중정(中正)의 위치에 자리 잡으니 크게 발전〈길(吉)〉한다[397]고 하였다. 따라서 밝음의 계속되는 가르침은 끊이지 않는 것[398]이라고 하여 교육의 필요성을 말하고 있다.

교육을 통한 교화를 의미하는 이(離)의 밝음의 의미는 남(南)쪽을 상징하므로, 중요한 정책에 대한 회의 때 주재자가 남면(南面; 부족장이나 임금의 자리 방향)하여 결정한다. 그리하여 이와 같은 중요한 교육정책을 비롯한 의사결정을 하는 부족 단위의 마을 공동체 회의가 대한민국의 삼국(三國) 시대에서 고구려(高句麗)는 제가회의(諸加會議)[399]로 발전하여 교육기관으로서 태학(太學)

---

397) 明兩作離, 大人以繼明照于四方. 離麗也, 日月麗乎天, 百穀草木麗乎土, 重明以麗乎土, 乃化成天下, 柔麗乎中正, 故亨是以畜 牝牛吉也〈「易傳」, 象傳.〉.

398) 繼, 謂不絶, 明照相繼, 不絶曠也〈「周易正義」, 王弼(226~249, 중국 삼국시대 魏나라) 注.〉.

399) 대한민국의 고구려(高句麗) 시대 초기에는 다섯(5) 나부(那部)의 연맹을 통해 국가를 형성하였으므로 나부(那部)는 국가운영의 중요한 정치 단위였다. 나부(那部)의의 지배층은 가(加)였다. 가(加)는 대한민국의 부여(夫餘), 고구려(高句麗) 시대 부족장(部族長)의 이름, 또는 관명(官名)을 나타내는 것으로, 가(加)의 어원은 부족의 군장(君長)이나 왕(王)을 의미하는 간(干; Kan), 한(汗; Khan)과 관계가 있다. 이러한 가(加)들은 나부(那部)의 고을들을 지배하였다. 제가(諸加)는 기본적으로 왕권에 복속되지만, 별도의 왕과 신료(臣僚) 집단을 보유하기도 하여 나부(那部)에 대한 지배력이 강하였다. 따라서 고구려(高句麗) 초기에 중요한 나랏일을 결정하는 데에는 제가(諸加)의 합의가 요구되었다. 이후, 나부(那部)가 소멸하면서 왕도(王都)와 그 근방을 중심으로 한 방위(方位)의 5부로 재편되었다. 이에 따라 제가(諸加)는 국왕

과 경당(扃堂)을 운영하였고, 백제(百濟)와 신라(新羅)는 교육을 비롯한 중요 의사 결정기구로 남당(南唐)[400]의 정청(政廳)으로 발전하여 여기에서 교육정책의 결정으로 백제(百濟)는 중앙의 교육기관으로서 태학(太學)을 두어 교육하고[401] 지방 교육은 사도부(司徒部)를 두어 관장하도록 하였으며, 신라(新羅)는 화랑도(花郞道) 교육과 국학(國學) 등의 교육기관을 운영하게 된 것이다. 이괘

---

으로부터 관등(官等)과 관직(官職)을 받고 중앙의 귀족관료로 변모하여 그 기능은 귀족관료의 정치회의로 대체되었다.

400) 남당(南堂)은 대한민국 백제(白帝)와 신라(新羅) 시대에 교육정책의 수립을 비롯한 국정을 수행의 중요한 회의를 개최하는 기구이다.
○二十八年, 春正月初吉, 王服紫大袖袍. 靑錦袴, 金花飾烏羅冠, 素皮帶, 烏韋履, 坐南堂聽事[○고이왕(古爾王) 28(261)년 봄 정월 초하룻날, 왕이 자주색으로 된 큰 소매 달린 도포와 푸른 비단 바지를 입고, 금꽃으로 장식한 오라관(烏羅冠)을 쓰고, 흰 가죽띠를 두르고, 검은 가죽 신을 신고 남당(南堂)에 앉아서 정사를 처리하였다. 「三國史記」, 百濟本紀, 古尒王.]. ○三年, 秋七月, 作南堂於宮南, 南堂或云都堂[○첨해왕(沾解王) 3(249)년 가을 7월, 남당(南堂) 혹, 도당(都堂)이라고 한다. 를 대궐 남쪽에 지었다. 「三國史記」, 新羅本紀, 沾解尼師今.]. ○七年, 春夏不雨, 會群臣於南堂, 親問政刑得失[○미추왕(味鄒王) 7(268)년, 봄과 여름에 비가 내리지 않았으므로, 신하들을 남당(南堂)에 불러 모아 정치와 형벌 시행의 잘잘못을 친히 물었다. 「三國史記」, 新羅本紀, 味鄒尼師今.]. ○七年, 夏四月, 養老於南堂, 王親執食, 賜穀帛有差[○눌지(訥祇王) 7(423)년, 여름 4월, 남당(南堂)에서 노인들을 접대하였는데, 임금이 손수 음식을 집어 주고 곡식과 비단을 등급에 따라 내려주었다.「三國史記」, 新羅本紀, 訥祇痲立干.].

401) 대한민국 백제(百濟) 시대의 태학(太學)은 문헌상으로는 기록되지 않았으나, 2013년 중국에서 발견한 백제(百濟) 사람인 묘지명인 진법자(眞法子; 생몰연대 미상) 묘지명〈墓誌銘; 무주(武周) 천수(天授) 2(691)년〉에서 진법자(眞法子)의 증조부(曾祖父) 진춘(眞春)이 백제(百濟)에서 태학(太學)의 최고책임자인 정(正)을 지냈다고 기록되어 있다[祖春, 本邦(百濟) 太學正, 恩率. 祖德止, 痲連大群將, 達率. 父微之, 馬徒郡參司軍, 德率. 並英傑出, 雄略該通. 麾管一方, 積宣於字育, 撫綏五部, 業劭於甿謠〈증조할아버지 춘(春)은 백제의 태학(太學)에 정(正), 은솔(恩率)이었고, 할아버지 덕지(德止)는 마련대장군(痲連大群將), 은솔(恩率)이었다. 아버지 미지(微之)는 마도군참사군(馬徒郡參司軍), 덕솔(德率)이었다. 모두 자질이 뛰어나고 현명하여 한 나라의 지역(일방; 一方)을 지휘하여 관장함에 공적은 백성을 사랑하여 양육하는 교육(教育: 자육;字育)으로 드러냈었고, 5부를 다스려 안정시키니 업적은 백성들이 태평성대의 노래를 부르도록 힘쓴 것이었다〉]. 이것으로 보아 백제(百濟)에도 국립 중앙교육기관으로 고구려(高句麗)와 같은 태학(太學)이 설치되어 존재하고 있었음을 알 수 있다.

(離卦; ☲)의 의미로서 밝음의 교화(敎化)와 다스림의 정청(政廳)이었던 남당(南堂)은 그 이후 대한민국의 고려(高麗)와 조선(朝鮮) 시대로 들어오면서 교육 기능이 독립되면서 국자감(國子監), 성균관(成均館), 향교(鄕校)의 설치 등으로 발전하였고, 정치의 기능은 고려(高麗) 시대의 도병마사(都兵馬使)[402]와 조선(朝鮮) 시대의 비변사(備邊司)[403] 등으로 계승 발전하였다

### (4) 청(廳)

5사(五事)의 넷째인 듣는 것〈청(廳)〉은 귀로 들을 때는 그 말을 처음부터 끝까지 소상하게 들은 후에 그 말의 선악(善惡)을 구분하여 간직하는 총명한 귀〈耳(이)〉다. 5행(五行)의 수(水)에 해당한다. 수(水)는 물이 흐르며 물방울이 튀는 모습을 본뜬 글자로 물 흐르는 듯한 사람의 말을 귀로 들어 판단하는 것으로 많은 것을 헤아리고 판단해야 하는 교육적 해결의 내용을 헤아릴 수 없는 물속에 담고 있는 호수나 바다의 의미로 확대되었다. 따라서 수(水)는 생명(生命), 저장(貯藏), 사교(社交), 마무리 등의 개념을 함의한다. 그러므로 「주역(周易)」에서 감괘(坎卦; ☵)에 속한다. 저장하고 마무리하는 것을 함의하기 때문에 오행(五行)의 마무리가 된다. 5행(五行)을 의미하는 감괘(坎卦; ☵)에서 전술(前述)한 바와 같이 닥쳐진 험난한 상황을 잘 듣고 헤아려 극복하는 것이다. 이것은 신(信)에 의한 것이다. 물이 흘러가는데 가득 차지 않고 험(險)함을 행하는데도 그 믿음〈신(信)〉을 잃지 않는다고 하여, 가파른 험(險)함의 꼭대기이기 때문

402) 도병마사(都兵馬使)는 대한민국 고려(高麗)시대 3성(中書省, 門下省, 尙書省)과 중추원(中樞院)의 관료(官僚)들이 함께 모여 국가의 중대사를 논의할 때 회의로 결정짓던 국정에 관한 협의기관으로 도당(都堂)이라고도 하였다. 성종(成宗) 8(989)년에 창설된 병마사(兵馬使)를 전신으로 한다. 도평의사사(都評議使司)로 개칭하여 상설 기관화되었다.

403) 비변사(備邊司)는 대한민국 조선(朝鮮) 시대에 국정 전반을 총괄한 실질적인 최고의 의결 기구이다. 왜구와 여진의 침입에 대비한 범정부 대책기구인 지변사재상(知邊事宰相)을 연원으로 한다. 세종(世宗) 15(1443)년부터 비상설 기구로 운영되어 오다가 중종(中宗) 39(1544)년 상설 협의체 기구가 되었다. 정치, 경제, 외교, 문화 등 국정 전반을 관장하였다.

에 물이 흘러가는데도 잘 차지 않으므로, 험(險)함에 이르러 처하면서 굳셈의 가운데를 잃지 않고 험(險)함을 행하면서도 그 믿음을 잃지 않는 것[404]이라고 하였다. 그러므로 험난한 상황을 진실성으로 극복하려면 먼저 듣고〈청(聽)〉 교육적 사유(思惟)에 의한 선악(善惡)을 판단해야 함을 말하고 있다.

### (5) 사(思)

5사(五事)의 다섯째인 생각하는 것〈사(思)〉은 생각은 땅을 밟고 사는 것과 같이 안정적이어야 하는 것으로 위태로운 생각을 하지 말고 심사숙고하는 것이다. 5행(五行)의 토(土)에 해당한다. 토(土)는 땅 위에 있는 흙무더기를 본떠 만든 글자로 가로 늑획(勒劃) '一'이 2개인 二(이)와 세로 노획(努劃)인 'ㅣ' 로 구성되어 있다. 가로 늑획(勒劃)의 아래 '一'은 천(天) · 인(人) · 지(地)에서 땅인 지(地)를 의미하며 위의 가로 늑획(勒劃) '一'은 사람인 인(人)을 의미하여 땅의 위와 사람 중심인 땅의 중앙을 상징하고, 세로 노획(努劃)인 'ㅣ'은 만물이 땅을 뚫고 나오는 것을 상징하여 토(土)는 정기(精氣)를 머금고 내어서 만물(萬物)을 기르는 의미로 확대되었다. 이러한 토(土)는 모든 5행(五行)을 다 포용하여 만유(萬有)의 존재 바탕이 되며 5행(五行)은 토(土)를 매개로 하여 연결되어 있다. 즉, 식물의 뿌리를 내리게 하고, 땅속 깊은 곳에 용암의 불을 담고 있고, 땅속에 물을 저장해 두어 물의 흐름을 원활하게 하며, 광물질 등을 함유하고 있다. 따라서 토(土)는 목(木), 화(火), 금(金), 수(水) 네 가지 5행(五行)의 속성을 땅속과 땅 위에서 다양한 방법으로 수용하여 포용하고 있다. 그러므로 「주역(周易)」에서 곤괘(坤卦; ☷)에 속한다. 곤(坤)은 시작이 형통하여 고난(苦難)을 만나 앞에서는 도(道)를 잃어도 나중에는 도(道)를 얻으니 이로움이 주된 것이라고 하여, 곤(坤)은 지극히 큰 것으로서 만물이 자본(資本)을 낳고, 여기에 순응하여 하늘

---

404) 水流而不盈, 行險而不失其信. 險峭之極, 故水流而不能盈也, 處至險而不失剛中, 行險而不失其信者, 習坎之謂也〈「周易正義」, 王弼(226~249, 중국 삼국시대 魏나라) 注.〉.

을 받드는 곤(坤)의 두터움이 만물을 싣고 덕(德)이 끝이 없음에 합하여, 널리 포용하고 빛이 커지며 만물이 다 형통(亨通)된다[405]는 사유(思惟)이다. 곤(坤)의 널리 포용하고 크게 빛나게 하여 만물(萬物) 형통(亨通)의 이로움은 곧음〈정(貞)〉을 생각하는 것으로, 곧음의 이로움이다[406] 고 하였다. 위태로운 생각을 하지 말고 곧음을 심사숙고하는 것이며, 이러한 생각은 유순(柔順)함으로 포용하는 후덕(厚德)함에서 나오는 것이다. 이와 같은 곤괘(坤卦; ☷)의 작용은 우주의 섭리〈천(天)〉로서 생명의 시원(始原)을 나타내는 곤괘(坤卦; ☰)와의 관계를 통해 나타난다. 따라서 시원(始原)으로서의 건(乾)과 생육자(生育者)로서의 곤(坤)이 정위(正位)할 때 올바른 가치관과 질서가 확립되며, 만유(萬有)가 생성되는 창조성(創造性)을 발휘하기 위한 창조교육에 대한 교육적 사유(思惟)가 성립된다. 즉, 곤괘(坤卦; ☰)와 곤괘(坤卦; ☰)의 조화를 통하여 만물은 생성하여 창조되며, 거기에 화육(化育)과 가르침이 주어져 창조성이 성장하게 되는 것으로 어린아이를 교육하여 구해야 바르게 함이 이롭다[407]고 하여 화육(化育)이라는 본래의 기능을 수행하므로, 이러한 생명력의 창조성은 성장하고 발전하면서 만물의 가치가 이루어짐을 말하고 있다. 이에, 사람에 있어서 토(土)의 사유(思惟)는 포용력이 넓고 가슴이 따뜻하여 널리 인간을 이롭게 하는 주체로서 어진〈인(仁)〉 사람이다.

5사(五事)는 사람이 당연히 갖추어야 할 것으로 모습과 태도인 모(貌)가 공손하면 엄숙함을 이룰 수 있고, 말인 언(言)이 진리를 따르면 조직이 다스려지고, 보는 것인 시(視)가 사물의 원리를 밝게 알면 지혜로워지고, 듣는 것인 청(聽)의 귀가 진리를 잘 들으면 좋은 생각들이 떠오르고, 생각하는 것인 사(思)가 선악(善惡)과 사리(事理) 판단에 지혜로우면 성(聖)스러워 진다. 그러므로 5사(五

405) 坤, 元亨〈中略〉, 君有攸往, 先迷後得 主利. 至哉坤元, 萬物資生, 乃順承天, 坤厚載物, 德合无疆, 含弘光大, 品物咸亨(「周易」, 象傳.).
406) 坤貞之所利〈「周易正義」, 王弼(226~249, 중국 삼국시대 魏나라) 注.〉.
407) 蒙亨匪我童蒙, 求我初筮告再三瀆, 瀆則不告利貞(「周易」, 山水蒙.).

事)를 생각하며 예(禮)에 어긋나면 보지 말며, 듣지 말며, 행동도 하지 않아[408] 어짊〈인(仁)〉에 이르러 천하의 사람에 이로움이 있다고 하였다.

### 3) 8정(八政)

8정(八政)의 첫째는 먹는 것〈식(食)〉이요, 둘째는 재물〈화(貨)〉이요, 셋째는 제사요, 넷째는 건설하는 것이요, 다섯째는 교육하는 것이요, 여섯째는 형벌을 다스림이요, 일곱째는 손님을 대접함이요, 여덟째는 군사(軍師)이다.[409]

#### (1) 식(食)

8정(八政)의 첫째는 식(食)으로 식생활이 인간의 기본적인 삶의 현상임을 말한다. 食(식) 자는 고소한 곡물을 의미하는 皀(흡) 자와 모이다는 의미의 亼(집) 자가 결합한 글자로 음식을 담아 놓아 모여서 먹는 것을 나타낸다. 그리하여 같이 밥을 먹는 사람을 식구(食口)라고 하며, 식구(食口)는 가족(家族)이 기본 단위이다. 가족이 모여 부족(部族)이 형성되고, 부족이 모여 국가(國家)가 성립한다. 그러므로 식(食)은 사람이 살아가는 것을 다스리는 가장 기본적인 필요조건이다. 식(食)은 「주역(周易)」의 감괘(坎卦; ☵)에 속한다. 사람이 먹지 못함은 구덩이에 빠지듯 험난함이 시작되는 첫 조건이다. 그러므로 다스림에 있어서 이러한 험난함을 먼저 극복해야 한다. 배고픔의 험난함을 잘 알아서〈습감(習坎)〉 믿음을 갖게 하면 숭상되는 바가 다스림의 기본이며, 널리 인간을 이롭게 하는 시작이다. 따라서 하늘과 땅에는 모름지기 험난함이 상존(常存)하므로 이와 같은 험난함을 극복하는 것이 나라를 다스리고 지키는 것[410]이라고 하였다. 사람

---

408) 非禮勿視, 非禮勿聽, 非禮勿言, 非禮勿動(「論語」, 顔淵篇.).

409) 三. 八政, 一曰食, 二曰貨, 三曰祀, 四曰司空, 五曰司徒, 六曰司寇, 七曰賓, 八曰師(「書經」, 洪範.).

410) 國之為衛, 恃於險也, 言自天地以下, 莫不須險也〈「周易正義」, 王弼(226~249, 중국 삼국시대 魏나라) 注.〉.

을 배 불리게 하는 식(食)의 다스림은 교육이 이루어져야 비로소 완성된다. 즉, 배불리 먹고 따뜻하게 입으며, 편히 거처하게 하면서 가르침이 없다면 금수(禽獸)와 다를 것이 없다고 하여, 지도자〈성인(聖人)〉는 이를 염려하여 설(契)[411] 에게 사도(司徒)의 직책을 주어 인륜을 가르치도록 하였다.[412] 팔정(八政) 다스림의 첫째로서 식(食)은 가르침을 세우기 위한 기본 조목이다.

### (2) 화(貨)

8정(八政)의 둘째인 화(貨)는 재물이 세상을 다스려 백성을 구제하는 경세제민(經世濟民; 經濟)으로 백성을 살리기 위한 바탕이 되는 것이다. 貨(화)의 글자는 뜻을 나타내는 貝(조개 패)와 소리를 나타내는 化(될 화)가 합쳐진 글자이다. 貝(패)는 물물교환의 가치를 부여한 조개로 만든 원시 화폐로서 재산(財産)을 상징하며, 化(화)는 변한다는 뜻으로 물물을 교환하거나 사거나 파는 가치를 지닌 화폐(貨幣)로 의미가 확대되어 경제 척도의 단위가 되었다. 그래서 貨(화)는 화폐의 단위를 나타내어 '팔다'와 '사다'의 뜻을 기본으로 재물(財物), 재화(財貨) 화물(貨物), 상품(商品) 물건(物件)의 뜻을 함의하여 부유(富裕)함을 나타낸다. 화(貨)는「주역(周易)」의 곤괘(坤卦; ☷)에 속한다. 곤(坤; 땅)의 큼이 지극한 것은 만물이 재물〈자(資)〉이 생겨나고, 여기에 순응하여 하늘을 받드는[413] 두터움(넉넉함) 때문이다. 그러므로 화(貨)는 백성을 경제적으로 부유(富裕)하게 하는 지도자의 최우선 정책이며, 사람을 부유(富裕)하게 한 다음에는 반드시 교육이 수반되어야 한다. 즉, 많은〈서(庶; 사람이 많은 것을 나타낸다.)〉 사람에게

---

411) 설(契; 생몰연대 미상) 성(姓)은 자(子)이다. 홍익인간 문화권의 고대 국가 상(商)나라를 형성한 상족(商族)의 시조로, 초대 군주(君主)이다. 요순(堯舜)시대를 거치며 우(禹)임금을 도와 황하(黃河)의 치수 사업에 공을 세웠고, 순(舜)임금에게 교화(敎化)를 담당하는 사도(司徒)에 임명되고, 자(子)성을 하사받고 상(商)나라의 초대 군주(君主)에 봉해졌다.

412) 飽食暖衣, 逸居而無敎, 則近於禽獸, 聖人有憂之, 使契爲司徒, 敎以人倫(「孟子」, 滕文公章.).

413) 至哉坤元, 萬物資生, 乃順承天〈「周易」, 彖傳.〉.

는 먼저 부유(富裕)하게 해주어야 하며 그다음에 교육정책을 펼쳐야 한다[414]고 하였다. 그래서 백성들은 부유(富裕)함을 위한 일정한 생업이 없으면 일정한 마음을 가질 수가 없다[415]고 하였다. 부유(富裕)함을 위한 일정한 생업으로 종사할 수 있는 살아가는 일이 있어야 선(善)한 일정한 마음을 가질 수 있으므로[416] 경제와 교육정책의 병행하는 것이 화(貨)의 본질이다. 지도자는 민생을 가장 중요하게 돌보면서 그 지속적인 발전을 위해서는 교육정책이 필요한 것이다.

### (3) 사(祀)

8정(八政)의 세 번째인 사(祀)는 부모에 대한 제사〈효(孝)〉, 국가와 충신에 대한 제사〈충(忠)〉로 부모 은혜와 국가와 사회가 베푼 공덕에 대한 은혜에 보답하는 것이다. 사(祀)의 글자는 示(보일 시)와 巳(자식 사)가 합쳐진 글자로 示(시)자는 제물을 차려 놓은 제단의 모양을 본뜬 글자로, 제물을 신(神)에게 보여 준다는 의미로 '보이다' 뜻이고, 巳(사)는 자식으로서 아들을 뜻하여 사(祀)는 제단 앞에서 제사를 드리는 자손의 형상이다. 「주역(周易)」의 진괘(震卦; ☳)에 속한다. 즉, 우레〈진(震)〉가 백리(百里)를 놀라게 해도 울창주(鬱鬯酒)[417] 국자〈비(匕; 숫가락)〉를 잃어버리지 않는다[418]고 하여 백리(百里)를 놀라게 하는 우레의 위엄을 지켜 종묘(宗廟)의 울창주(鬱鬯酒) 국자를 놓치지 않음은 제기〈이기(彝器)〉와 제물〈자성(粢盛)〉을 넉넉히 받들어 올림을 지켜서 잃지 않음으로 할 수 있다. 즉, 울창주(鬱鬯酒) 국자를 놓치지 않음은 넉넉히 할 수 있다. 국자

---

414) 子適衛, 冉有僕, 子曰庶矣哉, 冉有(冉求; 기원전 522~몰년대 미상)曰旣庶矣, 又何加焉, 曰富之, 曰旣富矣, 又何加焉, 曰敎之(「論語」, 子路篇.).

415) 若民則無恒産, 因無恒心(「孟子」, 梁惠王章.).

416) 恒常也, 産生業也, 恒産可常生之業也, 恒心人所常有之善心也〈朱子(朱熹; 1130~1200, 중국 宋나라), 「孟子集註」〉.

417) 울창주(鬱鬯酒)는 기장〈서(黍)〉으로 빚은 술에 삶은 울금초(鬱金草)를 섞어서 만든 술이다. 울금초의 향내가 독특하여 울창주(鬱鬯酒)는 국가의 최고 제례인 종묘(宗廟) 제사에서 선왕(先王)의 넋인 체백(體魄)을 부를 때 사용하였다.

418) 震驚百里, 不喪匕鬯〈「周易」, 象傳.〉.

는 솥의 공물(貢物)을 떠받드는 것이고, 울창주(鬱鬯酒)는 향기 나는 술이니, 종묘(宗廟)를 받듦의 제사를 성대하게 해야 한다[419]고 하였다. 그리하여 「예기(禮記)」에 이르러 사(祀)를 위한 예기(禮器)는 예(禮)는 몸을 다스리는 그릇〈기(器)〉의 의미로 확대되어 크게 갖추는 것은 크고 훌륭한 덕(德)이기 때문에 사악(邪惡)한 마음을 사라지게 하고〈석회(釋回)〉, 그 아름다운 바탕을 더 하여 주니, 충(忠)과 신(信)은 예(禮)의 근본이고 의리(義理)는 예(禮)의 문식(文識)이 되므로, 지도자는 이로써 예(禮)를 세워야 한다[420]고 하였다. 그러므로 사람을 다스리는 데는 예(禮)보다 급한 것이 없다고 하여 그 예(禮) 중에는 제례(祭禮)가 무엇보다 중요하다[421]고 하였다. 그리하여 사백사(師百祀)를 두어 제사(祭祀)를 가르치고 관장하게 하였고, 덕망이 높은 사람이 제사(祭祀)를 주관하는 것에서 유래한 좨주〈祭酒; 사성(司成)〉를 교육기관의 관직명의 칭호로 사용하였다. 대한민국의 고려(高句麗)와 조선(朝鮮) 시대의 고등교육기관인 국자감(國子監)과 성균관(成均館)에서도 문묘(文廟)의 제사를 주관하는 좨주(祭酒)를 두어 교육적 의미를 함의하는 사(祀)를 주관하도록 하였다. 사(祀)에서 가장 귀한 제기(祭器)를 호련(瑚璉)[422]이라고 한다. 호련(瑚璉)은 교수자와 학습자의 교육적 관계인 사제(師弟)간에서 가르침을 받은 학습자의 성취도가 매우 뛰어난 것으로 비유되었다. 즉, 공자(孔子)의 제자인 자공(子貢)[423]이 스승인 공자

---

419) 威震驚乎百里則足可以不喪匕鬯矣, 匕所以載鼎實, 鬯香酒, 奉宗廟之盛也〈「周易正義」, 王弼(226~249, 중국 삼국시대, 魏나라) 注, 朱子(朱熹, 1130~1200, 중국 宋나라), 「孟子集註」〉.

420) 禮器, 是故大備. 盛德也, 禮釋回, 增美質. 先王之立禮也, 有本有文, 忠信禮之本也, 義理禮之文也(「禮記」, 樂器篇.).

421) 凡治人之道, 莫急於禮, 禮有五經, 莫重於禮(「禮記」, 祭統.).

422) 호련(瑚璉)은 고대 홍익인간 문화권에서 오곡(五穀)을 담아 제사 지낼 때 사용하던 청동(青銅)으로 만든 제기(祭器)이다. 학문이 깊고 덕망이 높아 큰 공을 세울 만한 인재를 지칭하는 비유로 사용되었다.

423) 자공(子貢; 기원전 520~기원전 456) 성(姓)은 단목(端木), 이름은 사(賜), 자(字)는 자공(子貢)이다. 위(魏)나라 출신으로 공자(孔子)의 제자이다. 노(魯)나라와 위(魏)나라의 재상을 지냈다. 경제의 운영에도 뛰어나 부(富)를 축적하여 공자(孔子)의 학

(孔子)에게 자신의 교육받은 성취도를 묻자 귀중한 제기인 호련(瑚璉)에 비유하여 평가하고 있다.[424] 대한민국의 조선(朝鮮) 시대에는 호련(瑚璉)은 기량(器量)이 높고 존경할 만한 사람의 됨됨이를 뜻하여[425] 사(祀)에 쓰이는 그릇의 중요성과 높다란 모습이 사람의 품성을 나타내는 특징이 되었다.

팔정(八政)의 사(祀)는 나라와 백성의 안전과 복락을 위한 제천(祭天)행사와 공(功)이 있고 덕(德)이 있는 사람을 높여 교육적 지표로 삼는 추모제, 효(孝)의 계승으로서 부모 은혜를 기리는 조상에 대한 사(祀)로 이어졌다. 대한민국의 역사에서 국리민복(國利民福)의 제천(祭天) 행사는 부여(夫餘)의 영고(迎鼓), 동예(東濊)의 무천(舞天), 고구려(高句麗)의 동맹(東盟), 삼한〈三韓; 마한(馬韓), 진한(辰韓), 변한(弁韓)〉의 오월제(五月祭)와 시월제(十月祭), 신라(新羅)와 고려(高麗)의 팔관회(八關會), 고려(高麗)와 조선(朝鮮)의 원구제(圜丘祭) 등이 있고, 효(孝)의 교육적 실천 행위로서 조상에 대한 제사이다.

### (4) 사공(司空)

8정(八政)의 네 번째는 사공(司空)으로 국가의 영토를 관리하는 기관으로 영

---

단(學團)에 재정적인 지원을 하였다.

424) 子貢問曰賜(子貢의 이름)也何如, 子曰女器也, 曰何器也, 曰瑚璉也(「論語」, 公冶長篇.).

425) 伏念臣器非瑚璉, 材極斗筲, 叨竊史編之緖餘, 未諳理學之蘊奧, 經筵三載之進講, 愧乏精微, 春秋兩年之撰修, 未辨筆削(後略)[엎드려 생각하옵건대, 신(臣)은 그릇이 호련(瑚璉)이 되지 못하옵고, 재목이 두소〈斗筲; 두(斗)는 1말이며, 소(筲)는 곡식을 되는 말 단위의 그릇으로 도량이 좁거나 보잘것없는 사람을 겸손하게 비유한 것이다. 두소(斗筲)라는 말은 원래 나라에서 받은 녹봉(祿俸)이 적다는 것을 나타내는 말(曰, 今之從政者何如, 子曰, 噫, 斗筲之人, 何足算也 : 자공이 말하기를 "요즘 정치(政)에 참여하는 사람들은 어떻습니까?" 하니, 공자께서 말씀하셨다. "아하, 좀스럽고 자질구레한 사람들을 어찌 족히 셈하겠는가!" 「論語」 子路篇)에서 비롯되었다.〉에 극한 하였사온데, 역사를 편찬하는 끝자리에 몰래 들어갔사오나, 이학(理學)의 깊은 뜻을 깨닫지 못하옵고 경연(經筵)에서 3년 동안 진강(進講)하였사오나, 정미(精微)하지 못한 것이 부끄럽사옵고, 「춘추(春秋)」를 2년이나 편수(編修)하였건만 필삭(筆削; 쓸 것은 쓰고 지울 것은 지움)의 뜻을 분별하지 못하였나이다. 『朝鮮王朝實錄』, 「世宗實錄」, 世宗三(1421)年, 一月 二十三日, 丙戌.].

토의 경계를 정하여 주권과 국민을 요건으로 한 국가의 통치이다. 사공(司空)의 司(사)의 글자는 지도자인 임금을 나타내는 后(후)의 자형을 거꾸로 한 회의(會意) 글자로 '직무로서 어떤 일을 맡다' 뜻이며, 空(공) 자는 '구멍의 공간'을 나타내는 穴(혈)과 '꾸미다'는 뜻을 나타내는 工(공)이 합쳐진 글자로, 주로 하늘 아래 사람이 활동하는 공간을 의미한다. 그러므로 사공(司空)은 사람의 삶의 공간에서 일할 수 있도록 주관하여 지도하는 교육적 의미를 지닌다. 「주역(周易)」의 손괘(巽卦; ☴)에 속한다. 손(巽)은 원래 '음식을 준비'하는 상형 문자로 '부드럽다'는 뜻으로 가차(假借)되어 바람〈풍(風)〉을 상징한다. 바람은 부드러움이다. 바람이 가서 들어가지 못하는 곳이 없으므로 '들어가다' 의미가 되었고, 부드럽고 순함〈유순(柔順)〉의 손(巽)은 형통(亨通)하다[426]고 하였다. 이러한 온전한 유순(柔順)함으로 덕(德) 삼으니 형통(亨通)하여 위와 아래가 모두 유순(柔順)하고 그 영(令)을 어기지 않으니 명(命)이 비로소 행해진다. 그러므로 일을 행하는 때에는 거듭 명령(命令)을 내려 위와 아래가 유순(柔順)하지 않으면 안 된다[427]고 하여, 손괘(巽卦; ☴)가 상징하는 바람은 사물을 움직이므로 '명령'의 뜻이 있게 되었고 이러한 명령의 맡음인 사(司)의 정치 지도의 도리를 밝히고 있다.

사공(司空)은 대한민국의 백제(百濟) 시대에 사공부(司空部)를 두었고, 신라(新羅)는 사공(司空)에서 분리하여 건축 부분의 책임자로 사공〈司功; 사지(舍知)〉을 두었으며, 이러한 사공(司功)은 대한민국 고려(高麗)와 조선(朝鮮) 시대 국가의 토목공사, 공예품과 도량형의 제작, 산림과 농업 관리, 주택 관리, 교통 업무 등을 관장하는 공조(工曹)로 분리 계승되었으며, 사공(司空)은 대한민국 고려(高麗) 시대에 이르러 왕의 정치적 자문 역할을 하는 재상(宰相)직의 명칭이 되었고, 조선(朝鮮) 시대의 3사〈三司; 사간원(司諫院), 사헌부(司憲府), 홍문

---

426) 巽, 小亨也〈「周易」, 彖傳.〉.

427) 全以巽為德, 是以小亨也, 上下皆巽, 不違其令, 命乃行也, 故申命行事之時, 上下不可以不巽也〈「周易正義」, 王弼(226~249, 중국 삼국시대 魏나라) 注.〉.

관(弘文館)〉의 하나인 사간원(司諫院)으로 그 기능이 계승되어 임금의 실정(失政)을 방지하고, 입법과 언론 출판, 적법하지 않은 관료들을 고발하는 기능을 수행하여 국정 수행의 투명성을 제고(提高)하였다.

### (5) 사도(司徒)

8정(八定)의 다섯째는 사도(司徒)로 교육을 관리하는 직무와 기관으로 사람의 마음을 육성하여 교화(敎化)하는 교육정책이다. 사도(司徒)에서 司(사)의 글자는 전술한 바와 같이 '일을 맡다'는 뜻이며, 徒(도) 자는 辵(착)은 네거리를 다니는 것을 나타낸 行(행)의 왼쪽을 따온 彳(두인변)과 걸어가는 발을 나타낸 足(족)과 그치다는 의미를 나타낸 止(지)를 합쳐 만든 회의(會意) 글자로 '쉬엄쉬엄 가다' 뜻이다. 辵(착)이 彡(삼) 변과 아래로 갈라져서 彳(척)+走(주)의 형태가 되었고, 辵(착)의 음이 '책'으로 변하여 책받침(辶)의 제 부수(部首) 자가 되어 보행이나 이동 등 무리의 이동을 나타내는 辵(착)에 土(토)가 합쳐진 글자이다. 그러므로 사도(司徒)는 사람들의 행동을 관리하는 교육을 나타낸다. 「주역(周易)」의 건괘(乾卦; ☰)에 속한다. 건(乾) 자는 물상(物像)으로는 작은 나무, 풀, 꽃, 화초, 잡초에 해당하는 乙(을)과 아침 하늘에 햇빛이 빛남을 나타내는 倝(간; 𠦝으로 변형)이 합쳐진 글자로, 건(乾)은 커지고 형통하며 이롭고 바르다[428]는 뜻이 되었다. 건(乾)은 하늘〈천(天)〉이 정한 몸체(體)의 이름으로 건(乾)은 그 몸체(體)가 굳셈〈건(健)〉으로 쓰임을 가리킴이다. 그러므로 '본래 사람들을 가르쳐서 사람들로 하여 하늘의 쓰임을 본받게 하고자, 그로써 사람의 일을 가르친 까닭이다'[429]고 하여 사도(司徒)의 당연함을 말하고 있다. 사도(司徒)로서 건괘(乾卦; ☰)의 우주 자연의 이치인 원형이정(元亨利貞)은 사람에게 교육 덕목(德

428) 乾, 元亨利貞(「周易」, 彖傳.).
429) 天者定體之名, 乾者體用之稱, 故〈說卦〉云健也, 言天之體, 以健為用, 聖人作「易」本以教人, 欲使人法天之用, 〈中略〉, 所以因天象以教人事〈「周易正義」, 孔穎達(574~648, 중국 唐나라) 疏.〉.

目)으로서 인(仁)·의(義)·예(禮)·지(智)이다. 즉, 원(元; 만물의 근원)은 선(善)의 자람이며, 모든 일이 순리대로 되는 형(亨)은 아름다움의 모임이다. 이(利; 이로움)는 의(義)로움이 어우러진 것이며, 정(貞; 올곧음)은 일의 근간이다. 사람이 인(仁; 어짊)을 배워 체득하면 사람을 길러내기에 충분〈족(足)〉하고, 아름다움을 모으면 예(禮)를 부합하기에 충분하며, 만물(萬物)을 이롭게 하면 의(義; 옳음)에 어울리기 충분하고, 정(貞; 올곧음)을 굳건히 하면 일의 주간[主幹; 지(智)]에 충분하므로, 군자〈君子; 교육자(敎育者), 철인(哲人), 지도자(指導者)〉는 이 4덕〈四德; 인(仁)·의(義)·예(禮)·지(智)〉을 가르치고 실천하는 사람이기 때문에 원(元)·형(亨)·이(利)·정(貞)을 말한 것이다[430]고 하였다.

원(元)·형(亨)·이(利)·정(貞)은 사람에 이르러 자연의 법칙에서 나타나는 변화를 응용하여 인간 법칙으로 삼은 것이다. 그것은 교육을 통하여 길(吉)함을 찾아가는 것으로서, '선(善)'에 도달하여 도덕적 정당함으로 거듭나는 인간의 창조성이 발휘되는 인격완성의 이상적인 상태인 '중정〈中正; 성(誠)〉'에 도달하는 것이다. 그러므로 건괘(乾卦; ☰)는 우주 자연의 이치인 원(元)·형(亨)·이(利)·정(貞)을 인간의 덕(德)으로 상징화하고, 이에 따른 만물(萬物)을 자라게 하는 선(善)을 교육을 통하여 택하는 것[431]이 중정〈中正; 성(誠)〉하는 것이라고 한 것이다. 따라서 건괘(乾卦; ☰)는 중정(中正)을 지향하는 변화원리를 담은 창조(創造)의 근간이다. 우주 자연의 이치를 지닌 인간은 창조(創造)의 근간으로서 창조성(創造性)을 본질로 한다. 창조성(創造性)은 가치의 실현을 지향하여 주어진 현실에 작용해서 그것을 바꾸어 가치를 실현하려는 역동적인 성향의 교육적 근간으로 창조교육(創造敎育)을 함의한다. 이러한 건괘(乾卦; ☰)의 4덕(四德)은 땅을 상징하는 곤괘(坤卦; ☷)의 덕목(德目)인 신(信; 믿음)과 합하

430) 元者善之長也, 亨者嘉之會也, 利者義之和也, 貞者事之幹也, 君子體仁足以長人, 嘉會足以合禮, 利物足以和義, 貞固足以幹事, 君子行此四德者, 故曰, 乾元亨利貞(「周易」, 文言傳.).

431) 誠之者, 擇善而固執之者也(「中庸」, 第二十章.).

여 5상〈五常; 인(仁) · 의(義) · 예(禮) · 지(智) · 신(信)〉의 덕목(德目)과 5륜〈五倫; 부자유친(父子有親), 군신유의(君臣有義), 부부유별(夫婦有別), 장유유서(長幼有序), 붕우유신(朋友有信)〉의 실천윤리가 확립되었다. 5상(五常)과 5륜(五倫)의 근본 바탕은 인(仁)이다.

인(仁)은 홍익인간(弘益人間) 366사(三百六十六事)의 효(孝) · 제(悌) · 예(禮) · 충(忠) · 서(恕) · 경(敬) · 공(恭) · 관(寬) · 신(信) · 민(敏) · 혜(惠) · 온량(溫良) · 애인(愛人) 등을 바탕으로 널리 인간을 이롭게 하는 핵심 덕목(德目)으로서 교육철학 사유(思惟)의 근간이 되어 사도(司徒)가 이뤄졌다. 따라서 대한민국의 고조선(古朝鮮) 시대부터 고구려(高句麗), 백제(百濟), 신라(新羅), 고려(高麗), 조선(朝鮮) 시대에까지 박사(博士)의 관직을 두어 학문과 교육을 담당하도록 하였고, 교사(敎師)의 역할로서 참전〈叅佺; 고조선(古朝鮮)〉, 선인〈先人; 고구려(高句麗)〉, 조교 · 권학관〈助敎 · 勸學官: 고려(高麗)〉, 교수〈敎授: 조선(朝鮮)〉 등이 있었다. 교육행정 담당으로는 고구려(高句麗)의 소형(小兄), 백제(百濟)의 내법좌평(內法佐平) · 사도부(司徒部), 신라(新羅)의 예부(禮部), 고려(高麗)의 상서예부(尙書禮部), 조선(朝鮮)의 예조(禮曹) 등이 있어 교육기관들을 관장하여 사도(司徒)의 정책을 구현하였다.

### (6) 사구(司寇)

8정(八政)의 여섯째는 사구(司寇)로 도적(盜賊)과 위법(違法)을 관리하는 기관으로 법치 행정에 의한 사람의 권익을 보장해주는 것이다. 사구(司寇)에서 구(寇) 자는 집을 나타내는 宀(면)과 으뜸으로서 사람의 머리를 나타내는 元(원)과 '때리다'는 뜻의 攴(복) 자가 합쳐진 회의자(會意字)로 남의 집〈면(宀)〉에서 사람의 머리〈원(元)〉를 때리는〈복(攴)〉 모습을 나타낸다. 그러므로 구(寇)는 범죄 행위의 위법성을 의미한다. 따라서 사구(司寇)는 형벌 관계를 주관하는 것이다. 「주역(周易)」의 태괘(兌卦; ☱)에 속한다. 태(兌)는 전술한 바와 같이 '기쁘다'

는 의미로 범죄를 다스려 설득하여 그 사나움을 이겨 올곧음의 이로움을 추구하여 기쁘게 하는 것이다. 그리하여 어려움을 범하는 것에 대해 먼저 설득하여 백성들을 위로한 뒤에 그들이 어려움을 범하면 백성들은 모두 목숨을 바쳐 그 어려움의 범함으로 인한 죽음을 잊는다[432]고 하여 사구(司寇)는 금법(禁法)의 법률을 정하여 위법한 행위를 미리 예방함으로써 덕성(德性)을 지켜 인간을 기쁘게 하여 널리 인간을 이롭게 하는 도덕교육(道德敎育)의 의미를 함의하는 정책이다.

기록상, 사구(司寇) 정책으로서 금법(禁法)은 고조선(古朝鮮)의 제2왕조인 22대 단군(檀君) 색부루〈索弗婁(생년대 미상~기원전 1238, 재위 기원전 1286~기원전 1238) 4(기원전 1282)년 제정된 8조금법(八條禁法)이다. 즉, 백성들을 위하여 8금법(八禁法)을 만들었으니, 남을 죽이면 같이 죽여서 다스리고, 남을 다치게 하면 곡식으로 배상케 하고, 남의 것을 도둑질하면 남자는 신분을 막론하고 그 집의 노비가 되게 하고, 여자는 계집종이 되게 하며, 소도(蘇塗)[433]를 훼손시키는 자는 가두어 두며, 예의(禮儀)를 잃은 자는 군(軍)에 복무하게 하고, 근면하게 노동하지 않는 자는 부역〈징공(徵公)〉을 시키며, 음란한 행동을 하는 자는 태형(笞刑)으로 다스리고, 사기(詐欺) 치는 자는 훈계 방면하였다. 스스로 속죄하려 하면 공표하여 여러 사람에게 알리는 것은 면하여 주지만, 백성들이 오히려 수치스럽게 여겨 결혼할 수 없었다. 이로써 백성들은 끝내 도둑질 따위는 하지 않았으니 문을 닫거나 잠그는 일도 없었고 부녀자들은 정숙하여 음란하지 않았다. 밭과 들, 도읍 모두〈벽(闢)〉에서 두둑한 제단〈祭壇; 천(阡)〉을 만

432) 說以犯難, 民忘其死者, 先以說豫勞民, 然後使之犯難, 則民皆授命, 忘其犯難之死〈「周易正義」, 孔穎達(574~648, 중국 唐나라) 疏.〉.

433) 소도(蘇塗)는 고조선(古朝鮮) 사회에서 하늘에 제사를 지내던 신성한 지역으로 성지(聖地)이다. 제단을 만들고 방울과 북을 단 큰 나무를 세워 산천(山川)에 제사를 올린 곳이다. 지역별로 소도(蘇塗)에서 천군(天君)을 선발하여 제사를 지내 질병과 재앙이 없기를 빌었다. 소도(蘇塗)는 신성한 곳으로서 제사에 참석하는 자는 죄인이라도 처벌하지 않았다. 이 소도(蘇塗)에는 큰 소나무를 세우고 신악기(神樂器)의 구실을 하는 방울과 북을 달아서 신역(神域)의 표지로 삼았다.

들어 제기〈祭器; 두(豆)[434]〉에 한 가지 음식을 담아 바쳐 제사(祭事)를 올리니 어질고 겸양하는 풍속이 가득했다.[435] 그러므로 사구(司寇)는 도덕교육의 일종으로서 어질고 겸양하는 풍속을 위한 교육적 사유(思惟)이다.

「주례(周禮)」에서는 사구(司寇)로서 백성의 규범〈민극(民極)〉을 위한 관직과 직위로 추관(秋官)[436]을 세워 그 장관(長官)을 사구(司寇)로 삼아 국가의 형벌 정책을 돕도록 하여[437] 사구(司寇)의 정책을 완비하였다. 고구려 제가회의(諸加會議), 백제 조정좌평(朝廷佐平) · 사구부(司寇部), 신라 좌리방부(佐理方府), 고려 사헌대(司憲臺) · 상서형부(尙書刑部), 조선 사헌부(司憲府) · 형조(刑曹) 등을 두어 사구(司寇) 정책을 폈으며, 조선 시대에도 형조(刑曹)의 장관인 판서(判書)의 별칭을 사구(司寇)라고 하였다.[438]

### (7) 빈(賓)

8정(八政)의 일곱째는 빈(賓)으로, 보내고 맞이하는 법과 생활의 절차를 예절

434) 두(豆)는 제사를 지낼 때 젖은 음식을 담아 놓는 제기(祭器)이다. 높이는 대개 1척(23cm~30cm) 정도다.

435) 爲民設禁八條, 相殺以當時償殺, 相傷以穀償, 相盜者男沒爲其家奴女爲婢, 毁蘇塗者禁錮, 失禮義者服軍, 不勤勞者徵公, 作邪淫者笞刑, 行詐欺者訓放, 欲自贖者, 雖免爲公民, 俗猶羞之, 嫁娶無所讎, 是以其民終不相盜, 無門戶之閉, 婦人貞信不淫, 闢其田野都邑, 一飮食以阡豆, 有仁讓之化〈李陌(1455~1528), 「太白逸史」, 三韓管境本紀, 番韓世家 下.〉. 이 외에 관련된 기록으로 「三國志」, 魏書, 東夷傳.; 「後漢書」, 東夷專. 참조.

436) 천지춘하추동(天地春夏秋冬)의 3음〈三陰; 곤괘(坤卦) · 간괘(艮卦) · 손괘(巽卦)〉 3양〈三陽; 건괘(乾卦) · 태괘(兌卦) · 진괘(震卦)〉의 6상(六象)에 따라 직제를 천관〈天官; 천관총재(天官冢宰)〉 · 지관〈地官; 지관사도(地官司徒)〉 · 춘관〈春官; 춘관종백(春官宗伯)〉 · 하관〈夏官; 하관사마(夏官司馬)〉 · 추관〈秋官; 추관사구(秋官司寇)〉 · 동관〈冬官; 동관고공기(冬官考工記)〉의 크게 여섯으로 나누고 그 아래에 각 관직과 직무를 두어 사구(司寇)를 담당하는 직책을 추관(春官)이라고 하였다.

437) 惟王建國, 辨方正位, 體國經野, 設官分職以爲民極. 乃立秋官司寇使帥, 其屬而掌邦禁以 佐王刑邦國(「周禮」, 秋官司寇.).

438) 敎曰, "此時司寇, 不可不擇, 特拜李福源(1719~1792)爲刑曹判書"〈『朝鮮王朝實錄』, 「正祖實錄」, 正祖卽位(1775)年, 九月十二日 庚辰.〉.

로 규제하는 것이다. 빈(賓) 자는 집을 나타내는 宀(면)에 무수히 많은 수〈만(萬)〉의 정도만큼 '귀(貴)'한 신분을 가진 사람을 뜻하는 万(만)과 이러한 귀한 사람이 방문하여 머물므로〈止(지)〉, 재물인 貝(패)로 접대하는 의미를 나타내는 회의(會意) 글자이다. 그러므로 빈(賓)은 귀한 신분의 방문자를 말하고, 공경(恭敬)을 나타내어 '손님'을 뜻한다.

「주역(周易)」의 간괘(艮卦; ☶)에 속한다. 간(艮)은 사람의 눈〈목(目)〉과 사람이 뒤집힌 형상〈비(匕)〉이 합쳐진 글자로 눈이 향하는 방향이 이를 수 없는 '그치다'를 나타내어 '막히다'의 의미로 산(山)이 가로막히고, 산(山)이 많은 동북(東北) 방향을 상징한다. 그러므로 간(艮)은 그치는 것으로서 그칠 때면 그치고 행(行)할 때면 행(行)하여 움직임과 고요함이 그때를 잃지 않으니 도(道)가 이에 빛나고 밝다[439]고 하여 그쳐진 도(道)의 행(行)하지 못함을 반드시 시행(施行)하여야 도(道)가 빛나고 밝아진다[440]고 하였다. 따라서 빈(賓)은 예(禮)를 이루어 도(道)를 밝게 하는 것이다. 이러한 예(禮)는 의(義)와 함께 기강(紀綱)이 되어 임금과 신하를 바로 잡으며, 아버지와 아들의 사이를 두텁게 만들고, 형제를 화목하게 하며, 부부 사이를 화합하게 만든다[441] 그리하여 「주례(周禮)」에서는 사람 간에 지켜야 할 규범으로서 올바른 마음가짐과 태도〈의(儀)〉를 근거로 나라의 지위를 바로잡기 위한 아홉 가지로, 첫째, 직〈職; 직책(職責)〉[442]을 정하여 받는 것, 둘째 복〈服; 제복(祭服) · 관복(官服)〉[443]을 받은 것, 셋째 위〈位; 지위(地位)〉[444]를 받는 것, 넷째, 기〈器; 제기(祭器) · 상대부(上大夫)〉[445]를 받는

439) 艮, 止也, 時止則止. 時行則行. 動靜不失其時, 其道光明(「周易」, 彖傳.).

440) 止道不可常用, 必施於不可以行, 適於其施, 道乃光明也〈「周易正義」, 王弼(226~249, 중국 삼국시대 魏나라) 注.〉.

441) 禮義以爲紀, 以正君臣, 以篤父子, 以睦兄弟, 以和夫婦(「禮記」, 禮運篇.).

442) 受職, 治職事〈「周禮」, 春官宗伯, 鄭玄(127~200, 중국 後漢 시대) 註.〉.

443) 受服, 受祭衣服, 爲上士, 〈中略〉, 王之中士亦再命, 則爵弁服〈「周禮」, 春官宗伯, 鄭玄(127~200, 중국 後漢 시대) 註.〉.

444) 受下大夫之位, 〈中略〉, 爲王之臣也〈「周禮」, 春官宗伯, 鄭玄(127~200, 중국 後漢 시대) 註.〉.

것, 다섯째, 칙〈則; 법(法)·자남(子男)[446]〉[447]을 하사받고, 여섯째, 관〈官; 관청(官廳)을 다스리는 제후(諸侯)〉[448]을 하사받으며, 일곱째는 국〈國; 후백(侯伯)의 나라)〉을 하사[449]받으며, 여덟째는 목〈牧; 주(州)의 장관(長官)〉[450]을 두며, 아홉째는 백〈伯; 지방의 우두머리: 방백(方伯)〉[451]을 두어[452] 빈(賓)으로서 예의(禮儀) 제도의 기틀을 마련하였다.

「소학(小學)」에 이르러 빈(賓)은 물 뿌리고 쓸고, 사람을 대하여 맞이하고, 나아감과 물러남의 예절(禮節)로[453] 필수 생활교육의 기본이 되었다.

대한민국의 역사에서는 고구려(高句麗)의 발고추대가(拔古鄒大加), 백제(百濟)의 내법좌평(內法佐平)·사도부(司徒部), 신라(新羅)의 예부(禮部), 고려(高麗)의 상서예부〈尙書禮部; 의부(儀府)〉, 조선(朝鮮)의 예조(禮曺)에서 빈(賓)의 정책을 담당하였다.

### (8) 사(師)

팔정(八政)의 여덟째는 사(師)로, 법(法)과 기강(紀綱)을 바로잡기 위하여 지도하고 가르치는 정책이다. 師(사)의 글자는 수건 등을 '두르다'뜻인 帀(잡)이 지도자나 우두머리의 상징으로 머리나 몸에 표식을 두르는 의미와 산(山) 언덕

---

445) 受祭器爲上大夫, 〈中略〉, 大夫具官, 祭器不假, 聲樂皆具, 非禮也〈「周禮」, 春官宗伯, 鄭玄(127~200, 중국 後漢 시대) 註.〉.

446) 자남(子男)은 제후(諸侯)의 다섯 가지 등급인 공(公)·후(侯)·백(伯)·자(子)·남(男)에 해당한다.

447) 則者法也, 出爲子男〈「周禮」, 春官宗伯, 鄭玄(127~200, 중국 後漢 시대) 註.〉.

448) 子男爲入卿, 治一官也, 〈中略〉, 治家邑如諸侯〈「周禮」, 春官宗伯, 鄭玄(127~200, 중국 後漢 시대) 註.〉.

449) 出就候伯之國〈「周禮」, 春官宗伯, 鄭玄(127~200, 중국 後漢 시대) 註.〉.

450) 一州之牧〈「周禮」, 春官宗伯, 鄭玄(127~200. 중국 後漢 시대) 註.〉.

451) 長諸侯爲方伯〈「周禮」, 春官宗伯, 鄭玄(127~200, 중국 後漢 시대) 註.〉.

452) 以九儀之命正邦國之位, 壹命受職, 再命受服, 三命受位, 四命受器, 五命賜則, 六命賜官, 七命賜國, 八命作牧, 九命作伯(「周禮」, 春官宗伯.).

453) 敎人以灑掃應對進退之節〈朱熹(1130~1200, 중국 宋나라), 小學書題.〉.

의 측면 모양을 본떠서 '크다' 뜻인 阜(부)가 합쳐진 회의글자이다. 그러므로 師(사)는 2천 5백 명 이상의 무리가 큰 군대(軍隊), 문제를 해결하고 중재하는 무격〈巫覡; 박수 · 무당〉의 크고 위대하다는 의미가 제사장(祭司長)이 되고, 우두머리로서 장수(將帥), 높은 자리인 벼슬, 나아가 큰 지도자인 존장자(尊長者)를 의미하였으며, 사부(師父)라고 하였다. 이러한 사(師)의 가르침의 뜻을 이어받는 것을 사승(師承)이라고 하였고, '사'가 'ᄉ'로 음차 되어 스승은 가르치는 사람을 의미하였다. 또한, 대한민국의 신라(新羅) 시대에 대중을 지도하여 교화(敎化)하는 정신적 지도자인 크고 위대한 왕(王)을 次次雄(차차웅)으로 표기하여 '사사웅(ᄉᄉ옹; ᄉ승)'으로 발음한 것이 사승(師承)의 뜻과 부합하여 'ᄉ승'으로 변하여 스승은 가르치고 지도하는 사람이라는 뜻이 되었다.

「주역(周易)」의 이괘(離卦; ☲)에 속한다. 지도자인 사(師)는 법(法)과 기강(紀綱)을 바로잡아 무도함을 제거하고 난폭한 무리를 퇴치하여 천하를 밝게 하는 것이므로, 훌륭한 지도자는 이 밝음을 거듭하여 이어가서 천하[天下; 사방(四方)]를 밝게 비친다[454]고 하였다. 그러므로 사(師)는 대인(大人)이다. 대인은 덕(德)으로 말하면 성인(聖人)이고, 지위로 말하면 왕(王)이다.[455] 따라서 지도자인 성인(聖人)이나 왕(王)은 덕(德)으로서 교화하여 법(法)과 기강(紀綱)을 바로 세우는 사(師)의 정책을 펴야 한다. 「예기(禮記)」에 이르러 사(師)는 사물로 가르쳐서 덕(德)을 깨우치게 하는 것[456]이라고 하였다. 「논어(論語)」에서는 사람 중에는 반드시 나의 스승이 있으므로, 그 선(善)한 것은 택하여 따르고, 선(善)하지 않은 것은 고치도록 하는 것[457]이 사(師)라고 하여 그 의미가 사람 간의 관계적 존재로 확대되어 법과 기강을 세워 이롭게 하는 것의 사회성으로 확대되었다. 대한민국의 역사에서 사(師)는 법과 기강을 세워 다스리는 예비 지도

---

454) 明兩作離, 大人以繼明, 照于四方(「周易」, 象傳.).
455) 大人, 以德言則聖人, 以位言則王者〈程頤(1033~1107, 중국 宋나라), 「易傳」.〉.
456) 師也者, 敎之以事而喩諸德者也(「禮記」, 文王世子篇.).
457) 三人行, 必有我師焉, 擇其善者而從之, 其不善者而改之(「論語」, 述而篇.).

자〈태자(太子) · 세자(世子) · 세손(世孫)〉를 교육하는 직책이 되었다.

### 4) 5기(五紀)

5기(五紀)의 첫째는 해이요, 둘째는 달이요, 셋째는 날이요, 넷째는 별이요, 다섯째는 역수〈曆數; 천지(天地) 일월성신(日月星辰)이 운행하는 도수(度數)〉이다.[458)]

5기(五紀)에서 紀(기)의 글자는 가는 실을 나타내는 糸(사)와 구불거리는 긴 끈의 모양을 본떠 그것을 바로 잡는 모양에서 '사람의 몸'을 뜻하고, 물상(物像)으로는 논과 밭에 해당하는 己(기)가 합쳐진 글자이다. 紀(기)는 사(絲; 실)로 설명한다. 사람의 성품을 기르지 않으면 도(道)를 좇을 수 없음을 비유하여, 누에고치는 실을 뽑아낼 수 있는 특성이 있으나, 만약 그것을 온수(溫水)에 삶아 그 속의 실 줄기〈통기(統紀)〉를 뽑아내지 않으면 실이 될 수 없다[459)]고 하여 오기(五紀)에서 기(紀)는 별자리의 기준을 말한다. 그러므로 5기(五紀)는 일월성신(日月星辰)이 일정한 궤도를 기준으로 규칙적으로 움직이기 때문에, 년(年) · 월(月) · 일(日)의 기준을 정하여, 시간의 거리를 체계적으로 정리하기 위한 것이다. 「주역(周易)」의 손괘(巽卦; ☴)에 해당한다. 전술한 바와 같이 손괘(巽卦; ☴)는 명령의 의미이다. 명령은 기강(紀綱)을 세우기 위한 것이다. 그러므로 손괘(巽卦; ☴)가 거듭됨은 명령을 거듭함이니, 강한 명령이 바르게 맞아 뜻을 실행하는 것[460)]이라고 하여 천체운행의 벼리〈기(紀)〉를 나타낸 것이다.

#### (1) 세(歲)

5기(五紀)의 첫째는 세(歲)로, 해〈일(日)〉 · 달〈월(月)〉 · 별〈진(辰)〉의 운행하

---

458) 四. 五紀, 一曰歲, 二曰月, 三曰日, 四曰星辰, 五曰曆數(「書經」, 洪範.).

459) 故無其性, 不可教訓, 有其性, 無其養, 不能遵道. 繭之性為絲, 然非得工女煮以熱湯而抽其統紀, 則不能成絲(「淮南子」, 泰族訓.).

460) 重巽而申命, 剛巽乎中正而志行(「周易」, 彖傳.).

는 척도를 역법(曆法)으로 계산하는 것이다. 이것은 4시〈四時; 2분(二分): 춘분(春分)·추분(秋分), 2지(二至): 동지(冬至)·하지(夏至)〉의 근본으로서 세(歲)는 목성(木星)을 중심으로 28개 별자리(二十八宿)[461]를 넘어가는 것이다. 목성(木星)을 기준으로 5성(五星)[462]은 수성(水星)을 진성(辰星)이라고 말하고, 금성(金星)을 태백(太白)이라고 말하며, 화성(火星)을 형혹(熒惑)이라고 말하고, 목성(木星)을 세성(歲星)이라고 말하며, 토성(土星)을 진성(塡星)이라고 말한다. 28개의 별자리를 지나서 넘어감인데 12개월이 한차례이다. 이것을 세〈歲, 하(夏)나라〉, 사〈祀, 상(商)나라〉, 년〈年, 주(周)나라〉이라고 하며 세상이 한차례 운행됨을 이른다.[463] 따라서 세(歲)는 하늘의 4시(四時)가 정확한 주기를 가

461) 28수(宿; 별자리)는 동방(東方) 7수(七宿)로 각수(角宿; 처녀자리)·항수(亢宿; 처녀자리)·저수(氐宿; 천칭자리)·방수(房宿; 전갈자리)·심수(心宿; 전갈자리)·미수(尾宿; 전갈자리)·기수(箕宿; 궁수자리), 북방(北方) 7수(七宿)로 두수(斗宿; 북두칠성; 궁수자리)·우수(牛宿; 염소자리)·여수(女宿; 물병자리)·허수(虛宿; 물병자리, 조랑말자리)·위수(危宿; 물병자리)·실수(室宿; 초신성 자리)·벽수(壁宿; 말의 배꼽자리), 서방(西方) 7수(七宿)로 규수〈奎宿; 백호(白虎) 자리〉·누수(婁宿; 양자리)·위수(胃宿; 물병자리)·묘수(昴宿; 황소자리)·필수(畢宿; 황소자리)·자수〈觜宿; 삼태성(三太星) 자리〉·삼수〈參宿; 삼태성(三太星) 자리〉, 남방(南方) 7수(七宿)로 정수(井宿; 쌍둥이자리)·귀수(鬼宿; 게자리)·유수(柳宿; 바다뱀자리)·성수(星宿; 바다뱀자리)·장수(張宿; 바다뱀자리)·익수(翼宿; 술잔 자리)·진수(軫宿; 까마귀자리)이다. 이처럼 하늘의 별을 3개의 구역〈태미원(太微垣)·자미원(紫微垣)·천시원(天市垣)〉과 28수로 나누어 총 283개의 별자리와 1,464개의 별을 기록하여 천문(天文)의 기준으로 삼았다.

462) 5성(五星)을 5행(五行)의 속성으로 말한 것은 만물(萬物)의 기운을 논한 것이다. 금성(金星)은 음양이 서로 잡아당겨 싸늘하게 긴장시키고 기운을 저장하는 힘〈견기(堅氣)〉을 갖고 있다. 목성(木星)은 음양(陰陽)이 서로 균형을 이루어 따뜻하고 부드럽게 하는 힘〈완기(緩氣)〉을 가지고 있다. 수성(水星)은 음양(陰陽)이 서로 반항하여 밀어내는 힘〈연기(軟氣)〉을 가짐이 특징이다. 화성(火星)은 음양(陰陽)이 서로 부딪친 후에 뜨겁게 불타서 확 퍼지려는 힘〈산기(散氣)〉을 가진다. 토성(土星)은 음양(陰陽)이 서로 화합하여 뜨겁게 통합하는 힘〈고기(固氣)〉을 갖는다. 5행(五行)이 갖는 성정이 각기 다르듯 우주 별자리도 각각의 다른 기운들을 품고 있으며, 우주 자연의 이치를 지닌 사람도 다섯 별자리의 기준〈기(紀)〉으로 하여 생년월일시(生年月日時)에 따라 저마다 다른 기운을 갖고 있음을 나타낸 것이다.

463) 所以紀四時. 越歷二十八宿, 五星, 水曰辰星, 金曰太白, 火曰熒惑, 木曰歲星, 土曰塡星, 越歷二十八宿. 釋天〈「爾雅」의 篇名; 執筆者 註〉云, 載, 歲也, 夏曰歲, 商曰

지고 땅 변화의 처음과 끝을 주도하는 년(年)을 의미한다. 세(歲)는 28개의 별자리 사이를 한 바퀴 도는 동안 낮과 밤의 길이가 달라지면서 낮이 가장 길어진 날을 하지(夏至), 밤이 가장 길어진 날을 동지(冬至), 낮과 밤의 길이가 같아진 날을 봄에는 춘분(春分), 가을에는 추분(秋分)이 되면서 4시(四時)의 전환점은 곧 1년(年)이 되어 세(歲)가 이뤄진다. 세(歲)의 4시(四時)는 하늘의 별자리를 기준으로 공간에 시간의 흐름을 부여하여 시간의 단위가 형성되었다.

### (2) 월(月)

5기(五紀) 둘째는 월(月)이다. 한 달을 기준으로 삼은 것이다.[464] 날마다 변하는 달의 모습을 기준으로 정하는 날수이다. 달이 태양과 같은 경도(經度)로 이동하여 달과 태양과 지구가 일직선상에 위치하여 지구에서 달을 볼 수 없는 합삭(合朔)이 일어나는 시간〈자시(子時; 오전 00시)~해시(亥時; 오후 23시)〉의 시작을 초하루〈1일; 삭(朔)〉로 하여 보름달을 지구상에서 완전히 보는 보름달이 되는 날〈망(望)〉이 약 24시간이 15번 반복되므로 이때를 망일(望日; 15일)인 보름날이라고 하고, 다시 15일이 걸려 합삭(合朔)이 되는 날인 그믐까지의 약 24시간이 다시 15번 반복되므로 달의 주기 변화를 기준으로 월(月)의 단위로 삼았으며, 4시(四時)에 따른 달의 공전 주기의 속도를 고려하여 29일에서 30일을 한달로 정하였다. 이러한 삭망월(朔望月) 주기를 기준으로 삼아 열두 달(12개월)을 1년으로 하였다. 그러나 지구의 공전에 비해 약 11일이 부족하므로 약 2년 7월이 지나면 윤달〈윤월(閏月)〉을 만들어 태양의 운행으로 결정되는 4시(四時)의 절기(節氣)에 맞게 월력(月曆)을 조정하였다. 그 후, 달의 궤도에서 규칙적인 주기로 변화를 보이는 위치를 표현하기 위해 상정한 달이 다니는 경로인 백도(白道)상의 원지점을 지칭하는 가상적인 천체(天體)의 4개 가상 별인

---

祀, 周曰年, 孫淡云, 歲星行一次也〈「書經」, 洪範, 五紀, 孔安國(생년 미상~408, 중국 魯나라) 譯註.〉.

464) 所以其一月〈「書經」, 洪範, 五紀, 孔安國(생년 미상~408, 중국 魯나라) 譯註.〉.

사암성(四暗星)과 이십팔수(二十八宿)중 해가 질 때와 돋을 때 정 남쪽 하늘에 보이는 별인 중성(中星)[465]을 적용하여 시간과 월력(月曆)을 계산하였다.

대한민국 조선(朝鮮) 시대에 이르러 박명(薄明) 전의 야분(夜分) 시각(時刻)을 나눈 5경(五更)의 매 경(更)이 되는 시각(時刻)에 남중(南中)하는 시간 권이 어떤 28수(二十八宿)에 들어가며 그 수거성〈宿距星; 28수(二十八宿)를 대표하는 별과 몇 도(度)의 적경(赤經; 하늘을 나타내는 적도 좌표)〉과 차이가 있는지를 계산 · 작성 · 연구해 오면서[466] 어떤 월(月)의 절기(節氣)의 밤 시각에 어떤

465) 중성(中星)이란 남쪽 하늘 자오선에 위치하는 남중(南中)하는 별이라는 뜻이다. 대한민국 조선(朝鮮) 시대에는 특히, 24절기(二十四節氣) 시각이 들어 있는 날짜에 혼각(昏刻)과 효각(曉刻)에 남중(南中)하는 별을 시간의 기준으로 삼았고, 이것을 정리한 것이 「중성기(中星紀)」이다. 혼각(昏刻)과 효각(曉刻)은 현대의 박명(薄明) 시각(時刻)과 같은 개념이다. 하루를 100각(刻)으로 나눠서 해가 진 뒤 2.5각(刻)이 되는 시각(時刻)을 혼각(昏刻)이라 하고, 해가 뜨기 전 2.5각(刻)을 효각(曉刻)이라고 하였다. 또한, 혼각(昏刻)과 효각(曉刻) 사이를 야분(夜分)이라고 하며, 이 시간을 5등분 하여 각각 1경(更), 2경(更), 3경(更), 4경(更), 5경(更)이라고 하였다.

466) ○命文臣, 校正唐「宣明曆」, 元「授時曆」, 「步交會步中星曆要」等書差異處, 下書雲觀藏之[문신(文臣)에 명하여 당(唐)의「선명력(宣明曆)」과 원(元)의「수시력(授時曆)」과「보교회보중성력요(步交會步中星曆要)」 등의 서적의 차이점을 교정하여, 서운관(書雲觀)에 내리어 간수 하게 하였다.『朝鮮王朝實錄』, 「世宗實錄」, 世宗 五(1423)年, 二月十日 辛酉.]. ○召金應箕, 趙之瑞, 李宗敏, 傳曰. "爾等具啓小簡儀占候狀." 應箕等書啓曰, 小簡儀下有趺, 趺面, 緣以水渠, 卽以水準之使平也. 趺上豎柱, 以貫三環, 其柱上雙環曰四游. 兩面刻去極度數, 中有窺衡, 東西運轉, 南北低昻, 以占候焉. 四游環之下, 有環二重, 其內環卽百刻環也, 上刻十二時, 百刻, 晝以知日晷, 夜以定中星. 其外環卽赤道環也, 上刻二十八宿及周天度數, 東西運轉, 以測七政, 中外官入宿度, 分, 斜倚之, 則四游準北極, 赤道準天腹, 直豎之, 則四游爲立運, 百刻爲陰緯. 今以小簡儀, 可置卓子上, 先以水準平, 又以指南正南北, 以其窺衡, 東西運轉, 南北低昻, 以知彗星所在然後, 數自四游環之北, 下至窺衡所値處, 則知其星之去極遠近度數矣. 堅持四游環, 使勿擾動, 佰其衡端, 使至百刻, 環以紙標識, 以志室南大星所在然後, 回轉赤道環, 使與室南大星標識處相合, 則乃室星一度也. 數自室星一度至彗星標識處, 則知彗星幾度矣. 若彗星移入壁星度內, 則當以壁星測之[○김응기(金應冀; 1455~1519) · 조지서(趙之瑞; 1454~1504) · 이종민(李宗敏; 생몰연대 미상)을 불러 전교하기를, "그대들은 소간의(小簡儀)의 점후상〈占候狀; 천문(天文)을 관찰하는 방법〉을 자세히 아뢰라." 하니, 김응기(金應冀) 등이 서계(書啓)하기를, "소간의(小簡儀) 아래에는 부석(趺石; 밑바탕)이 있고, 그 부석(趺石) 상면(上面)의 가장자리에는 물 홈〈수거(水渠)〉을 파놓고 거기에 물을 부어

별이 남중(南中)하는지를 측정하여 시간을 정하였다.

평형(平衡) 기준으로 삼습니다. 그리고 부석(趺石) 위에 기둥을 세워 고리 세 개를 꿰어놓았는데, 그 기둥 위의 쌍환(雙環)을 '사유(四游)'라고 합니다. 양면(兩面)에는 북극(北極)과의 거리의 도수(度數)를 새겨 놓았고 중간에는 규형〈窺衡; 천체를 관측하는 관(管)〉이 있는데, 이것을 동서(東西)로 움직이고 남북(南北)으로 올리고 내릴 수가 있어서 천문(天文) 관측을 하는 것입니다. '사유환(四游環)' 아래에 2중(二重)으로 된 고리가 있는데, 그 안쪽의 고리는 곧 '백각환(百刻環)'으로서 상면(上面)에 12시(時)·1백 각(刻)을 새겨서 낮에는 햇빛으로 시간을 알고 밤에는 중성(中星)으로 시간을 정합니다. 그 바깥쪽 고리는 곧 적도환(赤道環)으로서 상면에 28수(宿)와 천체(天體) 둘레의 도수(度數)를 새겨, 동서(東西)로 움직이게 하여 그것으로 칠정〈七政; 일(日)·월(月)과 오성(五星)〉과 중외관(中外官)의 입수(入宿)하는 도(度)·분(分)을 관측(觀測)하는데, 비스듬히 기울게 하면 '사유환(四游環)'은 북극(北極)에 기준이 되고 '적도환'은 천복〈天腹; 남(南)·북극(北極)의 중심〉에 기준이 되며, 똑바로 세우면 '사유환(四游環)'은 서서 움직이고 '백각환(百刻環)'은 '음위(陰緯)'가 됩니다. 지금 소간의(小簡儀)를 가지고 탁자(卓子) 위에 올려놓고 먼저 물로써 평형(平衡)이 되게 해놓고 또다시 지남철(指南鐵)로 남북(南北)의 방향을 정해 놓은 다음, 그 규형(窺衡)을 가지고 동서(東西)로 움직이고 남북(南北)으로 올렸다 내렸다 하면서 혜성(彗星)이 있는 곳을 안 다음에, '사유환(四游環)'의 북에서부터 아래로 '규형(窺衡)'이 만나는 곳까지 계산하면 그 별이 북극과의 거리가 멀고 가까운 도수(度數)를 알 수 있습니다. 그리고 '사유환(四游環)'을 움직이지 않게 잡고서 '규형(窺衡)'의 끝을 낮추어 '백각환(百刻環)'에 이르게 하여 종이로 표시해서 실수(室宿)의 남쪽 대성(大星)이 있는 곳을 기록해 놓은 다음, '적도환(赤道環)'을 회전(回轉)시켜 실수의 남쪽에 대성을 표시해둔 곳과 서로 부합하게 하면 거기가 곧 실성〈室星; 별자리인 28수(宿) 가운데 13번째 별자리로 북방 현무(玄武; 거북과 뱀의 형상)를 이루는 여섯째 별자리〉의 1도(度)입니다. 그리고 실성(**室星**)의 1도에서 혜성을 표시한 곳을 계산하면 혜성이 몇 도에 있는 것을 알 수 있습니다. 만약 혜성이 벽성〈壁星; 북방 현무(玄武)를 이르는 일곱째 별자리〉의 궤도 안으로 옮겨 들어가면 마땅히 벽성(壁星)으로 측정해야 합니다." 하였다.『朝鮮王朝實錄』,「成宗實錄」, 成宗 二十一(1490)年, 十二月, 五日 壬子.]. ○觀象監啓曰, "宗廟洞口仰釜日影, 與新報漏閣〈古昌慶宮〉及外觀象監日影校正, 則大槪不差. 而必測候中星, 然後可以知四時節候, 故別定官員測候, 則二三星不差, 而其餘皆差. 然測候日久, 然後乃知其差爽與否, 故時方測候矣. 且行漏於祭祀關重, 故校正更見, 則一時倍過兩時. 此必當初創造時, 有差違不精而然. 然今若盡改, 則功力必重, 姑取其籌箭竹及銅浮龜, 請改造. 且新舊報 漏閣, 大漏籌箭竹及銅浮龜, 將破, 請竝改造." 答曰, "如啓."[○관상감(觀象監)에서 아뢰기를, "종묘동구(宗廟洞口)의 앙부(仰釜)의 일영(日影)과 신보루각(新報漏閣)〈옛날의 창경궁(昌慶宮)〉 및 외관상감(外觀象監)의 일영(日影)을 교정(校正)하니 대개는 차이가 없습니다. 그러나 반드시 중성(中星)을 측후(測候)한 뒤에라야 사시(四時)의 절후를 알 수 있으므로, 별도로 관원을 정하여 측후(測

## (3) 일(日)

5기의 셋째는 일(日)이다. 1일(一日)을 기준으로 한다.[467] 日(일) 자의 가운데 一은 지평선을 나타내며, 바깥의 사각 모양은 하루 동안 태양이 한 바퀴 돌아가는 모양을 뜻하기도 한다. 그러므로 태양이 떠 있는 낮을 중심으로 한다. 해가 지평선을 떠오르는 모양을 형상화한 旦(단) 자는 아침을 뜻한다. 낮은 해가 뜨는 주기를 기준으로 하는 시간 개념이다. 일(日)의 개념은 밤과 낮의 흐름에 따른 절기(節氣)와 계절(季節)이 있기 때문이다. 그것은 달과 태양이 하늘에서 움직인 거리를 이용해 일(日)을 표현한 것이다. 태양이 움직이는 낮과 달이 움직이는 밤의 길이가 같은 2분〈二分; 춘분(春分)과 추분(秋分)〉의 밤을 12조각, 낮을 12조각으로 나누어 그 한 조각을 시간의 표준으로 삼아 24조각을 일(日) 단위로 삼았다. 일(日)이 지나면서 만물(萬物)은 성장하고 소멸한다. 그것은 만물(萬物)의 열역학(熱力學)인 기(氣)의 생성과 쇠퇴의 변화과정을 나타낸다. 일(日)의 흐름은 기의 생성과 소멸이다. 시각(時刻)의 연속체인 시간(時間)으로 구

---

候)하니 2~3개의 별은 차이가 없으나 그 나머지는 모두 차이가 납니다. 오래도록 측후(測候)를 한 뒤에야 그 차이 여부를 알 수 있겠으므로 지금 측후(測候)하고 있습니다. 또, 행루(行漏)는 제사(祭祀)에 매우 중요하므로 교정하여 다시 본즉, 한 시각(時刻) 사이에 두 시각이 지났습니다. 이는 필시 당초 처음 만들 때 정밀하지 못하고 착오가 나서 그런 것입니다. 그러나 만약 지금 모두 개정한다면 공력이 많이 들 것이므로 우선 주전죽(籌箭竹)과 동부귀(銅浮龜)만 개조하소서. 또, 신구(新舊) 보루각(報漏閣)의 대루(大漏)의 주전죽(籌箭竹) 및 동부귀(銅浮龜)가 깨지려고 하니 아울려 개조하소서." 하니, 아뢴 대로 하라고 답하였다. 『朝鮮王朝實錄』, 「明宗實錄」, 明宗 五(1550)年 六月 二十四日 丁巳.]. ○觀象監啓言, "本監官安國賓, 李世淵, 金兌瑞等, 得「新法中星記」及「五夜排時法」, 參以古方, 證諸新法, 撰出「漏籌通義」一本, 今方行用無差, 請竝加資酬勞."上允之[○관상감(觀象監)에서 아뢰기를, "본감(本監)의 관원 안국빈(安國賓; 1699~몰년대 미상)·이세연(李世淵; 생몰년대 미상)·김태서(金兌瑞; 1714~ 몰년대 미상) 등이 「신법중성기(新法中星記)」와 「5야배시법(五夜排時法)」을 얻어서 옛 방법을 참고하여 신법(新法)에서 밝혀 「누주통의(漏籌通義)」 1본(本)을 지어냈는데, 지금 행용(行用)한 데에 차이가 없으니, 청컨대 모두 가자(加資)하여 노고에 보답하소서." 하니, 임금이 윤허하였다. 『朝鮮王朝實錄』, 「英祖實錄」, 英祖 三十(1754)年. 閏四月 十七日 丙寅.].

467) 紀一日〈「書經」, 洪範, 五紀, 孔安國(생년 미상~408, 중국 魯나라) 傳.〉.

성되는 일(日)은 사람이 우주 자연의 이치를 경험하는 기준이 되는 기틀이 되며, '언제', '어디서'를 표현할 수 있는 좌표를 제공해 준다. 그러므로 일(日)은 24각의 시간 단위를 1일(一日)로 정한 것으로 시간의 기준점이 된다. 1일(一日)은 해의 유무에 따라서 낮과 밤으로 나뉜다. 해가 뜨고 지는 주기를 기준으로 하여 낮의 한가운데가 12시가 되도록 시간대를 설정하여 낮과 밤의 길이가 같은 춘분, 추분을 기준으로 낮과 밤의 경계는 대체로 아침 6시, 저녁 6시이다. 이러한 24시간을 2시간으로 나누어 땅에서 하늘을 지탱하는 지지(地支)의 12개의 순서를 정한 12지〈十二支; 자(子)·축(丑)·인(寅)·묘(卯)·진(辰)·사(巳)·오(午)·미(未)·신(申)·유(酉)·술(戌)·해(亥)〉를 시간의 단위로 적용하였다. 1일(一日)은 지구가 자전하는 24시간을 해와 달이 뜨고 지는 별의 천체운행으로 인식하여 정해진 것이나, 대한민국 조선(朝鮮) 시대에 지구(地球)가 자전(自轉)하는 지전(地轉)을 설명함으로써[468] 1일(一日)의 시간이 지구(地球)의 자전(自轉)에 의한 것임을 밝혔다. 우주와 사람의 기운이 생성하고 성장하여 변화하는 기본 단위인 24시간의 일일(一日)은 교육적 성찰로서 도덕적 실천의 시간과 공간의 기준이 되었다. 즉, 자신〈오(吾)〉이 하루〈일(日)〉에 세 가지 일로 내 몸을 반성하여 살피니, '사람을 위해 일을 함에 충실하였는가?', '벗과 교류하면서 신의를 저버리지 않았는가?', '가르침을 받은 바를 익히지 못하였는가?'[469]이다.

468) 夫地塊旋轉, 一日一周, 地周九萬里, 一日十二時, 以九萬之濶, 趍十二之限, 其行之疾, 亟於震電, 急於炮丸. 地旣疾轉, 虛氣激薄, 閡於空而湊於地, 於是有上下之勢, 此地面之勢也, 遠於地則無是勢也[무릇, 땅덩어리(지구; 地球)는 1일(一日) 동안에 한 바퀴를 도는데 땅 주위는 9만리(萬里)이고, 1일(一日) 낮은 12시간이다. 9만리(萬里)의 넓은 둘레를 12시간에 도니, 그 운행이 번개 같고, 포탄같이 빠르다. 땅이 빨리 돌아 하늘의 기운(氣運)과 부딪쳐 스치니 공간(空間)에 차고 땅에 모여 위 아래의 세력(勢力)이 있게 되므로 이것은 땅표면의 세력이다. 땅에서 멀다면 이런 세력이 없을 것이다. 洪大容(1731~1784, 대한민국 朝鮮 시대), 「毉山問答」].

469) 吾日三省吾身, 爲人謀而不忠乎, 與朋友交而不信乎, 傳不習乎(「論語」, 學而篇.).

### (4) 성신(星辰)

5기의 넷째의 성신(星辰)은 별의 때를 말하는 것이다. 28수(二十八宿)의 별자리가 거듭 보여서 절기(節氣)가 펼쳐지고, 해와 달이 기준이 되어 모이는 바로써 12시이다.[470] 성신(星辰)에서 辰(신)은 해와 달이 만나는 곳을 신(辰)이라 하며, 해와 짝〈배(配)〉하는 것이다.[471]고 하였다. 성신(星辰)은 28수를 중심으로 빛나는 천체(天體)이다. 이십팔수(二十八宿)는 황도(黃道)와 천구(天球)의 적도(赤道) 주변에 있는 28개의 별자리이다. 천체(天體)를 3개의 구역〈태미원(太微垣)·자미원(紫微垣)·천시원(天市垣)〉과 28개의 영역으로 구분하여 동·북·서·남의 방위에 따라 7개씩의 별자리가 있다. 각 별자리(宿)의 해당 영역에는 또한 여러 별자리가 속해 있다.

동방(東方) 7수〈七宿; 각수(角宿)·항수(亢宿)·저수(氐宿)·방수(房宿)·심수(心宿)·미수(尾宿)·기수(箕宿)〉에 해당하는 별자리들의 수는 ① 각수(角宿)의 별자리는 33개, ② 항수(亢宿)의 별자리는 22개, ③ 저수(底宿)의 별자리는 54개, ④ 방수(房宿)의 별자리는 21개, ⑤ 심수(心宿)의 별자리는 15개, ⑥ 미수(尾宿)의 별자리는 21개, ⑦ 기수(箕宿)의 별자리는 8개로 총 174개다,

북방(北方) 7수〈七宿; 두수(斗宿: 북두칠성)·우수(牛宿)·여수(女宿)·허수(虛宿)·위수(危宿)·실수(室宿)·벽수(壁宿)〉에 해당하는 별자리 수는 ① 두수(斗宿)의 별자리는 62개, ② 우수(牛宿)의 별자리는 63개, ③ 여수(女宿)의 별자리는 54개, ④ 허수(虛宿)의 별자리는 21개, ⑤ 위수(危宿)의 별자리는 15개, ⑥ 실수(室宿)의 별자리는 21개, ⑦ 벽수(壁宿)의 별자리는 8개로 총 244개다.

서방(西方) 7수〈七宿: 규수(奎宿)·누수(婁宿)·위수(胃宿)·묘수(昴宿)·필수(畢宿)·자수(觜宿)·삼수(參宿)〉에 해당하는 별자리의 수는 ① 규수(奎宿)의 별자리는 45개, ② 누수(婁宿)의 별자리는 33개, ③ 위수(胃宿)의 별자리는 39

470) 二十八宿疊見以敘氣節, 十二辰以紀日月所會〈「書經」, 洪範, 五紀, 孔安國(생년 미상~408, 중국 魯 나라) 傳.〉.

471) 何謂辰, 日月之會是謂辰, 故以配日〈「春秋左氏傳」. 昭公七(紀元前 535)年.〉.

개, ④ 묘수(昴宿)의 별자리는 47개. ⑤ 필수(畢宿)의 별자리는 87개, ⑥ 자수(觜宿)의 별자리는 16개, ⑦ 삼수(參宿)의 별자리는 25개로 총 292개다.

남방(南方) 7수〈七宿; 정수(井宿) · 귀수(鬼宿) · 유수(柳宿) · 성수(星宿) · 장수(張宿) · 익수(翼宿) · 진수(軫宿)〉에 해당하는 별자리들의 수는 ① 정수(井宿)의 별자리는 70개, ② 귀수(鬼宿)의 별자리는 29개, ③ 유수(柳宿)의 별자리는 11개, ④ 성수(星宿)의 별자리는 37개, ⑤ 장수(張宿)의 별자리는 20개, ⑥ 익수(翼宿)의 별자리는 27개, ⑦ 진수(軫宿)의 별자리는 49개로 총 243개다.

이러한 28수는 달의 공전(公轉) 주기인 항성월(恒星月)과 관련이 있다. 달은 약 28일을 주기로 지구 주위를 돌고 있다. 지구에서 보면 달은 매일 밤 별자리의 위치를 바꾸며 돌다가 28일쯤 지나면 다시 원래의 별자리로 돌아온다. 따라서 28수는 매일 밤 달이 위치하는 대표적인 별자리이다. 이것을 동서남북에 각각 7개씩 배정하여 천체의 구역을 나눈 것이다. 이와 같은 28수의 별자리는 지상(地上)에 사는 사람의 사회적 삶의 구조를 천체(天體)에 투영한 것이었다. 인간세계가 지도자를 중심으로 한 사회구조를 형성하고 있는 것처럼, 천체(天體)도 두성(斗星)을 중심으로 모든 성신(星辰)이 질서정연하게 배치되고 있음을 인식한 것이다. 이는 사람이 사는 땅이 우주와 하나로 연결되어 있다는 천인합일(天人合一)의 관념적인 이상(理想)과 그에 따른 교육과 정치(政治)를 투영한 것이었다. 그러므로 「논어(論語)」에 이르러 교육을 통해 함양된 덕(德)으로 정치를 하는 것은 북신〈北辰; 북극성(北極星)〉[472]을 중심으로 뭇별들이 에워싸는 것과 같다고[473] 하였다. 이러한 성신(星辰)의 천체의 운행에 의한 시간을 측

---

472) 북신〈北辰; 북극성(北極星)〉은 천체(天體)의 북극 가까이에 있으며 위치가 거의 변하지 않는 별이다. 북쪽 방위를 찾는 길잡이 역할을 한다. 홍익인간 문화권에서 북신(北辰)은 4계(四季)를 바로잡고 기후변화를 주관하는 신(神)으로 여겼다. 이 별은 태자(太子) · 제성(帝星) · 서자(庶子) · 후궁(後宮) · 천추(天樞)를 상징하는 5별과 일직선상에 위치하여 있고, 가장 중심이 되는 별이기 때문에 다른 별들의 옹위(擁衛)를 받는 것으로 생각하였다.

473) 爲政以德, 譬如北辰, 居其所而衆星共之(「論語」. 爲政篇.).

정하여 계절 등 농경(農耕)과 일상생활에 도움이 되도록 하였고, 별자리 천체 관측은 천문(天文)의 기초가 되었다.

성신(星辰)의 관측과 연구는 대한민국의 삼국(三國) 시대에 고구려(高句麗)는 천문도(天文圖)를 석판(石版)으로 기록하여 대한민국 조선(朝鮮) 시대의 천문(天文) 연구인 〈천상열차분야지도(天象列次分野之圖)〉[474] 제작의 근간이 되었고, 백제(百體)는 천성대〈天星臺; 점성대(占星臺)〉를 운영하였고, 신라(新羅)에서는 기원전 49년 천체(天體)의 혜성(彗星)을 관측하기 시작하여[475] 첨성대(瞻星臺)를 설치하여 천체(天體)를 관측하였다. 대한민국 고려(高麗)에서는 태사국(太史局) · 사천대(司天臺) · 서운관(書雲觀)을 두었고, 조선에서는 서운관(書雲觀) · 관상감(觀象監)을 두어 성신(星辰)을 관측하여 연구하였다.

### (5) 역수(曆數)

5기(五紀) 다섯째는 역법을 셈하는 역수(曆數)이다. 역법(曆法)을 셈하는 것은 절기(節氣)의 척도로 역법(歷法)으로 삼아서 백성에게 때맞추어 정중하게 주는 것이다.[476]

---

474) 〈천상열차분야지도(天象列次分野之圖)〉는 대한민국 고구려(高句麗) 시대부터 전해진 삭판천문도(石版天文圖)의 탁본(拓本)을 근저로 하여 천문도(天文圖) 원(圓)의 중앙에는 북극(北極)이 위치하고, 이를 중심으로 총 1,467개의 별이 점(點)으로 표시되어 있으며, 각 별자리의 이름이 해당하는 위치에 그려져 있다. 이 별들은 밝기에 따라 그 크기를 달리하고 있다. 또한, 이 천문도(天文圖)에는 북극(北極)을 둘러싼 주극원(週極圓)과 28수(二十八宿)를 구획한 경선(經線), 적도(赤道)와 황도(黃道), 은하수(銀河水) 등이 그려져 있다. 천문도(天文圖)의 방향은 마주 보았을 때 왼쪽이 동쪽, 오른쪽이 서쪽, 위쪽이 북쪽, 아래쪽이 남쪽이다. 따라서 천문도(天文圖)는 북쪽을 등지고 남쪽을 향해 선 사람이 하늘을 올려다보았을 때 보이는 별자리의 모습을 보여주고 있다. 천문도(天文圖) 안쪽 주극원(週極圓)의 범위는 조선(朝鮮) 한양(漢陽)의 위도에 맞도록 설정되어 있다. 이 천상열차분야지도(天象列次分野之圖)는 대한민국 조선(朝鮮) 초기에 대리석에 새겨져 전해지고 있다. 대리석의 앞면 윗부분에는 길이 141㎝, 폭 85㎝로 직사각형의 테두리가 있고 그 속에 지름 76㎝의 천문도(天文圖) 원(圓)이 그려져 있다.

475) 九(紀元前 49)年, 春三月, 有星孛于王良(「三國史記」, 新羅本紀, 始祖 赫居世 居西干.).

476) 曆數節氣之度以爲歷, 敬授民時〈「書經」, 洪範, 五紀, 孔安國(생년 미상~408, 중국

천체(天體)의 주기적 현상에 따라 시간 단위를 정해 나가는 체계를 역(曆)이라 하고 역(曆)을 편찬하는 원리를 역법(曆法)이라고 한다. 역법(曆法)은 달의 삭망(朔望) 주기를 한 달 기준으로 삼는다. 천체운동은 매우 규칙적이게 변화하므로 1삭망월(一朔望月)이 1일의 정수배(定數倍)가 아니므로, 이에 따른 1태양년(一太陽年)도 1삭망월의 정수배(定數倍)가 아니라서 그 기준에 따라 역법(曆法)이 발전해 왔다. 역법(曆法)의 기본 단위는 달력이다. 달력은 1년 중의 시령〈時令; 절기(節氣)〉을 날짜에 따라 기록하여 놓은 시간 범주이다. 시령(時令)은 월 · 일 · 절기, 해의 출몰, 달이 차는 일과 이지러지는 날, 일식(日蝕) · 월식(月蝕)을 나타낸다. 천체의 운행주기로 결정된다. 천체의 운행에 따라 일시와 계절이 변화되는 일정한 주기가 되풀이되는 현상에 바탕을 둔 것이다. 이것은 하늘이 끊임없이 스스로 운행하며, 그 운행이 매우 강하고 굳센 것으로 자연의 원리와 우주의 질서가 끊임없이 움직이며 강력함을 유지하는 것에 근거를 둔 것이다. 「주역(周易)」에서는 이것을 천행건(天行健)이라고 하였고, 이와 같은 우주질서의 변화와 강력함을 본받아 자신의 도덕성과 역량을 끊임없이 발전시키고자 노력해야 함[477]을 담고 있는 것이 역법(曆法)의 의미이다.

역법(曆法)의 근본은 달에 의한 삭망월(朔望月)과 태양에 이한 회귀년(回歸年)을 결합하는 데 있다. 음력의 요소인 삭(朔)과 태양의 요소인 기(氣)를 기본바탕으로 하여 기(氣)와 삭(朔)을 맞추는 것이 기본원리이다. 이 같은 기본원리를 바탕으로 홍익인간 문화권에서는 일월식(日月蝕)의 추보(推步)와 5행성(五行星)의 운행과 위치를 계산하는 방법 등이 역법(曆法)으로 발전하였다. 그리하여 천명사상(天命思想)에 입각한 역법(曆法)의 개정이 꾸준히 발전하여 이뤄졌다. 따라서 역(歷)계산의 방법과 천문(天文) 상수(常數)값들이 개량되고 정밀화하였다. 이에 따라 사분력(四分曆)인 6가지 역법〈황제력(皇帝曆)[478] · 전욱

---

魯나라) 傳.〉.

477) 天行健, 君子自强不息(「易傳」, 象傳.).

478) 황제력(皇帝曆)은 1년을 365와 1/4일로 정하고, 1삭망월을 29와 499/940일로 계

력(顓頊曆)[479]·하력(夏曆)[480]·주력(周曆)[481]·노력〈魯曆:[482] 지금에 와서는 고6력(古六歷)이라고 부른다.〉이 만들어졌다. 고6력(古六歷)을 바탕으로 역법(曆法)은 순태음력(純太陰曆)과 태양태음력(太陽太陰曆)으로 발전하였다.

순태음력(純太陰曆)은 달의 삭망(朔望) 주기만을 주목하여 만든 역(曆)인데, 달의 태양에 대한 상대 위치가 같은 주기를 택한 것이다. 이것을 1삭망월(朔望月)이라 하며 29.530589일이다. 그리고 12삭망월(朔望月)은 1태음년(太陰年)이라 하여 354.36707일이므로 평년(平年)을 354일, 윤년(閏年)을 355일로 한다. 평년 1년은 12삭망월보다 0.36707일이 짧음으로 해마다 월상〈月相; 달의 월령(月齡)에 따라 달 표면의 빛나는 부분이 변화하는 모양〉이 역일〈曆日; 세월(歲月)〉보다 조금씩 늦어진다. 이 차이를 흡수하기 위하여 윤년(閏年)을 두었다. 그러나 순태음력(純太陰曆)은 월상(月相)에 대한 복귀만을 중심으로 역법(曆法)을 계산하였기 때문에 계절의 변화가 일치하지 않은 경우가 생겼다. 그래서 만들진 역법이 태양태음력(太陽太陰曆)이다.

태양태음력(太陽太陰曆)은 순태음력(純太陰曆)에 윤달을 끼워 넣어 계절의 변화에 맞춘 역법(曆法)이다. 즉, 이 역법(曆法)은 달의 위상 변화에 맞추어 가며 태양의 운행에 맞춘 실용성에 역점을 둔 것이다. 1태양년은 12.36827삭망월이 되어 12삭망월보다 약 11일이나 길다. 이 나머지 일수가 쌓이면 윤달로 되어 13개월의 1년을 만들기도 한다. 계산에 의하면 8태양년(太陽年)에 3개월,

---

산하며, 19년 중 7개의 윤달을 두는 사분력(四分曆)이다.

479) 전욱력(顓頊曆)은 1태양년을 365 1/4(=365.25)일, 1삭망월을 29 499/940(≒29.53085)일로 하는 사분력이다.

480) 하력(夏曆)은 건인월(建寅月; 음력 1월)을 세수(歲首)로 삼은 절기력(節氣曆) 체계이다. 지구 궤도를 도는 달을 한 달로 한 번 취하는데, 삭망월(朔望月)을 달력의 월을 결정하는 기준으로 사용한다. 달의 평균 주기이며 조수(潮水) 현상을 반영하였다. 농업 생산성 향상정책의 중요성을 반영한 것이다.

481) 주력(周曆)은 태음력 체계로, 동짓달(11월)을 세수(歲首)로 삼았다. 1년을 365 1/4일로 계산한 것이다.

482) 노력(魯曆)은 건축월(建丑月; 음력 12월)을 세수(歲首)로 삼았다.

19태양년(太陽年)에 7개월, 27태양년(太陽年)에 10개월의 윤달을 두어야 역년(曆年)과 계절이 부합된다.

대한민국 고구려(高句麗)에서는 정삭법(定朔法)[483]을 사용하였고,[484] 백제(百濟)에서는 역본(曆本)을 일본(日本)에 전해 주었으며,[485] 신라(新羅)에서는 자체적인 새로운 역법을 사용하였다.[486] 고려(高麗)에서는 수시력(授時曆)[487]의 계산표인 「수시력첩법입성(授時曆捷法立成)」[488]을 편찬하여 새 역법을 시행하였고, 조선(朝鮮)에서는 「칠정산내편(七政算內篇)」[489]과 「칠정산외편(七

483) 정삭법(定朔法)은 지구와 달이 태양과 정확히 일직선상에 놓이게 될 때의 시각으로, 평균 위치를 계산한 평삭(平朔)과 평망(平望)의 시각에 태양과 달의 빠르고 느린 정도를 가감하여 계산한 것이다.

484) 대한민국 고구려(高句麗) 영류왕(榮留王) 7(624)년 봄 2월에 중국 당(唐)나라에 사신을 보내 역(曆)을 나누어 줄 것을 요청하였다(七年, 春二月, 王遣使如唐, 請班曆. 「三國史記」, 高句麗本紀第八, 榮留王.)는 기록이 있다. 당(唐)나라에서는 이미 무덕(武德) 2(619)년에 무인력(戊寅曆)이 만들어져 인덕(麟德) 2(665)년에 채택되었다. 그러므로 대한민국 고구려(高句麗)에 들어온 역(曆)은 무인력(戊寅曆)이고, 이 역(曆)에서는 정삭법(定朔法)을 처음으로 채택하였다.

485) 百濟僧 觀勒(생몰년대 미상)來之, 仍貢曆本及天文地理書幷遁甲方術之書也〈「日本書紀」, 卷二十二. 推古天皇(在位; 592~658).〉.

486) 十四(674)年春正月, 入唐宿衛大奈麻德福傳, 學曆術還, 改用新曆法(「三國史記」, 新羅本紀, 卷第七, 文武王.).

487) 수시력(授時曆)은 중국 원(元)나라 지원(至元) 18(1281)년 반포된 역법으로 중국 명(明)나라 건국과 함께 대통력(大統曆)으로 대체되기까지 중국을 대표한 역법이다. 수시력법은 동지(冬至) 일시를 정확히 측정하여 1년의 길이를 365.2425일로 정했으며 동지에서의 태양의 위치가 확정되어 있다. 또한, 달의 운행을 추적하여 일식과 월식의 한계를 정했다. 계산에서는 적년(積年)과 일법(日法)을 폐지하고 1년의 길이가 시대의 경과에 따라 점차로 변동된다는 소장법(消長法)을 채택했다.

488) **「수시력첩법입성(授時曆捷法立成)」** 대한민국 고려시대 충렬왕(忠烈王) 24(1298)년에 강보[姜保; 생몰년대 미상, 서운사력(書雲司曆) · 서운정(書雲正) · 판서운관사(判書雲觀事) 역임]가 계산하여 저술하고, 충혜왕(忠惠王) 복위 4(1343)년 간행한 수시력(授時曆)의 주석서로 실제로 역(曆)을 작성하는 지침이다. 동지일(冬至日)과 윤여일(閏餘日)을 구하기에 필요한 수치와 계산방법이 제시되어 있고, 달의 근지점 통과와 교점인 입전지질일(入轉遲疾日) · 입교범일(入交凡日)을 계산하였다. 여기에 쓰인 수학은 가 · 감 · 승 · 제 · 평방근 등 여러 공식과 수표가 나열되어 있다.

489) **「七政算內篇(칠정산내편)」** 대한민국 조선(朝鮮) 세종(世宗) 26(1444)년에 이순지(李純之; 생년 미상~1465)와 김담(金淡; 1416~1464)이 편찬한 역서(曆書)로 중국

政算外篇」[490] 등의 독자적인 역법을 만들었다.

---

원(元)나라의 수시력(授時曆)에 대한 해설서이다. 칠정(七政)이란 일(日)·월(月)과 오성(五星), 즉, 목(木)·화(火)·토(土)·금(金)·수(水)의 5개 행성(行星)을 가리킨 것으로, 이 해설서에서는 이들 천체의 운행에 관한 자료가 다루어져 있다. 내용은 권두에 여러 천문상수(天文常數), 즉, 천행제율(天行諸率)·일행제율(日行諸率)·일월식(日月食)의 여러 상수가 실리고, 다음에 역일(曆日)·태양(太陽)·태음(太陰)·중성(中星)·교식(交食)·5성(五星)·4여성(四餘星)의 7개의 대목으로 이루어져 있다. 한양을 기준으로 동지(冬至)와 하지(夏至) 후의 일출몰(日出沒) 시각과 밤낮의 길이를 나타낸 표가 실려 있고, 각 장(章)에 필요한 곳에는 입성(立成)이라고 부르는 여러 가지 수표(數表)가 들어있다. 일월 오성의 운행을 다룬 것으로 보면 이 역서는 단순한 달력이 아니라, 오늘날의 천체력(天體曆)에 해당한다. 일행제율(日行諸率)의 항에서 보면, 세주(歲周; 1년의 길이) = 365일 2,425분으로 되어있고, 1일 = 10,000분(分) = 100각(刻), 1각(刻) = 100분(分)의 10진법이 쓰인 것으로 보면, 1년의 길이가 현재의 태양력과 같은 365.2425일이고, 1분은 현행 8.64초와 같다. 하늘의 한 바퀴인 주천도(周天度), 즉, 원주의 각도를 3365° 25′ 75″로 하고 있는데, 이것은 태양이 하늘을 한 바퀴 도는 일수를 그대로 도(度)·분(分)·초(秒)로 나타낸 것으로 각도에서도 십진법으로 1도 = 100분, 1분 = 100초로 하고 있는 데서 유래한다. 여기 1도는 오늘날의 0.9756°에 해당한다. 권말에 있는 4여성(四餘星)은 실제로 존재하는 별이 아니다. 이들은 어느 특정한 위치의 규칙적인 변동, 또는 규칙적으로 운행한다고 본 가상적인 천체의 이동을 생각하여, 마치 별의 운행처럼 보고 이를 복술가(卜術家)의 추산의 근거로 쓴 것으로 보인다. 4여성의 이름은 자기(紫氣)·월패(月孛)·나후(羅睺)·계도(計都)인데, 이들은 각각 28년, 8년 10개월, 18년 7개월로 하늘을 한 바퀴 돈다. 이 중 나후(羅睺)와 계도(計都)는 태양이나 달과는 반대로 돌고 있는데 이 둘은 본래 중국에는 없었던 것으로, 인도에서 온 범어(梵語)의 Rahu와 Ketu에서 유래한 것이다.

490) **「七政算外篇(칠정산외편)」** 대한민국 조선(朝鮮) 세종(世宗) 26(1444)년에 이순지(李純之; 생년 미상~1465)와 김담(金淡; 1416~1464)이 서역(西域)의 회회력(回回曆)을 연구하여 편찬한 역법서이다. 원주를 360°로 하여 60진법(進法)을 쓰고 있다. 또 1태양년(太陽年)의 길이는 역일(曆日)로 365일로 하되 128태양년에 31 윤일(閏日)을 두고 계산하여, 1태양년은 365일 5시 48분 45초로 현대값보다 1초 차이가 날 뿐이다. 이 값은 수시력의 값 365.2425일보다 두 자리나 더 정확한 것이다. 그리고 1년의 기준이 동지(冬至)가 아니라 춘분(春分)에 두었다. 이것은 동지를 연초(年初)로 하였던 것과는 달리 천체의 경도(經度), 즉, 적경(赤經)이나 황경(黃經)의 기점인 춘분점(春分點)을 중요시하였다. 내용은 태양(太陽)·태음(太陰)·교식(交食)·오성(五星)·태음오성능범(太陰五星淩犯)의 5장으로 되어있고, 필요한 곳에 여러 가지 표인 입성(立成)이 실려 있다.

### 5) 황극(皇極)

황극(皇極)은 임금이 유극(有極; 구체적인 실체를 이루는 법칙)을 세우는 것이다. 임금이 5복(五福)을 거두어 서민(庶民)에게 널리 베풀면 서민(庶民)도 그 임금의 극〈極; 중정(中正)의 지위와 덕(德)〉을 보존하도록 해야 한다. 무릇 그 서민(庶民)이 음탕한 벗이 없도록 하고, 사사로운 덕(德)을 갖지 않도록 오직 임금이 극(極)을 만드는 것이다. 무릇 서민이 그 일을 도모하려 하고, 지조를 지키려고 함을 생각하여 극에 화합하지 못하더라도 허물이 아니거든 임금은 받아들인다. 안색을 편안히 하여 좋아하는 바가 덕(德)이거든 너의 복(福)을 베풀면 사람들도 임금의 극〈極; 법칙(法則)〉을 생각한다. 의지할 데 없는 사람을 학대하지 말고, 높고 밝은 사람을 두려워해야 한다. 사람이 능력이 있고 하고자 하는 의지가 있어 이를 행하게 하면 나라가 번창할 것이다. 무릇 정인(正人; 벼슬아치)은 이미 부유한 뒤에야 착해지니, 능히 그들로 하여 내 집을 좋아하지 못하도록 한다면 이에 사람이 죄를 짓게 된다. 덕(德)을 좋아하지 못하는데 비록 복(福)을 주어도 그것은 허물을 짓는 것이다. 편벽되거나 기울어짐이 없어야 왕의 의리를 따르며, 사사로운 일을 좋아하지 않아야 왕의 도리를 따르며, 악(惡)한 짓을 하지 않아야 왕의 길을 따른다. 편벽됨도 붕당(朋黨)도 없으면 왕도(王道)가 넓고 크며, 붕당(朋黨)도 없고 편벽됨도 없으면 왕도(王道)가 평평하며, 배반함도 기울어짐도 없으면 왕도(王道)가 정직할 것이니 유극(有極)에서 만나 유극(有極)으로 돌아간다. 황극(皇極)으로 펼친 말이 떳떳함이고 가르침이니 이것이 임금의 가르침이다. 무릇 그 서민이 황극(皇極)으로 펼친 말을 가르치고 행하면 이로써 하늘의 뜻〈천자지광(天子之光)〉에 가까워 천자(天子)가 백성의 부모가 되어 천하의 왕이 되는 것이다.[491]

---

491) 五. 皇極, 皇建其有極, 斂時五福, 用敷錫厥庶民, 惟時厥庶民, 于汝極, 錫汝保極, 凡厥庶民, 無有淫朋, 人無有比德, 惟皇作極, 凡厥庶民, 有猷有爲有守, 汝則念之, 不協于極, 不罹于咎, 皇則受之, 而康而色, 曰, 予攸好德, 汝則錫之福, 時人斯其惟皇之極, 無虐煢獨, 而畏高明, 人之有能有爲, 使羞其行, 而邦其昌, 凡厥正人, 旣富方穀,

황극(皇極)에서 황(皇)의 글자는 뜻을 나타내는 白(백)과 소리를 나타내는 王(왕)이 합쳐진 형성자(形成字)이다. 白(백)은 '빛나다' 뜻으로 '임금'의 의미를 지니게 되었다. 極(극)의 글자는 뜻을 나타내는 木(목; 나무)과 소리를 나타내는 亟(극; 빠름)이 합쳐진 형성자(形成字)이다. 극(極)은 '다하다', '끝' 등을 뜻하여 완성을 의미하므로 법칙(法則)을 함의한다. 따라서 황극(皇極)은 곧고 바른 길을 따라 임금이 세운 만민의 법도로 나라를 다스리는 표준이 되는 법칙(法則)이다. 이러한 규범은 천하의 떳떳한 이치로서 우주 자연의 큰 가르침으로 임금의 가르침이 아닌 우주 자연 섭리의 가르침을 말한다.[492] 「주역(周易)」의 이괘(離卦; ☲)에 해당한다. 이괘(離卦; ☲)는 전술한 팔정(八政)의 사(師)와 맥락을 같이 하는 것으로 가르치는 자로서 지도자인 왕은 법(法)과 기강(紀綱)을 바로 잡아 무도함을 제거하고 난폭한 무리를 퇴치하여 천하를 밝게 하고, 이 밝음을 거듭하여 이어가서 천하〈天下; 사방(四方)〉를 밝게 교화하는 것이다. 그러므로 왕(王)은 백성을 가르치는 스승인 사(師)로서 대인(大人)이며, 성인(聖人)의 덕을 갖춘 자이다. 따라서 왕(王)은 덕(德)으로써 교화하여 법(法)과 기강(紀綱)을 바로 세우는 정책을 펴야 한다.

그러한 지도자가 천하 국가를 가르쳐 다스리는 도리는 아홉 가지로서 ① 자신을 인간답게 되도록 수양하는 것, ② 현명한 사람을 본받아 존경하는 것, ③ 어버이께 효도하는 것, ④ 경륜이 있는 관료〈대신(大臣)〉을 공경하는 것, ⑤ 같이 일하는 관리〈신하(臣下)〉들을 내 몸처럼 여기는 것, ⑥ 백성들을 자식처럼 여기

---

汝弗能使有好于而家, 時人斯其辜于其無好德, 汝雖錫之福, 其作汝用咎, 無偏無陂, 遵王之義, 無有作好, 遵王之道, 無有作惡, 遵王之路, 無偏無黨, 王道蕩蕩, 無黨無偏, 王道平平, 無反無側, 王道正直, 會其有極, 歸其有極. 曰, 皇極之敷言, 是彝是訓, 于帝其訓, 凡厥庶民, 極之敷言, 是訓是行, 以近天子之光, 曰, 天子作民父母, 以爲天下王六. 三德, 一曰正直, 二曰剛克, 三曰柔克, 平康正直, 彊弗友剛克, 燮友柔克, 沈潛剛克, 高明柔克, 惟辟作福, 惟辟作威, 惟辟玉食, 臣無有作福作威玉食, 臣之有作福作威玉食, 其害于而家, 凶于而國, 人用側頗僻, 民用僭忒(「書經」, 洪範.).

492) 言人君, 以極之理, 而反復推衍爲言者, 是天下之常理. 是天下之大訓, 非君之訓也, 天之訓也(「書經」, 洪範.).

는 것, ⑦ 모든 기술자〈공인(工人)〉들을 오게(모이게) 하는 것, ⑧ 먼 곳의 사람까지도 너그러움이 미치도록 하는 것, ⑨ 지방의 지도자[제후(諸侯)]들을 온후하게 해주는 것이다. 그렇게 하여 자신을 인간답게 수양하면 도(道)가 확립되고, 현명한 사람을 본받아 존경하면 의혹됨이 없고, 어버이께 효도하면 백(伯)·숙(叔)·당숙(堂叔)들과 형제(兄弟)들이 원망하지 않고, 경륜 있는 대신을 공경하면 현혹되지 않고, 같이 일하는 신하들을 내 몸처럼 여기면 선비들의 답하는 예(禮)가 거듭되고, 백성들을 자식처럼 대하면 부지런하고, 모든 기술자(공인)들을 잘 활용하면 재물의 쓰임이 풍족하고, 먼 곳의 사람들까지 너그럽게 대하면 모두〈사방(四方)〉가 돌아오고, 지방의 지도자들을 온후하게 해주면 천하가 공경하여 함부로 하지 않는다. 이와 같은 아홉 가지는 천하와 국가를 다스리는 떳떳한 법이니, 그것을 행하는 것은 하나〈성(誠; 우주 자연의 본성)〉이다.[493] 황극(皇極)을 세우기 위해서는 사람의 지도자가 당연한 인륜(人倫)의 지극함을 극진히 하여 부모·자식을 말함에 그 친애함을 지극히 하므로, 천하의 부모·자식이 된 자들이 여기에서 법칙을 취하며, 부부에 대해 말함에 그 분별을 지극히 하니, 천하의 부부가 된 자들이 여기에서 법칙을 취하고, 형제에 대해 말함에 그 우애를 지극히 하니, 천하의 형제가 된 자들이 여기에서 법칙을 취하여, 하나의 일과 하나의 사물을 접하고, 한 번의 말과 한 번의 움직임이 일어나, 그 의리(義理)의 당연함을 지극히 하지 않음이 없어서, 한 터럭도 지나침과 모자람의 차이가 없게 되면, 그 지극함인 황극(皇極)이 세워지는 것이다.[494]

---

493) 凡爲天下國家有九經, 曰 修身也, 尊賢也, 親親也, 敬大臣也, 體群臣也, 子庶民也, 來百工也, 柔遠人也, 懷諸候也. 修身則道立, 尊賢則不惑, 親親則諸父昆弟不怨, 敬大臣則不眩, 體群臣則士之報禮重, 子庶民則百姓勸, 來百工則財用足, 柔遠人則四方歸之, 懷諸候則天下畏之.〈中略〉. 凡爲天下國家 有九經, 所以行之者一(誠)也(「中庸」, 第二十章.).

494) 言人君 盡當人倫之至, 於父子則極其親, 而天下之爲父子者, 於此取則焉, 於夫婦則極其別, 而天下之爲夫婦者, 於此取則焉, 於兄弟則極其愛, 而天下之爲兄弟者於此取則焉, 以至一事一物之接, 一言一動之發, 無不極其義理之當然, 而無一毫過不及之差 則極建矣〈蔡沈(1167~1230, 중국 宋나라),「書經集傳」, 洪範.〉.

## 6) 3덕(三德)

3덕(三德)은 첫째는 정직(正直), 둘째는 강극(剛克), 셋째는 유극(柔克)이다. 평강(平康)한 자는 정직으로 다스리고, 강건하여 화합하지 못한 자는 강건함으로 다스리고, 부드러워 화합하지 못한 자는 부드러움으로 다스리며, 잠기고 잠긴 자는 강건함으로 다스리고, 높고 밝은 자는 부드러움으로 다스리며, 오직 임금이어야 복(福)을 지으며, 위엄을 지으며, 옥식(玉食; 맛있는 음식)을 한다. 신하는 위엄을 짓거나 옥식(玉食)을 하지 않는다. 신하가 위엄을 짓거나 복(福)을 짓거나 옥식(玉食)을 하면 그 집이 해로우며 나라가 흉해져서 사람이 기울고 고르지 못하며 백성이 참람(僭濫)하여 어긋난다.[495]

德(덕)의 글자는 彳(척; 걷다) 자와 直(직; 곧다) 자가 합쳐진 형태의 회의자(會意字)에 직(直) 자 아래에 心(심; 마음) 자가 추가되어 덕(德)의 본 글자는 悳(덕)으로서 마음의 큰 덕(德)을 실천(彳)하는 의미가 되었다. 인간은 재세(在世)간의 관계적 존재의 홍익(弘益)을 위한 사회성을 가지는 것으로 덕(德)은 그 사회성의 사회적 관계 속에서 사람에게 요청되는 당위(當爲)이며, 그 당위를 실천하는 힘을 뜻한다.

### (1) 정직(正直)

정직(正直)에서 正(정)은 소리를 나타내는 丁〈정; 고무래(곡식을 그러모으거나 펼 때 또는 밭의 흙을 고르거나 씨 뿌린 뒤에 흙을 덮을 때 사용하는 농기구)〉의 옛 모양인 口〈국; 소전체(小篆體)에서 口 모양이 一 자로 단순화되었다.〉과 뜻을 나타내는 발〈족(足)〉을 표현한 止(그칠 지)로 이루어진 형성자(形成字)로 본래 뜻은 '나아가다', '원정(遠征)을 가다', '공격하다'이며, 여기에서

495) 六. 三德, 一曰正直, 二曰剛克, 三曰柔克, 平康正直, 彊弗友剛克, 燮友柔克, 沈潛剛克, 高明柔克, 惟辟作福, 惟辟作威, 惟辟玉食, 臣無有作福作威玉食, 臣之有作福作威玉食, 其害于而家, 凶于而國, 人用側頗僻, 民用僭忒(「書經」, 洪範.).

'바르다'는 뜻이 파생되었다. 直(직)은 目(목; 눈) 위에 一(일) 하나를 그어, 직시하는 모습을 나타내었고, 이후 一이 十(십)의 형태로 바뀌면서 乚(은; 숨다) 자가 추가되었다. 정(正)은 사(邪)가 없는 것이고, 직(直)은 곡(曲)이 없는 것이다.[496]'곧다', '바르다', '옳다' 등을 뜻한다. 그러므로 정직은 마음에 거짓이나 꾸밈이 없이 바르고 곧음을 말한다.

### (2) 강극(剛克)

강극(剛克)에서 剛(강)은 뜻을 나타내는 刀(도; 칼)와 소리를 나타내는 岡(강; 산등성이)이 합쳐진 형성자(形成字)이다. 원래는 网(망; 그물)과 刀(도)가 합쳐진 회의자(會意字)였는데, 나중에 소리를 분명히 하기 위해 网(망)이 岡(강)으로 변하였다. '굳세다', '억세다', '단단하다'를 뜻한다. 克(극)은 古(고; 옛적)와 儿(인; 어진 사람)이 합쳐진 회의자(會意字)로 '억누르다', '이기다'의 뜻을 지녀 '다스리다'[497]는 의미가 되었다. 그러므로 '하루를 나를 다스려 예(禮)로 돌아가면 천하가 어질다.'[498]고 하여 극(克)은 자기 수양의 교육적 의미를 함의한다.

### (3) 유극(柔克)

유극(柔克)에서 柔(유)는 뜻을 나타내는 木(목; 나무)과 소리를 나타내는 矛〈모; 창(槍)〉가 합쳐진 형성자(形成字)로 '부드럽다', '순하다', '연하다' 등의 뜻을 나타낸다.

강극(剛克)과 유극(柔克)은 위엄을 보이고 복을 주며, 주고 빼앗으며, 억제하고 드날리며, 올리고 물리치는 쓰임이다.[499] 강(剛)으로 강(剛)을 다스리는 것을 강불우강극(彊弗友剛克)이라고 하고, 유(柔)로 유(柔)를 다스리는 것을 섭우

---

496) 正者無邪, 直者無曲(「書經」, 洪範.).
497) 克, 治也(「書經」, 洪範.).
498) 一日克己復禮, 天下歸仁焉(「論語」, 顔淵篇.).
499) 剛克柔克者, 威福予奪抑揚進退之用也(「書經」, 洪範.).

유극(燮友柔克)이라고 하며, 강(剛)으로 유(柔)를 다스리는 것은 침잠강극(沈潛剛克)이고, 유(柔)로 강(剛)을 다스리는 것을 고명유극(高明柔克)이라고 한다.[500] 그러므로 성인(聖人)이 천하(天下)에 민속(民俗)을 황극(皇極)에 들이는 것은 세상을 어루만지고 사물을 수응(酬應)함을 때에 따라 마땅히 하는 삼덕(三德)으로 다스려 써서 양(陽)으로 펴주고 음(陰)으로 거두어 양 끝을 잡아 백성에게 그 중(中)을 쓰는 것이다[501]고 하였다.

3덕(三德)은 「주역(周易)」의 건괘(乾卦; ☰)에 해당하여 8정(八定)의 사도(司徒)와 상통한다. 즉, 교육을 통해 그 쓰임을 본받을 수 있도록 삼덕(三德)으로 사람의 일을 가르치는 당연함을 나타내고 있다. 건괘(乾卦; ☰)의 이치인 원형이정(元亨利貞)은 교육의 덕목(德目)으로서 인(仁) · 의(義) · 예(禮) · 지(智)를 제시하고 있다. 그러한 교육을 통하여 선(善)에 도달하여 도덕적 정당함으로 거듭나는 인격완성의 이상적인 상태인 성(誠)에 도달하는 것을 삼덕(三德)은 함의하고 있다. 대한민국의 신라(新羅) 시대에 홍범 9주(洪範九疇)에 근거하여 지도자인 임금이 행하는 삼덕(三德)인 복(福)과 위엄(威嚴)을 신하(臣下)가 어기고 마음대로 권력을 휘두르는 잔인하고 난폭한 부도덕함을 제거하여 백성을 널리 이롭게 하였다.[502]

---

500) 彊弗友剛克, 以剛克剛也. 燮友柔克, 以柔克柔也. 沈潛剛克, 以剛克柔也. 高明柔克, 以柔克剛也(「書經」, 洪範.).

501) 聖人撫世酬物, 因時制宜, 三德乂用, 陽以舒之, 陰以斂之, 執其兩端, 用其中于民, 所以納天下民俗於皇極者蓋如此(「書經」, 洪範.).

502) (神文王)元年, 十三日, 報德王遣使小兄首德皆, 賀平逆賊. 八月, 十六日, 下敎曰, “賞有功者, 往聖之良規, 誅有罪者, 先王之令典. 寡人以眇德, 嗣守崇基, 廢食忘(忘)餐, 晨興晏寢, 庶與股肱, 共寧邦家, 豈圖之內, 亂起京城, 賊首欽突 · 興元 · 眞功等, 位非才進, 職實恩升. 不能克愼始終, 保全富貴, 而乃不仁不義, 作福作威, 侮慢官寮, 欺凌上下. 比口(日) 逞其無厭之志, 肆其暴虐之心, 招納凶邪, 交結近竪, 禍通內外, 同惡相資, 剋日定期, 欲行亂逆. 寡人上賴天地之祐, 下蒙宗廟之靈, 欽突等惡積罪盈, 所謀發露, 此乃人神之所共棄, 覆載之所不容, 犯義傷風, 莫斯爲甚. 是以追集兵衆, 欲除梟鏡, 或逃竄山谷, 或歸降闕庭. 然尋枝究葉, 已誅夷, 三四日間, 囚首蕩盡. 事不獲已, 驚動士人, 憂愧之懷, 豈忘旦夕, 今旣妖徒廓淸, 遐邇無虞, 所集兵馬, 宜速放歸, 布告四方, 令知此意”(「三國史記」, 新羅本紀. 神文王.).

### 7) 계의(稽疑)

계의(稽疑)는 복서(卜[503]筮[504])하는 사람을 택하여 세워서 이에 복서를 명하는 것이다.

비가 오는 것, 비가 개는 것, 흐린 것, 오락가락하는 것, 어긋나는 것〈복점(卜占)에 해당〉, 바름과 곧음〈정(貞)〉, 뉘우침〈회(悔)〉에 대한 것〈서점(筮占)에 해당〉이다. 무릇 계의(稽疑)는 7가지 점(占)으로, 다섯 가지 점〈占; 우(雨), 제(霽), 몽(蒙), 역(驛), 극(克)〉과 두 가지 점〈占; 정(貞), 회(悔)〉을 써서 변화를 넓혀 새롭게 고치는 것이다. 사람을 두어 바른가, 그른 것인가, 점(占)을 치되, 세 사람이 판단하면 두 사람의 판단하는 말을 따른다. 만약 큰 의문이 들거든 신하와 서민과 복서(卜筮)에게 자문한다. 임금이 따르고 거북점과 서점(筮占)의 판단을

---

503) 복(卜)은 귀점(龜占; 거북점)을 말한다. 거북의 형상이 천지의 형상과 비슷했기 때문에 둥근 하늘처럼 거북의 등 껍데기는 원형이고 평평한 땅과 같이 거북의 배 껍데기는 바둑판처럼 네모나고 평평한 방형(方形)이라고 보았다. 일월성신(日月星辰)의 천문(天文)이 거북의 등 껍데기에 종횡으로 교차하는 무늬를 갑문(甲文)이라고 했다. 하늘은 사방의 기둥이 받치고 있어서 무너지지 않은 것이 거북의 네 다리가 있어 등 껍데기를 지탱하는 것과 같다고 보았다. 이러한 거북을 사용하여 천지(天地)와 소통하려고 한 것이 복(卜)인 귀점(龜占)이다. 거북점을 치는 방법은 천년을 산 한 자 두 치(약 36㎝)가 되는 거북을 구하여 칼로 뱃속을 벗겨내고 그 속에 제사 지낸 포(脯)와 술을 채워 넣은 다음, 귀갑(龜甲)을 불로 지져 구멍을 뚫고, 거북의 머리와 지진구멍과 다시 머리와 네 다리 순으로 굽는다. 거북을 세 번 돌리고 축원하는 말을 하며 물어볼 내용을 거북에 명(命)한다. 점(占)의 결과가 배 딱지에 나타나고, 몸통과 머리, 네다리의 형체가 변하여 정상(禎祥; 경사스럽고 복스러운 조짐)이 드러나는 것으로 길흉을 판단한다(「史記」, 龜策列傳 참조.).

504) 서(筮)는 시초점(蓍草占; 가새풀 점)을 말한다. 시초(蓍草)는 수명이 백 년 이상 되는 쑥과에 속하는 식물로 한뿌리에 100개의 줄기가 나오는데 시초의 오래된 뿌리에는 천지신(天地神)과 소통하는 영험함이 있다(「說文解字」)고 믿었다. 시초점을 치는 방법은 우선 대연수(大衍數)로 시초 50개를 준비한다. 그중 태극(太極) 상징으로 하나를 제외하고, 남은 49개를 나누어 세기를 세 번을 거듭하여 6효(六爻)를 완성하기를 모두 18번〈18변서법(十八變筮法)〉을 거듭하여 주역의 64괘 중의 하나인 괘(卦)를 얻어 그 괘의 괘사(卦辭)와 효사(爻辭)로 길흉을 판단한다〈孔穎達(574~648), 중국 唐 시대, 「周易正義」 참조.〉. 시초점의 바탕을 이루는 관념은 시초를 나누어 괘를 만들 때 천기(天機; 하늘의 기밀)를 포착한다는 믿음에 근거한 것이다.

따르고, 신하가 따르고, 서민이 따르면 이것이 대동(大同)이니 몸이 평안 건강하며 자손이 길(吉)하다. 임금이 따르고, 거북점과 서점(筮占)이 따르면, 신하가 거스르고 서민이 거슬려도 길(吉)할 것이다. 신하가 따르고 거북점과 서점(筮占)이 따르면 임금이 거스르고 서민이 거슬려도 길(吉)하다, 서민이 따르고 거북점과 서점이 따르면, 임금이 거스르고 신하가 거슬려도 길(吉)하다. 임금이 따르고 거북점이 따르더라도, 서점(筮占)이 거스르고 신하가 거스르고 서민이 거스르면 안에서 하는 일은 길(吉)하고, 밖으로 하는 일은 흉(凶)할 것이다, 거북점과 서점(筮占)이 같이 사람에 어긋난다면, 움직이지 않으면 길(吉)하고 움직이면 흉(凶)할 것이다.[505]

계의(稽疑)에서 계(稽) 자는 벼의 성장 상태를 살펴 소출(所出)을 가늠하는 의미의 禾(화; 벼)자와 물건이 떨어지는 모양을 나타내는 尤(우; 더욱) 자와 맛의 의미가 '뜻'으로 된 旨(지; 뜻) 자가 합쳐진 형성자(形成字)로 '상고(詳考)하다', '생각하다' 등을 뜻한다. 꼼꼼하게 따져서 검토하고 참고하여 결정을 내리기 전에 일련의 생각을 상고한다는 의미다. 의(疑)는 어디로 가야 할지 몰라 헤매는 모습에서 '헷갈리다' 는 의미로 고개를 갸웃거리며 고개를 좌우로 돌린 사람의 모습인 匕(비; 비수) 자에 '진열하다', '맹세하다'의 뜻을 가진 矢(시; 화살) 자, 잃어버린 소〈우(牛)〉가 변형된 子(자; 아들) 자에 길을 걷고 있는 뜻의 止(지; 그치다) 자가 더하여진 회의자(會意字)로 '의심(疑心)하다', '질문(質問)하다'의 뜻을 가지게 되었다. 계의(稽疑)는 의심스러움을 상세히 헤아리는 의사결정 과정이다. 「주역(周易」의 태괘(兌卦; ☱)에 해당하여 8정(八政)의 사구(司寇)의 의사결정과 관련되어 있다. 즉, 의사결정을 통하여 다스려 설득하여 올곧음의

505) 七. 稽疑, 擇建立卜筮人, 乃命卜筮, 曰雨, 曰霽, 曰蒙, 曰驛, 曰克, 曰貞, 曰悔, 凡七卜五, 占用二, 衍忒, 立時人, 作卜筮, 三人占, 則從二人之言, 汝則有大疑, 謀及乃心, 謀及卿士, 謀及庶人, 謀及卜筮, 汝則從, 龜從, 筮從, 卿士從, 庶民從, 是之謂大同, 身其康彊, 子孫其逢吉, 汝則從, 龜從, 筮從, 卿士逆, 庶民逆吉, 卿士從, 龜從, 筮從, 汝則逆, 庶民逆吉, 庶民從. 龜從, 筮從, 汝則逆, 卿士逆吉, 汝則從, 龜從, 筮逆, 卿士逆, 庶民逆, 作內吉, 作外凶, 龜筮共違于人 用靜吉, 用作凶(「書經」, 洪範.).

이로움을 추구하여 백성과 대동(大同)하는 열린 정치를 위한 교육적 사유(思惟)이다. 계의(稽疑)의 복서(卜筮)는 대동(大同)을 위한 의사결정 과정이다. 그러므로 「예기(禮記)」에서는 의심스러운 일에 대해서는 자신이 바로 잡아 결정을 내리지 말고, 의견을 정직하게 개선할 뿐 자신의 견해를 고집해서는 안 된다[506] 고 하였다. 이러한 의사결정 과정을 보면, 밖에서 하는 일은 양(陽)의 기운인 강일(剛日)을 택하고, 안에서 하는 일은 음(陰)의 기운인 유일(柔日)을 택하여 열흘을 기준으로 먼 날과 가까운 날의 기준을 정하여 슬픈 일과 기쁜 일의 의사결정〈점(占)〉을 하되 의사결정 과정에 대해 믿음을 가져야 한다. 의사결정의 진행〈(복서점(卜筮占)〉을 세 번 이상 번복하지 말며, 방법을 다르게(복점과 서점의 혼용) 하지 않는다. 이와 같은 의사결정을 행하는 것은 때와 날에 따라 앞선 성왕(聖王)이 했던 것을 백성들이 신뢰할 수 있게 함이고, 섭리의 신령[귀신(鬼神)]을 공경하는 마음과 법을 준수하게 함이다. 그러므로 백성들이 이것인가 저것인가 하는 혐의(嫌疑)를 결정하고, 이럴까 저럴까 하고 유여(猶與)[507]하는 것을 결정하게 하는 것이다. 문제에 대한 합의의 의사결정에 대해서는 아니라고 하지 않으며, 정한 날에 시행하여 실천하도록 하는 것이다.[508] 계의(稽疑)의 의사결정 과정〈복서(卜筮)의 점(占)〉은 지도자의 열린 정치로서 대동(大同)의 합의를 하는 의미를 지닌다. 대동의 합의가 이루어지면 백성이 안락하다.

대한민국 백제(百體)에서는 천성대〈天星臺; 점성대(占星臺)〉, 신라(新羅)에

---

506) 疑事毋質, 直而勿有(「禮記」, 曲禮 上.).

507) 猶兮若畏四隣(경계함이여, 사방에서 엿보는 것을 두려워하듯 하고), 與兮若冬涉川(망설임이여, 겨울에 시냇물을 건너듯 한다). 「老子」, 第十五章에서 나오는 말로 유(猶)는 원래 원숭이를 나타내는데 의심이 많아, 소리만 나면 나무 위에 올라가 숨는 습성을 가지고 있다. 겨울에 시내를 건너자면 얼어붙을 듯 차가운 물이 겁나고, 사방에서 자신을 엿보는 것을 알면 그 시선이 두려운 것이다. 이런 의미에서 유여(猶輿)는 두렵고 조심하여 이럴까 저럴까 하는 뜻이다.

508) 外事以剛日, 內事以柔日. 凡卜筮, 旬之外曰遠某日, 旬之內曰近某日. 喪事先遠日, 吉事先近日. 曰,為日, 假爾泰龜有常, 假爾泰筮有常. 卜筮不過三, 卜筮不相襲. 龜為卜, 筴為筮, 卜筮者, 先聖王之所以使民信時日, 敬鬼神, 畏法令也, 所以使民決嫌疑, 定猶與也. 故曰, 疑而筮之, 則弗非也, 日而行事, 則必踐之(「禮記」, 曲禮 上.).

서는 첨성대(瞻星臺), 고려(高麗)에서는 태사국(太史局)·사천대(司天臺)·서운관(書雲觀), 조선(朝鮮)에서는 서운관(書雲觀)·관상감(觀象監)을 두어 계의(稽疑)에 대한 일을 담당하여 정책에 대한 의사결정 기능의 역할을 하였다.

### 8) 서징(庶徵)

서징(庶徵)은 비와 맑음과 더위와 추위와 바람과 때이니 다섯 가지가 와서 갖추되 각각 계절에 맞게 응하면 뭇 풀도 번성한다. 하나가 너무 많아도 흉(凶)하며, 너무 없어도 흉(凶)하다. 아름다운 징조(徵兆)는 엄숙함에 때맞춰 비가 오는 듯하며, 다스림에 때맞게 햇볕이 나는 듯하며, 밝음에 때맞춰 더운 것 같으며, 일을 도모함에 때맞게 추운 듯하며, 성스러움에 때에 맞춰 바람이 불듯 한다. 허물이 있는 징조(徵兆)는 망령됨에 항상 비가 오는 듯하며, 참람(僭濫)함에 항상 햇볕이 나는 듯하며, 오만함에 항상 더운 듯하며, 급함에 항상 추운 듯하며, 몽매함에 항상 바람이 불듯 한다. 임금이 살핌은 항상 세(歲; 해)요, 경사(卿士)는 오직 월(月; 달)이요, 사윤(師尹: 太師)은 오직 일(日; 날)이다. 해와 달과 날이 바뀜에 이상이 없으면 백 가지 곡식이 잘 자라고, 다스림이 밝으며, 준수한 백성이 밝고, 집안이 평안 강녕하다. 해와 달과 날이 바뀜에 이상이 있으면 백 가지 곡식이 자라지 않고, 다스림이 밝지 못하고 어두우며, 백성이 미미하여 집안이 편하지 못하다. 서민은 오직 성(星; 별)이니 별은 바람을 좋아하며 별은 비를 좋아한다. 해와 달의 운행으로 겨울과 여름이 있으니, 달이 별을 따라감으로써, 바람과 비가 생긴다.[509)]

509) 八. 庶徵, 曰雨, 曰暘, 曰燠, 曰寒, 曰風, 曰時, 五者來備, 各以其敍, 庶草蕃廡, 一極備凶, 一極無凶, 曰休徵, 曰肅, 時雨若, 曰乂, 時暘若, 曰哲, 時燠若, 曰謀, 時寒若, 曰聖, 時風若, 曰咎徵, 曰狂, 恒雨若, 曰僭, 恒暘若, 曰豫, 恒燠若, 曰急, 恒寒若, 曰蒙, 恒風若, 曰王省惟歲, 卿士惟月, 師尹惟日, 歲月日, 時無易, 百穀用成, 乂用明, 俊民用章, 家用平康, 日月歲, 時旣易 百穀用不成, 乂用昏不明, 俊民用微, 家用不寧, 庶民惟星, 星有好風, 星有好雨, 日月之行, 則有冬有夏, 月之從星 則以風雨(「書經」, 洪範.).

서징(庶徵)에서 庶(서) 자는 뜻을 나타내는 火(화; 불) 자와 소리를 나타내는 石(석; 돌) 자가 합쳐진 형성자(形成字)로 '불에 익히다,' '삶다'의 뜻이 가차되어 '여러', '많다'로 서민(庶民)을 뜻하게 되었다. 徵(징) 자는 征(정; 치다) 자가 변형되어 彳(척; 걷다) 자에 왕명을 뜻하는 王(왕; 임금) 자와 攴(복; 치다)이 결합하여 임금이 부르는 왕명(王命)의 의미가 되어 '부르다', '징집(徵集)하다', '구하다'의 뜻을 담고 있다. 서징(庶徵)은 지도자가 여러 징조〈서징(庶徵)〉를 살펴 어진 정치를 이뤄야 한다는 교육적 사유(思惟)이다. 즉, 지도자가 나라를 잘 다스리면 태평성대(太平聖代)를 누리게 되지만 그렇지 못하면 나라가 어지러워짐을 날씨의 조화에 비유하여 여러 가지 징조가 나타난다고 한 것이다. 「주역(周易)」의 간괘(艮卦; ☶)에 해당한다. 간(艮)은 그치는 것으로서 그칠 때면 그치고 행(行)할 때면 행(行)하는 지도자의 도(道)가 빛나고 밝음을 말한다.

이러한 도리의 실천은 기강(紀綱)이 되어 임금과 신하는 떳떳한 징험(徵驗)을 통하여 그 직책의 역할에 따라 백성들을 뭇별들과 같이 귀히 여긴다. 사람 간에 지켜야 할 역할의 규범으로서 올바른 마음가짐과 태도로 나라의 지위를 갖고 백성을 위한 정치를 해야 한다. 그러므로 왕을 비롯한 각 계층의 지도자들은 징후를 살펴서 생각하여 사용하여야 하며, 백성들의 마음이 수많은 별처럼 모두 다를 수 있으므로, 백성들의 요구에 맞춰 정치를 베풀어야 한다. 그것은 사시사철(四時四節)과 기후가 안 맞으면 흉년이 들게 되고, 흉년이 되어 먹을 곡식이 풍족하지 않으면 백성들이 잘 살 수 없는 비유와 같은 여러 징조(徵兆)와 같은 것이기 때문이다. 이러한 서징(庶徵)은 오사(五事)에 근본한 것으로 그 조리(條理)와 차제(次第)가 서로 관통(貫通)하여 질서정연해서 문란(紊亂)할 수 없다.[510] 서징(庶徵)은 홍익인간 문화권의 교육적 사유(思惟)를 통해 정치의 요체로 계승되어 오면서 대한민국 조선 시대에 이르러서도 서징(庶徵)의 적용과 논의가 꾸준히 이루어졌다.[511]

510) 庶徵則本於五事, 其條理次第相爲貫通, 有秩然而不可紊亂者也(「書經」, 洪範.).
511) 1.「太宗實錄」, 太宗 八(1408)年, 五月, 九日 丁巳. 2.「太宗實錄」, 太宗 九(1409)

## 9) 5복(五福)

5복(五福)은 첫째는 수(壽)이며, 둘째는 부(富)이고, 셋째는 강녕(康寧), 넷째는 유호덕(攸好德), 다섯째는 고종명(考終命)이다. 6극(六極)은 첫째는 흉(兇)과의 단절이며, 둘째는 질(疾)이고, 셋째는 우(憂)이고, 넷째는 빈(貧)이며, 다섯째는 악(惡)이며, 여섯째는 약(弱)이다.[512]

5복(五福)의 복(福) 자는 제물을 차려 신에게 보여 준다는 뜻인 示(시; 보이다) 자에 畐(복; 가득하다) 자가 합쳐져서 제사를 지내 하늘에서 복을 받는다는 의미의 회의자(會意字)이다. 오복은 「주역(周易)」의 이괘(離卦: ☲)에 해당한다. 이(離)는 바르게 함이 이로우니 형통(亨通)하므로[513] 복을 받는다는 의미이

---

年, 六月, 二十五日 丙寅. 3.「成宗實錄」, 成宗 十六(1485)年, 二月, 五日 丁巳. 4.「成宗實錄」, 成宗 二十一(1490)年, 四月, 二十一日 癸卯. 5.「成宗實錄」, 成宗 二十五(1494)年, 五月, 十四日 辛丑. 6.「成宗實錄」, 成宗 二十五(1494)年, 十月, 二十八日 癸未. 7.「燕山君日記」, 燕山 十一(1505)年, 八月, 二十六日 戊寅. 8.「中宗實錄」, 中宗 十六(1521)年, 八月, 二十五日 甲辰. 9.「中宗實錄」, 中宗 二十二(1527)年, 六月. 六日 辛亥. 10.「中宗實錄」, 中宗 三十九(1544)年, 五月, 十一日 戊申. 11.「明宗實錄」, 明宗 十一(1556)年, 九月, 二十四日 己卯. 12.「宣祖實錄」, 宣祖 二(1569)年, 四月, 十九日 壬辰. 13.「宣祖修正實錄」, 宣祖 二十(1587)年, 十二月, 一日 乙卯. 14.「宣祖實錄」, 宣祖 二十九(1596)年, 七月, 十九日 甲申. 15.「仁祖實錄」, 仁祖 十三(1635)年, 七月, 二十五日 癸酉. 16.「顯宗改修實錄」, 顯宗 五(1664)年, 十一月, 二十一日 戊申. 17.「英祖實錄」, 英祖 一(1725)年, 六月, 三日 己巳. 18.「英祖實錄」, 英祖 一(1725)年, 六月, 十三日 己卯. 19.「英祖實錄」, 英祖 二(1726)年, 十一月, 二十八日 丙辰. 20.「英祖實錄」, 英祖 十九(1743)年, 一月, 十五日 庚午. 21.「正祖實錄」, 正祖 卽位(1776)年, 七月, 五日 甲戌. 22.「正祖實錄」, 正祖 一(1777)年, 八月, 十一日 甲辰. 23.「正祖實錄」, 正祖 九(1785)年, 四月, 十四日 癸巳. 24.「正祖實錄」, 正祖 十九(1795)年, 十一月, 十九日 丙寅. 25.「正祖實錄」, 正祖 二十(1796)年, 四月, 五日 庚辰. 26.「正祖實錄」, 正祖 二十四(1800)年, 一月, 二十六日 己卯. 27.「純祖實錄」, 純祖 卽位(1800)年, 七月, 四日 甲申. 28.「純祖實錄」, 純祖 一(1801)年, 六月, 十日 乙卯. 29.「高宗實錄」, 高宗 二十七(1890)年, 一月, 一日 壬寅.

512) 九. 五福, 一曰壽, 二曰富, 三曰康寧, 四曰攸好德, 五曰考終命, 六極, 一曰凶短折, 二曰疾, 三曰憂, 四曰貧, 五曰惡, 六曰弱(「書經」, 洪範.).

513) 離, 利貞亨(「易傳」, 彖傳.).

다. 따라서 이괘는 바른 도를 지키고 온순하게 행동하는 것이 이롭고 길하여 복을 받는다는 의미를 담고 있다. 6극(六極)에서 극(極)은 이괘(離卦; ☲)에서 5효(五爻)에 해당하여 눈물 나옴이 물 흐르듯 하며, 슬퍼하고 탄식하는 것이나, 이를 잘 극복(克復)하면 좋다[514]는 것으로 여섯 가지 어려움을 잘 대처해야 복을 이룬다는 것이다.

### (1) 수(壽)

5복의 첫째인 수(壽) 자는 뜻을 나타내는 老(노; 늙음) 자의 생략형인 耂(노)와 소리를 나타내는 𠷎〈𠃬: 疇(주; 밭두둑)〉 자가 합쳐진 형성자(形成字)로 '장수하다'라는 뜻으로, 그 밑에 口(구; 입) 자와 又(우; 또) 자가 추가되었다. 그리하여 위쪽의 耂(노) 자는 士(사) 와 乛(일)의 형태로, 중간의 𠃬(주) 자는 工(공)과 一(일)의 형태로, 아래쪽의 又(우) 자는 寸(촌; 마디) 자가 되어 '목숨', '수명(壽命)'을 뜻한다. 사람은 수(壽)가 있고 나서 여러 복(福)을 누릴 수 있으므로 수(壽)가 맨 먼저이다.[515] 그러므로 지도자는 백성이 오래 살도록 배려하는 정치를 해야 한다. 수복(壽福)을 통해서 얻고자 하는 가치는 생명력이 풍부한 이상세계로서 태평성대(太平聖代)이다. 따라서 수복(壽福)은 오래 살면서 행복을 누리는 것이다. 복중에 으뜸이므로 수산복해(壽山福海)라고 하여 수명은 산과 같이 오래되고, 복은 바다처럼 많도록 널리 인간을 이롭게 하는 위민복지(爲民福祉)의 정책을 최우선으로 강조한 것이다.

### (2) 부(富)

5복의 둘째인 부(富)자는 뜻을 나타내는 宀(면; 집)과 소리를 나타내는 畐(복; 가득하다)이 합쳐진 회의자(會意字)이며 형성자(形成字)로 '풍부(豊富)하다'는 뜻으로 가진 것이 넉넉하고 재산이 많아 '가멸다'는 의미다. 부(富)는 백성을 다

514) 出涕沱若, 戚嗟若, 吉(「易傳」, 象傳.).
515) 五福壽爲先(「推句集」).

스리는 데 있어서 가장 우선으로 해야 할 일이다. 「논어(論語)」에 많은 백성에 더할 것은 먼저 부(富)라고 하였고, 백성이 많아 부유(富裕)하지 않으면 백성의 생활이 따르지 않는다. 그러므로 토지와 마을을 만들고 세금을 적게 거두어 부유하게 하도록 한 다음은 가르침이라고 하여 부유하여도 가르치지 않으면 금수(禽獸)와 같으므로 반드시 학교를 세워 예(禮)를 밝혀 교육해야 한다[516]고 하였다. 그러므로 부유하게 하는 것은 교육을 위한 전제이다. 따라서 세상을 경륜(經綸)하는 데 있어서 부유함으로 백성을 구제하는 경세제민(經世濟民)이 지도자가 최우선으로 고려해야 할 일이다. 즉, 정치의 요체는 세상을 이끌고 백성을 도와 번영하게 하는 경제(經濟)이다. 경제는 부(富)를 통해 교육을 이루어 사회적으로 발전하고 번영하기 위한 필수적인 가치이다. 그러므로 정치를 선(善)으로 하는 것은 덕(德)이며, 이러한 정치는 백성을 부유하게 부양하는 것이다. 물 · 불 · 쇠 · 나무 · 흙과 곡식을 오직 닦으며, 덕(德)을 바르게 하고, 쓰임을 이롭게 하고, 삶을 두터이 함을 조화롭게 하는 것이다.[517] 경세제민의 부(富)는 국가와 사회 전체의 번영과 발전을 위해 노력하고, 백성들의 복지와 행복을 증진하는 것을 강조하는 것으로서 교육적 사유(思惟)를 전제로 한다.

### (3) 강녕(康寧)

5복의 셋째인 강녕(康寧)에서 강(康) 자는 庚(경; 별)과 米(미; 쌀)가 상하로 합쳐져 隶(이; 미치다)로 변하여 본래는 쌀을 뜻했으나 의미가 파생되면서 '편안하다'는 의미를 나타내었다. 따라서 강(康)의 전반적인 의미는 창고에 곡식을 가득 수확하여 쌀을 쌓아 두니 '풍년이 들다'에서 파생되어 '편안하다', '즐겁다'의 뜻이 되었다. 寧(녕) 자는 집을 나타내는 宀(갓머리)에 그릇을 나타내는

---

516) 冉有曰旣庶矣, 又何加焉, 曰富之, 庶而不富, 則民生不遂, 故制田里. 薄賦斂以富之, 曰旣富矣, 又何加焉, 曰敎之, 富而不敎, 則近於禽獸, 故必立學校, 明禮義以敎之(「論語」, 子路篇.).

517) 德惟善政, 政在養民, 水火金木土穀惟脩, 正德利用厚生惟和(「書經」, 大禹謨.).

皿(명; 그릇), 그리고 丂(교; 공교하다)가 합쳐진 회의자(會意字)이다. 음식물이 그릇에 수북이 담겨있어 안심하고 살 수 있음을 뜻한다. 여기에 가운데에 心(심; 마음)이 추가되고 이후로 丂(교) 자가 丁(정; 고무래) 자로 바뀌어 寧(녕) 형태가 되어 '편안하다', '문안하다' 등을 뜻한다. 즉, 사당의 집(宀)에 그릇(皿) 가득 제물을 올리니 마음(心)이 편안하다는 뜻이 발생하면서 제사의 사실적인 의미를 드러내기 위해 우뚝한 제단 모양의 형상(丁)을 첨가한 것이다. 그러므로 강녕(康寧)의 어원적 의미는 창고 가득 먹을 것이 풍부하니 몸이 즐거워 건강하고, 신(神)과 조상(祖上)에 풍성하게 제사를 지낼 수 있으니 마음이 편안함을 말한다. 강녕은 건강하며 평안함이다. 이것을 누리도록 하는 정책을 펴서 널리 인간을 이롭게 하는 것이다. 그러므로 강녕(康寧)은 근심과 고통과 어려움을 없게 하는 것이다.[518] 이러한 강녕(康寧)을 위해서는 만백성을 인(仁)으로 삶을 맞이하도록 하고, 의(義)로 즐겁게 완성하도록 해야 한다.[519] 또한, 지도자는 백성들이 몸의 고통이 없이 마음의 평안을 갖도록 하여 질병(疾病)에 대해 관찰하

518) 康寧者無患難也(「書經」, 洪範.).

519) 洪範九五福, 三曰康寧, 蓋人君正心修德, 以建皇極, 則能享五福. 康寧乃五福之一, 擧其中以該其餘也. 然所謂正心修德, 在衆人共見之處, 亦有勉强而爲之者. 在燕安獨處之時, 則易失於安佚, 而儆戒之志, 每至於怠矣, 而心有所未正, 德有所未修, 皇極不建, 而五福虧矣.〈中略〉天地之於萬物, 生之以春, 成之以秋; 聖人之於萬民, 生之以仁, 制之以義. 故聖人代天理物, 其政令施爲, 一本乎天地之運也[「서경(書經)」 홍범 9주(洪範九疇)의 5복(五福) 중에 셋째가 강녕(康寧)입니다. 대체로 임금이 마음을 바루고 덕(德)을 닦아서 황극(皇極)을 세우게 되면, 능히 5복을 향유할 수 있으니, 강녕(康寧)이란 것은 5복 중의 하나이며, 그 중간을 들어서 그 남은 것을 다 차지하려는 것입니다. 그러나 이른바 마음을 바루고 덕을 닦는다는 것은 여러 사람이 함께 보는 곳에 있는 것이며, 역시 애써야 할 것입니다. 한가하고 편안하게 혼자 거처할 때에는 너무 안일(安逸)한 데에 지나쳐, 경계하는 마음이 번번이 게으른 데에 이를 것입니다. 마음이 바르지 못한 바가 있고 덕이 닦이지 못한 바가 있으면, 황극이 세워지지 않고 오복이 이지러질 것입니다. 〈중략(中略)〉 하늘과 땅은 만물(萬物)을 봄에 낳게 하여 가을에 결실하게 합니다. 성인(聖人)이 만백성에게 인(仁)으로써 살리고 의(義)로써 만드시니, 성인은 하늘을 대신해서 만물을 다스리므로 그 정령(政令)을 시행하는 것이 한결같이 천지의 운행(運行)을 근본으로 합니다. 『朝鮮王朝實錄』, 「太祖實錄」, 太祖 四(1395)年, 十月, 七日 丁酉.].

고 이성적으로 추론하는 합리적인 탐구방법을 위한 의학(醫學)교육이 이루어졌다.

대한민국 고조선(古朝鮮) 시대부터 병(病)을 주재하였다. 홍익인간의 366사(三百六十六事)의 제150사(第一百五十事) 〈열염(熱染)〉에서 병(病)을 요마(妖魔)로 표현하여 그 치료법으로는 먼저 마음을 맑게 하고, 처소를 깨끗이 하여, 서늘한 가을 기운을 마셔서 배부르지 않고 배고프지 않으면, 요마〈妖魔; 괴이한 병(病)〉을 예방할 수 있다고 가르치고 있다.[520] 삼국시대인 고구려(高句麗)에서는 시의(侍醫)와 「고(구)려노사방〈高(句)麗老師方〉」[521] 등으로 의학(醫學)교육이 이뤄졌으며, 백제(百濟)에서는 약부(藥部)를 두고 「백제신집방(百濟新集方)」,[522] 신라(新羅)에서는 약전(藥典)을 두고 「본초습유(本草拾遺)」[523] 등으로 의학교육을 하였다. 고려(高麗)시대에는 대의감(大醫監)을 중심으로 자주적으로 「제중입효방(濟衆立効方)」,[524] 「신집어의촬요방(新集御醫撮要方)」[525]

520) 「參佺戒經」, 第四章 濟理訓, 第一白五十事, 妖魔. 참조.

521) **「고려노사방[高麗老師方]」** 대한민국 고구려(高句麗) 시대의 의방서(醫方書)이다. 내용은 전해지지 않으나 중국 당(唐) 시대인 752년 왕도(王燾; 670~755)가 당(唐)나라 이전의 의학서적을 모아 정리한 「외대비요(外臺秘要)」의 〈각기충심방(脚氣衝心方〉 조(條)에 고구려(高句麗) 의방서인 「고려노사방(高麗老師方)」을 인용한 주(註)가 있다.

522) **「백제신집방(百濟新集方)」** 대한민국 백제(百濟) 시대의 의서(醫書)로 원전은 실전되어 현존하지 않으며, 대한민국 고려(高麗) 성종(成宗) 3(984)년에 일본(日本)에서 단바노야스노리(丹波康賴; 911 ~ 995)가 찬집한 「의심방(醫心方)」과 그의 증손 단바마사타다(丹波雅忠; 1021~1088)이 저술한 「의략초(醫略抄)」에 「백제신집방(百濟新集方)」의 내용이 인용되어 있다.

523) **「본초습유(本草拾遺)」** 〈진장기본초(陳藏器本草)〉라고도 한다. 전 10권이다. 중국 당(唐) 시대에 약물학자(藥物學者) 진장기(陳藏器; 681~757)가 저술하였다.

524) 대한민국 고려(高麗)시대 의종(毅宗; 재위 1146~1170) 연간에 김영석(金永錫; 1079~1166)이 신라(新羅) 및 중국 송(宋)나라의 의서를 참조하여 편찬하였다. 그 책은 현재 전하지 않고 있으나 그 내용이 조선(朝鮮) 세종(世宗) 15(1443)년에 편찬된 「향약집성방(鄕藥集成方)」에 그 약방문(藥方文)이 남아 있다.

525) **「신집어의촬요방(新集御醫撮要方)」** 대한민국 고려(高麗) 시대 고종(高宗) 13(1226)년 최종준(崔宗峻; 생년 미상~1246)이 편찬한 의서(醫書)이다. 종래부터 전해오던 신효하고 긴요한 약방문(藥方文)들을 첨부하여 평양에서 간인(刊印)하여 반포했다.

등을 저술하여 의학교육을 하여 의업식(醫業式) 과거(科擧)를 실시하였고, 백성들의 강녕을 위해 제위보(濟危寶)·동서대비원(東西大悲院)·혜민국(惠民局)을 설치하여 환과(鰥寡; 홀아비와 과부)·고독(孤獨; 고아)·빈궁(貧窮; 가난한 자)·질고(疾苦; 병든 자) 등을 돌보았다. 조선(朝鮮) 시대에서는 전의감(典醫監)을 두어 의학교육과 의료행정을 총괄하고 의과(醫科) 취재(取才)의 과거(科擧)를 실시하였으며, 「향약집성방(鄕藥集成方)」[526]과 「동의보감(東醫寶鑑)」[527]을 편찬 출판하였다. 아울러 혜민서(惠民署)를 두고 일반 백성들을 치료하여 강

526) **「鄕藥集成方(향약집성방)」** 대한민국 조선(朝鮮) 시대 정종(定宗) 1(1399)년에 간행한 「향약제생집성방(鄕藥濟生集成方)」 30권을 저본(底本)으로 향약의 모든 약방문(藥方文)과 약방서(藥方書)들을 수집하여 세종(世宗) 25(1433)년 간행한 의서(醫書)이다. 병증(病症) 959건, 약처방(藥處方) 1만 706건, 침구법(鍼灸法) 1,416조, 향약본초(鄕藥本草) 및 포제법(炮製法) 등을 합하여 85권이다. 이 책을 편집하기 위하여 먼저 향약재(鄕藥材)와 당약재(唐藥材)를 비교 연구하고, 각 지방에서 생산되는 향약의 실태를 조사하여 〈향약채취월령(鄕藥採取月令)〉을 반포하였다. 이러한 「향약집성방(鄕藥集成方)」의 편집은 조선사람의 질병을 치료하는 데에는 조선의 풍토에 적합하고 조선에서 생산되는 약재가 더 효과적이라는 병(病)과 약(藥)에 대한 의토성(宜土性)을 강조하여 의약제민(醫藥濟民)의 자주적 정책이었다.

527) **「東醫寶鑑(동의보감)」** 대한민국 조선(朝鮮) 시대 선조(宣祖) 29(1596)년에 태의(太醫) 허준(許浚; 1546~1615)이 왕명을 받아 620여 권의 의서(醫書)를 참고하여 지은 한의학에 대한 임상 의학서로 광해군(光海君) 2(1610)년에 25권 25책으로 편찬하였다. 〈내경편(內經篇)〉, 〈외형편(外形篇)〉, 〈잡병편(雜病篇)〉, 〈탕액편(湯液篇)〉, 〈침구편(針灸篇)〉으로 구성되어 있다. 「동의보감(東醫寶鑑)」은 국가 의료사업의 목표로 공공 의료와 예방 의학의 확립하기 위한 것이며, 전문적이면서도 배우기 쉬운 최초의 의학 서적이다. 「동의보감(東醫寶鑑)」을 편찬한 이유는 국민의 강녕(康寧)이 국가의 책임임을 반영한 것이다. 백성들이 의사와 약이 없이도 약초를 쉽게 찾을 수 있게 하면서 전문적인 의학 지식뿐만 아니라, 바로 사용할 수 있는 치료 물질과 간편한 치료법을 담고 있으며, 교육을 받지 못한 일반 백성이 쉽게 이해할 수 있도록 내용 일부를 한글로 썼다. 또한, 동아시아에서 2,000년 동안 창안하고 발전시켜온 다양한 의학 지식을 집대성하여 편찬한 것이다. 이 책은 역사상 의서 목록에 언급된 86권의 의서를 포함한 120권의 의서를 인용하고, 왕실 서고에 있던 500권의 한글 문서와 한의서(韓醫書)를 참고하여 필수적인 정보를 모아 놓았다. 인간을 이롭게 하는 건강과 평안함을 위한 현대 의학 이론에 비견되는 지식을 담은 「동의보감(東醫寶鑑)」은 19세기까지 사실상 전례가 없는 개념이었던 '예방 의학'과 '국가 공공 의료'라는 이상을 만들어냄으로써, 동아시아의 의학 지식과 기술의 발달을 대변하여 세계적인 의학(醫學)의 발자취를 남겼다.

녕(康寧)을 위한 정책으로 널리 인간을 이롭게 하였다.

### (4) 유호덕(攸好德)

5복의 넷째인 유호덕(攸好德)에서 攸(유) 자는 人(인; 사람) 자와 水(수; 물) 자와 攴(복; 치다) 자가 합쳐진 회의자(會意字)로 사람의 등을 씻는 모습을 나타내어 '일의 방법이나 방도' '바라는 바'를 뜻하여 '장소', '기관' 등을 의미한다. 好(호) 자는 女(여: 여자)와 子(자; 아들)가 합쳐진 회의자이다. 엄마와 아이가 서로 좋아하는 모습을 나타내어 '좋다', '좋아하다'를 뜻한다. 德(덕) 자는 彳(척; 걷다) 자와 直(직; 곧다, 바르다) 자와 그 아래에 心(심; 마음) 자가 추가되어 합쳐진 형태의 회의자(會意字)이다. 곧고 바른길을 가는 마음을 의미한다. 그러므로 유호덕(攸好德)은 곧고 바른길을 가는 마음의 덕(德)을 좋아하여 즐겨 행하는 일이다. 덕(德)은 이상적인 세계나 가치관을 세우려는 의지와 재세(在世)간의 관계적 존재에서 타인에게 관대하고 베풀고자 하는 큰 마음가짐이다. 그래서 지도자는 누구보다도 먼저 큰 덕을 갖추어야 한다. 군자(君子)는 땅의 두터움이 자애(慈愛)롭게 만물(萬物)을 싣고 기르듯 덕행(德行)을 쌓아 관대(寬大)해야 한다.[528] 그러므로 의(義)로써 말과 행동을 점잖게 하는 경의(敬義)의 덕(德)이 서야 하며,[529] 덕(德)은 좋아하여 쉽게 행할 수 있는 새털처럼 가벼운 것임에도 능히 드는 사람이 드물기[530] 때문에, 산 아래 샘물처럼 처음에는 물길이 잡히지 않는 것과 같은 어리석음이 있으므로 군자(君子; 지도자)는 과감하게 덕(德)을 가르쳐 길러야 한다.[531] 따라서 배움의 큰길은 밝은 덕(德)을 밝혀주어 백성을 사랑하고 지극한 선(善)에 이르게 하여,[532] 덕(德)은 몸을 윤택하여 마음이 넓어지고 몸도 편안하게 하므로 군자(君子)는 그 뜻을 성실하게 하

528) 地勢坤, 君子以厚德載物(「易傳」, 象傳.).
529) 義以方外, 敬義立而德不孤(「易傳」, 象傳.).
530) 德輶如毛, 民鮮克擧之(「詩經」, 大雅, 烝民.).
531) 山下出泉蒙, 君子以果行育德(「易傳」, 象傳.).
532) 大學之道, 在明明德, 在親民, 在止於至善(「大學」, 經文.).

는 것이[533] 곧 유호덕(攸好德)이다. 덕(德)은 근본이며 재(財)는 말단인데 지도자가 근본을 도외시하고 말단을 내면의 중심으로 삼으면 모두 서로 다투고 빼앗는 것만을 가르쳐 퍼뜨리는 것뿐[534]이라고 하여 덕(德)의 교육적 사유(思惟)를 전제로 하고 있다. 덕(德)의 지극함은 '중용(中庸)'이다.[535] 이와 같은 지극한 덕(德)은 그 감화력을 통해 자연스럽게 바람직한 사회를 형성해간다. 이것이 바로 덕(德)으로 백성을 다스리는 것으로서 덕(德)으로 하는 정치는 마치 북극성이 그 자리에 있으면, 여러 별이 그 북극성을 중심으로 향해서 도는 것과 같다[536]는 덕치(德治)이다. 이것이 인간을 널리 이롭게 하는 덕(德)이다. 대한민국의 홍익인간 전통에서 유호덕(攸好德)의 덕치주의(德治主義)는 고려(高麗) 시대에 이르러 임금의 덕(德)의 중요성이 더욱 드러났으며[537] 조선(朝鮮) 시대에는 덕치주의 확립과 더불어 「성학십도(聖學十圖)」[538]와 「성학집요(聖學輯要)」[539]를 통해 유호덕(攸好德)을 실현하였다.

---

533) 德潤身, 心廣體胖, 故君子必誠其意(「大學」, 誠意章.).

534) 德者本也, 財者末也, 外本內末, 爭民施奪. 人君 以德爲外, 以財爲內, 則是爭鬪其民, 而施之以劫奪之敎也(「大學」, 誠意章.).

535) 中庸之爲德也, 其至矣乎(「論語」, 雍也篇.).

536) 爲政以德, 譬如北辰, 居其所而衆星共之(「論語」, 爲政篇.).

537) 聖上宜取其善者而行之, 見其不善而誡之, 除不急之務, 罷無益之勞, 但要君安於上, 民悅於下. 因善始之心, 慮克終之美, 日愼一日, 雖休勿休, 雖貴爲君主而不自尊大, 富有才德而不自驕矜, 唯敦恭己之情, 不絶憂民之念, 則福不求而自至, 災不禳而自消[崔承老(927~989; 대한민국 高麗 시대), 〈時務二十八條〉.].

538) **「聖學十圖(성학십도)」** 대한민국 조선(朝鮮) 시대 이황(李滉; 1502~1571)이 선조(宣祖) 원(1568)년 왕에게 올린 상소문(上疏文)으로 본래 명칭은 〈진성학십도차병도(進聖學十圖箚幷圖)〉이다. 10개의 도표와 그 해설로 되어있다. 도표는 태극도(太極圖) · 서명도(西銘圖) · 소학도(小學圖) · 대학도(大學圖) · 백록동규도(白鹿洞規圖) · 심통성정도(心統性情圖) · 인설도(仁說圖) · 심학도(心學圖) · 경재잠도(敬齋箴圖) · 숙흥야매잠도(夙興夜寐箴圖)이다. 「성학십도(聖學十圖)」는 마음의 덕(德)을 설명한 것이다. 성학(聖學)이라는 개념을 통하여 지도자인 임금에게 성인(聖人)의 덕(德)을 갖추어 백성을 보살피라고 진언한 유호덕(攸好德)의 정치론을 설명하였다.

539) **「聖學輯要(성학집요)」** 대한민국 조선(朝鮮) 시대 이이(李珥; 1536~1584)가 선조(宣祖) 17(1575)년에 저술한 성학서(聖學書)이다. 「대학(大學)」을 '덕(德)으로 들어가는 문(入德之門)'이라고 하여 바탕으로 삼았다. 수기편(修己篇) · 정가편(正家篇) ·

### (5) 고종명(考終命)

5복의 다섯째인 고종명(考終命)에서 考(고) 자는 老(노; 늙다)에서 파생되어 음을 나타내는 丂(교; 공교하다)가 추가되어 老(노)를 考(고)로 설명하여 '노인처럼 깊이 생각하다'라는 의미가 생기고, '생각하다'에서 '시험 치다', '조사하다'의 뜻으로 확대되었다. 그러므로 考(고) 자에는 어르신을 공경한다는 뜻이 들어있고, 늙음에 이른다는 의미를 담고 있다. 終(종) 자는 뜻을 나타내는 糸(사; 가는 실)와 소리를 나타내는 冬(동; 겨울)이 합쳐진 형성자(形成字)이다. 원래 冬(동)은 '마치다'의 의미를 지니고 있었으나, 시간이 지나면서 冬(동) 자는 계절의 끝인 '겨울'이라는 의미로 사용하게 되면서 본래의 '마치다'라는 뜻을 나타내기 위해 糸(사)를 덧붙인 것이다. 命(명) 자는 입〈口(구)〉으로 뜻을 알린다〈령(令)〉는 뜻으로, 임금이 명령을 내려 백성을 부린다는 뜻으로 쓰이는 글자였다. 여기에서 윗사람의 명령이 아랫사람의 운명과 목숨을 좌우한다는 데에서 '목숨', '운명'의 의미가 되었다. 따라서 고종명(考終命)은 수명을 다 누리고 살다가 편안하게 세상을 떠나는 것으로 사람에게 이로운 복(福) 중의 하나인 것이다. 그리하여 죽고 사는 것은 명(命)에 달려있다고 하여,[540] 명(命)은 태어나면서부터 받아 지금 옮길 수 있는 것이 아니고, 하늘이 저절로 그렇게 한 것이니 내가 반드시 어떻게 할 수 있는 것이 아닌 마땅히 따르고 받아들이는 것이다.[541] 명(命)은 하늘의 섭리이며 우주의 법칙이다. 명에 순응하고 그 한계를 깨달아 순응하는 것이 고종명(考終命)이다. 운명에 대한 초연함과 겸손함으로

---

위정편(爲政篇)으로 구성되어 있다. 모두 4서〈四書;「논어(論語)」·「맹자(孟子)」·「중용(中庸)」·「대학(大學)」〉와 6경〈六經;「역경(易經)」·「서경(書經)」·「시경(詩經)」·「춘추(春秋)」·「예기(禮記)」·「주례(周禮)」〉 속에 기술되어 있는 도학(道學)의 정수를 모아 놓은 것으로, 이를 통해 학문의 본령으로 들어가면 덕(德)을 성취할 수 있다는 것이다. 지도자인 임금과 백성 모두에게 마음의 덕을 밝혀주는 유호덕(攸好德)의 지침이다.

540) 死生有命(「論語」, 顏淵篇.).

541) 命稟於有生之初, 非今所能移, 天莫之爲而爲, 非我所能必, 但當順受而已〈朱熹 1130~1200), 중국 宋나라,「論語集註」, 顏淵.〉.

삶의 유한함을 평온하게 대처하며 살아가는 것이 고종명(考終命)의 교육적 사유(思惟)이다.

고종명(考終命)은 하늘의 법칙이고 우주의 섭리이기 때문에 고종명의 삶을 누리기 위해서는 사람이 갖는 섭리로서 유호덕(攸好德)이 바탕이 된다. 덕(德)을 쌓아 남들로부터 존경을 받으면서 명대로 오래 살다가 편안히 고종명(考終命)을 맞이하는 것이 가장 이상적인 삶이다. 그러므로 고종명(考終命)은 삶의 복(福)인 것이다. 후덕(厚德)함을 가지고 사람이 장수를 누리는 것은 가장 바람직하고 소망스러운 것이다. 고종명(考終命)의 복(福)은 수명(壽命)에 대한 존중으로서 노인 공경으로 나타났다. 노인 공경은 효(孝)에서 시작한다. 대한민국 고조선(古朝鮮) 시대의 366사(三百六十六四) 중 제47사(第四十七事)에서 지극한 효도로서 대효(大孝)를 말하여 효도는 나라와 온 세상 사람들을 감동하여 하늘도 감동하는 것으로 지극한 우주 자연의 이치에 순응하는 것이라고 하였다.[542] 그러므로 제51사(第五十一事)에서는 양체(養體)로서 부모봉양을 말하여 부모님이 건강하여도, 더욱 잔병(殘病)과 중병(重病)이 있으면 편안하게 해드리고 증세가 없어지도록 해드리는 것이 효를 다하는 것이다.[543] 따라서 이러한 효(孝)는 노인 공경으로 나타난다. 366사(三百六十六事)의 제170사(第一百七十事) 노약(老弱)에서 약한 노인을 구제하는 것은 꾸준한 사랑인 은혜로써 하고, 그 은혜는 바꿀 수 없는 무궁한 것이다고 하여[544] 명(命)에 대한 지극한 존중을 나타내고 있다.

고구려(高句麗) 시대에는 노인, 늙어 병든 자를 돌보는 고종명(考終命)을 위한 정책을 펴면서 이러한 연로한 부모를 편히 봉양할 수 있도록 진대법(賑貸法)[545]을 시행하였다.[546] 백제(百濟)에서는 늙어 자활할 수 없는 사람에게 곡

542) 「參佺戒經」, 第一章 誠理訓, 大孝.
543) 「參佺戒經」, 第一章 誠理訓, 養體.
544) 「參佺戒經」, 第四章 濟理訓, 老弱.
545) 진대법(賑貸法)은 대한민국 고구려(高句麗) 시대 고국천왕(故國川王) 16(194)년 가난하여 끼니를 때우지 못해 우는 사람을 보고 불쌍히 여겨 만든 제도이다. 부양해

식을 지급하였고,[547] 신라(新羅)에서도 늙은이와 늙고 병들어 스스로 살아갈 수 없는 사람을 위문하고 양식을 나누어 주어서 부양하게 하였다.[548]

고려(高麗) 시대는 고종명(考終命)의 정책으로 노인 진휼(賑恤)을 위해 시정제(侍丁制)[549]를 실시하였고, 노인사설의(老人賜設儀)[550] 제도를 두어 국가에

---

줄 가족도 없으면서 경제적으로 혼자 살아갈 수 없는 사람들을 구휼(救恤) 대상으로 하였다. 진대법은 빈민 구제를 목적으로 하는 곡물 대여 제도로 춘궁기인 3월에서 7월 사이에 관청에서 보유하고 있는 곡식을 필요한 사람에게 빌려주고 가을 수확이 끝난 후인 10월에 갚게 한 것이다.

546) 十六年, 冬十月, 王 于質陽, 路見坐而哭者, 問. 何以哭爲. 對曰, 臣貧窮, 常以傭力養母. 今歲不登, 無所傭作, 不能得升斗之食, 是以哭耳. 王曰, 嗟呼, 孤爲民父母, 使民至於此極, 孤之罪也. 給衣食以存撫之. 仍命內外所司, 博問鰥寡孤獨老病貧乏不能自存者, 救恤之, 命有司, 每年自春三月至秋七月, 出官穀, 以百姓家口多少, 賑貸有差, 至冬十月還納, 以爲恒式, 內外大悅[16년, 겨울 10월, 왕이 질산 남쪽에서 사냥하다가 길가에 앉아 우는 자를 보고 우는 이유를 물으니 그가 대답하기를 "제가 빈궁하여 항상 품팔이로 어머님을 봉양하였는데, 올해는 흉년이 들어 품팔이 할 곳이 없으므로, 한 되나 한 말의 곡식도 얻을 수 없기에 우는 것입니다"라고 하였다. 왕이 말하기를 "아아! 내가 백성의 부모가 되어, 백성에게 이러한 지경에 이르게 하였으니, 이는 나의 죄이다"라 하고, 그에게 옷과 음식을 주어 위로하였다. 이어서 서울과 지방의 해당 관청에 명(命)하여, 홀아비 · 과부 · 고아 · 자식 없는 늙은이 · 늙고 병들고 가난하여 혼자 힘으로 살 수 없는 자들을 널리 조사하여 구제하도록 하였다. 그리고 관리들에게 명(命)하여 매년 봄 3월부터 가을 7월까지 관청의 곡식을 풀어, 백성들 집안사람 수효의 다소에 따라 차등 있게 구제하는 곡식을 빌려주고, 겨울 10월에 상환하게 하는 것을 법규로 정하였다. 모든 백성이 크게 기뻐하였다.「三國史記」, 高句麗本紀, 故國川王 十六(194)年.].

547) 十一年, 冬十月, 〈中略〉貧不能自存者, 給穀人二石[11년, 겨울 10월, 〈중략(中略)〉 가난하여 자력으로 살 수 없는 자들에게는 사람당 곡식 두 섬을 주었다.「三國史記」, 百濟本紀, 多婁王 十一(66)年.].

548) 五年, 冬十一月, 王巡行國內, 見一老嫗飢凍將死曰, 予以眇身居吏老幼至於死極, 是予之罪也. 解衣以覆之, 推食以食之, 仍命有司, 在處存問, 鰥寡孤獨老病不能自活者, 給養之[5년, 겨울 11월, 왕이 나라 안을 순행(巡行)하다가 한 할머니가 굶주리고 얼어서 죽어가고 있는 것을 보고 말하기를, "내가 미미한 몸으로 왕위에 있으면서 백성을 능히 기르지 못하여 늙은이와 어린이에게 이 지경까지 이르게 하였으니, 이는 나의 죄이다." 하며, 옷을 벗어서 덮어주고 밥을 내주어 먹도록 하였다. 그리고 담당 관청에 명하여 곳곳에 있는 홀아비와 홀어미, 부모 없는 아이, 자식 없는 늙은이와 늙고 병들어 스스로 살아갈 수 없는 사람을 위문하고 양식을 나누어 주어서 부양하게 하였다.「三國史記」, 新羅本紀, 儒理王 五(28)年.].

서 임금이 이 친히 노인을 위한 향연(饗宴)과 의복과 음식을 베풀었으며, 연로한 관리들에게는 궤장(几杖; 의자와 지팡이)을 하사하였고, 나이가 많아 벼슬에서 물러날 때는 퇴직 연금의 형태인 치사록(致仕祿)을 지급하였다. 이것은 삼노오경제(三老五更制)[551]와 천자〈天子; 황제(皇帝)〉가 학궁(學宮)에 나아가 노인에게 절하는 임옹배로(臨雍拜老)[552]를 계승한 것으로 스승 공경의 전통으로 발전하였다. 조선(朝鮮) 시대에 이르러 이러한 전통은 더욱 계승되어 양민원(養民院)을 설치하여 노인을 구휼(救恤)하는 고종명(考終命)의 정책을 시행하면서[553] 양노의(養老儀)를 제정하여 양노연(養老宴)을 베풀었으며,[554] 80세

549) 시정제(侍丁制)는 대한민국 고려(高麗) 시대 태조(太祖) 11(928)년 80세 이상의 노인에게 군역(軍役)인 시정(侍丁) 1명을 주도록 한 것을 시작으로 그 후 확대되어 시행되었다. 90세 이상인 노인에게는 2명, 100세 이상인 노인에게는 5명을 시정으로 주어 고려시대 내내 실시한 고종명(考終命)에 대한 정책이었다.

550) 「高麗史」, 禮志, 嘉禮.

551) 삼노오경(三老五更)은 덕망이 많지만 늙어서 벼슬에서 물러난 신하를 임금이 부형(父兄)과 같은 예(禮)로 대우하는 것인데, 중국 주(周)나라 시대에 나라에서 노인을 대접하는 모범을 보이기 위해 특별히 뽑아서 예우하던 데에서 비롯된 것이다. 삼노오경은 〈釋奠於先老, 遂設三老五更群老之席位焉, 適饌省醴養老之珍具(먼저 간 노인의 넋에 제사를 올리고, 마침내 삼노오경(三老五更)과 노인들의 좌석을 마련한다. 천자가 친히 찬을 벌여놓은 곳에 가서 단술과 노인을 대접하는 잘 차린 맛있는 음식의 갖춤을 살펴본다.).「禮記」, 文王世子篇.〉이다. 그 뜻은 덕망이 있지만 늙어서 벼슬에서 물러난 늙은 신하를 뜻한다. 삼노(三老)에 대해서는 하늘과 땅과 사람의 일을 아는 사람, 삼덕(三德)인 정직(正直)·강극(剛克)·유극(柔克)이 있는 사람, 삼신(三辰; 해·달·별)을 본뜬 것이다. 오경(五更)에 대해서는 5행〈五行; 화(火)·수(水)·목(木)·금(金)·토(土)〉이 바뀌어 갈음하는 것을 아는 사람, 5사〈五事; 모(貌)·언(言)·시(視)·청(聽)·사(思)〉에 능한 사람, 5성〈五星; 목성(木星): 세성(歲星)·화성(火星): 형혹성(熒惑星)·토성(土星): 진성(鎭星)·금성(金星): 태백성(太白星)·수성(水星): 진성(辰星)〉을 본뜬 것이다.

552) 「論語」, 子路篇.

553) 一. "鰥寡孤獨, 吾民之顚連而無告者也. 先王發政施仁, 必先斯四者, 故漢 文帝卽位元年, 賑恤困窮, 問老賜帛. 是知恤養斯民, 王政之所先也. 今殿下於中外, 設置義倉, 賑恤元元, 若遇凶年, 遣使發倉, 育養飢餓, 施仁至矣. 願自今, 於京中及諸郡, 置養民院, 民之老而無妻無夫無子, 幼而無父之徒, 傍無親戚之可依生者, 皆聚之於院, 量人給米與布, 使之自養自生, 及其死也, 毋令曝露於野; 其幼而孤者, 俟其年長, 驅之南畝"[1. "환(鰥)·과(寡)·고(孤)·독(獨)은 우리 백성들 가운데 가장 곤란하고 하

이상의 노인에게는 노인직(老人職)의 벼슬을 주었다.[555] 또한, 전함재추소〈前

---

소연할 데가 없는 자들입니다. 선왕(先王)이 정사를 일으켜 인정(仁政)을 베풀 때 반드시 이들 네 가지를 먼저 하였습니다. 그러므로 한(漢)나라 문제(文帝; 재위 기원전 196~기원전 157)가 즉위하던 원년에 곤궁한 이를 진휼하고, 노인을 물어 폐백(幣帛)을 하사하였습니다. 이것은 사민(斯民)을 진휼하여 기르는 것이 왕정(王政)의 선무(先務)인 것을 안 것입니다. 이제 전하께서 중외(中外)에 의창(義倉)을 설치하여 인민을 진휼하시고, 흉년을 만나면 사신을 보내서 창고를 열어 굶주리는 백성들을 먹여 기르시니, 인정(仁政)을 베푸심이 지극하십니다. 원하건대 이제부터 경중(京中)과 여러 군(郡)에 양민원(養民院)을 설치하여, 백성 가운데 늙어 아내가 없거나, 남편이 없고 아들이 없거나, 어려서 아비가 없는 무리와 옆에 의지하여 살아갈 만한 친척이 없는 사람들을 모두 원(院)에 모아, 사람을 헤아려 쌀과 베[포(布)]를 주어서, 이들로 하여 스스로 자라고 스스로 살아가게 하고, 그 죽음에 미쳐서는 들에 뼈가 드러나지 말게 하며, 어려서 아비가 없는 자는 나이가 장성하기를 기다려 농장에 내보낼 것입니다." 『朝鮮王朝實錄』, 「太宗實錄」, 太宗 四(1404)年, 八月, 二十日 己丑.].

554) ◎ 開城府及諸州府郡縣養老儀.
仲秋, 禮曹啓聞, 行移所在官擇吉辰, 前期布告境內群老. (年八十以上.)其日, 設主人位 (主人所在官司.)於正廳東壁, 西向, 群老二品以上位於西壁, 重行東向北上, 三品以下位於南行, (若無二品以上, 則六品以上西壁, 叅外南行) 庶人位於庭東西, 又設主人拜位於庭在東, 群老拜位在西, 異位重行東上, 俱北向, 庶人位差後. 群老依時刻俱集大門外, 主人出迎, (主人及群老行禮, 皆相者指導). 由東門入, 群老由門入, (或杖或夾扶.) 俱就拜位, 主人四拜, 群老拜一坐再至訖. 主人由東階, 群老由西階, 皆就位. 工執琴瑟, 升坐於酒卓之南東上, 奏樂如常. (本無樂處, 不用樂.) 執事者設卓及盞, 斟酒各於位前, 俯伏跪, 執盞飮訖, 俯伏興就位. 設食行酒至五周後, 執事者收盞徹卓. 主人與群老, 俱復拜位, 主人四拜, 群老拜一坐再至訖, 群老乃出, 主人送于大門外[◎ 개성부(開城府)와 여러 주(州) · 부(府) · 군(郡) · 현(縣)의 양노의식(養老儀式). 중추(仲秋)에 예조에서 위에 계문(啓聞)하고는 소재관(所在官)에게 이문(移文)을 보내어 길일〈길진(吉辰)〉을 골라서, 기일(期日) 전에 경내(境內)의 여러 노인에게 포고(布告)한다. 〈나이 80세 이상의 노인이다.〉 그날에 주인(主人)의 자리를〈주인(主人)은 소재(所在)한 관사(官司)이다.〉 정청(正廳)의 동벽(東壁)에 서향하여 설치하고, 여러 노인 중에서 2품 이상의 자리는 서벽(西壁)에 설치하되, 겹줄로 동향하여 북쪽을 상(上)으로 하고, 3품 이하의 자리는 남쪽 줄에 설치하며, 〈만약 2품 이상의 노인이 없으면, 6품 이상의 노인은 서벽〈西壁〉에 자리를 설치하고, 참외(叅外)는 남쪽 줄에 자리를 설치한다.〉 서인(庶人)의 자리는 뜰의 동쪽 · 서쪽에 설치한다. 또, 주인의 배례(拜禮)하는 자리를 뜰에 설치하되, 동쪽에 있게 하고, 여러 노인의 배례하는 자리를 서쪽에 있게 하되, 자리를 달리하여 겹줄로 동쪽을 상으로 하고, 모두 북향하게 하며, 서인(庶人)의 배례하는 자리는 조금 뒤에 있게 한다. 여러 노인이 그 시각에 모두 대문 밖에 집합하면, 주인이 나가서 맞이하여 〈주인과 여러 노인이 행례(行禮)할 적에는 모두 상자(相者)가 지도한다.〉 동문(東門)으로 들어오는데, 여러 노인이 문

銜宰樞[556]所; 세종(世宗) 10년 기로소(耆老所)로 일컬음〉[557]를 두어 원로 관료들을 예우하였으며, 60세 이상의 노인에게 기로과(耆老科)의 과거를 단일정시(單一庭試)로 시행하고 우대하였다.[558] 이와 같은 고종명(考終命)을 위한 노

---

(門)으로 들어와서 (혹은 지팡이를 짚기도 하고, 혹은 좌우(左右)에서 부축하기도 한다.)모두 배례하는 자리로 나아간다. 주인이 네 번 절하면, 여러 노인의 절은 한 번 앉아서 두 번 머리를 숙인다. 이를 마치면, 주인은 동계로, 여러 노인은 서계로 모두 자리에 나아간다. 공인(工人)이 금슬(琴瑟)을 쥐고 주탁(酒卓)의 남쪽에 올라와 앉아서, 동쪽을 상으로 하고 악(樂) 연주를 평상시와 같이한다. 〈본디 악(樂)이 없는 곳에는 악(樂)을 사용하지 않는다.〉 집사자(執事者)가 탁자(卓子)와 잔(盞)을 설치하고 술을 따르면, 각각 자리 앞에서 부복하고 꿇어앉아 잔을 쥐고 술을 마신다. 이를 마치면, 부복하였다가 일어나 자리에 나아가서 음식을 설비하고, 술을 돌려 다섯 순배 돈 후에, 집사자가 잔을 거두고 탁자를 치운다. 주인과 여러 노인이 모두 배례하는 자리로 돌아간다. 주인이 네 번 절하면, 여러 노인이 절하는데 한 번 앉아서 두 번 머리를 숙인다. 이를 마치면, 여러 노인이 그제야 나가는데, 주인이 대문 밖에서 전송한다. 『朝鮮王朝實錄』, 「世宗實錄」, 五禮 · 嘉禮儀式, 〈開城府及諸州府郡縣養老儀〉].

555) 老人職 年八十以上, 勿論良 · 賤除一階, 元有階者, 又加一階, 堂上官有旨乃授(「經國大典」, 吏典, 老人職.).

556) 재추(宰樞)는 의정부(議政府)와 중추부(中樞府)의 가선 대부(嘉善大夫) 종2품관 이상을 지낸 관원을 지칭한다.

557) 전함재추소(前銜宰樞所)는 종2품 이상의 기로(耆老)들이 모인 기관. 전함 재추의 수는 처음 태조 때에는 40여 명이었으나, 태종 때에는 70여 명이었다. 태종은 공해전(公廨田) 1백 결, 노비 50명, 서제(書題) 20명을 주어 아문(衙門)을 설치하고 정월 초하루와 동지, 성현과 임금의 탄일(誕日)에 출입하도록 하였다.

558) 1.「英祖實錄」, 英祖 三十二(1756)年, 七月, 九日 甲戌. 2.「英祖實錄」, 英祖 三十九(1763)年, 一月, 八日 丙寅. 3.「英祖實錄」, 英祖 三十九(1763)年, 十月, 四日 丁亥. 4.「英祖實錄」, 英祖 四十一(1765)年, 十月, 二十三日 乙丑. 5.「英祖實錄」, 英祖 四十四(1768)年, 十月, 六日 庚申. 6.「英祖實錄」, 英祖 四十五(1769)年, 五月, 二十五日 丙午. 7.「英祖實錄」, 英祖 四十五(1769)年, 五月, 二十六日 丁未. 8.「英祖實錄」, 英祖 四十五(1769)年, 五月, 二十八日 己酉. 9.「英祖實錄」, 英祖 四十七(1871)年, 三月, 十二日 癸丑. 10.「英祖實錄」, 英祖 四十八(1772)年, 二月, 八日 癸酉. 11.「英祖實錄」, 英祖 四十八(1772)年, 二月, 十日 乙亥. 12.「英祖實錄」, 英祖 四十八(1772)年, 二月 十一日 丙子. 13.「英祖實錄」, 英祖 四十八(1772)年, 二月, 十二日 丁丑. 14.「英祖實錄」, 英祖 四十八(1772)年, 二月. 十六日 辛巳. 15.「英祖實錄」, 英祖 四十八(1772)年, 二月, 十八日 癸未. 16.「英祖實錄」, 英祖 四十九(1773)年, 三月, 五日 甲午. 17.「英祖實錄」, 英祖 五十(1774)年, 一月, 十五日 己巳. 18.「英祖實錄」, 英祖 五十一(1775)年, 二月, 十日 戊子. 19.「哲宗實錄」, 哲宗 五(1894)年, 五月, 十日 戊申. 20.「哲宗實錄」, 哲宗 十二(1861)年, 一月, 七日

인 공경의 정책은 삶의 경험을 축적한 원로들을 스승으로 여기게 되었고, 이러한 스승을 임금과 부모와 같은 반열에 올려 군사부일체(君師父一體)가 성립하였다. 즉, 사람은 세 가지 섬기기를 하나같이 하여 살아가야 하는 것으로 부모는 낳아주고, 스승은 가르쳐주고, 임금은 먹여주는 것이니 부모가 아니면 태어나지 못했으며, 먹지 않으면 자라지 못했고, 가르침이 없으면 알지 못했으니 이 세 가지 섬김은 삶의 한가지이다[559]를 반영한 것으로 고종명(考終命)에 대한 교육적 사유(思惟)를 형성하였다. 고종명(考終命)에 대한 것은 상례(喪禮)로 발전하였다. 고종명(考終命)에 이르면 부모는 3년 동안 상사(喪事)를 치르고, 임금은 부모와 같은 3년 상복(喪服)을 입으며, 스승에 대해서는 3년 동안 심상(心喪)의 예를 갖추어야 한다고 했다.[560]

### (6) 6극(六極)

6극(六極)의 첫째인 흉(凶)은 凵〈감; 입 벌리다(텅 빈 함정의 뜻)〉과 㐅〈오; 다섯 오(틈 사이의 뜻)〉가 합쳐진 지사자(指事字)로, 함정(凵)의 틈(㐅) 사이에 빠져 '운수(運數)가 나쁘다', '흉하다'를 나타내게 되었다. 그러므로 흉(凶)은 악(惡)의 극(極)을 이룬 흉악함이다. 6극(六極)의 둘째인 질(疾)은 뜻을 나타내는 疒(녁; 병들어 기대다.)과 음을 나타내는 矢(시; 화살)가 합쳐진 형성자(形成字)로 '질병(疾病)'을 뜻하여 마음과 몸이 편안하지 못하여 생기는 악(惡)의 근원이다. 6극(六極)의 셋째인 우(憂)는 頁(혈; 머리)과 冖(멱; 덮다), 心(심; 마음), 夂(치; 머뭇거리다)가 합쳐진 회의자(會意字)로 '근심하다'에서 우려(憂慮)를 뜻하여 마음의 편협함에서 생기는 불안으로 악(惡)의 단서가 된다. 6극(六極)의

---

丙申. 21. 「高宗實錄」, 高宗 十四(1877)年, 九月, 十五日 丁卯. 22. 「高宗實錄」, 高宗 十四(1877)年, 九月, 二十日 壬申. 23. 「高宗實錄」, 高宗 二十五(1888)年, 二月, 六日 戊子. 24. 「高宗實錄」, 高宗 二十七(1890)年, 三月, 二日 辛未.

559) 民生於三事之如一, 父生之, 師教之, 君食之, 非父不生, 非食不長, 非教不知, 生之族也〈左丘明(기원전 556~기원전 451; 중국 春秋시대 魯나라), 「國語」, 晉語.〉.

560) 致喪三年〈中略〉, 方喪三年〈中略〉, 心喪三年(「禮記」, 檀弓 上.).

넷째인 탐(貪)은 뜻을 나타내는 貝〈패; 조개(화폐: 돈)〉와 음을 나타내는 今(금; 이제)이 합쳐진 형성자(形成字)로 '탐내다'를 뜻하여 욕심(欲心)으로 악(惡)을 부르는 욕망이다. 6극(六極)의 다섯째인 악(惡)은 뜻을 나타내는 心(심; 마음)과 소리를 나타내는 亞(아; 둘째가다, 하나가 모자라다)가 합쳐진 형성자(形成字)로 '나쁘다', '미워한다'를 뜻하여 나쁜 것이 강하고 지나치는 데서 나오는 극악(極惡)한 것이다. 6극(六極)의 여섯째인 약(弱)은 弱〈강(强); 굳세다〉의 두 개의 弓(궁; 활)에 彡(삼; 터럭)으로 구성된 회의자(會意字)로 강한 활시위가 헐렁해진 것을 나타내어 '가냘프다', '여리다'를 뜻하여, 가냘프고 여린 것이 지나쳐 아무 쓸모가 없는 것의 악(惡)이다.

지도자는 백성들에게 베풀어 다섯 가지의 복을 행하고 위엄으로 여섯 가지의 벌을 행하여 다스려야 한다.[561] 나라를 다스리는 지도자는 선(善)하고 올바른 백성에게 5복(五福)을 누리도록 오래 살도록 배려하고, 넉넉하게 살게 하며, 건강하며 편안하게 살게 하고, 덕(德)을 쌓아 살게 하고, 타고난 원래의 명(命)대로 살게 하는 것이다. 또한, 흉(凶)함과 질병과 근심과 욕심과 극악함과 유약한 행동을 하여 사람 간에 이롭지 못한 피해를 주는 자에게는 벌을 내려 악을 제거하여 5복(五福)을 누리도록 위엄을 세우는 것이다.

홍범 9주(洪範九疇)는 고조선(古朝鮮)의 366사(三百六十六事)인 홍인간론(弘益人間論)을 바탕으로 정치와 도덕의 천지의 대법(大法)인 기본적 아홉 법칙으로 성립되었다.[562] 이와 같은 홍범 9주는 한국의 역사에서 주체적으로 계

---

561) 嚮用五福, 威用六極(「書經」, 洪範.).

562) 홍범 9주(洪範九疇)는 고조선(古朝鮮)의 기자조선(箕子朝鮮)의 제1대 군주(君主)로 알려진 기자[箕子; 생몰연대 미상, 재위 기원전 1126~기원전 1082〈安鼎福(1712~1791), 「東史綱目」〉)가 중국 주(周)나라 무왕(武王; 생년 미상~기원전 1043, 재위 기원전 1046~기원전 1043)에게 알려준 것이다. 「서경(書經)」의 〈주서편(周書篇)〉의 홍범(洪範)에 따르면, 중국 하(夏)나라 우왕(禹王; 생몰연대 미상, 재위 기원전 2100년경~기원전 2000년경)이 즉위하자 '하늘〈천제(天帝)〉이 그에게 홍범 9주(洪範九疇)를 주어 떳떳한 도리〈이륜(彝倫)〉가 펼쳐지게 되었다(禹乃嗣興 天乃錫禹洪

승되어[563] 적용되고[564] 한국교육의 사유(思惟)로 작용[565]되면서 연구되었

範九疇 彝倫攸敍)고 기록하고 있다. 여기서 하늘〈천제(天帝)〉은 단군조선(檀君朝鮮)의 1대 군주인 단군천왕(檀君天王)인 단군왕검〈檀君王儉(생몰연대 미상, 재위 기원전 2333~기원전 1048): 李承休(1224~1300), 「帝王韻紀」〉을 말한다. 당시 하(夏)나라 순(舜; 생몰연대 미상, 재위 39년)임금은 홍수(洪水)의 치수(治水)에 실패한 곤(鯀)을 처벌하고(「書經」, 舜典.), 그 아들 우(禹)에게 치수(治水)의 일을 맡기면서 왕위를 물려주고[「史記」, 「後漢書」], 아울러 고조선(古朝鮮) 단군왕검(檀君王儉)에게 자문(諮問)을 요청하자, 단군왕검(檀君王儉)은 단기(檀紀) 67년 태자(太子) 부루(扶婁; 생몰연대 미상, 고조선의 2대 단군, 재위 기원전 2100~기원전 2000)를 보내 도산회맹(塗山會盟)에 참석하도록 하였다(「高麗史(1451)」; 「世宗實錄地理志(1454)」; 權擥(1416~1465), 「應製詩註」; 「新增東國興地勝覽(1530)」; 許穆(1595~1682), 「檀君世家」). 도산회맹(塗山會盟)은 도산[塗山; 중국(中國) 절강성(浙江省) 소흥현(小興縣) 서북산(西北山)]으로 여러 나라의 제후(諸侯)와 치수(治水)에 밝은 창수사자(蒼水使者)들을 불러모아 치수(治水) 등 나라를 다스리는 방도(方道)를 논의한 모임이다〈趙曄(40년경~130년경), 「吳越春秋」〉. 이때 부루(扶婁)는 우(禹)를 만나 고조선(古朝鮮)의 홍익인간(弘益人間) 366사(三百三十六事)에 근거하여 고조선(古朝鮮)을 다스렸던 천자(天子)의 도(道)를 홍범구주(洪範九疇)로 정리한 것과 치수법(治水法) 등이 담긴 지옥〈贄玉; 지옥(贄玉)은 금간옥첩(金簡玉牒)을 의미하며 금간(金簡)과 옥첩(玉牒)은 귀중한 기록이라는 뜻으로 옥첩(玉牒)은 역사서를 달리 부르는 말로도 쓰인다.〉을 전해 주었고[安珦(1243~1306), 「晦軒先生實紀」, 卷之一, 詩. 〈待從忠宣王如元時感唫; 충선왕을 모신 원(元)나라에서 감회〉 麒麟公子白裘狐(흰 여우 털 갖옷 입은 기린 공자). 寶玦珊瑚釵轆轤(산호 옥 장신구 검을 녹로로 걸어 두고), 上國觀風思季札(습속 따라 원나라에 신의만을 지키는가), 塗山贄玉愧扶屢(도산회맹 홍범의 패옥 부루 임금에 부끄럽구나), 傷心漠漠關河雪(상심한 마음 고요한 강가에 눈은 내리고), 慣眼依依古塞楡(오래된 느티나무만 아련하게 눈에 어리네), 最是此生無限痛(지금의 삶에서 이 무한한 원통함이), 百年天下帝單于(오랑캐 나라에서 임금으로만 백 년 천하네)], 이 홍범 9주(洪範九疇)는 후에 「서경(書經)」에 수록되었다.

563) 대한민국의 신라(新羅) 시대 진성여왕(眞聖女王; 재위 887~897) 때 최치원(崔致遠; 857~908)이 지어서 중국에 보낸 표문(表文)에서 신라는 홍익인간(弘益人間)의 홍범구주(洪範九疇)에 의해 다스리고 가르친다는 주체 의식을 표현하였다[矧假九疇之餘範, 早襲八條之教源, 言必畏天, 行皆讓路, 蓋稟仁賢之化, 得符君子之名〈하물며 남겨진 홍범 9주(洪範九疇)의 규범을 빌리고, 일찍부터 8조(八條; 홍범 9주)의 5사(五事) 3덕(三德)의 가르침을 계승하여, 말하면 반드시 하늘을 공경하여 두려워하고, 다닐 때는 길을 양보하니, 모두가 어질고 현명한 교화(教化)를 받아 군자(君子)의 이름에 부합한 것입니다〉, 崔致遠, 〈讓位表〉. 「東文選」.].

564) 『조선왕조실록(朝鮮王朝實錄)』에 기록된 바에 따르면, 洪範一篇, 箕子之所陳, 而帝王之所範, 乞於經筵首講, 以明其教[홍범(洪範; 洪範九疇) 한 권은 기자(箕子)가

고[566] 인본사상(人本思想), 주체사상(主體思想), 이성주의 사상(理性主義 思想), 정체사상(整體思想)의 특색으로 한국교육철학을 형성하였다.

---

말한 것으로 제왕들이 모범으로 하는 것입니다. 비옵건대, 경연(經筵)에서 먼저 이것을 강의하여 그 가르침을 밝히소서.『朝鮮王朝實錄』,「太祖實錄」, 太祖 三(1394)年, 八月, 二日 己巳.]에서부터, 洪範曰, '龜從筮從, 卿士從庶民從, 是之謂大同' 是可以見人主亦有所不得獨行其志者矣[홍범(洪範; 洪範九疇)에 이르기를 '거북점도 따르고 시초점도 따르며 높고 낮은 관리들도 따르고 일반 백성들도 따라야 하니, 이것을 대동(大同)이라고 한다.'라고 하였습니다. 여기서 임금도 자기 마음대로 독단할 수 없다는 것을 알 수 있습니다.『朝鮮王朝實錄』,「高宗實錄」, 高宗 三十八(1901)年, 六月, 十六日 陽曆.]에 이르기까지 507년 동안 대한민국 조선 시대와 대한제국에서 홍범 9주에 관한 논의는 550여 회 이뤄졌다.

565) 홍범 9주는 한국인의 주체의식을 형성하면서 한국 교육의 사유(思惟)로 작용되어왔다. 대한민국 조선 시대 이황(李滉; 1501~1571)은 〈戊辰經筵啓箚(무진경연계차)〉에서 기자(箕子)가 무왕(武王)에게 홍범(洪範)을 지어 올린 것을 언급하였으며, 〈進聖學十圖箚(진성학십도차)〉, 〈天命圖說後敍(천명도설후서)〉, 〈答金而精(답김이정)〉 등에서 홍범 9주의 내용을 연구하여 자신의 학설을 전개하였다. 대한민국 조선 시대 이이(李珥; 1536~1584)도 〈易數策(역수책)〉, 〈天道策(천도책)〉 등에서 홍범 9주를 인용하여 자신의 이론을 전개하였다.

566) 박세채(朴世采; 1631~1605)가 대한민국 조선 시대 숙종(肅宗) 10(1684)년에 저술한「범학전편(範學全編)」이 대표적이다. '범학(範學)'은 홍범(洪範)을 연구하는 학문이라는 뜻이다. 저자는 '전편(全編)'을 낙서(落書)·홍범(洪範)·황극(皇極)으로 연구 분야를 나누어, 경전(經傳)과 선유(先儒)의 설을 싣고, 거기에 자신의 견해를 붙였다. 홍범 9주의 중심은 '황극(皇極)'이 중심이라고 보았고, '홍범(洪範)'의 시조가 고조선(古朝鮮)에서 시작됨을 강조하고 있다.

제 2 장

# 한국교육철학의 시원(始原)으로서 홍익인간론(弘益人間論)의 특색

홍익인간론(弘益人間論)은 한국교육철학 시원(始原)의 핵심문제로서 한국교육철학의 시작과 현재 진행으로 자리매김하고 있다. 홍익인간론(弘益人間論)은 한국민족의 역사성을 지니면서 교육적 사유(思惟)의 근간으로 작용하여 교육을 왜 해야 하느냐, 교육을 왜 받아야 하느냐에 관한 영역으로 교육의 이념과 목적을 설명하는 교육철학의 사유(思惟)가 되었을 뿐만 아니라 한민족(韓民族)의 정체성(正體性)을 나타내는 국가의 이념으로 계승되었다.

한국 교육철학으로서 홍익인간론(弘益人間論)은 첫째, 한국 교육 현상의 본질적인 추구와 원리적 이해를 통해 문제의 해결 방향의 궁극적 모색과 목표설정을 위한 바탕으로 작용하였다. 이것은 인간과 사회 및 자연현상의 궁극적인 실재(實在)를 추구하는 형이상학적 · 인식론적 · 가치론적인 노력으로 나타났다. 이러한 노력은 교육본질에 대한 명상이나 서로 갈등하는 가치, 또는 복잡한 사실에 대한 분석과 비판은 교육 현상에 대해 깊게 이해하는 데에 필수적인 것이다.

둘째, 홍익인간론(弘益人間論)은 교육철학으로서 가치(價値) 선택의 기준을 제시하였다. 홍익인간론은 교육에서 인간의 존엄을 중시하는 가치선택의 기준을 갖고 있다.

셋째, 홍익인간론(弘益人間論)은 교육철학으로서 일관성 있고 장기적이며 종합적인 판단의 참조체제(叄照體制)이다. 홍익인간론은 교육철학으로서 과거와 현재, 미래라는 연속선상에 놓여 있고 여기에 교육의 역사성 · 현실성 · 규범성이 있기 때문이다.

홍익인간론(弘益人間論)은 한국 교육철학의 시원으로서 본체론(本體論)이

자 가치론(價値論)이며 동시에 인식론(認識論)과 심리학(心理學)의 문제를 포함하고 있다. 홍익인간론은 인간의 본성(本性) · 가치(價値) · 이상(理想) · 사명(使命)과 인성(人性)의 궁극적 의의를 탐구하는 것을 본질의 내용으로 하여 주체 정신과 의식을 드러내는 것을 특정하여 인간 본체의 존재를 나타낸다. 즉, 홍익인간론(弘益人間論)은 인간의 존재와 가치로서 교육에 관한 문제이다.

홍익인간론(弘益人間論)이 인간의 본체존재(本體存在)를 확립하려면 우주론(宇宙論)과 인간과 자연계(自然界)의 관계를 설명해야 한다. 홍익인간론(弘益人間論)의 역사적 발전은 이 점을 충분히 설명하고 있다. 범주론의 관점에서 보면 홍익인간(弘益人間)은 한민족의 주체성을 대표하는 중요한 영역으로 다루어진다. 홍익(弘益)은 인간의 생활을 유익하게 하고 행복하게 하려는 숭고한 이상이다. 弘(홍)의 글자가 의미하는 것은 관대하고 넓음을 뜻하고, 益(익)의 글자는 이로움과 넉넉하다[1)]의 뜻 이다. 홍익인간은 인간을 널리 이롭게 한다는 이타적(利他的)인 인격체로서 인간의 본체존재를 확립하고 있다.

그렇다면 한국교육철학의 시원(始原)으로서 홍익인간론(弘益人間論)은 무엇인가? 홍익인간론(弘益人間論)의 본질(本質) 및 그 의의(意義)는 또 어디에 있는가? 이러한 문제의 입장들이 홍익인간론(弘益人間論)의 중요한 내용을 구성하고 있다.

이와 같은 홍익인간론(弘益人間論)은 유가(儒家)에서는 도덕주체론(道德主體論)과 이지론(理智論)으로 발전하여 그 실천적 경험을 통하여 사회윤리의식(社會倫理意識)과 가치론(價値論)으로 자리 잡았다. 도가(道家)에서는 홍익인간론(弘益人間論)의 자연본체론(自然本體論)을 특징으로 하고, 불가(佛家)의 절대초월론(絶對超越論)과 상통하여 한국적인 불교(佛敎) 사유(思惟)의 바탕으로 작용하였다. 그러므로 홍익인간론(弘益人間論)은 유가(儒家) · 도가(道家)의 토대로서 · 불가(佛家)와 상통하여 도덕형이상학(道德形而上學)을 융합하는 기

---

1) 弘, 寬廣世, 益, 利益世(「註解語錄總覽」, 1919.).

원이 되었다. 이러한 홍익 인간론(弘益人間論)의 특색은 한민족의 고대 교육철학의 이론적 토대가 되었었다.

첫째, 인본사상(人本思想)으로서 인간을 중심으로 삼아 인간의 본체존재를 확립하였다.

둘째, 인간을 이롭게 하는 홍익(弘益)의 능동작용을 특징으로 하는 주체사상(主體思想)을 부각함으로 자아완성(自我完成)과 자아실현(自我實現), 자아초월(自我超越)을 강조한다.

셋째, 실천이성(實踐理性)으로서 직각(直覺)과 체험(體驗) 등의 존재인지(存在認知)와 감성(感性)에 대한 초월의 도덕이성주의(道德理性主義)이다.

넷째, 인간과 자연의 합일을 실현하는 것으로서의 정체사상(整體思想)이다. 홍익인간론의 이상(理想)은 천인합일(天人合一)을 지향한다.

## 1. 인본사상(人本思想)

홍익인간론(弘益人間論)은 인간을 중심적인 위치에 올려놓고 인간의 가치와 작용을 중시한 인간을 본위로 하는 인본주의철학(人本主義哲學)이다. 인간 홍익(弘益)의 문제를 제기하고 토론하는 것은 보편적으로 인간의 문제를 중시하고 있음을 보여주고 있을 뿐만 아니라 농업 중심의 자연 경제를 바탕으로 혈연관계인 부족(部族) 간의 연맹을 연결하는 사회구조의 특성을 반영하고 있다. '널리 인간을 이롭게 한다'는 사유(思惟)는 홍익인간론(弘益人間論)의 발단이다.

인간을 이롭게 하는 핵심 근간은 인(仁)이다. 인(仁)은 도덕성으로서 사람의 본체존재이며, 그것은 광명이세(光明理世)를 목적으로 하는 재세이화(在世理化)를 위한 것이었다. 인(仁)은 사람의 마음〈심(心)〉에 갖추어져 있는 것이다. 그리하여 인간 본체존재로서 성품(性品)은 본래 인(仁)을 갖추면서 이를 토대로 의(義)·예(禮)·지(智)가 마음의 근저에 있다는 명제를 제기함으로써 재세(在世)간의 사람과 사람의 관계를 반영하는 윤리도덕원칙(倫理道德原則)은 삶의 내재적인 본성이 되어 마음과 성품이 하나라는 도덕 주체로서 교육철학이 되었다. 이후, 수 세기 동안 어떻게 하면 홍익인간의 인격을 완성하고 이상적인 경계(經界)를 실천할 것인가가 홍익인간론(弘益人間論)의 중심과제가 되었다.

유가(儒家)에서 홍익(弘益)을 위한 인(仁)은 사람이 사람 되는 까닭의 내재적인 본성일 뿐 아니라 자연계의 만물을 생성하고 변화시키는 도(道)가 되었다. 홍익(弘益)으로서 인(仁)인 인성(人性)이 곧 천지자연의 도리〈천도(天道)〉로서 사람의 본체존재를 확립한 것이다. 이것은 사람의 이지(理智)의 마음이 사람의 자연 본성에 대해 주재(主宰)하고 규제(規制)함으로써 교육됨을 중시하였다. 이와 같은 교육적 사유(思惟)는 인지이성(認知理性)과 재세(在世)간의 사회적 경험에 대해 보편적으로 중요시하는 것으로 계승 발전되어 사람의 자연계에서 지위와 그 본질과 궁극적인 의의로서 인본주의였다.

도가(道家)에서는 초윤리적(超倫理的)인 자연주의의 홍익인간론(弘益人間論)을 제창하였다. 도(道)를 초월적인 본체존재로 생각하여 자연(自然)을 특징으로 삼았다. 사람은 도(道)를 본받고 도(道)는 자연을 본받으며, 인지이성(認知理性)으로 외부의 경험적 지식을 구하면 지식이 늘어나고, 직관과 깨달음으로 자연계의 존재와 실질 이성인 인간의 본질을 파악하는 것으로 교육을 통하여 욕심과 헛된 생각이 줄어든다고 하였다. 그리하여 도가(道家)에서 지향하는 홍익인간(弘益人間)은 자연(自然)을 종지(宗旨)로 삼아 도(道)를 체득하여 자연의 본성을 회복하여 개별적(個別的) 정신 자유의 획득에 있었다. 자연은 본체론(本體論)의 근원이며 궁극적인 목적으로 존재하는 자연(自然)이다. 이것은 사람의 문제를 해결하는 것으로 개인을 중심으로 하는 자아발전(自我發展)과 자아해탈(自我解脫)의 정신 자유를 추구한 인본 사상으로서 홍익인간(弘益人間)의 본체론이다.

불가(佛家)는 홍익인간론(弘益人間論)과 상통하면서 반야학(般若學)[2)]으로

2) 반야학(般若學)은 불가(佛家)에서 연기설(緣起說)을 공(空)의 관점에서 해명하여 지혜롭게 사는 법을 제시한 불교의 학문 분야이다.

서 홍익인간의 근본 사상을 중심과제로 삼게 되었다. 즉, 홍익인간론(弘益人間論)의 현실성과 초월성을 연결하고 통일하여 사람은 모두 불성(佛性)을 가지고 있다는 인본주의(人本主義)의 주장을 하게 되므로 홍익인간의 지위와 작용을 뚜렷하게 부각하였다. 대한민국의 고구려(高句麗) 출신인 승랑(僧朗)[3]은 반야학(般若學)을 발전시켜 제〈諦; 경험적 진리(眞理)〉를 재세(在世)간의 일반 사람들에게 알려진 홍익인간론(弘益人間論)의 진리의 깨우침인 속제(俗諦)와 불가(佛家)의 깨우침인 진제(眞諦)의 조화를 통해 진리를 밝혀가는 '2제합명중도설(二諦合明中道說)[4]'을 제창하여 중국과 한국의 불교 교육철학을 정립하였다.

---

3) 승랑(僧朗; 생몰연대 미상; 대한민국 高句麗 시대, 중국 東晉 시대) 대한민국 고구려(高句麗) 장수왕(長壽王) 때 요동(遼東)에서 태어났다. 30세 때 중국에 유학하여 중국 동진(東晉)의 승려 승조(僧肇; 384~324) 계통의 삼론학〈三論學; 중론(中論), 십이문론(十二門論), 백론(百論)〉을 공부하여 삼론종학(三論宗學)을 확립시켰다. 섭령대사(攝嶺大師)·섭산대사(攝山大師)·대랑법사(大朗法師)·낭대사(朗大師)라고도 불린다. 승랑의 학문적 역량은 중국 하서지방(河西地方)에 널리 알려져 하서대랑(河西大朗)·독보하서(獨步河西)라는 칭호를 받았으며, 중국 남방으로 떠나 회계산 강산사(岡山寺)에 머물렀고, 종산(鍾山) 초당사(草堂寺)에 와서는 그곳에 은퇴해 있던 주옹(周顒; 생몰년대 미상)에게 삼론학을 가르쳐 삼종론(三宗論)을 정립하였다. 만년에 중국 남경(南京) 섭산(攝山) 서하사(棲霞寺)로 와서 그의 스승이며 주지였던 법도화상(法度和尚; 생몰년대 미상)의 지위를 계승하였다. 이때, 양무제(梁武帝)는 그의 학덕을 높이 평가하여 512년에 우수한 학승 10명을 선발하여 승랑의 문중에서 공부를 시켰는데, 그들 중 승전(勝詮; 생몰년대 미상)은 스승의 학문을 계승하여 섭산에 머물렀고, 승전을 계승한 법랑(法朗; 생몰년대 미상)은 흥황사(興皇寺)에 있었으므로 승랑의 삼론학 학통을 섭령흥황(攝嶺興皇)이라고 부른다. 이렇게 계승된 그의 삼론학은 후일 법랑의 제자인 길장(吉藏; 549~623) 때에 와서 독립된 새 종파인 삼론종(三論宗)으로 성립하게 되었다. 승랑(僧朗)은 고구려(高句麗) 사람으로서 중국에서 불교를 가르친 최초의 인물로 불교계에 지대한 영향을 미쳤다.

4) 2제합명중도설(二諦合明中道說)은 불가(佛家) 중도사상(中道思想)으로 진리를 속제(俗諦)와 진제(眞諦) 둘로 파악한 2제(二諦)를 종합하여 중도(中道)를 밝히는 것으로 속제(俗諦)와 진제(眞諦)를 합명(合明)하는 방법, 즉, 정반합지양(正反合止揚)시키는 방법을 쓴 것을 말한다 속제(俗諦)는 '세상을 덮고 있는 진리'라는 뜻이고, 진제(眞諦)는 '최고의 가르침을 받은 진리'라는 뜻이다. 승랑(僧朗)은 가르침의 방편이라는 약교이제설(約敎二諦說)의 관점을 가지고 2제(二諦)를 가르침으로 집착을 타파하여 중도(中道)를 밝히는 교육 방편으로 보기 때문에 2제(二諦)를 사용하여 중도(中道)로서 진정한 진리가 밝혀 드러나는 것이라고 하였다.

이를 바탕으로 한 불가(佛家)의 삼론(三論) 교육철학은 도등(道登)[5]과 혜량(惠亮)[6]에 의해 계승되었고 대한민국의 신라(新羅), 일본(日本)에까지 전파되었다. 이와 같은 홍익인간론(弘益人間論)의 반야학(般若學)은 국가 안위를 위한 호국정신(護國精神)으로 발전하여 반야불(般若佛)의 지혜(智慧)의 교육으로 민중을 이화(理化)하여 이상적인 국가의 건설을 위한 홍익인간의 이념을 계승하는 정치로 나타났다.[7]

---

5) 도등(道登: 생몰년대 미상; 대한민국 高句麗 시대) 고구려 승려로 일본에 건너가 불교 전파하였다. 영류왕(榮留王) 10(627)년 중국 당(唐)나라에 가서 가상사(嘉祥寺)의 길장(吉藏)에게 삼론학(三論學)의 종지(宗旨)를 배우고, 귀국하는 일본의 견당사(遣唐使)를 따라 일본으로 건너가 겐코사(元興寺)에 머물렀다. 공종(空宗)의 이치를 설하여 명성을 떨쳤다. 보장왕(寶藏王) 4(645)년 일본 왕 고도쿠(孝德; 재위 645~654)에 의하여 10사(師) 중의 한 사람으로 선정되어 불법을 널리 전하였다. 646년 왕은 도등(道登)에게 우지천(宇治川)의 다리를 건설하도록 명하였다. 이 다리의 석상명(石上銘)에 의하면 이 다리를 놓아 피안(彼岸)에 이르리라는 큰 서원을 일으켰으며, 모든 중생이 함께 서원을 일으키도록 인도하여줄 것을 발원하였다. 또한, 650년 나카토(長戶 ; 생몰년대 미상) 국사(國司)가 왕에게 흰 꿩을 바쳤을 때, 고구려에서 절을 지으려고 터를 고를 때 흰 사슴이 나타났으므로 백록원사(白鹿園寺)를 지었더니 불법이 크게 일어났다는 고사를 들어 이것이 길조임을 설명하였으며, 왕은 연호를 백치(白雉)라고 정하였다고 한다.

6) 혜량(惠亮; 생몰년대 미상; 대한민국 高句麗 · 新羅 시대) 고구려(高句麗)에서 신라(新羅)로 귀화해 신라 불교 최초의 승통을 역임한 승려이다. 고구려에 있을 때 국력을 정탐하러 온 신라 장수 거칠부(居柒夫; 생년 미상~579)를 만난 적이 있다. 그때 혜량은 강당에서 불경을 설하였는데, 거칠부를 은밀히 불러 다른 사람의 눈에 띄지 않도록 신라로 무사히 귀환시켰다. 그 뒤 신라가 백제의 연합군과 함께 고구려를 정벌하여 국경의 10개의 군(郡)을 함락시키면서 거칠부가 죽령(竹嶺)을 넘어 고구려로 진군할 때 혜량을 보고, 전날 목숨을 구해준 은혜에 보답하고자, 그를 진흥왕에게 천거하였다. 신라 진흥왕(眞興王) 12(551)년에 신라로 망명한 그는 승통(僧統)이 되어 백고좌법회(百高座法會)와 팔관회(八關會)를 최초로 개최하였고, 불교의 여러 사무를 통괄하여 신라 불교 형성과 발전에 크게 공헌하였다.

7) 한국의 역사에서 호국불교의 근본이 되는 불교 경전인 「인왕호국반야바라밀경(仁王護國般若波羅蜜經)」에서는 반야(般若)로써 국토를 수호하는 기본으로 삼을 것임을 분명히 하고, 국가를 융성하게 하려면 반드시 반야불지(般若佛智)를 이해하고 실천하지 않으면 안 된다고 강조함으로써 이상적인 국가의 건설을 위한 활국(活國)의 진리를 논술하였다. 호국불경(護國佛經)으로 널리 채택되었으며, 신라와 고려에서는 이 경(經)의 정해진 바에 따라 강회(講會) 등을 열고 호국(護國)의 정성을 길렀다. 이 경

홍익인간론(弘益人間論)은 유가(儒家)·도가(道家)·불가(佛家)의 융합을 통해서 형이상학(形而上學)인 방범을 운용하여 인간의 본체존재와 자연계에서 지위를 확립하였다. 이것은 사람의 윤리 도덕의 속성을 발전시켜 본체화(本體化)함으로써 보편적이고 절대적인 형이상학의 우주론으로 발전하여 인간으로 하여 우주의 중심이 되게 하였다. 사람은 천지(天地)와 함께할 뿐만 아니라 천지간의 만물을 생육하고 성장하는 데 참여하는 마음을 확립하는 존재라는 것이다.

홍익인간론(弘益人間論)의 인간 본체존재와 자연계에서 지위는 대한민국 고조선(古朝鮮) 시대의 「참전계경(叅佺戒經)」에 근원하여 하도(河圖)와 낙서(洛書)를 근간으로 형상화되었다. 하도(河圖)[8]는 하늘의 이치를 반영했다고 생각하는 자연 생물의 현상을 근거로 하여 역(易)이 성립되었고, 땅의 이치를 반영한 낙서(洛書)[9]를 근거로 그 이치를 미루어 홍범 9주(洪範九疇)를 제정하였다.

홍익인간론(弘益人間論)은 「역(易)」[10]을 통하여 천지(天地)가 서로 영향을 미쳐 만물을 생성케 하는 이법(理法)을 형이상학적으로 형상화하여 알고 따르기 쉬운 이간(易簡)으로 설명하였고, 이러한 천지 만물과 인간 재세간(在世間)의 모은 사행(事行)의 변화를 변역(變易)으로 말하였으며, 변화하는 것 중에도

---

(經)은 2권 8품으로 구성되어 있는데, 8품의 품명은 ① 서품(序品), ② 관공품(觀空品), ③ 보살교화품(菩薩教化品), ④ 이제품(二諦品), ⑤ 호국품(護國品), ⑥ 산화품(散華品), ⑦ 수지품(受持品), ⑧ 촉루품(囑累品)이다.

8) 河圖八卦是伏羲氏王, 天下龍馬出河遂, 則其文以畫八卦謂之河圖〈孔穎達; 574~648, 중국 唐나라), 「尙書正義」〉.

9) 天與禹洛出, 書神龜負文而出, 列於背有數至於九, 禹遂因而第之以成九類常道所以叙〈孔穎達; 574~648, 중국 唐나라), 「尙書正義」〉.

10) **「역(易)」** 역사적으로 홍익인간의 이념적 근간을 마련한 한웅천왕(桓雄天王)의 아들로 기록되어 있는 태호복희씨(太皥伏羲氏), 또는 포희씨(庖犧氏)가 기원전 3500년경 팔괘(八卦)를 창제한 데서 「역(易)」의 기초가 되었다. 이는 「주역(周易)」 64괘의 사상적 기초가 되었다. 도가(道家)에서는 그를 동방의 천제〈天帝; 제사장(祭司長)〉이라고 일컫는다. 중국 하남성(河南省) 회양현(淮陽縣)에서 복희가 만들었다는 8괘(八卦)가 발견되었다. 이후 동양에서 가장 오래된 경전으로 역경〈易經; 주역(周易)〉으로 불리며 홍익인간 문화권에서 동양 고대 사상의 자연철학과 실천윤리의 근원이 되어 최고의 경전(經典)이 되었다.

변화의 중심이 되는 자연과 인간성 불변의 본체를 불역(不易)으로 나타냈다. 이것은 만물의 변화와 생성의 법칙을 밝히고, 더 나아가서는 자연의 법칙을 통하여 인사(人事)의 도리를 표상한다. 천지 안에서 일어나는 만물의 변화와 생성은 음양(陰陽)의 현묘한 조화를 통하여 이루어지는 것으로 보기 때문에 역(易)의 본질은 모두 '동(動)'이다. 종즉유시(終則有始)의 논리는 '궁즉변(窮則變), 변즉통(變則通), 통즉구(通則久)'의 논리로서 대대(待對)와 통일(統一)을 통하여 끊임없이 생생불식(生生不息)하며 순환하는 우주의 모습을 표현하고 있다. 만물의 종시성(終始性)과 무궁성(無窮性)은 인간으로 하여 천지 만물에 내재한 태극(太極)의 이치를 추구하게 하는 동인이 되며, 역(易)은 자연 인식의 체계에서 수양론으로의 전환하는 변화를 이루게 된다. 인간은 내면의 덕(德)을 통하여 천도(天道)에 이르게 된다. 이것이 바로 하늘과 땅에 대한 인본(人本)의 감응인 것이다.

「역(易)」은 천지 만물의 모든 변화의 원리를 태극(太極; ☯)을 중심으로 기호화〈효(爻), 상(象)〉하고, 그 기호의 우봉섭리(遇逢攝理)로 괘(卦)를 형성하고 의미를 부여하여 인간의 성장 변화과정을 설명하고 있다. 그러므로 태극(太極)은 세상 만물을 움직이게 하는 끝없는 우주순환의 근원이 된다. 태극(太極)은 만물을 생성시키고 변화시켜[11] 모든 존재와 가치의 근원이 되는 궁극적 실체를 나타내는 것으로 형이상학적 존재이면서 동시에 모든 존재자가 존재할 수 있는 본원 존재이다. 이는 만물의 총체적인 보편 원리인 동시에 특수한 개별자(個別者)로서 인본사상의 근본이 된다. 그러므로 태극은 현상으로 드러나는 만물 속에 내재하는 보편의 원리이며, 개별 존재의 원리이다. 태극(太極)은 작용이 없는 고요함 속에 이미 능동적인 인본사상을 포함하고 있는 '이(理)'이며, 이 능동성이 현실로 드러날 때 인본사상이 드러난다. 이러한 태극(太極)은 음(陰; --)과

11) 無極而太極, 太極動而生陽, 動極而靜, 靜而生陰, 靜極復動, 一動一靜, 互爲其根, 分陰分陽, 兩儀立焉, 陽變合, 而生水火木金土, 五氣順布, 四時行焉, 五行一陰陽也, 陰陽一太極也, 太極本無極也, 五行之生也, 各一其性, 無極之眞二五之精, 妙合而凝, 乾道成男坤道成女, 二氣交感, 化生萬物, 萬物生生, 而變化無窮焉〈周敦頤(1017~1073; 중국 宋나라), 「太極圖說」〉.

양(陽; ⚊)으로 양분되는데, 양은 하늘, 남자, 광명, 위(상; 上), 해, 불, 정신, 강인함 등을 나타내고, 음은 땅, 여자, 암흑, 아래(하; 下), 달, 물, 신체, 유약함 등을 나타낸다.

음양은 4상(四象)을 형성한다. 4상(四象)은 음(陰)과 양(陽)이 처음 중첩되어 이루어지는 것으로 이것이 상징하는 자연의 네 가지 원소와 그 변화 상태를 지칭한다. 4상(四象)은 태양(太陽; ⚌), 소음(少陰; ⚍), 소양(少陽; ⚎), 태음(太陰; ⚏)이 자연과 인간을 철학적 · 과학적으로 이해하는 바탕이 된다. 4상(四象)이란 4시(四時)의 상(象)으로 천(天)이 지(地)를 감싸고 해와 달이 운행하고, 천(天) · 지(地) · 수(水) · 화(火)의 기(氣)가 그 사이에서 항상 운동을 나타내며, 천(天) · 지(地) · 수(水) · 화(火)가 사람의 체질로 각각 나뉘어 나타나 서로의 차이가 있음을 상징한 것이다.[12)]

태양(太陽; ⚌)은 양(陽)의 기운에 양(陽)이 작용하는 것으로 부드럽고 온화한 자연의 섭리를 나타낸다. 소음(少陰; ⚍)은 양(陽)의 기운에 음(陰)이 작용하는 것으로 자연현상이 활동하는 모습을 나타낸다. 소양(少陽; ⚎)은 음(陰)의 기운에 양(陽)으로 작용하는 것으로 잠잠한 가운데 생동력을 발산되는 자연현상이다. 태음(⚏)은 음(陰)의 기운에 음(陰)이 작용하는 것으로 자연의 형태가 생성됨을 나타낸다.

이와 같은 4상(四象)은 8괘(八卦)를 형성하여 모든 현상 만물의 변화의 기본 단위가 된다. 8괘는 건괘(乾卦; ☰), 태괘(兌卦; ☱), 이괘(離卦; ☲), 진괘(震卦; ☳), 손괘(巽卦; ☴), 감괘(坎卦; ☵), 간괘(艮卦; ☶), 곤괘(坤卦; ☷) 이다.

건괘(乾卦; ☰)는 생명력을 의미하는 하늘의 성격과 본질적 기능을 나타내고, 원형이정(元亨利貞)[13)]으로 봄 · 여름 · 가을 · 겨울 계절의 변화로 대표될 수 있는 우주 섭리의 전개 과정으로서 만물의 생장수성(生長遂成)을 의미하는 동시에 인간에게는 인(仁) · 의(義) · 예(禮) · 지(智)의 네 가지 덕(德)으로 천도(天道)

---

12) 丁若鏞(1762~1836, 대한민국 朝鮮 시대), 「周易四箋」.
13) 乾, 元亨利貞(「周易」, 卦爻辭.).

와 인성(人性)의 강상(綱常)으로서 하늘의 섭리에 의한 인간의 당위성을 말하고 있다.[14]

이러한 건괘(乾卦; ☰)를 바탕으로 곧고 바름〈정(貞)〉으로 변화를 추구하는 태괘(兌卦; ☱), 그 우주의 섭리인 곧고 바름으로 형통(亨通)하는 이괘(離卦; ☲), 곧고 바름을 위해 고난과 위험을 극복하여 삼가고 공경의 섭리를 말하는 진괘(震卦; ☳), 사람을 배려하고 베푸는 가르침과 겸손함을 나타내는 손괘(巽卦; ☴), 어려운 상황을 진실함으로 극복해나가야 함을 나타내는 감괘(坎卦; ☵), 그치고 행할 때 행해서, 멈춤과 움직임에 맞는 이치의 밝음을 말한 간괘(艮卦; ☶), 하늘의 섭리에 부응하여 만물의 생장을 돕는 곤괘(坤卦; ☷)로서 자연과 인간의 변화원리를 나타내고 있다. 8괘의 우봉섭리(遇逢攝理)는 상괘(上卦)와 하괘(下卦)를 구성하여 64괘를 형성하여 자연과 인간 생성의 변화원리를 설명하고 있다. 그러므로 홍익인간의 의미는 양(陽)과 음(陰)의 작용으로 시작하여 인간이 생명력을 지니고 화육(化育)의 가르침으로 홍익(弘益)을 하게 된다. 이러한 생성의 변화과정에서 교육의 필요성이 몽괘(蒙卦)[15]에 의해 구체적으로 드러남으로 교육철학적 사유(思惟)의 바탕이 되었다. 모든 만물이 어둡고 미

14) 元者善之長也, 亨者嘉之會也, 利者義之和也, 貞者事之幹也, 君子體仁足以長人, 嘉會足以合禮, 利物足以和義, 貞固足以幹事, 君子行此四德者故曰元亨利貞(「周易」, 文偃傳, 乾卦.).

15) 「周易」, 蒙卦.

艮

坎

몽괘(蒙卦)는 간괘(艮卦: ☶)가 위에 있고, 감괘(坎卦; ☵)가 아래에 있는 「역(易)」의 우봉섭리(遇逢攝理) 생성변화 64개 중 4번째의 괘명(卦名)으로 '산수몽(山水蒙)'을 나타낸다. 산 아래에 험난함이 있어, 갈 곳을 찾지 못하고 멈추어져 있는 형상으로, 몽(蒙) 자(字)는 무성하게 자란 풀에 의하여 덮여 있는 모습을 뜻하는 글자로, 여기에서 '어둡다(昧)'라는 의미가 파생되었으며, 사물이 태어나 아직 어릴 때는 몽매하므로 '어리다(稚)'라는 뜻을 내포하고 있다. 이 괘는 몽매한 사람을 교육하여 교화(敎化)하는 방법을 설명하고 있다.

약하지만, 근원은 형통하므로, 덕(德)이 높고 밝은 스승에게 몽매한 자가 밝음을 구하고, 밝은 자는 몽매한 사람에게 가르쳐야 한다는 교육의 사유(思惟)를 제시하여 가르침을 세운 것이다. 가르치는 자와 배우는 자가 모두 하나로 뜻을 합할 때 '뜻이 서로 통하는 것'이 가능하며 이것이 '곧고 바르게 하는 것(利貞)'이다. 이러한 교육을 산 아래서 솟아나는 샘물에 비유하여 사람의 변화와 발전의 인본사상으로서 교육의 당위성이 성립된다. 사람은 원래 무지몽매한 상태이지만, 교육을 통해 지식과 기능을 습득하고 그로 인하여 형통하면서 생존하여 홍익인간(弘益人間)을 실현한다는 것이다.

몽(蒙)은 산 아래에 험함이 있는 상(像)이니, 험해서 멈춰있는 것이다. 즉, 둔괘(屯卦)에서 어린 생명이 나오고 새로운 일이 시작되었으나, 어린 생명이 자라나고 일이 이루어지는 과정에는 높은 산도 있고 험한 물도 있다. 그러니 몽(蒙)의 정황에서는 그때그때에 절도 있게 중도를 지켜나가야 형통하다. 교육은 형이상적(形而上的)인 학문과 형이하적(形而下的)인 세상사를 적절하게 조화하는 중도로 이루어져야 한다. 그래서 교육을 통해 이루어지는 도(道)는 '중용(中庸)'이며 군자(君子)의 품격을 갖추는 것이다.[16] 따라서 가르침을 구하는 자와 가르치는 자는 서로 뜻이 잘 응해야 하고 서로의 의지가 강하게 부합되어 바름을 길러 나가는 것이다. 바름을 길러 나가는 것은 우주 만물의 변화인 5행(五行)의 기본요소[17]를 바탕으로 인간 재세(在世)간의 생성 변화발전의 요소에서 시작된다. 그것은 우주의 근본인 음(陰)과 양(陽)의 사이의 바탕에 다섯 개 원소로 생각된 화(火) · 수(水) · 목(木) · 금(金) · 토(土)의 요소이다. 5행은 상생설(相生說)과 상극설(相剋說)이 생겨 우주나 인간계의 현상을 5행의 상생(相生) · 상극

16) 君子中庸, 小人反中庸, 君子之中庸也, 君子而時中(「中庸」, 第二章.).
17) 五行, 一曰水, 二曰火, 三曰木, 四曰金, 五曰土. 水曰潤下, 火曰炎上, 木曰曲直, 金曰從革, 土爰稼穡, 潤下作鹹, 炎上作苦, 曲直作酸, 從革作辛, 稼穡作甘[5행(五行)은, 첫째는 물이고, 둘째는 불이고, 셋째는 나무이고, 넷째는 쇠이고, 다섯째는 흙이다. 물은 적시고 내려가는 것이고, 불은 타고 올라가는 것이고, 나무는 굽고 곧은 것이고, 쇠는 따르고 바뀌는 것이고, 흙은 심고 거두는 것이다(「書經」, 洪範.).].

(相剋)으로 이해하고 예측하는 사유(思惟)를 하게 되었다. 상생은 목(木)은 화(火)를 생산하고, 화(火)는 토(土)를, 토(土)는 금(金)을, 금(金)은 수(水)를, 수(水)는 목(木)을 생산하는 순환 변화의 이치이다. 상극(相剋)은 수(水)는 화를 이기고, 화(火)는 금(金)을, 금(金)은 목(木)을, 목(木)은 토(土)를, 토(土)는 수(水)를 이긴다는 것이다. 이를 통하여 현상을 예측하는 지혜로 활용하였다.

인간은 우주 만물과 함께 변화의 길을 걷게 된다. 그 변화의 원칙을 찾아낸 것이 5행이다. 5행은 만물을 구성하고 있는 원소(元素)의 개념으로 발전하여 목(木)은 뭉쳐있지만 유약(柔弱)한 것이고, 화(火)는 정밀(精密)하지만 적은 것이며, 토(土)는 실(實)하지만 흩어져 있는 것, 금(金)은 강(强)하고 견고(堅固)한 것이고, 수(水)는 많으나 허(虛)한 것이다. 이러한 5행과 현실 간의 관계는 추상화되어 현실에서 특성을 추출하여 질량과 색깔, 모양, 재질 등의 특정한 요소를 추출하여 우주 자연과 인간을 탐구하고 이해하였다. 즉, 현실에서 5행의 특성을 추출하고 5행의 특성을 다시 5행론(五行論)으로 해석하며, 그 결과로 현실생활을 사유(思惟)하였다.

이러한 5행의 추상화는 하늘이 부여해준 원형이정(元亨利貞)으로서 네 가지 덕(德)인 인(仁) · 의(義) · 예(禮) · 지(智)와 이 네 가지 덕(德)에 모두 내재하고 있는 곤(坤; 땅)의 덕인 신(信)을 합한 5상(五常)으로 사유(思惟)하였다. 즉, 목(木)은 기쁨의 감정이고 인(仁)의 특성이며, 금(金)의 성냄의 감정이고 의(義)의 특성이며, 화(火)는 즐거움의 감정이고 예(禮)의 특성이며, 수(水)는 슬픔의 감정이고 지(智)의 특성이며, 토(土)는 욕심의 감정이고 신(信)은 특성이라고 하였다. 홍범 9주에서는 이에 대한 교육의 필요성으로 8정(八政)의 하나로써 사도(司徒)[18]를 두어 가르치도록 하고 있다.[19] 이것은 인간사(人間事)의 문제를 해

18) 사도(司徒)는 홍익인간 문화권인 고조선과 고대 중국에서 유래된 관직명이다. 전토(田土)의 관리 · 재화(財貨) 등을 주관하며, 교육(教育)에 대한 책임 맡아 왕을 보좌하여 세상을 안정하게 하였다(司徒除了掌管邦國重任外, 亦有教育之責, 以輔佐王安定天下.「周禮」).

19) 八政, 一曰食, 二曰貨, 三曰祀, 四曰司空, 五曰司徒, 六曰司寇, 七曰賓, 八曰師[8

결하고 대처하는 교육적 안내를 하면서 점차로 그 경험적 축적으로 고도의 철학적 사색과 심오한 사상적 의미가 부여되어 교육 철학적 사유(思惟)의 근본이 되었다.

홍익인간론(弘益人間論)은 성리학(性理學)에 이르러 인간이 사람됨은 인간의 '소당연(所當然)'의 이(理)를 구유(具有)하고 있다고 보았다. 소당연(所當然)의 이(理)는 '소이연(所以然)의 이(理)이고, 소당연(所當然)과 소이연(所以然)은 자연의 이(理)에서 연유한 것이다. 이것이 바로 인간의 최고존재(最高存在)이다.

사람이 금수(禽獸)와 다른 까닭은 도덕성(道德性)에 있다고 강조하였고, 사람의 형이상학적인 본체존재로서의 '천지의 성(性; 天地之性)'을 제기하였다. 그것은 도덕인성(道德人性)이며, 우주본체(宇宙本體)로서 천명(天命)이다. 그리하여 인(仁)을 사람이 사람 되는 근본 속성으로 삼았고, 마음 덕(德)의 바탕이자 천지 만물을 생성 변화시키고 끊임없이 생생(生生)하는 이(理)로서 인심(人心)이자 천의(天意)로 보았다. 그러므로 천의(天意)는 인심(人心)으로 실현되고, 천지(天地)의 도(道)는 인성(人性)에 의해 실현되므로 우주(宇宙) 속에서 사람의 가치를 확립하였다.

홍익인간론(弘益人間論)은 사람이 5행(五行)에 의해 만물의 영장(靈長)이 된다고 하여 그것은 마음작용에 있는 것이라고 하였다. 그러므로 사람만이 천지만물의 주재(主宰)자로서 인본(人本)의 인(仁)이 아니면 천지(天地)는 그 의의(意義)를 잃게 되므로 인간은 만물의 척도(尺度)가 된다. 이와 같은 인(仁)은 '자신을 사랑하는 마음으로 다른 사람을 사랑하고 만물을 좋아하며,[20] 하늘과 땅을 부모 삼고 만물을 형제자매로 여겨 천지 만물과 일체[21]가 되는 경계(經戒)를

---

정(八政)은 첫째는 식량〈食糧; 식(食)〉이며, 둘째는 경제〈經濟; 화(貨)〉이며, 셋째는 제사〈祭祀; 사(祀)〉이며, 넷째는 토목〈土木; 사공(司空)〉공사이며, 다섯째는 교육〈敎育; 사도(司徒)〉이며, 여섯째는 치안〈治安; 사구(司寇)〉이며, 일곱째는 외교〈外交; 빈(賓)〉이며, 여덟째는 군사〈軍事; 사(師)〉이다(「書經」, 洪範. 八政.).].

20) 仁民愛物(「孟子」, 盡心章.).

실현하는 것'이다. 이러한 것은 교육을 통한 윤리 관계의 확립을 전체 우주에까지 확산하여 인간 본체론의 논거(論據)가 되었다. 따라서 인(仁)은 홍익인간의 본질인 것이고 그 존엄(尊嚴)과 가치(價値)를 말한 것으로 정감(情感)과 의지(意志)와 지력(智力)을 갖추고 있는 재세(在世)간의 존재로 본 것이다. 홍익인간(弘益人間)이야말로 우주의 중심이며, 자연계의 주인이고, 사회의 주체인 것이다.

## 2. 주체사상(主體思想)

홍익인간론(弘益人間論)의 주체사상(主體思想)은 인격의 자아완성(自我完成)과 자아실현(自我實現)을 강조하고, 사람의 주체적이고 능동적인 작용을 강조한 것이다.

유가(儒家) · 도가(道家) · 불가(佛家)에서는 모두 '마음'을 인성(人性)의 주체적 담당자라고 보았다. 이러한 인성은 본래 마음이 가지고 있는 것이라거나 마음이 받아서 구유(具有)한 것, 또는 현실의 경험적 존재이거나 또는 자아초월(自我超越)의 본체존재(本體存在)로 인식하였다. 따라서 인성(人性)은 마음에 의하여 실현되고 완성되는 것이지만 마음은 사람마다 구유(具有)한 것이다. 이에 도덕 주체사상(道德 主體思想)이 성립하였다. 이것은 '사람이 도를 넓혀가는 것이다.'[22] '인(仁)을 행하는 것은 사람 자신이다.'[23] '내가 인(仁)을 하고자 하면 인(仁)에 이르게 된다.'[24]는 것은 도덕 주체사상을 드러낸 것이다. 그리고 마음을 다하는 진심(盡心)과 마음을 보존하는 존심(存心)[25]은 도덕 주체사상을

---

21) 乾稱父, 坤稱母, 予茲藐焉, 乃混然中處. 故天地之塞, 吾其體, 天地之帥, 吾其性. 民吾同胞, 物吾與也〈張載(1010~1077, 중국 宋나라), 「正蒙」, 乾稱篇.〉.

22) 人能弘道非道弘人(「論語」, 衛靈公篇.).

23) 爲仁由己(「論語」, 顔淵篇.).

24) 我欲仁斯仁至矣(「論語」, 述而篇.).

25) 盡其心者 知其性也, 知其性則 知天矣, 存其心養其性所以事天也(「孟子」, 盡心章 上.).

더욱 나타낸 것이다. 진심(盡心)은 주체(主體) 도덕의지(道德意志)를 확충하여 발전시킨 것이고, 존심(存心)은 실천을 통해서 도덕의지를 실현하는 것이다. 여기에서 사람의 마음은 모든 선(善)의 근원이기 때문에 주체객체(主體客體)가 통일되는 능동성(能動性)이다. 따라서 자신의 본성으로 돌아오면 자아를 인식하게 되며, 천지간의 도리(道理)를 알 수 있다.

홍익인간론(弘益人間論)의 이와 같은 도덕 주체론은 '자신의 본성(本性)을 실천할 수 있으면 다른 사람의 본성을 실현하게 되고, 다른 사람의 본성을 실현할 수 있으면 만물(萬物)의 본성을 체현(體現)하게 되고, 만물의 본성을 체현하게 되면 천지(天地)가 만물을 화육(化育)하는 것을 참여하여 도울 수 있고, 천지가 만물을 화육(化育)하는 것을 참여하여 도울 수 있으면 천지와 함께하게 된다'[26]고 하여 도덕본성(道德本性)을 실현하는 것을 통해 천지 만물까지 확장하여 자연계에서 인간의 주체적 지위를 확립하였다.

홍익인간론(弘益人間論)에서 도덕 인격의 완전무결함을 실현하기 위해서는 주체의 실천적 능동성이 있어야 한다. 이것은 주체적인 도덕원리를 사회정치로 확대해서 한 개인은 성인(聖人)이며 재세(在世)간에 어진 지도자로서 학술과 덕행을 아울러 갖춰 천하를 태평하게 하는 내성외왕(內聖外王)의 도(道)[27]로 수기치인(修己治人)을 실천하는 것이다. 그리하여 인간 본래의 밝은 덕성을 밝히고, 그 밝은 덕으로 이웃을 감화(感化)시켜 새롭게 하며, 사람 모두가 천지간에서 자신에게 합당한 자리에서 할 일을 하도록 머무르게 하는 것이다. 이것은 사물의 이치를 규명하여 지혜를 얻어 참되고 정성스러운 뜻으로 마음이 바르게 한다. 마음이 바르면 몸이 닦이고, 몸을 닦으면 집안이 화목하게 가지런해지며, 이런 이후에야 나라가 잘 다스려져 천하가 화평해지는 것이다.[28]

---

26) 能盡其性則能盡人之性, 能人之性則能盡物之性, 則可以贊天地化育, 可以贊天地化育則可以與天地叄矣(「中庸」, 二十二章.).

27) 聖道運而無所積, 故海內服, 明於天, 通於聖, 六通四辟於帝王之德者, 其自爲也昧然無不靜者矣(「莊子」, 天道.).

28) 大學之道, 在明明德, 在親民, 在止於至善. 知止而後有定, 定而後能靜, 靜而後能

홍익인간론(弘益人間論)은 그 주체사상을 이론적으로 발전시켰다. 천지 만물을 주재하는 마음은 모두가 감성적 자아를 초월하고 형이상학(形而上學)적 자아(自我)에 도달해서 우주본체(宇宙本體)와의 합일을 말한 것이다. 이는 진심(盡心)과 존심(存心)에 의한 천지(天地)를 위해 마음을 세우는 것[29]으로서 그 주체(主體)를 확립한 것이다. 주체의 마음은 지신을 초월하여 본체존재(本體存在)에 도달하면 천지(天地)의 주재자(主宰者)가 되어, 우주 속에서 주체적인 지위의 실현(實現)이다. 그러므로 우주가 내 마음이고, 내 마음이 우주(宇宙)다[30]고 하였으며, 사람은 모두 마음의 본체인 양지(良知)를 지니고 있어 사람은 모두 성인(聖人)이라고 하여[31]홍익인간론(弘益人間論)의 주체사상을 확장하였다. 이러한 주체의 작용은 윤리(倫理)로서 도덕 인격을 완성하여 사회의 전체조화를 이루는 데 있다. 이러한 주체사상은 재세(在世)간의 책임감을 강조하고, 사람의 홍익을 위한 능동적인 정신을 제창하여 인간의 주체적 독립성(獨立性)과 창조성(創造性)을 드러나게 하였다.

홍익인간론(弘益人間論)의 주체사상은 주체의 인지능력(認知能力)과 실천경험(實踐經驗)을 중시하여 우주 생성론으로 인성의 기원과 내용을 설명하면서 형이하(形而下)의 사유(思惟)를 하였다. 이는 외부의 자연법칙을 중시하여

---

安, 安而後能慮, 慮而後能得, 物有本末事有終始, 知所先後, 則近道矣. 古之欲明明德於天下者, 先治其國, 欲治其國者先齊其家, 欲齊其家者, 先修其身, 欲修其身者, 先正其心, 欲誠其意者, 先致其知, 致知在格物, 物格而後知至, 知至而後意誠, 意誠而後心正, 心正而後身修, 身修而後家齊, 家齊而後國治, 國治而後天下平. 自天子以至於庶人, 壹是皆以修身為本(「大學」, 經文 一章.).

29) 爲天地立心, 爲生民立道, 爲去聖繼絶學, 爲萬世開太平〈「近思錄」, 爲學, 張載, 「長子全書」. 第十四篇.〉.

30) 宇宙便是吾心, 吾心卽宇宙, 東海有聖人出焉, 此心同也此理同也, 西海有聖人出焉, 此心同也此理同也南海有聖人出焉, 此心同也, 此理同也, 千百歲之上, 有聖人出焉, 此心此理同也, 千百歲之下有聖人出焉, 此心此理同也〈陸九淵(1139~1192: 중국 南宋 시대), 「陸象山全集」, 年譜.〉.

31) 人人皆有良知, 人人都是聖人〈王守仁(1472~1528, 중국 明나라), 「王文成公全書」, 傳習錄.〉.

마음의 이지작용(理智作用)을 강조하였다. 즉, 사람은 우주적 존재이기 때문에 초월적이고 의존적이라고 하여 선(善)은 외부에서 주어지는 것으로 인간의 마음에서 자비롭고 공의(公義)로움으로 가치선택과 인식을 할 수 있다고 하였다.[32] 그러므로 반드시 마음속으로 의미를 되새겨 의지를 열어 판단해야 하고,[33] 단서(端緖)를 헤아리고 같은 부류에 따라 추론하며 근원을 추구하여 종국(終局) 점을 보는 것으로[34] 경험지식에 대한 논리적 이지(理智)의 추리로 얻은 지식은 경험이 사실을 증명할 수 있다는 것으로 성(性)을 외부의 원인에 귀결시켜 객관적인 자연성을 강조하여 보고 듣는 경험의 마음 지식을 중시한 것이다. 이는 사람이 인식의 주체로서 마음의 윤리원칙에 대한 인식이며 사회문화적(社會文化的)이고 인문주의적(人文主義的)인 것이다.

도가(道家)에서는 홍익인간론(弘益人間論)의 주체사상으로서 자연(自然)의 숭상(崇尙)과 초월(超越)을 말한다. 신명(神明)의 마음이 내재적인 무한(無限)한 잠재력을 지니고 있으며, 유한(有限)한 자아를 초월해서 절대적 무한에 도달할 수 있다고 하였다. 또한, 무의식이나 잠재의식의 자발상태가 완전히 평안하고 고요한 마음의 상태 아래서 정신적 경계(經界)를 실현함을 주장하였다.

불가(佛家)에서 홍익인간론(弘益人間論)은 주체사상을 드러내 작용(作用)이 성(性)[35]이라는 사유(思惟)는 인간 각자의 마음이 우주의 마음과 하나 되며 모든 사람의 마음이 곧 부처라고 하였다.[36] 지각(知覺)이 작용하고 손발이 부지런하게 움직여 의식주(衣食住) 모두가 불성(佛性)을 가지며, 한결같은 마음이

---

32) 人受命乎天也, 故超然有以倚, 物疾莫能為仁義, 唯人獨能為仁義, 物疾莫能偶天地, 唯人獨能偶天地. 人有三百六十節, 偶天之數也, 形體骨肉, 偶地之厚也. 上有耳目聰明, 日月之象也, 體有空穹進脈, 川谷之象也, 心有哀樂喜怒, 神氣之類也〈董仲舒(기원전 176~기원전 104, 중국 前漢 시대),「春秋繁露」, 人副天數.〉.

33) 故是非者, 不徒耳目, 心開心意〈王充(27~몰년대 미상, 중국 後漢 시대),「論衡」, 薄葬.〉.

34) 凡聖人見禍福也, 亦揆端推類, 原始見終 揆端推類, 原始見終〈王充(27~몰년대 미상, 중국 後漢 시대),「論衡」, 實知.〉.

35) 道不可修, 作用卽性〈馬祖道一(709~788, 중국 唐나라)〉.

36) 衆生平常心是佛性〈慧諶(1178~1234, 대한민국 高麗 시대),「禪門拈頌」〉.

곧 부처라고 하여 심(心)과 성(性)의 합일로 작용하였다.

결국, 홍익인간론(弘益人間論)이 나타내고 있는 주체사상은 어떻게 이상적(理想的)인 인격을 완성하느냐의 문제이고, 재세(在世)의 사람 간에 홍익(弘益)을 하느냐 하는 주체의 실천 문제이다. 그것은 인(仁)으로서 정감적(情感的)인 내면적 필요로 교육의 방향 선택과 평가를 부각하였고, 의(義)로서 의지(意志)의 필요와 선택능력을 부각하였으며, 지(智)로서 지성(知性)은 주체의 내향적인 사유(思惟)와 자아체험(自我體驗)의 직각능력(直覺能力)을 뚜렷하게 부각하였다. 이러한 것이 결합하여 홍익인간론(弘益人間論)의 실천적 주체성(主體性)을 구성한 것이다.

## 3. 이성주의 사상(理性主義 思想)

홍익인간론(弘益人間論)은 정감(情感)의 인(仁)과 의(義)의 의지(意志)를 토대로 하는 도덕이성주의(道德理性主義)와 실천이성주의(實踐理性主義)로서 이성주의(理性主義)의 교육 철학적 사유(思惟)의 특색을 지닌다. 홍익인간론이 지향하는 인격(人格)은 도덕형(道德型)이며 실천형(實踐型)이다. 그리하여 인(仁)·의(義)·예(禮)·지(智)를 인간의 홍익(弘益)을 위한 본성으로 삼은 것이다.

인(仁)은 도덕정감(道德情感)으로 정감경험(情感經驗)의 승화다. 시작은 부족의 혈연관계를 바탕으로 하는 윤리체제 의식 속에서 반영된 것이다. 의(義)는 도덕의지(道德意志)로 소당연(所當然)의 도덕 판단의 절대율령(絶對律令)으로 나타난 것이다. 예(禮)는 도덕윤리(道德倫理)로 재세(在世)간의 관계적 존재와 예절의식(禮節意識)으로 나타난 것이다. 지(智)는 도덕인식(道德認識)으로 옳고 그름을 분별하는 마음인 도덕관념(道德觀念)의 자아체인(自我體認)으로 나타난 것이다.

이러한 인(仁)·의(義)·예(禮)·지(智)는 사람의 재세(在世)간의 존재, 사람과 사람의 관계적 존재에 기초하여 생긴 가치관념(價值觀念)이며 주체의식(主

體意識)이다. 인성(人性)은 경험(經驗)에서 나와 경험을 초월하고, 정감(情感)에서 나와 정감을 초월하는 도덕이성(道德理性)이다. 그러므로 홍익인간론(弘益人間論)은 정감적인 경험을 중시하여 홍익은 정감적인 경험으로부터 나온 것이다. 그리하여 성(性)과 정(情)을 구별하므로 감성에서 이성으로의 초월이다. 즉, 4단(四端)[37]이 정(情)은 본능(本能)과 정감(情感)에서 나온 것이지만, 확충되어서 인(仁)·의(義)·예(禮)·지(智)의 성(性)으로 승화되어 자각적인 도덕의식이 되어 형이상학(形而上學)적인 필연성을 갖게 된 것이다. 그것은 마음은 사고를 주재한다[38]고 하여 이성사유(理性思惟)를 말한 것으로, 내재적인 본성으로서 주체의 내향적 사유(思惟)로서 도덕이성에 대한 자아직각(自我直覺)이다. 성리학(性理學)에 이르러 이것은 선험적인 도덕이성으로 인정하여 사고(思考)의 작용을 강조하여 형이상학적인 내향적(內向的) 사유(思惟)가 되었다. 자기의 영명(靈明)한 본심을 남김없이 발휘하여 본성을 실현하는 진기심(盡其心)[39]과 자기의 마음을 크게 하여 실현하는 대기심(大其心)[40]은 형이상학적인 자아초월을 통하여 천덕양지(天德良知)[41]로 되돌아가는 천지지성(天地之性)[42]

---

37) 4단(四端)은 유가(儒家)에서 인간의 이성(理性)을 가리키는 말이다. 인간이 본래부터 선(善)한 마음을 가지고 있다는 성선설을 내세워 선의 실마리로서 4개의 단서(端緒)인 측은지심(惻隱之心)·수오지심(羞惡之心)·사양지심(辭讓之心)·시비지심(是非之心)을 말하며, 맹자(孟子; 기원전 327~기원전 279)가 체계화하였다. 4단(四端)은 각각 인(仁)·의(義)·예(禮)·지(智)의 4덕(四德) 으로 발전하였다.

38) 耳目之官不思, 而蔽於物, 物交物, 則引之而已矣. 心之官則思, 思則得之, 不思則不得也(「孟子」, 告子章 上.).

39) 盡其心者, 知其性也, 知其性則知天矣. 存其心, 養其性, 所以事天也, 妖壽不貳, 修身以俟之, 所以立命也(「孟子」, 盡心章 上.).

40) 大其心, 則能體天下之物, 物有未體, 則心爲有外, 世人之心, 止於見聞之狹, 聖人盡性, 不以見聞梏其心, 其視天下無一物非我(「近思錄」, 僞學.).

41) 誠明所知乃天德良知, 非聞見小知而已. 天人異用, 不足以言誠, 天人異知, 不足以盡明. 所謂誠明者, 性與天道不見乎小大之別也〈張載(1010~1077, 중국 宋나라), 「正蒙」, 誠明篇第六.〉.

42) 性者萬物之一源, 非有我之得私也. 惟大人偽能盡其道, 是故立必俱立, 知必周知, 愛必兼愛, 成不獨成.披自蔽塞而不知順吾理者, 則亦末如之何矣. 天能謂性, 人謀謂能. 大人盡性, 不以天能偽能而以人謀偽能, 故曰'天地設位, 聖人成能.' 盡性然

의 본체인지(本體認知)이다. 그러므로 성(性)은 곧 이(理)가 된다. 성(性)은 보편적이고 초월적인 절대이성(絶對理性)이면서 감성존재(感性存在)에 머물러 있다. 형이상학적인 이성원칙(理性原則)과 형이하(形而下)의 감성존재는 공존하고 있다. 이에, 홍익인간론은 불가(佛家)의 심체용설(心體用說)[43]을 도덕인성론(道德人性論)에 운용하여 형이상학적인 이성(理性) 원리를 확립하여 마음은 초월적인 형이상학의 본체(本體) 의미를 지니게 되었다.

형이상(形而上)은 형이하(形而下)를 벗어나지 않으므로 이성(理性)은 감성(感性)을, 본체(本體)는 작용(作用)을 벗어나지 않는다. 따라서 절대적이고 보편적인 천지(天地)의 성(性)을 실천하려면 반드시 기질(氣質)을 변화하고 가기를 초월(超越)해야 한다. 이는 감성 존재 속에서 이성적 초월을 실현할 수 있는 것으로 인욕천리(人欲天理)로서 교육철학의 사유(思惟)로 발전하였다.

---

後知生無所得則死無所喪. 未嘗無之謂體, 體之謂性〈張載(1010~1077, 중국 宋나라), 「正蒙」, 誠明篇.〉.

43) 심용체설(心用體說)은 마음은 사람들의 중생심(衆生心)이면서 우주 만물의 본체(本體)이다. 그러므로 마음은 본체론과 현상론의 생멸 변화를 말한다. 그러므로 일심이문(一心二門)의 진여상(眞如相)과 생멸상(生滅相)의 이상(二相) · 이문(二門)이 우주 만물을 총섭(總攝)하여 현현(顯現)하므로 자체상용(自體相用) · 심체용설(心體用說)이다. 인도의 마명보살(馬鳴菩薩; 100~160)이 저술한 「대승기신론(大乘起信論)」〈입의분(立義分)〉에서는 일심(一心)의 당체(當體)인 법(法)과 짝을 이루는 외연으로서의 의(義)가 있으며, 의(義)는 본질인 진여상(眞如相)과 현상인 생멸상(生滅相)의 이문(二門)과 체(體) · 상(相) · 용(用)의 삼대(三大)의 양식을 가진다는 것을 밝혀 일심(一心) · 이문(二門) · 삼대(三大)의 기본 사상을 천명하였다. 체(體) · 상(相) · 용(用)은 법(法)으로 말하면 일심(一心)이고, 이 일심이 두 문을 열고 있다. 하나는 진여문(眞如門)으로 모든 만법이 진여체(眞如體)이고, 다른 하나는 생멸문(生滅門)으로 진여(眞如) 자체상용(自體相用)이다. 체(體)의 대(大)는 사람의 심체(心體)로서 마음의 본성이며, 물질의 본질이다. 상(相)의 대(大)는 사람의 심상(心象)으로 마음의 현상이며, 물질의 현상이다. 용(用)의 대(大)는 사람의 심용(心用)으로 마음 활동의 기능을 말하며, 인과(因果)를 만들어낸다. 사람의 마음에는 이런 삼덕(三德)을 갖추고 있으므로 이를 삼대(三大)라고 하였다. 원효(元曉; 617~686; 대한민국 新羅 시대)는 그의 저서 「대승기신론소(大乘起信論疏)」에서 '처음에 법이 있다고 말한 것은 일심의 법을 이른 것이다, 이 법에 대해 잘 이해하게 되면 반드시 광대한 신근이 일어나게 된다(初中言有法者, 謂一心法, 若人能解此法, 必起廣大信根, 故言能起大乘信根.)'고 하여 사람은 마음에 의해 진여(眞如)에 도달할 수 있다고 하였다.

홍익인간론(弘益人間論)의 이러한 사유(思惟)는 '인심(人心)은 위태하고, 도심(道心)은 희미하니, 오직 정(精)하고 일(一)하여야 진실로 그 중(中)을 잡으리라'[44]에서 시작된다. 이는 사람에 대한 다스림인 치인(治人)으로서 교육을 위한 요결이었다. 이 문제는 인욕(人欲)을 인심(人心), 천리(天理)를 도심(道心)으로 보아 이학(理學)의 주제가 되어 4단7정(四端七情)의 문제로 심화 된 한편, 인심도심론(人心道心論)의 발전적 논의와 함께 인심을 생리(生理) · 생존(生存)의 마음으로, 도심을 도의(道義) · 의리(義理)의 마음으로 보아 마음의 허령지각(虛靈知覺)인 인심(人心)이 도심(道心)의 명령을 듣게 하는 논리를 개발함으로써 실천적 심법(心法)으로 정립되었다. 인심도심(人心道心)의 상태를 인욕천리(人欲天理)에 대비하여 인심도심(人心道心)이 위태롭고 미미한 원인을 사욕(私欲)과 천리(天理)로 설명하면서 사욕(私欲)을 없애면 곧 천리(天理)에 밝아진다고 하여 수양(修養)을 위한 교육실천론의 문제가 되었다. 이러한 교육적 문제는 인간의 마음, 특히, 지각(知覺)의 문제와 연관되어 교육철학의 체계적인 사유(思惟)로 정립되었다. 즉, 사람 마음의 허령지각(虛靈知覺)을 근거로 해서 형기의 사사로움에서 나온 것을 인심(人心)으로, 성명(性命)의 바름에서 근원한 것을 도심(道心)으로 해석하였다.[45] 이처럼 인심(人心)과 도심(道心)이 구분되는 것은 지각하는 것이 같지 않기 때문으로 보았다. 형기(形氣)는 각자 사람을 구성하는 이목구비(耳目口鼻)와 같은 형체로서 형질로 말한다면, 성명(性命)은 사람에게 내재 된 천리(天理)이다. 그러므로 인심(人心)과 도심(道心)은 누구나 가지는 기본적인 마음의 형태라고 파악하면서, 그것을 어떻게 교육해 내느냐를 밝히고 있다.

이후, 인심(人心)과 도심(道心)을 '형기지사(形氣之私)'와 '의리지공(義理之

44) 人心惟危, 道心惟微, 惟精惟一, 允執厥中(「書經」, 大禹謨.).
45) 蓋嘗論之, 心知虛靈知覺, 一而已矣, 而以爲有人心道心之異者, 則以其或生於形氣之私, 或原於性命之正, 而所以爲知覺者不同, 是以或危殆而不安, 或微妙而難見耳〈朱熹(1130~1200, 중국 宋나라), 中庸章句序.〉.

公)'으로 풀이하여 이(理)와 기(氣)로 해석하면서 4단(四端)과 7정(七情)[46]이 이기론(理氣論)으로 성립하는 계기가 되었다. 그리하여 인심(人心)은 형기(形氣)에서 나오는 것이고 도심(道心)은 의리(義理)에서 나타나는 것이라고 하여 이를 각각 이목구비(耳目口鼻), 그리고 4지(四肢)의 욕구와 4단(四端)의 실마리로 보았다. 이것은 대한민국 고려(高句麗)~조선(朝鮮) 시대의 권근(權近)[47]의 「입학도설(入學圖說)」[48]에서 홍익(弘益)을 위한 인간의 감성과 이성을 교육하는 데

---

46) 7정(七情)은 희(喜) · 노(怒) · 애(哀) · 구(懼) · 애(愛) · 오(惡) · 욕(欲)의 일곱 가지 감정인데, 「예기(禮記)」 예운편(禮運篇)에서 비롯되었다. 이것은 고대의 홍익인간 문화권에서 고대에서 오래전부터 있던 사상으로서 인간이 외부 사물에 접하여 여러 가지 감정이 표현되는 심리 현상을 말한다.

47) 권근(權近; 1352~1409, 대한민국 高麗~朝鮮 시대) 본관(本貫)은 안동(安東), 자(字)는 가원(可遠), 호(號)는 양촌(陽村), 시호(諡號)는 문충(文忠)이다. 고려 공민왕(恭愍王) 17(1368)년 성균관시(成均館試)에 합격하고, 다음 해에 문과 전시에 급제하여 춘추관(春秋館) 검열(檢閱)을 시작으로 예문관(藝文館) 응교(應敎), 좌사의대부(左司議大夫), 성균관(成均館) 대사성(大司成), 예의판서(禮儀判書) 등을 지냈으며 주로 성균관시를 주관하였다. 고려 공양왕(恭讓王) 2(1390)년에는 윤이(尹彛) . 이초(李初)옥사(獄事)에 연루되어 익주(益州; 전북 익산시 금마면)로 유배되었을 때 「입학도설(入學圖說)」을 저술했다. 조선 태조(太祖) 2(1393)년 중추원사(中樞院事)를 시작으로 정당문학(政堂文學), 대사헌(大司憲), 참찬문하부사(叅贊門下府事)를 역임하면서 태조 5(1396)년 중국 명(明)나라에 가서 외교 분쟁을 해결하고, 문사(文士)들과 교류하여 강론(講論)하면서 문명(文名)을 널리 떨쳤다. 개국원종공신(開國原從功臣)이 되고 화산군(花山君)에 봉해졌다. 태종(太宗) 1(1401)년 다시 추충익대좌명공신(推忠翊戴佐命功臣)으로 길창군(吉昌君)에 봉해지고, 예문관대제학(藝文館大提學), 성균관대사성(成均館大司成), 세자좌빈객이사(世子左賓客貳師)를 역임했다. 저서로는 「입학도설(入學圖說)」을 비롯하여 「5경천견록(五經淺見錄)」, 「경서구결(經書口訣)」, 「동국사략(東國史略)」, 「동현사략(東賢事略)」 등이 있으며 시문(詩文) 등이 「양촌집(陽村集)」에 남아 있다. 보조공신(補祚功臣), 좌의정(左議政), 길창부원군(吉昌府院君)으로 추증되었다.

48) **「入學圖說」** 고려 공양왕(恭讓王) 2(1390)년 저술되었으며, 조선 태조(太祖) 6(1397)년, 조선 세종(世宗) 7(1425)년에 간행하였다. 전집(前集)과 후집(後集)의 합간 본으로 전집에 26개, 후집에 14개의 도설(圖說)이 실려 있다. 성리학의 중심개념인 태극(太極) · 천명(天命) · 이기(理氣) · 음양(陰陽) · 5행(五行) · 4단(四端) · 7정(七情) 등의 문제를 하나의 도표 속에 요약하고 이들의 상호관계와 각각의 특성들을 교육철학 사유(思惟)의 관점에서 설명하고 있다. 이 도설(圖說)은 조선 시대 교육과 성리학(性理學)의 발전에 크게 기여하였다. 각 도설(圖說)들은 '천일합일론(天人合一論)'의 체

있어서 태극(太極), 천명(天命), 이기(理氣), 음양(陰陽), 5행(五行), 4단(四端), 칠정(七情) 등의 문제를 하나의 도표 속에 요약하고 이들의 상호관계와 각각의 특성을 인심(人心)과 도심(道心)으로 나누어서 설명[49]하여 이기호발설(理氣互發說)[50]이 나타나면서 이에 대한 논쟁과 토론은 교육철학의 사유(思惟)를 갖게 하였다. 이것은 인간 이성주의(理性主義) 사유(思惟)의 측면에서 자연을 해명하려는 입장과 자연의 측면에서 인간을 해명하려는 입장으로 발전되어 홍익인간의 천인합일(天人合一)로서 물리(物理)가 곧 도리(道理)임을 말하여 인간이성(人間理性) 존재론 의미로서의 이(理) · 기(氣)를 도덕론의 중심으로 본 것이다.

이와 같은 홍익인간론(弘益人間論)의 이성주의 사상은 사람은 성(性)을 온전하게 얻었지만, 사물은 그렇지 않다는 것과 사람과 사물은 각각 부여된 바의 이(理)를 얻어 모두 덕(德)을 지녔다는 견해의 호학(湖學)[51]과 낙학(洛學)[52] 간의

---

계 속에서 하나로 연결되어 있다. '천인심성합일지도(天人心性合一之圖)'와 '천인심성분석지도(天人心性分釋之圖)' 두 도설(圖說)에서는 천인합일의 이론적 측면을 종합하여 정리했으며, 천인합일의 논리를 부연하여, 앞의 두 도설(圖說)을 뒷받침했다. 특히, 「서경(書經)」과 「시경(詩經)」에 관한 도설(圖說)들은 천인합일의 주체와 방법 및 그것이 실현된 이상사회의 모습을 보여 준다는 점에서 홍익인간론의 천인합일론 실천적 성격이 잘 나타나 있다. 처음 성리학(性理學) 공부를 시작하는 사람들을 위해 저술한 입문서로 세계최초의 시청각 교육교재이다.

49) 權近(1352~1400; 대한민국 高麗~朝鮮 시대), 「入學圖說」, 〈天人心性合一之圖〉.

50) 이황(李滉; 1502~1571; 대한민국 朝鮮 시대)의 학설로 '4단은 이(理)의 발이고, 7정은 기(氣)의 발이다(四端理之發,七情氣之發)'고 한 것이 이기호발설(理氣互發說)이다. 이(理)와 기(氣)를 모두 근원적인 것으로 보고 4단을 이(理)에, 7정을 기(氣)에 근거하여 설명하여 다 같이 근원으로 보는 이원론(二元論)이다.

51) 대한민국 조선(朝鮮) 영조(英祖) 때의 성리학(性理學)의 한 학파(學派)로 한원진(韓元震; 1682~1751)을 중심으로 하여 이루어진 학문이다. 인물이성론(人物異性論)을 주장하였다. 인물이성론(人物異性論)에 찬동하는 학자들이 모두 호서(湖西; 충청도 지역)에 살고 있었으므로 호학(湖學)이라고 칭하였다. 호학은 이절부동(理節不同) · 이유편전(理有偏全)을 논제로 삼아 이때의 이(理)는 일원(一原)의 이(理)가 아닌 분수(分殊)의 이(理)라면서, 이(理) 때문에 바로 성(性)으로서 성즉리(性卽理)는 되나 이즉성(理卽性)은 안 되며, 성(性)과 이(理)의 개념은 같을 수가 없다고 한다. 그리하여 사람과 사물이 같은 것은 일원(一原)의 이(理)고, 기(氣)뿐만이 아니라 분수(分殊)의 이(理)인 성(性)도 다르다는 것이다.

52) 대한민국 조선(朝鮮) 영조(英祖) 때의 성리학(性理學)의 한 학파(學派)로 이간(李柬;

호락논쟁(湖洛論爭)[53]의 거대한 담론(談論)으로서 2세기에 걸쳐 토론이 이루어지므로 한국교육철학의 사유(思惟)의 대서사(大敍事)를 이루었다. 그리하여 재세(在世)간에 사회적으로 악화(惡化)된 강상윤리(綱常倫理)의 도덕성의 문제를 해결하기 위해 노력하면서 인간의 본성을 어떻게 이해하여 교육하느냐에 집중하였다.

홍익인간론(弘益人間論)에서 일체 사물의 진리를 명백하게 궁구(窮究)하여 본래 가지고 있는 도덕지식(道德知識)에 이르게 되는 격물치지(格物致知)와 사물에 이르러 그 성리(性理)를 궁구(窮究)하는 격물궁리(格物窮理)는 실천이성(實踐理性)을 중시하여 본성(本性)을 발휘하면 천(天)에서 받은 본성(本性)이 드러난다고 하였다. 이러한 이성주의(理性主義)는 이성이 감성을 주재한다고 보아 내재적인 이성원칙(理性原則)을 강조한 것이다. 내재적인 이성의 원칙은 자각(自覺)에서 나온 것으로 내재적인 정신의 즐거움으로, 의(義)와 이(理)가 나의 마음을 즐겁게 하는 것은 잘 차린 음식들이 나의 입맛에 맞는 것과 같은 것[54] 이라고 하였다. 그러므로 죽음으로써 인(仁)을 달성하고,[55] 생명보다 의리를 택하는 것[56]이라고 하였다. 그러므로 정감(情感)은 반드시 도덕이성(道德理性)의 주재하에 두어 감정(憾情)을 이성화(理性化)한다. 그리하여 성(性)이 발생하게

---

1677~1727을 중심으로 하여 이루어진 학문이다. 인물성동론(人物性同論)을 주장하였다. 인물성동론(人物性同論)을 찬동하는 학자들이 서울의 한강인 낙수(洛水; 경기 · 서울 지역)에 살고 있었으므로 낙학(洛學)이라고 칭하였다. 낙학(洛學)은 성동기이(性同氣異) · 이동기이(理同氣異)를 논제로 삼아 사람과 사물의 성(性)과 이(理)는 같고 기(氣)가 다르다고 하면서 성즉리(性卽理), 이즉성(理卽性)으로서 성(性)과 이(理)는 같은 개념으로 본다.

53) 호락논쟁(湖洛論爭)은 대한민국 18세기 조선 시대에서 이뤄진 토론의 논쟁이다. 심성론(心性論)의 성선(性善)의 강조로 인해 생기는 모순을 둘러싼 논쟁으로, 사람의 성(性)과 사물 존재의 성(性)이 같은지 다른지가 골자로서 인물성동이론쟁(人物性同異論爭)이라고도 한다. 이는 인간의 본성으로서 그중에서도 특히 도덕성에 관한 것이 주요 의제였다.

54) 義理之悅我心, 猶芻豢之悅我口(「孟子」, 告子章 上.).

55) 志士仁人, 無求生以害仁, 有殺身以成仁(「論語」, 衛靈公篇.).

56) 生亦我所欲也, 義亦我所欲也, 二者不可得兼, 捨生而取義(「孟子」, 告子章 上.).

된 것은 정(情)이기 때문에 정(情)은 이치에 맞아야 하고, 고요함 속에서 주일불이(主一不二)하는 체험적인 교육을 통한 마음공부의 경(敬)을 말하였다.

도가(道家)에서 이성(理性)은 사람은 정(情)이 망정(忘情)되어 무(無)를 체현(體現)함으로써 자아초월이 본체인식에 도달할 수 있으며, 천만 변화의 현상 속에서도 무위자연(無爲自然)하여 자아의 정신적인 초월을 실현하고 마음의 주체가 완전무결하여 자족함에 도달하는 것이라고 하였다.

홍익인간론(弘益人間論)의 이성주의 사상(理性主義 思想)은 도덕이성(道德理性)의 절대화(絶對化)와 본체화(本體化)로서 인성(人性)의 이상(理想)을 지향하는 것이다.

## 4. 정체사상(整體思想)

홍익인간론(弘益人間論)은 유기적인 관계로서 완정성(完整性)과 통일성(統一性)을 갖추고 있는 전일관념(全一觀念)으로서 정체사상(整體思想)을 지닌다. 홍익인간론(弘益人間論)은 궁극적으로 사람과 자연 주체와 객체 간의 문제를 해결하는 데 있다. 그것은 자연계에서 사람의 위치 및 사람과 자연의 관계에 대한 설명이 이루어져야 인간의 본질과 본성, 그 가치를 확정할 수 있기 때문이다.

홍익인간론(弘益人間論)은 사람과 자연계의 화해통일(和諧統一)을 추구하고 자연과 사람이 하나가 되는 정체경계(整體經界)로서 본체경계(本體經界)를 실현하는 천인합일(天人合一)의 학(學)이다. 사람은 자연계에서 나왔고 인성(人性)은 천도(天道)에서 나왔다고 하여 하늘이 나에게 덕(德)을 주었다는 것[57]이나, 마음을 실현하는 진심(盡心)과 본성을 알고 천도를 아는 것[58]은 모두 천(天)을 최고의 존재로 생각하여 감성과 이성의 소종래(所從來)로 삼았다. 천부적으로 부여된 인(仁)과 의(義)를 지녔지만, 그것은 음양오행(陰陽五行)을 골격

57) 天生德於予(「論語」, 述而篇.).
58) 盡其心者知其性也, 知其性則知天矣(「孟子」, 盡心章 上.).

으로 삼는 자연계(自然界)이다. 그러므로 천(天)을 심성(心性)의 본원으로 생각하여 사람은 그 본성으로 보면 자연법칙과 우주 법칙의 구체적인 실현이다. 따라서 사람은 반드시 자연과 통일에 도달하여 본체존재로 돌아가야 한다. 이것이 홍익(弘益)으로서 인간의 본성을 회복하는 것이다. 사람과 자연은 가치관계(價値關係)이다. 홍익인간론(弘益人間論)은 사람과 사람의 관계를 통해 사회적 조화를 유지하는 데 있다. 사회는 자연계 일부이므로 반드시 자연에서 통일되어야 한다는 것이다. 도가(道家)에서는 더욱 사람과 자연의 통일을 강조하여 자연계에 대한 형이상학적 해석을 하므로 자연계를 최고의 존재로 삼아 자연과 인간의 관계를 말하였다. 그러므로 홍익인간론(弘益人間論)의 도덕형이상학적(道德形而上學的) 천인합일론(天人合一論)이 완성되었다.

홍익인간론(弘益人間論)은 천(天)은 사람과 만물의 근원이며 유기적인 정체(整體)로서 전체(全體)라고 생각했다. 자연계의 규율과 인류의 재세(在世)간의 법칙 모두가 이 정체(整體) 속에 포함된다. 그것은 사람과 자연계의 동태적(動態的)인 평형을 실현하는 정체사상(整體思想)으로 성(性)의 소종래(所從來)인 도(道)와 명(命)이다. 도(道)를 체득하고 〈체도(體道)〉,[59] 도덕의 명령을 알고 〈지명(知命)〉,[60] 도덕의 명령에 이르는 것〈지명(至命)〉[61]은 자아반사(自我反射)의 직각체험(直覺體驗)을 통해서 사람과 우주본체(宇宙本體)의 합일(合一)을 실현하고 천인합일(天人合一)의 경계(經界)에 이른 것이다. 자연(自然)의 순수함에 내맡긴다는 법자연(法自然)[62]은 통일된 자연아 도(道)를 인성(人性)의

59) 道可道非常道, 名可名非常名, 無名天地之始, 有名萬物之母, 常無欲觀其妙, 常有欲觀其皦, 此兩者同出而異名, 同謂之玄, 玄之又玄, 衆妙之門〈老子(名, 李耳, 字老聃, 기원전 604~몰년대 미상, 중국 春秋시대 楚나라), 「道德經」, 體道.〉.

60) 十有五而志于學, 三十而立, 四十而不惑, 五十而知天命, 六十而耳順, 七十而從心所欲不踰矩(「論語」, 爲政篇.).

61) 五十而學易, 可以無大過矣(「論語」, 述而篇.), 易, 窮理盡性以至於命, 年五十而知天命, 以至命之年讀之命之書, 故可以無大過〈何晏(193~249, 중국 魏나라), 「論語集解」, 述而篇.〉.

62) 有物混成, 先天地生, 寂兮寥兮, 獨立而不改, 周行而不殆. 可以謂天下母, 吾不知

지도 원리로 삼은 것이다. 이것은 아무것도 하지 않아도 안 되는 일이 없다는 변증적(辨證的) 명제로 귀결되는 자연계의 필연성으로서 명(命)으로서 자연계에서 인성(人性)에 이르는 매개의 역할로 이 과정에서 정체적(整體的)인 교육철학의 사유(思惟)를 하게 되는 것이다.

도덕의 명령을 아는 지천명(知天命)은 마음이 하고 싶은 대로 해도 법도에 어긋남이 없는 경지에 이르기 위해서 반드시 거쳐야 하는 단계이다. 그러므로 명(命)은 인성(人性)과 연계되어 내재성과 외재성, 목적성과 필연성의 문제를 제시하였다. 이러한 명(命)과 연계되어야 비로소 전일관념(全一觀念)으로서 전인적(全人的) 정체성(整體性)이 획득된다. 그리하여 사물의 이치를 궁구하므로 본성을 실현하고 천명(天命)의 이치에 이르게 된다[63]고 하여, 하늘이 명(命)한 것이 본성(本性)이고, 이러한 본성에 따르는 것을 도(道)이며, 도(道)를 닦아가는 것이 교육(教育)이라고 하여[64]천인합일(天人合一)의 정체사상(整體思想)을 나타낸 것이다. 그러므로 명(命)에 의하여 자연계와 사람이 통일된 정체(整體)를 이루어 우주 본체의 통일을 실현하므로 인성의 가치를 획득한다.

이는 궁리진성(窮理盡性)의 교육철학의 사유(思惟)로서 사람을 사회적이고 도덕적인 사람으로 귀결시킨 것이다. 즉, 인성(人性)을 도덕성(道德性)으로 귀결지어 도덕 의리의 자각을 강조하였다. 도덕의식은 재세(在世)간의 사회적 윤리 관계를 반영하였고, 그 교육적 사유(思惟)방식은 '인간성(人間性)'이라는 특징으로 표현하였다. 그것은 재세(在世)간의 사회관계 속에서 사람과 사람 사이의 상호관계를 중시하였으며, 사람들 사이의 윤리 관계를 긍정하여 사회윤리에 대한 교육철학의 사유(思惟)였다. 그리하여 '예(禮)'의 관념이 나타나 이를 중시하였다. 예(禮)는 사회정치 윤리원칙의 총칭이고 인륜물리(人倫物理)가 되어

---

其名, 字之曰道, 强爲之名曰大, 大曰逝, 逝曰遠, 遠曰反, 故道大, 天大, 地大, 王亦大. 域中有四大, 而王居其一焉, 人法地, 地法天, 天法道, 道法自然〈老子(名, 李耳, 字 老聃, 기원전 604~몰년대 미상, 중국 春秋시대 楚나라), 「道德經」, 道經.〉.

63) 和順於道德而理於義, 窮理盡性以至於命(「周易」, 說卦傳.).

64) 天命之謂性, 率性之謂道, 修道之謂教(「中庸」, 第一章.).

이(理)로 추상화되어 사회정치 윤리원칙을 우주 자연계의 보편법칙으로 계승하였다. 이는 외재적인 법칙을 선험적인(先驗的) 도덕관념으로 변화하여 내재적인 근저가 되어 사람의 내재적인 본질이고, 자연계의 보편법칙이다. 그리하여 사람의 내재적인 의식과 관념은 본체론(本體論)과 존재론(存在論)의 의미가 되었다. 여기에 대한 교육철학의 사유(思惟)의 특색은 내향적(內向的) 사유(思惟)와 외향적(外向的) 사유(思惟)를 결합한 주체적인 정체(整體)로 나타났다.

홍익인간론(弘益人間論)에서는 형이상학적인 이(理)는 형이하(形而下)의 기(氣)를 떠나 존재하지 않는다. 천(天)이 전체가 되어 이(理)와 기(氣)가 합한 것이다. 그 인식의 방법은 체(體)와 용(用)으로 설명된다. 체(體)는 사물의 본체나 본질을 의미하고, 용(用)은 사물의 작용(作用)이나 현상(現象)을 말한다. 체(體)는 형이상학(形而上學)이고 용(用)은 형이하학(形而下學)이다. 그러나 체(體)와 용(用)은 둘이 아니다(體用不二). 체를 떠나서 용(用)이 있을 수 없고, 용(用)을 떠나서 체(體)가 있을 수 없다. 이것이 현상이다. 그러므로 본체가 따로 존재하는 것이 아니라 현상(現象) 속에서 존재한다. 따라서 체(體)와 용(用)은 하나의 근원이며 끊임없이 생성 변화한다. 천도(天道)의 생성 · 변화로 사람에게 명(命)이 주어졌고, 사람이 얻은 것이 본성(本性)이다. 사람은 자연계의 생물의 마음을 얻어 마음으로 삼은 것이 바로 본성(本性)으로서 인(仁)이다. 이와 같은 본성은 이(理)의 전체가 되어 정체경계(整體經界)를 실현한다. 이것은 홍익인간의 최고의 정신경계(精神經界)이자 현실적인 존재이다. 여기에서는 사람과 자연계의 어떠한 대립도 없다. 사람과 자연계를 하나의 유기적(有機的)인 정체(整體)로 보아 사람과 자연계의 화해통일을 최고의 가치로 생각하여 깊은 도리(道理)를 나타낸다.

제 3 장

# 홍익인간론(弘益人間論)의 교육적 사유(思惟)로서 주체론(主體論)

홍익인간론(弘益人間論)에서 교육적 사유(思惟)로서 주체론(主體論)은 재세(在世)간의 관계적 존재에서 서로를 이롭게 하는 바르고 곧은 마음을 행하는 덕(德)에서 시작된다. 이것은 사람이 존재하는 삶에서 연유한다. 「역(易)」에 이르러 사람의 삶은 형이상학의 범주체제가 확립되면서 우주 자연과 사회와 사람을 통일시키는 천인합일론(天人合一論)으로 나타나 교육사상 체계를 확립하였다.

## 1. 음양(陰陽)의 근본 법칙

「역(易)」은 우주 자연을 음양(陰陽)의 범주로 설정하고 음양(陰陽) 변화의 규율(規律)을 우주의 근본 법칙으로 삼아 우주 자연과 사람의 일체 현상을 해석하면서 천인합일(天人合一)의 도덕성명학(道德性命學)을 교육적 사유(思惟)의 주체로 확립하였다. 그것은 인간 삶의 내재적인 심리정감(心理情感)에서 연역하여 귀납하는 도덕인성(道德人性)의 천인합일(天人合一)을 끌어내어 우주의 보편적인 규율에서부터 인성(人性)을 설명하는 데서 시작한다. 그리하여 천지사물의 이치를 탐구하여 도덕과 이치에 합당하게 본성을 실현하므로[1] 궁리진성(窮理盡性)의 교육을 통해 천인합일을 이룬다고 하였다. 이를 통해 인성(人性)의 소종래(所從來)를 밝혀 인간 주체론(柱體論)의 근거로 삼아 우주 자연에서 사람의 지위를 확립하였다.

한번 음(陰)이 되고 한번 양(陽)이 되는 것이 도(道)이며, 이것을 계승한 것은 선(善)이요, 이것을 이룬 것은 성(性)이다. 성(性)은 어짊〈인(仁)〉이며, 지혜(智

1) 和順於道德而義, 窮理盡性以至於命(「周易」, 說卦傳.).

慧)인데 사람들은 날마다 쓰면서도 알지 못한다. 그러므로 가르치는 사람〈군자(君子)〉의 도(道)는 어짊〈인(仁)〉을 드러내어 모두 쓰도록 간직하여 만물을 생동하도록 하여 가르쳐 걱정하지 않게 하므로 성인(聖人)에 견주어지니 지극히 풍부한 대업(大業)이며, 날마다 새로운 성덕(盛德)이다. 이것이 우주 자연이 생성하고 발전하는 역(易)의 의미이다.[2)] 우주 자연의 일체는 모두 변화한다고 하여 변화의 근원은 음(陰)과 양(陽) 두 종료의 기본적인 성질과 역량의 상호작용이다. 음과 양은 공능(功能)이자 실재(實在)이다. 즉, '태극(太極)으로부터 시작하여 음양이 되고, 음양이 서로 감응하여 변화 발전하여 4상(四象)이 되며, 4상의 작용으로 8괘(八卦)가 된다'[3)]와 '역리(易理)는 천지(天地)를 본받았고, 천지(天地) 변화의 규칙으로 근거한다. 그러므로 천지(天地)간의 일체의 도(道)를 포괄한다'[4)]는 사유(思惟)로 보면, 양의(兩儀)는 음양(陰陽)을 대표하고, 태극(太極)은 음(陰)과 양(陽)을 생성하는 기(氣)를 나타내어 역(易)의 도(道)와 천지(天地)의 도(道)는 서로 일치된다. 그러므로 '천지(天地) 변화 일체를 포괄하여 과실(過失)이 없으며. 만유(萬有)를 성취하여 빠뜨림이 없다'[5)]고 하여 음양(陰陽)의 근본 법칙은 변화를 포함하여 우주 만유(萬有)는 변하지 않는 것이 없는 변역(變易), 만유(萬有)를 변화하게 하는 것은 변하지 않고 영원히 존재하는 불역(不易), 이러한 변화의 원리를 표현한 간역(簡易)의 의미를 지니고 있다. 즉, 음(陰)이면서 음(陰)이 아니고 양(陽)이면서 양(陽)이 아닌 신묘(神妙)한 작용은 우주의 변화를 형성하는데, 이것이 우주의 근본 규율(規律)이다. 이러한 변화의 도(道)는 끊임없는 생성과 변화를 거듭하므로 풍족하고 나날이 새로워진다. 이것은 자연적인 작용이다. 그러므로 만유(萬有)에 널리 베풀어져 성(性)이 성취

---

2) 一陰一陽之謂道, 繼之者善也, 成之者性也. 仁者見之, 謂之仁, 知者見之, 謂之知, 百姓日用而不知, 故君子之道鮮矣. 顯諸仁, 藏諸用, 鼓萬物而不與聖人同憂, 盛德大業至矣哉. 富有之謂大業, 日新之謂盛德. 生生之謂易(「周易」, 繫辭傳.).

3) 易有太極是生兩儀, 兩儀生四象, 四象生八卦(「周易」, 繫辭傳.).

4) 易與天地準, 故能彌綸天地之道(「周易」, 繫辭傳.).

5) 範圍天地之化而不過, 曲成萬物而不遺(「周易」, 繫辭傳.).

된다. 그래서 음양(陰陽)의 도(道)를 계승하여 만유(萬有)를 낳고 형성하는 것이 선(善)이고, 이것을 성취한 것이 성(性)인 것이다.[6] 성(性)은 천지(天地)의 성(性)으로서 도덕의 인의(仁義)이다.

음양(陰陽)의 근본 법칙으로 변화를 계승하여 낳는 것이 선(善)이고, 이 변화로 이루어진 것이 성(性)이며, 이것이 바로 인성(人性)의 교육적 주체가 된다.

## 2. 선성(善性)의 실재(實在)

이와 같은 홍익인간론(弘益人間論)의 선성(善性)으로서 도(道)의 실재(實在)는 천(天)·지(地)·인(人) 3재(三才)의 도(道)를 총괄하여 내외재적(內外在的)이고 자연적이면서도 사회적이며, 필연성과 목적성을 가진다. 이것이 천인합일(天人合一)의 도(道)이다. 그러므로 형이상(形而上)을 도(道)라고 하고, 형이하(形而下)를 기(器)라고 하여[7] 인성(人性)은 천부적인 것이고, 이러한 천부적인 성품을 보존하는 것이 도의(道義)의 문(門)이라고 한 것은 만물마다 이루어진 성품을 보존하고 보존하는 것이고 생성되고 생성됨이 끝이 없다고[8] 하여 형이상학적인 도(道)가 곧 성(性)을 이루는 근거임을 말하여 일체의 도덕의리(道德義理)가 시작된다. 이러한 선성(善性)의 실재의 도(道)를 계승하여 우주의 만유(萬有)를 낳는 것이 선(善)이고, 만물을 성취하는 것이 성(性)이다.

천도(天道)는 천인합일(天人合一)로서 인덕(仁德)을 가지고 있으므로 만물의 덕성(德性)을 성취하며 음양(陰陽)의 건(乾)·곤(坤)으로 나타나므로 천지(天地)의 큰 덕(德)이다. 건(乾)은 일체의 근원으로 만유(萬有)의 근본 터전이 되어 생(生)이 있게 된다. 그러므로 건(乾)은 우주 만유(萬有)를 형성하고 변화시키는

---

6) 繼之者善也, 成之者性也(「周易」, 繫辭傳.).
7) 形而上者謂之道, 形而下者爲之器(「周易」, 繫辭傳.).
8) 成性存存, 道義之門, 亦是萬物各有成性存存, 亦是生生不已之意, 天只是以生爲道. 成性存存道義之門(「周易」, 繫辭傳.).

도체(道體)로 만물의 종류는 이로 인하여 성(性)과 명(命)을 얻는다.[9] 그러므로 만물의 기원은 곤(坤)이며, 그것에 터 하여 생명이 있고, 그 생명에 순응하는 천도의 법칙을 받아들인다. 이러한 곤(坤)은 대지의 깊고 중후함을 대표하여 만물을 그 땅에 두어 육성하는 덕성(德性)으로서 강토(疆土)를 갖는다.[10] 건(乾)은 강건의 덕(德)으로 만유(萬有)를 생성하고, 그 성(性)과 명(命)을 바르게 하여 운행을 멈추지 않는다. 따라서 가르치는 자〈군자(君子)〉는 건(乾)의 도리를 본받아 스스로 강건하게 하여 쉬지 않고 노력해야 한다.[11] 곤(坤)은 유순(柔順)의 덕(德)으로 만유(萬有)를 생성하고, 그 덕(德)은 가없는 대지(大地)의 형세(形勢)이다. 따라서 가르치는 자〈군자(君子)〉는 곤(坤)의 넉넉함을 본받아 만유(萬有)가 덕성(德性)을 갖추도록 육성(育成)해야 한다.[12] 이러한 덕성(德性)은 원(元)·형(亨)·이(利)·정(貞)의 4가지 덕(德)으로 구성된다.

원(元)은 선(善)의 으뜸이고, 형(亨)은 훌륭함의 집합이다. 이(利)는 마땅함의 화합이고, 정(貞)은 올바름의 견고함이다.[13] 원(元)은 천지 만물이 시작하는 건(乾)이고, 형통(亨通)의 출발점이 되므로 이(利)와 정(貞)은 이롭고 바른 본성〈성(性)〉과 마음〈정(情)〉인 것이다.[14] 선성(善性)으로서 사람의 성정(性情)은 양(陽)으로서 건(乾)의 덕(德)에서 시작하는 것이므로 가르치는 사람〈군자(君子)〉은 어짊의 덕(德)을 실천하는 선(善)의 체인(體仁)에 이르러야 지도자가 되기에 충분하고, 훌륭함이 모이면 족히 예(禮)가 이루어지며, 의(義)가 조화로우면 만물이 이롭고, 바르고 굳건한 정(貞)으로 일을 주관하는 것이다.[15] 따라서

---

9) 大哉乾元, 萬物資始, 乃統天. 雲行雨施, 品物流形. 大明終始, 六位時成, 時乘六龍以御天. 乾道變化, 各正性命(「易傳」, 彖傳.).

10) 至哉坤元, 萬物資生, 乃順承天. 坤厚載物, 德合无疆. 含弘光大, 品物咸亨. 牝馬地類, 行地无疆(「周易」, 彖傳.).

11) 天行健, 君子以自強不息(「易傳」, 象傳.).

12) 地勢坤, 君子以厚德載物(「易傳」, 象傳.).

13) 元者善之長也, 亨者嘉之會也, 利者義之和也, 貞者事之幹也(「周易」, 文言傳.).

14) 乾元者, 始而亨者也. 利貞者, 性情也(「周易」, 文言傳.).

15) 君子體仁足以長人, 嘉會足以合禮, 利物足以和義, 貞固足以幹事(「周易」, 文言傳.).

성(性)은 사람이 존재하는 바이고, 그러한 생성을 하면서 살아가는 것이 선(善)으로서 성선(性善)이 갖는 실재의 주체이다.

## 3. 생성(生成)과 변화(變化)

음양(陰陽)의 법칙에 대한 역(易)의 의미는 천지(天地)가 만유(萬有)를 낳고〈생(生); 성덕(盛德)〉, 땅이 모두를 성장하도록 하는 것〈생(生); 대업(大業)〉이라고 하여[16] 유기론적(有機論的)인 목적성이 부여되면서 생성과 변화의 주체를 말하고 있다.

천지(天地)가 있는 다음 만물이 발생하고, 만물이 있는 다음에 남(男)과 여(女)가 있으며, 남녀가 있게 된 뒤에 부부가 있고, 부부가 있으므로 부모와 자식이 있고, 부모와 자식이 있는 후에 임금과 신하의 정치 · 사회제도가 있으며, 이러한 제도 속에서 상하(上下)의 직분(職分)이 생기며, 직분이 있으므로 예의(禮儀)를 주고받는다[17] 고 하여 사람의 생성변화로서 문명 발전의 교육적 과정을 제기하고 있다. 끊임없이 생육(生育)하여 성장하고 변화하여 전진하는 것은 천지 대덕(大德)으로 만물을 생육하고 성장하며 변화 · 전진한다[18]는 형이상학적(形而上學的)인 인성(人性)의 성질을 나타내고 있다. 이러한 생성(生成)은 교육의 주체로 작용한다. 즉, 우주 자연의 이치는 인(仁)의 실천으로 나타나 일용(日用)에 간직하는 지극한 성덕대업(盛德大業)을 지니므로[19] 만유(萬有)가 풍족하고 나날이 새롭게 하며, 동시에 성(性)과 명(命)을 얻는[20] 본체적 주체론이다. 그러므로 우주 자연의 이치는 동력학(動力學)으로 생성 · 변화하는 것을 말한

16) 生生之謂易(「周易」, 繫辭傳.).
17) 有天地然後有萬物, 有萬物然後有男女, 有男女然後有夫婦, 有夫婦然後有父子, 有父子然後有君臣, 有上下然後禮義有所錯(「周易」, 序卦傳.).
18) 天地大德曰生(「周易」, 繫辭傳.).
19) 顯諸仁, 藏諸用, 鼓萬物而不與聖人同憂, 盛德大業, 至矣哉(「周易」, 繫辭傳.).
20) 乾道變化 各正性命各(「易傳」, 彖傳.).

다. 만유(萬有)를 움직여 생성의 기추(機樞)를 부여하고, 선(善)을 계승하여 성(性)을 이루어 도덕(道德)을 지니게 된다. 이것이 우주 자연의 이치에 대한 목적성으로서 교육의 주체이다. 즉, 사람이 우주 자연의 이치를 감응하여 운용하면 천하 일체의 도리(道理)를 관통할 수 있다.[21] 그러므로 인(仁)을 돈독히 실천하여 세상을 두루두루 사랑하므로[22] 천지의 덕(德)에 합하는 경지에 도달하는 것이다.[23]

## 4. 본체〈本體; 이(理)〉와 본성〈本性; 성(性)〉과 역할〈役割; 명(命)〉

홍익인간론(弘益人間論)의 인성(人性)은 자연인성론(自然人性論)에서 도덕인성론(道德人性論)으로 전환하여 천인합일(天人合一)을 말하고 있다. 그리하여 우주 속에서 사람의 지위를 제고(提高)하였다. 그것은 천(天)·지(地)·인(人) 3재의 도(三才道)로 인도(人道)와 천지(天地)의 도(道)를 병렬시켜 사람이 주체가 되는 본체존재를 체현(體現)하고 있다. 즉, 만유(萬有)를 주재(主宰)해서 천지를 다스리는 것[24]으로 자연을 인식하고 개조하는 주체적인 능동성을 강조하는 사유(思惟)의 특징을 가지고 있다. 이러한 목적은 도덕에 조화하고 순응하여 사리에 맞으며 사물의 이치를 교육을 통하여 궁리(窮理)함으로써 타고난 선성(善性)을 다하여 사람으로서 역할〈명(命)〉을 다하는 것이다.[25] 그러므로 하늘의 도리를 세워서 음(陰)과 양(陽)으로 나누고, 땅의 도리를 세워서 유(柔)와 강(剛)으로 나누며, 사람의 도리를 세워서 인(仁)과 의(義)로 나누었다.[26] 여

21) 感而遂通天下之故, 以其寂然不動, 小則事物之至, 大則无時而不感(「周易」, 繫辭傳.).
22) 樂天知命故不憂. 安土敦乎仁, 故能愛(「周易」, 繫辭傳.).
23) 與天地合其德, 與日 月合其明, 與四時合其序, 與鬼神合其吉凶, 先天而天弗違, 後天而奉天時, 天且弗違, 而況於人乎(「周易」, 文言傳.).
24) 聖人淸其天君, 正其天君, 備其天養, 順其天政, 養其天情, 以全其天功, 如是則知其所爲, 知其所不爲矣, 則天地官而萬物役矣(「荀子」, 天論.).
25) 和順於道德, 而理於義, 窮理盡性, 以至於命(「周易」, 說卦傳.).
26) 將以順性命之理, 是以立天地道曰陰與陽, 立地之道曰柔與剛, 立人之道曰仁與義

기서 본체(本體)로서 이(理)와 본성인 성(性)의 역할(役割)로서 명(命)의 범주가 성립되어 도덕인성(道德人性)을 설명하였다. 본체로서 이(理)는 의리(義理)를 지칭한 것이고, 본성인 성(性)은 선성(善性)으로서 인의(仁義)의 성(性)을 말한 것이며, 그 역할인 명(命)은 도리의 당연한 바를 알고 실천하는 필연성으로 진성(盡性)으로 이것은 곧 인성(人性)을 실현하여 우주 자연의 이치에 도달하는 천인합일(天人合一)의 교육방법이다. 그것은 천하 일체 사물의 도리를 남김없이 궁리하고 연구〈궁구(窮究)〉함으로써 본성을 철저히 이해하여 인성(人性)의 자각(自覺)을 실현하는 것이다. 즉, 본체인 의리(義理)는 정수(精髓)를 연구해서 그 변화의 쓰임에 이르니 마음의 하는 바가 법도에 어긋나지 않으며, 배워서 실제에 응용할 수 있으니 도리(道理)의 이용으로 그 몸을 편안하게 하면, 스스로 즐거워하고 만족하여 마음이 너그러워져 편안하게 되어 덕업(德業)이 숭고(崇高)해지는 것이다.[27] 여기에서 지성(知性)의 문제와 인식의 범주를 문제를 제기하므로 만유(萬有)의 변화를 알고 이상(理想)의 경계에 도달하게 된다. 이러한 본체의 이(理)를 바탕으로 본성인 성(性)과 역할인 명(命)이 하나로 합하게 된다. 이것은 하늘이 부여한 역할인 천명(天命)으로서 인성(人性)을 실현한 것이며 그러므로 인성(人性)은 우주 자연의 이치이다.

## 5. 경(敬)과 의(義)

홍익인간론(弘益人間論)은 우주 자연의 이치인 하늘의 덕(德)을 체현하는 이상적인 인격을 실현하는 것으로 사람은 모두 이러한 잠재능력을 지니고 있다고 본다. 따라서 삼가 존경하는 태도로 내심(內心)의 작용으로 곧고 바르도록 하고, 경(敬)과 의(義)의 준칙으로 외재적인 행위의 규범으로 삼는다. 대한민국의

---

(「周易」, 說卦傳.).

27) 情義入神, 以致用也, 利用安身, 以崇德也, 過此以往, 窮神知和, 德之盛也(「周易」, 繫辭傳.).

고조선(古朝鮮) 시대 366사(三百六十六事)에서 경(敬)은 지극한 마음을 다하는 것이라고 하여 사람이 우주 자연(宇宙 自然)의 기운을 어기고 공경(恭敬)하지 않으면 우주도 사람에게 응(應)하지 않아 마치 풀과 나무가 비와 이슬과 서리와 눈을 받지 못하는 것과 같은 것[28]이고, 의(義)는 크게 믿고 따르는 기운으로, 그 기운을 느끼고 움직여 용기를 일으키고 용기가 정하여져서 일을 세워 마음속에 굳게 간직하여 천둥 벼락도 깨뜨리지 못하니, 굳세기는 금강석과 같고 밀고 나아갈 때의 활발한 힘은 큰 강물과도 같은 것[29]이라고 하였다. 이와 같은 정신이 확립되면 덕행(德行)이 고립되지 않는다[30]고 하여 덕(德)의 수양과 실천방법을 제시하였다.

경(敬)은 자신의 내적(內的)인 것을 존경하는 것으로서, 사람은 내재적인 덕성(德性)을 가지고 태어나고 그것을 삼가 존경하고 상실하지 않으면 인격완성에 이를 수 있다. 의(義)는 외적(外的) 대상에 대하여 행하는 것으로 객관적 세계의 대상에 이롭게 해야 성립된다. 내적인 덕성(德性)을 존경하는 경(敬)과 외적인 대상에 옳음을 행하는 의(義)가 병용(竝用)하여 결합하는 것이 본성을 실현하는 것이 된다.

경(敬)과 의(義)로 덕행(德行)이 증진되기 위해서는 충(忠)과 신(信)을 강구하고, 장황한 말을 조리 있게 꾸미는 데 진실 되고 믿음을 근본으로 삼아야 하는 것은 덕(德)의 성공을 위한 것이며, 지극함에 이를 줄을 알고 이르면 가히 더불어 살필 수 있으며, 마칠 줄을 알고 마치니 가히 더불어 의리를 보존할 수 있다.[31] 이러한 것들은 도덕실천의 일이지만, 반드시 지식의 누적으로 지(知)와

---

28) 敬者盡至心也〈中略〉, 人不敬天天不應人, 如草木之不敬雨露霜雪(「叄佺戒經」, 第一章 誠理訓, 第二事, 敬神.).

29) 義粗信而孚應之氣也, 其爲氣也感發而起勇, 勇定而立事牢鎖心關霹靂莫破, 堅剛乎金石, 決瀉乎江河(「叄佺戒經」, 第二章 信理訓, 第五十六事, 義.).

30) 敬以直內, 義以方外, 敬義立而德不孤(「周易」, 文言傳.).

31) 忠信所以進德也, 修辭立其誠, 所以居業也. 知至至之, 可與幾也, 知終終之, 可與存義也(「周易」, 文言傳.).

행(行)을 결합한다. 지식에 이르러 그것을 앎에 도달하는 것은 지식을 교육해서 이뤄지는 일이고, 지식을 다 알고 나서 그 지식을 끝마치는 것은 실천에 이르러서이다. 그러므로 지식을 축적하여 학문을 추구하고, 질문하는 태도를 지니고 시비(是非)를 명백히 구별하며, 사람과 사물을 널리 두텁게 대하고, 어질고 사랑스러운 태도로 행위의 준칙(準則)으로 삼는다[32]는 것은 지(知)와 행(行)을 통해서 성(性)을 통일하는 것이다.

## 6. 명덕(明德)

「대학(大學)」에 이르러 인간을 널리 이롭게 하는 덕(德)의 추구는 밝은 덕(德)을 뚜렷이 밝혀서 다른 사람을 헤아리고, 새롭게 하도록 하며, 아울러 지극히 완벽하고 아름다운 경지를 이루어 변하지 않고 견지하도록 하는 것[33]으로 발전하여 교육적 사유(思惟)의 목적이자 근본적인 출발점이 되었다.

명덕(明德)은 밝은 덕(德)이고, 「역(易)」의 지덕(至德)이다. 지선(至善)은 최고의 덕성과 배합(配合)되는 것으로,[34] 그것은 우주 자연의 이치에서 사람에게 갖추어져 있는 것이다. 지선(至善)은 명덕(明德)의 가치규정이다. 명덕(明德)의 방법은 수신(修身)으로 사물의 가장 근본적인 도리를 깊이 탐구하여, 마음이 본래 가지고 있는 양지(良知)에 이르는 격물치지(格物致知)이다. 격물치지(格物致知)에서 지(知)는 도덕적 지식으로서 선(善) · 악(惡) · 길(吉) · 흉(凶)의 시작과 끝을 아는 것이다.[35] 이러한 도덕적 지식은 격물(格物)에서 나온다. 마음의 양지(良知)에 이르는 것은 사물의 이(理)를 깊이 탐구하는 데 있다.[36] 격물(格

---

32) 學以聚之, 問以辨之, 寬以居之, 仁以行之(「周易」, 文言傳.).

33) 大學之道, 在明明德, 在親民, 在止於至善(「大學」, 第一章.).

34) 易簡至善配至德(「周易」, 說卦傳.).

35) 知善惡吉凶之所終始也〈「大學」, 鄭玄(127~200, 중국 後漢 시대) 注.〉.

36) 所謂致知在格物者, 言欲致吾之知, 在卽物而窮其理也(「大學」, 傳文, 朱熹(1130~1200, 중국 宋나라), 格物致知補亡章.). 物格而后知至, 知至而后意誠, 意誠而后心正, 心正而后身修, 身修而後家齊, 家齊而國治, 國治而後天下平(「大學」, 經文 第

物)에서 격(格)은 '도달한다', '이른다' 뜻이고, 물(物)은 사물을 말한다.[37] 여기서 물(物)은 재세(在世)간의 사회적 존재 속의 인륜 관계 및 그 활동으로 수신(修身)에서 치국평천하(治國平天下)에 이르는 일체의 활동을 말한다.

물(物)은 모두 본(本)과 말(末)이 있고, 사(事)는 모두 시작과 끝이 있다. 이러한 본말(本末)과 시종(始終)의 선후(先後)를 분명하게 하면 도리(道理)에 적합하게 된다.[38] 그러므로 명덕(明德)은 주체로서 본(本)이며 재리(財利)는 말(末)이다. 따라서 반드시 본(本)을 알아서 명덕(明德)을 밝히는 도리(道理)를 인식해야 한다. 그런 까닭에 삼가고 자신의 덕(德)을 밝히는 것부터 시작한다. 덕(德)을 밝힌 연후에 자연히 사람으로서 존재하며, 사람다운 사람이 존재해야 나라가 있을 수 있다. 나라가 있으면 자연이 재화(財貨)가 있게 된다. 재화(財貨)가 있으면 자연히 쓰임이 있게 된다. 따라서 덕(德)이 근본이고, 재화(財貨)가 말(末)이다.[39] 따라서 덕(德)이 본(本)이기 때문에 본(本)을 아는 것은 명덕(明德)을 인식한다는 것이다. 그러므로 격물치지(格物致知)는 도덕인성(道德人性)의 자아 인식으로서 지선(至善)의 경지에 이르러 변치 않고 견지하는 는 것이다.

지선(至善)의 경지에서 그칠 데를 안 뒤에 일정한 정함이 있으니, 일정한 정함이 있는 뒤에 마음이 능히 고요하고, 마음이 고요한 뒤에야 거처함이 편안하고, 편안한 뒤에야 능히 헤아려 숙고할 수 있고, 헤아려 숙고한 뒤에야 능히 선(善)을 얻는다[40]고 하여 그침을 알아야 그 의지(意志)가 정해지고, 마음의 상태를 고요하게 하여, 정서(情緖)를 편안하게 하고, 사려(思慮)를 운영하여 지선(至善)의 경지에 이를 수 있다. 여기에 격물치지(格物致知)를 거쳐서 마음을 진

---

二章.).

37) 格, 來也, 物, 猶事也〈「大學」, 鄭玄(127~200, 중국 後漢 시대) 注.〉.

38) 物有本末, 事有終始, 知所先後則近道矣(「大學」, 經文 第一章.).

39) 是故君子先愼乎德, 有德此有人, 有人此有土, 有土此有財, 有財此有用, 德者本也, 財者末也(「大學」, 經文 第五章.).

40) 知止而后有定, 定而后能靜, 靜而后能安, 安而后能慮, 慮而后能得(「大學」, 經文 第一章.).

실하고 성실하게 하는 성의(誠意)와 내 몸의 주체인 마음을 단정히 하는 정심(正心) 후에야 진정한 실천의 영역에 진입할 수 있다. 이것은 경험적인 실천 속에서 비로소 획득할 수 있는 것으로 객관 대상과의 감응 속에서 획득되는 주체 인식(主體認識)이다. 즉, 모든 사람에게 명덕(明德)을 밝히도록 하여 사람을 널리 이롭게 하는 사회적 이상을 실현하도록 하는 데 있는 것이다. 이는 내(內; 안)에서 외(外; 밖)로 이르는 일련의 교육을 통한 수양(修養)과 실천과정에 의해 이뤄진다. 이것은 사물의 근원적인 이(理)를 깊이 탐구하는 격물(格物), 마음의 본래 가지고 있는 양지(良知)에 이르는 치지(致知), 마음을 진실하고 성실하게 하여 속임이 없는 성의(誠意), 내 몸의 중심이 되는 마음을 단정히 하는 정심(正心), 명덕(明德)을 밝혀 닦아서 실천하는 수신(修身), 가정을 먼저 평안하게 하는 제가(濟家)와 나라를 다스리는 치국(治國)으로 천하를 태평하게 하여 인류 공영에 이바지하는 평천하(平天下)에 이르는 주체적 과정이다.

## 7. 본래 인성〈本來 人性; 성(性)〉의 역할 천명(天命)

「중용(中庸)」에 이르러 홍익인간론(弘益人間論)은 천인일관(天人一貫)·심성합일(心性合一)의 형이상학적(形而上學的)인 인성론(人性論)을 발전시켜 성(誠)을 핵심적 주체로 하는 교육적 사유(思惟)체계를 완성하였다. 이러한 교육적 사유(思惟)의 근본적인 명제는 선천적으로 부여받은 것이 본성(本性)이고, 본성에 따라 행하는 것이 도(道)이며, 이러한 도를 닦도록 하는 것이 교육이다[41]는 데서 출발한다. 인성(人性)은 천명(天命)에서 유래하고, 재세(在世)간에 사회윤리도덕(社會倫理道德)은 인성(人性)에서 유래한다고 하였다.

본래성(本來性)의 역할로서 천명(天命)은 인성(人性) 속에 체현(體現)되어 있다. 인성(人性)은 우주본체(宇宙本體)의 실현이고, 그 개별체(個別體)의 존재로

---

41) 天命之謂性, 率性之謂道, 修道之謂敎(「中庸」, 第一章.).

보면 내재적인 초월로서 우주본체와 같은 것이다. 즉, 천명(天命)은 곧 천도(天道)이고, 우주자연계(宇宙自然界)의 근본적인 규율이며, 근본적인 존재이다. 본래 벼리의 역할인 천명(天命)은 영원히 쉼 없이 운행하며, 이것이 하늘이 하늘 되는 도리(道理)이다.[42] 그것은 정감(情感)도 없고 의지(意志)도 없고 소리도 없고 말도 없지만, 일체 현상의 근원이며, 엄숙(嚴肅)하고 경건(敬虔)하며 장엄(莊嚴)한 절대명령이기 때문에 사람이 경외(敬畏)하므로 하늘과 사람이 하나로 일관(一貫)하여 합해진다.

그것은 객관적 필연성과 주관적인 목적성의 통일로의 '성(誠)'이다. 성(誠)은 선천적인 진리이고, 성(誠)을 실천하여 이루려고 하는 것은 인위적인 진리이다.[43] 즉, 본래성(本來性)의 역할을 위해 천명(天命)으로 부여된 것이 성(誠)이고, 성(誠)을 실천하여 이루려는 '성지(誠之)'는 본성에 따른 행위이며, 본성에 따라 도(道)를 분명하게 닦아 만유(萬有)가 도(道)에 부합하도록 하는 것이다. 곧 사람에게 본래의 역할로서 부여된 성(性)은 우주 자연의 본체존재인 성(誠)을 사람에게 부여하여 인성(人性)이 되는 것이고, 인성(人性)이 곧 사람의 본체존재로서 사람을 우주자연계와 동등한 지위로 끌어 올린 것이다. 그러므로 본래성인 성(性)은 외재적인 객관 존재일 뿐만 아니라 내재적인 본질 존재로 외재적 필연성과 내재적 목적성을 지닌다. 그것은 본체의 범주이면서 주체의 범주가 된다. 그러므로 도(道)는 주체의 범주가 되기 때문에 도(道)는 사람에게 한순간도 떠날 수 없고, 떠날 수 있는 것이면 그것은 도(道)가 아니다.[44] 이로써 본래 주어진 본성으로서 천명(天命)의 도(道)에서 교육까지, 교육을 통해 다시 도(道)와 인성(人性)과 그 명(命; 역할)을 하게 하는 교육의 순환과정인 것이다. 그것은 주체로서 사람의 본체존재를 우주 본체와 하나로 합하는 것이다.

42) 維天之命, 於穆不已, 蓋曰, 天之所以爲天也(「中庸」, 第二十六章.).
43) 誠者天之道也, 誠之者人之道也(「中庸」, 第二十六章.).
44) 道也者, 不可須臾離也, 可離非道也(「中庸」, 第一章.).

## 8. 교육적 사유(思惟)의 주체로서 성(誠)

우주 자연의 이치로서 성(誠)은 존재 주체의 범주로서 교육적 공능(功能)의 범주이며 교육활동의 범주로서 생성과 발전의 동력이다. 誠(성) 자는 뜻을 나타내는 言(언; 말)과 소리를 나타내는 成(성; 이루다)이 합쳐진 형성자(形成字)이다. 소리를 나타내는 成 자는 戊(무; 무성하다)와 丁(정; 싹이 돋다, 16세 이상의 성년)의 결합으로 茂(무; 무성하다) 자와 같은 의미로 무성함을 이룬 성취상태를 의미하여, 信(신; 믿음)의 뜻이다.[45] 그러므로 성(誠)은 사람의 말은 진실성을 가져야 지향하는 바의 목표를 성취하여 상대방에게 성실성과 신뢰감을 줄 수 있다는 의미로 언행일치(言行一致)를 강조한다. 성(誠)은 대한민국의 고조선(古朝鮮) 시대 366사(三百六十六事)에서 사람의 마음속에서 우러나오는 참된 마음을 다해 본연(本然)의 성품을 지키는 것이라고 하였다.[46] 「주역(周易」의 건괘(乾卦; ☰)에 해당한다. 즉, 성(誠)은 사악(邪惡)함을 막아 보존하는 것으로 평상시의 말에도 믿음이 있고 평상시의 행동에도 신중하여 세상을 이롭게 하되 무력을 쓰지 않으며 덕(德)을 널리 베풀고 실현하는 것이다.[47] 그리하여 성(誠)은 천리(天理)의 본연(本然)이며 인사(人事)의 당연(當然)이 되어[48] 교육적 사유(思惟)의 핵심으로서 홍익인간론(弘益人間論)에서 교육철학의 주체로 자리하였다.

따라서 성(誠)에 이르는〈지성(至誠)〉 도(道)는 그침이 없어 영원하여 경험으로 밝혀 드러난다. 경험으로 드러나면 곧 오래되고 오래되면 곧 넓고 두터워지고 넓고 두터워지면 곧 높고 밝아진다. 넓고 두터운 것은 만유(萬有)를 일구는 까닭이고, 높고 밝은 것은 만유(萬有)가 펴지게 되는 까닭이고, 오래고 영원함

---

45) 誠信也, 從言成聲〈許愼(기원전 58~149, 중국 後漢 시대),「說文解字」〉.
46) 誠者 衷心之所發, 血性之所守(「叅佺戒經」, 第一章 誠理訓, 第一事, 誠.).
47) 庸言之信, 庸行之謹, 閑邪存其誠, 善世而不伐, 德博而化(「周易」, 文言傳.).
48) 誠者眞實無妄之, 謂天理之本然也, 誠之者未能眞實無妄而欲其眞實無妄之, 謂人事之當然也〈「中庸」, 第二十章, 朱熹(1130~1200, 중국 宋나라) 注.〉.

은 만유(萬有)를 이루게 하는 것이다. 넓고 두터운 것은 땅과 짝하고 높고 밝은 것은 하늘과 짝하며, 장구한 것은 끝이 없어 보이지 않아도 드러나고, 움직이지 않아도 변하고, 시작함이 없어도 이루어진다. 하늘과 땅의 도(道)는 한마디로 다 말하면 그것이 만유(萬有)가 되게 하는 것이 변치 않으니, 곧 그것이 만물을 생성하는 원리를 헤아릴 수 없다. 하늘과 땅의 도(道)는 넓고 두텁고 높고 밝고 오래가고 영원하다. 지금 하늘은 이렇게 환함이 많이 모였으나, 그것의 무궁함에 미쳐서는 해와 달과 별과 별자리들이 매여 있으며 만물을 덮어주고 있다. 지금 땅은 한 줌의 흙이 많이 모인 것이나 그것이 넓고 두터워져서는 화려하고 큰 산을 싣고 있으면서도 무겁게 여기지 않고, 강과 바다를 거둬들이고 있어도 물이 새지 않고 만유(萬有)가 땅 위에 실려 있다.[49] 이것은 천지(天地)는 만유(萬有)를 덮고 끊임없이 생성 · 변화하는 것으로 성(誠)에 의해서 존재하고 활동하는 결과이다. 그리하여 사람의 주체의식(主體意識)과 관념(觀念)을 우주(宇宙)의 근본적인 존재로 끌어 올려놓았고, 우주자연계(宇宙自然界)의 질서를 확립했으며, 사람의 특성을 갖도록 하였다. 성(誠)은 주체의 객관화로서 사람과 자연, 주체와 객체를 통일하여 자연계를 인간화(人間化)하였다. 이것은 사람이 자연계를 창조(創造)함으로써 사람의 도덕 속성을 자연계에 투사한 것이다. 이렇게 해서 사람의 주체성은 자아(自我)의 가치로 변하게 되어 사람과 자연계의 통일을 실현하는 것을 목적으로 삼는다. 성(誠)의 인식이 곧 주체 인식의 자아실현과 자아초월인 것으로 성(誠)은 자기 인격을 완성하는 교육이념의 요건이고, 도(道)는 자기가 당연히 해야 할 교육받음을 실천하는 길을 걷도록 이끌고 있다.

성(誠)은 자연(自然)의 도리로서 스스로 이루어지는 것이며, 도(道)는 스스로

49) 故至誠無息, 不息則久, 久則徵, 徵則悠遠, 悠遠則博厚, 博厚則高明, 博厚所以載物也, 高明所以覆物也, 悠久所以成物也, 博厚配地, 高明配天, 悠久無疆, 如此者, 不見而章, 不動而變, 無爲而成, 天地之道, 可一言而盡也, 其爲物不貳, 則其生物不測, 天地之道, 博也厚也高也明也悠也久也, 今夫天, 斯昭昭之多, 及其無窮也. 日月星辰繫焉 萬物覆焉, 今夫地, 一撮土之多, 及其廣厚, 載華嶽而不重, 振河海而不洩, 萬物載焉(「中庸」, 第二十六章.).

행해야 하는 당연한 도리(道理)이다. 성(誠)이란 만유(萬有)의 시작과 끝이므로, 성(誠)이 없으면 만유(萬有) 또한 없는 것이다. 그러므로 군자는 성(誠)에 이르려는 행위를 귀(貴)하게 여기는 것이다. 성(誠)은 스스로 자기를 이룰 뿐만 아니라, 남도 이루어 주는 것이니, 자기를 이루는 것은 인(仁)이요, 남을 이루는 것은 지(知)이다. 이것은 인성(人性)의 덕(德)으로 바깥(外)과 안(內)을 합하는 도(道)로서 때에 따라 마땅히 행해지는 것이다.[50] 성(誠)은 천인합일(天人合一)의 도(道)로서 반드시 사람의 주체적인 교육활동으로 실현되고, 자기의 인격완성을 하여 만유(萬有)를 이해하여 이롭게 한다.

천하의 보편적이며 공통된 덕(德)인 지(知) · 인(仁) · 용(勇) 세 가지를 행하는 것은 성(誠) 하나일 뿐이다.[51] 지(知)는 만유(萬有)를 성취하도록 하고, 인(仁)은 자기의 인격을 완성하고, 용(勇)은 그것을 실천하여 천인합일의 도(道)를 실현한다. 이는 곧 사람의 본체존재(本體存在)의 사회윤리의 관계 속에서 체현될 수 있는 것으로 사회의 윤리도덕(倫理道德)을 설명한 것이다. 구체적으로는 군신(君臣) · 부자(父子) · 부부(夫婦) · 형제(兄弟) · 붕우(朋友)의 다섯 가지 공통된 도(道)로 나타난다.[52] 이것이 성(誠)의 본체론적(本體論的) 근거로서 의의를 지니며, 사람의 본질 존재로서 주체성을 갖는 마음의 주체 의식으로서 심성합일(心性合一)을 확립한 것이다. 이러한 마음〈심(心)〉은 도덕 주체론이 되어 희(喜; 기쁨) · 노(怒; 성냄) · 애(哀; 슬픔) · 락(樂; 즐거움)의 정감(情感)이 아직 발(發)하지 않았을 때, 마음이 고요하여 치우치지 않은 것을 중(中)이라고 하고, 정감(情感)이 발(發)한 것이 나타나 모두 절도(節度)에 맞는 것을 화(和)라고 한다. 중(中)이라는 것은 천하(天下) 만유(萬有)의 근본이며, 화(和)는 세상에서

50) 誠者自成也, 而道自道也. 誠者物之終始, 不誠無物, 是故君子誠之為貴. 誠者非自成己而已也, 所以成物也. 成己仁也, 成物知也, 性之德也, 合外內之道也, 故時措之宜也(「中庸」, 第二十五章.).

51) 知仁勇三者, 天下之達德也. 所以行之者一(誠)也(「中庸」, 第二十章.).

52) 天下之達道五, 所以行之者三(知·仁·勇). 曰君臣也, 父子也, 夫婦也, 昆弟也, 朋友之交也, 五者天下之達道也(「中庸」, 第二十章.).

모두 맞게 행해야 하는 큰 도(道)이다. 중화(中和)에 이르면 천지(天地)의 모든 것이 제자리에 위치하고 만물이 원만하게 성장한다.[53] 이것은 사람의 내재적인 도덕정감(道德情感)에 본체론(本體論)이 의미를 부여하여 사람은 자연계(自然界)에서 주체적인 지위를 확립하므로 성(誠)은 교육적 사유(思惟)의 주체가 된다.

그리하여 오직 성(誠)에 이르는〈지성(至誠)〉 사람만이 자기의 본성을 실현할 수 있고, 자기의 본성(本性)을 실현할 수 있으면 다른 사람의 본성(本性)을 실현할 수 있고, 다른 사람의 본성(本性)을 실현할 수 있으면 만유(萬有)의 본성(本性)을 실현할 수 있으며, 만유(萬有)의 본성(本性)을 실현할 수 있으면 천지(天地)의 모든 것을 가르쳐서 완성되게 기를 수 있으므로[54] 사람의 자아가치(自我價値)가 실현된다.

따라서 성(誠)은 최고의 지혜(智惠)이다. 지극한 성(誠)의 도(道)에 이르면 가히 앞일을 미리 아는 지혜를 가지니, 나라가 장차 흥(興)하려 할 때는 반드시 상서로움이 있고, 나라가 장차 망(亡)하려 할 때는 반드시 요사스러운 징조가 있어 사람의 사지(四肢) 동작이나 의태(儀態)로 나타났다. 화(禍)와 복(福)이 장차 이르려 할 때 선(善)을 반드시 먼저 알게 되고, 선(善)하지 못한 것도 반드시 먼저 알게 된다. 그러므로 지성(至誠)한 사람은 신명〈神明; 총명(聰明)〉과 같다.[55] 사람의 이러한 지혜의 성(性)은 본래부터 고유한 것으로 인지이성(認知理性)의 지(知)와 도덕성(道德性)의 인(仁)이 합해서 하나가 되는 최고의 지혜이다. 따라서 성(誠)은 진(眞)과 선(善)이 하나로 합한 범주로서 교육의 주체가 된다.

---

53) 喜怒哀樂之未發謂之中, 發而皆中節謂之和, 中也者天下之大本也, 和也者天下之達道也, 致中和天地位焉, 萬物育焉(「中庸」, 第一章.).

54) 惟天下至誠, 爲能盡其性, 能盡其性, 則能盡人之性, 能盡人之性, 則能盡物之性, 能盡物之性, 則可以贊天地之化育, 可以贊天地之化育, 則可以與天地叁矣(「中庸」, 第二十二章.).

55) 至誠之道, 可以前知, 國家將興, 必有禎祥, 國家將亡, 必有妖孽, 動乎四體, 禍福將至, 善必先知之, 不善必先知之, 故至誠如神(「中庸」, 第二十四章.).

## 9. 성(誠)의 교육 사상적 사유(思惟) 체계(體系)

지성(至誠)으로 자연스럽게 선(善)이 밝아지는 것〈명(明)〉은 천부적 본성이다. 선(善)이 밝아지므로 해서 성(誠)에 이르는 것은 인격완성으로서 교육이다. 성(誠)에 이르면 곧 도리(道理)가 밝아지고, 도리가 밝아지면 성(誠)에 이르게 되므로[56] 성(誠)은 스스로 자기 인격을 완성하는 요건이고, 도(道)는 마땅히 스스로 바람직한 방향으로 교육하여 이뤄지는 것[57]은 주체로서 깨달음을 실현하는 것으로 경험적(經驗的) 인식(認識)과 이성적(理性的) 사변작용(思辨作用)을 통해 교육적 인식과 실천방법으로 교육 사상적 사유(思惟)의 체계를 형성하고 있다.

성(誠)은 사상체계(思想體系)를 형성하면서 그 자체가 교육이념(教育理念)으로서 의미를 지닌다. 성(誠) 사상(思想)에서 교육적 사유(思惟)는 인간의 본성(本性)은 덕성(德性) 실현의 가능성을 가지고 태어난다는 데 있다. 이러한 가능성은 개인의 특성에 따라 단계를 가지고 있고, 자강불식(自彊不息)의 부단한 교육적 노력으로 본성을 실현할 수 있으며, 천부적인 가능성은 널리 인간을 이롭게 하는 다양한 인간상으로 형성된다. 그러므로 성(誠)의 실현은 교육의 본질적인 기능이 된다. 모든 교육의 활동은 인간성의 실현으로 귀결되기 때문이다. 이것은 교육이 인간의 일생의 삶과 과정임을 강조하여 성(誠) 사상은 인간의 자아실현을 위한 평생교육적(平生教育的) 사유(思惟)를 제시한다. 성(誠)의 실현을 위한 교육은 평생(平生) 해야 한다.

성(誠) 사상(思想)은 교육에 있어서 실천적 행동을 강조한다. 재세(在世)간의 사회적 관계를 통해 자신의 인격완성은 물론, 타인의 인격완성까지도 실현하는 것으로 이것은 실천적 활동으로 함양된다. 그러므로 성(誠) 사상은 인류공영(人類共榮)의 이상사회(理想社會)를 지향하며, 교육에 의한 지성(至誠)으로

56) 自誠明, 謂之性, 自明誠, 謂之教, 誠則明矣, 明則誠矣(「中庸」, 第二十一章.).
57) 誠者自成也, 而道自道也(「中庸」, 第二十五章.).

가능한 것이다. 따라서 성(誠)은 전인격체(全人格體)로서 전인성(全人性)이며, 교육의 전체적이고 통합적인 발달로서 교육이념으로서 사유(思惟)를 갖는다. 이것은 곧 성(誠)이 모든 교육활동의 근원(根源)과 원천(源泉)으로 교육의 통일성과 방향성을 제시하면서 교육목적으로서의 논거(論據)를 확립한다.

성(誠) 사상은 교육활동의 존재와 성장지표로서 전인격체(全人格體)의 소이연(所以然)의 의미를 지니고, 인간의 당위적 행동 규범으로 교육의 실천원리인 소당연(所當然)의 의미를 제시하고 있다. 그것은 인간행동의 바람직한 준거(準據)로서 도덕 규범의 존재를 설정하였고, 그 규범으로서는 인(仁)·의(義)·예(禮)·지(智)·신(信)의 다섯 가지 덕목을 반영하여 인간관계로부터 형성되는 사회사상으로서 질서와 조화를 이루기 위해 사람이 가야 할 도리(道理)로서, 배불리 먹고 따뜻한 옷을 입고 편안히 거처하면서 교육을 받지 못하면 금수(禽獸)에 가까워지는 것을 걱정하여 전문적인 교육담당자〈사도(司徒)〉를 두어 인륜(人倫)을 가르치도록 기본 윤리인 5륜(五倫)을 교육적으로 제시하고 있다.[58] 즉, 인사(人事)의 당연한 것으로서 군신(君臣)·부자(父子)·부부(夫婦)·붕우(朋友)·장유(長幼)의 관계를 도덕(道德)교육의 규범으로 설정하였다.

국가와의 관계〈군신(君臣)〉에서는 충(忠), 부모와의 관계〈부자(父子)〉에서는 효(孝), 부부와의 관계에서는 서로의 역할인 별(別), 친구와의 관계〈붕우(朋友)〉에서는 신(信; 믿음), 어른과 어린이의 관계〈장유(長幼)〉에서는 서(序; 질서)의 규범으로 이들 규범 간에 유기적인 상호관계를 꾀하면서 인간을 널리 이롭게 하는 사회조화의 발전을 도모하는 것이다.

성(誠) 사상은 이와 같은 도덕 규범들을 통괄(統括)할 수 있는 교육목적의 의미로서 경(敬)과 신(信) 내세워 성(誠)의 교육적 실현을 도모하고 있다. 성(誠)의 교육적 성취로서는 경(敬)과 그 성취를 평가하는 것으로 신(信)을 교육목적으로

58) 人之有道也, 飽食煖衣, 逸居而無教, 則近於禽獸, 聖人有憂之, 使契〈설(契); 생몰년대 미상, 성(姓)은 자(子)이다. 중국 상(商)나라 상족(商族)의 시조(始祖)이다.〉司徒, 教以人倫, 父子有親, 君臣有義, 夫婦有別, 長幼有序, 朋友有信(「孟子」, 滕文公.).

설정한다.

경(敬)은 엄숙(嚴肅)하다[59]는 뜻이다. 모든 것을 조심하고 삼가다는 의미로 두려워하고 조심하는 것이다.[60] 그러므로 경(敬)은 마음을 조심하는 것이며 말과 행동을 삼가는 것이다. 마음은 내적(內的)이고, 말과 행동은 외적(外的)인 것이다. 경(敬)은 성(誠)의 외적인 현현(顯現)이다. 성(誠)을 실현하기 위한 덕(德)을 닦는 데 있어 경(敬)으로 마음을 정직하게 하고 의(義)로 드러나는 것을 바르고 점잖게 하여 경(敬)과 의(義)를 내세우면 덕(德)이 세상의 인정을 받게 된다[61]고 하여 경(敬)을 지성(至誠)의 교육목적으로 하고 있다.

배우는 자는 모름지기 먼저 인(仁)을 알아야 한다. 인(仁)은 만유〈萬有; 물(物)〉와 혼연(渾然)하여 동체(同體)이다. 의(義)·예(禮)·지(智)·신(信)은 모두 인(仁)이다. 이러한 이치를 알아서 성경(誠敬)으로 간직하는 것이다.[62] 고한 것은 성(誠)은 경(敬)을 통하여 본래의 마음을 보존하여 바른 본성을 기르는 것을 말한 것이다. 따라서 성(誠)은 우주 자연〈천(天)〉의 도(道)이며, 경(敬)은 인사(人事)의 근본이므로 경(敬)은 곧 성(誠)이라고[63] 보아. 성(誠)은 마음〈내(內)〉이며, 경(敬)은 행동〈외(外)〉으로 상호 표리(表裏) 관계이다, 성(誠)을 실현하기 위한 경(敬)의 강조는 교육활동에서 경(敬)을 교육목적으로 하고 있다. 그러므로 경(敬)으로써 학문에 힘써야만 앎에 이를 수 있다[64]고 하여 경(敬)은 오직 정신을 한곳에 모아〈주일(主一)〉 생각이나 처지가 흔들려 산만하지〈부지동(不知

---

59) 敬肅也〈許愼(기원전 58~149, 중국 後漢 시대),「說文解字」〉.

60) 夙夜敬止, 〈注〉敬愼也(「詩經」, 周頌閔豫少子篇.), 心多貌少爲敬(「禮記」, 曲禮篇.).

61) 敬以道內, 義以方外, 敬義立而德不孤〈程顥(1032~1085)·程頤(1033~1107), 중국 宋나라,「二程全書」, 卷之二.〉.

62) 學者順先識仁, 仁者渾然與物同體, 義禮智信皆仁也, 識得止理, 以誠敬存之而己〈程顥(1032~1085)·程頤(1033~1107), 중국 宋나라,「二程全書」, 卷之二.〉.

63) 誠者天之道, 敬者人事之本, 敬則誠〈程顥(1032~1085)·程頤(1033~1107), 중국 宋나라,「二程全書」, 卷之二.〉.

64) 涵養順用敬, 進學則在致知〈程顥(1032~1085)·程頤(1033~1107), 중국 宋나라,「二程全書」, 卷之十九.〉.

東), 부지서(不知西)〉 않고 중심〈중(中)〉을 잡는 것이다.[65] 이러한 경(敬)은 거경궁리(居敬窮理)의 근본이 되었다. 거경(居敬)은 경(敬)에 역점을 두는 마음의 상태이고, 궁리(窮理)는 행위의 상태이다. 그러므로 경(敬)은 성(誠)에 이르는 교육목적으로서 성(誠)을 지향하여 인(仁)을 이루는 길잡이다. 이것은 비유하면 사람의 두 발과 같아서 왼발이 움직이면 오른발이 정지하고, 오른발이 움직이면 왼발이 정지하여 보조를 맞춤으로써 걸음걸이의 목적을 달성하는 것과 같으므로 거경궁리(居敬窮理)는 비록 2개의 진실이나 그 실제는 하나의 본질인 것과 같다.[66] 따라서 교육의 인격 완성체인 성(誠)과 그 교육목적인 경(敬)은 그 가치의 실천으로 인간성을 실현한다.

대한민국의 고조선(古朝鮮) 시대 366사(三百六十六事)에서 신(信)은 하늘의 이치〈天理; 성(誠)〉에 부합되어 사람의 일이 반드시 이루는 것이라고 하여[67] 인격완성인 성(誠)의 실현을 평가한다. 즉, 신(信)은 성(誠)으로서 사람의 말에는 미덥지 못한 것이 없어야 한다[68]고한 것은 사람의 말에는 정성(精誠)이 있고 신뢰(信賴)를 얻어야 하므로 다른 사람과의 대화에 있어서 자기 마음속 믿음인 참된 말로 해야 널리 사람을 이롭게 하여 사람 간에 신뢰를 얻을 수 있다는 것을 뜻한다. 이와 같은 인간관계에서 서로의 신뢰성은 언어(言語)로 얻어지는 것으로 신(信)은 성(誠)을 실천적으로 평가한다. 그러므로 집에서 생활할 때도 말을 선(善)하게 하면 곧 천리(千里) 밖에 까지도 감응하니, 하물며 가까운 곳에 있어서는 말할 나위 없다[69]고 한 것은 말의 성실성과 신뢰성을 강조한 것이다. 또한, '벗과 사귀며 말에 믿음〈신(信)〉이 있으면 비록 배우지 않았다고 하더라도

65) 敬只主一也, 主一則不知東, 又不知西如是則只是中[程顥(1032~1085) · 程頤(1033~1107), 중국 宋나라, 「二程全書」, 卷之二.〉.

66) 譬如人之兩足, 左足行則右足之, 右足行則左足之(中略), 其實只是一事, 居敬窮理雖二端, 其實一本〈黎靖德(생몰년대 미상, 중국 宋나라)編, 「朱子語類」, 卷之九.〉.

67) 信者天理之必合人事之必成(「叅佺戒經」, 第二章 信理訓, 第五十五事, 信.).

68) 信誠也, 從人言〈許愼(기원전 58~149, 중국 後漢 시대), 「說文解字」.〉. 人言則無不信者, 故從人言〈段玉裁(1735~1815, 중국 淸나라), 「說文解字」注.〉.

69) 君子居其室, 出其言善則, 千里之外應之, 況其邇者乎((「周易」, 繫辭傳.).

반드시 배웠다고 할 것이다'와 '벗과 사귐에 있어 미덥지〈신(信)〉 않은 일이 없었던가?'[70]고 한 것은 신(信)이 말과 행위의 합목적성(合目的性)을 검증하여 평가하는 것이다. 따라서 말은 참되고 미더워야 하며, 행동은 돈독하며 공경스럽게 해야 한다[71]고 하였다. 이와 같은 신(信)은 사람의 말과 행위의 검증자이며, 재세간(在世間)의 공동윤리를 평가하는 것으로서, 인간 행위에서 신(信)이 드러날 때 성(誠)은 저절로 규명(糾明)되어 밝아지므로 이것을 교육이라고 한다.[72]

경(敬)과 신(信)이 성(誠)의 교육목적에 주는 의미는 교육은 전인격체(全人格體)인 성(誠)의 실현과정이며 인간을 완성하는 것이다. 그것은 경(敬)과 신(信)을 교육목적으로 삼아 삶의 구체적인 현장에서 현실적으로 살아가는 행동하는 실천인이다. 그러므로 성(誠)의 실현은 삶의 장에서 살아가면서 배우며 살아가는 평생교육이어야 한다. 이것이 성(誠)이 갖는 언행일치(言行一致)의 실천적인 인간관(人間觀)이다.

성(誠)이 갖는 실천적 인간관은 교육을 통해 이루어진다. 인간의 교육적 주체로서 본체가 성(誠)이므로 자연히 교육적 가치에 부합한다. 성(誠) 사상에서는 인간의 능력을 3단계로 구분한다. 첫째 단계는 타고난 능력의 수월성〈생지(生知)〉을 지닌 사람, 둘째 단계는 배워서 알게 되는 사람〈학지(學知)〉, 셋째 단계는 부족하여 부단히 노력하여 알게 되는 사람〈곤지(困知)〉이다.[73] 이것은 학습능력의 개인차를 말하는 것으로 모두 성(誠)의 본성을 지니는 것으로, 그 본질은 다를 것이 없으므로 교육이 가능한 것이다. 그러므로 사람의 성품은 모두 선(善)하여 개인차가 있으므로 도(道)를 들음이 이른 것과 늦은 것이 있고, 도(道)를 행하는 것이 어렵고 쉬운 것이 있기 마련이다. 그러나 모두 스스로 강한 의지

70) 與朋友之交, 言而有信, 雖曰未學, 吾必謂之學矣, 與朋友交而不信乎(「論語」, 學而篇.).
71) 言忠信, 行篤敬(「論語」, 衛靈公篇.).
72) 自明誠爲之教(「中庸」, 第二十一章.).
73) 或生而知之, 或學而知之, 或困而知之, 及其知之一也(「中庸」, 第二十章.).

를 갖고 쉬지 않고 노력한다면 그 목표에 도달할 수 있다.[74] 그러므로 성(誠)은 교육적 사유(思惟)를 지닌다.

전인격체(全人格體)인 성(誠)에 이르는 교육방법은 덕성(德性)을 고양하여 보존하는 존덕성(尊德性)과 학문을 통하여 선(善)을 배양하는 도문학(道問學)이다.[75] 존덕성(尊德性)과 도문학(道問學)의 길을 가는 것은 넓고 큼에 이르되 정밀함을 다하고, 높고 밝음에 최선을 다하여 중용(中庸)의 길을 걸어가며, 옛것을 익혀서 새로운 것을 창조할 줄 알며, 덕(德)을 돈독히 하여 예(禮)를 숭상하므로 윗자리에 있어도 교만(驕慢)하지 아니하고, 아랫자리에 처하여도 분위기를 흐리지 아니한다.[76] 따라서 존덕성(尊德性)은 마음에 보존한 큰 도덕〈道德; 성(誠)〉의 본체(本體)를 다하는 것이며, 도문학(道問學)은 것은 앎을 일구어 큰 도덕〈道德; 성(誠)〉의 본체(本體)의 세세함을 다하는 것이니, 이 두 가지는 덕(德)을 닦고 도(道)를 응결(凝結)하게 하는 큰 단서이다.[77]

존덕성(尊德性)은 경(敬)과 신(信)을 목표로 하여 자기 양심을 존중하고 마음씀을 신중히 하는 존양성찰(存養省察) 하는 데 있다.

존양(存養)은 우주 자연의 이치를 따라 자기 마음을 보존하여 본성을 기르는 것이다.[78] 즉, 양심(良心)을 잃지 말고 그대로 간직하여 본래의 본성(本性)을 키워 나가는 것이다. 존양(存養)은 마음의 본체(本體)를 지키는 것이다. 마음의 욕심을 막아 홀로 삼가고 경계하며 스스로가 경계하며 두려움을 가지고 조심하는 경(敬)의 의미다.

---

74) 蓋人性雖無不善, 而氣稟有不同者, 故聞道有蚤莫, 行道有難易, 然能自强不息, 則其至一也〈「中庸」, 第二十章, 朱熹(1130~1200, 중국 宋나라) 注.〉.

75) 苟不至德, 至道不凝焉, 故君子尊德性而道問學(「中庸」, 第二十七章.).

76) 尊德性而道問學, 致廣大而盡精微, 極高明而道中庸, 溫故而知新, 敦厚而崇禮, 居上不驕, 爲下不(「中庸」, 第二十七章.).

77) 君尊德性所以存心而極乎道體之大也, 道問學所以致知而盡乎道體之細也, 二者修德凝道之大端也〈「中庸」, 第二十七章, 朱熹(1130~1200, 중국 宋나라) 注.〉.

78) 存其心, 養其性, 所以事天也(「孟子」, 盡心章.).

성찰(省察)은 날마다 자신을 반성하여 이런 잘못이 있으면 고치고, 없으면 더욱 힘써서 자신을 다스림에 성실하고 간절함 같이 하여 학문하는 근본을 얻는 것이다.[79] 즉, 행동에 있어서 마음 씀을 신중히 하여 이치에 합당한가를 살펴 옳은 길에 따르고 나쁜 일에 빠지지 않도록 평가하는 신(信)의 의미이다.

이와 같은 존양성찰(存養省察)은 신독(愼獨)을 통해 이루어진다. 신독(愼獨)의 의미는 대한민국의 고조선(古朝鮮) 시대 366사(三百六十六事)에 나타난다. 즉, 사람의 마음은 일을 간직해 두는 곳간이며, 몸은 일을 행하는 중추적인 기관이기 때문에 마음을 열고 일으킴에는 일용(日用)의 때와 장소에 맞게 도리(道理)를 행해야 하므로 마음 씀을 신중히 하라고 하였다.[80] 신독(愼獨)은 思(사; 생각하다, 고찰하다)에 함축된 것이다. 여기서 思(사)는 睿(예; 깊고 밝은 슬기로움)는 '예지(叡智)'로서 지혜롭고 밝은 마음의 생각으로서 감각적으로 주어지지 않는 것을 주관적으로 표상하는 힘으로, 사람이 조심하는 마음으로 보이지 않는 곳과 들리지 않는 곳에서도 마음을 느슨하게 하지 말고 마음을 성실하게 하여 부여된 성품을 갖추는 지혜이다. 따라서 생각〈사(思)〉은 슬기로움으로, 슬기로움은 성스러움을 만든다[81]고 하였다. 그러므로 신독(愼獨)은 인간의 자기실현을 위하여 갖추어야 할 성찰(省察)의 기본 바탕으로서, 혼자 있을 때 하는 행동을 조심한다[82]는 데서 출발한다. 이에, 신독(愼獨)은 인간의 도리(道理)와 잠시도 떨어질 수 없는 것으로 신독(愼獨)을 말하여 사람의 내적 수양의 교육적 함의(含意)로서 인격완성의 출발점이 된다.[83] 따라서 혼자 있는 방에서도 부끄

---

79) 日省其身, 有則改之, 無則加勉, 其自治誠切, 如此可謂得爲學之本矣〈朱熹(1130~1200; 중국 南宋 시대), 「論語集註」, 學而篇.〉.

80) 閉不開也, 物事物也, 心者藏事之府庫, 身者行事之樞機也, 藏而不發安得現做乎, 開發 有時有地, 開不以時發不以地, 天理昏暗人道顚覆, 故君子閉物而愼開發(「叅佺戒經」, 第一章, 誠理訓, 第十九事, 閉物.).

81) 思曰睿. 〈中略〉 睿作聖(「書經」. 洪範, 五事.).

82) 愼獨者, 愼其閒居之所爲〈鄭玄(127~200; 중국 漢나라)·孔穎達(574~648, 중국 唐나라). 「禮記正義」〉.

83) 道也者不可須臾離也, 可離非道也. 是故君子戒愼乎其所不睹, 恐懼乎其所不聞.

럼이 없이 보인다면 움직이지 않아도 공경하며, 말하지 않아도 믿게 된다[84]고 하여 경(敬)과 신(信)에 의한 존양성찰(存養省察)을 말하고 있다.

신독(愼獨)은 홀로 있을 때도 몸가짐이나 언행을 조심하여 자신에 대한 성찰을 게으르게 하지 않아야 한다는 덕목(德目)이다. 사람의 타고난 품성〈성정(性情)〉의 큰 본질과 사람이 마땅히 지켜야 할 도〈道; 달도(達道)〉는 천지(天地)를 제자리에 위치하게 하고, 만물(萬物)을 기를 수 있는데 그 단서는 홀로 있을 때도 삼가는 신독(愼獨)이다. 신독(愼獨)은 대한민국 조선(朝鮮) 시대에도 교육의 요소로 중요하게 여겼다. 즉, 태만하고 안일함을 두려워하며, 조심하고 쉬지 않음으로써 스스로 힘써서 수렴하고 확립하여 항시 경외(敬畏)하는 마음을 간직한다. 비록 사물은 이미 스쳐 가고 사려(思慮)는 아직 싹트지 않은 잠깐 사이에도 스스로 각성하여 마음이 어둡지 않게 만들고, 그 기틀이 이미 움직이고 이 생각이 이미 싹틀 때 이르러 남은 비록 모르더라도 그 가운데 밝은 마음, 곧 속이지 못할 것이 있다면 혼자 있는 어두운 방 가운데에서도 더욱 정신을 환기하여 그 기미를 살피고 욕심이 싹트려고 하거든 곧 따라서 막아 끊어버려 연달아 흐르는 천리(天理)의 가르침인 조리(條理)에 정통하게 하여 잠깐도 그치거나 끊어짐이 없도록 해야 한다[85]고 하여, 평소 한가히 혼자 있는 때에 이르러서는 이는 곧 남은 모르고 자기만이 홀로 아는 곳이므로 인정(人情)이 소홀히 하기가 쉬워 점점 그대로 지나치게 되기 때문에 경계하고 삼가〈계신(戒愼)〉고 두려워하는 마음가짐〈공구(恐懼)〉을 잃지 않는 공부를 반드시 남이 보지 않고 듣지 않을 때 하는 것이다. 자신을 돌아보고 경성(警省)하여 비록 한가로이 거처하면서

---

莫見乎隱, 莫顯乎微, 故君子愼其獨也(「中庸」, 第一章.).

84) 相在爾室, 尙不愧于屋漏, 故君子不動而敬, 不言而信(「中庸」, 第三十三章.).

85) 君子, 以怠惰荒寧爲懼, 以惕厲, 不息自强, 而收斂凝定, 常存敬畏, 雖當事物旣往, 思慮未萌, 介然之頃, 亦自警覺, 使爲惺惺不昧之地. 至於其幾旣動, 此念已萌, 人雖不知, 而昭晰於其中者, 有不可欺, 則於幽獨暗室之中, 尤當提起精神, 以審其幾, 而人慾之將萌, 便從而遏絶之, 使涓涓之天理, 有所條達, 而不使須臾之或間也〈『朝鮮王朝實錄』, 「中宗實錄」, 中宗 三十七(1542)年, 十一月, 十二日 戊午.〉.

혼자 있을 때도 반드시 스스로 점검하였기 때문에 두 다리를 쭉 뻗고 앉는 매우 게으르고 거만한 지경에 이르지 않는다. 그러나 실제로 거경(居敬)의 공부와 신독(愼獨)의 요령을 체득하지 못하면 그 마음이 중단되는 우려가 있다. 그러므로 선악(善惡)의 낌새를 잘 살펴서 선(善)은 함양하고 악(惡)한 마음을 없애서 항상 공경하고 두려워하는 경외(敬畏)하는 마음을 보존하여 도덕(道德)에서 떠나지 않는 것이라고 하였다.[86)]

이것은 태도, 가치관, 신념에 관계되는 내면적인 인격으로서 양심의 범위에 해당하는 교육 목표의 정의적(情意的) 영역이다. 전인격체(全人格體)로서 성(誠)의 실현은 경(敬)과 신(信)을 그 목표의 정의적(情意的) 영역으로 두고 신독(愼獨)에 의한 존양성찰(存養省察)로 덕성(德性)을 높이는 것이다.

도문학(道問學)은 앎을 일구는 것〈치지(致知)〉이다.[87)] 치지(致知)의 의미는 대한민국의 고조선(古朝鮮) 시대 366사(三百六十六事)에 나타난다. 그것은 알지 못하는 것을 알아서 깨닫는 것으로서, 마음을 바르게 하기를 끊임이 없이 하면 마음의 무한한 정신은 앎을 주관하고, 마음의 신성한 깨달음을 주관하여 소리를 들으면 무한한 정신이 통하고 사물이 다가오면 신성하게 깨달아서 과거와 미래의 때를 당하여 밝게 알게 된다.[88)] 그러므로 교육 목표의 지적(知的) 영역이다. 도문학(道問學)은 학지이행(學知利行)하는 것이다. 성(誠)에 이르기 위해 선(善)을 택하여 굳게 지키기는 것[89)]에서 선(善)을 택하는 것〈택선(擇善)〉은 배워서 알게 되는 학지(學知) 이하의 일이며, 그것을 굳게 내세워 지탱하는 것〈고

86) 至於燕居幽獨之時, 卽是人所不知, 而己所獨知之處也, 人情易忽, 漸至放過. 是以戒愼恐懼之工, 必在於不睹, 不聞之時者, 蓋以此也. 予於此, 反身警省, 雖在閒居獨處之時, 必自點檢, 幸不至箕踞惰慢之甚. 而此心每患間斷, 實緣居敬之工, 愼獨之節, 未得其要而然也. 卿等所陳, 果皆切實. 當體念焉〈『朝鮮王朝實錄』, 「正祖實錄」, 正祖 三(1779)年, 一月, 二十三日 戊申.〉.

87) 道問學所以致知〈「中庸」, 第二十七章, 朱熹(1130~1200, 중국 宋나라) 注.〉.

88) 致知者知覺乎所不知也, 正心而無間斷焉則心神掌知, 心靈掌覺聲入而神通, 物來而靈悟, 旣往將來燎若當時(「叄佺戒經」, 第一章 誠理訓, 第十八事, 致知.).

89) 誠之者는 擇善而固執之者也(「中庸」, 第二十章.).

집(固執)〉은 이롭게 여겨 행하는 것〈이행(利行)〉 이하의 일이다.[90]

학지(學知)를 통한 택선(擇善)은 배우고 묻고 생각하고 분별함은 선(善)을 가려서 지(知)가 되는 것으로 다섯 가지 배움의 방법이다. 그것은 널리 배우며〈박학(博學)〉, 살펴서 물으며〈심문(審問)〉, 삼가서 생각하며〈신사(愼思)〉, 밝게 분별하며〈명변(明辨)〉, 돈독히 행하는 것〈독행(篤行)〉이다.[91] 이것은 배우고, 묻고, 생각하고, 분별함은 선(善)을 가려서 지(知)가 되는 것으로 배워서 아는 것이다.[92] 박학(博學)과 심문(審問)은 외현적인 학습형태이고, 이러한 학습을 통하여 신사(愼思)의 사고력과 명변(明辨)의 판단력인 고등정신(高等精神) 기능을 함양하여 앎에 이르는 지식의 내면화이다. 이와 같은 내면화된 지식을 힘써 이롭게 실행하는 것이 이행(利行)이다. 그러므로 이행(利行)은 선(善)을 행하는 마음이 끊이지 않는 무단(無斷)으로서 대한민국의 고조선(古朝鮮) 시대 366사(三百六十六事)에서는 하룻밤에 세 편의 책을 읽으면 천 권의 책도 읽을 수 있으며, 하루에 천 걸음을 걸으면 만 리 길도 도달할 수 있으니, 선(善)을 이같이 이롭게 행하면 가히 그 복(福)을 받을 수 있다[93]고 하였다. 즉, 독실(篤實)하게 행하고〈독행(篤行)〉, 굳게 내세워 지탱하면 인(仁)이 되는 까닭이므로 이롭게 여겨 행하는 것〈이행(利行)〉이다.[94] 이러한 박학(博學) · 심문(審問) · 신사(愼思) · 명변(明辨) · 독행(篤行) 중 하나라도 하지 않으면 배움은 이뤄지지 않는다.[95] 그러므로 배우지 않으면 몰라도 배우거든 능력에 미치지 못하게 하지 말

---

90) 擇善學知以下之事, 固執利行以下之事也〈「中庸」, 第二十章, 朱熹(1130~1200; 중국 南宋 시대) 注.〉.

91) 博學之, 審問之, 愼思之, 明辨之, 篤行之(「中庸」, 第二十章.).

92) 學問思辨, 所以擇善而爲知, 學而知也〈「中庸」, 第二十章, 朱熹(1130~1200, 중국 宋나라) 注.〉.

93) 無斷者行善之心無間斷也, 一夜三篇千書可讀, 一日千步萬里可達, 善亦如之可領其福(「參佺戒經」, 第六章 報理訓, 第二百八十七事, 無斷.).

94) 篤行, 所以固執而爲仁, 利而行也〈「中庸」, 第二十章, 朱熹(1130~1200, 중국 宋나라) 注.〉.

95) 五者(博學 · 審問 · 愼思 · 明辨 · 篤行)廢其一, 非學也〈「中庸」, 第二十章, 朱熹(1130~1200, 중국 宋나라) 注.〉.

며, 묻지 않으면 몰라도 물을 때는 알지 못함에 머물지 말게 하며, 생각지 않으면 몰라도 생각을 할 때는 그 생각을 얻지 못하게 하지 말며, 판단하지 않으면 몰라도 판단할 때는 밝게 하지 못하게 하지 말며, 행하지 않으면 몰라도 행할 때는 돈독함이 없지 않게 해서, 다른 사람이 한 번에 잘하거든 나는 백 번 해서라도 잘하며, 다른 사람이 열 번에 잘하거든 나는 천 번 해서라도 잘해야 한다[96] 고 하여 교육에 의한 부단한 노력을 강조하고 있다.

성(誠)에 이르는 교육방법은 학습자의 신념, 태도, 가치관의 정의적(情意的) 행동투입특성과 학습자의 학습양식, 학습방법의 지적투입 행동특성을 지니고 있다. 여기에 능력의 개인차(個人差)를 고려하여 학습자의 요구와 능력에 맞게 교육되어야 하는 개별화(個別化)의 원리, 자기 성찰에 의한 자기주도적(自己主導的)으로 지식을 추구해간다는 점에서 계발적(啓發的) 방법과 자기활동(自己活動)의 학습자 중심의 교육원리를 제시하고 있다. 특히, 학습자의 내적 자각을 촉구함으로써 자발성(自發性) 신장을 통한 지(知)와 행(行)을 병진(竝進)하는 발견학습(發見學習)의 의미를 시사하여 그 교육사상 체계의 형성과 함께 인간을 널리 이롭게 하는 교육의 주체로 자리하고 있다.

96) 有弗學, 學之, 弗能弗措也, 有弗問, 問之, 弗知弗措也, 有弗思, 思之, 弗得弗措也, 有弗辨, 辨之, 弗明弗措也, 有弗行, 行之, 弗篤弗措也, 人一能之己百之, 人十能之己千之(「中庸」, 第二十章.).

제 4 장

# 홍익인간론(弘益人間論)의 교육적 사유(思惟)로서 가치론(價値論)

홍익인간론(弘益人間論)에서 교육적 사유(思惟)로서 가치론(價値論)은 인(仁)과 예(禮)이다. 인(仁)은 인간 존재의 가장 중요한 덕목(德目)으로, 타인에 대한 사랑과 배려를 기반으로 하는 도덕적 실천이다. 따라서 인(仁)은 인간 존재의 본질적인 특성으로 인간이 인간답게 살아가기 위한 내재적(內在的)인 교육의 가치로써 예(禮)로서 실제적인 행동과 실천을 요구한다. 그러므로 예(禮)는 인(仁)을 주체로 하여 인간행동을 실천하는 것으로 인(仁)에 근거하는 사회적 질서의 규범과 행동의 표준적 절차로서의 외재적(外在的)인 가치이다.

## 1. 인(仁)

인(仁)의 글자는 소리를 나타내는 人(인; 사람)과 뜻을 나타내는 二(이; 둘)가 합쳐진 형성자(形成字)이다. 두 사람이 서로 의지하며 친하게 지낸다는 뜻을 나타낸다. 그러므로 인(仁)은 친애(親愛)하는 것이다.[1] 대한민국의 고조선(古朝鮮) 시대 366사(三百六十六事)에서 인(仁)은 사랑의 저울추로서 사랑은 무엇이나 사랑하지 않는 것이 없으므로 치우치게 사랑함과 사사롭게 사랑함을 방지하여 인(仁)으로 능히 그 중심을 잡게 하므로 인(仁)은 봄기운의 온화함과 같아서 만물과 만물을 피어나고 살아나게 하는 것이다[2]고 하였다.

인(仁)은 스스로 욕망을 억제하여 언어나 행동 모두가 예(禮)에 맞도록 하는

---

1) 仁親也, 從人從二〈許愼(기원전 58~149, 중국 後漢 시대), 「說文解字」.〉, 仁者兼愛, 故從二〈徐鉉(917~992, 중국 宋나라), 「說文解字」, 注.〉.
2) 仁者愛之鎚也, 愛無不愛故或有偏愛私愛, 非仁莫能執中, 仁如春氣溫和, 物物發生(「叅佺戒經」, 第六章 福理訓, 第二百三十三事, 仁.).

것이다. 하루만이라도 자기를 이겨내어 예(禮)가 살아나면 천하(天下)가 인(仁)으로 돌아간다. 인(仁)의 실천은 다른 사람이 아닌 오직 자신에게 있는 것으로 그 방법은 예(禮)가 아닌 것은 보지 말고, 듣지 말며, 말하지 말고, 행하지 않는 것이다고 하여[3] 자각적(自覺的)인 깨달음으로 보고, 듣고, 말하고 행동하는 것 모두가 외재적인 사회규범에 합당한 것이 인(仁)이라고 하여 사회윤리규범(社會倫理規範)을 내재화(內在化)하여 사람의 도덕적 가치의식을 제시하고 있다. 그러므로 인(仁)은 우리와 멀리 떨어져 있는 것이 아니며, 원하면 곧 오게 된다[4]고 하여 인(仁)은 내재적인 정감(情感)으로 모든 사람의 내심(內心)에 있는 것이다. 이것은 내재적인 도덕 정감의 의지를 강조하여 인격을 완성하는 교육적 사유(思惟)의 가치가 된다. 그러므로 배워 공부하는 자〈사(士)〉는 마음이 넓고 뜻이 굳세야 하는 책임은 중요하고 오래가야 할 길로서 그것은 인(仁)을 중요한 책임으로 삼아 평생 해야 한다고 하여[5] 깨달음의 자아의식으로 생각하여 교육적 가치의 원동력으로 삼았다. 그리하여 뜻있는 선비, 어진 사람은 인(仁)을 손상하여 죽음을 겁내고 삶을 탐하지 않고, 자기를 희생하여 인을 완성해야 하는[6] 가치를 지닌다고 하여, 인(仁)은 사람에 대해서는 생명보다 더 귀중하고, 물이나 불보다도 더 필요한 것[7]이라고 하였다.

인(仁)의 전제 조건은 지(智)이다. 지(智)는 인지이성(認知理性)의 인식론(認識論)이고 인(仁)은 실천이성(實踐理性)이다. 그러므로 지(智)는 인(仁)의 도덕 실천과 결합된 것으로 지(智)가 충분해도 인(仁)으로 그것을 지키지 못하면 지(智)는 잃어버려 없는 것과 같다 된다[8]고 하여 인(仁)의 실천은 인식〈認識; 지

---

3) 克己復禮爲仁, 一日克己復禮, 天下歸仁焉. 爲仁由己, 而由人乎哉〈中略〉, 非禮勿視, 非禮勿聽, 非禮勿言, 非禮勿動(「論語」, 顔淵篇.).
4) 仁遠乎哉, 我欲仁, 斯仁至矣(「論語」, 述而篇.).
5) 士不可以不弘毅, 任重而道遠, 仁以爲己任, 不亦重乎, 死而後已, 不亦遠乎(「論語」, 泰伯篇.).
6) 志士仁人, 無求生以害仁, 有殺身以成仁(「論語」, 衛靈公篇.).
7) 民之於仁也, 甚於水火(「論語」, 衛靈公篇.).
8) 知及之, 仁不能守之, 雖得之, 必失之(「論語」, 衛靈公篇.).

(知)〉을 통한 지(智)를 전제로 한다. 여기에서 지(智)는 주어진 존재 역할〈천명(天命)〉이 사회관계의 예(禮)에 대하여 알며, 사람의 말〈언(言)〉을 분별할 줄 아는 것[9]으로 주체 상호 간 인륜 관계의 가치를 인식하는 것이다. 이러한 지(智)는 개인의 수양을 통하여 자아인지(自我認知)로 변하여 자아(自我)의 반성(反省)에까지 이르는 인(仁)에 도달한다. 따라서 널리 배우고 그 뜻을 굳게 지키며, 절실한 의문을 갖고, 문제해결을 생각할 때 인(仁)이 그 가운데 있는 것이라고 하여[10] 마음에서 우러나오는 공리적(功利的)인 교육실천을 강조하였다.

따라서 인(仁)은 사람의 본래 마음이며 의(義)는 사람의 길이라고 하여 학문의 길은 다른 것이 아니라 그 놓친 본래의 마음을 찾는 것일 뿐이라고 하여[11] 사람의 본래 마음이 인(仁)이라고 하였다. 이로써 인(仁)의 내재적 가치가 완성되어 사람의 자아의식이 된 것이다. 사람의 마음은 네 가지 도덕적 감정의 단서(端緖)로서 4단〈四端; 인(仁) · 의(義) · 예(禮) · 지(智)〉이 있다. 사람은 자신의 마음의 4단(四端)으로 사람이 사람 되는 까닭인 성(性)을 확충할 수 있다. 측은한 마음은 인(仁)이고, 수치스러운 마음은 의(義)며, 공경하는 마음이 예(禮)이고, 분별하는 마음이 지(智)로서 그것은 사람의 마음에 본래 지닌 것이다.[12] 그러므로 마음만이 인(仁)의 본성(本性)으로서 사람의 도덕성이 여기에서부터 시작되므로 여기에서 도덕 인성의 주체적 가치를 확립하였다. 이에 4단(四端)은 보편적(普遍的)이며 선험적(先驗的)인 원칙이 된다. 즉, 인(仁)의 의미가 곧 사람이고, 인(仁)과 사람이 합해지는 것을 도(道)라고 하여[13] 재세간에 사람을 널리 이롭게 하는 사회적 관계 속에서 존재하는 것이다.

인(仁)의 가치를 실현하는 교육내용은 문(文) · 행(行) · 충(忠) · 신(信) 네 가

9) 不知命, 無以爲君子也, 不知禮, 無以立也, 不知言, 無以知人也(「論語」, 堯曰篇.).
10) 博學而篤志, 切問而近思, 仁在其中矣(「論語」, 子張篇.).
11) 仁人心也, 義人路也, 學問之道, 無他, 求其放心而已矣(「孟子」, 告子章.).
12) 惻隱之心仁也, 羞惡之心義也, 恭敬之心禮也, 是非之心智也, 仁義禮智非由外鑠我也, 我固有之也(「孟子」, 告子章.).
13) 仁也者人也, 合而言之, 道也(「孟子」, 盡心章.).

지 가르침이다.[14] 문(文)은 선왕(先王) 대부터 역사적으로 남아 있는 교육적 경전(經典)이고, 행(行)은 덕행(德行)을 말하며, 마음에 있으면 덕(德)이 되고 베풀어 나가면 행(行)이 된다. 마음속 깊이 숨김이 없음은 충(忠)이라 말하고, 사람이 말을 속이지 않는 신(信)을 말한다.[15]

### 1) 문교(文敎)

문(文)은 문헌을 통해 널리 배우는 것으로 예(禮)로 맺어 도(道)에 어긋나지 않게 하는 것으로서[16] 선왕(先王)의 유문(遺文)을 말한다.[17] 선왕의 유문은 육경(六經)을 구성하는 「시(詩)」[18] · 「서(書)」[19] · 「역(易)」[20] · 「예(禮)」[21] · 「춘추

---

14) 子以四教, 文行忠信(「論語」, 述而篇.).

15) 文謂先王之遺文, 行謂德行, 在心謂德, 施之爲行, 中心無隱謂之忠, 人言不欺謂之信〈邢昺(932~1010, 중국 宋나라), 「論語註疏」, 述而篇.〉.

16) 博學於文, 約之以禮, 亦可以弗畔矣夫(「論語」, 雍也篇.).

17) 文謂先王之遺文〈邢昺(932~1010, 중국 宋나라), 「論語註疏」, 述而篇.〉.

18) **「시(詩)」** 「시경(詩經)」을 말한다. 홍익인간 문화권의 최초의 시가집(詩歌集)이다. 중국 서주(西周; 기원전 1046~기원전 771) 시대의 의 말기부터 동주(東周; 기원전 770~기원전 256) 시대에 걸쳐 완성된 시집(詩集)으로 305편이 수록되어 있다. 공자(孔子; 기원전 551~기원전 479)가 교육에 활용하기 위하여 305(311)편으로 편집하였다. 고대 민요를 〈풍(風)〉, 〈아(雅)〉, 〈송(頌)〉의 3부로 나누어서 편집하였다. 〈풍(風)〉은 '국풍(國風)'이라고도 하며 여러 제후국에서 채집된 민요로 사랑에 대한 시(詩)가 대부분으로, 남녀 간의 애틋한 정과 이별의 아픔 등을 소박하게 표현하고 있다. 〈아(雅)〉는 '대아(大雅)'와 '소아(小雅)'로 나누어진다. 궁궐에서 연주되는 곡조에 붙인 가사(歌詞)이다. 〈송(頌)〉은 제사에 쓰이던 악가(樂歌)로 '주송(周頌)'·'노송(魯頌)'·'상송(商頌)' 등이 있다.

19) **「서(書)」** 「서경(書經)」을 말한다. 기원전 4세기 이전에 작성된 역사서로서 〈고문상서(古文尚書)〉와 〈금문상서(今文尚書)〉가 있으며 '상서(尚書)'라고도 한다. 홍익인간 문화권인 중국의 요(堯; 기원전 2356~기원전 2255년)나라부터 주(周; 기원전 1046~기원전 256)나라 시대까지 요(堯) · 순(舜) · 우왕(禹王) · 탕왕(湯王) · 문왕(文王) · 무왕(武王) 등의 훈계와 훈시, 군왕(君王)의 포고와 명령, 군왕에 대한 진언(進言)과 대화 등이다. 58편 중 33편은 〈금문상서(今文尚書)〉이고, 25편은 〈고문상서(古文尚書)〉이다. 홍익인간론에 근거를 둔 것으로 유가(儒家), 도가(道家), 묵가(墨家), 법가(法家) 등의 사상을 포괄하고 있다.

20) **「역(易)」** 「역경(易經)」을 말한다. 우주 변화에 관한 원리를 기술한 책이다. 태극(太

(春秋)」[22]·「악(樂)」[23]으로 홍익인간(弘益人間)의 의미를 함축한 내용이다.

---

極; ☯)을 바탕으로 만유(萬有)의 양(陽; ⚊)과 음(陰; ⚋)의 효(爻)가 생겨서 4상(四象)을 형성한다. 4상(四象)은 음과 양이 처음 중첩되어 이루어지는 것으로 이것이 상징하는 자연의 네 가지 원소와 그 변화 상태를 지칭한다. 4상은 태양(太陽; ⚌), 소음(少陰; ⚍), 소양(少陽; ⚎), 태음(太陰; ⚏)이 자연과 인간을 철학적·과학적으로 이해하는 데 바탕이 된다. 이 4상의 변화에 의한 조합으로 8괘〈건괘(乾卦; ☰)·태괘(兌卦; ☱)·이괘(離卦; ☲)·진괘(震卦; ☳)·손괘(巽卦; ☴)·감괘(坎卦; ☵)·간괘(艮卦; ☶)·곤괘(坤卦; ☷)〉의 형성으로 모든 현상 만물의 변화의 기본 단위가 된다. 8괘가 변화 현상에 맞게 둘씩 조합하여 64괘가 된다. 이 64괘 각자의 설명을 괘사(卦辭)라 하고, 그 효(爻)를 설명한 것을 효사(爻辭)라고 한다. 이 괘사와 효사를 합친 것이 「역경(易經)」이다. 기원전 403년에 이르러 체제를 갖추었다. 중국 주(周)나라 시대에 「역(易)」의 뜻을 설명한 〈단전 상(彖傳 上)〉, 〈단전 하(彖傳 下)〉, 〈상전 상(象傳 上)〉, 〈상전 하(象傳 下)〉, 〈계사전 상(繫辭傳 上)〉, 〈계사전 하(繫辭傳 下)〉, 〈문언전(文言傳)〉, 〈서괘전(序卦傳)〉, 〈설괘전(說卦傳)〉, 〈잡괘전(雜卦傳)〉의 10편(十篇)으로 이루어진 《십익(十翼)》이 더해진 후 「주역(周易)」이라고 부른다

21) **「예(禮)」** 「예경(禮經)」을 말한다. 공자(孔子; 551~479)가 제자들을 가르치기 위해 전승되어 오던 예(禮)에 관한 기록과 해설을 모아놓은 것이었다. 이것이 전한(前漢; 기원전 202~8년) 때 홍범(洪範)을 관장했던 사도(司徒)에서 정리한 「한서(漢書)」 〈예문지(藝文志)〉의 유가자류(儒家者流) 제2편 육예략〈六藝略; 역(易)·서(書)·시(詩)·예(禮)·악(樂)·춘추(春秋)〉에 예(禮)와 관련된 '기(記)' 114편이 포함되었고, 여기에서 대덕(戴德; 기원전 200년경, 생몰연대 미상)이 85편을 골라 예기[禮記; 〈대대예기(大戴禮記)〉]라고 하고, 대덕의 조카였던 대성(戴聖; 기원전 200년경, 생몰연대 미상)이 〈대대예기(大戴禮記)〉에서 다시 46편을 골라 〈소대예기(小戴禮記)〉로 편집하였다. 이후 후한(後漢)의 학자 마융(馬融; 79~166)이 〈소대례기(小戴禮記)〉에 3편을 추가하여 49편의 「예기(禮記)」가 되었다.

22) **「춘추(春秋)」** 춘추(春秋)는 시간의 추이(推移)를 상징한 춘하추동(春夏秋冬)의 약어(略語)로 1년간(一年間)이라는 뜻이지만, 중국 주(周; 기원전 1046~기원전 256)나라의 각 제후국(諸侯國)의 독자적인 편년(編年)의 역사를 지칭하였다 「춘추(春秋)」는 중국 노(魯; 기원전 722~기원전 694)나라의 사관(史官)이 기록한 역사를 공자(孔子; 기원전 551~기원전 479)가 편집한 것을 말한다. 중국 춘추시대 노(魯; 기원전 1046~기원전 256)나라 은공〈隱公; 재위 기원전 722~기원전 712, 성(姓)은 희(姬), 이름은 식고(息姑)〉으로부터 애공〈哀公; 재위 기원전 494~기원전 468, 성(姓)은 희(姬), 이름은 장(將)〉에 이르기까지 12공(公) 242년간의 기록을 담고 있는 경문(經文)이 1,800여 조(條) 1만 6,500자로 이루어진 최초의 역사서이다. 「춘추(春秋)」는 역사적 사실과 함께 사건이나 인물이 예(禮)와 명분(名分)을 중시하는 정치 이념으로 비판과 평가를 하고 있다.

23) **「악(樂)」** 중국 진(秦; 기원전 900~기원전 206)나라 이전까지는 「악경(樂經)」으로 존재하였다. 중국 전통 음악 5음〈五音; 궁(宮)·상(商)·각(角)·치(徵)·우(羽)〉와 12

### (1) 「시(詩)」 교육(敎育)

시〈詩; 시경(詩經)〉의 교육내용은 〈풍(風)〉·〈아(雅)〉·〈송(頌)〉의 체제와 음악에 의해 분류된다. 〈풍(風)〉, 〈아(雅)〉, 〈송(頌)〉은 시(詩) 체제의 정해진 유형이다.[24)]

〈풍(風)〉은 교육의 힘으로 풍습(風習)을 잘 교화시키는 풍화(風化)와 교훈적(敎訓的) 경계와 비판의 풍자(諷刺) 의미를 지닌 것으로 서민들의 노래와 당시 홍익인간 문화권의 중국 주(周)나라 각 제후국(諸侯國) 각기 열다섯 나라의 일반적인 민요로 160편으로 되어있다. 따라서 〈풍(風)〉의 내용은 어진 사람의 덕(德)을 찬양하는 시(詩)로 백성을 교화하며, 위민(爲民)의 정치가 잘못된 것을 풍자한 것이다.

〈아(雅)〉는 올바르고 맑다는 의미로서 주로 정치의 흥망성쇠를 읊은 것으로 74(80)편이다. '소아(小雅)'와 '대아(大雅)'로 나뉜다. '소아(小雅)는 현실 비판 및 혼란스러운 시대상을 풍자한 시(詩)들로 이루어졌다'가 많다. 대아(大雅)는 축복과 훈계의 뜻을 담아 주로 지도자들을 대상으로 한 것과 부역(負役)에 수고하는 병사들을 위로하는 내용이다.

〈송(頌)〉은 '모습'이라는 뜻의 용(容)과 통하여 노래에 춤을 겸한다는 뜻이다. 그러므로 제사를 통하여 신(神)을 찬양하고 지도자가 교육의 기초를 마련한 찬송(讚頌)과 조상들의 은덕을 노래한 것으로 모두 40편이다. 홍익인간 문화권의

---

율〈황종(黃鍾)·대려(大呂)·태주(太簇)·협종(夾鍾)·고선(姑洗)·중려(仲呂)·유빈(蕤賓)·임종(林鍾)·이칙(夷則)·남려(南呂)·무역(無射)·응종(應鍾)]에 기원을 두고 있다. 한(漢)나라 때는 〈대사악(大司樂)〉에 속했으며, 이것이 경서(經書)들을 보충 설명한 「위서(緯書)」에서 〈악위(樂緯)〉라고 하였다. 여기에 주석을 달은 〈악기(樂記)〉가 「악경(樂經)」이고. 이 〈악기(樂記)〉가 「예기(禮記)」에 속하게 되었다. 「예기(禮記)」의 〈악기(樂記)〉는 ① 악본(樂本) ② 악론(樂論) ③ 악례(樂禮) ④ 악시(樂施) ⑤ 악언(樂言) ⑥ 악상(樂象) ⑦ 악정(樂情) ⑧ 위문후(魏文候) ⑨ 빈무고(賓牟賈) ⑩ 악화(樂化) ⑪ 사을(師乙) 11편으로 구성되어 있다.

24) 風雅頌是詩之成形〈孔穎達(574~648, 중국 唐나라), 「詩大序正義」〉.

중국 주(周)나라 성왕(成王)[25]과 주공(周公)[26] 때의 교묘악가(郊廟樂歌)[27]에 기원을 두고 있다.

이러한 시(詩)에는 부(賦) · 비(比) · 흥(興)을 반영한다. 부(賦) · 비(比) · 흥(興)은 시(詩) 창작의 방법이다.[28] 부(賦)는 사물을 상세하게 서술하여 직접 언어로

---

25) 성왕(成王; 재위 기원전 1042년경~기원전 1020년경) 성(姓)은 희(姬), 이름은 송(誦; 기원전 1054년경~기원전 1020년경), 주(周; 기원전 1046~기원전 256)나라의 제2대 왕이다. 주(周)나라의 기틀을 닦아 미자지명(微子之命篇)을 내려 성군(聖君)의 면모를 갖추었고, 여러 제후국(諸侯國)을 거느렸다. 미자지명(微子之命篇)은 상(商; 기원전 1600~기원전 1046)나라 주왕(紂王; 제위 기원전 1075~기원전 1046)의 이복형인 미자〈微子; 생몰년대 미상, 성(姓)은 자(子), 씨(氏)는 송(宋), 이름은 계(啓)〉를 송(宋) 땅의 제후(재위 기원전 1038~기원전 1025)로 봉하여 상(商)나라의 제사를 모시게 한 것이다. 미자지명(微子之命篇)의 내용은 [王若曰, 猷, 殷王元子, 惟稽古崇德象賢, 統承先王, 修其禮物, 作賓于王家, 與國咸休, 永世無窮, 嗚呼, 乃祖成湯, 克齊聖廣淵, 皇天眷佑, 誕受厥命, 撫民以寬, 除其邪虐,功加于時, 德垂後裔(성왕이 말하였다. "아, 은나라 임금의 원자여! 옛날을 상고하여 덕을 숭상하고 현명함을 배워, 선왕들의 대통을 이어받고, 그 예의와 법도를 닦도록 하라. 우리 왕실의 귀빈이 되어 자주 찾아오고, 나라와 더불어 편안함을 누려 길이 무궁하도록 하라. 아아! 그대의 선조이신 성탕(成湯)께서는 능히 성덕(聖德)을 바로 하시고 넓고 깊게 펴시었다. 황천(皇天)이 돌보시고 도우셔서, 하늘의 명을 크게 받을 수 있었으며, 너그러움으로 백성들을 어루만지시고, 사악하고 포학한 자를 제거하였으니, 그 공이 세월을 따라 더하여져 덕(德)이 후손에게까지 미치게 되었다."). 「書經」, 微子之命.]이다.

26) 주공(周公) 성(姓)은 희(姬), 이름은 단(旦; 생몰년대 미상), 시호(諡號)는 문공(文公)이다. 문왕〈文王; 추숭왕(追崇王), 성(姓)은 희(姬), 이름은 창(昌; 기원전 1152~1056)〉의 아들이자 무왕〈武王; 재위 기원전 1046~기원전 1043, 성(姓)은 희(姬), 이름은 발(發; 생년 미상~기원전 1056)〉의 동생이다. 무왕(武王)의 아들인 성왕(成王)을 보좌하여 주(周)나라의 기틀을 닦았다. 역(易)의 8괘(八卦) 효(爻)를 해설하여 「역경(易經)」을 완성했으며, 「주례(周禮)」와 「의례(儀禮)」를 저술하여 예악(禮樂)의 기초를 만들었다. 주공(周公)은 훌륭한 재능〈如有周公之才之美(「論語」, 泰伯篇.〉을 가진 자로 교육의 본보기가 될만한 모범이 되었다.

27) 교묘악가(郊廟樂歌)는 홍익인간문화권의 고대사회에서 교묘[郊廟; 외부 사당(祠堂)]에서 천지(天地)와 조상(祖上)에 제사(祭祀)를 지낼 때 부르고 연주한 〈백린(白麟)〉 · 〈적안(赤鴈)〉 · 〈지방(芝房)〉 · 〈보정(寶鼎)〉의 가곡(歌曲)을 말한다. 보기 드문 신작(神雀), 5봉(五鳳) 감로(甘露) · 황룡(黃龍)의 상서로움을 노래하였다〈소명태자(昭明太子): 소명(蕭統; 501~531) 중국 南北朝 시대 梁나라), 「문선(文選)」〉.

28) 賦比興是詩之所用〈「詩大序」, 孔穎達(574~648, 중국 唐나라) 正義.〉.

표현하는 것이다.[29] 부(賦)는 시(詩)의 전반에 적용된 서사(敍事)의 기본방식이다. 소재의 선택과 시구(詩句)의 취사선택에 중점을 두어 시(詩) 표현의 아름다움을 구가한다. 비(比)는 하나의 사물로 다른 사물을 비유하는 것이다.[30] 비유법은 깨우침을 밝히는 명유법(明喩法)과 표현하는 대상을 암시적으로 나타내는 은유법(隱喩法)을 사용하여 서술대상의 본질과 형상, 표정과 태도를 구체적으로 나타낸다. 흥(興)은 다른 사실을 먼저 말하여 시에서 읊고자 하는 것을 끌어내는 것이다.[31] 즉, 다른 사물의 묘사에서 시작하여 묘사하고 싶은 주요 대상을 이끌어 가는 방법이다.

비(比)와 흥(興)만을 사용하면 뜻에 깊은 병폐가 있어 언사(言辭)가 매끄럽지 못하고, 부(賦)의 문체만을 사용하면 뜻이 떠서 흔들려 문장이 산만하게 된다[32]고 하여 시(詩)를 가르침에 있어서 부(賦) · 비(比) · 흥(興)이 잘 조화되도록 인(仁)의 마음이 드러나게 하는 것이 필요하다.

그러므로 시(詩)를 가르치는 데는 풍(風), 부(賦), 비(比), 흥(興), 아(雅), 송(頌)의 6의(六義)를 기본 바탕으로 해야 한다.[33] 부(賦) · 비(比) · 흥(興)을 시(詩)의 3경(三經)이라고 하는데, 이것은 시(詩) 짓는 뼈대로서 모든 시(詩)에 다 있으며 없으면 시(詩)가 되지 않는다. 대체로 부(賦)가 없으면 비(比)가 있어야 하고 비(比)가 없으면 흥(興)이 있어야 한다. 〈풍(風)〉 · 〈아(雅)〉 · 〈송(頌)〉은 시(詩) 안에서 횡적으로 연결하는 작용을 하므로 시(詩)에는 모두 부(賦) · 비(比) · 흥(興)이 있어야 한다. 그래서 〈풍(風)〉 · 〈아(雅)〉 · 〈송(頌)〉을 세 가지 씨실〈3위(三緯)〉이라고 한다.[34]

---

29) 賦者敷陳其事而直言之者也〈朱熹(1130~1200, 중국 宋나라), 「詩集傳」.〉.

30) 比者以彼物比此物也〈朱熹(1130~1200, 중국 宋나라), 「詩集傳」.〉.

31) 興者先言他物以引起所咏之同也〈朱熹(1130~1200, 중국 宋나라), 「詩集傳」.〉.

32) 若專用比興, 患在意深, 意深則詞躓, 若旦用賦體, 患在意浮, 意浮則文散〈鍾嶸(468~518, 중국 南北朝 시대), 「詩品(詩評)」.〉.

33) 故詩有六義焉, 一曰風, 二曰賦, 三曰比, 四曰興, 五曰雅, 六曰頌〈「詩大序」, 孔穎達(574~648, 중국 唐나라) 正義.〉.

34) 三經是賦比興, 是做詩底骨子, 無詩不有, 才無則不成詩. 蓋不是賦便是比, 不是比便是興. 如風雅頌却是裏面橫串底, 都有賦比興, 故謂之三緯〈朱熹(1130~1200, 중

따라서 시(詩)는 인간의 가장 순수한 인(仁)의 감정에서 우러나는 것으로 정서를 순화하고 사물을 인식하는 본보기가 된다. 그래서 시(詩) 300편은 단언하면 생각에 사(邪)가 없다[35]고 하였다. 생각에 사(邪)가 없는 것이 곧 성(誠)이다.[36] 그것은 배우는 자는 반드시 그 규약(規約)의 요체를 아는 것에 힘쓰고, 요체를 알면 규약을 지킬 수 있고, 규약을 지키면 범위가 넓어짐이 충분하니 공경(恭敬)하는 마음으로[37] 시(詩)를 배우는 까닭은 뜻을 세우게 하고, 살필 수 있게 하며, 사회관계를 지을 수 있도록 해주며, 잘못된 것이 무엇인지에 대해 알게 해줄 뿐만 아니라. 가까이는 부모를 섬기고, 멀리는 나라를 사랑하게 한다. 아울러 만유(萬有; 새, 짐승, 풀, 나무 등)의 속성을 알게 해준다. 그러므로 시(詩)를 공부하지 않는 것은 담벼락을 마주하고 서 있는 것과 같은 것이라고 하였다.[38]

사람이 시(詩)를 짓는 까닭은 사람의 성품은 고요하여 사물에 감응하여 움직이는 것이 그 성품(性品)의 욕구로서 이 욕구로 생각하여 말을 하는 것이고, 그 말로써 다하지 못한 바가 없으므로 자연스럽게 소리가 울려 퍼지는 가락이 절도에 따라 저절로 나타내기 때문이다.[39]

이러한 시(詩)가 가르침이 되는 까닭은 시(詩)는 사람의 마음이 사물에 감응하여 말로 나타난 것으로 마음이 감응하는 바는 사(邪)한 것과 바른(正) 것과 같이 말도 옳음(是)과 그름(非)이 있으나 오직 어진 자의 사유(思惟)에 따르면 그 느끼는 것이 바르지 않는 바가 없기 때문이며, 그중에 간혹 잘못 감응하여 선택

---

국 宋나라), 「詩集傳」〉.

35) 詩三百, 一言以蔽之, 曰思無邪(「論語」, 爲政篇.).

36) 思無邪者誠也〈朱熹(1130~1200, 중국 宋나라), 「論語集註」〉.

37) 學者必務知要, 知要則能守約, 守約則足以盡博矣〈中略〉, 曰毋不敬〈朱熹(1130~1200, 중국 宋나라), 「論語集註」〉.

38) 詩, 可以興, 可以觀, 可以群, 可以怨, 邇之事父 遠之事君 多識於鳥獸草木之名〈中略〉,人而不爲周南(「詩經」, 國風篇, 召南), 其猶正牆面而立也與(「論語」, 陽貨篇.).

39) 詩何爲而作也, 人生而靜, 天之性也, 感於物而動, 性之欲也, 旣有欲矣, 則不能無思, 旣有思矣, 則不能無言, 旣有言矣, 則言之所不能盡, 而發於咨嗟詠歎之, 餘者必有自然之, 音響節族而不能已焉, 此詩之所以作也〈朱熹(1130~1200, 중국 宋나라), 「詩集傳」〉.

하기가 어려우면 가르치는 사람이 반드시 스스로 돌이켜 생각하게 하도록 하여 권고(勸告)하고 징계(懲)하니 이 또한 가르침이 된다.[40] 따라서 시(詩)의 가르치는 것은 선(善)한 마음을 불러일으켜, 악(惡)을 뉘우치도록 하여 새롭게 고쳐 사람의 성정(性情)을 인(仁)으로 이끄는 것이다.

한민족(韓民族)의 최초의 시(詩)는 대한민국 고조선(古朝鮮) 시대의 〈공무도하가(公無渡河歌); 공후인(箜篌引)〉[41]이다. 이는 죽은 남편에 대한 마음을 시

---

40) 曰然則其所以敎者何也, 曰詩者, 人心之感物而形於言之餘也, 心之所感有邪正, 故言之所形, 有是非 惟聖人在上, 則其所感者無不正, 而其言皆足以爲敎, 其或感之之雜, 而所發不能無可擇者, 則上之人必思所以自反, 而因有以勸懲之, 是亦所以爲敎也〈朱熹(1130~1200, 중국 宋나라), 「詩集傳」〉.

41) 公無渡河 그대여 물을 건너지 마오
公竟渡河 끝내 당신은 물을 건너시다
墮河而死 물에 쓸려 돌아가시니
當奈公何 가신님을 이제 어이할꼬.
4언 4구로 된 고대 시(詩)로 중국 후한(後漢; 25~220)의 채옹(蔡邕; 132~192)이 지은 「금조(琴操)」에 처음 채록되어 전해지며, 중국 서진(西晋; 266~316) 시대 최표(崔豹; 생몰연대 미상)의 「고금주(古今注)」에는 관련 설화(說話)도 함께 전해진다. 송(宋; 960~1279)나라 때에 곽무천(郭茂倩; 생몰연대 미상)이 역대의 악부(樂府)를 정리한 「악부시집(樂府詩集)」에도 수록되어 있다. 대한민국에서는 조선(朝鮮; 1392~1910) 시대 차천로(車天輅; 1556~1615)의 「오산설림초고(五山說林草藁)」에 처음 나타나며, 한치윤(韓致奫; 1765~1814)의 「해동역사(海東繹史)」, 박지원(朴趾源; 1737~1805)의 「열하일기(熱河日記)」, 유득공(柳得恭; 1748~1807)의 「이십일도회고시(二十一都懷古詩)」 등에도 수록되어 있다. 「해동역사(海東繹史)」의 〈악지(樂志)〉에서 「고금주(古今注)」에 수록된 설화와 그 설명은 〈'공후인(箜篌引)은 조선(朝鮮)의 진졸(津卒)인 곽리자고(霍里子高)의 처 여옥(麗玉)이 지은 것이다. 곽리자고(霍里子高)가 새벽 일찍 일어나 배를 젓고 있는데, 머리가 흰 미친 사람〈백수광부(白首狂夫)〉이 머리를 풀어헤치고 호리병을 들고 어지러이 물을 건너고 있었다. 그의 아내가 소리 높여 부르며 막으려 했으나 다다르기 전에 강물에 빠져 죽고 말았다. 백수광부(白首狂夫)의 아내는 공후〈箜篌; 고조선(古朝鮮)을 비롯한 홍익인간 문화권에서 사용한 현악기로 와공후(臥箜篌; 13줄), 수공후(竪箜篌; 21줄), 대공후(大箜篌; 23줄), 소공후(小箜篌; 13줄)로 나뉜다.〉를 타며 '공무도하(公無渡河)'의 노래를 지으니 그 소리가 매우 구슬펐다. 노래를 마치고 아내는 스스로 강물에 몸을 던져 죽었다. 자고(子高)가 돌아와 아내인 여옥(麗玉)에 그 소리와 이야기를 들려주자 여옥(麗玉)은 슬퍼하며 공후(箜篌)를 타며 그 소리를 따라 하니 듣는 사람이 모두 눈물을 흘렸다. 여옥이 그 소리를 이웃의 여용(麗容)이라는 여인에게 전하니 제목을 '공후인(箜篌引)'이

(詩)로 노래하고 남편을 따라 죽은 절개가 굳은 아내로서 남편의 뒤를 따라 삶을 버린 도리로서 오직 남편에 대한 믿음을 가르친 366(三百육十六事) 중 제84사(第八十四事) 열(烈)의 실천이다.[42]

대한민국 삼국(三國) 시대 고구려(高句麗)에서는 〈황조가(黃鳥歌)〉[43], 〈여수장우중문시(與隨將于仲文詩)〉[44] 등이 남아 있고, 태학(太學)[45]과 경당(扃堂)[46]

---

라고 하였다. 조선은 곧 한(漢)나라 때의 낙랑군(樂浪郡) 조선현(朝鮮縣) 이다.〉고 하였다. 「한서(漢書)」 〈예문지(藝文志)〉에서는 기자조선(箕子朝鮮) 시대의 작품이라고도 하였다.

42) 烈烈婦也, 烈婦節于其夫有延命者有捐生者, 或於初適, 或於再嫁,其道信也(「叅佺戒經」, 第二章 信理訓, 烈.).

43) 翩翩黃鳥 편편히 날아드는 저 꾀꼬리
雌雄相依 암수 서로 정다운데
念我之獨 홀로 남은 이 내 마음은
誰其與歸 뉘와 함께 돌아갈꼬(「三國史記」, 高句麗本紀, 瑠璃王.).
유리왕(瑠璃王) 3년(기원전 17)에 왕후(王后) 송씨(松氏; 생년 미상~기원전 17)가 사망하고, 골천(鶻川) 출신의 화희(禾姬; 생몰연대 미상)와 한(漢)나라 출신인 치희(雉姬; 생몰연대 미상)를 후궁으로 맞이하였다. 왕이 총애를 놓고 치희(雉姬)가 화희(禾姬)보다 아름다운 것을 질투하여 화희(禾姬)는 치희(雉姬)를 천하게 취급하여 다투는 일이 많았다. 마침내 치희(雉姬)는 수치심을 느껴 궁을 떠나 한(漢)나라의 고향으로 돌아갔다. 유리왕이 따라가 돌아오기를 간청하였으나 치희(雉姬)는 돌아오지 않았다. 허탈한 마음에 유리왕이 오는 길에 나무 밑에서 쉬다가 꾀꼬리가 노니는 모습을 보고 황조가(黃鳥歌)를 지었다.

44) 神策究天文 신(神) 같은 계책은 천문(天文)을 다하였고,
妙算窮地理 기묘한 수(數) 지리를 궁구(窮究)하였네,
戰勝功旣高 싸움에 이긴 공(功) 이미 높으니,
知足願云止 충분함을 알았거든 멈추기를 원하노라(「三國史記」, 列傳, 乙支文德條.).
을지문덕(乙支文德; 생몰연대 미상)이 지은 것으로 「수서(隋書)」 열전(列傳) 우중문조(于仲文條)에도 수록되어 있다. 을지문덕은 고구려(高句麗)의 대신(大臣)으로 영양왕(嬰陽王) 23년(612)에 이르러 수(隨; 581~619)나라가 고구려를 침공해오자 이에 맞서 활약하였다. 수(隨)나라 30만 명의 군사를 거느린 우중문(于仲文; 545~613)은 고구려의 도읍인 평양성을 공격하였다. 이때 을지문덕은 7금(七擒)의 계략을 쓰면서 이 시(詩)를 보내어 무리한 공격을 비유법으로 나무라면서 우중문(于仲文)이 돌아갈 구실을 마련해주었다. 결국, 우중문은 돌아갈 수밖에 없었고, 마침내 살수(薩水)에서 우중문(于仲文)의 30만 대군이 참패를 당하였다.

45) 立太學敎育子弟(「三國史記」, 高句麗本紀, 小獸林王.)
대한민국 고구려(高句麗) 시대의 태학(太學)은 국립교육기관으로 교육내용은 유교

을 세워 시〈詩; 시경(詩經)〉를 교육하였다. 백제(百濟)에서는 〈정읍사(井邑詞)〉[47]의 시(詩)가 구전(口傳)되어 기록되어 있고, 교육담당 부서인 사도부(司徒部)를 두었으며, 글을 풀이하여 잘 짓는다[48]고 하여 서적으로는 5경〈五經; 「시경(詩

---

의 경전인 5경〈五經; 「시경(詩經)」·「서경(書經)」·「역경(易經)」·「춘추(春秋)」·「예기(禮記)」〉과 3사〈三史; 사기(史記)」·「한서(漢書)」·「후한서(後漢書)」〉와 무예(武藝) 등을 교육과정으로 하였다.

46) 俗愛書籍 至於衡門厮養之家 各於街衢造大屋謂之扃堂 子弟未婚之前 晝夜於此讀書習射 其書五經及史記 · 漢書 · 范曄 後漢書 · 三國志 · 孫盛晋春秋 · 玉篇 · 字統 · 字林 . 又有文撰尤愛重之[풍속이 서적을 사랑하여 미천한 일을 하는 집에 이르기까지 거리에 큰 집을 지어 놓고 이름하여 경당(扃堂)이라 하였다. 미혼(未婚)의 자제(子弟)들이 여기서 밤낮으로 글 읽기와 활쏘기를 익히니 그 책은 5경〈五經; 「시경(詩經)」·「서경(書經)」·「주역(周易)」·「예기(禮記)」·「춘추(春秋)」〉과 「사기(史記)」, 「한서(漢書)」, 「후한서(後漢書)」, 「삼국지(三國志)」, 손성( 孫盛; 302~373)의 「진춘추(晋春秋」, 「옥편(玉篇)」, 「자림(字林)」이 있으며 또한 「문선(文選)」이 있어 더욱 귀중히 여겼다. 「舊唐書」, 列傳, 東夷, 高麗.].
대한민국의 고구려(高句麗) 시대 경당(扃堂)은 청소년 중심 사립교육기관으로 각 지역에 설립되었다.

47) (前腔) 둘하노피곰도ᄃᆞ샤 어긔야머리곰비취오시라 어긔야어강됴리 아으 다롱디리
(後腔) 全져재 녀러신고요 어긔야즌ᄃᆡ를드ᄃᆡ욜셰라 어긔야 어강됴리
(過篇) 어느이다노코시라
(金善調) 어긔야내가논ᄃᆡ점그롤셰라 어긔야어강됴리
(小葉) 아으다롱디리(「樂學軌範」, 時用鄕樂呈才條.)
달아 높이 높이 떠서 아아~하~ 멀리멀리 좀 비춰주소서. 아아~하~ 어랑조리, 아~아~ 다롱디리.
시장 안에 계시겠지요, 아아~하~, 진자리를 디딜까 봐, 아아~하~ 어랑조리.
어느 곳에든 무건 짐일랑 내려놓으시고, 아아~하~.
날이 어두운데 제발 어서 돌아오세요. 아아~하~ 어랑조리, 아~아~ 다롱디리〈이용길(李容吉; 1962~2025년 현재, 대한민국), 해석.〉.
전라도 정촌현(井村縣)인 정읍(井邑)에서 시장에 간 남편이 늦게까지 돌아오지 않자 그 아내가 남편을 기다려 걱정하면서 달이 남편을 밝게 비춰주어 무사히 돌아올 것을 기원하는 시(詩)이다. 대한민국 「고려사(高麗史)」〈악지(樂志)〉 삼국속악조(三國俗樂條)에도 〈정읍사(井邑詞)〉의 기록이 있고, 대한민국 조선(朝鮮) 시대 「악학궤범(樂學軌範)」에 수록되었다. 고려와 조선 시대를 통하여 무고(舞鼓)의 무의(舞儀) 때 불렀으며, 특히 조선 시대에 와서는 섣달 그믐날 밤에 궁중에서 악귀를 쫓기 위하여 베풀던 의식인 나례(儺禮) 후에 거행된 '학연화대처용무합설(鶴蓮花臺處容舞合設)'에서 연주되었다.

48) 外官有司軍部, 司徒部, 司空部, 司寇部, 點口部, 客部, 外舍部, 綢部, 日官部, 都市

經)」·「서경(書經)」·「역경(易經)」·「춘추(春秋)」·「예기(禮記)」〉과 제자서(諸子書) 및 사서(史書)가 있어서[49]시(詩)에 대한 교육이 이뤄졌다. 신라(新羅)에서는 〈도솔가(兜率歌)〉[50] 등이 남아 있으며, 화랑도(花郎徒)는 「시(詩); 시경(詩經)」을 익힌다[51]고 하였고, 예부(禮部)에 국학(國學)을 설치하여 「모시(毛詩)」[52] 등을 교수(敎授)하여[53] 시교(詩敎)를 행하였다. 고려(高麗) 시대에는 고

---

部. 〈中略〉, 其秀異者頗解屬文[외관(外官)에는 사군부(司軍部), **사도부(司徒部)**, 사공부(司空部), 사구부(司寇部), 점구부(點口部), 객부(客部), 외사부(外舍部), 주부(綢部), 일관부(日官部), 도시부(都市部)가 있다. 〈중략(中略)〉, 빼어난 사람은 글을 잘 풀이하고 잘 짓는다. 「周書」, 列傳, 異域, 百濟傳.].

49) 其書籍有, 五經 · 子 · 史(「舊唐書」, 列傳, 東夷, 百濟國.).

50) 今日此矣散花唱良 오늘 이에 꽃을 뿌리며 노래를 부르니
巴寶白乎隱花良 노래곡조는 보이지 않는 아름다운 꽃
汝隱直等隱心音矣 너희 모두는 곧음을 지니니 그 마음[인(仁)]의 소리네
命叱使以惡只 명령하고 꾸짖어 악(惡)이 두려워하게 하라
彌勒座主陪立羅良 미륵부처님께서 북돋아 준 아름다운 나라인 것을〈「三國遺事」, 月明師兜率歌.〉.

이 시(詩)는 대한민국 신라(新羅) 시대 경덕왕(景德王; 재위 742~765) 19(760)년에 월명사(月明師; 생몰연대 미상)가 지은 향가(鄕歌) 시(詩)이다. 왕권에 도전하는 세력의 출현으로 혼돈을 빚을 조짐을 보이자 이러한 사회적 혼란을 다스려 조정하기 위해 꽃을 흩어 공덕을 쌓는다는 산화공덕(散花功德)의 의식을 베풀면서 이 의식에서 부르기 위한 시(詩)를 지은 것이다. 부처님께 꽃을 바치는 행위를 통해 자신의 공덕을 쌓는 믿음과 헌신의 어진 마음〈인(仁)〉으로 삶을 풍요롭게 만들 수 있다는 것이다.

51) 壬申年六月十六日二人幷誓記天前誓今自, 〈中略〉, 又別先辛未七月二十二日大誓, 詩 · 尙書 · 禮 · 傳倫得誓三年[임신년(壬申年) 6월 16일에, 두 사람이 함께 맹세하여 기록한다. 〈중략〉, 또한 따로 이전 신미년(辛未年) 7월 22일에 크게 맹세하였다. **「시(詩); 시경(詩經)」**·「상서(尙書); 서경(書經)」·「예(禮): 예기(禮記)」·「전(傳); 춘추(春秋)」를 차례로 3년 동안 얻기를 맹세하였다. 〈壬申誓記石〉].

52) **「毛詩(모시)」** 「모시(毛詩)」는 중국 서한(西漢) 시대 노(魯; 기원전 1046~기원전 256)나라 사람인 모형(毛亨; 생몰연대 미상)과 모장(毛萇; 생몰년대 미상)이 공자가 정리해 놓은 시(詩) 300편에 대해 주석을 달아 놓은 것으로 후일 「서경(書經)」의 판본이 되었다. 모형(毛亨)이 자하〈子夏, 성(姓)은 복(卜), 이름은 상(商): 기원전 507~몰연대 미상〉로부터 시(詩)를 받아 「모시고훈전(毛詩古訓傳)」을 지어, 조카인 모장(毛萇)에게 전해주었다. 이후 중국 한(漢; 기원전 202~220) 대에 이르러 정현(鄭玄; 127~200)이 그것을 주해하여 「모시전(毛詩箋)」을 만들고, 이것을 다시 중국 당(唐; 618~907) 시대에 공영달(孔穎達; 574~648)이 해설하여 「모시정의(毛詩正義)」라고 하였다.

등교육기관인 국자감(國子監)에 「모시(毛詩)」 전공반(專攻班)인 경덕재(經德齋)를 두어[54] 시(詩)를 전문적으로 가르쳤다. 조선(朝鮮) 시대에는 중등교육기

53) 國學屬禮部, 神文王二年置, 景德王改爲大學監, 惠恭王復故. 〈中略〉 敎授之法, 以周易 · 尙書 · 毛詩 · 禮記 · 春秋左氏傳 · 文選, 分而爲之業. 博士若助敎一人, 或以禮記 · 周易 · 論語 · 孝經, 或以春秋左傳 · 毛詩 · 論語 · 孝經, 或以尙書 · 論語 · 孝經 · 文選敎授之. 〈中略〉. 或差算學博士若助敎一人, 以綴經 · 三開 · 九章 · 六章, 敎授之[국학(國學)은 예부(禮部)에 속하였는데, 신문왕(神文王; 재위 681~692) 2(682)년에 설치하였고, 경덕왕(景德王; 재위 742~765) 때 그 명칭을 태학감(太學監)으로 고쳤다가 혜공왕(惠恭王; 재위 765~780) 때 이전 명칭을 회복하였다. 〈중략(中略)〉. 교수(敎授)하는 내용은 「주역(周易)」 · 「상서(尙書)」 · 「모시(毛詩)」 · 「예기(禮記)」 · 「춘추좌씨전(春秋左氏傳)」 · 「문선(文選)」으로 구분해서 수업하여, 박사(博士)와 조교(助敎) 1명이 「예기(禮記)」 · 「주역(周易)」 · 「논어(論語)」 · 「효경(孝經)」을 가르치거나, 혹은 「춘추좌전(春秋左傳)」 · 「모시(毛詩)」 · 「논어(論語)」 · 「효경(孝經)」을 가르치거나, 혹은 「상서(尙書)」 · 「논어(論語)」 · 「효경(孝經)」 · 「문선(文選)」을 가르쳤다. 〈중략〉, 경우마다 산학박사(算學博士)와 조교(助敎) 1명으로 하여금 「철경(綴經)」* · 「삼개(三開)」** · 「구장(九章)」*** · 「육장(六章)」****을 가르치기도 하였다. 「三國史記)」, 雜志, 第七].

* 「철경(綴經)」은 「철술(綴術)」을 말한다. 천문산법학(天文算法學)이다. 천문역법의 계산과 관련된 것으로 중국 남북조(南北朝; 386~589)시대의 수학자 조충지(祖沖之; 429~500)가 저술하였다. 원주율(圓周率)을 3.141592로 계산하였다.

** 「삼개(三開)」는 문제풀이의 계산에서 효율성과 오차 없는 신중함을 강조한 것이다. 신라(新羅)의 대표적인 산학서(算學書)로 측량술 계산법에 관한 것이다.

*** 「구장(九章)」은 9장(九章)으로 되어있는 「九章算術(구장산술)」을 말한다. 중국 선진(先秦; 기원전 2000년경~기원전 221)에서 전한(前漢; 기원전 201~8)에 이르는 수 세기 동안 이루어진 수학(數學)을 중국 삼국(三國) 시대 위(魏; 220~280)나라 사람 유휘(劉徽; 225~295)가 편집하고 여기에 주석을 붙여 〈장산술주(九章算術註)〉를 출판하였다. 면적 또는 체적 계산을 증명하였으며 원주율을 3.1416으로 계산하였다. 246개의 수학 문제가 실려있고, 정수와 분수의 사칙 운용 등의 계산과 아울러 1차 연립방정식의 해법과 측량을 위한 수학 등을 모두 포괄하고 있다.

**** 「육장(六章)」은 6장(六章)으로 되어있는 「六章算術(육장산술)」로 「九章算術(구장산술)」 전 단계의 수학서(數學書)로 보인다. 「九章算術(구장산술)」의 면적과 체적 계산, 원주율 계산, 연립방정식 3장(三章)이 제외된 것으로 보인다.

54) 國學置七齋, 周易曰麗擇, 校勘尙書曰待聘, **毛詩曰經德**, 周禮曰求仁, 戴禮曰服膺, 春秋曰養正, 武學曰講藝[국학(國學)에 7재를 설치하여, 주역(周易)」을 공부하는 곳은 여택재(麗澤齋), 「상서(尙書)」를 공부하는 곳은 대빙재(待聘齋), 「모시(毛詩)」 공부하는 곳은 경덕재(經德齋), 「주례(周禮)」를 공부하는 곳은 구인재(求仁齋),

관인 4부학당〈四部學堂; 4학(四學)〉에서부터 시(詩)를 시험(試驗) 보았으며,[55] 고등교육기관인 성균관(成均館)에서도 9재(九齋)을 두어 시〈詩; 시경(詩經)〉를 교육과정으로 구성하여 평가하였고.[56] 제술(製述)로서 시(詩)의 부(賦)와 송(頌)을 가르쳤다.[57]

이와 같은 시(詩)의 학습은 언어훈련(言語訓練)으로 의사소통을 증진하여[58] 다양한 지식을 얻고, 만유(萬有)에 대한 시비(是非)와 선악(善惡)을 판정하는 기준이 된다. 그리하여 사람을 널리 이롭게 하는 원만한 사회관계를 갖도록 하는 윤리 도덕으로서 인(仁)의 가치를 실현하는 것이다.

---

「대례(戴禮)」를 공부하는 곳은 복응재(服膺齋), 「춘추(春秋)」를 공부하는 곳은 양정재(養正齋), 〈무학(武學)〉을 공부하는 곳은 강예재(講藝齋)라고 하였다. 「高麗史」, 志, 選擧 二, 學校, 國學.].

55) 每年六月四部學堂課詩, 文臣則令吏曹, 差三品以下官, 分番輪日直詣學堂[매년 6월에는 사부 학당(四部學堂)에서 시(詩)를 시험 볼 때 평가하는 문신(文臣)은 이조(吏曹)에서 3품 이하의 관원을 시켜 번(番)을 나누어 날을 번갈아 학당(學堂)으로 바로 나가도록 한다. 『朝鮮王朝實錄』, 「世宗實錄」, 世宗 十一(1429)年, 五月, 二十八日 癸酉.].

56) 大學 · 論語 · 孟子 · 中庸 · 詩 · 書 · 春秋 · 禮記 · 周易爲九齋. 每年春秋, 本館堂上二員, 藝文堂上一員, 臺諫各一員會座, 講所讀書三處, 精熟義理融貫方許以次陞齋, 若一時通數書, 許超陞陞至, 易齋者每式年直赴會試[「대학(大學)」 · 「논어(論語)」 · 「맹자(孟子)」 · 「중용(中庸)」 · 「시(詩); 시경(詩經)」 · 「서(書); 경(書經)」 · 「춘추(春秋)」 · 「예기(禮記)」 · 「주역(周易)」을 9재(九齋)라고 한다. 매년 봄과 가을에 성균관 당상관(堂上官) 2명, 예조(禮曹)의 당상관(堂上官) 2명, 예문관(藝文館) 당상관 1명, 대간〈臺諫; 사헌부(司憲府), 사간원(司諫院)〉 각 1명 등이 한데 모여, 세 곳에서 독서한 바를 강(講)을 받아 구두에 정숙(情熟)하고 글 뜻에 밝아야 한 계단씩 올려주되, 일시에 여러 책에 통한 자는 그 수대로 건너뛰게 한다. 「주역(周易)」까지 오른 자는 회시(會試)에 응할 자격을 준다. 「增補文獻備考」, 學校考 二, 禮曹進成均館九齋學規.].

57) 每月製述, 初旬, 疑 · 義, 或論, 中旬, 賦 · 表, 或頌, 終旬, 對策, 或記, 其體制要順簡嚴精切辭達而, 勿事陰僻奇怪如, 或變更時體倡率浮靡者黜, 書字不揩者亦罰[매달 제술(製述)을 행하여 초순에는 의(疑) · 의(義) , 혹은 논(論)을 짓고 중순에는 부(賦) · 표(表) · 송(頌)을 짓고, 하순에는 대책(對策), 혹은 기(記)를 짓는다. 문체는 간엄정교(簡嚴精巧)하여 말의 뜻을 명료하게 할 것이며, 기괴하고 편벽된 작문은 안 된다. 통용문체(通用文體)를 변경하거나, 야비한 내용을 드러내는 자는 퇴학(退學)시킨다. 또 글자가 바르지 않은 자도 벌한다. 「太學志」, 學令.].

58) 不學詩, 無以言, 鯉退而學詩(「論語」, 季氏篇.).

### (2)「서(書)」교육(敎育)

서〈書;「상서(商書)」;「시경(書經)」〉의 교육내용은 몸을 다스리고 집안을 화목(和睦)하게 하고, 덕(德)을 펼쳐서 나라를 다스리고 천하(天下)의 평화를 이룩하는 수제치평(修齊治平)을 근간으로 한다. 대개 서(書)는 임금의 말로 백성들에게 알리는 명령을 적은 지켜야 할 규범〈전칙(典則)〉으로 임금이 말한 정사(政事)의 대책(對策)을 사관〈史官; 우사(右史)〉이 기록한 것이다.[59]

이처럼 기록하는 것은 가르침을 베풀어 아랫사람을 이끌기도 하고, 혹은 예(禮)를 갖추어 윗사람을 섬기기도 하며, 혹은 추상같은 위엄을 베풀어서 엄숙(嚴肅)하게 경외(敬畏)하도록 하고, 혹은 온화한 은혜를 베풀어 비바람처럼 적셔주어 모든 법도가 바르게 펼쳐지도록 하기 위한 것이다.[60]

서〈書;「상서(商書)」;「시경(書經)」〉의 구성은 2제(二帝)인 요(堯)[61] · 순(舜)[62]과 3왕(三王)인 우(禹)[63] · 탕(湯)[64] · 문무(文武) 시대의 기록으로[65] 정치 상황

---

59) 夫書者, 人君辭誥之典, 右史記言之策〈孔穎達(574~648, 중국 唐나라),「尚書正義」, 序.〉.

60) 或設教以馭下, 或展禮以事上, 或宣威以肅震曜, 或敷和而散風雨, 得之則百度惟貞〈孔穎達(574~648, 중국 唐나라),「尚書正義」, 序.〉.

61) 요(堯; 생몰년대 미상) 홍익인간 문화권인 중국 3황5제(三皇五帝) 가운데 하나이다. 성군(聖君)의 대명사로 일컬어진다. 이름은 방훈(放勳)이고 당요(唐堯) 또는 제요도당(帝堯陶唐)으로도 부른다. 이는 요(堯)가 당(唐) 지방을 다스렸기 때문에 붙은 칭호이다. 도당씨(陶唐氏)라고도 부르는데, 처음에 도(陶)라는 지역에 살다가 당(唐)이라는 지역으로 옮겨 살았기 때문이다.

62) 순(舜; 생몰년대 미상) 홍익인간 문화권인 중국의 3황 5제(三皇五帝)중 5제의 하나이다. 요(堯; 생몰년대 미상)와 함께 성군(聖君)의 대명사로 일컬어진다. 성(姓)은 우(虞), 이름은 중화(重華)이고 우순(虞舜) 또는 제순유우(帝舜有虞)로도 부른다.

63) 우(禹; 생몰년대 미상) 홍익인간문화권의 중국 고대 국가인 하(夏)나라의 건국자이다. 성(姓)은 하우(夏禹), 유하(有夏) 등이다. 이름은 문명(文命), 대우(大禹), 하우(夏禹), 융우(戎禹) 등이다. 인덕(仁德)과 탁월한 정치 능력을 지녀 존경받는 왕으로 칭송된다.

64) 탕(湯; 생몰년대 미상) 홍익인간 문화권의 중국 상[商; 은(殷)나라; 기원전 1600~기원전 1046]나라의 건국자로, 이름은 이(履) 또는 천을(天乙), 태을(太乙)이고, 자(字)는 탕(湯), 성탕(成湯)이라고도 한다. 성군(聖君)으로 숭상되었다.

65) 二帝三王 治天下之大經大法, 皆載此書〈蔡沈(1167~1230, 중국 宋나라),「書集

을 중심으로 천문(天文)·지리(地理)·윤리(倫理)·민생(民生) 등을 반영하고 있다. 그것은 2제(二帝) 3왕(三王)의 다스림이 도(道)에 근본하고, 그 도(道)는 마음에 근본을 둔 것으로, 바로 그 마음을 알면 도(道)와 다스림을 진실로 말할 수 있으므로, 오직 한 마음을 갖고 중용(中庸)의 도를 잃지 않음은 요(堯), 순(舜), 우(禹)가 서로 전한 심법(心法)이고, 중용(中庸)의 도(道)를 세워 만민의 삶의 푯대를 세움은 상(商)의 탕왕(湯王)과 주(周)의 무왕(武王)이 서로 전한 심법(心法)이니 무릇 덕(德)과 인(仁)과 경(敬)과 성(誠)은 말이 비록 서로 다를지라도 이치는 곧 하나이니 마음의 오묘함을 밝힌 것이다.[66]

그러므로 임금이 임금 역할을 매우 신중히 하고, 신하는 신하 역할을 매우 신중히 하면, 위에서 시행하는 정치와 교육이 잘 이루어져 백성들이 모두 교화(教化)되어 빨리 그 덕(德)을 닦게 된다. 진실로 이처럼 할 수 있다면 임금과 신하가 모두 스스로 신중히 하면서 선(善)으로써 자기를 돕기를 바라면 아랫사람들이 선(善)한 말을 감추지 않고, 초야에 은거하는 현인(賢人)이 없게 될 것이니, 현인들을 채용하여 다 쓴다면 만국(萬國)이 모두 편안하게 될 것이다. 윗자리에 있는 자는 여러 사람의 말을 상고(詳考)하여 옳고 그름을 깊이 관찰해서 자기의 그릇된 견해는 버리고 남의 옳은 견해를 따르며, 호소할 곳 없는 환과(鰥寡)와 고독(孤獨)을 가혹하게 하지 말고 반드시 불쌍히 여기며, 의지할 곳 없는 곤고(困苦)하고 빈궁(貧窮)한 사람들을 방치 말고 반드시 가엾게 여겨야 한다[67]고

---

傳」, 序.〉.

66) 二帝三王之治, 本於道, 二帝三王之道, 本於心, 得其心, 則道與治, 固可得而言矣. 何者, 精一執中, 堯·舜·禹相授之心法也, 建中建極, 商,湯·周,武相傳之心法也, 曰德曰仁曰敬曰誠, 言雖殊而理則一, 無非所以明此心之妙也〈蔡沈(1167~1230, 중국 南宋 시대),「書集傳」, 序.〉.

67) 君能重難其爲君之事, 臣能重難其爲臣之職, 則上之政教乃治, 則下之衆民, 皆化而疾修其德, 而帝曰, 然信能如此, 君臣皆能自難, 竝願善以輔己, 則下之善言無所隱伏, 在野無遺逸之賢, 賢人盡用, 則萬國皆安寧也, 爲人上者, 考於衆言, 觀其是非, 舍己之非, 從人之是, 不苛虐鰥寡孤獨無所告者, 必哀矜之, 不廢棄困苦貧窮無所依者, 必愍念之〈孔穎達(574~648, 중국 唐나라),「尙書正義」, 大禹謨.〉.

하여, 서〈書; 「상서(商書)」; 「시경(書經)」〉의 교육내용은 포고(布告)하는 글인 '고(誥)'와 서약(誓約)하는 글인 '서(誓)'가 주된 내용이다. 즉, 반경(盤庚)[68]이 황하강(黃河江)[69]을 건너 천도(遷都)하여 백성들을 옮길 계획을 수립하고, 따르지 않는 백성들에게 말을 하고 크게 포고(布告)하기를 정성으로 하니, 백성들이 모두 와서 편하지 않은 상태로 왕궁의 뜰에 있었다. 반경(盤庚)이 이에 그 백성들을 올라오라고 하여 말하여, 백성들이 따르지 않는 것을 정치적 통치 명령으로 다스려 질서를 잡지 않고 대화로 설득하여 깨우치게 하니 반경(盤庚)의 인(仁)이다[70]고 하였고, 무왕(武王)은 예(禮)를 버리고, 공경(恭敬)의 도리를 하지 않으며, 백성들에게 잔인하고 난폭하게 한 것에 대해 하늘의 벌로 징계한다[71]고 맹세하는 등이다.

이와 같은 명덕신벌(明德愼罰)은 서〈書; 「상서(商書)」; 「시경(書經)」〉의 교

68) 반경(盤庚; 재위 기원전 1300~기원전 1277) 중국 상(商; 기원전 1600년경~기원전 1046)나라 19대 왕, 성(姓)은 자(子) 이름은 순(旬; 생년대 미상~기원전 1277), 왕의 시호(諡號)는 반경(盤庚), 묘호(廟號)는 세조(世祖)이다.

69) 황하강(黃河江)은 중국 서부 청장고원(青藏高原; 티베트 고원) 북동부에 있는 청해성(青海省)의 곤륜(崑崙)산맥에서 발원하여 5,464km에 이르며 발해만(渤海灣)으로 흘러든다.

70) 盤庚作惟涉河, 以民遷, 乃話民之弗率, 誕告用亶, 其有衆咸造, 勿褻在王庭, 盤庚乃登進厥民.; 〈中略〉民之弗率, 不以政令齊之, 而以話言曉之, 盤庚之仁也[「書經」, 盤庚.].

71) 王朝至于商郊牧野, 乃誓〈中略〉, 稱爾戈, 比爾干, 立爾矛, 予其誓, 〈中略〉, 今商王受惟婦言是用, 昏棄厥肆祀弗答, 昏棄厥遺王父母弟不迪, 乃惟四方之多罪逋逃, 是崇是長, 是信是使, 是以爲大夫卿士, 俾暴虐于百姓, 以姦宄于商邑, 今予發惟恭行天之罰[왕(무왕; 武王)이 아침에 상(商)나라의 외곽 목야〈牧野; 위주(衛州)로 하남성(河南省) 기현(淇縣)〉에 이르러 맹세하니, 〈중략(中略)〉, "그대들의 창을 들고, 그대들의 방패를 나란히 하고, 그대들의 창을 세우라, 내가 장차 맹세하리라, 〈중략(中略)〉, 이제 상(商)나라 왕 수(受; 제위 기원전 1075~기원전 1046)가 오직 부인(달기; 妲己)의 말만을 옳다고 들어주어 미혹하여 그 남은 왕의 부모와 아우들을 버리고 이끌어주지 않고, 도리어 사방에서 많은 죄를 짓고 도망하여 피하는 자를 높이고 우두머리로 하며, 이들을 믿고 이들을 부려서 이들을 대부(大夫)와 경사(卿士)로 삼아서 백성들에게 사납고 잔인하게 하며, 상(商)나라 고을에서 속이고 도둑질하게 하도다. 이제 나 발(發; 무왕의 이름)은 삼가 하늘의 벌을 행한다. 「商書(書經)」, 牧誓.].

육(教育)의 주된 내용이다. 서〈書;「상서(商書)」;「시경(書經)」〉는 지도자들의 언행에 대한 역사적 기록으로 교육적 사유(思惟)의 규범이 되어 교육의 내용으로 삼았다. 그리하여「서(書)」의 내용은 올바른 교육의 표준〈아언(雅言)〉이 되어[72] 다스림의 근본은 효(孝)와 우애(友愛)에서부터 시작된다[73]고 가르치고 있다. 따라서 서〈書;「상서(商書)」;「시경(書經)」〉는 지도자인 왕도 3년상(三年喪)의 예(禮)를 실천하여 효(孝)를 실행하는 것을 밝히고 있다.[74]

서〈書;「상서(商書)」;「시경(書經)」〉 기록의 바탕은 대한민국 고조선(古朝鮮) 시대 홍익인간론의 366사(三百六十六事)의 제4사(第四事) 숭덕(**崇德**), 제6사(第六事) 창도(**彰道**), 제66사(第六十六事) 약(**約**), 제81사(第八十一事) 안민(**安民**), 제168사(第一百六十八事) 중과(**衆寡**) 등에 근거한 것이다.

숭덕(崇德)은 우주 자연의 법칙을 인정하고 존중하여 우주 자연〈천(天)〉의 혜택을 받는 것이다. 우주 자연의 덕(德)은 가문 땅에 단비가 내리고, 그늘진 골짜기에 따스한 봄볕이 드는 것과 같은 것이다. 잠시라도 이와 같은 덕(德)이 없으면 사람이 사람 될 수 없고, 만물(萬物)이 만물(萬物) 될 수 없다. 그러므로 알게 되어 군자〈君子; 왕(王), 지도자(指導者)〉는 부지런하게 꾸준히 자연의 덕(德)을 고마워하는 것[75]이고, 창도(彰道)는 우주 자연의 기운〈천신(天神)〉에 대한 바른 도(道)를 밝히어 드러내는 것이다. 사람이 바른 도(道)를 따르면 자연의 법칙에 어긋나는 모습〈요괴(妖怪)〉이 없으며, 마음속의 번뇌망상〈煩惱妄想;

---

72) 子所雅言, 詩 · **書** · 執禮, 皆雅言也(「論語」, 述而篇.).

73) **書**云孝乎, 惟孝友于兄弟, 施於有政, 是亦爲政(「論語」, 爲政篇.).

74) **書**云, 高宗諒陰三年, 不言, 何謂也, 〈中略〉, 古之人皆然, 君薨百官總己, 以聽於冢宰三年[“〈「서(書); 시경(書經)」〉에 이르기를 고종〈高宗; 성(姓)은 자(子), 이름은 소(昭; 생년 미상~기원전 1192), 중국 상(商)나라 21대 국왕, 재위 기원전 1250년~기원전 1192, 시호(諡號)는 무정(武丁), 묘호(廟號)는 고종(高宗)〉은 3년 동안 말하지 않았다고 했으니 무슨 뜻입니까?”, 〈중략(中略)〉. 옛사람들이 다 그러하였으니 군주가 죽으면 백관들은 각자 일을 맡아 3년 동안 총재의 지휘에 따랐다(「論語」, 憲問篇).].

75) 崇尊之也, 德天德也, 天德者甘霖於旱土, 陽春於陰谷之類也, 造次之間, 苟未有天德, 人而不爲人, 物爲不爲物, 是以君子 孜孜 頌天德〈「參佺戒經」, 第一章 誠理訓, 第四事, 崇德.〉.

사마(邪魔)〉의 간사함을 드러내지 못한다. 무릇 바른 도(道)는 중도(中道)이니 그 중심의 하나로 그 규칙(規則)으로 삼으면 우주 자연의 도(道)가 이내 밝게 드러난다[76]고 하여 모두 중도(中道)를 규칙으로 삼아 명덕(明德)을 맹세하여 약속하는 것이다.

따라서 약〈約; 약속(約束)〉은 믿음의 좋은 매개체이며, 믿음의 엄한 스승이고, 믿음의 근원이자 믿음의 영혼이다. 매개체가 없으면 합치지 못하고, 스승이 아니면 꾸짖지 못하며, 물의 근원이 없으면 흐르지 못하고, 영혼이 없으면 살 수 없다[77]고 하여 명덕(明德)에 대한 약속이 따라야 함을 말하고 있다. 이러한 약속은 안민(安民)이 전제되어야 한다. 안민(安民)은 백성을 무사히 편안하게 하는 것으로 임금이 자기를 믿어주는 의리를 지켜서 백성들에게 도덕을 펴고, 교화(敎化)하며, 일과 배움을 장려하여 천하(天下)를 평안하게 하는 것이다.[78] 그리하여 지도자는 중과(衆寡)를 살펴 곤란함에 당한 사람을 신벌(愼罰)하여 많은 인원의 곤란함을 구제하는 데에는 덕(德)으로써 하고, 적은 인원의 곤란함을 구제하는 데는 은혜(恩惠)로써 해야 한다[79]고 하였다.

대한민국 고구려(高句麗)에서는 태학(太學)과 경당(扃堂)에서, 백제(百濟)에서는 5경박사(五經博士)를 두고, 제자서(諸子書)를 통하여, 신라(新羅)에서는 화랑도(花郎徒) 교육과 국학(國學)에서, 고려(高麗) 시대에는 국자감(國子監)의 대빙재(待聘齋)에서, 조선(朝鮮) 시대에서는 사학(四學)과 성균관(成均館)의 9재(九齋)에서 서〈書; 상서(商書) · 시경(書經)」〉를 교육하였다.

---

76) 彰贊也, 道天神正道也, 人以正道則妖怪不能顯其狀, 邪魔不能逞其奸, 夫正道者中道也, 中一其規 天道乃彰(「參佺戒經」, 第一章 誠理訓, 第六事, 彰道.).

77) 約者信之良媒, 信之嚴師, 信之發源, 信之靈魂也, 非媒不合, 非師不責, 非源不流, 非魄不生(「參佺戒經」, 第二章 信理訓, 第六十六事, 約.).

78) 安民者安國民無事也, 守君信己之義, 布道德於民, 行敎化於民, 勉業獎學, 四境晏然(「參佺戒經」, 第二章 信理訓, 安民.).

79) 其雙成者濟衆以德濟寡以惠(「參佺戒經」, 第四章 濟理訓, 第一百六十八事, 衆寡.).

### (3) 「역(易)」 교육(敎育)

「역(易)」은 「역경(易經)」을 말한다. 세상 만물의 변화에 관한 원리를 기술하고 있다. 「역경(易經)」은 「연산역(蓮山易)」,[80] 「귀장역(歸葬易)」,[81] 「주역(周易)」이 있었으나, 전해지는 것은 「귀장역(歸葬易)」과 「주역(周易)」이며, 「주역(周易)」을 중심으로 「역(易)」의 교육이 이루어졌다.

'易(역)' 자(字)의 상형(象形)은 '해(日)+보름달(勿)'로서 음양의 일월신(日月神)을 뜻한다. 홍익인간의 초기 사회에서는 보름달이 태양으로 변화하는 것이라고 보아, 겨울의 보름달이 환골탈태하여 여름의 태양으로 바뀐다는 의미를 지니고 있다. 그러므로 한자(漢字) '易(역)'은 해와 같이 계절의 흐름에 따라 보름달에서 태양으로 변하고 보름달로 변하는 순환의 창조과정을 나타낸다. 이것은 자연의 법칙과 인간 삶의 법칙이 합일되어 있었다. 인간의 삶의 법칙은 자연의 법칙에서 비롯된 것이다. 그러므로 인간이 자연의 법칙에 순응하는 것은 '길(吉)'한 것이고 자연의 법칙을 거스르는 것을 '흉(凶)'이라고 한다. 변화와 창조는 이와 같은 '길(吉)'한 것을 찾아 발전적으로 순응하는 데서 생성되며 형성된다. 자연의 법칙에서 나타나는 변화를 응용하여 인간 법칙으로 삼는 것이다. 그

---

80) **「連山易(연산역)」** 연산역(連山易)은 기원전 1600~기원전 1046년 연간에 통용된 것으로 보인다. 그 이름이 「주례(周禮)」의 춘관종백·대복(春官宗伯·大蔔)에 보이며 중국창조 신(神)인 반고(盤古)가 천지를 연 뒤에 제1대 군주인 천황씨〈天皇氏; 성(姓)은 망(望), 명(名)은 획(獲), 자(字)는 자윤(子潤), 호(號)는 천령(天靈), 복희씨(伏羲氏)와 동일인이라고도 한다.〉가 창작한 것으로 이라고 하나 전해지지 않는다. '연산역(連山易)은 간괘(艮卦)로 시작되는 것이고 산(山)이 이어진 것과 같다고 해서 연산이라 했다(連山易是以艮卦開始, 如山之連綿, 故名連山.).'

81) **「歸藏易(귀장역)」** 「귀장역(歸葬易)」은 8괘(八卦) 중 곤괘(坤卦)를 중심으로 장생(長生)하는 법을 다룬 것으로 중국 은(殷: 商; 기원전 1600~기원전 1046)나라 때 황제(黃帝)의 이론을 바탕으로 만들어서 '은역(殷易)'이라고도 부른다. 「주역(周易)」과 비교하면 음양교대대칭(陰陽交代對稱) 관계를 나타낸다. 즉, 주역을 공간 대칭 변환시킨 역(易)이다. 1993년 3월 중국 호북성(湖北省) 강릉현(江陵縣) 형주진(荊州鎭) 북촌(北村) 왕가대(王家臺) 진묘(秦墓)에서 대량의 귀장역(歸藏易) 죽간(竹簡)이 출토되었다.

것은 교육을 통하여 길함을 찾아가는 것으로서 '선(善)' 선에 도달하는 것이며 인간의 창조성을 이뤄 가는 것이다. 이러한 상태를 역(易)」에서는 '중정(中正)'이라고 표현한다. 「역(易)」의 효사(爻辭)에서 길함은 중정을 얻은 것이며, 흉(凶)함이 있더라도 중도(中道)를 행하면 길하게 된다는 것이다. 그러므로 「역(易)」은 자연의 법칙으로서 천도(天道)를 상징화하고, 인간이 천도에 순응함을 인도(人道)로서 규정하여 중정(中正)함을 선(善)이라고 한 것이다.

「역(易)」은 자연의 법칙과 인간 삶의 법칙이 합일되어 있었다. 인간의 삶의 법칙은 자연의 법칙에서 비롯된 것이었다. 그러므로 인간이 자연의 법칙에 순응하는 것은 '길(吉)'한 것이고 자연의 법칙을 거스르는 것을 '흉(凶)'이라고 한다. 교육적 사유(思惟)는 이와 같은 '길(吉)'한 것을 찾아 발전적으로 순응하는 데서 생성되며 형성된다. 자연의 법칙에서 나타나는 변화를 응용하여 인간 법칙으로 삼는 것이다. 그것은 교육을 통하여 길함을 찾아가는 것으로서 '선(善)' 선에 도달하는 것이며 인간의 창조성이 발휘되어 도달되는 것이다. 이러한 상태를 역(易)」에서는 '중정(中正)'이라고 표현한다. 「역(易)」의 효사(爻辭)에서 길함은 중정을 얻은 것이며, 흉(凶)함이 있더라도 중도(中道)를 행하면 길하게 된다는 것이다. 그러므로 「역(易)」은 자연의 법칙으로서 천도(天道)를 상징화하고, 인간이 천도에 순응함을 인도(人道)로서 규정하여 중정(中正)함을 선(善)이라고 한 것이다.

역(易)」은 중정(中正)을 지향하는 교육의 변화원리이다. 변화는 곧 창조를 낳는다. 우주의 자연법칙은 모자라거나 넘치지 않으면서 치우침이 없이 곧고 올바른 것을 추구해 왔고, 「역(易)」은 이러한 변화와 생성을 통한 인간 창조성의 발휘의 교육의 길을 제시하고 있다. 그것은 「역(易)」의 〈몽괘(蒙卦)〉를 통해 구체적으로 드러난다.

「역(易)」은 모든 변화를 통한 창조의 원리를 태극(太極; ☯)을 중심으로 기호화〈효(爻), 상(象)〉하고, 그 기호의 우봉섭리(遇逢攝理)로 괘(卦)를 형성하고 의미를 부여하여 변화과정을 설명하고 있다. 태극(太極)은 세상 만물을 움직이게 하는 끝없는 우주순환의 근원이 된다. 태극(太極)은 만물을 생성시키고 변화시켜[82] 모든 존재와 가치의 근원이 되는 궁극적 실체를 나타내는 것으로 형이상학적 존재이면서 동시에 모든 존재자의 근원 존재를 말한다. 이는 만물 속에 태극(太極)이 그 원인자로 존재하게 되는 것으로 만물의 총체적인 보편 원리인 동시에 특수한 개별자(個別者)로서 창조의 근본이 된다. 그러므로 태극(太極)은 현상으로 드러나는 만물 속에 내재하는 보편의 원리이며, 개별 존재의 원리이다. 태극(太極)은 작용이 없는 고요함 속에 이미 능동적인 창조성을 포함하고 있는 '이(理)'이며, 이 능동성이 현실로 드러날 때 창조 작용이 발휘된다. 이러한 태극은 음(陰; ⚋)과 양(陽; ⚊)으로 양분되는데, 양은 하늘, 남자, 광명, 위(상; 上), 해, 불, 정신, 강인함 등을 나타내고, 음은 땅, 여자, 암흑, 아래(하; 下), 달, 물, 신체, 유약함 등을 나타낸다.

음양은 4상(四象)을 형성한다. 4상(四象)은 음과 양이 처음 중첩되어 이루어지는 것으로 이것이 상징하는 자연의 네 가지 원소와 그 변화 상태를 지칭한다. 4상은 태양(太陽; ⚌), 소음(少陰; ⚍), 소양(少陽; ⚎), 태음(太陰; ⚏)이 자연과 인간을 철학적 · 과학적으로 이해하는 데 바탕이 된다.

태양(太陽; ⚌)은 양(陽)의 기운에 양(陽)이 작용하는 것으로 부드럽고 온화한 자연의 섭리를 나타낸다. 사람의 성품으로는 인(仁)의 작용이 뛰어난 성향을 보인다. 이러한 사람은 모든 사람에게 두루 도움이 되는 어진 마음을 중시한다.

소음(少陰; ⚍)은 양의 기운에 음(陰)이 작용하는 것으로 자연현상이 활동하는 모습을 나타낸다. 사람의 성품으로는 지혜가 뛰어나 분석력이 강하여 논리적 추론의 결론을 얻는 사고능력이다.

소양(少陽; ⚎)은 음의 기운에 양으로 작용하는 것으로 잠잠한 가운데 생동력

82) 無極而太極, 太極動而生陽, 動極而靜, 靜而生陰, 靜極復動, 一動一靜, 互爲其根, 分陰分陽, 兩儀立焉, 陽變合, 而生水火木金土, 五氣順布, 四時行焉, 五行一陰陽也, 陰陽一太極也, 太極本無極也, 五行之生也, 各一其性, 無極之眞二五之精, 妙合而凝, 乾道成男坤道成女, 二氣交感, 化生萬物, 萬物生生, 而變化無窮焉〈周敦頤(1017~1073, 중국 宋나라), 「太極圖說」〉.

이 발산되는 자연현상이다. 사람의 성품으로는 감성이 풍부한 사고 기능의 강점을 가진다.

태음(太陰; ☷)은 음의 기운에 음이 작용하는 것으로 자연의 형태가 생성됨을 나타낸다. 사람의 성품으로는 끈기 있게 집중하는 성향이며 기억력이 뛰어난 사고 기능에 해당한다.

이와 같은 4상(四象)은 8괘(八卦)를 형성하여 모든 현상 만물의 변화의 기본 단위가 된다. 8괘는 건괘(乾卦; ☰), 태괘(兌卦; ☱), 이괘(離卦; ☲), 진괘(震卦; ☳), 손괘(巽卦; ☴), 감괘(坎卦; ☵), 간괘(艮卦; ☶), 곤괘(坤卦; ☷)이다.

건괘(乾卦; ☰)는 양효(陽爻)로서만 이루어진 순양괘(純陽卦)이다. 乾(건) 자는 생명력을 의미하는 하늘의 성격과 본질적 기능을 나타낸다. 역(易)의 설괘전(說卦傳)에는 乾(건)은 健(건)이라고 하여[83] '건장하여 쉼이 없다'라는 뜻으로 하늘이 끊임없이 만물을 창조하는 생명력의 근원임을 말한 것이다. 즉, 건(乾)의 괘사(卦辭)는 원형이정(元亨利貞)으로[84] 봄 · 여름 · 가을 · 겨울 계절의 변화로 대표될 수 있는 우주 섭리의 전개 과정으로서 만물의 생장수성(生長遂成)을 의미하는 동시에 인간에게는 인(仁) · 의(義) · 예(禮) · 지(智)의 네 가지 덕(德)이다. 이것은 천도(天道)와 인성(人性)의 강상(綱常)으로서 우주의 섭리에 의한 홍익인간(弘益人間)의 당위성을 말하고 있다

태괘(兌卦; ☱)는 두 개의 양효(陽爻)가 아래에 있고 하나의 음효(陰爻)가 위에 있는데, 이것은 안으로 충만한 기쁨이 밖으로 나타나는 것을 상징한다. 태(兌)는 설득함이라고 하여[85] '만물(萬物)을 윤택하여 기쁘게 하는 것은 못〈택(澤)〉보다 더 윤택한 것이없다'[86]는 형통함으로 올바름을 지켜야 이롭다고 하여 곧은 바름〈정(貞)〉을 강조하고 있다. 그리하여 형통하지만 곧아야 이롭

---

83) 乾, 健也(「周易」, 說卦傳」), 乾, 奇也, 陽也, 健也, 故天下之健莫如天〈李光地(1642~1718, 중국 靑나라), 「周易折衷」, 集說, 邵子.〉.

84) 乾, 元亨利貞(「周易」, 卦爻辭.).

85) 兌, 說也(「周易」, 說卦傳.).

86) 說萬物者莫說乎澤(「周易」, 說卦傳.).

다.[87] '못〈택(澤)〉은 젖게 함으로써 만물이 자라나니, 만물(萬物)이 모두 설득되는 까닭이다. 사람의 일에 베풀면 인군(人君)이 은혜를 가지고 백성을 길러주니 백성들이 설득되지 않음이 없는 것과 같다.'[88]고 하여 설득하여 바름을 추구하는 교육에 의한 변화를 지향한다.

이괘(離卦; ☲)는 음효(陰爻)가 양효(陽爻)가 사이에 들어있어 불〈화(火)〉을 상징한다. 離(이) 자는 원래 '떠나다'라는 의미지만 '붙다(麗)'라는 뜻으로 반전되어 반훈(反訓)이 되었다. 즉, 음효(陰爻) 하나가 양효(陽爻) 2개 사이에 붙어 있다는 의미가 되어 불〈화(火)〉을 상징하게 된 것은 불은 반드시 다른 사물에 붙어야 탈 수 있기 때문이다. 불은 밝음의 의미이다. 이(離)의 괘사(卦辭)에서는 '마음을 바르게 갖는 것이 이로운 것으로서 만인이 우러러보게 하여 불처럼 밝게 빛나 만인에게 행복과 문명을 향유(享有)하도록 하는 것이다'라는 의미를 내포하고 있다.[89] 올바른 것이 이로움으로 형통하여 정(貞)의 올바름을 강조하고 있다. 십익(十翼) 「상전(象傳)」의 '대상전(大象傳)'에서 밝은 것이 다시 일어나는 것이 이괘(離卦)라고 하여 이것을 본받아 써서 밝음을 계승하여 사방을 비추어야 한다고 하였다.[90] 즉, 우주의 섭리에 따라 모든 존재는 올바름에 의해야 한다는 것이다.

진괘(震卦; ☳)는 아래에 있는 양의 기운이 지면(地面)의 음의 기운을 뚫고 나오는 모습을 본뜬 것이다. 진괘(震卦; ☳)의 괘사(卦辭)에 '통하는 것이다, 우레 칠 때 두려워하면 담소하는 것이 즐거울 것이니, 우레가 백 리를 놀라게 해도 비창〈匕鬯: 제사에서 신을 부르는 술(울창주)를 옮기는 국자(탕작;湯勺)〉을 잃어버리지 않을 것이다'[91]고 하여 우레를 두려워하면 즐거움이 올 것이라고 하였

87) 兌, 亨利貞(「周易」, 卦爻辭.).
88) 澤以潤生萬物, 所以萬物皆說 : 施於人事, 猶人君以恩惠養民, 民無不說也〈「周易正義」, 孔穎達(574~648, 중국 唐나라), 疏.〉.
89) 離, 利貞, 亨, 畜牝牛吉(「周易」, 卦爻辭).
90) 象曰, 明兩作離, 大人以繼明, 照于四方(「象傳」, 大象傳, 上經.).
91) 震 亨. 震來 虩虩 笑言啞啞. 震驚百里 不喪匕鬯(「周易」, 卦爻辭.).

다. 그리하여 '우레가 오면 두려워하는 것은 두려워하므로 복(福)을 이루는 것이다.'[92]고 하였다. 이것은 경계하고 삼가고 두려워하고 위태로워하는 태도로 임하면 어떠한 위험과 고난을 극복할 수 있다는 의미이다. 공경(恭敬)의 바탕이다.

손괘(巽卦; ☴)는 하나의 음효(陰爻)가 두 개의 양효(陽爻) 밑에 들어가 있는 모양으로 겸손함을 나타낸다. 손괘의 괘사에 보면 '조금 통하는 것이다'[93]고하여 '손(巽)은 들어감이다'고 하여 '손(巽)'이 바람을 형상한 괘(卦)이며, 바람이 가서 들어가지 못하는 곳이 없으므로, 들어감으로써 훈(訓)을 하였다. 이것을 사람의 일에 베풀면, 스스로 잘 낮추고 유순(柔順)한 자는 또한 용납되지 않는 곳이 없다. 그러나 손(巽)의 뜻은, 낮추고 유순함으로써 바탕 삼고 용납되어 들어감으로써 쓰임을 삼기 때문에 '손(巽)'이란 이름을 받은 것이다.[94] 그래서 본래 신(神)에게 제사 드리는 모습을 그린 글자인 손(巽)으로 나타냈으며, 제사 지낼 때처럼 겸손함을 의미한다. 또한, 괘(卦)의 모양에서 '들어가다', '따르다'의 뜻이 생겨났다. 그리고 바람을 상징하는데, 바람은 사물을 움직이므로 '명령'의 의미를 지니게 되었다. 가르침을 강조한다.

감괘(坎卦; ☵)는 양효(陽爻)가 음효(陰爻) 사이에 빠져 있는 형상으로 물을 상징한다. 坎(감)은 본래 '구덩이'를 의미하므로'빠지다(陷)'라는 뜻으로 험난함을 나타낸다. 감의 괘사(卦辭)에서는 '습감(習坎)은 믿음(孚)이 있어 오직 마음으로 형통하니 진실한 믿음의 마음가짐으로 행하면 공(功)이 있다'[95]고 한 것은 험난한 상황에 대처함을 말하고 있다. 즉, 내적인 진실성으로 험난함을 극복하는 것을 의미한다. 감의 대성괘(大成卦) 육사(六四) 효(爻)에서는 질그릇의 검소

92) 震來虩虩, 恐致福也(「周易」, 象傳.).
93) 巽, 小亨(「周易」, 卦爻辭.).
94) 巽, 入也. 蓋以巽是象風之卦, 風行無所不入, 故以入為訓. 若施之於人事, 能自卑巽者, 亦無所不容. 然巽之為義, 以卑順為體, 以容入為用, 故受巽名矣. 上下皆巽, 不為違逆, 君唱臣和, 教令乃行, 故於重巽之卦, 以明申命之理. 雖上下皆巽, 命令可行, 然全用卑巽, 則所通非大, 故曰小亨(「周易」, 說卦傳.).
95) 習坎有孚, 維心亨, 行, 有尚(「周易」, 卦爻辭.).

함과 노끈 같은 진실함이야말로 험난한 상황을 극복하는 방법으로 최선이다.[96)]

간괘(艮卦; ☶)는 양효(陽爻) 아래에 두 개의 음효(陰爻)가 있는 것으로 막혀 있음을 나타낸다. 산(山)이 위에 있는 형상으로 그침〈지(止)〉의 의미를 나타낸다. 이것은 모든 만물(萬物)을 마치고 만물이 시작한다는 변화를 말한다. 사람에게는 '눈〈목(目)〉'을 나타내는 것으로 그 등〈배(背)〉에 그치면[97)] 눈에는 근심이 없다.'[98)]고 하여, 눈이라는 것은, 잘 보는 물건이니, 얼굴에 그침을 베풀면 보는 바를 억지로 끊고 그 하고자 함을 강제로 막으니, 이는 눈이 보는 곳이 근심이다. 지금 그침을 등에 베풀면 '눈은 근심이 없음이다.'[99)]고 하여 그침을 베풀면 남이 하고자 함을 막지 않아서 그 그칠 곳을 얻는다고 하였다. 그쳐야 할 때 그치고, 행할 때 행해서, 멈춤과 움직임이 알맞을 때를 찾아 모든 만물의 이치가 바르고 밝음을 나타낸 것이다.

곤괘(坤卦; ☷)는 음효(陰爻)로만 이루어진 순음괘(純陰卦)이다. 坤(감) 자는 토(土) 자와 이 토(土)를 상징하는 십이지(十二支)의 신(申) 자를 합하여 만들진 것으로 유순(柔順)함이다. 곤(坤)을 땅 · 음(陰) · 어머니 등에 비유하여 순(順)함을 나타내고 있다.[100)] 즉, 곤(坤)의 괘사(卦辭)는 원형이정(元亨利貞) 가운데 암컷의 말인 빈마(牝馬)의 정(貞)으로 규정하여 빈마(牝馬)가 건괘(乾卦)의 성향을 가지고 있으므로, 만물의 생명의 시원(始原)인 건을 받아들여 하늘의 섭리에 순응하는 생육자(生育者)로서 곤(坤)의 존재이다.[101)] 곤(坤)이 건(乾)과 조화를 통하여 세상 만물의 생명이 창조된다. 시원(始原)으로서의 건(乾)과 생육자로

---

96) 樽酒簋貳, 用缶, 納約自牖, 終無咎(「周易」, 卦爻辭.).

97) 艮, 其背(「周易」, 卦爻辭.).

98) 目无患也〈「周易」, 卦爻辭, 王弼(226~249, 중국 삼국 시대 魏나라) 注.〉.

99) 目者, 能見之物, 施止於面, 則抑割所見, 強隔其欲, 是目見之所患.今施止於背, 則目無患也〈「周易正義」, 孔穎達(574~648, 중국 唐나라), 疏.〉.

100) 坤, 順也(說卦傳), 坤, 偶也, 順也, 陰也, 故天下之順莫如地, 所以順天也〈李光地(1642~1718, 중국 靑나라), 「周易折衷」, 集說, 邵子.〉.

101) 坤, 元亨, 利牝馬之貞, 君子有攸往, 先迷後得主利, 西南得朋, 東北喪朋, 安貞吉(「周易」, 卦爻辭.).

서 곤(坤)이 바르게 위치할 때 올바른 가치관과 질서가 확립되고, 만물이 생성되어 생명력인 창조성을 올바르게 발휘하는 것이다.

이러한 8괘의 우봉섭리(遇逢攝理)로 상괘(上卦)와 하괘(下卦)를 구성하여 64괘를 형성하여 변화의 원리를 설명하고 있다. 그리하여 창조의 과정은 양(陽)과 음(陰)의 작용으로 시작하여 만물이 생명력을 지니고 화육(化育)과 가르침이 주어져 성장·발전한다. 이러한 생명력의 창조성은 교육으로 이뤄짐을 몽괘(蒙卦)에서 설명하고 있음은 전술하였다.

몽괘(蒙卦)는 간괘(艮卦: ☶)가 위에 있고, 감괘(坎卦; ☵)가 아래에 있는 「역(易)」의 우봉섭리(遇逢攝理) 생성변화 64개 중 4번째의 괘명(卦名)으로 '산수몽(山水蒙)'을 나타낸다. 산 아래에 험난함이 있어, 갈 곳을 찾지 못하고 멈추어져 있는 형상으로, 몽(蒙) 자(字)는 무성하게 자란 풀에 의하여 덮여 있는 모습을 뜻하는 글자인데, 여기에서 '어둡다(昧)'라는 의미가 파생되었으며, 사물이 태어나 아직 어릴 때는 몽매하므로 '어리다(稚)'라는 뜻을 내포하고 있다. 이 괘는 몽매한 아동을 가르쳐 계몽하는 방법을 설명하고 있다.

몽(蒙)은 형통(亨通)하는 것으로, 내가 철부지 아이를 구함이 아니라, 철부지 아이가 나를 구하는 것이다.[102] 몽(蒙)은 작고 어두우며 어둡고 약함의 이름인데, 사물은 모두 어려서 어둡고 오직 근본만 형통하므로 이르기를 '몽(蒙)은 형통하다.'[103]라고 하였다. 이것은 모든 만물이 어둡고 미약하지만, 근원은 형통하므로, 밝은 자가 어두움을 구함이 아니고, 덕(德)이 높고 밝은 스승이 몽매한 사람의 어두움을 가서 구하는 것이 아니며, 몽매한 자가 밝음을 구하고, 밝은 자는 몽매한 자에게 묻지 않기 때문에 몽매한 사람에 대한 가르침을 통해 그 의미를 찾는다는 의미를 말하고 있다. 그러므로 몽괘(蒙卦)는 가르침을 세운 것이다.

---

102) 蒙, 亨. 匪我求童蒙, 童蒙求我〈「周易正義」, 孔穎達(574~648, 중국 唐나라), 疏.〉.
103) 蒙者, 微昧闇弱之名. 物皆蒙昧, 唯原亨通, 故云 '蒙, 亨'〈「周易正義」, 孔穎達(574~648, 중국 唐나라), 疏.〉.

산 아래의 험한 환경에서 물길이 멈추는 작은 샘물에 지장이 없도록 장애물을 제거하여 형통하여 잘 흐르게 하는 것이 몽괘(蒙卦)가 지닌 의미이다. 이와 같은 괘사(卦辭)를 사람에 비추어 보면, 몽(蒙)이 형(亨)으로 변하는 것은 우매한 사람이 가르침을 구하는 홍익인간의 관점에서 보면 가르치는 자와 배우는 자가 모두 하나로 뜻을 합할 때 '뜻이 서로 통하는 것'이 가능하며 이것이 '곧고 바르게 하는 것(利貞)'이다. 이러한 교육을 산 아래서 솟아나는 샘물에 비유하고 인간의 창조적 능력을 개발하는 「역(易)」 교육의 당위성이 성립된다.

교육은 올바르게 교육내용을 전달하여 깨우치도록 하는 것이다. 이것은 학습자가 원하는 목표를 달성하도록 하는 것이다. 그러므로 내가 몽매한 어린이에게 구하는 것이 아니라 몽매한 어린이가 나에게 구한다[104]고 하였다. 그러므로 어리석음〈몽(蒙)〉은 곧 통하는 것〈형(亨)〉이라고 한 것이다. 사람은 어린 시절에는 무지몽매한 상태이지만, 교육을 통해 지식과 기능을 습득하고 그로 인하여 형통하면서 생존할 수 있다. 어린 몽매한 시기에는 무한한 교육의 가능성이 공존한다. 몽괘는 무지몽매함 속에 담겨있는 인간의 가능성을 깨우치는 교육의 중요성을 반영하고 있다.

몽괘(蒙卦)의 효사(爻辭)[105]는 初六(초6), 九二(9이), 六三(6삼), 六四(6사), 六五(6오), 上九(상9)로 구성되어 있다.

〈初六(초6)〉 몽매함이 펼쳐지면 사람에게 형벌을 사용하여 그 질곡(桎梏; 족쇄와 수갑으로 결박하는 형구)을 벗겨주는 것이 이로우나 이렇게 하면 부끄러

104) 匪我求童蒙, 童蒙求我(「易傳」, 彖辭.).

105) 효사(爻辭)란 한 괘를 구성하고 있는 의 각 효(爻)에 대한 설명이다. 양효(陽爻; ━)와 음효(陰爻; ╌)가 모여 기본 8괘를 형성하고 각 8괘의 우봉섭리 법칙으로 64괘를 형성하여 양효와 음효의 위치에 따라 그 의미의 효사가 성립된다. 「역(易)」에서 효(爻)를 표시할 때는 양효(陽爻; ━)는 변하지 않는 비율 상수(常數)인 양의 숫자 9로, 음효(陰爻; ╌)는 변하지 않는 비율 상수이면서 음의 숫자인 6으로 나타낸다. 6개의 효(爻)로 구성된 괘의 효의 위치에 따라 아래에서부터 初(초)6 · 9, 6 · 9二(이), 6 · 9三(삼), 6 · 9四(사), 6 · 9五(오), 上(상)6 · 9로 명명한다.

운 일이다.[106] 몽매함을 일깨워 주기 위해서는 체벌을 사용할 수도 있으나 될 수 있으면 체벌을 사용하지 않은 것이 좋으며 체벌을 지속할 경우 그것은 결국 교육적인 것이 못 된다고 하여 교육이 궁극적으로 지향할 점을 말하고 있다.

〈九二(9이)〉 아들의 몽매함은 품어주어 가르쳐야 하며, 며느리를 들이면 조화가 되어 아들이 집안을 화목하게 이끌어간다.[107] 폭넓게 몽매한 사람을 가르치고 이끌어서 교화(教化)하여 어리석은 자 모두를 창조성을 발휘하여 슬기로운 지혜를 깨닫게 하는 것이다. 여기에 여성도 순(順)하고 좋은 도(道)로써 가르쳐서 맞이하여 아들의 어리석음을 일깨우도록 하여 집안을 화목하게 이끌어 가도록 하는 것이다. 사람 모두에게 창조성이 있으므로 폭넓게 가르쳐야 좋은 교육임을 말하고 있다.

〈六三(6삼)〉 재물이 많은 사내에게 몸을 굽혀 따르는 여자는 취하여 쓰지 않는 것이 이롭다.[108] 행동의 조심스럽고 조신(操身)해야 함을 강조한 것이다. 즉, 교화되지 않은 어리석은 사람이거나 가르쳐도 깨우치지 못한 사람에 대한 경계를 나타낸 것이다. 남녀가 서로 짝을 구하는 데 있어 가르침을 받은 상태에서 서로 만나야 하는 것으로 교육의 중요성을 말한 것이다.

〈六四(6사)〉 몽매함과 무지함으로 곤란을 당하는 것은 부끄러운 일이다.[109]

가르치지 않아서 몽매함과 무지함이 계속된다면 온갖 만물에 대한 실제를 알 수 없어 사람이 부끄럽게 된다는 의미이다. 그러므로 사람을 답답함을 가르침을 행하여 창조성을 발휘할 수 있도록 풀어주면 사람은 자기중심의 탐욕〈인(吝)〉에서 벗어나 사람다운 사람으로 거듭날 수 있음을 말한 것이다.

---

106) [初六] 發蒙. 利用刑人, 用說桎梏. 以往吝〈「周易」, 周公旦(생몰연대 미상, 중국 周나라), 爻辭.〉.

107) [九二] 包蒙, 吉. 納婦吉, 子克家〈「周易」, 周公旦(생몰연대 미상, 중국 周나라), 爻辭.〉.

108) [六三] 勿用取女, 見金夫, 不有躬, 无攸利〈「周易」, 周公旦(생몰연대 미상, 중국 周나라), 爻辭.〉.

109) [六四] 困蒙, 吝〈「周易」, 周公旦(생몰연대 미상, 중국 周나라), 爻辭.〉.

〈六五(6오)〉 어리석은 아이가 무지몽매함은 당연히 좋은 것이다.[110] 교육을 받지 않은 상태에서 교육에 순응하는 인간의 본성을 말한 것으로 교육의 가능성을 의미한다. 학습자의 교육적 바탕의 상태로 차근차근 이끌어 주는 교육의 마땅함을 들어 조기교육이 이루어져야 하는 상태를 말하고 있다. 교육이 지향해야 할 성과이며 지(智)와 덕(德)의 교육을 강조하고 있다.

〈上九(상9)〉 몽매함을 일깨워 주는 데 있어서 그 몽매함을 도적이나 원수처럼 여기면 이롭지 못하고, 몽매한 도적을 막아주는 것이 이롭다.[111] 구체적인 교육의 상황을 의미한다. 학습자의 몽매함을 없애서 밝혀주는 것으로 계몽(啓蒙)이 이루어지는 상태이다. 그래야만 가르침에 순응하면서 교육이 이루어짐을 말하고 있다.

「역(易」의 몽괘는 교육적 사유(思惟)를 함의하고 있다.

첫째, 몽괘의 괘사에서 학습자인 어린이가 배움을 구하는 것이 이롭고 바른 것〈동몽구아 이정(童蒙求我 利貞)〉이라고 한 것은 교육의 필요성을 의미한다.

둘째, 배우는 자의 몽매함은 품어주어 가르쳐야 한다는 것〈포몽길(包蒙吉)〉은 폭넓게 몽매한 사람을 가르치고 이끌어 가는 교육의 실천을 의미한다.

셋째, 교화(教化)되지 않은 어리석은 사람이거나 가르쳐도 깨우치지 못한 사람을 구하는 〈用取女見金夫不有躬无攸利(용취여견금부불유궁무유이)〉 의미와 사람의 답답함을 가르침을 행하여 창조성을 발휘할 수 있도록 풀어주는 의미인 곤몽인(困蒙吝)은 가르치고 배움의 결과가 드러나는 것이다.

넷째, 무지몽매함을 교육하는 것〈동몽길(童蒙吉)〉과 학습자의 몽매함을 없애서 밝혀 주는 것〈격몽(擊蒙)〉은 교육이 지속적이게 이뤄져야 하는 것을 말한다.

몽괘(蒙卦)는 홍익인간을 위한 교육의 필요성과 「역(易)」 교육의 당위성을 나타내고 있다.

---

110) [六五] 童蒙, 吉〈「周易」, 周公旦(생몰연대 미상, 중국 周나라), 爻辭.〉.
111) [上九] 擊蒙, 不利為寇, 利禦寇〈「周易」, 周公旦(생몰연대 미상, 중국 周나라), 爻 辭.〉.

대한민국 고조선(古朝鮮) 시대에서 「역(易)」의 기본원리에 대한 교육은 「천부경(天符經)」[112]을 통해 이뤄졌다. 「천부경(天符經)」의 내용은 다음과 같다.

一始無始一 析三極 無盡本 天一一 地一二 人一三 一積十鉅 無匱化三 天二三 地二三 人二三 大三合六 生七八九 運三四 成環五七 一妙衍 萬往萬來 用變不動本 本心本 太陽昻明 人中天地一 一終無終一[하나(一)는 시작되나 시작 없는 하나(一)다. 3극(三極)으로 나누어지되 그 근본은 다함이 없다. 하늘 하나가 3극 중 하나요, 땅 하나는 3극 중 둘이요, 사람 하나가 3극 중 셋이다. 하나(一)가 크게 쌓여 그 끝없이 3극으로 화(化)한다. 하늘이 둘인 3극이고 땅이 둘인 3극이며 사람이 둘인 3극이라. 큰 3극이 합하여 6이 되고 7 · 8 · 9를 낳으며, 3 · 4를 운용하여 5 · 7과 고리를 이루어 하나(一)는 묘하게 넓어 만유(萬有)가 왕래(往來)한다. 쓰임은 변하나 근본은 변함이 없다. 근본의 핵심근본은 태양이 발하는 빛이 근본이다. 사람 속에 천지(天地)가 하나로 있다. 하나(一)는 그치나 그침이 없는 하나다.].

「천부경(天符經)」은 하나(一)가 원천이 되어 천(天) · 지(地) · 인(人) 3으로 나누어지고, 하나가 쌓여 10으로 커져 변하면서 다시 뚜렷한 경계선이 없이 현상적인 천(天) · 지(地) · 인(人) 3으로 변하며, 우주 만유(萬有)가 운행하여 평면상의 고리와 입체상의 고리를 만들어 끊임없이 순환하는 이치를 말하고 있다.

「천부경(天符經)」의 무(無)는 유(有)에 대한 상대적인 개념이며, 유(有)의 시초가 되는 하나(一)의 원천(源泉)으로서 무(無)는 절대적으로는 존재한다는 의미가 되므로 무(無)와 유(有)는 원래 같은 것이 된다. 하나(一)는 유(有)의 첫 번째로 출발점이 된다. 즉, 모든 존재는 하나에서 시작한다. 하나는 절대적인 유(有)이자 무(無)에 대하여 상대적인 유(有)의 개념이 된다. 3극(三極)은 천(天) ·

112) **「天符經(천부경)」** 「천부경(天符經)」은 환인(桓因)이 환웅(桓雄)에게 전하여 지금까지 내려온 것으로 알려진 것으로 대종교〈大倧教: 단군교(檀君教); 1909~현재)〉의 경전으로 채택되었다. 「천부경(天符經)」의 81자는 최치원(崔致遠; 857~몰연대 미상)이 전서(篆書)로 새겨진 옛 비석을 발견하여 그것을 옮겨 기록하여 전해진 것이다.

지(地) · 인(人)이다. 3극은 곧 3태극(三太極)이다. 1차의 3극은 석3극(析三極)의 천일일(天一一) · 지일이(地一二) · 인일삼(人一三)이며, 2차의 3극은 무궤화삼(無匱化三)의 천이삼(天二三) · 지이삼(地二三) · 인이삼(人二三)이다.

천일일(天一一) 지일(地一)이 인일삼(人一三)은 천일(天一) · 지일(地一) · 인일(人一)이 차례로 생겨난 시간적 개념이 된다. 천이삼(天二三) · 지이삼(地二三) · 인이삼(人二三)은 천이(天二)가 3, 지이(地二)가 3, 인이(人二)가 3이라는 현상 존재적 개념이다.

천이(天二)는 천일(天一)에서 다시 천지(天地), 즉, 음양중(陰陽中)으로 이루어진 존재이며, 지이(地二)는 지일(地一)에서 나와 다시 천지(天地)로 이루어진 존재이고, 인이(人二)는 인일(人一)에서 나와 다시 천지로 이루어진 존재가 된다. 이로써 천이(天二)는 하늘, 지이(地二)는 땅, 인이(人二)는 사람이 된다. 그러므로 천이삼(天二三)은 낮, 밤, 새벽(황혼)의 세 현상이 있는 하늘이 셋으로서 해, 달, 별로 나눌 수 있으며, 지이삼(地二三)은 형체가 있는 땅이 셋으로서 육지, 바다(늪), 동식물로 볼 수 있고, 인이삼(人二三)은 형체가 있는 사람이 셋으로서 남성, 여성, 어린아이의 존재이다. 이것이 음양중(陰陽中)의 삼태극으로 정립되는 것이다. 이러한 3태극(三太極)이 역(易)의 기본원리이다. 즉, 음양은 3태극에 내포되어 있으며, 4상(四象), 5행(五行), 8괘(八卦) 등이 모두 이 음양의 원리에서 나온 것이다.

무궤(無匱)는 경계가 없이 묘하게 변화하여 천이삼(天二三) · 지이삼(地二三) · 인이삼(人二三)의 천지인 3태극으로 이루어진다는 것을 말한다. 즉, 하나에서 천지인 3태극이 나오고, 하나(一)가 계속 쌓여 10으로 커지면서 천(天) · 지(地) · 인(人) 의 3태극 범주로 묘하게 내포된다는 것이다.

대3합6(大三合六)은 대3(大三)인 천이삼(天二三) · 지이삼(地二三) · 인이삼(人二三)이 합해져 6이 된다는 뜻이 된다. 이는 천이(天二), 지이(地二), 인이(人二)가 각각 합해져 6이 되는 원리를 말한 것이 되는데, 천이(天二)가 음양, 지이(地二)가 음양, 인이(人二)가 음양으로 합 여섯 가지라는 뜻이다.

천이삼(天二三)의 3, 지이삼(地二三)의 3, 인이삼(人二三)의 3은 각 음양중(陰陽中)의 3가지 모두를 가리키며, 중(中)에 해당하는 존재는 음양의 조화로 생겨난 7, 8, 9가 된다. 3극이 음양으로 조합되어 6이 되고, 음양중(陰陽中)으로 조화되어 천(天) · 지(地) · 인(人)이 각 7, 8, 9로 불어나는 것이다.

생7 · 8 · 9(生七八九)는 대3합6(大三合六)으로 생겨난 7, 8, 9를 가리킨다. 천(天) · 지(地) · 인(人)의 각 음양(陰陽)의 조화로 중(中)이 생겨나는바, 순서로 7, 8, 9가 되는 것이다. 7은 하늘이므로 지구에서 보이는 태양도 달도 아닌 중(中)에 해당하는 별, 8은 땅이므로 육지도 바다도 아닌 늪이나 동식물, 9는 사람으로 볼 때 남자도 여자도 아닌 중성(中性)에 해당하는 어린아이가 된다. 3극의 역(易)의 원리에 의하여 음양중(陰陽中)의 3겹으로써 10, 즉, 새로운 1이 되기 전의 숫자 9에 귀결된다. 하나(一)에서 다시 하나(一)가 되기 전까지 가장 큰 수는 바로 9가 된다.

운삼사(運三四)는 3과 4가 운행한다는 뜻을 가지며, 이때 3은 천(天) · 지(地) · 인(人)에 해당하는 개념으로서 사람을 중(中)으로 기준 하면 상중하(上中下)의 공간적 개념이 되고, 4는 사람을 기준으로 전후좌우(前後左右)의 공간적 개념이 된다. 이러한 상중하와 전후좌우가 일정한 규칙에 따라 운행하면, 5와 7이라는 고리가 되는 공간이 이루어진다. 4라는 공간적 개념은 3극의 역(易)의 원리가 되는 전후중(前後中)이라는 3방향의 공간적 개념에서 중(中)을 좌우로 분화 · 파생시킴으로써 생긴 것이다.

성환5 · 7(成環五七)은 5와 7이라는 고리를 이룬다는 뜻이다. 운행하는 3과 4로 이루어지는 5의 고리와 7의 고리는 전후좌우중(前後左右中), 상하좌우중(上下左右中), 상하전후중(上下前後中)의 3가지 고리 5와 상중하전후좌우(上中下前後左右)의 1개의 고리 7을 가리키며, 이를 모두 내포하는 것이 구(球)가 된다. 이러한 고리 5와 고리 7은 일체로서 하나가 된다. 고리 5는 평면상의 5방(方)이며, 고리 7은 구(球)를 이루는 7방(方)이 된다. 그러므로 1, 5, 7은 하늘의 숫자로서 1은 원래의 하늘을 나타내며, 5는 중앙과 4방을 포함한 숫자가 되고,

7은 구(球)의 형태로서 우주 공간의 모든 방향을 가리키는 숫자가 된다. 우주 공간은 전후좌우(前後左右)나 상하사방(上下四方) 등의 방향 기준이 없으며, 한계가 없는 구(球)의 형상으로 7방향을 설정한다. 5방은 3극의 역(易)의 원리인 전후중(前後中)이라는 3방의 공간적 개념에서 중이 분화 · 파생하여 생긴 개념이며 중(中)을 내포한 것이 된다.

하나(一)는 신묘하여 끝없이 만왕만래(萬往萬來)의 순환을 하는데, 그 쓰임은 변하나 근본은 변동하지 않는다. 이로써 우주 만유(萬有)의 진리(眞理)는 하나로 모든 존재의 근본인 하나(一)는 변하지 않는다(不動本)는 것이며, 하나(一)에서 나온 모든 존재는 변한다(變化無常)는 것이다. 그러므로 만왕만래(萬往萬來) 하는 존재는 3태극(三太極)의 역(易)의 원리에 따라 천(天) · 지(地) · 인(人)과 음양중(陰陽中)의 현상 존재로서 무한 순환하는 것이다.

대한민국 삼국(三國) 시대 고구려(高句麗)에서는 교육기관이 설립되면서 교육과정으로 5경(五經)이 채택되면서 역(易)의 교육을 하였고, 백제(百濟)에서도 5경 박사를 두었으며, 5경 박사들을 일본에 파견하여 역(易) 등을 가르치도록 하였다.[113] 신라(新羅)에서는 국학(國學)에 독서삼품과(讀書三品科)[114]를 설치하여 인재선발 시험제도를 확립하면서 「역(易)」을 포함한 5경 등에 능통한 자는 특별히 등용하였다.[115] 고려(高麗) 시대에는 국자감(國子監)에 7재(七齋)[116]의

113) 十年秋九月, 別貢五經博士漢高安茂, 請代博士段楊爾. 依請代之(「日本書紀」, 繼體天皇 十(517)年).

114) 春, 始定讀書三品以出身. 讀春秋左氏傳 若禮記 若文選, 而能通其義, 兼明論語孝經者爲上, 讀曲禮論語孝經者爲中, 讀曲禮孝經者爲下〈「三國史記」, 新羅本紀, 元聖王 四(788)年.〉.

115) 若博通五經 · 三史 · 諸子百家書者, 超擢用之〈「三國史記」, 新羅本紀, 元聖王 四(788)年.〉.

116) 대한민국 고려(高麗) 시대 예종(睿宗) 4(1109)년 7월, 국학교육(國學敎育)의 진흥을 목적으로 국자감(國子監) 내에 설치한 전문 학제이다. 문무학(文武學)을 전문성에 따라 유학(儒學) 6강좌와 무학(武學) 1강좌로 구분하였다. 유학(儒學)강좌로 「주역(周易)」은 이택재(麗澤齋), 「상서(尙書)」는 대빙재(待聘齋), 「모시(毛詩)」는 경덕재(經德齋), 「주례(周禮)」는 구인재(求仁齋), 「대례(戴禮)」는 복응재(服膺齋), 「춘추

전문 학제를 두어 여택재(麗澤齋)에서 「주역(周易)」을 교육하였다. 조선(朝鮮) 시대에 이르러 중등이상의 교육과정에 「주역(周易)」을 편성하였고, 성균관(成均館)에서는 9재학규(九齋學規)를 제정하여 「대학(大學)」에서 「주역(周易)」까지를 한 계단씩 순서를 밟아 학습하게 하여 승급과 과목의 순서를 정하여 「주역(周易)」까지 평가를 받으면 회시(會試)[117]에 응시할 자격을 주었다. 조선 시대에 「역(易)」에 대한 연구도 활발하여 「주역천견록(周易淺見錄」[118]을 필두로 200여 종의 저술이 남아 있다.

### (4) 「예(禮)」 교육(教育)

예(禮)는 일반적으로 마시고 먹는 음식(飮食)에 기원을 두고 있다.[119] 마시고 먹은 일은 인간의 생명을 영위하기 위한 것이다. 인간의 생명을 영위하고자 하는 염원은 절대 존재자로 여겨지는 신(神)에게 생명을 영위해 주는 음식을 올려 인간 생명 영위의 안녕을 바라는 제사의식(祭祀儀式)이 되었고 이것이 예(禮)의 시작이 된 것이다. 이러한 예(禮)는 리(履; 밟다)로 신(神)을 섬겨 복을 이르

---

(春秋)」는 양정재(養正齋)로 6강좌 정원은 총 70명을 선발하였으며, 무학(武學)강좌로 〈무예(武藝)〉는 강예재(講藝齋)로 정원은 8명을 선발하였다.

117) 회시(會試)는 조선 시대 대과(大科) 과거(科擧)의 2번째 단계 시험을 말한다. 문과(文科)와 무과(武科)는 초시(初試) · 회시〈會試; 복시(覆試)〉 · 전시(殿試)의 3단계의 절차를 거쳤다. 회시(會試)를 합격해야 전시에 응시할 수 있었다. 문과(文科) 회시(會試) 정원은 33명이고, 무과(武科) 회시는 28명이었다. 문과(文科) 회시(會試)는 240명의 초시(初試) 합격자를 대상으로 시험 보게 하여 33명을 선발하여 전시(殿試)에 응시 자격을 주었다. 정규 문과(文科) 시험의 회시(會試)는 초장(初場) · 중장(中場) · 종장(終場) 세 단계의 시험을 거쳤다. 초장(初場)은 강경시험으로 4서3경(四書三經)을 배강(背講)하였다. 「주역(周易)」과 「춘추(春秋)」 2경과 자(子) · 사(史)를 강(講)하기를 원하는 경우 허락하였고, 이 경우 점수를 2배로 주었다. 중장(中場)은 제술(製述) 시험으로 부(賦) · 송(頌) · 명(銘) · 잠(箴) · 기(記) 가운데 1편, 표(表) · 전(箋) 중에 1편을 선택하여 모두 2편을 작성하였다. 종장(終場)은 대책(對策) 1편이었다.

118) **「周易淺見錄(주역천견록)」** 권근(權近; 1352~1409, 대한민국 朝鮮 시대)이 조선(朝鮮) 세종(世宗) 대에 간행한 것으로 추정되는 3권 3책의 목판본이다. 1권은 〈역설상경(易說上經)〉, 2권은 〈역설하경(易說下經)〉, 3권은 〈역설계사(易說繫辭)〉이다.

119) 夫禮之初, 始諸飮食(「禮記」. 禮運.).

게 하는 것이다.[120] 즉, 죽어가는 유한한 생명을 뜻하는 시(尸)와 회복함을 뜻하는 복(復)이 합쳐져 타고난 생명이 성품을 영위하기 위하여 예절을 지킨다는 의미이다. 그러므로 대한민국 고조선(古朝鮮) 시대 366사(三百六十六事) 제7사(第七事) 극례(克禮)에서 예(禮)는 우주 자연의 기운〈천신(天神)〉의 법칙에 따른 그 절도(節度)에 맞는 예(禮)이므로 예(禮)를 갖추지 않으면 공손(恭遜)하지 못하고 공손(恭遜)하지 못하면 성(誠)이 없으니, 만약 예(禮)와 경(敬)을 다한다면 우주 자연의 기운〈천신(天神)〉은 처음〈상(上)〉부터 순화(純化)의 섭리(攝理)로서 이르게 된다[121]고 하였다. 그러므로「주역(周易)」의 이괘(履卦)에서도 이(履)는 예(禮)라고 하였다. 그것은 만유(萬有)가 모인 뒤에야 예(禮)가 있으므로 그것은 하늘이 위에 있고, 물이 아래에 있으니 위아래 구분과 높고 낮다는 의(義)이니 이치의 마땅함으로 예(禮)의 근본이며 떳떳하게 행해야 할 도(道)[122]이기 때문이다.

그러므로「예(禮); 예기(禮記」의 교육내용은 인간관계에서의 도덕성에 근거하는 사회적 질서의 규범과 행동의 표준적 절차에 관한 것이다. 그것은 인간 삶의 중대한 일에서부터 이웃과의 일상적 관계에 이르기까지, 음식과 의복, 앉고 일어나며 나아가고 물러나는 모든 동작을 규정하는 등 생활 전반에 걸친 내용이다.「예(禮); 예기(禮記)」교육의 목표는 인간의 도덕성 실현을 위한 것이다. 예(禮)는 정당성과 적합성의 이치로서 신(神)에게 제사(祭祀)하는 의식(儀式)에 근원을 둔 실천적인 구체적 행동이다. 나아가 재세(在世)간의 공동체에서 인간관계에서 널리 인간을 이롭게 하는 조화이기 때문에 분별과 구분을 통한 질서의 내용을 교육한다.

---

120) 履也, 所以事神致福也〈許愼(기원전 58~기원전 148, 중국 後漢 시대),「說文解字」〉.

121) 克極也, 禮敬天神之禮也, 無禮則不恭, 不恭則無誠, 若盡禮盡敬, 天神穆臨于上(「參佺戒經」, 第一章 誠理訓.).

122) 夫物之聚, 則有大小之別, 高下之等. 美惡之分, 是物畜然後有禮, 履所以繼畜也, 履禮也, 禮人之所履也. 爲卦天上澤下, 天而在上, 澤而處下, 上下之分, 尊卑之義, 理之當也, 禮之本也, 常履之道也(「周易」, 序卦傳.).

「예(禮); 예기(禮記)」의 내용은 홍익인간 문화권의 고대 국가〈하(夏) · 은(殷) · 주(周)〉 이래의 문물제도와 의례(儀禮) · 예절 등을 공자(孔子)의 학단(學團)에서 집대성하고 체계화하여 가르쳐서 실천하게 하기 위한 것으로 〈예경(禮經)〉으로 편찬한 것이다. 이러한 교육을 통하여 예(禮)에 대한 내용들이 기록되고 연구되어 주요한 교육내용이 되었다. 그 후, 예(禮)의 내용은 중국 한(漢)나라 때 후창(后蒼)[123]이 「후씨곡대기(后氏曲臺記)」[124]를 저술하였고, 이것이 대덕(戴德)과 대성(戴聖)에 의해 정리되고 편집되어 49편의 내용을 구성하는 「예기(禮記)」가 되었다.

제1 · 2편 〈곡례(曲禮) 상(上) · 하(下)〉는 예(禮)의 세부적인 내용에 관한 것이다.

제3 · 4편 〈단궁(檀弓) 상(上) · 하(下)〉는 주로 상례(喪禮)에 관한 것이다.

제5편 〈왕제(王制)〉는 선왕(先王)의 제도(制度)로서 왕가(王家)의 예(禮)에 관한 것이다.

제6편 〈월령(月令)〉은 「여씨춘추(呂氏春秋)」[125]의 12기(十二紀)를 근거로 삼아 1년 12개월의 기후와 정령(政令) 등에 관한 내용이다.

제7편 〈증자문(曾子問)〉은 예(禮)에 대한 증자(曾子)[126]와 공자(孔子)의 문

123) 후창(后蒼; 생몰연대 미상) 자(字)는 근군(近君), 중국 전한(前漢; 기원전 202~8) 시대의 유학자(儒學者)로 경학(經學)에 밝아 박사(博士)를 역임하였고, 소부(少府; 세금 등을 징수하는 관청)의 관료(官僚)로서 일하였다. 대덕(戴德)과 대성(戴聖)은 그의 제자이다.

124) **「后氏曲臺記(후씨곡대기)」** 후창(后蒼)이 예(禮)를 저술한 책, 총 9편으로 되어있다. 곡대(曲臺)는 당시 예악(禮樂)을 관장하는 관청인 태상(太常)의 박사(博士)와 그 제자들이 거주하면서 저술하고 교정하던 장소였다.

125) **「呂氏春秋(여씨춘추)」** 중국 진(秦; 기원전 900년경~기원전 206년) )나라의 재상인 여불위(呂不韋; 생년 미상~기원전 235)가 주도하여 기원전 239년 편집한 백과사전이다. 「여람(呂覽)」이라고도 한다. 전국의 논객들을 모아 토론하여 춘추전국(春秋戰國) 시대의 모든 사상을 절충 · 통합하고 세밀하게 분석하여 정치와 율령의 참고로 삼기 위해 저술한 일종의 백과사전이다. 총 26권 160편으로, 연감(年監)에 해당하는 기(紀) 12권, 보고서에 해당하는 람(覽) 8권, 논문에 해당하는 론(論) 6권으로 구성되어 있다.

126) 증자(曾子; 기원전 505~기원전 435) 성(姓)은 증(曾), 이름은 삼(參), 자(字)는 자여(子輿)이며, 증자는 존칭이다. 공자(孔子; 기원전 551~기원전 479)의 제자이다.

답(問答)에 관한 것이다.

제8편 〈문왕세자(文王世子)〉는 중국 주(周)나라 문(文王)과 무왕(武王) 때의 왕세자에 대한 교육(教育)과 치국(治國)의 법 등에 관한 것이다.

제9편 〈예운(禮運)〉은 예(禮)의 운행과 변화의 과정에 관한 것이다.

제10편 〈예기(禮器)〉는 성인(聖人)이 예(禮)를 제정한 의미에 관한 것이다.

제11편 〈교특생(郊特牲)〉은 제례(制禮)를 중심으로 관(冠) · 혼(婚)의 의례(儀禮)를 설명한 것이다.

제12편 〈내칙(內則)〉은 가정 안에서의 가족(家族) 간의 예절에 관한 것이다.

제13편 〈옥조(玉藻)〉는 천자(天子)와 관료(官僚)들의 예복(禮服)과 예모(禮貌)와 절도(節度) 등에 관한 것이다.

제14편 〈명당위(明堂位)〉는 제후(諸侯)들을 명당에 입조(入朝)시키는 열위(列位)에 대한 기록이다.

제15편 〈상복소기(喪服小記)〉는 상복(喪服)에 대한 설명이다.

제16편 〈대전(大傳)〉은 조종(祖宗)과 인친(人親)의 대의(大義)를 논한 것이다.

제17편 〈소의(少儀)〉는 상견례(相見禮)와 제수(祭需) 등에 관한 의례(儀禮)에 관한 것이다.

제18편 〈학기(學記)〉는 학제(學制)와 교육과 학습에 관한 기록이다.

제20편 〈악기(樂記)〉는 음악(音樂)의 이치와 의미 등에 관한 기록이다.

제21 · 22편 〈잡기(雜記) 상(上) · 하(下)〉는 상사(喪事)에 관한 부가적(附加的)인 기록이다.

제22편 〈상대기(喪大記)〉는 임금으로부터 사대부(士大夫)에 이르는 관료들의 상례(喪禮)에 관한 것이다.

제23편 〈제법(祭法)〉은 제사(祭祀)를 지내는 각종 법도에 관한 것이다.

제24편 〈제의(祭義)〉는 제사(祭祀)의 의의를 해설한 것이다.

제25편 〈제통(祭統)〉은 제사(祭祀)를 지내는 마음에 관한 것이다.

제26편 〈경해(經解)〉는 6경(六經)이 사람을 가르치는 도(道)임을 해설한 것

이다.

제27편 〈애공문(哀公問)〉은 애공(哀公)[127]과 공자(孔子)의 예(禮)와 정(政)에 관한 문답이다.

제28편 〈중니연거(仲尼燕居)〉는 예(禮)의 효용에 관해서 설명한 것이다.

제29편 〈중니한거(仲尼閒居)〉는 제왕(帝王)의 도덕을 말한 것이다.

제30편 〈방기(坊記)〉는 예(禮)가 백성들이 사악(邪惡)하고 음란(淫亂)에 빠지는 것을 막는 둑과 같음을 설명한 것이다.

제31편 〈중용(中庸)〉은 따로 독립하여 경전(經典)으로 되었다.

제32편 〈표기(表記)〉는 군자(君子)의 덕(德)은 몸가짐[의표(儀表)]으로 나타남을 설명한 것이다.

제33편 〈치의(緇衣)〉는 임금이 다스리고 과 백성이 섬기는 방법과 군자(君子)의 행동에 관한 것이다.

제34편 〈분상(奔喪)〉은 먼 곳에서 부모의 부음을 듣고 급히 돌아는 예(禮)에 관한 것이다.

제35편 〈문상(問喪)〉은 상중(喪中)의 거상(居喪)의 예(禮)를 밝혀 놓은 것이다.

제36편 〈복문(服問)〉은 상복(喪服)의 의미를 말한 것이다.

제37편 〈간전(閒傳)〉은 상복(喪服)의 경중(輕重)에 대해 말한 것이다.

제38편 〈삼년문(三年問)〉은 상복(喪服)의 연월(年月)에 대한 것이다.

제39편 〈심의(深衣)〉는 지도계층이 입는 겉옷을 만드는 제도에 관한 것이다.

제40편 〈투호(投壺)〉는 투호의 예법에 관한 것이다.

제41편 〈유행(儒行)〉은 선비의 떳떳한 기개에 대해 말한 것이다.

제42편 〈대학(大學)〉은 따로 독립하여 경전(經典)으로 되었다.

제43편 〈관의(冠義)〉는 사관례〈士冠禮; 관혼(冠婚) · 사향(射鄕) · 연빙(燕聘)〉

127) 애공(哀公; 기원전 508~기원전 468) 성(姓)은 희(姬), 이름은 장(將), 중국 춘추전국(春秋戰國) 시대 노(魯; 기원전 1046~기원전 256년)나라 26대 군주(君主; 재위 기원전 494~기원전 468)이다.

의 뜻을 풀이한 것이다.

제44편 〈혼의(昏義)〉는 결혼의 의의와 결혼한 자의 도리[道理; 예(禮)]에 관한 것이다.

제45편 〈향음주의(鄕飮酒義)〉는 향음주례(鄕飮酒禮)의 의의(意義)를 밝힌 것이다.

제46편 〈사의(射義)〉는 사례(射禮)를 통해 그 덕행(德行)을 살펴 인물을 선택하는 내용이다.

제47편 〈연의(燕義)〉는 연례(燕禮)의 음식에 대한 예절(禮節)의 의의(意義)를 밝힌 것이다.

제48편 〈빙의(聘義)〉는 천자(天子)가 사람을 초빙(招聘)할 때 직위에 따라 사람이 수행하는 의식(儀式)의 의의(意義)를 말한 것이다.

제49편 〈상복사제(喪服四制)〉는 상복(喪服)을 마련하는 4가지를 인(仁) · 의(義) · 예(禮) · 지(智)에 바탕을 두고 있음을 말한 것이다.

이와 같은 예(禮)의 내용은 외면적 규율의 총칭으로서 크게는 국가 사회의 제도와 법률, 작게는 개인과 사회, 개인과 개인 등의 의식(儀式)과 예의범절 일체를 포괄하는 것으로 화합(和合)을 교육 목표로 한다. 예(禮)의 기능은 아름다운 도(道)를 위해 모두에서 화합의 이치를 따르는데 그것은 예(禮)로서 절제해야만 비로소 이루어지는 것[128]이기 때문이다. 이와 같은 예(禮)의 실천은 인(仁)에 바탕을 둔 것이다.[129] 그러므로 사람으로서 인(仁)하지 않으면 사람의 마음이 없는 것이니, 예(禮)의 조화가 없어서 비록 예(禮)의 조화를 쓰고자 해도 인(仁)하지 못한 사람은 쓰지 않을 것[130]이라고 하였다. 즉, 인(仁)은 천하의 바른 이

128) 禮之用, 和爲貴. 先王之道, 斯爲美, 小大由之, 有所不行, 知和而和, 不以禮節之, 亦不可行也(「論語」, 述而篇.).

129) 人而不仁, 如禮何(「論語」, 八佾篇.).

130) 人而不仁, 則人心無矣, 其如禮樂何哉, 言雖欲用之而禮樂, 不爲之用也〈游酢; 1053~1123, 중국 宋나라). 胡廣(1370~1418, 중국 明나라) 外, 「論語集註大全」, 八佾篇.〉.

치이니 바른 이치를 상실하면 질서를 이루지 못한다[131]고 하였다. 따라서 스스로 욕심을 이겨내어 예(禮)로 돌아가는 것이 인(仁)이라고 하여 예(禮)가 아닌 것을 보지 말고, 예(禮)가 아닌 것을 듣지 말며, 예(禮)가 아니면 말하지 말고, 예(禮)에 어긋나는 행동을 하지 말라[132]고 한 것이다.

대한민국 고구려(高句麗)에서는 태학(太學)과 경당(扃堂)에서, 백제(百濟)에서는 제자서(諸子書)를 통하여, 신라(新羅)에서는 화랑도(花郎徒) 교육과 국학(國學)에서, 삼국 통일 후에도 더욱 「예기(禮記)」의 교육을 강화하였다.[133] 고려(高麗) 시대에는 구인재(求仁齋)와 복응재(服膺齋)에서 예(禮)를 교육하였고, 「상정예문(詳定禮文)」[134]을 간행하였다. 조선(朝鮮) 시대에서는 사학(四學)과 성균관(成均館)의 9재(九齋)에서 예〈禮; 예기(禮記)」〉를 교육하였으며, 국가

131) 仁者天下之正理, 失正理, 則無序而不和〈程明道(1032~1085, 중국 宋나라) · 程伊川(1033~1107, 중국 宋나라) · 胡廣(1370~1418, 중국 明나라) 外, 「論語集註大全」, 八佾篇.〉.

132) 克己復禮爲仁, 〈中略〉, 非禮勿視, 非禮勿聽, 非禮勿言, 非禮勿動(「論語」, 顔淵篇.).

133) (神文王) 六年, 二月, 遣使入唐, 奏請禮記幷文章. 則天令所司, 寫吉凶要禮, 幷於文館詞林, 採其詞涉規誡者, 勒成五十卷, 賜之[신문왕 6(686)년, 2월, 당(唐)에 사신을 보내 「예기(禮記)」와 여러 문장을 요청하니, 측천무후〈則天武后; 재위 690~705, 성(姓) 무(武), 이름은 조(照; 624~705)〉가 해당 관청에 명령하여 「길흉요례(吉凶要禮)」* 를 베껴주고, 또한 「문관사림(文館詞林)」** 중에서 준칙에 관한 글을 선택하여 50권을 만들어 주었다. 「三國史記」, 新羅本紀, 神文王.].

* 「길흉요례(吉凶要禮)」 5례〈五禮; 길례(吉禮) · 흉례(凶禮) · 군례(軍禮) · 빈례(賓禮) · 가례(嘉禮)〉 가운데 길례(吉禮)와 흉례(凶禮)의 긴요한 내용을 중국 당(唐) 시대에 편찬한 책이다.

** 「문관사림(文館詞林)」 중국 당(唐) 고종(高宗; 재위 649~683) 3년(658)에 허종경(許宗敬; 592~672)과 유백종(劉白宗: 생몰연대 미상) 등이 칙명(勅命)으로 편찬한 1,000권으로 된 시문총서(詩文叢書)이다. 지금은 23권만이 일본(日本)에 남아 있다. 국가의 통치이념을 구현하는 준칙과 공용문서, 왕공귀족(王公貴族) 및 고위관료들의 작품을 포함하고 있다.

134) **「詳定禮文(상정예문)」** 대한민국 고려(高麗) 인종(仁宗; 재위 1122년~1146) 때 최윤의(崔允儀; 1102~1162)가 왕명을 받아 17명의 학자와 함께 1147~1162년까지 공포된 법령 · 규범들을 수집, 고증하여 50권으로 편찬한 예서(禮書) 50권으로, 고종(高宗; 재위 1213~1259) 21(1234)년 활자로 찍었으나 현존하지는 않는다. 이규보(李奎報; 1169~1241)의 「동국이상국집(東國李相國集)」에 이 책에 대한 기록이 남아있다.

의례인 〈오례(五禮)〉[135]를 집대성하였다. 이후, 「국조오례의(國朝五禮儀)」[136] 편찬을 저본으로 하여 「국조속오례의(國朝續五禮儀)」,[137] 「국조속오례의보(國朝續五禮儀補)」,[138] 「춘관통고(春官通考)」,[139] 「국조오례통편(國朝五禮通

---

135) 〈五禮(5례)〉「세종실록(世宗實錄)」에 수록된 국가의례를 집대성한 것이다. 대한민국 조선(朝鮮) 시대 세종(世宗; 재위 1418~1450) 26(1444)년 변효문(卞孝文; 1396~몰연대 미상), 정척(鄭陟; 1390~1475) 등에게 태종(太宗; 재위 1400~1418) 때 허조(許稠; 1369~1440)가 이미 정해 놓은 길례(吉禮)와 이미 완성된 4례(四禮)와 아울러 국가의례로 정리하도록 하여 문종(文宗; 재위 1450~1452) 1(1451)년에 완성하여 「세종실록(世宗實錄)」에 부록(附錄)으로 했다. 당시 조선의 5례(五禮)를 글과 그림으로 편찬한 것이다.

136) **「國朝五禮儀(국조오례의)」** 국가의 기본예식인 5례[五禮; 길례(吉禮) · 가례(嘉禮) · 빈례(賓禮) · 군례(軍禮) · 흉례(凶禮)]에 대해 규정한 예전(禮典)이다. 대한민국 조선 시대 성종(成宗; 재위 1469~1494) 5(1474)년에 8권 6책으로 편찬하였다. 구성은 예종별(禮種別)로 되어있는데, 길례(吉禮)는 권1에 30개 조, 권2에 26개 조로 되어있고, 가례(嘉禮)는 권3에 21개 조, 권4에 29개 조로 되어있으며, 빈례(賓禮)는 권5에 6개 조로 구성되었고, 군례(軍禮)는 권6에 7개 조로, 흉례(凶禮)는 권7에 59개 조, 권8에 32개 조로 되어있다. 이로써 조선 시대의 예(禮) 교육의 질서가 정립되었다.

137) **「國朝續五禮儀(국조속오례의)」** 대한민국 조선 시대 영조 20(1744)년에 이종성(李宗城; 1692~1759) 등이 왕명으로 「국조오례의(國朝五禮儀)」를 이정(移定)하고 증보(增補)하여 편찬한 국가 예전(禮典)이다. 구성은 「국조오례의(國朝五禮儀)」와 같다. 빈례(賓禮)는 추가된 내용이 없으며, 길례(吉禮) 22편, 가례(家禮) 21편, 군례(軍禮) 4편, 흉례(凶禮) 11편으로 되어있다. 내용마다 시행연도가 확인되는 것은 말미에 왕대와 연도를 표기하였다. 참고사항과 도설(圖說)을 담은 「국조속오례의서례(國朝續五禮儀序例)」도 함께 편찬했다.

138) **「國朝續五禮儀補(국조속오례의보)」** 대한민국 조선 시대 영조(英祖; 재위 1724~1776) 27(1751)년 왕명으로 「국조속오례의(國朝續五禮儀)」를 수정 · 보완하여 영조(英祖) 27(1751년) 2권 1책으로 편찬한 예서(禮書)이다. 권1에 길례(吉禮) 11편, 권2에 가례(嘉禮) 10편 등을 보충하였다.

139) **「春官通考(춘관통고)」** 대한민국 조선 시대 유의양(柳義養; 1718~몰연대 미상)이 왕명으로 예조(禮曹)에서 관장하는 예제(禮制)와 예무(禮務)를 총정리하여 정조(正祖; 재위 1776~1800) 12(1788)년 편찬한 예서(禮書)로 필사본 96권 62책이다. 예조(禮曹)에서 소관하는 각종 예제(禮制)와 연혁(沿革) 등을 조선 초기부터 정조 초기까지 서술하여 이에 관한 고실(故實) · 의주(儀註) · 도설(圖說) · 도식(圖式) · 원의(原儀) · 속의(續儀) · 보의(補儀) · 증의(增儀) 등을 포괄적으로 각각 붙여서 조선 시대에 시행된 모든 예제(禮制)를 일목요연하게 이해할 수 있게 하였다. 조선 시대의 국립교육기관과 사립학교인 서원(書院)의 연혁(沿革) · 관원(館員) · 유생(儒生) · 학

編)」[140] 등을 편찬하여 예(禮)를 교육하였다. 이것은 모두 인(仁)의 정치를 바탕으로 백성의 교화(敎化)를 위한 것이었다.[141]

### (5)「악(樂)」교육(敎育)

악(樂)의 바탕은 사람의 마음이 만유(萬有)를 느끼는 데 있다. 만유(萬有)를 느끼는 것은 대한민국 고조선 시대 366사(三百六十六事) 제37사(第三十七事)의 '지감(至感)'에서, '지극한 우주 자연의 이치〈성(誠)〉를 느끼고 응함에 이르는 것으로, 느끼고 응한다는 것은 하늘이 사람의 정성을 느껴 그것에 응답함이다. 사람이 가히 느낄 수 없는 우주 자연의 이치〈성(誠)〉라면 하늘이 어찌 그 우주 자연의 이치인 성(誠)을 느끼며, 사람이 응답할 수 없는 우주 자연의 이치〈성

---

규(學規)운영 등에 관한 제도도 수록하고 있다.

140) **「國朝五禮通編(국조오례통편)」** 대한민국 조선 시대 순조(純祖; 재위 1800~1834) 10(1810)년 이지영(李祉永; 1730~몰연대 미상)이 「국조오례의(國朝五禮儀)」와 그 속편들을 모아 3책으로 집성한 예서(禮書)로 필사본 3책이다. 서술체제는 항목마다 '원(原)'·'속(續)'·'보(補)'·'증(增)' 등을 표시하고, 주(註)는 원서(原書)·속편(續編)·보편(補編)에서 문장을 생략한 곳에는 증주(增註)를 첨가하고 내용이 비슷하면서 조금 다른 것은 그 밑에다 주(註)를 붙여 설명하여 그 의례(儀禮)가 어느 때 보충되었으며, 어느 때 개정되었는지 알 수 있도록 하였다.

141) 今是書更歷數聖人揣摩之功, 極其精密. 上自朝廷, 下至士庶, 各有定禮. 不相踰越, 天經地緯, 曲禮小節, 粲然不紊, 實吾東方萬世之令典也. 〈中略〉, 則我朝自太祖開創以來, 列聖相承, 深仁厚澤, 積累也旣久, 豈非亨嘉之會, 正在今日, 而經世制作之盛, 有待於聖上歟. 然則是化之行, 〈中略〉傳不朽也無疑矣[지금 이 책은 다시 역대 성인(聖人)이 사람의 마음을 미루어 헤아림의 공로를 거쳐 그 정밀함이 지극하다. 위로는 국가의 정부〈조정(朝廷)〉로 부터 아래로는 사대부(士大夫)와 서인(庶人)에 이르기까지 각각 정해진 예(禮)가 있어 서로 넘지 않으며, 천경지위(天經地緯)의 하늘이 정하고 땅이 받들어 영원히 변하지 않는 진리의 법칙과 곡례(曲禮)의 소소한 예절이 찬란하고 문란하지 않으니, 실로 우리 동방 만세의 훌륭한 책이다. 〈중략(中略)〉우리 조정은 태조(太祖; 재위 1392~1398)께서 개창하신 이래로부터 대대로 임금들이 서로 받들어서 깊은 인정(仁政)과 도타운 은택(恩澤)을 쌓은 지가 이미 오래이니, 어찌 형통(亨通)하고 아름다운 모임이 바로 오늘에 있지 아니하겠으며 세상을 다스리는 제도의 성대함이 성상(聖上)을 기다림이 있지 아니하겠는가. 그러므로 이러한 교화(敎化)의 시행이 길이길이 전해질 것은 의심할 바 없을 것이다. 姜希孟(1424~1483, 대한민국 朝鮮 시대), 成宗 五(1474)年, 〈五禮儀序〉].

(誠)〉라면 하늘이 그 우주 자연의 이치〈성(誠)〉에 응답하지 않으므로, 우주 자연의 이치〈성(誠)〉에 지극함이 없으면 우주 자연의 이치〈성(誠)〉가 없고, 느끼되 응답함이 없으면 느끼지 않는 것과 다름이 없다.'[142)]고 하여 악(樂)이 사람의 본성의 느끼는 바에서 나타남을 말하고 있다. 그것은 궁극적으로는 인(仁)을 느끼는 것이다. 그러므로 인(仁)을 느끼지 못하면 악(樂)을 할 수 없다[143)]고 하였다.

악(樂)은 사람의 마음이 존재의 현상을 느껴 소리〈음(音)〉로부터 비롯되어 생긴다. 그러므로 그 슬픔을 마음에 느끼면 그 소리(聲)가 가파르고 감쇄하고, 즐거움을 마음에 느끼면 그 소리가 느긋이 이완한다. 기쁨을 마음에 느끼면 그 소리가 펴져 흩어지고, 성냄을 마음에 느끼면 그 소리가 거칠고 엄하다. 공경(恭敬)을 마음에 느끼면 그 소리가 곧고 반듯하고, 사랑을 마음에 느끼면 그 소리가 부드럽게 조화된다. 이 여섯 가지의 느낌은 사람의 본성이 사물에 느껴져서 작용되는 것이다.[144)] 이러한 악(樂)은 사람에게 있는 감정의 즐거움이다. 그러므로 사람에게 즐거움은 자연히 부여된 것이다. 그 즐거움은 반드시 소리로 나타나고 행동으로 드러나 움직여 맑은 형상인 사람의 도(道)가 소리의 발성이 움직이는 맑은 본성의 작용이 모두 이로써 발휘되는 것이다.[145)]고 하여 악(樂)이 사람이 갖는 즐거움의 본성이라고 하였다. 악(樂)은 소리가 주된 것이기 때문에 음악(音樂)이다. 그것은 사물에 느껴 움직여 사람의 소리〈성(聲)〉가 형용 되고, 사람의 소리가 서로 응(應)하여 변화하여 일정한 방향으로 여러 소리와 악기가

---

142) 至感者以至誠至於感應也, 感應者天感人而應之也, 人無可感之誠天何感之, 人無可應之誠天何應之哉, 誠而不克與無誠同, 感而不應與不感無異(「叅佺戒經」, 第一章 誠理訓, 第三十七事, 至感.).

143) 人而不仁, 如樂何(「論語」, 八佾篇.).

144) 樂者音之所由生也, 其本在人心之感於物也, 是故其哀心感者, 其聲噍以殺, 其樂心感者, 其聲嘽以緩, 其喜心感者, 其聲發以散, 其怒心感者, 其聲粗以厲, 其敬心感者, 其聲直以廉, 其愛心感者, 其聲和以柔, 六者非性也, 感於物而后動(「禮記」, 樂記.).

145) 夫樂者樂也 人情之所必不免也 故人不能無樂 樂則必發於聲音 形於動靜 而人之道聲音動靜性術之變盡是矣(「荀子」, 樂論.).

소리〈음(音)〉를 이룬다. 음(音)과 병렬되어 연계된 것이 악(樂)이므로[146] 음악(音樂)이다.

따라서 음(音)은 사람의 마음에서 생성되어 그 가운데서 정(情)이 움직여 성(聲)에 형용하여 아름다운 장식〈문(文)〉을 이룬 것이 음(音)이다. 이런 까닭에 다스려지는 세상의 음(音)은 편안하여 즐겁고 안락하고 정치가 조화(調和)되며, 어지러운 세상의 음(音)은 원망으로 분노하여 그 정치가 괴리되고, 망국의 음(音)은 슬픔을 생각한 그 백성이 괴로우니 성(聲)과 음(音)의 도(道)는 정치와 더불어 통한다.[147] 음악(音樂)은 사람의 마음에서 나오는 것으로 윤리(倫理)를 갖춘 것이다. 소리만 내고 그 음(音)을 모르면 금수이고, 사람의 마음의 음(音)만 알고, 그 윤리를 모르는 것이 일반 서민이니 소리를 알아 음(音)과 악(樂)을 살펴 가르치면 도(道)가 다스려져 예(禮)의 덕(德)을 다 갖추게 되는 것이다고 하여[148]음악교육의 당위성을 말하고 있다. 즉, 음악을 교육하는 것은 장차 사람들에게 자신의 좋고 나쁜 감정을 조절하도록 하여 당연한 바른 도리로 돌아가게 해야 한다는 데 있는 것이다.[149] 그러므로 음악(音樂)을 가르쳐서 행하면 무리가 맑아져 귀와 눈이 총명하며 혈기가 화평하여 풍속을 개선하고 천하가 다 평안하다고 하였다.[150] 음악(音樂)은 베풀어서 인(仁)의 사리(事理)를 들어 덕(德)을 밝히는 것이다.[151]

대한민국 삼국(三國) 시대 고구려(高句麗)에서는 음악교육은 〈거문고; 현금

---

146) 凡音之起, 由人心生也. 人心之動, 物使之然也. 感於物而動, 故形於聲. 聲相應, 故生變, 變成方, 謂之音. 比音而樂之(「禮記」, 樂記.).

147) 凡音者, 生人心者也. 情動於中, 故形於聲, 聲成文, 謂之音. 是故治世之音安以樂, 其政和. 亂世之音怨以怒, 其政乖. 亡國之音哀以思, 其民困. 聲音之道 與政通矣(「禮記」, 樂記.).

148) 凡音者, 生於人心者也. 樂者, 通倫理者也. 是故知聲而不知音者, 禽獸是也. 知音而不知樂者, 衆庶是也. 〈中略〉, 審音以知樂, 審樂以知政, 而治道備矣. 〈中略〉 知樂則幾於禮矣. 禮樂皆得, 謂之有德(「禮記」, 樂記.).

149) 將以敎民平好惡而反人道之正也(「禮記」, 樂記.).

150) 故樂行而倫淸, 耳目聰明, 血氣和平, 移風易俗, 天下皆寧(「禮記」, 樂記.).

151) 樂也者, 施也, 〈中略〉, 樂章德(「禮記」, 樂記.).

(玄琴)〉를 만들어[152] 〈월금(月琴)〉[153] · 〈장소(長簫)〉[154] · 〈담고(擔鼓)〉[155] · 〈담종(擔鍾)〉[156] · 〈이중고(二重鼓)〉[157] · 〈각(角)〉[158] · 〈필률(觱篥)〉[159] · 〈오현(五絃)〉[160] · 〈오현금(五絃琴)〉[161]이 있었고[162] 이후, 고구려의 음악교육은 〈탄쟁

---

152) 玄琴之作也, 新羅古記云, 初晉人以七絃琴送高句麗, 麗人雖知其爲樂器, 而不知其聲音及鼓之之法, 購國人能識其音而鼓之者厚賞, 時第二相王山岳存其本樣, 頗改易其法制而造之, 兼製一百餘曲以奏之 於時玄鶴來舞, 遂名玄鶴琴 後但云玄琴[거문고의 제작에 관하여 〈신라고기(新羅古記〉에서 이르기를, 처음 진(晉)나라 사람이 칠현금(七絃琴)을 고구려(高句麗)에 보내니 고구려인이 비록 그것이 악기임을 알아도 그 성음(聲音)과 연주(演奏)하는 법을 몰라 능히 그 음을 알아 타는 자에게 후하게 상(賞)을 내린다고 하므로, 이때 재상의 두 번째 서열 직에 있는 왕산악(王山岳; 생몰연대 미상)이 그 본래의 모양을 두고 자못 그 법제를 고치고 겸하여 100여 곡을 만들어 연주하니 이에 검은 학이 와서 춤추어 드디어 현학금이라 이름하고 뒤에 다만 거문고(玄琴)라 일렀다.「三國史記」〈雜志〉, 樂.].

153) 〈月琴(월금)〉 현악기로 완함(阮咸)이라고도 한다. 둥근 몸통에 긴 목을 지녔고 네 줄로 구성되어 있다. 고구려(高句麗) 음악(音樂)에서 거문고 · 퉁소와 함께 춤 반주악기로 쓰였다.

154) 〈長簫(장소)〉 관악기로 퉁소〈통소(洞簫)〉 중 하나이다. 길이 50~70cm 정도의 대나무로 만든 횡적(橫笛)으로 구멍이 모두 8개이다. 아래와 위가 뚫려 통해있다. 상단 끝에 입술을 대는 취구(吹口)가 있어 여기에 입김을 불어 넣어 소리를 낸다.

155) 〈擔鼓(담고)〉 타악기로 큰 북이다. 타원형의 북통에 끈이 달려있으며, 고취악대(鼓吹樂隊)에 편성되어 두 사람이 메고 한 사람이 쳤다.

156) 〈擔鍾(담종)〉 타악기로 큰 종이다. 관은 상단을 막고 하단은 열려 있다. 길이 · 직경 · 두께로 음높이와 음질이 변한다. 〈담고(擔鼓)〉와 같이 고취악대(鼓吹樂隊)에 편성되어 두 사람이 메고 한 사람이 쳤다.

157) 〈二重鼓(이중고)〉 타악기로 마상재(馬上才)로 말 위에서 손에 쥐고 흔들며 북을 치는 것으로 소고(小鼓) 2개로 고취악대(鼓吹樂隊)에 편성하였다.

158) 〈角(각)〉은 고취악(鼓吹樂)의 연주에 사용된 단음(單音) 관악기이다. 크기에 따라 대각(大角) · 중각(中角) · 소각(小角)의 세 종류가 있으며, 제작 재료는 뿔 · 나무 · 은(銀) · 동(銅) 등이다.

159) 〈觱篥(필률)〉은 피리를 말하며 관악기이다. 마디가 촘촘하지 않은 대나무로 만들며 서(혀)를 꽂아서 연주한다. 지공은 8개이며 앞에 7개, 뒤에 1개가 있다.

160) 〈五絃(5현)〉 현악기로 향비파(鄕琵琶)를 말한다. 몸통은 물방울처럼 생겼고 곧은 목을 지니고 있으며, 다섯 줄로 구성되었다. 목 부분과 몸통에 12개의 괘(棵) 또는 주(柱)가 있는데, 연주자는 왼손가락으로 줄과 괘를 짚고서 오른손의 술대로 줄을 쳐서 소리를 낸다.

161) 〈五絃琴(오현금)〉 현악기로 홍익인간 문화권의 고대사회에서 전해 온 다섯 줄의 금(琴)으로 칠현금(七絃琴)으로 발전하였고, 대한민국 고구려(高句麗)에서 거문고로

(彈箏)〉[163] · 〈추쟁(搊箏)〉[164] · 〈와공후(臥箜篌)〉[165] · 〈수공후(竪箜篌)〉[166] · 〈비파(琵琶)〉[167] · 〈오현(五絃)〉 · 〈의취적(義觜笛)〉[168] · 〈생(笙)〉[169] · 〈횡적(橫笛)〉[170] · 〈소(簫)〉 · 〈소필률(小篳篥)〉 · 〈대필률(大篳篥)〉 · 〈도피필률(桃皮篳篥; 복숭아나무 가지로 만든 피리)〉 · 〈요고(腰鼓)〉[171] · 〈제고(齊鼓)〉[172] · 〈담고(擔鼓)〉 · 〈패(唄)〉[173]의 악기 사용으로 정비되었다.[174] 백제(百濟)에서는

---

만들어졌다.

162) 대한민국 황해도(黃海道) 안악(安岳)의 고구려(高句麗) 시대 고국원왕(故國原王; 재위 331~371) 고분(古墳)의 375년에 제작된 벽화(壁畫)에 있는 악기(樂器).

163) 〈彈箏(탄쟁)〉 현악기로 손가락에 끼우고 줄을 타는 뿔로 만든 가조(假爪)로 타는 쟁(箏)이다.

164) 〈搊箏(추쟁)〉 현악기로 손가락으로 타는 쟁(箏)이다.

165) 〈臥箜篌(와공후)〉 현악기로 13현의 공후(箜篌)이다.

166) 〈竪箜篌(수공후)〉 현악기로 21현의 공후(箜篌)이다.

167) 〈琵琶(비파)〉 현악기로 손을 밖으로 밀어서 소리내는 것을 비(琵)라고 했고, 안으로 끌어들여서 소리를 내는 것을 파(琶)라고 한데서 비파(琵琶)라고 했다. 물방울 모양의 몸통으로 다섯 줄에 곧은 목을 가져 대나무로 된 술대(匙)로 연주하는 것을 향비파(鄕琵琶)라고 하고, 네 줄에 굽은 목을 지녔으며, 가조각(假爪角)과 발목(撥木)을 오른손으로 연주하는 것을 당비파(唐琵琶)라고 한다.

168) 〈義觜笛(의취적)〉 관악기인 지(篪)이다. 따로 만든 부리인 취구(吹口)인 의취(義觜)를 꽂아서 부는 형태에서 붙여진 이름이다. 대나무 통의 뒤쪽에 하나, 앞쪽에 네 개의 구멍을 뚫고, 뒤쪽 맨 끝에는 십자 모양으로 구멍을 내었다. 음색이 곱고 부드러우며, 특히 높은 소리를 내는 데 쓴다. 12율 4청성(十二律四淸聲)을 가지고 있고 반규법(半竅法)을 사용함으로써 16반음을 낸다.

169) 〈笙(생)〉 관악기로 박통 모양의 몸체에 한쪽 면 위에 돌아가며 구멍을 뚫고 거기에 길고 짧은 대나무 관을 꽂아서 만든다. 관의 개수에 따라 13황(簧)을 소생(小笙), 19황(簧)을 대생(大笙), 36황(簧)을 우(竽) 등으로 다르게 불렀다. 박통에 꽂힌 대나무 관 위쪽에는 길쭉한 구멍을 뚫었고, 죽관 아래쪽 끝에는 지공을 뚫어 막으면 소리가 나고 열면 소리가 나지 않게 되어있으며 그 안에 금속으로 만든 청을 달아 이것이 진동하면서 소리가 나는 화음 악기이다.

170) 〈橫笛(횡적)〉 가로로 잡고 부는 관악기를 총칭한다. 관악기는 취구(吹口)가 몸통의 위에 뚫려 있다.

171) 〈腰鼓(요고)〉 타악기로 장구보다 크기가 작아 세요고(細腰鼓)라고도 한다.

172) 〈齊鼓(제고)〉 타악기로 고구려기(高句麗伎) 음악에 사용되었던 북이다.

173) 〈唄(패)〉 관악기로 조개나 소라껍데기의 뾰쪽한 쪽에 구멍을 내어 불어서 연주한다. 고동이나 나각(螺角)을 말한다.

174) 高句麗樂, 通典云, 〈中略〉, 樂用彈箏一, 搊箏一, 臥箜篌一, 竪箜篌一, 琵琶一, 五

고취악(鼓吹樂)이 있어서,[175] 음악교육을 위한 악기는 〈쟁(箏)〉, 〈적(笛)〉, 〈도피필률(桃皮篳篥)〉, 〈공후(箜篌)〉·〈고(鼓)〉·〈각(角)〉, 〈우(竽; 36簧의 笙)〉·〈지(篪; 義觜笛)〉, 〈적(笛)〉 등이 있다.[176] 신라(新羅)의 음악 교육은 〈삼죽(三竹)〉,[177] 〈삼현(三絃)〉,[178] 〈박판(拍板)〉,[179] 〈대고(大鼓; 큰북)〉, 〈가무(歌舞; 노래와 춤)〉로 이뤄졌다.[180] [회악(會樂)][181]·[신열악(辛熱樂)][182]·[돌아악(突阿樂)][183]·[지아악(枝兒樂)][184]·[사내악〈思內樂; 시뇌악(詩惱樂)〉][185]·[가

---

絃一, 義觜笛一, 笙一, 橫笛一, 簫一, 小篳篥一, 大篳篥一, 桃皮篳篥一, 腰鼓一, 齊鼓一, 擔鼓一, 唄一(「三國史記」, 雜志, 樂.).

175) (古爾王) 五年, 春正月, 祭天地, 用鼓吹[(고이왕) 5년(238), 봄 정월, 천지(天地)에 제사(祭事)할 때 북과 피리를 사용하였다. 「三國史記」, 百濟本紀, 古爾王.].

176) 百濟樂, 通典云, 〈中略〉, 樂之存者, 箏·笛·桃皮篳篥·箜篌. 樂器之屬, 〈中略〉, 北史云, 有鼓·角·箜篌·箏·竽·篪·笛之樂(「三國史記」, 雜志, 樂.).

177) 〈三竹(삼죽)〉 관악기로 대금(大笒), 중금(中笒), 소금(小笒)이다.

178) 〈三鉉(삼현)〉 현악기로 거문고〈현금(玄琴)〉, 가야금(加耶琴), 비파(琵琶)이다.

179) 〈拍板(박판)〉 악(樂)을 지휘하는 타악기로 박달나무 여섯 조각으로 되어 있다. 윗쪽에 구멍을 뚫고 가죽끈으로 묶었다. 여섯 조각을 폈다가 한꺼번에 서로 부딪히게 하면 "딱" 하는 소리가 나는데 이것으로 음악을 지휘한다.

180) 新羅樂, 三竹, 三絃, 拍板, 大鼓, 歌舞(「三國史記」, 雜志, 樂.).

181) [會樂(회악)] 신라(新羅) 유리왕(儒理王; 재위 24~57) 9(32)년 이후에 지어진 것으로 보이는 회소곡(會蘇曲)을 말한다. 육부(六部)를 두 패로 나누어 왕녀 두 사람이 각각 부내(部內)의 여자들을 거느리게 하여 7월 16일부터 날마다 일찍이 대부(大部)의 뜰에 모여 길쌈을 하되 밤늦게까지 하고, 8월 15일에 이르러 그 결과를 살펴서 진 편에서 음식을 마련하여 이긴 편에 사례하고 모두 노래와 춤과 놀이를 한 악(樂)이다. 이때 진 편에서 한 여인이 춤을 추면서 "히소(會蘇)~, 회소(會蘇)"하고 탄식하는 소리가 구슬프면서도 아담하였으므로 그 소리를 인연으로 노래를 지어 '회소곡'이라 이름하였다고 한다.

182) [辛熱樂(신열악)] '신열'이 우리말 'ᄉᆞᄂᆡ'의 한문 차자(借字)의 표기로서 고유(固有)의 향(鄕)의 뜻이므로 향악(鄕樂) 하나로 추정된다.

183) [突阿樂(돌아악)] 돌아악(突阿樂)에서 '돌아(突阿)'는 '달아'의 한문차자(漢文借字)로 풀이됨으로 그 음악은 달〈월(月)〉에 시작되는 서정가(抒情歌)로 추정된다.

184) [枝兒樂(지아악)] '지아(枝兒)'는 자손의 뜻하므로 자식에 대한 부모의 감정을 나뭇가지에 비유하여 노래한 음악으로 추정된다.

185) [思內樂〈사내악; 詩惱樂(시뇌악)〉] 사내금(思內琴)과 관련된 음악으로 보인다. 사내금은 실제로 신라 신문왕(神文王; 재위 681~692) 8(689)년 궁중에서 사내무(思內舞)가 연주되었다. 무용(舞踊) 4명, 거문고 1명, 노래 5명으로 구성되어 있다. 시나위와도 관련된 음악으로도 추정된다.

무(笳舞)][186) · [우식악(憂息樂)][187) · [대악(碓樂)][188) · [우인(竽引)][189) · [미지악(美知樂)][190) · [도령가(徒領歌)][191) · [날현인(捺絃引)][192) · [사내기물악(思內奇物樂)][193) · [내지(內知)][194) · [백실(白實)][195) · [덕사내(德思內)][196) · [석남사내(石南思內)][197) · [사중(祀中)][198) 등의 음악이 있었다.[199) 고려(高麗)에

186) [笳舞(가무)] 세 개의 지공(指孔)과 한 개의 취공(吹孔)의 관악기인 가(笳)의 반주에 맞추어 추는 춤이다. 배경구성 무용수 6명, 반주 2명, 주연 무용수 1명으로 구성되었다. 잔치를 베풀 때 추던 춤이다.

187) [憂息樂(우식악)] '우식곡(憂息曲)'이라고도 한다. 신라(新羅) 눌지왕(訥祇王; 417~418)이 고구려(高句麗)에 인질로 있던 아우 복호〈卜好: 보해(寶海; 생몰연대 미상)〉와 왜국(倭國)에 인질로 있던 아우 미사흔(未斯欣; 393~433)을 박제상(朴堤上; 363~419)이 417년 복호를 고구려에서 구해 오고, 418년 미사흔을 일본에서 탈출시키고 박제상은 일본에서 잡혀 고문을 당하다 죽었다. 그 소식을 왕이 듣고 제사와 주연을 베풀고, 그 자리에서 스스로 춤을 추며 노래를 지어 부른 것이 우식악〈憂息樂; 거문고 악곡에서 사용되었던 악조의 하나로 5음 음계로 구성되었고, 태주음(太簇音; 12율 셋째음) 중심인 계면조 선법(旋法)인 음악〉이라고 한다.

188) [碓樂(대악)] 현악기 금(琴)으로 떡방아 소리를 연주한 곡이라고 전해진다.

189) [竽引(우인)] 관악기 생(笙)의 36황(簧)인 우(竽)를 사용한 음악으로 추정된다.

190) [미지악(美知樂)] 경북(慶北) 의성(義城) 지역의 음악으로 추정된다.

191) [도령가(徒領歌)] 신라(新羅) 화랑도(花郎徒)에서 낭도(郎徒)들을 이끌 때 부르는 노래이다.

192) [捺絃引(날현인)] 날현(捺絃)은 현악기의 줄을 누른다는 뜻으로 가야금을 연주하는 모습을 노래한 것이다.

193) [사내기물악(思內奇物樂)] 신라(新羅) 화랑도 최초의 국선(國仙)인 설원랑(薛原郎)의 작품이라 한다.

194) [內知(내지)] 경북 영주 지역의 민요악(民謠樂)이다.

195) [白實(백실)] 경북 경산 지역의 집단 민요악(民謠樂)이다.

196) [德思內(덕사내)] 경남 울주 지역의 사내무(思內舞)와 관련된 음악이다.

197) [石南思內(석남사내)] 경북 영천 지역의 집단 가요(歌謠)이다.

198) [사중(祀中)] 전북 아영 지역의 민요적 성격의 시가(詩歌)이다.

199) 會樂及辛熱樂, 儒理王時作也. 突阿樂, 脫解王時作也. 枝兒樂, 婆娑王時作也. 思內〈一作詩惱〉樂, 奈解王時作也. 笳舞, 奈密王時作也. 憂息樂, 訥祇王時作也. 碓樂, 慈悲王時人百結先生作也. 竽引, 智大路王時人川上郁皆子作也. 美知樂, 法興王時作也. 徒領歌, 眞興王時作也. 捺絃引, 眞平王時人淡水作也. 思內奇物樂, 原郎徒作也. 內知, 日上郡樂也. 白實, 押梁郡樂也. 德思內, 河西郡樂也. 石南思內, 道同伐郡樂也. 祀中, 北隈郡樂也. 此皆鄕人喜樂之所由作也. 而聲器之數 · 歌舞之容, 不傳於後世[회악(會樂)과 신열악(辛熱樂)은 유리왕(儒理王; 재위 24~57) 때 지었

서는 [팔관회(八關會)][200]의 음악이 있었고, [아악(雅樂)][201]을 채용하였으며,

---

다. 돌아악(突阿樂)은 탈해왕(脫解王; 재위 57~80) 때 지었다. 지아악(枝兒樂)은 파사왕(婆娑王; 재위 80~112) 때 지었다. 사내(思內)〈혹은 시뇌(詩惱)라고 한다.〉 악(樂)은 나해왕(奈解王; 재위 196~230) 때 지었다. 가무(笳舞)는 나밀왕(奈密王 · 奈勿王; 재위 356~402) 때 지었다. 우식악(憂息樂)은 눌지왕(訥祇王; 재위 417~458) 때 지었다. 대악(碓樂)은 자비왕(慈悲王; 재위 458~479) 때의 사람인 백결〈百結; 본관(本貫)은 영해(寧海), 성(姓)은 박(朴), 이름은 문량(文良; 414~몰연대 미상)〉이 지었다. 우인(竽引)은 지대로왕(智大路王; 재위 500~514) 때의 사람인 천상욱개자(川上郁皆子; 생몰연대 미상)가 지었다. 미지악(美知樂)은 법흥왕(法興王, 재위 514~540) 때 지었다. 도령가(徒領歌)는 진흥왕(眞興王; 재위 540~576) 때 지었다. 날현인(捺絃引)은 진평왕(眞平王; 재위 579~632) 때의 사람인 담수(淡水; 생몰연대 미상)가 지었다. 사내 기물악(思內奇物樂)은 원랑도[原郞徒; 설원랑(薛原郞)]가 지었다. 내지(內知)는 일상군〈日上郡; 경북(慶北) 영주(榮州)〉의 음악이다. 백실(白實)은 압량군〈押梁郡; 경북(慶北) 경산(慶山)〉의 음악이다. 덕사내(德思內)는 하서군〈河西郡; 경남(慶南) 울주(蔚州)〉의 음악이다. 석남 사내(石南思內)는 도동벌군〈道同伐郡; 경북(慶北) 영천(永川)〉의 음악이다. 사중(祀中)은 북외군〈北隈郡; 전북(全北) 아영(阿英)〉의 음악이다. 이는 모두 우리 사람들이 기쁘고 즐거운 까닭으로 지은 것이다. 그러나 악기(樂器)의 수와 가무(歌舞)의 모습은 후세에 전하지 않는다. 「三國史記」, 雜志, 樂.].

200) [八關會(팔관회)] 팔관회는 대한민국 고조선(古朝鮮) 시대 부족국가에서 제천의식(祭天儀式)인 새볽(天)' · '한볽(天)' 등에 기원을 둔다. 신라에서는 '볼ᄀᆞᆷ희'라 하였고, 새로 전래 된 불교의 '팔관재계(八關齋戒)*'와 합해져서 영향으로 '볼ᄀᆞᆷ희(발간회)'가 한자 표기로 팔관회라고 하였고 신라(新羅) 시대부터 개최되어 고려(高麗) 시대에 국가적인 행사가 되었다. 대한민국 고려 시대의 팔관회는 고려 태조(太祖; 재위 918~943) 1(918)년 11월부터 시작되었다. 원형(圓形)의 정원 한 곳에 윤등(輪燈)을 설치하고 향등(香燈)을 곁에 벌여놓아 밤이 새도록 땅에 광명과 향기가 가득하도록 하였고, 높이 50척이 되는 연화대(蓮華臺) 모양의 채색된 누각을 설치하여 멀리서 보면 아른아른하게 하였다. 음악(音樂)과 가무(歌舞) 중심의 행사로 개인에게는 몸과 마음의 허물과 그릇됨을 방지하고, 국가적으로는 민족적 통합을 더욱 굳건히 하는 행사로서 조선 초기까지 이어졌다.

'*팔관재계(八關齋戒)'는 불교의 재가(在家)의 신도가 하룻밤, 하룻낮 동안 받아 지니는 계율로, 팔관(八關)의 '관(關)'은 금(禁)한다는 뜻으로 살생(殺生) · 도둑질 · 음행(婬行) 등의 여덟 가지 죄를 금하고 막아서 범하지 않음이고, '재(齋)'는 하루 오전 중에 한 끼만 먹고 오후에는 먹고 마시지 않으며 마음의 부정(不淨)을 맑히는 의식이며, '계(戒)'는 몸으로 짓는 허물과 그릇됨을 금하여 방지하는 것이다.

201) [雅樂(아악)] 아악은 홍익인간 문화권의 고대사회에서 형성된 음악의 하나로 중정(中正)을 갖춘 아정한 음악을 말한다. 중국의 주(周) 시대에 이르러 군주의 통치에 맞는 유학적(儒學的) 음악 연주제도가 정립되어 즐겁되 음란하지 않은 낙이불음(樂

[향악(鄕樂)][202]과 정재(呈才)가 발전하였다. 이러한 음악 교육은 관현방(管絃坊)·아악서(雅樂署), 대악서(大樂署)·전악서(典樂署) 등에서 이뤄졌다. 조선시대에는 모든 사람을 교화(教化)하여 다스리는 인(仁)의 덕치(德治)를 실현하기 위하여 음악을 중시했다. 성인(聖人)은 예악(禮樂)과 인의(仁義)로 백성을 가르쳤기 때문이다. 즉, 음악으로써 백성의 마음을 다스린 것이다. 그리하여 임금의 음악 이름〈악명(樂名)〉을 지어 음악에 의한 교화(教化)를 중요시하였다.[203] 따라서 일상생활에 모든 백성이 편하게 쓸 수 있는 훈민정음(訓民正音)

---

而不淫), 슬퍼하되 지나치지 않는다는 애이불상(哀而不傷), 더없이 아름답고 훌륭한 진선진미(盡善盡美)의 음악을 지칭한다. 대한민국 고려 예종 때부터 채용하여 제례(祭禮)와 조정 의식(朝庭儀式)에 사용되어 조선(朝鮮)으로 전해졌다.

202) [鄕樂(향악)] 속악(俗樂)이라고도 한다. 악기 편성은 신라(新羅)로부터 전승된 삼현(三鉉)·삼죽(三竹)의 악기에 장구·해금·피리 등의 악기가 첨가되었다. 향악은 대부분은 가사 1글자에 다양한 음의 높이와 길이를 갖는 일자수음식(一字數音式)으로 중여음[中餘音〈간주(間奏)〉; 노래는 쉬고 기악 반주만으로 연주되는 부분으로 중여음의 길이는 원 가곡이 16박 한 장단, 사설(辭說) 등의 편(編)이 10박 한 장단이다.]의 곱고 아름다운 것을 특색으로 하고 있다. 명칭만 전해지는 고려 향악 곡의 명칭은 [동동(動動)]·[서경별곡(西京別曲)]·[자하동(紫霞洞)]·[한림별곡(翰林別曲)]·[풍입송(風入松)]·[정과정(鄭瓜亭)] 등이 있고, 악보(樂譜)가 전하는 것은 [사모곡(思母曲)]·[쌍화곡(雙花曲)]·[정석가(鄭石歌)]·[청산별곡(青山別曲)]·[유구곡(維鳩曲)]·[가시리]·[귀호곡(歸乎曲)]·[상저가(相杵歌)]·[야심사(夜深詞)]·[만전춘(滿殿春)]·[정읍(井邑)]·[이상곡(履想曲)]·[봉황음(鳳凰吟)]·[북전(北殿)] 등이 있다.

203) 議政府據禮曹呈啓, "自古帝王, 功成制樂, 代各有名. 謹按歷代, 唐堯則大咸大章, 虞舜則大韶, 商湯則大濩, 周武則大武. 降及近代, 宋曰大晟, 金曰太和, 元曰大成, 咸有厥名. 我朝獨無樂名, 有違於古, 乞定樂名曰鈞和." 從之. 大鈞, 天也, 教化萬民, 如大鈞之播物, 大樂, 與天地同和, 取此義以爲名[의정부에서 예조의 정문(呈文)에 의거하여 아뢰기를, "예로부터 제왕(帝王)이 공업(功業)을 이루면 음악을 마련하여 대대로 각기 그 명칭이 있었습니다. 삼가 역대(歷代)를 상고해 보건대, 당(唐; 618~907)나라 요제(堯帝)는 대함(大咸)과 대장(大章)이요, 우(虞; 기원전 1406년경~기원전 403년경)나라 순제(舜帝)는 대소(大韶)이요, 상(商; 기원전 1600~기원전 1046)나라 탕왕(湯王)은 대호(大濩)이요, 주(周; 기원전 1046~기원전 256)나라 무왕(武王)은 대무(大武)였으며, 근대(近代)에 내려와서 송(宋; 960~1279)나라는 대성(大晟)이라 하고, 금(金; 1115~1234)나라는 대화(大和)라 하고, 원(元; 1271~1368)나라는 대성(大成)이라 하여 모두 그 이름이 있는데도, 우리 조정에서는 홀로 음악 이름[樂名]이 없으니 옛날과 어긋남이 있습니다. 원컨대, 음악의 이름을 '균화(鈞和)'라고 하소서." 하니, 그대로 따랐다. 대균(大鈞)은 하늘이니, 만민(萬民)을 교화

의 한글로 '용비어천가(龍飛御天歌)'를 지어 음악을 만들었다.[204)]

(敎化)시킴은 대균이 만물에 베풀었음과 같으며, 대악(大樂)은 천지(天地)와 더불어 화함(和含)하게 되니, 이 뜻을 취(取)하여 이름으로 삼은 것이다.『朝鮮王朝實錄』, 「世宗實錄」, 世宗 二十八(1446)年, 二月, 六日 甲辰.].

204) 議政府右贊成權踶, 右贊參鄭麟趾, 工曹參判安止等進《龍飛御天歌》十卷. 箋曰, 積德累仁, 蔚啓洪祚. 撰功記實, 宜播歌章. 肆纂蕪詞, 庸徹睿鑑. 竊惟根深者末必茂, 源遠則流益長. 周詠緜(爪), 推本其所自出, 商歌玄(鳥), 追敍其所由生. 是知王者之作興, 必賴先世之締造. 惟我本朝, 司空始顯於羅代, 奕葉相承, 穆王初起於朔方, 景命已兆. 於聯翼, 度而毓慶, 及聖桓而發祥. 恩信素孚, 人之歸附者非一二世, 禎符屢見, 天之眷顧者殆數百年. 太祖康獻大王, 挺上聖之資, 應千齡之運. 揮神戈而奮威武, 迅掃夷戎, 受寶籙而布寬仁, 輯綏黎庶. 太宗恭定大王, 英明邁古, 勇智絶倫. 炳幾先而建邦家, 功高億載, 戡禍亂而定社稷, 德冠百王. 偉累世之鴻休, 與前聖而騈美. 盍形歌詠, 昭示來今, 恭惟主上殿下, 惟一惟精, 善繼善. 道洽政治, 霈然德澤之旁霑, 禮備樂和, 煥乎文物之極著. 念惟歌詩之作, 屬玆隆泰之期. 臣等俱以雕篆之才, 濫叨文翰之任. 謹採民俗之稱頌, 敢擬朝廟之樂歌. 爰自穆祖肇基之時, 逮至太宗潛邸之日. 凡諸事蹟之奇偉, 搜摭無遺, 與夫王業之艱難, 敷陳悉備. 證諸古事, 歌用國言. 仍繫之詩, 以解其語. 畫天地摹日月, 雖未極其於(客), 勒金石被管絃, 小有揚於光烈. 倘加省納, 逐許頒行. 傳諸子傳諸孫, 知大業之不易; 用之(卿) 用之國, 至永世而難忘. 所撰歌詩摠一百二十五章, 謹繕寫裝潢, 隨箋以聞[의정부 우찬성 권제(權踶; 1387~1445) · 우참찬 정인지(鄭麟趾; 1396~1478) · 공조 참판 안지(安止) 등이 〈용비어천가(龍飛御天歌)〉 10권을 올렸다. 전(箋)에 이르기를, "인(仁)의 덕을 세상에 널리 베푸시고 큰 복조를 성하게 열어서, 공(功)을 찬술(撰述)하고 사실을 기록하여 가장(歌章)에 폄이 마땅하오니 이에 거친 글을 편찬하여 임금께서 밝게 보시도록 상달하옵니다. 그윽이 생각해 보면, 뿌리 깊은 나무는 가지가 반드시 무성하고 근원이 멀면 흐름이 더욱 긴 것이옵니다. 주(周)나라는 면과〈緜瓜; 綿綿瓜瓞(면면과질)로 「시경(詩經)」 대아편(大雅篇)의 '면(綿)'〉를 읊조려 거기서 나온 근본을 미루어 밝혔고, 상(商)나라는 현조〈玄鳥; 天命玄鳥(천명현조)로 「시경(詩經)」 상송편(商頌篇)의 '현조(玄鳥)'〉를 노래하여 그 난 바를 미루어 폈으니, 이는 왕자(王者)의 일어남이 반드시 선대(先代)의 공을 지음에 힘입었습니다. 오직 우리 본조(本朝)에서는 사공(司空)께서 신라 시대에 비로소 나타나서 여러 대를 서로 이으셨고 목왕〈穆王; 목조(穆祖; 조선왕조의 시조)〉께서 처음 변방에 일어나사 큰 명(命)이 이미 조짐 되었으며, 익조(翼祖)와 도조(度祖)가 연이어 경사(慶事)를 쌓으시고, 환조(桓祖)에 미쳐 상서가 발하였나이다. 은혜와 신의(信義)가 본래 진실하오매 사람들의 붙좇는 자가 한두 대(代)만이 아니며, 상서로운 징조가 여러 번 나타났으매 하늘의 돌보심이 거의 수백 년이 됩니다. 태조(太祖) 강헌대왕(康獻大王)께서는 상성(上聖)의 자질로써 천년의 운수(運數)에 응하사, 신성(神聖)한 창[戈]을 휘둘러서 무위(武威)를 떨쳐 오랑캐를 빠르게 소탕하시고, 보록(寶籙; 임금의 자리)을 받아 너그럽고 어짊을 펴서 모든 백성을 화목하고 편하게 하셨으며, 태종 공정 대왕께

조선 시대의 음악교육은 역할에 따라 악학(樂學), 봉상시(奉常寺), 아악서(雅樂署), 전악서(典樂署), 관습도감(慣習都監)으로 나누어진다. 악학은 음악학 연구, 악공의 실력을 평가하는 취재(取才), 음악을 익히는 습악(習樂)을 담당했다. 봉상시는 제례와 제례 아악의 등가(登歌), 문무(文舞)와 무무(武舞)의 학습을 맡았다. 아악서는 제례 아악의 등가(登歌)와 헌가(軒架)의 악기 연주를 담당했고, 전악서는 당악(唐樂)[205]과 향악(鄕樂)[206] 전문 기관으로 조회(朝會) 속악(俗樂)을 맡았다. 관습도감은 연향(宴享)의 속악(俗樂)과 기녀〈妓女; 여기(女妓)〉의 가무(歌舞) 학습을 담당했다.

조선 시대의 음악은 당악(唐樂)과 향악(鄕樂) 중심으로 발전하였다. 조선 시

---

서도 영명(英明)하심이 만고에 지나시고 용맹하고 지혜로움은 무리에 뛰어나시어, 기미(幾微)를 밝게 보시고 나라를 세우시니, 공이 억만년에 높으시고 화란(禍亂)을 평정하고 사직(社稷)을 편히 하시니, 덕이 백왕(百王)의 으뜸입니다. 위대하신 여러 대(代)의 큰 공은 전성(前聖)과 더불어 아름다움을 가지런히 하였으매, 이를 형용해 노래하여 내세(來世)와 지금에 밝게 보이옵니다. 공경하여 생각하옵건대, 주상 전하께서는 학문이 오직 한결같고 정밀하시며, 선업(先業)을 잘 잇고 행하시어 도(道)가 흡족하고 정사가 다스려져서 패연(霈然)히 덕택이 널리 젖었고, 예(禮)가 갖추어지고 악(樂)이 화하여 밝게 문물(文物)이 극히 나타났사오니, 생각하옵건대, 시가(詩歌)를 지음은 이 성하고 태평한 시기에 속하옵니다. 신 등은 자질구레한 글귀를 꾸민〈조전(雕篆)〉 재주로써 외람되게 문한〈文翰; 문장(文章)〉의 임무를 더럽혀 삼가 민속(民俗)의 칭송하는 노래를 캐 모았사오니 어찌 조정과 종묘의 악가(樂歌)에 비기오리까. 이에 목조(穆祖)의 처음 터전을 마련하실 때로부터 태종의 잠저(潛邸) 시대에 이르기까지 무릇 모든 사적(事跡)의 기이하고 거룩함을 빠짐없이 찾아 모으고, 또 왕업(王業)의 어려움을 널리 베풀고 자세히 갖추었으며, 옛일을 증거로 하고 노래는 나랏말로 써서, 시(詩)를 지어 그 말을 풀이하였습니다. 천지를 그림하고 일월을 본뜨오니 비록 그 형용을 다 하지 못하였사오나, 금석(金石)에 새기고 관현(管絃)에 입히면 빛나는 공을 조금 드날림이 있을 것이옵니다. 만약 살피어 들이시고 드디어 펴서 행하셔서, 아들에게 전하고 손자에게 전하여 큰 업(業)이 쉽지 아니함을 알게 하시고, 시골에서 쓰고 나라에서 써서 영세(永世)에 이르도록 잊기 어렵게 하소서. 편찬한 시가(詩歌)는 총 1백 25장(章)이므로, 삼가 쓰고 표구〈表具; 장황(裝潢)〉하여 전(箋)을 아룁니다." 하니, 판에 새겨 발행하기를 명하였다. 『朝鮮王朝實錄』, 「世宗實錄」, 世宗 二十七(1445)年, 四月, 五日 戊申.].

205) 통일신라(統一新羅) 이후 고려(高麗) 시대까지 중국에서 수입된 음악을 통칭하는 음악용어이다.

206) 삼국시대 이후 조선(朝鮮) 시대까지의 토착 음악으로 전래음악을 지칭하는 용어이다.

대 음악의 특징은 신악(新樂)의 창작, 경석(磬石)에 의한 편경(編磬)·편종(編鐘)의 제작, 율관(律管)의 제작, 음악 악보인 〈정간보(井間譜)〉[207]의 창안, 「악학궤범(樂學軌範)」[208]의 편찬 등이다. 음악교육은 장악원(掌樂院)에서 관장하

---

207) 〈井間譜(정간보)〉 정간보(井間譜)는 대한민국 조선(朝鮮) 시대 세종(世宗) 때, 우물 정(井) 자 모양의 네모 칸 연쇄로 음악의 리듬을 적을 수 있게 한 유량(有量, mensural) 기보법이다. 세계에서 가장 오래된 유량 기보법 중의 하나다. 정간보는 강보(腔譜)라고도 불렀다. 정간보를 창안한 정확한 시기는 알 수 없으나, 용비어천가(龍飛御天歌)가 대한민국 조선(朝鮮) 시대 세종(世宗) 27(1445)에 완성되어 여기에 음악을 붙여 세종 29(1447)년 5월 5일에 처음 연주되었으므로 늦어도 1447년까지 정간보가 완성된 것으로 본다. 정간보는 1행이 32 정간이며, 1행은 다시 2~6개의 소행(小行)으로 나뉘어 현악 선율, 관악 선율, 장구, 박(拍), 노랫말, 노래 선율 등을 적어 넣을 수 있게 했다. 선율은 12율명(十二律名)의 첫 글자인 율자(律字)로 적었고, 3 정간 또는 2 정간 단위로 묶은 대강(大綱) 선이 드러나 있지 않으며, 음악이 몇 번째 대강에서 시작하느냐에 상관없이 실제 음악이 시작하는 음부터 채워 적었다. 정간보는 한 차례 개량되어 선율을 율자 대신 오음약보(五音略譜), 일명 궁상하지법(宮上下之法)으로 적고, 1행이 16 정간으로 줄어들면서 규칙적으로 3·2·3 정간 단위로 굵은 대강 선을 긋고, 음악이 제2 대강이나 제3 대강에서 시작할 경우 처음 12 대강을 비워 두었다. 이후 관찬 악보의 표준처럼 되어 〈시용향악보(時用鄕樂譜)〉, 〈시용무보(時用舞譜)〉, 〈대악후보(大樂後譜)〉, 〈속악원보(俗樂源譜)〉 등이 개량된 변형을 채택했다. 대한민국 국립국악원으로 계승되어 김기수(金琪洙, 1917~1986)가 정비한 세로 정간보가 표준 기보법으로 통용되고 있다. 정악의 정간보는 음높이를 12율 자로 적고, 장단 단위에 따라 1행을 4행, 6행, 10행, 12행, 16행, 20행 등으로 나누고 가로 선으로 대강을 구분하기도 하며, 1 정간 또는 1 대강이 규칙적으로 1박이 된다. 정간보는 음길이를 정량적(quantitative)으로 시각화하고 자의적(arbitrary)으로 음높이를 12 율자 와 오음약보로 약호(約號, code)화한 것이고, 보표 기보인 오선보는 반대로 음높이를 비유(analogy)적으로 시각화하고 음길이를 음표와 쉼표로 약호화한 것이다. 어느 경우나 음높이는 1옥타브를 12음으로 구분하므로, 이론상 정간보와 오선보의 '음높이+음길이' 결합체는 호환된다.

208) **「樂學軌範(악학궤범)」** 성종(成宗; 재위 1469~1494) 24(1493)년 왕명으로 성현(成俔; 1439~1504), 유자광(柳子光; 1439~1512), 신말평(申末平; 1452~1509), 전악(典樂) 박곤(朴棍; 생몰년대 미상), 김복근(金福根; 생몰년대 미상)이 당시 장악원에 있던 의궤와 악보가 오래되어 헐었고 남아 있는 것들도 오류가 많아서 그것을 교정하기 위한 새로운 악규책(樂規冊)을 9권 3책으로 편찬하여 간행하였다. 권1은 60조도(調圖)로 시작하는데, 궁(宮)에 의하여 60조의 중심음(中心音)을 빨리 알아볼 수 있게 만들었으나, 이 60조는 조선에서는 이론에 그쳤고, 그중, 12궁조(12宮調)만이 실제 사용되었다. 실제 조선에서는 4청성(四淸聲)만을 사용하여 12궁을 그린 '시용아악12율7성도(時用雅樂十二律七聲圖)', 세종 때 등가(登歌)와 헌가(軒架)의 율을

였다. 장악원은 악(樂), 가(歌), 무(舞)를 담당하여 음악과 춤을 교육하고 연구하

---

시정(是正)하는 데 그 근거를 제공한 '율려격팔상생응기도설(律呂隔八相生應氣圖說)', 12율관의 길이와 둘레를 숫자로 도설한 '12율위장도설(十二律圍長圖說)', '반지상생도설(班志相生圖說), 실제의 음악과는 관계되지 않은 양률음려재위도설(陽律陰呂在位圖說)', 변치(變徵)와 변궁(變宮)의 사용을 이단시하고 궁이 상(商)이나 각(角)보다 높이 되는 것을 금하는 '오성도설(五聲圖說)'을 설명한다. 그리고 여덟 가지 재료로 만들어진 악기를 설명한 '팔음도설(八音圖說)', 연향에 쓰이는 당악(唐樂)의 28조를 악서에서 인용하여 5음 12율로 설명한 '오음율려 28조도설(五音律呂 二十八調圖說)', 정현〈鄭玄; 127~200, 중국 후한(後漢) 시대〉의 '주례(周禮)' 주(註)와 악서를 인용하여 설명한 삼궁(三宮), 세종(世宗) 때 쓰인 강신악조(降神樂調)를 '주례'와 '송사(宋史)'의 그것들과 비교, 설명한 '삼대사강신악조(三大祀降神樂調)', 조선 음악의 악조(樂調)를 설명한 '악조총의(樂調總義)', 세조가 창안하여 기보(記譜)에 사용한 것을 다룬 '오음배속호(五音配俗呼)', '공척보(工尺譜)'에 쓰이는 음명의 음높이를 당적(唐笛) 같은 당악기 대신에 향악기인 대금(大笒)의 음으로 예시한 '12율배속호(十二律配俗呼)'를 설명하고 있다. 권2는 '아악진설도설(雅樂陳設圖說)'과 '속악진설도설(俗樂陳設圖說)'을 설명한 것으로 이는 실제 성종 당시의 여러 제향과 조회 · 연향 때 악기를 진설하는 법을 그 전의 오례의(五禮儀)와 세종 때의 그것들과 비교하여 도설 하였다. 또한, 제향에 쓰이는 아악의 악보와 악장(樂章)을 게재하고, 성종(成宗) 당시의 조회(朝會) · 연향(宴享)에 쓰는 음악의 절차 · 곡목 · 춤 이름을 세종(世宗) 때의 회례연의(會禮宴儀)와 비교 · 기술하며, 음악을 시행하는 절차를 기술한 것으로 오례의 또는 의궤(儀軌)와 같은 성격을 띠었다. 권3에서는 '고려사(高麗史)' 악지(樂誌)의 당악정재(唐樂呈才)와 속악정재(俗樂呈才)를 설명하였다. 권4에서는 성종조의 당악정재도의(唐樂呈才圖儀)를 소상하게 설명하고 있으며, 권3에 없는 박(拍)을 추가하여 그 박으로 춤사위의 변하는 것을 일일이 알려주며, 단순한 정재홀기(呈才笏記)에 그치지 않고 전래의 당악정재를 완전히 보존하려는 의도를 엿보게 한다. 권5에서는 성종 때의 향악정재도의(鄕樂呈才圖儀)를 소상하게 기술하고 도시(圖示)한 것 이외에 한글로 적힌 〈동동〉 · 〈정읍〉 · 〈처용가〉 · 〈진작(眞勺)〉의 노래를 보여준다. 〈동동〉과 〈정읍〉의 가사는 '대악후보(大樂後譜)'와 '악장가사(樂章歌詞)'에도 없고, 오직 악학궤범에서만 볼 수 있는 노래이다. 권6의 '아부악기도설(雅部樂器圖說)'과 권7의 '당부악기도설(唐部樂器圖說)'은 먼저 악기의 전체 모양을 그림으로 보이고, 그 그림에다 악기의 치수를 일일이 적고, 그 재료를 설명하였다. 이는 실제 악기제작에 참고가 되게 하려는 의도가 담긴 것임을 알 수 있다. 권8 중 '당악정재의물도설(唐樂呈才儀物圖說)'은 당악정재에 쓰이는 의물과 복식을 그림으로 전체 모양을 그리고 여기에다 치수를 기입하고 그에 쓰이는 재료를 적어서, 실제 그 제작을 가능하게 설명하고 있다. '향악정재악기도설(鄕樂呈才樂器圖說)'은 아박(牙拍) · 향발(響鈸) · 무고(舞鼓) · 후도처용무(後度處容舞)에서 춤추는 사람이 쓰는 악기를 그림으로 그리고 여기에다 치수를 기입하고, 설명한 것이다. 권9의 관복도설(冠服圖說)은 악사(樂師)와 악공(樂工)들의 관

며 공연하였고, 관련 정책을 세웠다.

조선 시대 음악교육을 위한 구성과 악기의 내용은 다음 〈표〉와 같다.[209]

<table>
<tr><td rowspan="2">당악<br>(唐樂)</td><td>전악<br>(典樂)</td><td>악사(樂師)로서 음악 교육의 실제를 총괄하는 교사이다. 아악연주의 지휘자이다. 음악의 교육과 연주 연습을 담당한 전문직 녹관(祿官)으로 정6품의 체아직〈遞兒職; 별정직(別定職)〉이다. 조선 태종(太宗; 재위 1400~1418) 대에 처음 생겼다.<br>전악(典樂)은 전문음악인이 승진할 수 있는 최고직이다. 정7품 전율(典律; 박자 담당) · 종7품 부전율(副典律), 정8품 전음(典音; 음정 담당) · 종8품 부전음(副典音; 소리 담당), 정9품 전성(典聲) · 종9품 부전성(副典聲)을 거느리고 교육과 연습에 관한 책임을 맡았다.</td></tr>
<tr><td>아악<br>(雅樂)</td><td>궁중음악의 총칭이다. 원래 중국 고대의 음악으로 고려(高麗) 예종(睿宗; 재위 1105~1122) 11(1116)년에 중국 송(宋)나라에서 들어와 태묘(太廟) 등의 제례악으로 채택되어 문묘제례악(文廟祭禮樂)으로 계승되었다.<br>제례의 절차에 따라 그것에 상응하는 음악인 등가(登歌)[210] · 헌가(軒架)[211]에 의하여, 상가하주(上歌下奏)의 음양에 맞추어 연주한다. 아</td></tr>
</table>

복, 세종 때 회례연에 아악이 사용된 때의 무무공인(武舞工人)의 복식, 처용관복(處容冠服) · 무동관복(舞童冠服) · 여기복식(女妓服飾)을 그림으로 그리고, 그 치수를 적어 그 책을 보고 관복을 지을 수 있게 설명하였다.

209) 이용길〈李容吉; 1962~2025 현재(대한민국)〉, **「주해 한국교육사[註解 韓國教育史(2024년도 대한민국 학술원 선정 교육부 우수학술도서)」**, 교육과학사(2023), 〈8. 생활 분야 전문기술[잡학(雜學) 교육,], '6) 음악; 악학(樂學) 교육.'〉

210) 등가(登歌)는 악현(樂懸), 즉, 악기를 배열해놓는 법식의 일종으로 궁궐의 섬돌 위와 같이 높은 곳에서 연주하는 것을 지칭한다. 중국의 상고시대부터 특히 의식의 연주 때는 으레 연주 악대를 두 곳으로 벌려 놓았는데, 높은 곳인 당상(堂上)과 낮은 곳인 당하(堂下)가 그것이다. 따라서 궁궐 안의 구조로 볼 때 당상은 섬돌 위의 추녀 밑이 되며, 당하는 섬돌 아래의 넓은 정전(殿庭)이 된다. 이처럼 연주악대를 둘로 갈라놓은 것은 음양 사상의 영향이다. 등가라는 말에서 '등(登)' 자는 높은 당상으로 올라간다는 뜻이며, '가(歌)' 자는 노래를 주축으로 한다는 뜻으로서, 금(琴)이나 슬(瑟)과 같은 현악기의 반주로 송시(頌詩) 같은 가사를 노래해가는 것이 등가의 주된 기능이다. 이처럼 등가에서는 노래를 위주로 하고, 당하 악대의 일종인 헌가(軒架)에서는 죽관악기(竹管樂器)의 연주를 주축으로 하는 것이 본래의 고법(古法)이었다.

211) 헌가(軒架)는 궁중 의식의 연주 때 악기를 배열하는 방법이다. 당하〈섬돌 아래의 전정(殿庭)인 하월대(下越臺〉에 편성하는 악대이며, 관악기를 중심으로 편성된다. 원래 황제는 궁현(宮懸)이라고 하여 4면에 종경(鐘磬; 쇠북)을 배치하고, 제후는 헌현〈軒懸, 혹은 헌가(軒架)〉이라고 하여 3면에 종경(鐘磬을 배치한다. 조선은 중국의

| | | |
|---|---|---|
| | | 악의 등가·헌가는 8음(八音), 즉 금(金)·석(石)·사(絲)·죽(竹)·포(匏)·토(土)·혁(革)·목(木)의 악기들로 구성되며, 8음을 완전히 구비하는 것을 원칙으로 한다.<br>시대에 따라 악기의 편성과 악곡이 변화되었다. 아악은 철저히 1자(字)·1음(音)·1박(拍)을 원칙으로 한다. 가사가 4자 1구, 전 8구로 되어 있는 것에 따라서 음악도 4음(4박)이 한 마루가 되어 모두 8마루로 이루어진다. |
| | **금(琴)** | 중국 고대부터 사용하던 현악기다. 1현, 3현, 5현, 7현, 9현이 있으나 주로 7현이 사용된다. 고려 예종(睿宗; 재위 1105~1122) 때 중국 송(宋)나라에서 들여왔다. 왼손은 정해진 위치에서 줄을 짚으며, 오른손 주법은 식지, 장지, 무명지 세 손가락을 감아 싸서 안으로 뜯거나 밖으로 내어 탄다. |
| | **슬(瑟)** | 중국 고대부터 사용하던 25줄의 현악기다. 바깥쪽의 제1현이 가장 굵고, 안쪽 25현이 가장 가늘다. 제13현은 윤현(閏絃)이라고 하여 붉은 칠을 하여 실제로 사용하지 않는다. 낮은 쪽의 12줄은 오른손으로 높은 쪽의 12줄은 왼손으로 탄다. 동시에 연주되므로 쌍성(雙聲)이라고 한다. |
| | **편종(編鍾)** | 편종은 중국 송(宋)나라 인종(仁宗; 재위 1022~1063) 때에 범진(范鎭; 1008~1089)이 만든 타악기로 쇠로 만든 작은 종을 위아래 여덟 개씩 틀에 달아 각퇴(角槌; 가느다란 나무막대기 끝에 사슴뿔, 또는 기타 동물의 뿔을 깎아 박은 채)로 종의 아래쪽 둥근 표시인 수(隧)를 연주한다. 열여섯 개의 종 크기는 모두 같고 두께에 따라 음의 높낮이가 달라진다. |
| | **편경(編磬)** | 타악기다. 고려 예종(睿宗; 재위 1105~1122) 11(1116)년에 중국에서 유입되었다. 옥돌을 'ㄱ' 자 모양으로 깎아 만든 경을 달아 치는 악기이다. 배열하는 방법과 용도, 두께에 따라 음높이가 달라진다. 각퇴(角槌)로 'ㄱ' 자 모양 긴 쪽의 끝 윗부분을 쳐서 연주한다. |
| | **관(管)** | 오죽관(烏竹管)을 두 개 합하여 누런 생사(生絲)로 관대의 굵기에 따라 굵게 또는 잘게 동여맨 관악기다. 따라서 '쌍관(雙管)'이 되는데, 각 관에는 6공(孔)을 뚫으나 뒷구멍 하나는 쓰지 않아 실제로 짚는 구멍은 다섯이다. 관의 위 양 끝에 위아래 입술(또는 아랫입술만)을 대고 불면 소리가 뒷구멍에서 난다. |

제후국이었으므로, 3면에 종경을 배치하는 헌가를 썼다. 그러나 현재는 3면에 종경(鐘磬)을 배치하지 않았음에도 헌가(軒架)라고 부르며, 하월대(下越臺)에 배치하는 악현(樂懸)이라는 의미로 사용하고 있다.

| | |
|---|---|
| 약(籥) | 공명(共鳴) 악기이다. 중국 주(周)나라 이래로 사용되었으며, 한국에는 고려 예종(睿宗; 재위 1105~1122) 11(1116)년에 도입되었다. 위 끝 앞면을 도려내고 단소와 같이 구멍을 만들어 아랫입술을 대고 불어 소리를 낸다. 3개의 구멍은 왼손 식지, 오른손 식지, 오른손 무명지로 막는다. 3개의 구멍에서 12율을 내기 때문에 구멍을 반만 막는 반공으로 연주한다. |
| 생(笙) | 관악기이다. 작은 바람통 안에 보통 17개의 죽관이 꽂혀 있으며, 각각의 죽관 안에는 금속으로 만든 자유황(自由簧)이 있다. 각 죽관 음 폭은 죽관 뒤편에 있는 구멍으로 결정되지만, 원형으로 꽂혀 있는 죽관은 5가지의 각각 다른 길이로 되어있으며, 불사조의 접힌 날개를 상징하는 2개의 3각형 모양으로 배열되어 있다. 손가락으로 죽관에 나 있는 구멍을 막으면서 바람통에 나 있는 바람구멍에 입을 대고 불거나 숨을 들이마시면 자유황이 진동하여 소리를 낸다. |
| 우(竽) | 공명(共鳴)관악기로서 피리를 말한다. 통은 박〈포(匏)〉으로 만들어 박통 속에 따로 나무 기둥을 세워 그 주위는 비우게 한다. 그 기둥 주위의 윗면에 흑각(黑角)을 붙이고, 흑각을 둘러 구멍을 뚫고 관대를 꽂는다. 두석(豆錫; 구리에 아연을 섞어 만든 쇠붙이)을 써서 띠〈대(帶)〉를 만들어 그것으로 관대를 묶는다. 관은 17관(管)인데, 앞에 8개의 황(簧)과 뒤에 9개의 황을 높고 낮게 만든다. 부리는 구리를 써서 통에 꽂아 만들어 이것을 입에 물고 불어 소리를 낸다. |
| 화(和) | 관악기이다. 통은 대롱 박〈관(管)〉으로 만든다. 대롱 박통 속에 따로 나무 기둥을 세우고, 죽관 끝에 황(簧)을 설치한다. 황은 쇳조각〈금섭(金鍱; 백동) 등의 쇠붙이로 만들어 대롱 아래쪽 끝에 붙여 떨어 울리게 하는 서(혀의 의미)〉로 만든다. 6개의 구멍은 12개월의 음(音)을 나타내는 것이므로 관(管) 두 개를 나란히 합해서 분다. |
| 봉소(鳳簫) | 대나무로 된 관악기로 소(簫)의 한 종류이다. 관이 봉황 날개처럼 좌우 대칭으로 되어있고, 음은 봉황의 소리와 같다고 해서 봉소라고 한다. 모두 16개(12율 4청성)의 관 중 맨 끝의 제1관〈황(黃)〉과 제16관〈협(浹)〉이 가장 길고 가운데의 제8관〈림(林)〉과 제9관〈이(夷)〉이 가장 짧다. 오른쪽 관의 음이 낮고 왼쪽으로 갈수록 음이 높은데, 음의 높낮이는 죽관 밑 부분에 납밀(蠟蜜)을 넣어 조절한다. |
| 적(笛) | 관악기이다. 갈대나 대나무의 막공(膜孔)을 달아 취구(吹口)와 6개의 지공(指孔) 사이의 공간을 소리를 나게 만드는 조각〈혀(설; 舌)〉으로 막은 것이다. 이 막공은 여러 관악기에서 들을 수 있는 독특한 소리를 만들어낸다. |

|  |  |  |
|---|---|---|
|  |  | 끝에 추가로 달린 2, 3개의 끝 구멍은 공기를 품어내는 데 도움을 주는 역할을 한다. 적의 음역은 두 옥타브이다. 작은 길이, 형태가 다른 여러 종류가 있다. |
|  | 지(篪) | 관악기이다. 대나무로 만들어 구멍은 모두 6개를 뚫는다. 다섯 구멍으로만 소리가 나게 한다. 구멍을 모두 막으면 황종(黃鐘)[212]이 되고, 구멍을 모두 열면 응종(應鐘)[213]이 된다. |
|  | 훈(塤) | 관악기이다. 진흙이나 백면토(白面土)를 빚어 저울추 모양으로 만들어 굽는데, 위 끝은 뾰족하게, 밑은 평평하게 저울추 모양으로 하고 맨 꼭대기에 취구를 뚫고, 앞에 3개, 뒤에 2개의 구멍(指孔)을 뚫는다. 소리는 부드럽고 어두운 편이다. 고대 중국의 악기로, 대한민국에는 고려 예종(睿宗; 재위 1105~1122) 11(1116)년에 들어왔다. 취구에 입김을 넣어 불어 오른손 엄지로는 뒷면 오른편 구멍(제1공)을, 왼손 엄지로는 뒷면 왼편 구멍(제2공)을, 왼손 식지로는 앞면 왼편 구멍(제3공)을, 오른손 식지로는 앞면 오른편 구멍(제4공)을, 오른손 장지로는 앞면 아랫구멍(제5공)을 여닫는다. 구멍을 반만 막는 주법을 섞어가며 12율을 낸다. 음넓이는 황종(黃鐘)에서 응종(應鐘)까지이다. |
|  | 축(柷) | 타악기이다. 고려 예종(睿宗; 재위 1105~1122) 11(1116)년 중국 송(宋)나라로부터 들어왔다. 축은 음악의 시작을 알리는 악기로 동쪽을 상징하는 푸른색을 칠하여, 해가 떠올라 하루가 시작되는 동쪽에 놓아, 네모난 절구통처럼 생긴 몸통 가운데 뚫은 구멍에 꽂힌 채〈止(지)〉를 사용하여 밑바닥과 좌우 순서로 세 번 쳐 연주한다. 그러나 나중에는 밑바닥만 세 번 쳤다. |
|  | 어(敔) | 타악기다. 고려 예종(睿宗; 재위 1105~1122) 11(1116)년 중국 송나라로부터 들어왔다. 어(敔)는 음악의 끝을 알리는 악기로 서쪽을 상징하는 흰색을 칠하여 하루가 마감되는 서쪽에 놓아 연주의 마지막 부분에 이르면 이 악기를 쳐서 연주가 끝나는 것을 알린다.<br>엎드린 호랑이 모양으로 조각하여 방대(方臺) 위에 얹어 놓은 것으로, 등줄기에 톱날 모양으로 새긴 27개의 저어(齟齬; 어긋남; '차아'라고 읽는다)가 있고, 그것들을 호랑이 모양의 목에서 꼬리 쪽으로 새겨 박았다. 이것을 서오(鉏鋙)라고 한다. 연주 채인 진(籈)으로 서오를 쳐서 소리를 낸다. 즉, 서오(鉏鋙)의 목 뒷부분을 세 번 탁탁 치고 꼬리 쪽으 |

212) 중국 고대 율제(律制)인 12율(律) 가운데 첫째 율(律)이다. 12율(律)은 저음부터 고음까지 차례로 배열되어 있으며, 명칭은 황종(黃鐘)·대여(大呂)·태주〈대족(大蔟)〉·협종(夾鐘)·고세(姑洗)·중려(仲呂)·유빈(蕤賓)·임종(林鍾)·이측(夷則)·남려(南呂)·무역(無射)·응종(應鐘)이다. 황종은 이 가운데 가장 낮은 음이다.

| | | |
|---|---|---|
| | | 로 드르륵 긁어서 소리를 낸다. 진(籈)은 대나무 끝을 세 개로 쪼갠 후 각각 다시 세 가닥씩 잘라 모두 아홉 조각을 나무 자루에 박아 만든다. 어(敔)의 호랑이와 대는 피나무〈가목(椵木)〉를 쓰며 등 위의 톱니 같은 것을 새긴 것은 따로 다른 단단한 나무를 써서 등에 박는다. |
| | **특종(特鐘)** | 타악기이다. 단 한 개의 종으로 된 악기로 나무 대에 종 1개를 매달아 채로 친다. 조선 세종(世宗; 재위 1418~1450) 때 박연(朴堧; 1378~1458)이 아악을 정비하면서 황종(黃鐘)에 맞추어 만들어 사용하였다. 종은 동철(銅鐵)과 납철(鑞鐵)을 화합하여 주조한다. 종체(鐘體)를 다섯으로 구분하는데, 선(銑) · 우(于) · 고(鼓) · 정(鉦) · 무(舞)로, 선은 쇠의 광택이 나는 것이고, 우는 선과 선 사이의 굽은 소매 아귀 같은 것이며, 고는 우(于)의 위를 퇴로 치는 곳이며, 정은 그 아래 고와 그 위에 무의 한중간에 있는 것이고, 무는 소리가 진동하는 곳이다. 음은 황종에 해당한다. 가자(架子; 나무 시렁 틀)에 종을 매고 목공작(木孔雀) 세 마리 또는 다섯 마리로 장식하였다. 틀의 양옆에는 각각 새의 깃이나 색실로 장식한 구슬을 입에 물고 있는 용의 머리가 있고, 사자 2마리가 가자를 전체적으로 지탱해주고 있다. 소뿔로 만든 각퇴(角槌)로 쳐서 소리를 낸다. 특종의 연주는 제례악(祭禮樂)을 시작할 때 박을 치고 난 다음 특종을 한 번 치고, 그다음 축(祝) 세 번, 북(鼓)을 한 번 치는 것을 세 번 반복하고 다시 특종을 한 번 치고 나서 음악이 시작된다. |
| | **특경(特磬)** | 타악기이다. 석부(石部)에 속하는 몸 울림악기〈체명악기(體鳴樂器)〉로 큰 경(磬) 하나를 틀에 매단 악기이며 특종(特鐘)과 마찬가지로 1개의 경만을 사용한다. 경(磬)은 'ㄱ' 자 형태로 만들며, 세부의 명칭에 따라 길이와 너비 및 두께가 다르다. 경(磬)은 두께에 의해 음의 높낮이를 정한다. 경이 두꺼우면 음이 높고, 경이 얇으면 음이 낮다. 경(磬)을 거는 가자(架子)는 외형은 특종과 같다. 특경은 음악을 끝낼 때 친다. 음악이 끝나면 먼저 긴 장대로 된 휘(麾; 지휘 신호 깃발)를 아래로 뉘어 음악의 끝을 알리는데, 이 신호를 받으면 절고(節鼓; 받침대에 비스듬히 놓인 북)를 3번 치고 어(敔; 연주 채)를 북소리에 따라 3번 긁는다. 특경은 절고의 첫소리와 끝소리에 맞추어 치며 박(拍)이 3번을 치면 음악은 완전히 끝난다. |
| | **뇌고(雷鼓)** | 타악기다. 조선 세종(世宗; 재위 1418~1450) 때 중국 명(明)나라에서 수입하였다. 가자(架子) 양쪽에 북면을 가진 조그마한 북 북통은 검은 칠을 했고, 네 개를 네 방향으로 매달아 8면의 북을 가졌다. 8면의 북면 가운데 실제로 치는 곳은 한 면이다. 가자의 발은 나무 호랑이를 십자(十字)로 놓은 중앙을 뚫어 놓은 데 꽂아 세웠다. 나무틀 맨 윗부분 가로 지기 나무 양 끝에는 용머리의 모양을 새기고, 그 입에 색실의 유 |

| | | |
|---|---|---|
| | | 소(流蘇; 장식으로 다는 여러 가닥의 실)를 늘어뜨린다. 천신(天神)의 제향(祭享) 연주에 쓰였다. |
| | **뇌도<br>(雷鼗)** | 타악기다. 뇌고(雷鼓)와 마찬가지로 천신의 제향 연주 때 쓰였다. 역시 노고처럼 8면의 북을 가진 것으로 뇌고와는 달리 타원형의 조그마한 북 네 개를 서로 엇갈리게 긴 나무 자루에 꿰어 단 것인데, 나무로 된 북통에 각각 고리를 박아 그 고리에 가죽끈을 달았다. 나무 자루의 맨 위에는 조그마한 용을 깎아 꽂았고, 그것을 연꽃 모양의 장식으로 받쳤다.<br>연주법은 긴 나무 자루를 땅에서 집어 거의 수직이 되도록 세워서 나무 자루 자체를 좌우로 여러 차례 돌리면 북통 고리에 달린 가죽끈이 북면을 때려 소리가 난다. |
| | **영고<br>(靈鼓)** | 타악기다. 북은 한쪽만 가죽을 씌웠고 앞뒤에 3개씩, 양옆에 1개씩 모두 8면의 북으로 구성되었으며, 북통에는 노란색을 칠했다. 틀은 4마리의 호랑이가 웅크리고 있는 형상을 한 2개의 받침대 위에 세워졌으며, 오채(五彩)로 된 길이 약 4자(121㎝)의 유소(流蘇)를 늘어뜨렸다. 음악의 시작과 끝, 그리고 매 악절을 끝마칠 때 연주하였다. 지신(地神)에게 제사 드리는 사직제(社稷祭)에서 사용하였다. |
| | **영도<br>(靈鼗)** | 타악기다. 작은 북을 나무 자루로 꿰뚫고 북통에는 양쪽으로 귀〈이(耳)〉인 고리가 있고, 그 귀에 가죽끈을 달아 두 손으로 나무 자루를 잡고 흔들면 양 귀의 가죽끈이 스스로 북면을 때려 소리가 난다. 북 위가 되는 자루 끝에는 나무로 새를 새겨 얹었고, 북통의 채색도 영고처럼 노란색 칠을 한다. 작은 북통을 네 개의 나무 자루에 매달아 모두 8면이다. 음악을 시작하는 처음에 그것을 세 번 흔들어 음악의 시작을 알린다. 영고(靈鼓)와 함께 지신(地神)에게 제사를 드리는 사직제(社稷祭)에서 사용되었다. |
| | **노고<br>(路鼓)** | 타악기다. 둥그런 틀에 조그마한 북 두 개를 좌우에 수평으로 매달거나, 북통이 비교적 긴 큰북 두 개를 서로 엇갈리게 나무 자루에 꿰어 달았다. 북통은 붉은 칠을 하였으며 나무틀의 윗부분(龍竿) 양 끝에는 용의 머리를 새기고, 그 입에 색실로 된 유소(流蘇)를 늘어뜨렸다. 나무틀의 두 기둥은 십자(十字)로 엇갈려놓은 나무 호랑이에 꽂아 고정하였다.<br>음악의 시작, 종지, 음악 중간중간에 간간이 친다. 선농(先農)·선잠(先蠶)·우사(雩祀)·공자묘(孔子廟)의 제사 등에서 사용하였다. |
| | **노도<br>(路鼗)** | 타악기다. 타원형의 조그마한 북 두 개를 서로 엇갈리게 긴 나무 자루에 꿰어 단 4면의 북으로 된 것인데, 나무로 된 북통에 각각 고리를 박고 그 고리에 가죽끈을 달았으며, 북통은 붉은 칠을 하였다. 나무 자루의 맨 위에는 흰 새를 나무로 깎아 꽂았고, 그것을 연꽃 모양의 장식으로 받쳤다. |

| | | |
|---|---|---|
| | | 연주법은 나무 자루를 땅에서 집어 수직으로 들고, 나무 자루 자체를 좌우로 여러 차례 돌리면 북통 고리에 달린 가죽끈이 북면을 때려 소리가 난다.<br>음악이 시작되기 전에 노도를 세 번 흔든 다음, 축(柷)과 진고(晉鼓)를 세 번 치고 나면 음악이 시작된다. 노고(路鼓)와 함께 인귀(人鬼)의 제사, 즉 선농(先農) · 선잠(先蠶)을 위한 제사와 우사(雩祀), 공자묘(孔子廟)의 제사 등에서 사용하였다. |
| | 응아(應雅) | 아악(雅樂)연주를 위한 타악기들이다. 건고(建鼓), 응고(應鼓), 삭고(朔鼓), 현고(懸鼓)로 전정헌가(殿庭軒架)에서 사용되었다. 건고를 중심으로 응고는 동쪽에 두고, 현고는 서쪽에, 삭고는 북쪽에 두었다. 고려 예종(睿宗; 재위 1105~1122) 11(1116)년에 송(宋)나라에서 들어왔다. 삭고는 시작할 때 치고, 응고는 연주를 마칠 때 쓰는 북으로서 건고, 현고와 함께 연주되었다. |
| | 상(相) | 타악기다. 체명(體鳴)악기로 상고(相鼓) · 무상(撫相)이라고도 한다. 고려 예종(睿宗; 재위 1105~1122) 때 중국 송(宋)나라에서 상고(相鼓)라는 이름으로 들어왔다. 겉은 가죽이고 속에는 겨(糠)를 넣고, 받침대를 쳐놓고 사용한다. 북통에 달린 두 개의 고리에 끈을 꿰어 수평으로 들고도 사용한다. 무무(武舞)를 추는 무원(舞員)들의 왼편에서 손으로 북의 양쪽 끝을 두드려 춤을 추는 걸음을 맞추었던 악기이다. |
| | 독(牘) | 타악기로 체명악기(體鳴樂器)이다. 대나무로 만들며, 속은 비어 통(筩)과 같으며 밑바닥이 없다. 그중에 두 구멍이 있고 검붉은 색으로 그림을 그리고, 뜰에 진열하여 양손으로써 땅을 쳐서 연주하였다.<br>무무(武舞) 때 북소리에 따라 연주하였는데, 이 소리로써 춤추는 사람〈무인(舞人)〉들이 걸음을 조절하였다. |
| | 순(錞) | 타악기로 금순(金錞)이라고도 한다. 술잔처럼 생긴 종(鐘)의 모양이다. 형상은 이마〈정(頂)〉가 크고, 배〈복(腹)〉는 졸라매고, 아가리〈구(口)〉는 좁고, 엎드린 짐승으로 코 삼아서, 안에는 작은 방울〈령(鈴)〉모양의 구리로 만든 혀〈동설(銅舌)〉를 달았다.<br>무무(武舞)가 입장할 때 악생(樂生) 1명이 양손에 순을 들고 들어와 무원(舞員)들 앞에서 춤의 동작이 바뀔 때마다 흔들어서 소리를 낸다. 북과 함께 연주하였다. |
| | 탁(鐲) | 쇠로 종(鐘) 형태를 본뜨고, 손잡이를 붙여 만든 타악기다. 왼손으로 탁(鐲)의 자루를 쥐고 오른손으로 퇴(槌; 망치)를 잡고서 탁의 몸통을 쳐서 소리를 낸다. 무무(武舞)의 춤을 출 때 몸을 돌리는 동작에서 탁을 친다. 그러므로 탁은 절도 있는 춤사위를 연출하기 위한 악기다. |

|  |  |  |
|---|---|---|
|  | **요(鐃)** | 타악기다. 작은 징〈소정(小鉦)〉으로 요령(搖鈴) 같고 자루가 속에서 위와 아래로 통하고, 혀가 없어 손에 쥐고 울려서 소리를 낸다. 그 소리가 요요(譊譊)하기 때문에 요(鐃)라고 이름을 지었다. 북의 연주를 그치게 한다. |
|  | **탁(鐸)** | 타악기로 탁령(鐸鈴)이라고도 한다. 자루가 달린 작은 종의 모양으로 금속이나 나무로 만든 방울이 달려있다. 손으로 자루를 잡고 흔들면 몸통에 부딪혀 소리가 난다. 춤추는 사람이 탁(鐸)을 흔들어 춤추는 여러 사람을 주의〈경(警)〉시켜 절도 있게 한다. |
|  | **진고(晉鼓)** | 타악기다. 현고(懸鼓)라고도 한다. 네 기둥을 세우고 가로목(橫木)을 쳐서 가(架)를 만들고 북을 그 위에 올려놓았다. 고려 예종(睿宗; 재위 1105~1122) 11년 중국 송(宋)나라에서 들여왔다. 음악을 시작할 때, 구절마다, 그칠 때 친다. 퇴(槌)는 나무로 만들었다. |
|  | **등가(登歌)** | 궁궐의 섬돌 위와 같은 높은 곳에서 연주하는 것을 말하는 것으로서 당상악(堂上樂)이라고도 한다.<br>등가(登歌)의 위치인 당상은 양(陽)의 위치를 의미하여 뜰에서 연주하는 헌가(軒架)의 음(陰)의 위치와 음양의 조화를 상징한다. 등가라는 말에서 등(登)은 높은 당상으로 올라간다는 뜻이며, 가(歌)는 노래를 주축으로 한다는 뜻으로서, 금(琴)이나 슬(瑟)과 같은 현악기의 반주로 송시(頌詩) 같은 가사를 노래해가는 것이 등가의 주된 기능이다. 즉, 등가에서는 노래를 위주로 하고, 헌가(軒架)에서는 죽관 연주를 주축으로 하였다. |
|  | **문무(文舞)** | 제례악(祭禮樂)에서 열을 지어서 추는 일무(佾舞)로 문치(文治)를 칭송하기 위해 추는 춤이다. 제향의 영신(迎神; 신을 맞이함) · 전폐(奠幣; 처음으로 큰절을 하며 예물을 올림) · 초헌(初獻; 첫 술잔을 올림)의 순서에서 춘다. 왼손에는 약(籥; 피리 모양의 춤추는 도구),[214] 오른손에는 적(翟; 용머리가 달린 자루)[215]을 들고 춘다.<br>문묘〈文廟; 文宣王(孔子)廟〉에서는 문묘제례악의 4음 4박으로 된 한 소절 단위의 음악이 끝날 때까지 같은 동작을 반복한다. 첫 박에는 북쪽을 향하여 서서 약과 적을 잡은 두 손을 들고, 또 오른쪽 다리를 들었다가 손발을 동시에 놓으며 허리를 조금 구부린다. 둘째 박, 셋째 박의 동작은 첫 박과 같으나 방향이 각각 동과 서로 다르다. 넷째 박은 첫 박과 같다. |

213) 생황(笙簧)을 부는 것과 같은 가냘픈 맑은소리로 12율 중 가장 높은 음이다.

214) 여기에서 약(籥)은 의식음악인 일무(佾舞)에서 문덕(文德)을 찬미하는 문무(文舞)에서 좌측 손에 들고 추는 무구(舞具)로 사용되었다. 이때의 약(籥)은 연주 시 사용하는 것보다 통이 굵고 길이가 짧다. 황죽(篁竹)으로 만들며 취구(吹口) 현태 부분이 대나무의 밑뿌리다.

215) 적(翟)은 문무(文舞)에서 우측 손에 들고 추는 무구(舞具)이다. 적은 나무로 만든 자루에 용두(龍頭)를 달고, 용두에 유소(流蘇)를 늘어뜨렸다. 적(翟)과 약(籥)은 평화를 상징한다.

| | | |
|---|---|---|
| | **무무<br>(武舞)** | 제례악(祭禮樂)에서 열을 지어서 추는 일무(佾舞)로 무덕(武德)을 상징하는 춤이다. 문무(文舞)와 조화를 이룬다. 제향의 아헌(亞獻; 두 번째 술잔을 올림)과 종헌(終獻; 세 번째 술잔을 올림)의 순서에서 춘다.<br>대개 육일무(六佾舞)로 앞의 두 줄은 칼, 중간 두 줄은 창, 마지막 두 줄은 활과 화살을 들고 추었다. 왼손에는 방패 모양의 간(干), 오른손에는 도끼 모양의 척(戚)을 들고 춘다. 문묘에서는 문묘제례악의 4음 4박으로 된 한 소절 단위의 음악이 끝날 때까지 같은 동작을 반복한다. 즉, 아헌이 시작될 때, 첫 박에서는 북쪽을 향하여 서서 방패와 도끼를 든 양손을 왼쪽 목의 옆으로 돌려 든다. 둘째 박에서는 오른쪽 목의 옆으로 동작을 바꾼다. 셋째 박에서는 왼손은 왼쪽 허리 옆으로 낮게 벌리고, 오른손은 오른쪽 어깨 위로 약간 높이 들어 내려칠 준비를 한다. 넷째 박은 오른손의 도끼로 왼손의 방패를 힘차게 내려치며 허리를 약간 구부린 다음 원래의 준비 자세를 취한다.<br>종헌일 때는 셋째 박의 동작이 왼쪽으로부터 한 바퀴 돈 뒤 도끼로 방패를 내려칠 준비를 한다. |
| | **당비파<br>(唐琵琶)** | 현악기다. 사현비파(四絃琵琶)·곡경비파(曲頸琵琶)라고도 한다. 고려(高麗) 문종(文宗; 재위 1046~1083) 때부터 당비파의 기록이 보인다. 몸통〈공명통(共鳴筒)〉의 뒷면은 화리(華梨; 배나무)·철양(鐵楊; 버드나무)·산유자(山柚子; 조록나무) 등의 단단한 나무를 써서 만들고 몸통의 앞면에는 두충(杜沖; 두충 나무)·노목(蘆木: 갈대 나무) 등 부드럽고 결이 곧은 재료를 써서 만든다. 주〈柱; 음계를 구분하도록 지판의 표면을 여러 마디로 구획해 놓은 괘(卦) 모양의 돌기)〉는 반죽(斑竹; 왕 대나무)으로 만든다. 고리는 은(銀)이나 두석(豆錫; 구리와 아연의 합금)으로 만들고, 담조아(擔條兒; 어깨에 멜 수 있도록 악기 뒷면에 달아 놓은 끈고리)는 홍진사(紅眞絲; 붉은 명주)를 쓴다. 주(柱)가 12개인데 4개는 목에 있고 8개는 몸통에 있다. 목 부분이 ㄱ 자로 굽었다. 굽은 목에는 양쪽에 2개씩 4개의 줄을 잡아매는 주아(周兒; 조현 장치)가, 몸통 뒤에는 담조아가 있다. 현(줄)은 4줄로 안쪽에서부터 무현(武絃)·대현(大絃)·중현(中絃)·자현(子絃)의 순으로 이루어져 있는데, 무현이 제일 굵고 자현으로 갈수록 가늘어진다. 이 현을 술대나 작은 나무판으로 줄을 튕겨 연주한다. |
| | **아쟁<br>(牙箏)** | 현악기다. 고려 시대 중국에서 전해졌다. 7줄로 되어있고 줄을 활로 문질러 연주한다. 현의 굵기는 제1현이 가장 굵고 제7현으로 갈수록 점점 가늘어진다. 상자 식으로 짜서 만든다. 앞면은 오동나무로 뒷면은 밤나무로 만들며, 활은 개나리의 껍질을 벗기고 송진을 칠하여 만든다. 낮은음의 악기로 큰 소리를 길게 내는 지속음을 가진다. 연주할 때의 평조(平調; 낮은 음계)와 계면조(界面調; 슬프고 애타는 느낌을 주는 음계)의 음으로 연주한다. |

| | | |
|---|---|---|
| | **대쟁 (大箏)** | 현악기다. 쟁(箏)은 고대로부터 전해 내려오는 악기로 고려 시대에는 15줄의 대쟁이 당악기(唐樂器)로 소개되고 있다.<br>전면은 오동나무, 후면은 밤나무로 만든 긴 통에 명주실을 15줄 얹었는데, 제1현이 가장 굵고, 제15현 쪽으로 가면서 점차로 가늘어진다. 미단(尾端; 줄 걸이 끝쪽)이 약간 구부러졌고 양쪽에 발(雲足)을 달았고 뒤판 네 귀 모서리에는 오목(烏木)을 붙였으며, 주(柱)로 줄을 괴었다.<br>음역(音域)은 두 음파 주파수로 낮은음에서는 그윽하고도 중후하고, 높은음에서는 밝고 쟁쟁하다. 12율을 내기 위하여 기둥의 뒤를 눌러서 〈역안(力按)〉 반음을 하나씩 더 내기도 한다. 왼손으로 줄 짚고 오른손으로 타며 바닥에 그대로 놓고 연주한다. |
| | **당피리 [당필률 (唐觱篥)]** | 관악기다. 고려 문종(文宗; 재위 1046~1083) 30(1076)년에 사용한 기록이 보인다. 관(管)대에 혀(舌)를 꽂아서 사용한다. 관대에 구멍을 뚫어 손가락으로 여닫으며 입술로 입김을 넣어서 분다. 관대의 구멍은 9개이다. 관대는 황죽(黃竹)으로 만들며, 혀는 해죽(海竹)의 껍질을 깎아서 만들었다. 연주할 때는 제1공은 왼손 식지(食指), 제2공은 왼손 모지(母指), 제3공은 왼손 장지(長指), 제4공은 왼손 무명지(無名指), 제5공은 오른손 식지, 제6공은 오른손 장지, 제7공은 오른손 무명지, 제8공은 오른손 소지(小指)로 여닫는다. 음역은 황(黃)에서 려(㶑)까지 약 한 음파 주파수 반 이상이다. 관대가 크고 혀가 커서 음색은 폭넓고 활달하다. |
| | **당적 (唐笛)** | 관악기다. 우리 고유의 횡적(橫笛)과 구분하기 위하여 당적이라고 표현하였다. 고려 문종(文宗; 재위 1046~1083) 30(1076)년에 사용한 기록이 보인다. 황죽(黃竹)을 잘라서 위 끝은 봉하고 끝에서 3치쯤 내려와 취구(吹口)를 뚫고 그 밑에 차례로 손 짚는 구멍(指孔)을 6개 뚫는다. 부는 법은 머리 쪽을 왼편 어깨에 얹고 가로 분다. 옥을 굴리듯 맑은 소리가 난다.<br>지금 당적의 음역은 청황종(淸黃鐘)에서 중중청황종(重重淸黃鐘)까지 두 음파 주파수이다. |
| | **통소 (洞簫)** | 관악기다. 관대의 밑이 막히지 않고 통하였으므로 통소라고 하였다. 고려시대에 당악(唐樂)에서부터 사용하였다. 정악(正樂)에 사용되는 통소는 지공(指孔)이 뒤에 1개, 앞에 5개가 있고, 청공(淸孔)이 없다. 이를 개량하여 민요에 사용되는 통소는 지공이 뒤에 1개, 앞에 4개가 있고 청공(淸孔)에 갈대청을 붙인 것이다. 이것은 '퉁애(통소의 통속적 표현)'라고도 한다. 황죽(黃竹)을 재료로 하여 단소(短簫)보다 굵고 크게 만든다. 저취법(低吹法) · 평취법(平吹法) · 역취법(力吹法) 등으로 연주하며 두 음파 주파수의 음역(音域)을 가진다. |

| | | |
|---|---|---|
| | 용관<br>(龍管) | 관악기로 피리 몸통에 용을 새긴 것이다. 오죽관(烏竹管)을 두 개 합하여 누런 생사(生絲)로 관대의 굵기에 따라 굵게 또는 잘게 동여매서 만든다. 즉, 쌍관(雙管)으로 만들어 각 관에는 6공(孔)을 뚫으나 뒷구멍 하나는 쓰지 않아 실제로 짚는 구멍은 다섯이다. 관의 위 양 끝에 위아래 입술(또는 아랫입술만)을 대고 불면 소리가 뒷구멍에서 난다.<br>다섯 구멍을 모두 막으면 황종(黃鐘)이 나고, 위로는 청협종(淸夾鐘)까지 12율 4청성을 낸다. 당적(唐笛), 통소(洞簫)와 함께 연주되었다. 세종(世宗; 재위 1418~1450) 이후에는 연주 악기에서 빠졌다. |
| | 장고<br>(杖鼓) | 타악기다. 세요고(細腰鼓)라고도 한다. 고려시대에 송(宋)나라로부터 수입되었다. 통이 큰 것은 질그릇으로, 작은 것은 나무로 만든다. 머리는 모두 넓고 허리는 가늘다. 장구의 허리는 나무에다 칠포(漆布; 옻칠을 한 베)를 붙이거나, 사기〈자(磁)〉로 만들어 검정 또는 주홍칠을 한다. 가죽 양면에는 철 테를 두른다. 왼편(북편, 넓은 쪽)은 흰 말가죽으로 하고 오른쪽(채편, 좁은 쪽)은 생마피로 만들었다. 갈고리〈구철(鉤鐵)〉는 입은사(入銀絲; 가죽에 은을 입힌 실)로 만들거나, 또는 두석(豆錫)을 쓴다. 죄는 줄〈축승(縮繩)〉은 홍진사(紅眞絲)를 쓰거나 다홍 무명실을 쓴다. 새 굴레〈축수(縮綬)〉는 청사피(靑斜皮)를 쓴다. 오른손에 대쪽으로 만든 가는 채를 가지고 그 채 편을 치며, 왼손으로는 손바닥으로 북편을 치는데, 양편을 동시에 치는 것은 쌍(雙)이라 하고, 채로 채 편만 치는 것을 편(鞭), 왼손으로 북편만 치는 것을 고(鼓), 그리고 채로 잠시 치고 굴리는 소리를 내는 것은 요(搖)라고 한다. 음악 소리의 높고 낮음에 따라 새 굴레를 좌우로 움직여 음의 높낮이를 조절한다. |
| | 교방고<br>(敎坊鼓) | 타악기다. 「고려사(高麗史)」 악지(樂志)에 기록이 보인다. 북통에는 반룡(蟠龍; 승천하지 않은 용)이 그려져 있고, 네 발로 된 틀 위에 놓되, 북 가죽이 위로 가도록 틀에 건다. 악절에 따라 장구의 북편 소리에 맞추어 동시에 친다. |
| | 방향<br>(方響) | 타악기다. 철향(鐵響) · 철방향(鐵方響)이라고도 한다. 통일신라 때부터 사용되었다. 손바닥 크기의 16쪽의 철편(鐵片)을 위아래로 8개씩 2줄로 틀에 매어 달고 쇠뿔 망치〈각퇴(角槌)〉로 쳐서 소리를 낸다. 철편의 크기는 모두 같고, 음정의 높낮이는 두께를 달리하여 나타낸다. |
| 향악<br>(鄕樂) | 거문고<br>[현금<br>(玄琴)] | 현악기다. 고구려 때(552년경) 왕산악(王山岳; 생몰년대 미상)이 중국 진(晉)나라의 칠현금을 고쳐 만든 것이다. 왕산악이 이것을 탈 때 검은 학이 날아들어 춤을 추었다고 해서 현학금(玄鶴琴)이라고 하였다가 현금이라고 하였다. 앞면은 오동나무, 뒷면은 밤나무로 속이 비게 울림통을 짜고, 그 위에 명주실을 꼰 6개의 줄을 맨다. 첫째 줄을 문현(文絃), 둘째 줄을 유현(遊絃), 셋째 줄을 대현(大絃), 넷째 줄을 괘상청(棵 |

| | | |
|---|---|---|
| | | 上淸), 다섯째 줄을 괘하청(棵下淸), 여섯째 줄은 무현(武絃)이다. 문현, 유현, 대현 3개의 줄에는 16개의 괘를 받쳐 놓았다. 연주할 때는 거문고를 무릎 위에 올려놓고 술대를 오른손에 낀 다음 왼손으로 패를 짚으면서 줄을 퉁겨 소리를 낸다. 술대는 가는 대쪽으로 만든다. 음정은 16개의 괘로 조절한다. 음넓이가 넓다. |
| | **가야금 (伽倻琴)** | 우리나라 고유의 현악기다. 삼한(三韓) 시대부터 사용되었다. '가야고' · '가얏고'로 부른다. 오동나무로 만든 좁고 긴 직사각형의 공명통 위에 명주실로 꼰 12개의 줄을 걸고, 각 줄에 기러기발을 받쳐 놓았다. 연주를 할 때는 책상다리를 하고 앉아, 공명통의 오른쪽을 무릎 위에 비스듬히 올려놓는다. 왼손으로는 기러기발 바깥쪽을 눌렀다 놓았다 하면서 오른손으로 줄을 뜯거나 퉁겨 소리를 낸다. 가야금은 음색이 맑고 연주 기교가 다양하다. |
| | **비파 (琵琶)** | 현악기다. 오현비파(五絃琵琶) · 직경비파(直頸琵琶)라고도 한다. 고구려(高句麗) 시대에는 오현(五絃)의 구자비파(龜玆琵琶)라 불리며 사용되었다. 이러한 전통으로 인하여 향비파(鄕琵琶)라고 한다. 몸통은 물방울처럼 생겼고 곧은 목을 지니고 있으며, 다섯 줄로 구성되었다. 몸통 앞부분은 오동나무로 만들었고 뒷부분은 밤나무로 제조되었으며, 괘와 장식품들은 거문고의 것과 같은 재료로 만들어졌다. 목 부분과 몸통에 10개의 괘(棵) 또는 주(柱)가 있는데, 왼손가락으로 줄과 괘를 짚고서 거문고와 같이 오른손의 술대로 줄을 쳐서 연주한다.<br>「삼국사기(三國史記)」에 향비파의 악조로는 궁조(宮調) · 칠현조(七賢調) · 봉황조(鳳凰調)가 있었고, 향비파 악곡 212곡이 있다고 기록되어 있다. 조선 「世宗實錄」에는 향비파의 그림이 처음 등장한다. |
| | **대금 (大笒)** | 관악기다. 고구려에 전해져 신라에 정착되었다. 황죽(黃竹)이나 쌍골죽(雙骨竹; 마디 사이가 짧고 두꺼운 대나무)으로 만든다. 취공(吹孔) 1개, 청공(淸孔) 1개, 지공(指孔) 6개, 칠성공(七星孔) 5개와 함께 13공으로 되어있다. 음역은 두 음파 주파수 반 정도에 이른다. 음색은 저취(低吹)에서는 폭넓고 부드러운 소리, 평취(平吹)에서는 맑은 소리, 역취(力吹)에서는 꿋꿋한 느낌의 장쾌한 소리 등을 지니고 있으며 그 변화가 다양하여 독주 악기로도 사용된다. 「삼국사기(三國史記)」 〈악지(樂志)〉에 대금 음조(音調)는 평조(平調), 황종조(黃鍾調), 이아조(二雅調), 월조(越調), 반섭조(般涉調), 출조(出調), 준조(俊調)의 일곱 조를 사용하였고, 324곡의 대금 곡을 연주했다고 기록되어 있다. 연주법은 저취와 평취 때 제1공을 막고 2 · 3 · 4공을 열거나 혹은 1 · 2 · 3 · 4공을 열 때는 편의상 5 · 6공을 막고, 1 · 2공을 막고 3 · 4 · 5공을 열 때는 6공을 막는다. 음높이를 조절할 때 입술로 부분적으로 막은 취공의 지름에 의하여 이뤄진다. |

| | | |
|---|---|---|
| | **장고 (杖鼓)** | 당악(唐樂)의 장고(杖鼓)와 같다. 타악기다. 세요고(細腰鼓)라고도 한다. 고려시대에 송(宋)나라로부터 수입되었다. 통이 큰 것은 질그릇으로, 작은 것은 나무로 만든다. 머리는 모두 넓고 허리는 가늘다. 장구의 허리는 나무에다 칠포(漆布; 옻칠한 베)를 붙이거나, 사기〈자(磁)〉로 만들어 검정 또는 주홍칠을 한다. 가죽 양면에는 철 테를 두른다. 왼편(북편, 넓은 쪽)은 흰 말가죽으로 하고 오른쪽(채 편, 좁은 쪽)은 생마피로 만들었다. 갈고리쇠〈구철(鉤鐵)〉는 입은사(入銀絲; 가죽에 은을 입힌 실)로 만들거나, 또는 두석(豆錫)을 쓴다. 죄는 줄〈축승(縮繩)〉은 홍진사(紅眞絲)를 쓰거나 다홍 무명실을 쓴다. 새굴레〈축수(縮綬)〉는 청사피(靑斜皮)를 쓴다. 오른손에 대쪽으로 만든 가는 채를 가지고 그 채 편을 치며, 왼손으로는 손바닥으로 북편을 치는데, 양편을 동시에 치는 것은 쌍(雙)이라 하고, 채로 채 편만 치는 것을 편(鞭), 왼손으로 북편만 치는 것을 고(鼓), 그리고 채로 잠시 치고 굴리는 소리를 내는 것은 요(搖)라고 한다. 음악 소리의 높고 낮음에 따라 새굴레를 좌우로 움직여 음의 높낮이를 조절한다. |
| | **해금 (嵇琴)** | 줄 비빔 현악기다. 속칭 '깡깡이'라고도 한다. 고려시대에 유입되었다. 공명통 위에 대나무〈입죽(立竹)〉를 연결하여 명주실로 만든 두 줄을 걸고 이를 활대로 마찰하여 소리를 낸다. 두 줄 중 안쪽 줄이 중현(中絃), 바깥 줄이 유현(遊絃)이다. 해금의 통과 주아(周兒; 줄의 고정과 조절), 원산(遠山; 버팀목)은 화리(華梨), 황상(黃桑), 대죽(大竹), 산유자(山柚子) 같은 단단한 나무를 사용하며, 공명통의 복판은 두충(杜冲)·오동나무 등을 쓴다. 입죽의 재료는 마디가 많은 오반죽(烏斑竹; 검은 얼룩무늬 대나무)을 사용하고, 입죽 속에는 주철(柱鐵)을 집어넣어 입죽과 통을 연결한다. 주아를 꽂는 구멍과 아래 끝은 모두 은(銀) 또는 두석(豆錫)을 씌우거나 은사(銀絲) 또는 두석 실로 감아 매고, 산성(散聲), 즉 허현(虛絃)은 가는 가죽 또는 채승(彩繩; 줏대와 줄을 붙잡아 매어두는 끈)으로 주아의 아래에서 두 줄을 동여매어 만든다. 활대는 출단화목(黜壇花木; 황매화 나무) 또는 오죽(烏竹)·해죽(海竹)을 사용하고, 활시위[현(絃)]는 말총〈마미(馬尾)〉으로 만든 다음 시위에 송진을 칠해서 줄을 마찰한다. 조현 법은 주아 아래로 두 줄을 붙들어 맨 끝 아래에서 식지(食指)로 두 줄을 당겨 쥐고 조율한다. 연주는 왼손으로 음정을 찾고 오른손에 쥔 활대로 줄을 마찰하여 소리를 내는데, 연주 시의 음량은 두 줄을 괴는 원산을 이동시켜 음량을 조절한다. 관악기처럼 지속음을 내기 때문에 현악기이면서도 관악에 편성되었다. |
| | **당비파 (唐琵琶)** | 당악(唐樂)의 당비파와 같다. 현악기다. 사현비파(四絃琵琶)·곡경비파(曲頸琵琶)라고도 한다. |

| | | |
|---|---|---|
| | | 고려 문종(文宗; 재위 1046~1083) 때부터 당비파의 기록이 보인다. 몸통〈공명통(共鳴筒)〉의 뒷면은 화리(華梨; 배나무)·철양(鐵楊; 버드나무)·산유자(山柚子; 조록나무) 등의 단단한 나무를 써서 만들고 몸통의 앞면에는 두충(杜沖; 두충나무)·노목(蘆木; 갈대나무) 등 부드럽고 결이 곧은 재료를 써서 만든다. 주〈柱; 음계를 구분하도록 지판의 표면을 여러 마디로 구획해 놓은 괘(卦) 모양의 돌기〉는 반죽(斑竹; 왕 대나무)으로 만든다. 고리는 은(銀)이나 두석(豆錫; 구리와 아연의 합금)으로 만들고, 담조아(擔條兒; 어깨에 멜 수 있도록 악기 뒷면에 달아 놓은 끈 고리)는 홍진사(紅眞絲; 붉은 명주)를 쓴다. 주(柱)가 12개인데 4개는 목에 있고 8개는 몸통에 있다. 목 부분이 ㄱ 자로 굽었다. 굽은 목에는 양쪽에 2개씩 4개의 줄을 잡아매는 주아(周兒; 조현장치)가, 몸통 뒤에는 담조아가 있다. 현(줄)은 4줄로 안쪽에서부터 무현(武絃)·대현(大絃)·중현(中絃)·자현(子絃)의 순으로 이루어져 있는데, 무현이 제일 굵고 자현으로 갈수록 가늘어진다. 이 현을 술대나 작은 나무판으로 줄을 튕겨 연주한다. 나중에는 5현의 향비파(鄕琵琶)를 사용하기도 하였다. |
| | **향피리 [향필률(鄕觱篥)]** | 관악기다. 대(大) 피리라고 한다. 고구려 때부터 사용되었다.<br>황죽(黃竹) 끝에 해죽(海竹)으로 깎은 겹혀〈복황(複簧)〉를 꽂아서 만든다. 음공(音孔)은 앞에 7, 뒤에 1, 모두 8개이다. 고려 때까지 7공이던 것을 조선 시대에 와서 개량한 것이다. 음넓이는 탁중려〈중(㑖)〉에서 청태주〈태(汰)〉까지 두 음파 주파수 반에 이르며 각 구멍에 짚은 손가락을 떼는 법은 8구멍을 모두 쓴다. 대풍류음악(大風流音樂; 관악 협주와 무용 반주)에서는 2개의 향피리를 사용한다. |

이처럼 악〈樂; 음악(音樂)〉이 행〈行; 교육(敎育)〉하여지면 무리가 맑아져 이목이 총명하며 혈기가 화평하여 풍속을 바꾸고 천하가 모두 안녕 되는[216] 인(仁)의 사회가 이뤄지는 것이다.

### (6)「춘추(春秋)」 교육(敎育)

「춘추(春秋)」는 역사(歷史) 평가서로서 역사교육(歷史敎育)을 위한 것이다. '춘추(春秋)'라는 말은 일 년을 춘하추동(春夏秋冬)으로 나누어 역사를 기록하

216) 樂行而倫淸, 耳目聰明, 血氣和平, 移風易俗, 天下皆寧(「禮記」, 樂記.).

였기에 붙인 이름이다. 최초의 「춘추(春秋)」는 중국 노(魯; 기원전 1046~기원전 256)나라 은공(隱公; 재위 기원전 722~기원전 712)으로부터 애공(哀公; 재위 기원전 494~기원전 468)에 이르기까지 242년간의 역사를 편년체(編年體)로 기록한 것이다. 「춘추(春秋)」에 기록된 일식(日蝕)·낙성(落星)·가뭄〈旱(한)〉 등과 같은 자연의 이변들은 제후(諸侯)들이 천명(天命)을 어기면 어떤 일이 생기는가를 경고하기 위하여 저술된 것이다.

「춘추(春秋)」의 저술 동기는 세상이 쇠하고 도(道)가 미약해져서 부정한 학설과 포학한 행동이 일어나 신하(臣下)로서 군주(君主)를 시해하는 자가 있으며, 자식으로서 아버지를 시해하는 자가 있는 혼란기에 명분을 바로잡고 인륜(人倫)을 밝혀 세태를 바로잡기 위한 것이었다.[217] 그러므로 「춘추(春秋)」는 대의명분(大義名分)을 강조한 역사서(歷史書)이며, 대의명분이 엄중한 역사적 평가를 하는 글쓰기 법을 춘추필법(春秋筆法)이라고 한다. 따라서 「춘추(春秋)」의 교육은 대의명분을 통해 인(仁)을 구현하고, 춘추필법을 위한 것이다. 5경(五經)에 속한다.

「춘추(春秋)」는 역사 속에서 예(禮)와 명분을 중시하는 독특한 필법으로 정치 이념을 평가하고 있다. 이러한 「춘추(春秋)」의 대의(大義)를 교육하기 위하여 「춘추(春秋)」에 대한 해설이 저술되었고 춘추학(春秋學)이 성립되었다. 춘추학의 중심인 춘추 3전(春秋 三傳)은 「공양전(公羊傳)」[218]·「곡량전(穀梁傳)」[219]

217) 世衰道微, 邪說暴行有作, 弑其君者有之, 子弑其父者有之〈中略〉, 孔子懼作春秋, 春秋天子之事也. 是故孔子曰, 知我者其惟春秋乎, 罪我者其惟春秋乎(「孟子」, 滕文公 下.).

218) **「公羊傳(공양전)」**「춘추(春秋)」 경문(經文)의 미어(謎語; 뜻이 함축되어 미묘한 말)와 대의(大義)를 해명하여 저술한 책이다. 제(齊; 기원전 1046~기원전 221)나라 사람인 공양고(公羊高; 생몰연대 미상)가 「춘추(春秋)」에 대해 전술한 것을 공양수(公羊壽; 생몰연대 미상)가 제자인 호모자도(胡母子都; 생몰년대 미상)와 함께 내용을 정리하여 편찬했다. 「공양전(公羊傳)」의 기본사상은 「춘추(春秋)」를 지은 근본취지를 난세를 다스려 바른 세상으로 돌아가게 한다고 인식하는 데서 출발하고 있다.

219) **「穀梁傳(곡량전)」** 중국 노(魯; 기원전 1046~기원전 256)나라의 학자인 곡량적(穀

·「좌씨전(左氏傳)」[220]인데, 「춘추(春秋)」에 기록과 관련된 사실(史實)을 통해 역사적 · 실증적으로 그 대의(大義)를 구명(究明)하면서, 「춘추(春秋)」의 경문을 직접 해석하여 기록된 사실의 내재적 의미를 밝히고 있다.

대한민국 고조선(古朝鮮) 시대의 「춘추(春秋)」 교육(教育)은 홍익인간의 366사(三百六十六事)인 제56사(第五十六事)의 의(義)로 소급된다. 의(義)는 크게 믿고 따르는 기운으로, 그 기운이 느끼고 움직여 용기를 일으키고 용기가 정하여져서 일을 세워 마음속에 굳게 간직하여 천둥 벼락도 깨뜨리지 못하니, 굳세기는 금강석과 같고 밀고 나아갈 때의 활발한 힘은 큰 강물 같다[221]는 대서 춘추대의(春秋大義)의 기원을 두고 있다.

삼국(三國) 시대의 고구려(高句麗)에서는 풍속이 서적을 사랑하여 미혼(未婚)의 자제(子弟)들이 밤낮으로 글 읽기와 활쏘기를 익히니 그 책은 5경(五經)과 「사기(史記)」,[222] 「한서(漢書)」,[223] 「후한서(後漢書)」,[224] 「삼국지(三國志)」,[225]

---

梁赤; 생몰연대 미상)이 지었다고 전해지는, 「춘추(春秋)」의 주석서(註釋書)이다. 법가적(法家的) 색채를 띠고 있다. 「곡량전(穀梁傳)」은 역사적 사실의 가치를 판단하는 참뜻을 규명하는 데 초점을 맞추었다. 「곡량전(穀梁傳)」은 왕조를 긍정하고 천자의 절대 신성을 취하고 있다.

220) **「左氏傳(좌씨전)」** 「춘추(春秋」를 노(魯; 기원전 1046~기원전 256)나라 좌구명(左丘明; 기원전 556~기원전 491)이 해석한 것으로 「좌전(左傳)」·「춘추좌씨전(春秋左氏傳)」이라고도 한다. 기원전 722년~481년의 역사를 다루고 있다. 지금 전하는 것은 전한(前漢; 기원전 202~기원후 8) 말기 유흠(劉歆; 생년대 미상~3, 중국 前漢末·後漢初 시대) 일파가 편찬한 것이다. 독립된 역사적인 이야기와 문장이 뛰어나다.

221) 義粗信而孚應之氣也, 其爲氣也感發而起勇, 勇定而立事牢鎖心關霹靂莫破, 堅剛乎金石, 決瀉乎江河(「參佺戒經」, 第二章 信理訓.).

222) **「史記(사기)」** 사마천(司馬遷; 기원전 145~기원전 86)이 저작한 것으로 고대 중국의 역사 속의 인간을 탐구한 것이며 기원전 90년경에 만들었다. 「사기(史記)」 130권은 본기(本紀) 12권, 표(表) 10권, 서(書) 8권, 세가(世家) 30권, 열전(列傳) 70권의 5부로 나누어져 있다. 역사의 모습을 입체적으로 부각하는 기전체(紀傳體)로 썼다.

223) **「漢書(한서)」** 중국 후한(後漢; 25~220) 시대 반고(班固; 32~92)가 편찬한 전한(前漢; 기원전 202~기원후 8)의 역사를 서술한 역사서이다. 「전한서(前漢書)」라고도 한다. 다루는 시대는 유방(劉邦; 기원전 247~기원전 195)이 전한(前漢)을 창건한 기원전 206년부터 왕망(王莽; 기원전 45~기원후 23)의 신(新; 8~23)이 망한 24년까지이다. 기전체(紀傳體)로 총 100편 120권으로 이루어져 있다. 제기(帝紀) 12권,

손성(孫盛; 302~373)의 「진춘추(晉春秋)」,[226] 「옥편(玉篇)」,[227] 「자림(字林)」[228] 「자통(字統)」[229]이 있으며 또한 「문선(文選)」[230]이 있어 더욱 귀중히 여겨서[231] 「춘추(春秋)」의 교육(敎育)이 이뤄졌으며, 「신집(新集)」의 역사서를 편

연표 8권, 지(志) 10권, 열전(列傳) 70권으로 되어있다. 자료가 풍부하고 사실(史實)의 정확함이 특색이다.

224) **「後漢書(후한서)」** 중국 후한(後漢; 25~220) 시대 유수(劉秀; 기원전 6~기원후 57)가 스스로 황제에 오른 25년부터 위(魏; 220~265)의 조비(曹丕; 187~226)가 칭제(稱帝)하여 후한(後漢)이 망한 220년까지의 후한 시대의 역사를 기록한 것으로 120편 130권이 전한다. 중국 남북조(南北朝; 386~589) 시대 송(宋; 220~479) 나라 범엽(范曄; 398~445)이 지었다.

225) **「三國志(삼국지)」** 중국의 위(魏; 220~265) · 촉(蜀; 221~263) · 오(吳; 229~280)의 3국이 정립한 시기부터 진(晉; 265~420)이 중국을 통일한 시기까지의 역사를 기록했다. 총 65권으로 위서(魏書) · 촉서(蜀書) · 오서(吳書)의 3서로 구성된 것으로 서진(西晉) 시대에 진수(陳壽; 233~297)가 290년경에 지었다.

226) **「晋春秋(진춘추)」** 손성(孫盛; 302~373)이 지은 중국 진대(晉代)의 역사서로서 진서(晉書)의 하나이다.

227) **「玉篇(옥편)」** 중국 남북조시대에 양(梁; 502~557)나라의 학자 고야왕(顧野王; 519~581)이 543년에 편찬한 한자 사전의 이름이다. 이 책은 총 30권으로 한(漢; 기원전 202~기원후 220)나라 때 만든 「설문해자(說文解字)」의 체제를 본떠 편찬한 것이다.

228) **「字林(자림)」** 중국 진(晉; 265~420)나라 여침(呂忱; 생몰년대 미상)이 지은 자전(字典)류의 하나로 글자마다 부수(部首)와 획수에 따라 배열하고, 각자마다 자체(字體) · 자음(字音) · 자의(字義)와 운용(運用) 등을 알아보기 쉽게 한 것이다. 945년에 편찬된 중국 당(唐; 618~907)나라 「구당서(舊唐書)」에 대한민국 고구려(高句麗) 시대의 태학(太學)과 경당(扃堂)에서 문자 교육의 교재로 사용하였다고 기록하고 있다.

229) **「字統(자통)」** 중국 북위(北魏; 386~534)의 양승경(楊承慶; 생몰년대 미상)이 4세기경에 지은 중국 남북조(南北朝; 386~589) 시대의 대표적인 자전(字典)으로 산실되어 현재 전해지지 않는다. 중국 청(淸; 1636~1912)나라 황석(黃奭; 1809~1853)이 편집한 「황씨일서고(黃氏逸書考)」에 수록하고 있는 '양승경자통(楊承慶字統)'에서 그 일부를 찾아볼 수 있고, 청(淸)나라 마국한(馬國翰; 1794~1857)의 「옥함산방집일서(玉函山房輯佚書)」에 집본이 포함되어 있다. 「구당서(舊唐書)」에 대한민국 고구려(高句麗) 시대의 태학(太學)과 경당(扃堂)에서 문자 교육의 교재로 사용하였다고 기록하고 있다.

230) **「文選(문선)」** 중국 양(梁; 502~557)나라 때 시문(詩文)을 뽑아 편찬한 것으로 530년경에 만들어졌다. 주(周)나라에서 양(梁)나라까지 약 1,000년에 걸친 대표적 문인의 시문(詩文)을 가려서 모아 놓았다. 모두 30권으로, 130여 명의 작품 약 800편을 시(詩) · 부(賦) · 사(辭) · 논(論) · 서〈書; 서한(書翰)〉 등 39종의 문체로 나누고, 시와 부에 대해서는 주제별로 분류한 뒤 시대순으로 배열했다.

231) 俗愛書籍〈中略〉, 子弟未婚之前, 晝夜於此讀書習射, 其書五經及史記 · 漢書 · 范曄

찬하였다.[232] 백제(百濟)에서는 5경박사(五經博士)를 두어 「춘추(春秋)」를 교육하였고, 「서기(書記)」의 역사서를 편찬하였다.[233] 신라(新羅)에서는 국학(國學)에 독서삼품과(讀書三品科)에서 5경(五經)의 평가를 두어 「춘추(春秋)」를 배우게 하였고, 국사(國史)를 편찬하도록 하였다.[234] 고려(高麗) 시대에는 6경(六經; 詩 · 書 · 禮 · 樂 · 易 · 春秋)을 본받고, 3례(三禮; 禮記 · 儀禮 · 周禮)의 규범을 장려하여 「춘추(春秋)」 교육이 행해졌으며, 국자감(國子監)의 교과과정에 춘추 3전(春秋 三傳)인 「공양전(公羊傳)」 · 「곡양전(穀梁傳)」 · 「좌전(左傳)」과 「춘추(春秋)」 외전(外傳)인 「국어(國語)」[235] 등을 편성하여 역사교육을 하

---

後漢書 · 三國志 · 孫盛晋春秋 · 玉篇 · 字統 · 字林, 又有文撰尤愛重之(「舊唐書」, 列傳, 東夷, 高麗.).

232) 十一年, 春正月, 遣使入隋朝貢, 詔太學博士李文眞, 約古史爲新集五卷, 國初始用文字時, 有人記事一百卷, 名曰留記至是刪修[재위 11년(600년), 임금이 태학박사(太學博士) 이문진(李文眞; 577~642)에게 옛 역사를 요약하여 다섯 권의 「신집(新集)」을 만들도록 명령하였다. 건국 초기에 처음으로 문자를 사용했을 때 어떤 사람이 사적을 기록한 1백 권의 책을 쓰고 이것을 「유기(留記)」라 하였는데, 이때 와서 이를 정리하고 수정하였다. 「三國史記」, 高句麗本紀, 嬰陽王 十一(600)年.]

233) 古記云, 百濟開國已來, 未有以文字, 記事至是, 得博士高興, 始有書記然. 高興未嘗顯於他書, 不知其何許人也[고기에 이르기를 '백제는 개국 이래 문자로 사적을 기록한 적이 없다가, 이때 와서 박사 고흥(高興; 생몰년대 미상)이 처음으로 「서기(書記)」를 썼다'라고 되어 있다. 그러나 고흥(高興)이라는 이름이 다른 서적에 나타난 적이 없으므로 그가 어떠한 사람인지는 알 수 없다. 「三國史記」, 百濟本紀, 近肖古王, 三十(375)年.].

234) 六年, 秋七月, 伊異斯夫奏曰, "國史者, 記君臣之善惡, 示褒貶於萬代. 不有修撰, 後代何觀" 王深然之, 命大阿居柒夫等, 廣集文士之修撰[6년, 가을 7월, 이찬(伊飡) 이사부(異斯夫; 생몰연대 미상)가 왕에게 "국사(國史)라는 것은 임금과 신하들의 선악(善惡)을 기록하여, 좋고 나쁜 것을 만대 후손들에게 보여 주는 것입니다. 이를 책으로 편찬해놓지 않는다면 후손들이 무엇을 보겠습니까?"라고 말하였다. 왕이 깊이 동감하고 대아찬(大阿飡) 거칠부(居柒夫; 생년대 미상~579) 등에게 명하여 문사(文士)들을 널리 모아 그들로 하여 역사를 편찬하도록 했다. 「三國史記」, 新羅本紀, 眞興王, 六(545)年.].

235) **「國語(국어)」** 중국 춘추(春秋)시대의 일들을 나라별로 정리한 역사서(歷史書)로 좌구명(左丘明; 기원전 556~기원전 451)이 기원전 350년경에 저술하였다. 「국어(國語)」가 대상으로 하는 시대는 주(周; 기원전 1046~기원전 256)나라의 목왕(穆王) 35(기원전 967)년에서 정정왕(貞定王) 56(기원전 453)년까지로, 「춘추(春秋)」가 대상으로 하

였다.[236] 예문춘추관(藝文春秋館)을 두어 시정(時政)을 기록하였으며, 「7대 실록(七代實錄)」,[237] 「삼국사기(三國史記」,[238] 「동명왕편(東明王篇)」,[239] 「삼국

---

는 시대(기원전 722~기원전 481)보다 길고, 춘추시대 이전인 서주(西周) 시대도 포함한다. 〈주어(周語)〉, 〈노어(魯語)〉, 〈제어(齊語)〉, 〈진어(晋語)〉, 〈정어(鄭語)〉, 〈초어(楚語)〉, 〈오어(吳語)〉, 〈월어(越語)〉의 8개국의 역사로 구성되어 있다. 같은 시대를 다룬 「춘추좌씨전(春秋左氏傳)」을 '춘추내전(春秋內傳)'이라고 하고, 이 책을 '춘추외전(春秋外傳)'이라고 한다.

236) 「高襄史」, 選擧志, 學校.

237) **「七代實錄(7대실록)」** 「7대실록(七代實錄)」은 대한민국 고려(高麗) 시대 태조(太祖; 재위 918~943)에서 목종(穆宗; 재위 997~1009)에 이르는 7대 왕의 실록이다. 1011년 거란(契丹; 5세기 중엽~1125)의 2차 침입으로 사초(史草)가 불타버려 현종(顯宗; 재위 1009~1031)은 수찬관(修撰官) 황주량(黃周亮; 생몰연대 미상)에게 태조에서 목종까지의 실록을 재편찬하도록 하였다. 총 36권이었으나 전해지지 않는다. 「7대사적기(七代事蹟記)」라고도 한다.

238) **「三國史記(삼국사기)」** 대한민국 고려(高麗) 시대 인종(仁宗; 재위 1122~1146)의 명을 받아 김부식(金富軾; 1175~1151)의 주도로 최산보(崔山甫; 생몰연대 미상)·이온문(李溫文; 생몰연대 미상)·허홍재(許洪材; 생연대 미상~1170)·서안정(徐安貞; 생몰연대 미상)·박동계(朴東桂; 생몰연대 미상)·이황중(李黃中; 생몰연대 시상)·최우보(崔祐甫; 1105~1170)·김영온(金永溫; 생몰연대 미상)·김충효(金忠孝; 생몰연대 미상)·정습명(鄭襲明; 1104~1150) 등이 인종 23(1145)년 편찬한 대한민국 3국〈三國; 고구려(高句麗)·백제(百濟)·신라(新羅)〉 시대의 역사서이다. 이 책은 「고기(古記)」·「삼한고기(三韓古記)」·「신라고사(新羅古史)」·「구삼국사(舊三國史)」와 김대문(金大問; 생몰연대 미상)의 「고승전(高僧傳)」·「화랑세기(花郎世記)」·「계림잡전(鷄林雜傳)」 및 최치원(崔致遠; 857~몰연대 미상)의 「제왕연대력(帝王年代曆)」 등의 국내 문헌과 「삼국지(三國志)」·「후한서(後漢書)」·「진서(晉書)」·「위서(魏書)」·「송서(宋書)」·「남북사(南北史)」·「신당서(新唐書)」·「구당서(舊唐書)」 및 「자치통감(資治通鑑)」 등의 중국 문헌을 참고하여 재구성한 것이다. 기전체(紀傳體)의 역사서로서 본기(本紀) 28권(고구려 10권, 백제 6권, 신라·통일신라 12권), 지(志) 9권, 표(表) 3권, 열전(列傳) 10권으로 이루어져 있다. 내용은 예법준칙, 유교적 덕치주의, 군신의 행동, 사대적인 예절 등이 중심이 되지만, 그러한 유교적 명분과 춘추대의(春秋大義)를 견지하면서도 독자성을 고려한 현실주의적 입장을 띠고 있다. 또한, 역사에 있어서 개인의 역할을 강조하고 있다. 이것은 단순한 영웅주의 사관이 아니라, 개인의 역할을 강조하여 널리 인간을 이롭게 하는 멸사봉공(滅私奉公)으로서 홍익인간(弘益人間)의 공적인 윤리를 제시하여 인간의 도리를 중시하였다.

239) **「東明王篇(동명왕편)」** 대한민국 고려(高麗) 시대에 이규보(李奎報; 1169~1241)가 지은 것으로 중국 중심의 역사의식에서 탈피하여 「구삼국사(舊三國史)」에서 소재를 취하여 우리의 홍익인간으로서 민족적 우월성 및 고려(高麗)가 위대한 고구려(高句麗)를 계

유사(三國遺事)」,[240] 「제왕운기(帝王韻紀)」[241] 등의 역사서를 저술하여 홍익인간의 민족으로서 춘추대의(春秋大義)을 고양하였다. 조선(朝鮮) 시대에는 일찍이 「춘추(春秋)」를 해석한 「좌전(左傳」 중요성에 주목하여 학자(學者)들이 마땅히 보아야 할 서적이므로 목판(木版)에 새겨 널리 간행하도록 하였으며[242] 성균관(成均館)의 9재(九齋)에 「춘추(春秋)」 교육단계를 두었고 「좌전(左傳)」의 강(講)을 선택하도록 하였다.[243] 또한, 춘추관(春秋館)을 독립적으로 두어[244]

---

승하고 있다는 고려인의 자부심을 천추만대(千秋萬代)에 전하겠다는 의도에서 쓰인 것이다. 국가와 민족에 대한 자부심, 그리고 외적(外敵)에 대한 항거 정신이 잘 나타나 있다.

240) **「三國遺事(삼국유사)」** 대한민국 고려(高麗)시대 승려 일연〈一然, 속명 전견명(全見明; 1206~1289)〉이 고조선에서부터 후삼국까지의 유사(遺事)를 모아 편찬한 역사서(歷史書)이다. 전체 5권 2책으로 9편 144항목이다. 9편은 왕력(王歷)·기이(紀異)·흥법(興法)·탑상(塔像)·의해(義解)·신주(神呪)·감통(感通)·피은(避隱)·효선(孝善)으로 구성되어 있다. 이 책에는 역사·불교·설화 등에 관한 서적과 문집류, 고기(古記)·사지(寺誌)·비갈(碑碣)·안첩(按牒) 등의 고문적(古文籍)에 이르는 많은 문헌과 지금은 전하지 않는 문헌들이 많이 인용되어 한국 고대의 역사·지리·문학·종교·언어·민속·사상·미술·고고학 등 총체적인 문화유산의 원천적 보고이다.

241) **「帝王韻紀(제왕운기)」** 대한민국 고려(高麗) 시대 충렬왕(忠烈王) 13(1287)년 이승휴(李承休; 1224~1300)가 한국과 중국의 역사를 운율시(韻律詩) 형식으로 서술한 1권 2책의 역사서이다. 「제왕운기(帝王韻紀)」는 중국 원(元; 1271~1368)나라의 고려에 대한 침략과 지배에 대한 저항의식의 소산으로 당시 현실의 모순은 궁극적으로는 원(元)나라의 정치적 간섭에서 기인하는 것이었음을 판단하여 국내적으로 왕권의 강화를 통한 국가 질서의 회복을 기원하면서 실정한 군주, 왕권에 도전한 신하를 드러내어 폄론(貶論)하고, 군신이 각각 갖추어야 할 유교적 정치 이념을 제시하였다. 즉, 난세에 정치·사회윤리의 재확립을 목표로 한 것이며, 그 가치 기준을 역사에서 제시하려는 의도에서 저술하였다. 따라서 한국민족은 단군(檀君)을 시조로 하는 홍익인간(弘益人間)의 단일민족임을 나타내었다.

242) 上謂左副代言尹粹曰, "「左傳」, 學者所當觀覽. 用鑄字印之, 則未能廣布, 宜令刊板, 使之廣行." 『朝鮮王朝實錄』, 「世宗實錄」, 世宗 十三(1431)年, 二月, 二十八日 癸亥.].

243) 「大學」·「論語」·「孟子」·「中庸」·「詩」·「書」·**「春秋」**·「禮記」·「周易」爲九齋, 每年春秋本館堂上二員, 藝文堂上一員, 臺諫各一員, 會座講所讀書三處, 精熟義理融貫方許以次陞, 齋若一時通數書許超陞, 陞至易齋者每式年直赴會試, 又於式年講學于四書三經, 自願他經者及欲講「左傳」·「綱目」·「宋元節要」·「歷代兵要」·「訓民正音」·「東國正韻」者聽[「대학(大學)」·「논어(論語)」·「맹자(孟子)」·「중용(中庸)」·「시경(詩經)」·「서경(書經)」·**「춘추(春秋)」**·「예기(禮記)」·「주역(周易)」을 9재라 하고 「대학(大學)」에서 「주역(周易)」까지를 한 계단씩 순서를 밟아 학습하

사실(史實)의 기록을 전담하여 『조선왕조실록(朝鮮王朝實錄)』,[245] 「고려사(高麗史)」,[246] 「동국통감(東國通鑑)」[247] 등의 역사서를 편찬하였다. 이밖에도 홍익

---

도록 하여 승급과 과목의 순서를 정해놓았다. 매년 봄과 가을에 성균관 당상관(堂上官) 2명, 예조(禮曹)의 당상관(堂上官) 2명, 예문관(藝文館) 당상관 1명, 대간[臺諫; 사헌부(司憲府)·사간원(司諫院)] 각 1명 등이 한데 모여, 세 곳에서 독서한 바를 강(講)을 받아 구두에 정숙(情熟)하고 글 뜻에 밝아야 한 단계씩 올려주되, 일시에 여러 책에 통한 자는 그 수대로 건너뛰게 한다. 「주역(周易)」까지 오른 자는 회시(會試)에 응할 자격을 준다. 또, 식년강(式年講)은 4서3경(四書三經)을 강하게 하고, 다른 경(經)을 자원하는 자와 **「좌전(左傳)」**·「강목(綱目)」·「송원절요(宋元絶要)」·「역대병요(歷代兵要)」·「훈민정음(訓民正音)」·「동국정운(東國正韻)」 등의 강(講)을 원하는 자도 이를 허락한다. 「增補文獻備考」, 學校考 二.].

244) 分藝文春秋爲二館, 藝文爲祿官, 春秋爲兼官. 藝文館, 大提學一, 提學一, 直提學二, 直館二. 供奉爲奉敎, 修撰爲待敎, 直館爲檢閱, 奉敎以下, 皆兼春秋館記事官[예문춘추관(藝文春秋館)을 나누어 두 관(館)으로 만들어, 예문(藝文)은 녹관(祿官)으로 하고, 춘추(春秋)는 겸관(兼官)으로 하고, 예문관에는 대제학(大提學) 1, 제학(提學) 1, 직제학(直提學) 2, 직관 2이고, 공봉(供奉)을 봉교(奉敎)로 하고, 수찬(修撰)을 대교(待敎)로 하고, 직관(直館)은 검열(檢閱)로 하고, 봉교(奉敎) 이하는 모두 춘추관 기사관(春秋館 記事官)을 겸하게 하였다. 『朝鮮王朝實錄』, 「太宗實錄」, 太宗 一(1401)年, 七月, 十三日 庚子.].

245) **『朝鮮王朝實錄(조선왕조실록)』** 대한민국 조선(朝鮮) 시대 제1대 왕 태조(太祖)로부터 제25대 왕 철종(哲宗)에 이르기까지 25대 472년간의 역사를 연월일 순서에 따라 편년체(編年體)로 기록한 역사서이다. 1,893권 888책. 필사본이다. 조선 시대의 정치·교육·외교·군사·제도·법률·경제·산업·교통·통신·사회·풍속·천문·지리·음양·과학·의약·문학·음악·미술·공예·학문·사상·윤리·도덕·종교 등 각 방면의 역사적 사실을 망라하고 있어서 세계에서 유례가 없는 귀중한 역사서(歷史書)이다. 대한민국 정부에서 1973년 국보(國寶)로 지정되었고 1997년 유네스코(UNESCO: United Nations Educational, Scientific and Cultural Organization; 유엔교육과학문화기구, 1945년 11월 창설) 세계기록유산으로 등록되었다.

246) **「高麗史(고려사)」** 대한민국 조선(朝鮮) 시대 태조(太祖) 원년(1392)부터 시작하여 문종(文宗) 원년(1451)에 완성한 기전체(紀傳體)의 역사서로 「세가(世家)」 46권, 「지(志)」 39권, 「연표(年表)」 2권, 「열전(列傳)」 50권으로 총 137권이다. 「고려사(高麗史)」는 철저하게 원 사료(史料)를 충실하게 재구성하여 편집하는 방식으로 편찬되어 사실(史實)에 충실한 객관성을 유지하였다.

247) **「東國通鑑(동국통감)」** 대한민국 조선(朝鮮) 시대 세조(世祖) 4(1458)년 시작하여 성종(成宗) 15(1484)년 완성하였다가, 성종(成宗) 16(1485)년 「신편동국통감(新編東國通鑑)」으로 재편한 역사서이다. 총56권 28책의 활자본이다. 「외기(外紀)」·「삼국기(三國紀)」·「신라기(新羅紀)」·「고려기(高麗紀)」의 네 부분으로 구성되어

인간의 주체적 명분과 춘추대의(春秋大義) 입장에서 저술된 「동국사략(東國史略)」,[248] 「동사강목(東史綱目)」,[249] 「해동역사(海東繹史)」,[250] 「동사(東史)」[251] 등이 있다.

「춘추(春秋)」의 교육은 의(義)에 해당하고, 이러한 춘추대의(春秋大義)를 바

---

있다. 고조선(古朝鮮)의 건국 연대를 기원전 2333년 10월 3일로 밝혀 단군(檀君)기원 등을 비롯해 역사의 기점을 구체화하여 홍익인간(弘益人間) 문화의 흐름을 주류로 정립하고 있다.

248) **「東國史略(동국사략)」** 대한민국 조선(朝鮮) 시대 태종(太宗) 2(1402)년 왕명에 의해 권근(權近; 1352~1409)의 주도로 하륜(河崙; 1347~1406) · 이첨(李詹; 1345~1405) 등이 편찬하여 1403년 8월에 완성한 단군조선(檀君朝鮮)부터 삼국(三國) 시대까지 기록한 편년체(編年體) 역사서이다. 단군조선을 시발점으로 하여 기자조선(箕子朝鮮) · 위만조선(衛滿朝鮮) · 한사군(漢四郡) · 이 부(二府) · 삼한(三韓) · 삼국(三國)의 순으로 서술하여 고대사의 체계를 수립하였고, 춘추대의(春秋大義)에 의거 준엄한 역사 비평을 가하였다.

249) **「東史綱目(동사강목)」** 대한민국 조선(朝鮮) 시대 안정복(安鼎福; 1712~1791)이 영조(英祖) 32(1756)년 편찬을 시작하여 정조(正祖) 2(1778)년 완성한 단군조선(檀君朝鮮)부터 고려(高麗) 말까지의 역사를 편젼체(編年體)로 기술한 역사서이다. 20권 20책의 필사본이다. 〈수권(首卷)〉 · 〈본편(本編)〉 · 〈부권(附卷)〉으로의 구성되어 있다.

250) **「海東繹史(해동역사)」** 대한민국 조선 시대 한치윤(韓致奫; 1765~1814)과 그의 조카 한진서(韓鎭書; 1777~몰연대 미상)가 단군조선(檀君朝鮮)으로부터 고려(高麗) 시대까지 사실(史實)을 기전체(紀傳體)로 순조(純祖) 23(1823)년 완성한 본편(本編) 70권, 속편(續編) 15권으로 총 85권의 역사서이다. 홍익인간(弘益人間)의 단군(檀君)에서부터 역사를 분야별로 나누어 세기(世紀) · 성력(星歷) · 예(禮) · 악(樂) · 병(兵) · 형(刑) · 식화(食貨) · 물산(物産) · 풍속(風俗) · 궁실(宮室) · 관씨(官氏) · 석(釋) · 교빙(交聘) · 예문(藝文) · 인물(人物) · 지리(地理) 등을 다루었다. 역사와 지리의 합일을 꾀한 것이 특징이다.

251) **「東史(동사)」** 대한민국 조선(朝鮮) 시대 이종휘(李鍾徽; 1731~1797)가 순조(純祖) 3(1803)년 지은 역사책이다. 고조선(古朝鮮)부터 고려(高麗)까지의 역사를 기전체(紀傳體)로 서술하였다. 〈본기(本紀)〉, 〈세가(世家)〉, 〈열전(列傳)〉, 〈연표(年表)〉, 〈지(志)〉로 구성되어 있다. 한국의 역사를 홍익인간의 시원(始原)인 단군(檀君)의 후예라는 관점에서 발해국(渤海; 698~926))까지 포함한 민족주의 역사를 서술하고 있다. 한국사의 뿌리는 단군조선(檀君朝鮮)으로서, 단군의 후손들이 부여(夫餘; 기원전 4세기경~494), 예맥(濊貊; 기원전 2세기~기원전 3세기), 비류(沸流; 기원전 건국년도 미상~37), 옥저(沃沮; 기원전 3세기~285) 등을 건국하였고, 부여의 후예가 고구려(高句麗)와 백제(百濟)를 건국하여 역사가 이어져 단군(檀君)의 혈통임을 강조하여 조선사(朝鮮史)의 독자적 의미를 강조하였다.

탕으로 예(禮)를 행하는 것이 인(仁)이다. 그러므로 인(仁)은 의(義)와 예(禮)를 바탕으로 하는 것이다.「춘추(春秋)」교육은 역사의 교훈을 통해 역사적으로 중요한 순간을 극복하면서 미래를 향해 나가는 새로운 도약의 발판이다. 춘추대의(春秋大義)의 교육적 사유(思惟)는 궁극적으로 인간을 널리 이롭게 하는 인(仁)의 사회를 구현하기 위한 것이었다.

### 2) 행교(行敎)

행교(行敎)는 인(仁)의 실천을 위한 교육이다. 홍익인간론의 삼백육십육사(三百六十六事)는 덕행(德行)을 최우선으로 표방하고 있다. 문행충신(文行忠信)의 4교(四敎)는 행(行)으로 실천하는 것이 중심이다. 교육은 앎에서 그치는 것이 아니라 그 실천으로써 효용이 드러나기 때문이다. 그러므로 인(仁)의 기본정신은 행(行)으로 귀결된다. 그리하여 배우는 것을 좋아하는 것은 지(知)이며, 이를 힘써 행하는 것은 인(仁)이라고 하였다. 즉, 천하의 도리를 아는 것은 지(知)이며, 인(仁)은 이것을 몸으로 행하는 것이다.[252)]

인(仁)은 자신의 사욕(私欲)을 이기고 바른 예(禮)를 행하는 것이 인(仁)을 실천하는 일이다고 하여 인(仁)을 실천하는 것은 자신의 행동으로 으로 말미암은 것[253)]이라고 하여 실천궁행(實踐躬行)과 역행(力行)을 강조하고 있다. 그것은 인(仁)의 덕행(德行)을 기르기 위한 행교(行敎)로서 인(仁)의 실천은 효(孝)로 귀결된다. 즉, 몸을 세워 사람의 도리인 인(仁)를 행하여 그 명성이 널리 알려져 부모를 드러나게 하는 것이 효(孝)에 이르는 것[254)]으로 인(仁)을 실천하는 것이다.

孝(효) 자는 '늙다'의 耂(로)와 '아들' 子(자)가 합쳐진 회의자(會意字)이다. 아들이 노인을 잘 봉양하는 뜻에서 부모와 조상을 섬기는 것을 나타낸다. 그러

---

252) 好學近乎知, 力行近乎仁. 〈中略〉, 達道者, 天下古今所共由之路, 〈中略〉, 知, 所以知此也. 仁, 所以體此也(「中庸」, 第二十章.).

253) 克己復禮爲仁, 一日克己復禮, 天下歸仁焉, 爲仁由己(「論語」, 顔淵篇.).

254) 立身行道, 揚名於後世, 以顯父母. 孝之終也(「孝經」, 開宗明義章.).

므로 효(孝)는 아래에서 본받는 것을 뜻한다.[255] 여기에 두드려 격려하여 베풀다는 의미[256]를 나타내는 夊〈등글월 문; 가볍게 두드리다(칠복; 攴)〉가 합쳐져 가르침을 행하는 뜻의 '敎(교)'가 되어 가르침의 본질은 사람을 서로 이롭게 하는 효(孝)를 실천하여 인(仁)의 인격체를 완성하는 데 있는 것이다. 따라서 효(孝)는 실천에 의해서만 드러나는 것으로 모든 행동의 근본이다. 배우는 자는 집에서 부모에 효도하고, 밖에서는 어른을 공경해야 한다. 그러므로 행동을 삼가고 믿음을 얻어 모든 사람을 사랑하여 인(仁)을 가까이함을 실천하고 난 후 남은 여유에 글을 배우라고 하여[257] 효(孝)에 의한 인(仁)의 실천을 강조하고 있다.

나아가 행교(行敎)는 인간 생활과 관련된 일체의 행위를 포함한다. 그것은 사람을 가르침에 있어서 물 뿌려 청소하며, 사람을 응대(應對)하며, 나아가고 물러나는 예절, 부모를 사랑하고, 어른을 공경하고, 스승을 높이고, 벗을 친하게 대하도록 하였으니, 모두가 자신을 수양하고 가정을 돌보며 나라를 다스리고, 천하를 태평하게 하는 근본으로서[258] 일체의 행위이다. 그러므로 국가를 다스리고 천하를 태평하게 하는 정치(政治)의 행위도 효도하며 형제에게 우애하여 베푸는 데 있다[259]고 하였다.

인(仁)의 덕(德)이 많은 사람은 화살을 많이 명중시킨다는 관념(觀念)과 접목되면서 활쏘기의 행교(行敎)는 의례(儀禮)로 발전하여 제례(祭禮)의 참여 여부를 활쏘기로 결정하였다. 그것은 활쏘기를 잘하려면 올바른 자세, 맑은 정신, 뛰어난 체력, 순발력과 판단력이 요구되어 활 쏘는 자의 덕행(德行)을 보여 주

---

255) 孝, 下所效也〈許愼(기원전 58~149, 중국 後漢 시대), 「說文解字」〉.
256) 夊(攴), 小擊也, 上所施也〈許愼(기원전 58~149, 중국 後漢 시대), 「說文解字」〉,
257) 弟子, 入則孝, 出則弟, 謹而信, 汎愛衆而親仁, 行有餘力, 則以學文(「論語」, 學而篇.).
258) 敎人, 以灑掃·應對·進退之節, 愛親·敬長·隆師·親友之道, 皆所以爲修身·齊家·治國·平天下之本〈陳選(1429~1486, 중국 明나라 ), 「小學集註」, 小學序文.〉.
259) 惟孝, 友于兄弟, 施於有政, 是亦爲政(「論語」, 爲政篇.)

는 것으로 인식했기 때문이었다. 따라서 활쏘기는 6예(六藝)[260] 중의 하나가 되어 「주례(周禮)」[261] 교육과정의 하나인 사례(射禮)를 통해 덕행(德行)을 수양하는 행교(行敎)의 방법이 되었다. 그리하여 이러한 사례(射禮)를 통하여 덕(德)이 있는 자의 선발을 위한 선비의 시험과 예악(禮樂)을 가르쳤다.

대한민국 고조선(古朝鮮) 시대의 행교(行敎)는 삼백육십육사(三百六十六事)의 제47사(第四十七事) '大孝(대효)'에서 비롯된다. 즉, 대효(大孝)는 지극한 효도이다. 한 사람의 효도는 한 나라의 사람들을 감동하게 할 수 있으며, 나아가 온 세상 사람들을 감동하게 할 수 있으니, 천하를 감동하도록 하는 지극한 우주 자연의 이치〈성(誠)〉가 아니고서 어찌 자극한 효도에 이르겠는가. 사람이 감동하면 하늘도 또한 감동한다[262]고 하여 인(仁)의 마음인 효(孝)의 실천이 우주 자연의 이치를 실현하는 교육적 사유(思惟)를 말하고 있다. 삼국(三國) 시대의 행교(行敎)로서 효(孝)는 「삼국유사(三國遺事)」의 〈효선(孝善)〉[263]에 나타나 있다. 고구려(高句麗)에서는 경당(扃堂)에서 덕성(德性)을 기르는 심신 수련과 무예(武藝)를 겸한 활쏘기가 있었으며[264] 백제(百濟)에서는 도읍(都邑) 사

---

260) 6예(六藝)는 「주례(周禮)」에서 이르는 6가지 교육과목으로 〈예(禮): 예의(禮儀)〉·〈악(樂): 음악(音樂)·〈사(射): 활쏘기〉·〈어(御): 말타기〉·〈서(書): 서예(書藝)〉·〈수(數): 수학(數學)〉를 말한다. 인재를 선발하는 기준의 하나로 기초적 교양에 필요한 행교(行敎)의 교과목이었다.

261) 「周禮(주례)」 중국 전국시대(戰國時代; 기원전 476~기원전 221)애 주(周; 기원전 1046~기원전 256)나라 관직 제도를 중심으로 각국의 제도를 기록한 책으로, 원래의 이름은 〈주관(周官)〉 또는 〈주관경(周官經)〉이었는데 중국 전한(前漢) 말에 이르러 경전에 포함되면서 예경(禮經)에 속하여 「주례(周禮)」라고 했다. 「예기(禮記)」·「의례(儀禮)」와 함께 3례(三禮)로 일컬어진다.

262) 大孝者至孝也, 一人之孝能感一國之人又能感天下之人, 非天下之至誠焉能至此, 人感則天亦感之(「叅佺戒經」, 誠理訓. 大孝.).

263) 「三國遺事」, 권제5(卷第五), 제9(第九)에 실려있다. 〈眞定師孝善雙美(진정법사의 둘 다 아름다운 효도와 선행)〉, 〈大城孝二世父母(대성의 전생과 이생의 부모에 효행)〉, 〈向得舍知割股供親(향득사지의 넓적다리 벤 살로 부모님 공양한 효행)〉, 〈孫順埋兒(손순이 자식을 땅에 묻으려는 효행)〉, 〈貧女養母(가난한 여인이 어머니 봉양의 효행)〉 등이다.

264) 各於街衢造大屋, 謂之扃堂, 子弟未婚之前, 晝夜於此讀書<u>習射</u>[길거리마다 큰 집을

람들을 모아 활쏘기를 가르쳤고,[265] 신라(新羅)에서도 활쏘기를 가르쳐 궁전법(弓箭法)을 통한 인재 등용과 국학(國學)의 교육과정에「효경(孝經)」[266]을 필수과목으로 두어[267] 행교(行敎)로서 효(孝)의 실천을 통한 인(仁)의 교육적 가치를 추구하였다. 고려(高麗) 시대에는「효행록(孝行錄)」[268]을 편찬하여 효

---

짓고 경당이라 부르며 결혼하지 않은 자제들을 이곳에 보내 글을 읽고 **활쏘기**를 익혔다.「新唐書」,〈列傳〉, 東夷, 高(句)麗.].

265) 七年, 九月, 集都人, 習射於西臺〈「三國史記」, 百濟本紀, 阿莘王 七(398)年.〉.

266) **「孝經(효경)」** 중국 춘추시대(春秋時代; 기원전 770~기원전 403) 말기에서 전국시대(戰國時代; 기원전 403~기원전 221) 사이에 저술되는 것으로 추정되는 것으로「금문효경(今文孝經)」과「고문효경(古文孝經)」이 시초이다. 이 둘을 절충하여 중국 당(唐; 618~907) 현종(玄宗) 32(743)년「어주효경(御註孝經)」을 반포하였다. 이후 중국 남송(南宋1127~1279) 때 주희(朱熹; 1130~1200)가 경(經) 1장과 전(傳) 14장으로 나누어 정리하였다. 경(經)의 1장은 개종명의장(開宗明義章)로 효(孝)의 종지(宗旨)를 열어 그 큰 뜻을 밝힘을 말하였다. 전(傳) 1장 광지덕장(廣至德章)에서 효(孝)의 처음과 끝을 정의하였다. 전(傳) 2장 광요도장(廣要道章)에서는 백성을 가르치는 근본적인 방법이 효제예악(孝悌禮樂)에 있음을 밝혔다. 전(傳) 3장 삼재장(三才章)은 효(孝)가 하늘의 경(經)이며 땅의 의(義), 백성의 행(行)이므로 효(孝)의 마땅함을 말하였다. 전(傳) 4장 효치장(孝治章)에서는 효(孝)를 근본으로 하여 천하와 나라와 가정을 다스릴 것을 역설하였다. 전(傳) 5장 성치장(聖治章)에서는 효(孝)가 덕(德)의 근본임을 풀이하였다. 전(傳) 6장 성치장(聖治章)은 부모를 사랑하지 않으면서 다른 사람을 사랑하는 것은 덕(德)과 예(禮)에 어긋남을 경계하였다. 전(傳) 7장 기효행장(紀孝行章)에서는 어버이를 섬기는 도리를 설명하였다. 전(傳) 8장 오형장(五刑章)은 불효(不孝)의 죄를 논하였다. 전(傳) 9장 사군장(事君章)에서는 부모에 효(孝)의 마음으로 임금을 섬기라고 하였다. 전(傳) 10장 감응장(感應章)은 천자(天子)의 효(孝)를 말하였다. 전(傳) 11장 광양명장(廣揚名章)에서는 선비의 효도(孝道)법을 해석하였다. 전(傳) 12장은 규문장(閨門章)은 효(孝)와 우애(友愛)를 말하였다. 전(傳) 13장은 간쟁장(諫爭章)에서는 부모에게 간(諫)하는 말을 해야 함을 밝혔다. 전(傳) 14장은 상친장(喪親章)에서는 부모의 생전(生前)·사후(死後)의 섬기는 법을 말하고 있다.「효경(孝經)」은 행위의 준칙을 밝힌 행교(行敎)의 교과목이다.

267)「三國史記」, 雜志, 職官.

268) **「孝行錄(효행록)」** 대한민국 고려(高麗) 충목왕(忠穆王; 재위 1344~1348) 때에 권보(權溥; 1262~1346)와 권준(權準; 1281~1352)이 효행(孝行)을 모아 엮은 교훈서로 목판본 1책이다. 이름난 효자(孝子) 24명을 권보(權溥)가 전기를 모아 아들 권준(權準)이 화공(畵工)에게 24효도(二十四孝圖)의 그림으로 그리도록 하여 이제현(李齊賢; 1288~1367)에게 각 12구(句)의 찬(贊)을 받았고, 다시 권보(權溥) 효자 38명의 전기를 엮어 이제현(李齊賢)에게 각 8구(句)의 찬(贊)을 받았다. 그 후, 권보(權溥)의

(孝)의 실전을 장려하였으며, 국자감(國子監)에 구인재(求仁齋)의 「주례(周禮)」 전문교육과정 반을 두어 6예(六藝) 학습을 통해 활쏘기를 익히도록 하였고, 각 주(州)와 진(鎭)에서 육아일(六衙日)[269]에 활쏘기로 평가하여 인재로 등용하였으며, 관리는 포상하고 승진시켰다.[270] 조선(朝鮮) 시대에는 「효경(孝經)」으로 원자(元子)를 교육하도록 하였으며[271] 생도(生徒)들의 승급을 위한 기본 교과로 삼았다.[272] 또한, 「효경(孝經)」의 판본을 만들어 간행하게 하였고,[273] 여러 학(學)의 취재(取才)[274]시험과목으로 정하였다.[275] 아울러 충(忠)

---

증손자(曾孫子)인 권근(權近; 1352~1409)이 이를 교정하여 주(註)를 달았다. 효행(孝行)에 대한 보응(報應)의 주체를 지도자인 군주(君主)나 지방관(地方官) 등으로 하여 지극한 효성(孝誠)은 군주나 지방관이 감동하여 그에 대한 보상을 받아 그 자손들까지도 귀하게 되었다는 내용을 담고 있다. 효(孝)의 정성이 지극하면, 그 이로움이 매우 넓다고 하여, 효행(孝行)의 결과가 현실에서 실질적 유익을 줄 수 있다는 점을 강조한 것이다. 그러므로 효(孝)를 행하면 하늘에게서도 복을 받고, 현실에서도 보상이 있음을 말하여 효(孝)를 가르쳤다.

269) 육아일(六衙日)은 매달 여섯 번씩 정해진 날에 모든 관리가 임금과 함께 나랏일을 의논하던 제도이다. 고려(高麗) 때에는 1일 · 5일 · 11일 · 15일 · 21일 · 25일이었다. 조참일(朝參日)이라고도 한다.

270) 各州鎭, 於農隙, 每月六衙日, 習弓弩, 令界官行首員, 與色員親監. 弓四十步, 弩五十步, 置的, 十射五中者, 及連中者, 兩京職事員將, 則進祿年加轉, 散職東南班, 則內外職敍用, 人吏則從自願, 任其職事, 散職將相將校, 則進其年限加轉, 無職員, 則隨宜用之[각 주(州)와 진(鎭)에서 농한기에 매월 육아일(六衙日)에 활〈궁(弓)〉과 쇠뇌〈(弩)〉를 연습하는데, 계관(界官) · 행수원(行首員) 및 색원(色員)들에게 친히 감독하게 하였다. 활은 40보, 쇠뇌는 50보에 과녁을 설치하여 10번 쏘아 5번 적중한 자 및 연속해서 적중한 자가 양경(兩京)의 현직에 종사하는 문관과 무관〈사무원장(職事員將)〉이면 녹봉과 연한을 더하여 승진시키고, 산직(散職)의 동 · 남반(東 · 南班)이면 내외직(內外職)에 임용하고, 하급 관리〈인리(人吏)〉이면 본인의 자원에 따라 현직(現職)에 임용하고, 산직의 장상(將相)과 장교(將校)이면 그 정해진 연한을 올려서 승진시키며, 무직원(無職員)은 적당한 곳에 임용한다. 「高麗史」. 志, 兵二, 鎭戍.].

271) 置諭善侍學之官, 使之日開書筵, 講習「孝經」[유선(諭善) · 시학(侍學)의 벼슬을 두어 그들에게 날마다 서연(書筵)을 열고 「효경(孝經)」을 강습하게 한다. 『朝鮮王朝實錄』, 「太宗實錄」, 太宗 二(1402)年, 六月, 十八日 庚午.].

272) 其生徒之能通「孝經」, 「小學」, 四書, 「文公家禮」者, 升之「小學」〈『朝鮮王朝實錄』, 「太宗實錄」, 太宗 四(1404)年, 八月 二十日.〉.

273) 「直解孝經」等書, 緣無板本, 讀者傳寫誦習, 請令鑄字所印出(『朝鮮王朝實錄』, 「世宗實錄」, 世宗 五(1425)年, 六月, 二十三日 壬申.).

· 효(孝) · 열(烈)을 행(行)한 사람들의 행실과 그 내용을 그림으로 표현한 「삼강행실도(三綱行實圖)」를 편찬하고,[276] 훈민정음(訓民正音)을 창제하여[277] 「훈

---

274) 취재(取才)는 조선 시대 하급 관리를 채용하기 위해 실시한 시험이다. 과거제도 이외에도 모든 관원을 시험을 통해 선발하였는데 그것이 취재(取才)이다. 이조(吏曹), 예조(禮曹), 병조(兵曹) 등에서 시행되었다. 이조(吏曹)에서는 수령(守令) · 지 방교관(地方敎官) · 역승(驛丞) · 도승(渡丞) · 지방관리(地方官吏) · 음서제(蔭敍制) · 서리(書吏) · 녹사(錄事) · 도류(道流) 취재 등을 시행하였다. 예조(禮曹)에서는 전문분야의 기술직을 담당할 사람을 취재하였고, 병조(兵曹)에서도 능력이 탁월한 군인이나 군졸들을 취재(取才)로 선발하였다.

275) 詳定所啓, 諸學取才經書諸藝數目〈『朝鮮王朝實錄』, 「世宗實錄」, 世宗 十二(1430)年, 三月, 十八日 戊午.〉.

276) 集賢殿新撰三綱行實以進. 箋曰, 人倫之道, 固無出於三綱, 天性之眞, 實有同於萬世. 宜集前人之行實, 以爲今日之規模. 竊觀作之君, 作之父, 作之夫則本乎天, 爲之臣, 爲之子, 爲之妻則原於地, 惟天經地義之定理, 無古往今來之或殊. 百世可知, 仰宣尼之示訓; 蒸民有則, 思吉甫之作詩. 孝爲百行之源, 仁是五常之首. 慈祥惻怛, 根於秉彝之良能, 愛敬順承, 由乎至情之不已. 豈惟在家而盡道! 亦可許國而移忠. 義莫大於事君, 忠必期於委質. 在平時而陳力就列, 猶可行焉, 居亂世而捨命持危, 是難能也. 歷觀古人之說, 莫如王蠋之言. 人無信則事無成, 女必貞而行必篤. 父母不能奪其志, 昭然天日之照臨, 刀鋸安敢摧其心! 凜乎氷霜之皎潔. 在丈夫而未易, 爲列婦者頗多. 乃何世道漸微, 人心稍薄, 綱常幾乎淪斁, 習俗靡然崩頹! 子或悖逆於家, 臣或姦諛於國. 罕見江沱, 汝漢之美, 或有桑 · 濮, 鄭 · 衛之風. 然而天理未有泯滅之時, 人情豈無感悟之日! 恭惟德敦仁厚, 學就緝熙. 燕翼貽謀, 纘丕基於列聖, 勵精圖治, 敷文教於四方. 尙慮風俗之汚, 渙起宸衷之斷. 命臣循稽諸歷代, 及乎本朝. 上自帝王后妃, 下至公卿民庶, 屬三綱而可述, 謹類聚而成編. 令文士著贊詩, 善摹寫其義烈, 俾畫工成圖像, 眞髣髴其形容. 將欲頒於國都, 而遂及於閭巷. 凡諸寓目, 孰不竦心? 庶見感激而薰陶, 終臻鼓舞而於變. 揭民彝扶世敎, 幸親覩於明時; 遵王道致時雍, 期可傳於永世[집현전에서 삼강행실(三綱行實)을 편찬하여 올렸다. 전문(箋文)에 이르기를, "인륜의 도(道)는 진실로 삼강(三綱) 밖으로 나오는 것이 없고, 천성(天性)의 참됨은 진실로 만대(萬代)에 같은 것입니다. 마땅히 전인(前人)들의 행실(行實)을 모아 오늘의 모범으로 삼아야 하겠습니다. 그윽이 살펴보건대, 임금에게 충성하고 아버지에게 효도하고, 남편에게 정렬(貞烈)함은 하늘의 법칙에 근본한 것이고, 신하로서 이것을 하고, 아들로서 이것을 하고, 아내로서 이것을 하는 것은 순종하는 땅의 도리에 근원하는 것입니다. 오직 하늘의 법과 땅의 도리의 정해진 원리는, 예전이나 지금이나 조금도 다른 것이 없습니다. 백세(百世)의 뒤에서도 알 수 있음은 공부자(孔夫子; 기원전 551~기원전 479)의 보이신 교훈을 우러러봄이요, 백성들에게 법이 있으니 길보〈吉甫; 尹吉甫(기원전 852~기원전 775), 원명(原名)은 혜갑(兮甲)이다. 중국 시가(詩歌)의 창시자이다.〉의 지은 시(詩)를 생각합니

민정음(訓民正音)」[278]을 간행하여 널리 인간을 이롭게 할 수 있도록 하는 효행

---

다. 효(孝)는 온갖 행실의 근원이 되고, 인(仁)은 5상(五常)의 첫째입니다. 자애하고 착하고 슬피 여기고 두려워함은 사람이 천성(天性)에서 타고난 본능(本能)이며, 사랑하고 공경하고 화순(和順)하게 받드는 것은 지극한 심정(心情)의 그렇지 않을 수 없음에 말미암은 것입니다. 어찌 오직 집에 있어서 도리를 다할 뿐이겠습니까. 또한, 나라에 몸을 허락하여 충성으로 옮길 수 있는 것입니다. 사람이 반드시 지켜야 할 도리는 임금 섬기는 일보다 더 큰 것이 없으며, 충성하려면 반드시 몸을 바쳐야 합니다. 평소에 힘을 다하여 충성스러운 신하의 열(列)에 나아가는 일은 오히려 할 수 있겠지만, 어지러운 세상에 살면서 목숨을 버리고 위태한 것을 붙잡아 가지기는 어렵습니다. 차례로 옛사람의 말을 살펴보니 왕촉(王蠋; 생년대 미상~기원전 284)의 말〈충신은 두 임금을 섬기지 않고(忠臣不事二君), 열녀는 두 남편을 두지 않는다(貞女不更二夫)〉만 한 것이 없습니다. 사람이 믿음성이 없으면 일을 성취할 수 없습니다. 여자는 반드시 정숙(貞淑)해야 하니 그 행실은 반드시 굳어야 합니다. 부모도 그의 뜻을 꺾을 수 없으니, 밝은 태양이 위에서 비치는데 칼과 톱이 어찌 감히 그의 마음을 꺾겠습니까. 늠름하여 얼음과 서리처럼 희고 깨끗함이 대장부로서도 쉽지 않은 일을 열부(烈婦)가 한 것은 자못 많습니다. 어찌하여 세상의 도의(道義)는 점점 쇠미하여지고, 사람의 마음은 차츰 박(薄)하게 되어 강상(綱常)은 거의 사라져 없어지고, 습속은 바람 앞에 풀 쓰러지듯 무너져 갑니까. 자식이 간혹 집에서 부모에게 패역(悖逆)한 자가 있고, 신하가 간혹 나라에서 임금에게 간사하게 아첨하는 자가 있습니다. 「시경(詩經)」의 〈강타 · 여한(江沱 · 汝漢; 물 흐름의 시작으로 문왕의 덕화가 널리 퍼짐을 의미)〉과 같은 아름다움은 보기 드물고, 〈상간복상(桑間濮上; 뽕나무밭에서 남녀가 밀회하며 나눈 음란함)〉의 음악과 같은 음탕한 〈정위의 풍(鄭衛之風; 정나라와 위나라의 노래라는 뜻으로, 노골적인 문장이나 음란한 노래를 비유하여 이르는 말〉이 간혹 있습니다. 그러나 하늘의 원리는 사라져 없어진 때가 없는 것입니다. 사람의 심정이 어찌 느껴 깨닫는 날이 없겠습니까. 공손히 생각해 보면, 전하께서는 덕(德)은 두텁고 인(仁)은 후하시며, 학문은 밝고 빛나는 경지에 이르렀습니다. 편안하게 공경하는 계책을 끼치셨음에, 열성(列聖)에 계승하여 크나큰 왕업을 맡으셨습니다. 정신을 가다듬어 정치를 도모하시니 문교(文敎)가 사방(四方)에 흡족합니다. 그러하건만 오히려 풍속의 더러움을 염려하시어 임금의 마음으로 단안(斷案)을 내리시고, 신하 설순(偰循; 생년대 미상~1435)에 명하시어, 역대(歷代)와 본조(本朝)에 걸쳐서 위로는 제왕과 후비(后妃)로부터 아래로는 공경(公卿)과 서민(庶民)에게 이르기까지, 삼강(三綱)에 관계되는 행실로서 기술할 만한 것을 상고하게 하였습니다. 삼가 종류별로 모아서 책을 만들고, 문사(文士)에게 칭찬하는 시(詩)를 짓게 하여, 그들의 의열(義烈)을 잘 표현하고, 화공(畫工)으로 하여금 도상(圖像)을 그리게 하여 정말 그 형용이 방불합니다. 장차 나라의 수도(首都)에 반포하여 드디어 여항(閭巷)에 보급(普及)시키고자 하십니다. 모든 눈으로 보는 자가 그 누구인들 마음으로 공경하지 않으리까. 거의 감격하고 훈도(薰陶)되어 마침내는 분발하여 변하게 될 것입니다. 백성의 떳떳한 도리를 드높이고 세상에 교화를 부식(扶植)하

(孝行) 등을 일반 대중도 쉽게 배울 수 있도록 하였다. 그리하여 「삼강행실도언해본(三綱行實圖諺解本)」[279]을 간행하여 전국에 보급하였으며,[280] 「효경언해

---

여, 다행하게도 태평 성세를 친히 눈으로 볼 수 있게 되며, 왕도(王道)를 준수하여 화평한 시대를 이루어서, 길이 영원한 후세까지 전할 수 있을 것입니다." 『朝鮮王朝實錄』, 「世宗實錄」, 世宗 十四(1432)年, 六月, 九日 丙申.].

277) 是月, 上親制諺文二十八字, 其字倣古篆, 分爲初中終聲, 合之然後乃成字, 凡干文字及本國俚語, 皆可得而書, 字雖簡要, 轉換無窮, 是謂訓民正音[이달에 임금이 친히 언문(諺文) 28자(字)를 지었는데, 그 글자가 옛 전자(篆字)를 모방하고, 초성(初聲)·중성(中聲)·종성(終聲)으로 나누어 합한 연후에야 글자를 이루었다. 무릇 문자(文字)에 관한 것과 이어(俚語; 속된 말)에 관한 것을 모두 쓸 수 있고, 글자는 비록 간단하고 요약하지마는 전환(轉換)하는 것이 무궁하니, 이것을 훈민정음(訓民正音)이라고 일렀다. 『朝鮮王朝實錄』, 「世宗實錄」, 世宗 二十五(1443)年, 十二月, 三十日 庚戌.].

278) **「訓民正音(훈민정음)」** 대한민국 조선(朝鮮) 시대 새종(世宗) 28(1446)년 정인지(鄭麟趾; 1396~1478)·신숙주(申叔舟; 1417~1475)·성삼문(成三問; 1418~1456)·최항(崔恒; 1409~1474)·박팽년(朴彭年; 1417~1456)·강희안(姜希顔; 1419~1464)·이개(李塏; 1417~1456)·이선로(李善老; 생년 미상~1453) 등이 집필한 훈민정음(訓民正音) 원본이다. 전권 33장 1책으로 목판본 대한민국 국보(國寶)이다. 1) 어제서문(御製序文), 2) 본문(本文; 글자 운용방법), 3) 해례(解例)로 ① 제자해(制字解; 글자 창제에 관한 해설), ② 초성해(初聲解; 초성 글자에 관한 해설), ③ 중성해(中聲解; 중성 글자에 관한 해설), ④ 종성해(終聲解; 종성 글자에 관한 해설), ⑤ 합자해(合字解; 초성, 중성, 종성의 글자를 합한 글자에 관한 해설), ⑥ 용자례(用字例; 글자를 활용한 예시), 4) 정인지(鄭麟趾)의 서문(序文)과 후서(後序)로 구성되어 있다. 1997년 유네스코(UNESCO: United Nations Educational, Scientific and Cultural Organization; 유엔교육과학문화기구, 1945년 11월 창설) 세계기록유산으로 등록되었다.

279) **「三綱行實圖諺解本(삼강행실도언해본)」** 「삼강행실도(三綱行實圖)」를 대한민국 조선(朝鮮)시대 성종(成宗) 21(1490)년 한글로 언해(諺解)한 것으로 3권 1책이다. 삼강행실(三綱行實)에 따라 모든 백성을 교육하여 풍습을 안정시키고자 하는 목적으로 성종(成宗) 20(1489)년 왕명에 의해 허침(許琛)과 정석견(鄭錫堅)이 성종 20년 6월 18일자로 「삼강행실도(三綱行實圖)」를 산정(刪定)하여 효자도(孝子圖)·충신도(忠臣圖)·열녀도(烈女圖)를 각기 35명으로 추려 언해본(諺解本)으로 간행하였다. 해당 인물들의 사실을 그림으로 표현한 판화와 뒷면에는 인물들의 행적(行蹟)과 시문(詩文)을 수록하였고, 행적을 한글로 풀이한 언해문(諺解文)은 본문의 상단에 기록하였다.

280) 命頒賜「三綱行實」于京城五部及八道郡縣, 令愚夫愚婦, 無不周知[「삼강행실도(三綱行實圖)」를 경성(京城)의 5부(五部)와 8도(八道)의 군현(郡縣)에 임금의 이름으로 나누어[반사(頒賜)] 주고, 일반 어리석은 남녀들까지도 두루 알지 못함이 없게 하라고 명하였다. 『朝鮮王朝實錄』, 「成宗實錄」, 成宗 二十一(1490)年, 四月, 一日 癸未.].

(孝經諺解)」[281]가 편찬되고 「여효경(女孝經)」[282] 등의 교훈서(敎訓書)가 등장하였다. 「주례(周禮」가 간행 · 보급되면서 6예(六藝) 중의 하나인 활쏘기가 중요시되어 성균관(成均館)에 6일각(六一閣)[283]을 두어 대사례(大射禮)[284]와 향교(鄕校)에서는 향사례(鄕射禮)[285]를 행하여 사(射)와 예악(禮樂)을 통한 행교

---

281) **「孝經諺解(효경언해)」** 대한민국 조선(朝鮮)시대 선조(宣祖) 23(1590)년 「효경대의(孝經大義)」를 홍문관(弘文館)에서 한글로 풀이한 책이다. 경(經)과 전(傳)의 본문에 한글로 독음과 구절을 달고 번역을 싣는 체제이다.

282) 同知中樞府事崔世珍, 以〈中略〉「女孝經」各一冊〈中略〉進上, 仍啓曰, 〈中略〉, "此「女孝經」, 古有一女, 〈朝散郞陳邈妻鄭氏所撰, 依「孝經」章數而撰集. 有圖有傳, 如本國「三綱行實」.〉倣「孝經」章句而(纂)之, 關於女行[동지중추부사 최세진(崔世珍; 1468~1542)이 〈중략(中略)〉「여효경(女孝經)」 각 1책 〈중략(中略)〉을 진상(進上)하고 이어 아뢰기를〈중략(中略)〉 "「여효경(女孝經)」은 옛날에 한 여인이 있었는데 〈조산랑(朝散郞) 진막(陳邈; 779~805, 중국 唐 시대)의 아내 정씨(鄭氏)가 지은 것으로 「효경(孝經)」의 장수(章數)를 모방하여 찬집(撰集)한 것이다. 그림도 있고 전(傳)도 있는 것이 우리나라의 「삼강행실도(三綱行實圖)」와 같았다.〉, 그가 「효경(孝經)」의 장구(章句)를 모방하여 지은 것으로 여자 행실과 관계가 있는 것입니다." 『朝鮮王朝實錄』, 「中宗實錄」, 中宗 三十六(1541)年, 六月, 十七日 壬申.].

283) 6일각(六一閣)은 대사례(大射禮)에 사용하던 궁시(弓矢) · 웅후(熊侯) · 미후(麋侯) 등을 보관하는 전각이다. 예(禮) · 악(樂) · 사(射) · 어(御) · 서(書) · 수(數)의 6예(六藝) 중의 하나라 하여 '6일각(六一閣)'이라고 하였다. 성균관(成均館) 명륜당(明倫堂)의 동북(東北) 쪽에 위치된 남향의 두 칸 집이다. 임금이 성균관에 나아가 대사례(大射禮)를 실시하였는데, 대사례(大射禮)의 용구들을 이 전각에 보관하였다.

284) 대사례(大射禮)는 성균관(成均館)에서 시행하는 것으로 임금과 신하가 활쏘기로 심신을 단련하고, 의리를 밝혀 덕성(德性)의 화합을 도모하는 의식이다. 문묘(文廟) 참배 및 문 · 무과 시험 등의 부대 행사를 시행하기도 하였다. 대사례(大射禮)의 활을 쏠 때는 〈대사악장(大射樂章)〉 7절의 음악에 맞추어서 활을 쏘게 되며, 제4절에 첫 화살을 쏘아서 매 음절에 한 발씩 쏘아 7절이 끝나면 4번의 화살을 모두 쏘았다. 왕이 활쏘기를 마치면 음악도 그치고 상호군(上護軍)이 활을 돌려받는다. 왕이 자리로 돌아가면 시사관(侍射官)들이 5발씩을 음악에 맞추어 쏘고, 과녁에 맞혔으면 북을 쳐서 명중을 알린다. 활쏘기를 마치면 모두 단 아래로 돌아와서 동서(東西)로 나누어 서며, 병조판서(兵曹判書)가 맞힌 자의 이름과 맞힌 화살의 수를 기록해 상벌(賞罰) 줄 것을 청한다. 시상이 끝나고 나면 사용하였던 기구를 거두고 임금에게 4배(四拜)하고 모든 의식이 끝난다.

285) 향사례(鄕射禮)는 각 주부군현(州府郡縣)의 수령이 참여하여 학당[學堂; 향교(鄕校) 등]에서 시행하였다. 향사례(鄕射禮)의 절차는 원칙적으로 매년 3월 3일과 9월 9일에 각 고을에서 효제충신(孝悌忠信)하고 예의(禮儀)에 밝은 자를 주빈(主賓)으로 삼

(行敎)로서 인(仁)의 덕성(德性)을 함양하였다.

### 3) 충교(忠敎)

충교(忠敎)는 충(忠)이 자기 자신과 국가와 국민에게 정성을 다하는 도덕 규범을 가르치는 것이다. 忠(충) 자는 뜻을 나타내는 '마음'인 心(심)과 소리를 나타내는 가운데의 의미인 中(중)이 합쳐진 형성자(形成字)이다. 한쪽으로 치우치지 않는 공평한(中) 마음(心)이다. 본뜻은 '올곧은 마음'으로, 진심을 뜻하는 글자이다. 그러므로 충(忠)은 인간의 속마음으로 주체적 인격을 나타내어 인간으로서의 자기 발견을 추구하는 것이다. 따라서 인간의 모든 행위의 덕목과 부합된다. 즉, 다른 사람에 대한 충실한 마음과 배려하고 헤아리는 마음은 '충서(忠恕)'이고[286] 그것을 통해 인(仁)을 실천하는 것이다. 충(忠)은 홍익인간론(弘益人間論) 366사(三百六十六事)의 제77사(第七十七事)에서, '성의(誠意)를 다하고, 도학(道學)을 궁리하여 천리(天理)로서 나라(임금)를 섬겨서 그 은혜에 보답하는 것'[287]이라는 데 기원을 두고 있다. 그러므로 충(忠)의 도리(道理)는 하

---

아서 90보 거리에 과녁을 세운 후에 시행하였다. 향사례(鄕射禮)는 선비들이 정지(正志)하는 예(禮)와 연고덕행자(年高德行者)를 존숭(尊崇)함으로써 향촌의 질서와 안정을 이루려는 향촌 교화 의식이었다. 사사(司射)가 빈(賓)에게 활쏘기를 청하면, 빈(賓)이 쏘기를 허락한다. 사사(司射)가 주인에게 알리고 서계(西階)에게 내려와 제자(弟子)에게 명하여 사기(射器)를 바치게 한다. 사사(司射)가 활을 쥐고, 4개가 한 묶음으로 된 화살〈승시(乘矢)〉을 등에 꽂고 사단(射壇)에 올라와서 활을 쏜다. 이를 마치면 빈(賓)과 주인이 화살 3개를 등에 꽂고 1개를 손가락 사이에 끼우고서 차례대로 활을 쏜다. 매 화살을 쏠 적마다 음악(音樂)이 시작되고, 화살을 쏘면 반드시 절차에 맞게 한다. 활쏘기를 마치면, 사사(司射)가 제자(弟子)에게 명하여 술잔을 주탁(酒卓)에 설치한다. 화살을 맞히지 못한 사람은 술잔에 술을 채우고 조금 뒤로 물러가 서서 마신다. 중빈(衆賓) 중에서 맞히지 못한 사람은 차례대로 잇달아 술을 마신다. 마시기를 다하면 이내 술잔을 치우고, 빈(賓)과 주인이 모두 일어나서 두 번 절하는 예(禮)를 행하기를 처음처럼 한다. 빈(賓)이 내려와서 나가면 중빈(衆賓)이 따라 나가는데, 주인이 문밖에서 보내기를 평상시의 예절로 한다.

286) 忠謂情之盡, 恕謂反情以同物〈皇侃(488~545, 중국 梁나라 ), 「論語集解義疏」〉.

287) 忠者〈中略〉盡誠意, 窮道學以天理, 事君而報答也(「叅佺戒經」, 信理訓. 忠.).

늘이 덮어주고 땅이 실어주고 사람이 행하는 것 가운데 가장 큰 것이라고 하였고,[288] 이러한 충(忠)의 쓰임은 가까운 데 베풀면 집안과 나라를 보전하며, 멀리까지 베풀면 천지(天地)의 도(道)를 다 한다[289]고 하였다. 충(忠)은 효(孝)의 전제가 된다. 즉, 효(孝)는 반드시 충(忠)을 귀하게 여기니, 충(忠)이 행해지지 않으면 따르는바 역시 효(孝)의 도리에 어긋난다. 따라서 충(忠)이 미치지 못하고 지켜지지 않으면, 자신을 위태롭게 할 뿐 아니라 부모까지 욕되게 한다. 그러므로 효(孝)를 행함에 반드시 충(忠)을 앞세우니, 충(忠)을 다하면 복록(福祿)이 이른다[290]고한 것이다. 충(忠)은 우주 자연의 섭리로서 최고의 선(善)이다. 모든 선행(善行)에는 충(忠)이 전제되어 있어 복록(福祿)을 받지 않음이 없다.[291] 충(忠)을 다하는 것은 천하를 거짓이나 꾸밈이 없이 순수하며 인정을 두텁게 순화(淳化)하는 것이다.[292]

이러한 충(忠)은 국가 지도자의 덕과 아름다운 정치와 교육과 예(禮)와 악(樂)으로 인(仁)과 은혜(恩惠)가 있어야 성립한다. 그러므로 임금은 사리(事理)에 밝은 이치로, 어질게 하는 데 힘쓰는 일이다. 현명(賢明)한 신하(臣下)가 충성을 다하면 임금의 덕(德)이 널리 퍼진다. 따라서 정치와 교육은 아름다워야 한다. 임금은 가르침을 세우고, 신하(臣下)는 그것을 널리 시행한다. 또한, 예(禮)와 악(樂)을 진흥(振興)해야 한다. 형벌(刑罰)을 집행함에는 사념(邪念)이 없어야 하고, 인(仁)과 은혜를 널리 베풀어야 한다. 아울러 세상의 삶 속에 태평한 소리가

---

288) 忠之道也, 天之所覆, 地之所載, 人之所履, 莫大乎忠〈馬融(79~166, 중국 東漢 시대),「忠經」, 天地神明章.〉.

289) 大哉, 忠之爲用也, 施之於邇, 則可以保家邦, 施之於遠, 可以極天地〈馬融(79~166, 중국 東漢 시대),「忠經」, 辨忠章.〉.

290) 夫惟孝者, 必貴於忠, 忠苟不行, 所率猶非其道, 是以忠不及之而失其守, 匪惟危身, 辱及親也. 故君子行其孝, 必先以忠, 竭其忠, 則福祿至矣〈馬融(79~166, 중국 東漢 시대),「忠經」, 保孝行章.〉.

291) 善莫大於作忠. 百行大善, 無忠皆忘. 惡莫大於不忠〈中略〉. 忠則福祿至焉, 不忠則刑罰加焉. 忠則言播聞, 未有不祿, 不忠則不忠彰兆, 未有不刑〈馬融(79~166, 중국 東漢 시대),「忠經」, 證應章.〉.

292) 天下盡忠, 淳化行也〈馬融(79~166, 중국 東漢 시대),「忠經」, 盡忠章.〉.

있어서 그 아름답고 상서로움을 이루어 모두가 알게 되어 백성의 경사스러움이 드러나야 한다. 이에, 〈아(雅)〉와 〈송(頌)〉을 무궁하게 전하여 사람에게 덕(德)을 베풀어 하늘의 뜻에 맞게 하면, 그에 대한 충(忠)의 다함이 있다[293]고 하였다.

대한민국 고조선(古朝鮮) 시대 366사(三百六十六事)에 시원을 둔 충(忠)은 삼국시대(三國時代)의 교육에서 그 정신이 함양되었으며, 「삼국사기(三國史記)」〈열전(列傳)〉 등에는 충절(忠節)의 정신이 높이 찬양되어[294] 충서(忠恕) 대한 교육적 사유(思惟)가 되었다. 고려(高麗) 시대에는 교육을 장려하는 교서(敎書)를 내려 충(忠)과 효(孝)에 뛰어난 자를 인재로 천거할 것을 말하였다.[295] 조선(朝鮮) 시대에는 「삼강행실도(三綱行實圖)」를 통하여 충(忠)을 교육하였고, 충서(忠恕)를 덕성(德性)의 개념으로 논의하면서[296] 「충경(忠經)」[297]의 가

---

293) 故明王之理也, 務在任賢. 賢臣盡忠, 則君德廣矣. 政教以之而美. 君上立教, 臣下所敷. 禮樂以之而興. 刑罰以之而清. 仁惠以之而布. 四海之內有太平音. 嘉祥既成, 告于上下, 著於群瑞. 是故播於雅 · 頌, 傳於無窮, 樂行則可極之有哉〈馬融(79~166, 중국 東漢 시대), 「忠經」, 盡忠章.〉.

294) 고구려(高句麗)의 을지문덕(乙支文德; 생몰연대 미상) · 온달(溫達; 생년 미상~590) · 밀우(密友; 생몰연대 미상) · 유유(紐由; 생년대 미상~244)와 백제(百濟)의 성충(成忠; 생년 미상~656) · 흥수(興首; 생몰연대 미상) · 계백(階伯; 생년 미상~660)과 신라(新羅)의 김유신(金庾信; 595~673) · 사다함(斯多含; 547~564) · 관창(官昌; 645~660) · 원술(元述; 생몰연대 미상) 등의 충절(忠節)이 기록되어 있다.

295) 於戱, 懷材抱器事君王, 則忠之始也, 立身揚名, 顯父母, 則孝之終也, 忠孝可稱, 寵榮何惜[아아! 품고 있는 재능과 안고 있는 그릇으로 임금을 섬김은 곧 충(忠)의 시작이며, 입신양명(立身揚名)으로 부모를 드러냄은 효(孝)의 끝이니 충효(忠孝)로 칭송받을 만하다면 총애와 영화를 어찌 아끼겠는가? 「高麗史」, 成宗 六(987)年, 八月.].

296) 中心爲忠, 如心爲恕. 願上以愛己之心愛人, 以責人之心責己, 則忠恕之道, 盡矣["속마음〈중심(中心)〉이 충(忠)이 되고 마음과 같음〈여심(如心)〉이 서(恕)가 됩니다. 원하건대 주상께서는 자기를 사랑하는 마음으로써 남을 사랑하고 남을 나무라는 마음으로써 자기를 나무라면 충서(忠恕)의 도(道)가 극진할 것입니다." 『朝鮮王朝實錄』, 「成宗實錄」, 成宗 十三(1482)年, 十二月, 十五日 己卯.].

安者思危者之患, 飽者思飢者之情, 此所謂忠恕之道["편안한 자는 위태한 자의 걱정을 생각하고, 베부른 자는 굶주린 자의 뜻을 생각하는 것이 이른바 충서(忠恕)의 도리입니다." 『朝鮮王朝實錄』, 「成宗實錄」, 成宗 十六(1485)年, 三月. 二十五日 丙午.].

297) **「忠經(충경)」** 중국 東漢(東漢) 시대 마융(馬融; 79~166)이 「효경(孝經)」의 체제를 모방하여 충(忠)의 의미와 실천 방도를 서술하고, 제자 정현(鄭玄; 127~200)이 해설

치를 바탕으로 효(孝)를 전제로 충(忠)이 확충 · 발전되어야 함을 강조하여 「효충전경(孝忠全經)」[298]을 편찬했다.

### 4) 신교(信教)

신(信)을 가르치는 것은 개인과 개인, 개인과 집단, 집단과 집단 등 모든 사회적 관계에서 갈등과 분쟁을 해소하고 널리 인간을 이롭게 하는 홍익인간(弘益人間)의 이상적인 관계를 설정하기 위한 것이다. 재세(在世)간의 상호 신뢰를 토대로 인간관계와 사회적 관계를 안정시키기 위한 것이다.

信(신) 자는 사람인 人(인)과 말인 言(언)이 합쳐진 글자로 '사람(人)다운 말(言)은 믿을(信) 수 있다'는 뜻이다. 그러므로 신(信)의 의미는 사람의 말은 미덥지 못한 것이 없어야 한다[299]는 것으로 성실함을 말한다. 사람의 말에는 신뢰성과 성실성이 바탕이 되어 다른 사람과의 대화에서 성실하게 임해야 신뢰를 얻는 것으로 평가(評價)를 나타낸다. 이는 주로 인간의 언어적 약속이 거짓 없

---

을 덧붙인 것이다. 18장으로 되어있다. 1장 천지신명장(天地神明章)은 충(忠)의 보편성, 2장 성군장(聖君章)은 임금의 충(忠), 3장 총신장(冢臣章)은 대신(大臣)의 충(忠), 4장 백공장(百工章)은 관료(官僚)의 충(忠), 5장 수재장(守宰章)은 지방관의 충(忠), 6장 조인장(兆人章)은 백성의 충(忠), 7장 정리장(政理章)은 덕치의 방도, 8장 무비장(武備章); 무신(武臣)의 충(忠), 9장 관풍장(觀風章)은 풍속 교화의 도리, 10장 보효행장(保孝行章)은 효행의 궁극적 완성, 11장 광위국장(廣爲國章)은 충직한 신하의 등용, 12당 광지리장(廣至理章)은 정치의 지극한 이치, 13장 양성장(揚聖章)은 군덕(君德)의 보좌와 완성, 14장 변충장(辨忠章)은 충신과 간신의 분별, 15장 충간장(忠諫章)은 간언(諫言)의 도리, 16장 증응장(證應章)은 충(忠)의 징험과 효과, 17장 보국장(報國章)은 나라에 보답할 방도, 18장 진충장(盡忠章)은 충(忠)을 다해야 할 의리이다.

298) **「孝忠全經(효충전경)」** 대한민국 조선(朝鮮) 시대 인조(仁祖) 25(1647)년 김육(金堉; 1580~1658)이 「효경(孝經)」과 「충경(忠經」을 근저로 간행하였다. 효(孝)를 인간 윤리의 근원적 덕목으로 전제하고, 부모에 대한 효(孝)가 궁극적으로 군주(君主)에 대한 충(忠)으로 확충 · 발전되어야 한다는 당위성을 강조하였다. 효(孝)와 충의 동질성을 강조한 것으로 군주(君主) 중심의 공리론(功利論)을 표출하였다. 조선 영조(英祖; 재위 1724~1776) 대에 이르러 탕평론(蕩平論)의 이론적 토대가 되었다.

299) 信, 人言則無不信者, 故從人言〈許愼(기원전 58~149, 중국 後漢 시대), 「說文解字」.].

이 실현되는 것을 지칭하는 개념이다. 신(信)은 홍익인간론(弘益人間論) 삼백육십육사(三百六十六事)의 제55사(第五十五事) '우주 자연의 이치(天理)에 부합되어 사람의 일을 반드시 이루는 것'[300]이라고 하여, 이러한 신(信)은 사람의 말(言)로서 관계적 존재에 있어서 미더움에서 출발한다. 그러므로 사람으로서 신(信)이 없으면 그 쓸모를 알 수 없다[301]고 하여 신(信)은 나라를 다스리는 기본이 되어 백성들의 믿음이 나라를 지탱하는 근간이라고 하였다.[302] 따라서 신(信)은 충(忠)과 연결되는 행(行)으로서 신(信)은 이러한 충(忠)을 일에 옮겨서 실제로 드러난 것이다.[303]

인간관계에서 신뢰는 대화를 통해 얻어진다. 그러므로 언행일치(言行一致)로서 실천의 평가를 신(信)으로 나타내어 말의 진실성을 강조한 것이다. 결국, 말은 참되고 미더워야 하며, 행동은 돈독하고 공경스러워야 한다[304]고 하여 이것은 신(信)으로 말과 행동의 합목적성을 평가하고 있는 것으로 사람의 말과 행동은 신뢰성과 독실함을 바탕으로 해야 함을 말하고 있다. 사람은 집안 생활에서부터 말을 선(善)하게 해야 하는 것은 그 말이 천 리 밖으로 감응해가기 때문이니 하물며 가까운 데서는 더욱 말할 것 없다[305]고 한 것은 말의 진실성을 강조한 것이다. 또 벗과 사귀어 그 말에 신(信)이 있으면, 비록 그가 배우지 못했다고 하더라도 배웠다고 하리라[306]는 신(信)이 말과 행동의 합목적성을 평가하고 있음을 나타낸 것이다. 그러므로 신(信)은 말과 행동의 검증자이며, 실천의 평가자이다. 즉, 신(信)은 인간이 말과 행동에 있어서 이치에 합당한가를 살펴 그 옳은 것을 따르고 나쁜 것에 빠지지 않도록 마음의 쓰임을 신중하게 하는 평

300) 信者, 天理之必合, 人事之必成(「參佺戒經」, 信理訓, 信.).
301) 人而無信, 不知其可也, 大車無, 小車無, 其何以行之哉(「論語」, 爲政篇.).
302) 民無信不立(「論語」, 顔淵篇.).
303) 盡己之謂忠, 以實之爲信〈朱熹(1130~1200, 중국 宋나라), 「論語集註」, 學而篇.〉.
304) 言忠信, 行篤敬(「論語」, 衛靈公篇.).
305) 君子居其室, 出其言善則千里之外應之, 況其邇者乎(「周易」, 繫辭傳.).
306) 與朋友交言而有信, 雖曰未學, 吾必謂之學矣(「論語」, 學而篇.).

가로서의 '성찰(省察)'이다. 따라서 사람에게 신(信)이 없으면 사람다운지를 알지 못하며 수레에 수레 채와 멍에가 없는 것과 같은 것이다[307]고 하여 신(信)은 인간의 재세(在世)간 삶의 중심인 것이다. 이에, 신(信)은 인간의 도덕적 정당성의 토대이다. 즉, 우주 자연의 이치인 인간의 기본 덕목인 4단〈四端; 인(仁) · 의(義) · 예(禮) · 지(智)〉를 기르는 기본토양과 같은 것[308]으로 5상〈五常; 인(仁) · 의(義) · 예(禮) · 지(智) · 신(信)〉의 바탕이다. 따라서 신(信)은 우주 자연의 본성인 성(誠)이 된다.[309] 성(誠)은 사람의 도리에 이르러 교육을 통해 쉼 없이 노력해야 할 교육의 본령(本領)이다. 이러한 성(誠)은 신(信)이 객체의 대상이 되므로 인간의 행위에서 신(信)이 드러날 때, 성(誠)은 저절로 규명(糾明)된다.

신(信)은 대한민국 고조선(古朝鮮) 시대 홍익인간론(弘益人間論)의 삼백육십육사(三百六十六事)에 기원을 둔 5상(五常)에 편재되어 삼국(三國)시대의 고구려(高句麗) · 백제(百濟) · 신라(新羅)의 경전(經典) 교육을 통해 교육적 사유(思惟)로 발전해 왔다. 고려(高麗) 시대에는 국자감에서 춘추 3전〈春秋 三傳; 「공양전(公羊傳)」 · 「곡양전(穀梁傳)」 · 「좌전(左傳)」〉의 교육과정을 통하여 선비의 신(信)을 가르쳤다.[310] 조선(朝鮮) 시대에 이르러 신(信)은 임금으로서 지켜

---

307) 人而無信, 不知其可也, 大車無輗, 小車無軏, 其何以行之哉(「論語」, 爲政篇.).

308) 四端之信, 猶五行之土, 無定位, 無成名, 無專氣, 而水火金木, 無不待是以生者. 故土於四行, 無不在, 於四時, 則寄王焉. 其理亦猶是也[4단(四端)의 신(信)은 5행의 토(土)와 같으니 위치의 정함이 없고, 이름이 드러난 바 없으며, 집중된 바가 없지만 수(水) · 화(火) · 금(金) · 목(木)이 이것을 기다려서 생기지 않음이 없다. 그러므로 토(土)는 4행(四行)에 존재하지 아니함이 없고, 또 4시(四時)에서는 왕(王)에 부친다. 그 신(信)의 이치가 또한 이와 같다〈朱熹(1130~1200, 중국 宋나라), 「孟子集註」, 公孫丑上.〉].

309) 信誠也, 從人言〈許愼(기원전 58~149, 중국 後漢 시대), 「說文解字」.〉.

310) 춘추 3전(春秋 三傳)에 哀公十四年, 春, 西狩于大野, 叔孫氏之車子鉏商獲麟, 以為不祥, 以賜虞人. 仲尼觀之曰, 麟也, 然後取之[애공(哀公) 14년 봄에 서쪽의 큰 들에서 사냥하였다. 그때 숙손씨(叔孫氏)의 수레를 간수하는 사람의 아들인 서상(鉏商; 생몰연대 미상)이 기린을 잡았는데, 무엇인지 몰라 상서롭지 못하다고 여기고는 사냥터를 지키는 사람에게 넘겨주었다. 중니〈仲尼; 공자(孔子; 기원전 551~기원전 479)〉가 그것을 자세하게 보고는 기린(麒麟)이라고 하였다. 그런 연후에 이를 가지

야 할 큰 보배로, 나라는 백성에 의해 보전 보전되고, 백성은 신(信)에 의해 보전되는 것이라고 하여, 신(信)은 버릴 수 없는 것으로 길이 전하여질 교육의 사유(思惟)라고 하였다. 그러므로 기강(紀綱)을 세우고 상벌(賞罰)을 분명히 하는 일도 신(信)으로 하지 않으면 기강은 반드시 점점 쇠퇴(衰頹)의 지경에 이르게 될 것이며, 상벌도 반드시 지나친 데에 이르게 되며, 군자(君子)를 친하고 소인(小人)을 물리치는 일도 신(信)으로서 하지 않으면, 군자는 쉽게 멀어지고, 소인은 쉽게 친(親)하여 어울리게 된다고 하였다. 간쟁(諫諍)을 받아들이고 참언(讒言)을 근절시키는 일도 신(信)으로 하지 않으면 충고하는 말이 때로는 귀에 거슬리고, 참소하는 말이 때로는 시행하게 된다고 하였다. 편안하려고 하는 욕심을 경계하고 절약(節約)과 근검(勤儉)을 숭상하는 일도 신(信)으로 하지 않으면, 심지(心志)의 좋아하는 것을 결국은 극복할 수 없으며, 마음이 바르지 못한 아첨의 행실을 막아낼 수 없는 데 이르게 된다고 하였다. 따라서 신(信)을 지키기를 금석(金石)과 같이 굳게 지키고, 사시(四時)와 같이 꼭 맞게 하면, 억만년(億萬年)의 무궁한 경사(慶事)를 이룰 수 있다[311]고 하여 신(信)의 중요성을 강조하였다.

---

고 왔다]에 대해 서진(西晉; 265~317) 사람인 두예(杜預; 222~285)는 「춘추좌씨경전집해(春秋左氏經傳集解)」에서 麟者仁獸, 聖王之嘉瑞也. 時無明王, 出而遇獲, 仲尼傷周道之不興, 感嘉瑞之無應. 故因魯春秋而脩中興之教, 絕筆於獲麟之一句, 所感而作, 固所以為終也[기린(麒麟)은 어진 짐승으로서, 성왕(聖王)의 아름다운 상서(祥瑞)로움이다. 그런데 당시에 밝은 덕(德)을 가진 왕이 없음에도 불구하고 나왔다가 우연히 잡혔다. 중니〈仲尼; 공자(孔子; 551~479)〉가 중국 주(周; 기원전 1046~기원전 256) 시대의 도(道)가 살아나지 못한 것을 상심하고, 아름다운 상서(祥瑞)로움에 감응이 없는 것을 유감스럽게 여겼다. 그래서 바로 이러한 이유로 노(魯; 기원전 1046~기원전 256)나라 춘추(春秋)를 기초로 해서 중흥(中興)의 가르침을 기록해 나가기 시작하다가, 획린(獲麟)의 한 구절에서 붓을 멈추었다. 중흥(中興)을 바라는 가르침을 느껴서 붓을 잡았다고 보면, 진실로 그러한 획린(獲麟)의 사실을 알고 붓을 멈추는 것은 당연한 일이다.〉를 服子愼〈복건(服虔; 생몰연대 미상, 중국 東漢 시대)이 士爲信〈선비가 신념(信念)을 지켰다〉고 주(注)했다.

311) 信者, 人君之大寶, 國保於民, 民保於信. 是以聖人寧去兵食, 不許去信, 垂訓之意深矣. 立紀綱, 明賞罰, 不以信, 則紀綱必至於陵夷, 賞罰必至於過差. 親君子, 退小人, 不以信, 則君子易至於疏遠, 小人易至於親昵. 納諫諍, 杜讒言, 不以信, 則忠言有時而逆耳, 讒說有時而得行. 戒逸欲, 崇節儉, 不以信, 則心志之好, 終不能克, 邪

따라서 신(信)은 5상(五常)의 근원이고 군주(君主)의 큰 덕(德)으로서 신(信)으로써 백성이 보전되는 것으로[312] 나라의 치란(治亂)과 흥망이 5상(五常)을 바로 잡는 데 있다[313]고 하였다. 신(信)은 인간을 널리 이롭게 하는 홍익인간론적인 삶의 바탕으로 인(仁)의 덕(德)을 교육철학의 사유(思惟)로 삼고 있다.

인(仁)의 가치를 실현하는 4교(四敎)의 교육내용으로서 문(文)·행(行)·충(忠)·신(信)은 문(文)의 가르침을 통해 인(仁)을 알고 길러서, 그 실천을 가르치는 행교(行敎)를 통하여 인(仁)의 덕(德)을 쌓게 하고, 충(忠)의 가르침으로 그 절개(節槪)를 세우게 하여, 그 모두를 신(信)으로 귀결되게 하는 것이다.[314]

## 2. 예(禮)

예(禮)는 인(仁)을 주체로 하여 인간행동을 실천하는 것으로 인(仁)에 근거하는 사회적 질서의 규범과 행동의 표준적 절차로서의 교육의 외현적(外顯的)인 가치이다.

예(禮)는 홍익인간론(弘益人間論)의 366사(三百六十六事)의 제7사(第七事)인 '극례(克禮)'에서 비롯된다. 즉, 예(禮)는 우주 자연의 법칙에 따른 그 절도(節度)에 맞는 의(儀)이다. 예(禮)를 갖추지 않으면 공손(恭遜)하지 못하고 공손(恭遜)하지 못하면 성(誠)이 없으니, 만약 예(禮)와 경(敬)을 다하면 우주 자연

---

媚之行, 至不可禦〈中略〉執此之信, 堅如金石, 行此之令, 信如四時, 上不負皇天眷佑之命, 下不孤臣民推戴之意, 以開億萬年無疆之休, 幸甚〈『朝鮮王朝實錄』, 「太祖實錄」, 太祖 一(1392)年, 七月, 二十日 己亥.〉.

312) 信者, 五常之源, 而人君之大德, 故曰國保於民, 民保於信〈『朝鮮王朝實錄』, 「太宗實錄」, 太宗 一(1401)年, 十二月. 二十日 甲戌.〉.

313) 爲治之道, 莫大於正綱常, 天下國家之治亂興亡, 實係於此〈『朝鮮王朝實錄』, 「世宗實錄」, 世宗 卽位(1418)年, 十月, 六日 壬午.〉.

314) 故文發其豢, 行以積其德, 忠以立其節, 信以全其終也〈皇侃(488~545, 중국 梁나라), 「論語集解義疏」〉,

순화(純化)의 섭리(攝理)로서 이르는 것[315]이라고 하였다.

예(禮)의 실행인 예의(禮儀)는 조화(調和)를 통한 그 조절에 역점을 둔다. 즉, 예(禮)를 시행함에는 조화(調和)를 귀중하게 여겨 그것을 아름다움으로 여겼다. 그러므로 작고 큰일들이 모두 조화(調和)의 아름다움에서 나온 것이다. 그러나 조화(調和)만 하고 예(禮)로써 이를 조절(調節)하지 않으면 행(行)해지지 않는다[316]고 하였다. 그러므로 예(禮)는 사회적 관계에서 성립된다. 사회적 관계의 군집(群集)은 사람의 본질적인 특징으로 사회적인 주체성을 지닌다. 사회적인 주체성은 개별적 분별의 특성이 서로 조화된 것이고 그것이 예의(禮儀)에 의해 등본(等分)으로 조절되어 나타나는 예법(禮法)이다.[317] 예(禮)는 분별(分別)이 근본 특징이므로 분별은 일정한 사회적 군집(群集)을 형성한다. 이러한 사회적 군집 속에서 태어나면서 사람은 욕망을 갖게 되고, 욕망을 충족하면서 도량과 한계에 따라 다툼이 일어난다. 서로 다투면 혼란해지고 궁핍해지기 때문에 사람으로서 행하고 지킬 올바른 도리〈예의(禮義)〉를 제정하여 사람의 욕망을 올바르게 하고, 그 구하는 바를 넉넉하게 해주었다. 예(禮)는 욕망이 물질로 인해 곤궁해지지 않고, 물질이 욕망으로 인해 고갈되지 않도록 서로 유지하여 성장하도록 한 것이다.[318]

### 1) 예(禮)의 내면적 속성

사회적 군집 속에서 인간의 욕망을 제어할 수 있는 것은 인간의 선(善)한 본성인 4단(四端)인 인(仁)· 의(義) · 예(禮) · 지(智)이다. 즉, 4단(四端)을 추구하

315) 「參佺戒經」, 誠理訓. 克禮.

316) 禮之用, 和爲貴, 先王之道斯爲美, 小大由之, 有所不行, 知和而和, 不以禮節之, 亦不可行也(「論語」, 學而篇.).

317) 人道莫不有辨, 辨莫大於分, 分莫大於禮(「荀子」, 非相篇.).

318) 人生而有欲, 欲而不得, 則不能無求, 求而無度量分界, 則不能不爭, 爭則亂, 亂則窮,〈中略〉, 故制禮義以分之, 以養人之欲, 給人之求, 使欲必不窮乎物, 勿必不屈於欲, 兩者相持而長. 是禮之所起也(「荀子」, 禮論篇.).

는 심성 도야를 통해 선(善)한 본성을 추구할 수 있다고 보았다. 예(禮)가 갖는 내면적 속성은 도덕적 수양과 훈련이다. 예(禮)의 내면적인 속성은 우주 자연의 이치〈천리(天理)〉와 연관되어 예(禮)의 의미를 해석하는 것이다. 그것은 인간의 성품은 곧 천리(天理)를 품수(稟受)한 것이라는 전제하에 만유(萬有)를 관통하는 핵심개념이 '理(이)'라고 하여 우주 자연의 이치의 궁극적인 원리인 동시에 인간성의 원리가 된다. 따라서 이(理)는 선(善)의 도리성(道理性)이 되어 인(仁)·의(義)·예(禮)·지(智)를 바탕으로 예(禮)의 개념이 융화되어 성립된다. 따라서 예(禮)는 천리(天理)의 절문(節文)이고 사람이 하는 일의 의칙(儀則)이 되었다.[319] 이것은 예(禮)가 개인과 사회적 제도뿐만 아니라 우주 자연의 이치까지를 포함한다는 것을 의미한다. 여기에서 예(禮)에 대한 내적 속성으로서 교육적 사유(思惟)체계가 성립된다. 따라서 예(禮)는 그 내적 속성의 사유(思惟)를 통하여 규범화된 천리(天理)의 행위준칙으로서의 의미를 함축한다. '규범준칙(規範準則)'인 것이다. 이와 같은 규범준칙은 도덕 규범과 사회제도를 포함하여 동일한 의미구조 속에서 이해되고 있다. 그것은 사회제도와 예(禮)로서 도덕 규범이다. 이러한 입장은 「주례(周禮」·「의례(儀禮」·「예기(禮記)」 등에 행위의 규정과 제도의 규정이 한데 어우러져 그에 대한 교육적 사유(思惟)가 되었다.

예(禮)의 규범적 준칙은 예(禮)의 궁극적인 연원이 되는 우주 자연의 이치[천리(天理)]와 직접적인 연원이 되는 '인성(人性)'이다. 천리(天理)는 모든 이치의 바탕이 되는 것으로 '천리(天理)의 절문(節文)'이라고 한 것이나, 예(禮)는 하늘에서 받은 최초의 본성을 돌려 생각하고 옛것을 닦아서 그 처음을 잊지 않는 것이라고 한 것은[320] 예(禮)가 우주 자연의 이치에 바탕을 둔 것이라는 것을 의미한다. 이것은 '이(理)'와 동일시되어 예(禮)가 객관적이고 절대적인 원리가 되었다.

---

319) 禮者, 天理之節文, 人事之儀則也〈朱熹(1130~1200, 중국 宋나라), 「論語集注)」, 學而篇.〉.

320) 禮也者, 反本修古, 不忘其初者(「禮記」, 禮器.).

예(禮)와 이(理)가 동일시되는 관점에서 이(理)가 인성(人性) 속에 포함되는 것이기 때문에 천리(天理)와 인성(人性) 사이에 인식론(認識論)과 행위론(行爲論)의 상호관계는 존재론(存在論)의 관계가 전제된다. 즉, 그것은 인성(人性)이 예(禮)의 원인이 되는 것으로 환원되어 이해된다. 그러나 예(禮)의 궁극적인 속성으로서 천리(天理) 외에 인성(人性)을 가지고 예(禮)의 연원을 말하는 것은 천리(天理)가 함축하지 못한 부분이 있기 때문이다. 즉, 천리(天理)는 인성(人性)의 궁극적인 바탕이 될 수 있는 것일 뿐 구체적인 상황과 관계 속의 주체를 설명하지는 못한다.

예(禮)는 구체적인 상황과 구체적인 관계에서 일어나는 것이고, 여기에 따른 구체적인 절목(節目)으로 형성된다. 따라서 예(禮)는 천리(天理)를 바탕으로 하는 것이기는 하지만, 인성(人性)이 어떠한 상황과 관계 속에서 어떤 주관적 정서로 드러났을 때 예(禮)의 범주가 형성된다. 인성(人性)이 구체적 주관적 정서의 모습을 띠고 의(儀)가 되면 인정(人情)이 된다. 따라서 예(禮)의 직접적인 원인이 되는 것은 일반적으로 인간성의 내면에 잠재되어있는 도덕적 본질인 인성(人性)이라고 할 수 있을 것이고, 구체적인 예(禮)의 절목(節目)을 형성하는 데는 그러한 인성(人性)이 구체적인 상황과 관계 속에서 이루어지는 정서로서 인정(人情)이 예(禮)의 형체를 결정한다. 그러므로 예(禮)를 적극적인 마음으로 준비하면 성정(性情)의 올바름이 얻어지기 때문에[321] 예(禮)는 인정(人情)으로부터 시작되는 것으로 예(禮)의 속성은 인간의 마음인 정성에 의해 구체적인 모습이 결정되는 것이다. 따라서 예(禮)는 인간 행위의 상호관계에 놓여 있는 심리적 정서나 인간적인 정서가 그렇게 하도록 하는 것에 대한 반응으로 인간이 선택한 어떤 구체적인 행동인 의(儀)의 형식이다.

예(禮)의 내면적 속성에서 그 연원을 천리(天理)에 바탕을 둔 측면은 예(禮)가 절대적 진리에 근원을 둔다는 뜻이고, 인성(人性)에 바탕을 둔 측면은 예(禮)가

---

321) 禮樂只在進反之間, 便得性情之正(「近思錄」, 論學.).

인간성의 본질을 투영한다는 것을 뜻한다. 예(禮)가 인성(人性)으로부터 전환된 인정(人情)에 원인을 두고 있다는 것은 인간의 구체적인 정서를 충족시켜 주는 구조를 반영하고 있다. 예(禮)의 내면적인 속성은 인간을 널리 이롭게 한다는 보편적인 도덕성을 바탕으로, 재세(在世)간의 구체적인 관계 속에서 인간이 가지게 되는 정서로서 인정(人情)을 일반화하여 삶의 구체적인 형식으로 수렴하는 것이다.

### 2) 예(禮)의 형식과 가치

예(禮)는 규범적 준칙을 중심으로 하는 것으로 이러한 규범은 형식적 구조로 나타난다. 그러한 규범은 드러난 형식보다는 그러한 형식의 내면에 들어있는 정서(情緖)로 그 가치가 드러난다. 즉, 인성(人性)에 의한 내면적인 정서가 없다면 예(禮)는 가치가 없는 것이 된다. 이것은 규범의 조문(條文)과 그 조문에 담겨있는 의미 중 어느 쪽이 더 가치가 있느냐 하는 것과 관련이 있다. 규범은 형식적인 차원보다는 내용의 차원에 보다 가치를 두고 있다. 즉, 예(禮)를 질(質)과 문(文)으로 나누고 질(質)을 예(禮)의 근본 가치로 보는 것이다.[322)]

예(禮)의 형식적 측면은 예(禮)가 구체적인 절목(節目)으로 나타나는 것이고, 내용적 차원은 예(禮)의 형식을 가치로 드러내는 것이다. 예(禮)의 형식은 삶의 다양한 형태가 여러 가지 규정으로 나타난다. 그것은 경례〈(經禮; 대절(大節)〉 300(三百) 가지, 곡례〈(曲禮); 소절(小節)〉 3,000(三千)가지다.[323)] 인간이 행위의 준칙을 통하여 개인적이고 사회적인 삶을 살아가는 존재이기 때문에 예(禮)의 형식은 다양한 측면이 있는 만큼 일상적이다 는 의미다. 그러므로 예(禮)를 행한다는 것은 옷차림을 바르게 하고, 음식을 맞추어 먹고, 사람을 응대하고, 나가고 물러남에 있어 준칙에 맞게 하는 것에서 출발하므로 일상생활의 규범화

322) 猶人有美質, 然後可加文飾〈朱熹(1130~1200, 중국 宋나라), 「論語集注)」, 八佾篇.〉.
323) 經禮三百, 曲禮三千, 其致一(性情)也(「禮記」, 禮器.).

가 예(禮)의 형식이다. 따라서 예(禮)는 생활 속의 행위 자체의 규정으로 생활의 의미를 반영한 것이다.

예(禮)는 다르게 구별하는 것[324]을 본질로 하여 그 가치로 삼는다. 즉, 사람과 사람 사이를 구별하는 것으로 나와 상대를 구분할 때 상대를 대상으로 하는 나의 바람직한 행위가 무엇인가가 가치의 기준이 되는 것이다. 이러한 구별은 사회적 구분, 혈연적 구분, 인간적 구분, 유적(類的) 구분, 문화적 구분 등이 있다. 사회적 구분은 계층 간의 구분이고, 혈연적 구분은 부모 형제간의 구분이고, 인간적 구분은 사람과 사람 사이의 구분이며, 유적(類的) 구분은 인간과 동물의 구분이고, 문화적 구분은 문명(文明)과 야만(野蠻) 사이의 구분이다. 이러한 구분에서 공통적인 가치는 의(義)로의 결실이다. 모든 의(義)에 협력하여 합하면 의(義)가 일어난다. 예(禮)를 실천하는데 의(義)에 근본하지 않으면, 밭을 갈았는데 씨를 뿌리지 않음과 같다. 의(義)를 실천하더라도 학문으로 배우지 않으면, 씨를 뿌렸는데 김매지 않음과 같다[325]고 하였다. 이것이 예(禮)를 행(行)하는 가치이다.

예(禮)의 사회적 구분은 사회적 상하관계의 수직적인 논리이다. 상하관계의 수직적인 논리에서는 예(禮)가 가능할 수 있게 하는 구분의 의미가 없다. 그러므로 예(禮)를 강조하여 그것을 보완하고 있다. 예를 들면, 임금은 예(禮)로써 신하를 대하고 신하는 충(忠)으로 임금을 대한다[326]고 하여 사회계층 구조의 논리 속에 예(禮)의 자리를 마련하고 있다. 이와 같은 계층구조의 논리 속에서 충(忠)은 항상 임금의 도덕적 행위를 전제로 하고 있다. 이렇게 해서 수직적인 사회적 계층구조를 예(禮)의 논리 속으로 수렴하고 있다. 따라서 수직적 사회의 계층구조는 예(禮)가 행하는 작용으로 수평적 인간관계로 전환됨으로 인해서

324) 禮者爲異(「禮記」, 樂記.).

325) 禮也者, 義之實也. 協諸義而協, 〈中略〉, 可以義起也. 〈中略〉 故治國不以禮, 猶無耜而耕也. 爲禮不本於義, 猶耕而弗種也. 爲義而不講之以學, 猶種而弗耨也(「禮記」, 禮運.).

326) 君使臣以禮, 臣事君以忠(「論語」, 八佾篇.).

바람직한 인간 행위의 예(禮) 상황의 가치를 지닌다. 이러한 사회계층 구조는 재세간(在世間)에 인간을 널리 이롭게 하는 것으로 확대되어 지도자와 국민, 가르치는 자와 배우는 자의 관계를 포함한다.

혈연관계에서 예(禮)는 '사랑'을 전제로 한다. 예를 들면, 부모를 섬김에 있어서 오직 병이 나지 않을까 항상 걱정하며[327] 부모를 평생 그리워하는[328] 무조건의 사랑이다. 이와 같은 혈연관계의 논리는 수직적 관계나 수평적 관계로 설명할 수 없지만, 무조건의 사랑이라는 점에서 수직적 관계에 가깝다. 따라서 이것 또한 사회적 관계의 영역에서와 마찬가지로 그 자체로서는 예(禮)적 상황의 범주에 포함되기 어렵다. 그래서 어버이의 자애로움이 자식의 효(孝)와 함께 예(禮)의 범주 속으로 들어와야 바람직한 인간 행위의 준칙으로서 가치를 갖게 된다.

그러므로 예(禮)의 상황은 예(禮)가 행하는 작용에 따라 행위의 규범상 수평적인 인간관계로 전환되어야 함을 상정한다. 따라서 예(禮)의 본질적 가치는 인간과 인간이 서로 간에 직분(職分)의 역할로 동등한 위상을 갖추고 만나게 되는 인간적 구분에 의해서만 드러난다. 이와 같은 인간적인 구분에 의한 동등한 인간관계는 사람이 추구하는 이상(理想)으로 홍익인간(弘益人間)의 이념이다. 결국, 예(禮)는 사람이 그 어버이 외에도 모든 어버이를 자신의 부모로 여기고, 그 자녀 외에도 모든 자녀를 자신의 자식으로 여기는[329] 이상적인 세계로서의 홍익인간(弘益人間)의 사회를 지향하는 것이다. 이러한 관계 속에서 예(禮)는 서로를 대상으로 하여 교육적으로 행하는 인간 행위의 바람직한 총체이다.

예(禮)가 기초하고 있는 본질적인 세계는 인간이 구분되는 세계이며, 이와 같은 인간 구분의 세계 안에 위치하는 사람들 평등(平等)을 바탕으로 구체적인 생

---

327) 父母 唯其疾之憂(「論語」, 爲政篇.).

328) 大孝終身慕父母(「孟子」, 萬章章 上.).

329) 人不獨親其親, 不獨子其子, 使老有所終, 壯有所用, 幼有所長, 矜寡孤獨, 廢疾者皆有所養(「禮記」, 禮運.).

활규범을 실현하는 가치이다. 예(禮)에 맞는 행위를 한다는 것은 상대를 자신과 평등한 위상을 갖추고 있는 존재로 대하는 것이다. 예(禮)는 자신을 낮추고 상대방을 높이는 것이다.330) 지신을 낮춘다고 하는 것은 사사로운 욕심을 억제하는 것으로 자신을 극복해야 예(禮)로 돌아간다331)는 의미다. 예(禮)가 아닌 행동은 욕심에 의한 독선(獨善)이다. 이러한 독선(獨善)은 극복되어야 하는 것으로 상대방의 위상을 확보하게 하는 동시에 나 자신의 적절한 위상을 확보하는 것이다. 즉, 서로의 적절한 위상을 갖추고 상호 적절한 관계를 맺는 상황에서 예(禮)의 가치가 발휘되는 것이다. 그러므로 상대방을 공경하는 데서 예(禮)가 성립된다. 그러므로 공경하는 마음이 예(禮)이며332) 예(禮)는 공경을 본질로 하는 것이다.333) 이러한 예(禮)의 가치가 구체적 관계와 상황 속에서 인간의 행위의 준칙으로 표현되었을 때 예(禮)가 실현되는 것이고, 그것이 구체적 절목(節目)으로 나타난 것이 예(禮)의 형식인 것이다.

예(禮)가 구현될 때 인간은 그 본질적인 가치에 의해 영향을 받는 존재로 드러나며, 사람과 사람 사이의 인간적인 구분의 존재가 된다. 그러므로 개인과 개인의 대등한 인간관계를 기초로 한 예(禮)의 가치가 실현된다.

### 3) 예(禮)의 교육적 사유(思惟)와 역할

예(禮)는 인간의 삶과 행동에 질서를 부여하기 위한 교육적 사유(思惟)를 제공하여 교육적 역할을 한다. 예(禮)는 내가 남에게 가르침을 듣는 것이고, 찾아와 배워 듣는 것이다고 하였다.334) 그리하여 예(禮)로써 도덕(道德)과 인의(仁義(인의)와 교육을 통한 풍속(風俗)을 교화하는 일도 예(禮)가 아니면 이뤄지지

330) 夫禮者, 自卑而尊人(「禮記」, 曲禮 上.).
331) 克己復禮(「論語」, 顔淵篇.).
332) 恭敬之心, 禮也(「孟子」, 告子章 上.).
333) 為禮以敬為本〈朱熹(1130~1200, 중국 宋나라), 「論語集注」, 八佾篇.〉.
334) 禮聞取於人, 〈中略〉, 禮聞來學(「禮記」, 曲禮 上.).

않아 완비되지 않는다.[335] 그러므로 예(禮)의 본질은 객관적 진리에 바탕을 두고 있는 것이며 그 객관적 진리는 세계와 인성의 본바탕을 이루는 것이고, 예(禮)의 형식은 그러한 바탕 위에서 시대적인 상황 조건에 따른 인간의 행위준칙을 감안하여 형성된 것이다. 따라서 예(禮)는 그 자체로서 교육적 사유(思惟)를 가지며 교육의 역할을 갖는다.

예(禮)는 인간의 영역에서 진리를 교육해 내는 기능적 역할을 한다. 홍익인간론에서는 세계나 인간이 하나의 진리 장으로 묶여 있다고 보기 때문에 예(禮)는 그 세계 속의 진리를 살펴서 인간에게 교육적 행위의 결과로 제공된 절목(節目)이다. 그러므로 그 절목(節目)으로써 예(禮)를 사유(思惟)하고 실천하는 것은 객관적 세계 속의 진리를 인간의 영역에서 교육해 내는 것이다. 따라서 예(禮)는 객관적 진리의 세계에 놓여 있는 것으로 인간의 본성을 이루고 있다. 교육은 이러한 인간의 본성을 실현하는 것을 사유(思惟)로 한다. 그런데 인간의 본성이라고 하는 것은 그 완성의 가능성과 함께 미완성되고 미성숙한 것이다. 즉, 인간은 진리를 내면에 함축하고 있으면서도 욕심에 의해 좌우되는 존재이다. 따라서 인간은 바람직하지 못한 행동을 하는 미성숙한 존재이다.

이러한 미성숙한 존재를 교육을 통하여 교정할 수 있다. 예(禮)를 통한 교육과 수양은 인간의 지적이고 정의적인 측면의 함양을 통한 바람직한 행위의 완성을 지향한다. 예(禮)의 실천을 통한 지적 · 정의적인 보완적 과정이 점진적으로 계속되어 가는 과정이 교수와 학습이다. 이러한 교육을 통하여 인간은 행위하는 자로 살아가는 것이다. 교수와 학습 과정에서 인간은 여전히 미완성 존재의 상태이다. 이러한 도덕성을 이루어가는 과정에서 예(禮)는 행위를 이끌어가는 교육적 사유(思惟)를 통해 그 교육적 역할을 한다. 예(禮)의 교육적 사유(思惟)와 역할을 통해서 인간의 행위가 이끌어지고 조절되고 통제된다. 그러므로 예(禮)로써 행한다[336]고 하였고, 예(禮)가 없으면 행하지 못한다[337]고 한 것이

---

335) 道德仁義, 非禮不成, 教訓正俗, 非禮不備(「禮記」, 曲禮 上.).
336) 禮以行之(「論語」, 衛靈公篇.).

다. 따라서 예(禮)가 아니면 보지 말고, 예(禮)가 아니면 듣지 말고, 예(禮)가 아니면 말하지 말고, 예(禮)가 아니면 행하지 말라[338]고 한 것은 예(禮)를 통하여 인간의 행위를 바람직하게 이끌어 가기 위한 것이다. 이것은 예(禮)가 사사로운 행위와 바람직하지 못한 욕심을 통제하여 인간성의 도덕적 본질에 의한 바람직한 행위를 할 수 있게 하는 교육적 사유(思惟)를 통한 교육의 역할인 것이다.

이것은 예(禮)를 통하여 인간성의 본질이 유지되고 발현된다는 의미이다. 즉, 예(禮)는 바른 마음을 유지하고, 바른 마음이 행위를 통하여 드러나게 하는 교육적 사유(思惟)로 그 역할을 하는 것이다. 인간의 덕성(德性)이 바른 마음에 기초해야 제대로 의미를 지니는 것이기 때문에 예(禮)를 갖추는 것만이 모든 인간의 덕목(德目)들이 성립된다. 그러므로 공손하되 예(禮)가 없으면 피로(疲勞)하게 되고, 조심하되 예(禮)가 없으면 두려워하게 되고, 용감하되 예(禮)가 없으면 문란(紊亂)하게 되고, 정직하되 예(禮)가 없으면 야박(野薄)하게 된다[339]고 하였다. 예(禮)는 이렇게 도덕적 본질을 유지하게 하는 가치로서, 인간의 도덕적 본질을 확보하게 하는 역할을 하여, 모든 행위의 덕목(德目)에 적절함의 의미를 부여하는 교육적인 역할을 담당하고 있다.

예(禮)는 바람직한 행위의 준칙으로서 재세(在世)간의 사회 속에 주어지는 것이다. 즉, 우주 자연의 절대적 진리의 작용으로 질서와 조화를 유지하는 것과 같이 인간의 사회 속에서 그 진리의 모형으로서 예(禮)가 사회의 조화와 질서를 유지해 주는 것을 전제로 주어지는 것이다. 따라서 예(禮)는 교육적 사유(思惟)와 그 역할로서 사회 교화(敎化)의 본질적인 기능을 한다. 그러므로 예(禮)로써 가르쳐 줌으로써 천하의 온 나라가 그것을 얻어 바르게 된다[340]고 하였다.

예(禮)는 진리의 구현과 인간성 본질의 구현, 사회 전체의 조화와 질서가 유

---

337) 非禮無行也(「孟子」, 離婁章 下.).
338) 非禮勿視, 非禮勿聽, 非禮勿言, 非禮勿動(「論語」, 顔淵篇.).
339) 子曰 恭而無禮則勞, 愼而無禮則葸, 勇而無禮則亂, 直而無禮則絞(「論語」, 太伯篇.).
340) 聖人以禮示之, 故天下國家可得而正也(「禮記」, 禮運.).

지 될 수 있도록 하는 교육적 사유(思惟)와 그 역할을 갖는다. 그리하여 예(禮)를 통하여 인간의 삶에 바람직한 행위의 준칙을 부여하고 있다. 예(禮)는 인(仁)을 구현하기 위한 문화 의식이다.

홍익인간론(弘益人間論)의 '극례(克禮)'에 기원을 둔 예(禮)의 실천은 대한민국의 삼국〈三國; 고구려(高句麗) · 백제(百濟) · 신라(新羅)〉 시대, 고려(高麗) 시대, 조선(朝鮮) 시대에 계승되어 예(禮)의 교육을 강화하였으며, 특히, 조선(朝鮮) 시대에 나타난 예송논쟁(禮訟論爭)[341]의 예(禮)에 대한 논의(論議)는 교육적 사유(思惟)의 정점을 보여주었다. 이것은 예(禮)를 통한 사회적 질서 회복을 위한 예법(禮法)의 강화와 예(禮)의 실리를 중시하는 경향으로 나타나 이러한 논의는 이기이원론(理氣二元論)[342]과 이기일원론(理氣一元論)[343]에 바탕

---

341) 예송논쟁(禮訟論爭)은 예(禮)에 대한 학문적, 정치적, 사회적 논의이다. 장렬왕후〈莊烈王后; 1624~1688, 본관(本貫) 양주(楊州) 조씨(趙氏), 회호(徽號), 숙목정숙온혜(淑穆貞淑溫惠), 대한민국 조선(朝鮮) 시대 16대 임금 인조(仁祖; 재위 1623~1649)의 계비(繼妃)〉가 입어야 하는 상복(喪服)의 규례(規例)의 격식에 대한 논쟁으로, 종법상 아들인 17대 임금인 효종(孝宗; 재위 1649~1659)의 상례(喪禮)인 기해예송(己亥禮訟; 1659)과 며느리 인선왕후〈仁宣王后; 1619~1674, 본관(本貫) 덕수(德水) 장씨(張氏), 휘호(徽號), 경렬명헌(敬烈明獻), 대한민국 조선(朝鮮) 시대 17대 임금 효종(孝宗) 비(妃)〉의 상례(喪禮)인 갑인예송(甲寅禮訟; 1674)이다. 기해예송(己亥禮訟)은 효종(孝宗)이 승하한 후 인조(仁祖)의 계비(繼妃)인 장렬왕후(莊烈王后)가 효종(孝宗)에 대한 상례(喪禮)에서 모후(母后)인 장렬왕후(莊烈王后)가 효종(孝宗)을 차자(次子)로 보고 1년짜리 상복(喪服)인 기년복(朞年服)을 입어야 하는가, 장자(長子)로 보고 3년짜리 참최복(斬衰服)을 입어야 하는가에 대해 「국조오례의(國朝五禮儀)」와 「경국대전(經國大典)」의 규정에 대한 논의였다. 마찬가지로 갑인예송(甲寅禮訟)도 장렬왕후(莊烈王后)의 며느리인 인선왕후(仁宣王后)가 사망하자, 장렬왕후(莊烈王后)가 상복(喪服)을 입어야 하는 상례(喪禮)에 대한 논쟁이다. 효종비(孝宗妃)를 맏며느리로 보아야 하느냐, 둘째 며느리로 보아야 하느냐를 기준으로 1년의 기년복(朞年服)과 9개월의 대공복(大功服)에 대한 논란이다. 이러한 논쟁은 예법(禮法)의 중시를 정점으로 국가의 정통성을 논의하면서 교육과 정치의 중요한 분기점이 되었다.

342) 이기이원론(理氣二元論)은 모든 존재의 생성과 변화를 이(理)와 기(氣)의 두 요소의 결합으로 보는 이론으로 주돈이(周敦頤; 1017~1073, 중국 宋 시대)와 정이(程頤; 1033~1107, 중국 宋나라)가 주창하였고 주희(朱熹; 1130~1200, 중국 宋나라)가 완성하였으며, 대한민국 조선(朝鮮) 시대에서는 이황(李滉; 1502~1571)을 중심으로

을 두고 국가의 개혁을 위한 실용 정치에 반영되었다. 그러면서 예(禮)의 실학적(實學的) 교육을 위한 행례서(行禮書)인「사례편람(四禮便覽)」[344]을 편찬하여 예(禮)의 실용성(實用性)을 교육하였다.

---

전개되었다. 이기이원론(理氣二元論)에서는 기(氣)를 시간과 공간의 제약을 받으며 현실을 이루는 구체적이고 물질적인 요소이고, 이(理)는 존재의 본질로서 기(氣)의 존재하도록 하여 시간과 공간을 초월하는 궁극적인 존재이다. 따라서 인간은 이(理)를 통해 본질을 회복해야 한다고 주장한다. 이기이원론(理氣二元論)에 따르면 이(理)는 기(氣)와 존재가 다른 것으로 이(理)가 먼저 움직임을 결정하면, 기(氣)는 이에 따라서 움직이는 것이므로 임금의 예의(禮儀)를 신하(臣下)가 따라야 하는 것으로 보아 국왕과 신하의 예(禮)가 다르다고 하였다.

343) 이기일원론(理氣一元論)은 이(理)와 기(氣)가 별개의 존재로 분리된 것이 아니라 하나의 존재라고 설명하는 이론으로 나흠순(羅欽順; 1465~1547, 중국 明 시대)이 주장하여, 대한민국 조선(朝鮮) 시대에는 이항(李恒; 1499~1576)이 수용하고, 이이(李珥; 1536~1584)가 전개하였다. 이기일원론(理氣一元論)은 본체(本體)의 세계와 현상(現像)의 세계를 일체(一體)로 파악하여 현실과 이상의 2원화(二元化)를 거부하고 현실에 적극적 관심을 지녀 이상을 현실화하려는 현실주의의 입장으로 능동적인 현실 참여의 성격을 띤다. 그러므로 임금과 신하가 함께 존재해야 하는 것으로 예의(禮儀)는 임금과 신하의 예(禮)가 동시에 존재하여 같은 것이라고 하였다.

344) **「四禮便覽(사례편람)」** 대한민국 조선(朝鮮) 시대 이재(李縡; 1680~1746)가 영조(英祖) 22(1746)년에 편찬한 8권 4책의 관혼상제(冠婚喪祭)의 4례(四禮)의 체제를 완성한 실천적 행례서(行禮書)이다.
실용의 편리를 위해 주희(朱熹; 1137~1200, 중국 宋 시대)의「가례(家禮」의 구조를 개편하고 내용을 수정하고 보완했다. 정문(正文)-본주(本註)-참고설(參考說)-안설(按說)-제구(諸具)-서식(書式)의 구조로 재구성했으며, 글자의 크기와 배치 및 단행(單行), 쌍행(雙行) 등의 구분을 통해「가례(家禮)」의 내용을 시각적으로 구조화하였다. 또한, 절차를 수행 단위로 세분화한 '제구'와 '서식'을 확충하여, 행례(行禮)에 필요한 구체적인 지식을 제공하여 체계적인 구성과 지침의 예설(禮說)로 실용성을 강조하였다. 조선(朝鮮)의 대표적인 예서(禮書)로서 위상을 확립하여 현재까지도 활용하고 있다.

제 5 장

# 한국교육철학의 시원(始原)으로서 홍익인간론(弘益人間論)

홍익인간론(弘益人間論)은 366가지 일로 세상 사람들을 다스리고 교화(教化)하여 널리 인간을 이롭게 하는 사유(思惟)와 그 실천으로 한국교육철학의 시원(始原)이 되었다. 홍익인간론(弘益人間論)은 일관된 신념체계(信念體系)의 전통으로 계승되면서 교육적 신념(信念)이 되었고 교육이론(教育理論)의 토대가 되었다. 홍익인간론(弘益人間論)의 신념체계는 인본사상(人本思想), 주체사상(主體思想), 이성주의 사상(理性主義 思想), 정체사상(整體思想)을 특색으로 하여 교육이론을 형성하였다. 이러한 교육적 신념이 곧 교육철학이다. 교육철학은 교육의 본질이 무엇이냐 하는 문제와 근본적으로 관련이 있으며, 그러므로 가치와 그에 대한 인식의 문제를 수반한다. 교육철학의 사유(思惟)로서 신념체계는 살아온 문화유형(文化類型)을 통해 형성되며, 이러한 문화유형은 교육적으로 사유(思惟)되어 교육이론(教育理論)을 형성하면서 교육철학을 정립한다. 따라서 홍익인간론(弘益人間論)의 교육적 신념체계형성은 홍익인간의 문화적 유형이 그 핵심이 되며, 그와 같은 신념의 사유체계에 따라서 교육의 가치기준이 성립된다.

홍익인간론(弘益人間論)의 문화적 현상에는 '전통(傳統)'의 속성이 내재되어 있다. 전통은 문화의 역사적 공간에서 가치 있는 것으로 귀중하게 보존되고 전승되어 온 정신적인 요소로서 사회의 발전을 이루는 공동체적인 힘의 원천이다. 공동체적인 힘의 원천은 사회의 규범이나 개인의 신념체계를 형성하는 가치 기준의 토대를 형성하여 교육이론의 바탕이 되는 교육철학의 조회체제(照會體制)를 형성한다. 따라서 홍익인간론(弘益人間論)의 전통사상은 문화적 공간 속에서 교육적 신념체계를 형성하고 수용하며, 비교 · 발전시키는 길잡이 역할을 하고 있다.

전통사상은 보편성을 띠며 계승되어 현재와 미래의 인간 삶을 발전시키는 데 있어 중추적인 역할을 한다는 의미에서 교육을 이끌어가고 통합하는 역할을 한다. 홍익인간론(弘益人間論)으로 확립된 전통사상은 홍익인간(弘益人間) 문화 속에 살고있는 인간의 신념 · 가치체제를 형성하여 교육의 이론과 실천의 토대를 마련하여 교육철학을 체계적으로 형성하는 근간이 되었다. 그러므로 홍익인간론(弘益人間論)의 전통사상은 민족과 사회와 문에 있어서 교육적인 신념과 가치체제를 가늠하는 척도가 되기 때문에 교육적 사유(思惟)를 통해 '교육철학(教育哲學)의 기능(技能)'[1)]을 수행하고 있다.

## 1. 전통사상(傳統思想)으로서 홍익인간론(弘益人間論)

전통(傳統)은 앞선 세대에서 이루어져 계통을 이루어 전하여지는 것이다. 그러나 과거로부터 전하여지는 것만으로 전통(傳統)의 의미를 부여할 수는 없다. 전통(傳統)은 인습(因襲)과는 구별되어야 한다. 전통(傳統)은 타당하고 신뢰적인 것이다. 그러므로 전통(傳統)은 그 사회의 역사적 공간 속에서 가치 있는 것으로 전승되어 오는 정신적 요소이어야 한다. 이러한 정신적 요소는 사회의 번영과 발전을 이룰 수 있는 공동체적인 힘의 원천이 된다. 이러한 면에서 전통

---

1) 교육철학(教育哲學)의 기능(技能)은 일반적으로 ① 분석적(分析的) 기능(技能), ② 평가적(平價的) 기능(技能), ③ 사변적(思辨的) 기능(技能), ④ 통합적(統合的) 기능(技能)을 말한다.
① 분석적(分析的) 기능(技能)은 교육의 용어, 개념, 명제 등을 명확하고 논리적으로 분석하고, 의미, 신념, 가정, 가치관 등을 밝히는 기능이다.
② 평가적(平價的) 기능(技能)은 분석적 기능을 통해 정립된 기준과 준거에 따라 교육의 이론이나 현실을 판단하고, 문제점이나 장점, 수용 여부를 평가하는 기능이다.
③ 사변적(思辨的) 기능(技能)은 교육의 문제해결을 위해 새로운 제언이나 가치를 창출하고, 비판적이고 창조적인 사고를 발전시키는 기능이다.
④ 통합적(統合的) 기능(技能)은 다양한 이론, 주장, 의견 등을 포괄적이고 안목이 넓은 시각으로 파악하고, 교육의 일관성과 조화를 유지하는 기능이다.

(傳統)은 유기체적(有機體的)인 성격을 갖는다. 그것은 전통(傳統)이 형성되기 위해서는 그 형성과정에서 바뀌어 가면서도 바뀌지 않는 변화와 지속성을 갖는 것, 그리고 공동체가 갖는 고유성을 갖는 것이다. 홍익인간론(弘益人間論)은 그 교육적 인식론의 발전을 과정을 거쳐 바뀌면서도 바뀌지 않는 변화와 지속성을 가지고 한국민족의 공동체 고유성으로 전개되어왔다. 이것이 홍익인간론(弘益人間論)이 전통사상으로 갖는 유기체적 성격으로서 한국교육철학(韓國教育哲學)의 시원(始原)이 되는 것이다. 즉, 홍익인간론(弘益人間論)의 전통(傳統)으로서 존재 기반은 인간의 자연 발생적인 공동사회에서 형성된 민족과 국가 사회를 기반으로 한 정신문화의 형태로서 교육적 사유(思惟)이다. 따라서 홍익인간론(弘益人間論)은 한민족(韓民族)이 가지는 힘의 요소이고, 자부할 수 있는 것으로서 정당한 것으로 믿어지는 가치의식을 계승하여 민족의 주체성으로 형성되어 그 정신과 사상을 재음미하고 재발견하여 창조성(創造性)으로 계승하고 있다.

이러한 홍익인간론(弘益人間論)의 전통사상은 민족과 개인과 사회 속에 잠재하여 그 시대의 현실을 움직이는 원동력이다. 즉, 사람들의 정신생활을 영위함에 생각하는 과정, 생각하는 내용, 생각하는 결과의 바탕으로 작용하는 것이다. 홍익인간론(弘益人間論)은 한국인의 의식 속에 자리하여 종교, 예술, 제도, 습관 등 문화 전반에 반영되면서, 체계를 갖춘 이론(理論), 이상(理想), 이념(理念) 등을 뜻하는 사상(思想)으로 나타났고, 이러한 사상의 최고원리들이 철학(哲學)에 응용되어 교육적 사유(思惟)로 작용하여 교육사상(教育思想)으로서 교육철학(教育哲學)이 된 것이다. 그것은 홍익인간론(弘益人間論)이 완전한 인격을 갖추기 위한 조건으로서 이상적인 인간상을 제시하는 근저(根底)로 작용되어왔고, 그와 같은 인격도야를 위한 지적성장(知的成長) 과정을 거쳐왔다. 이 같은 조건들은 삶의 방식 속에서 구현되어 삶을 지탱하고 이끌어 주는 원동력이 되어 홍익인간론(弘益人間論)은 전통사상으로서 가치를 지니고 있다. 결국 홍익인간론(弘益人間論)의 전통사상으로서 의미는 이상적인 인간상의 원리를 갖추고 지적성장 과정을 통하여 인류의 문화 속에 본질적이고 포괄적으로 체계화된 것으로 현재의 삶을 이끌어 주는 원동력이다. 전통사상으로서의 홍익인간론(弘益人間論)은 인간의 교육적 신념체계와 가치체계로 교육철학의 근거를 내포하고 있다.

홍익인간론(弘益人間論)은 전통사상으로서 교육적 사유(思惟)를 통해 그 사상(思想)을 교육적으로 보는 관점을 창조하는 관건(關鍵)이 된다. 그것은 홍익인간론의 전통사상에 대한 교육사상으로서 한민족의 삶이 되어왔고, 현재의 그 삶 속에 내재되어 가치를 지니면서 교육적 사유(思惟)를 형성하는 것이다. 전통사상으로서 홍익인간론(弘益人間論)의 교육적 사유(思惟)의 의미는 인간 행위의 보편성으로서 교육이 갖는 전인성(全人性)과 가치지향성(假齒志向性)을 갖춘 것이다. 그리고 홍익인간론(弘益人間論)의 전통사상을 교육적으로 의미화하는 교육적 의미를 찾아 교육체계를 갖추어 왔다. 그것은 오랜 역사를 통하여 하나의 공동사회에서 가치가 있는 것으로 전승되어 오면서 민족의 번영과 발전에 공헌하는 가치로서 교육적 의미를 담고 있기 때문이다. 나아가 홍익인간론(弘益人間論)의 전통사상은 민족공동체의 바람직한 주체성으로 형성되고, 변화와 지속성을 지닌 미래 창조에 이바지하는 교육적으로 작용되는 정신적 요소로서 이상적인 인간 형성의 원리를 담고 있는 것으로서 지적성장 과정을 통하여 이루어진 인간 형성 작용의 요소인 것이다. 따라서 홍익인간론(弘益人間論)의 전통사상의 교육적 충족 요건으로서 전인적 인간 형성 작용과 역사성과 보존성, 민족성과 주체성, 전인성과 창조성을 갖추고 있다.

홍익인간론(弘益人間論)의 전인적 인간 형성 작용은 전통사상이 인간 형성을 위한 교육적 작용을 구현한 것이다. 이것은 홍익인간론(弘益人間論)이 역사와 시대를 초월하여 인간의 교육적 행위를 조화하는 전인격체적(全人格體的) 성격을 지니고 있음을 나타낸다. 역사성과 보존성의 의미는 홍익인간론(弘益人間論)이 인격완성의 구비 조건과 이상적인 인간상을 제시하는 지적성장 과정이 역사적인 사회제도와 생활방식에 스며 있는 것이다. 거기에는 교육적 인간상의 대전제를 함의하고 있다. 홍익인간론(弘益人間論)의 민족성과 주제성은 문화와 역사 속에서 지적성장 과정을 통하여 민족성과 주체성으로 성장하였다. 즉, 민족성과 주체성은 그 사회의 교육적 인식의 주체로서 민족의식에 기초한 민족의 성장과 변모를 통하여 역사적 자기 발전의 주체성을 교육적으로 구성하고 있다. 그것은 인간의 생명과 인권을 존중하여 현실에 발을 닫고 만유(萬有)를 명석하고 합리적으로 처리하는 능력으로서 인도주의(人道主義) 사상이다. 이러한 인도주의를 근간으로 시대정신의 체현과 함께 홍익인간론(弘益人間論)의 전통사상의 요소를 정당화함에 따라 민족 고유의 민족성과 교육의 이념과 형성에 역할을 하면서 주체성 형성의 근간으로 작용하였다. 홍익인간론(弘益人間論)의 전인성(全人性)과 창조성(創造性)은 인격을 통합하고 다양한 관점을 수용하는 포용성이다. 그것은 도덕교육과 심리훈련 등을 다양한 덕목(德目)으로 논의한 것이다. 홍익인간론(弘益人間論)은 교육적 사유(思惟)의 관점에서 인격을 통합하고 다양한 관점에서 현상을 파악하여 다른 관점을 수용하는 창조성(創造性)을 갖고 있다. 이것은 홍익인간론(弘益人間論)의 인식론(認識論)의 관점에서 규명된다.

## 2. 홍익인간론(弘益人間論)의 인식론(認識論)

홍익인간론(弘益人間論)의 인식론(認識論), 즉, 지식이론(知識理論)은 가치론(價値論)을 전제로 한다. 홍익인간론(弘益人間論)은 인(仁)을 내재적 가치로 예(禮)를 실천적 가치로 하는 것으로, 그것은 가치에 대한 교육내용을 함유하는 지식의 이론이다. 인식론은 형이상학적(形而上學的) 가치론보다 훨씬 직접적으로 교육에 의미 있는 원리를 제공하고 있다. 이와 같은 입장은 홍익인간론(弘益人間論)의 인식론이 한국의 교육철학을 형성하고 있다는 것과 맥락을 같이 한다. 교육적 사유(思惟)로서 형이상학적 논의를 통해 이론과 실제에 방향을 설정한다. 그것은 지식과 그 가치의 본질에 관한 관념을 전제로 한다. 따라서 지식에 관한 인식론적인 경향은 교육에 있어서 교육적 사유(思惟)를 위한 중요한 재료가 된다. 교육에서 궁극적으로 지식이란 무엇인지를 철학적으로 사고하는 것 자체가 교육에 관한 사유(思惟)가 되어 교육철학으로 형상화(形象化)한다.

홍익인간론(弘益人間論)은 실천과 행위에 관한 이념(理念)이다. 즉, 홍익인간론(弘益人間論)은 실천과 행위를 궁극적인 지침으로 삼아 그것을 뒷받침하여 주는 지식의 전개를 통하여 인간성의 본질과 세계의 질서를 유지하기 위한 도덕(道德)과 수양(修養)의 논리를 탐구해 왔다. 이러한 과정이 효과적으로 전개될 수 있도록 하기 위한 지식을 동반한다. 도덕과 수양의 논리는 홍익인간론(弘益人間論) 366사(三百六十六事)의 제1사(第一事)에서 '성(誠)은 진심(盡心)에서 우러나오는 정성으로 본연(本然)의 성품을 지키는 것이다'[2]가 시원(始原)이 된다. 여기서 성(誠)은 궁극적 이치이고, 그것을 알아가는 단계가 도덕과 수양을 이끌어가는 핵심이다. 그러므로 성(誠)은 홍익인간론(弘益人間論)의 도덕과 수양의 논리에 객관성, 도덕성, 진리성을 부여해주는 근간이 된다. 따라서 홍익인간론(弘益人間論)의 진리에 대한 지식은 성(誠)의 논리 구조 속에 전제되어 있으며, 그것은 교육의 문제를 본질로 하는 교육철학의 사유(思惟)로 귀결된다.

궁극적으로 홍익인간론(弘益人間論)이 널리 인간을 이롭게 하는 인간다운 삶을 구현하는 교육적인 사유(思惟)인 한에서는 진리에 대한 앎의 문제를 취급하는 인식론은 그 자체로서 교육철학의 중심이 된다. 재세(在世)간의 일상적인 삶 속에서 수양을 통한 도덕의 실천은 홍익인간론이 갖는 특색은 그에 대한 지식과 연계되어 수행될 수밖에 없다. 이와 같은 지식의 문제는 인간을 널리 이롭게 하는 논리의 진행 방향을 결정하고 있다. 홍익인간론(弘益人間論)의 교육적 사유(思惟)에 의한 교육철학 담론(談論)의 당위성은 그 지적성장 과정이 홍익인간(弘益人間)의 토대 위에서 이루어진 것이고 그것이 한국 전통교육의 흐름

2) 誠者 衷心之所發, 血性之所守(「叅佺戒經」, 誠理訓, 誠.).

을 주도해온 역사적인 사실이다. 즉, 교육철학의 사유(思惟) 속에서 홍익인간론(弘益人間論)은 지식과 행위의 문제를 이해하는 틀을 발전시키며 조화를 이루어 온 것이다.

## 1) 지식(知識)의 출발점

지식(知識)은 교육과 학습을 전제로 한다. 홍익인간론(弘益人間論)은 그 자체로서 교육과 학습을 핵심으로 하는 사상적인 구조를 형성하고 있다. 그것은 인간을 이롭게 하는 인간다움을 위해서 사람에게 교육이 없으면 금수(禽獸)와 다르지 않으므로, 교육을 전담하는 사도(司徒)를 두어 사람다움이 되게 하는 지식을 가르치게 했다[3]는 것은 교육과 학습이 무엇보다 중요함을 말하고 있다. 그러므로 홍익인간론(弘益人間論)의 지식은 인간과 금수를 구별하는 것을 전제로 하여 출발하고 있다. 그리하여 학교와 교육기관을 설립하여 가르쳐야 한다고 했으며, 그 교육내용은 공통적인 것으로 모두 사람의 도리를 밝히기 위한 것[4]이 지식이다.

그러므로 교육과 학습에 대한 홍익인간론(弘益人間論)의 지식의 출발점의 특성은 도덕적 실천을 중심으로 진행된다. 지식을 즐겁게 배우고 익혀, 널리 사람을 사랑하는 본성인 선(善)을 추구하라[5]고 한 것은 교육과 학습을 실천을 통

---

3) 逸居而無敎, 則近於禽獸, 聖人有憂之, 使契為司徒(「孟子」, 滕文公 上.).

4) 設為庠序學校以敎之, 〈中略〉, 學則三代共之, 皆所以明人倫也(「孟子」, 滕文公 上.).

5) 學而時習之, 不亦說乎, 說, 悅同. 學之爲言效也. 人性皆善, 而覺有先後, 後覺者必效先覺之所爲, 乃可以明善而復其初也. 習, 鳥數飛也. 學之不已, 如鳥數飛也. 說, 喜意也. 旣學而又時時習之, 則所學者熟, 而中心喜說, 其進自不能已矣[배우고 때때로 익히니, 기쁘지 아니한가. 說(열) 자는 悅(열) 자와 같다. 學(학)의 의미는 '본받다〈효(效)〉'이다. 사람 본성이 모두 선(善)하나, 깨달음의 시기에 앞뒤가 있으니, 뒤에 깨달은 자는 먼저 깨달은 자가 하는 것을 반드시 본받아야 선(善)을 밝혀 그 처음으로 돌아갈 수 있다. 習(습) 자는 새가 날기를 되풀이하는 것과 같은 연습을 말한다. 배워 그만두지 않는 것이 새가 날기를 연습하는 것과 같다. 說(열) 자는 기쁜 심정이다. 이미 배우고, 또, 때때로 그것을 익히면 배우는 것이 익숙해지고, 마음속에 희열이 생기니, 그 정진함은 스스로 그만둘 수 없다. 朱熹(1130~1200, 중국 宋나라), 「論語集

해 파악하고 그것을 도덕적 행위의 지식으로 이해하는 것을 확인해 준다. 교육과 학습이 1차적으로 지식을 획득하는 것이고, 획득된 지식을 구현하는 것이므로 지식은 실천을 통해서 완성되는 도덕적 행위를 전제로 한다.

지식이 실천을 통해서 완성된다는 것은 지식이 그 자체로서의 독립성이 행위와 실천을 따르는 것을 전제로 하는 것이다. 이러한 지식의 특성은 지식을 인간의 삶의 행위에 연계시켜 놓음으로써 인간화를 지향하는 실천적 교육철학의 사유(思惟)를 말하는 것이다. 홍익인간론(弘益人間論)의 지식이 도덕적 행위의 전제가 된다는 점은 추구해야 할 지식의 범위를 한정하고 있다. 즉, 도덕적 실천의 지식을 도덕원리의 탐구 범주 속한다. 이것은 교육과 학습은 후천적인 노력을 통하여 지식을 획득하는 것이고, 그 지식을 실천하는 것이다. 따라서 인간 존재는 태어나면서부터 지식의 능력을 갖추고 있는 것이 된다.

인간은 이러한 지식 능력을 바탕으로 끝없이 노력하여 자기를 확립해 나가는 존재로서, 교육과 학습의 결과인 최종적인 성취도 온전히 자아(自我)의 몫이며, 그것은 교육적 자아에 의해 선택되어 완성된 결실이다. 인간의 본질은 지적능력을 지니고 있으며, 그 능력으로 지식을 통해 획득하는 진리를 추구하는 존재이다. 즉, 천부적인 성품을 따라 행하는 것이 도덕이며, 그 도덕을 닦아가는 것이 교육이다.[6] 따라서 사람의 성품은 도덕적인 것으로 그것은 우주 자연의 이치인 성(誠)이다. 성(誠)은 인간의 선(善)한 성품을 실현하는 것으로 네 가지 단서〈4단(四端)[7]〉로 구체화 된다. 즉, 사람은 인(仁) · 의(義) · 예(禮) · 지(智)의 네

---

注」, 學而篇.].

6) 天命之謂性, 率性之謂道, 修道之謂敎(中庸, 第一章.).

7) 惻隱之心, 人皆有之. 羞惡之心, 人皆有之. 恭敬之心, 人皆有之. 是非之心, 人皆有之. 惻隱之心, 仁也. 羞惡之心, 義也. 恭敬之心, 禮也. 是非之心, 智也. 仁義禮智非由外鑠我也, 我固有之也[측은(惻隱)한 마음은 사람이면 누구나 가지고 있다. 부끄러운 마음은 사람이면 누구나 가지고 있다. 공경(恭敬)의 마음은 사람이면 모두 가지고 있다. 시비(是非)의 마음은 사람이면 모두 가지고 있다. 측은한 마음은 인(仁)이다. 부끄러운 마음은 의(義)이다. 공경의 마음은 예(禮)이다. 시비의 마음은 지(智)이다. 인과 의와 예와 지는 나의 밖에서 녹아드는 것이 아니고 내가 지지고 있는 고유한 것이

가지 단서를 지니고 있어서 누구나 그것을 인식하고 확충할 수가 있어서 선(善)에 이를 수 있다. 이와 같은 인간의 본래의 도덕성은 지식의 지적성장 과정에 있어서 지식의 내면화를 의미한다. 그러므로 홍익인간론(弘益人間論)의 인식론은 앎과 실천으로 구조화되는 특성을 띤다. 이러한 구조는 모든 지식이 원천적으로 인간 자아의 내면에 구비된 것으로 본다. 따라서 모든 만유(萬有)는 나에게 갖추어진 것으로[8] 지식(知識)과 덕성(德性)을 내포하고 있다. 따라서 나에게 갖추어진 지식이 삶을 실천을 통하여 온전하게 드러나는 것이다. 홍익인간론(弘益人間論)의 논리 속에는 지식은 이미 주어져 있는 것이며, 지식의 역할은 내재적 지식을 자각하는 것이다. 그것은 교육과 학습을 통해 지식에 도달하여 생산할 수 있는 토대가 내재적으로 확고하게 갖추어져 있다는 의미이다.

### 2) 지식(知識)의 방법과 과정

홍익인간론(弘益人間論)에서의 지식(知識)은 뜻〈의(意)〉을 성실하게 하는 것이다. 이러한 지식은 사물의 이치를 관찰하는 격물(格物)을 통해서 얻어진다.[9] 그러나 사물의 이치를 관찰하는 것만으로서 홍익인간론(弘益人間論)의 지식은 목적이 될 수 없다. 그것은 삶의 도덕과 수양의 모든 행위를 이끌어가는 단서로 두 가지 방범의 과정을 갖고 있다.

하나는 덕성(德性)을 높이는 '존덕성(尊德性)'으로 마음을 보존하는 존양(存養)이며, 다른 하나는 묻고 배움을 추구하는 '도문학(道問學)'은 지식을 확장하는 치지(致知)이다.

존덕성(尊德性)의 지식과정은 내 속에 갖추어진 이(理)를 상실하지 않도록 노력하는 것이다. 따라서 이러한 지식과정은 마음의 이치가 상실되지 않을 경

---

다.「孟子」, 告子章 上.].

8) 萬物皆備於我矣(「孟子」, 盡心章 上.).

9) 所謂致知在格物者, 言欲致吾之知, 在卽物而窮其理也[이른바 지식(知識)에 이르는 격물(格物)은 나의 지식(知識)에 이르고자 하는 것으로, 만물의 이치를 궁리(窮理)하는 것을 말하는 것이다.「大學」, 傳文.].

우만 가능한 것이다. 이것은 욕망(欲望)이나 사심(私心)을 버리는 노력을 통하여 지식을 유지하는 것이다. 그리하여 지식을 확장하는 치지(致知)로 수렴된다.

도문학(道問學)은 외재하는 사물의 이치를 하나하나 관찰하여 내면에 축적하여 깨달음에 이르는 것이다. 이것은 모든 사실 속에 빠짐없이 이치가 갖추어져 있으므로 지식의 대상이 모든 것으로 확장되는 것으로 사물의 파악에 대한 객관성을 담보해 준다.

홍익인간론(弘益人間論)의 지식을 이끌어가는 전제는 마음속에 자각(自覺)된 이치(理致)와 마음속에 갖추어진 이지적(理智的) 능력이다. 그것은 '명덕(明德)'의 개념으로 집약된다. 마음속에 갖추어진 이치는 총체적이기는 하지만, 총체적으로 자각된 것이 아닌 부분적으로 자각된 것이다. 이러한 부분적인 지식은 지식을 확장하는 과정의 초석이 된다. 이것을 바탕으로 마음의 이지적(理智的) 능력은 부분적으로 드러나 있는 이치에 접근함으로써 그 이치를 인식하게 된다. 즉, 사물에 나아가 그것의 이치를 궁구(窮究)하는 것이다.

홍익인간론(弘益人間論)의 지식과정은 이치의 총체를 명료하게 드러내는 데 있다. 이치가 드러날 수 있는 입지를 확보하여 마음의 지식을 확장하는 것을 목적으로 한다. 즉, 갖추어 있지만 지각하지 못한 이치를 지각하는 기능을 수행한다. 그리하여 하나하나 사물들을 수렴하는 것을 통하여 마음에 갖추어져 있는 이치가 자각(自覺)의 영역으로 옮겨지고, 이치를 가리고 있던 무지(無知)를 걷어낸다. 이러한 방법과 과정 자체가 지식을 확보하는 것이고, 그것은 교육적 사유(思惟)를 바탕으로 한다.

### 3) 교육적 사유(教育的 思惟)의 바탕

홍익인간론(弘益人間論)의 지식(知識)에 대한 존재론적 근거는 '삶〈생(生)〉이 만유(萬有)의 근본인 이치(理致)다'[10]는 명제에서 출발한다. 이러한 명제는

10) 理也者 形而上之道也, 生物之本也〈中略〉, 必稟此理, 然後有生(「朱子大全」, 答黃

존재론과 인식론 사이를 연결하는 교량적 역할을 하고 있다. 그것은 사물의 성품은 한 사물의 이치로서 사물의 운동과 변화하는 법칙으로 인간이 따라야 하는 이치로서 도덕원리이며, 인간의 성품의 내용이 되는 인(仁) · 의(義) · 예(禮) · 지(智)의 원리인 동시에 세계가 전개되는 원리이다. 이러한 관점은 존재론적 차원에서 보면 세계와 인간을 하나의 원리구조로 수렴하여 개체의 본질 속에 주어진 이치나 우주 자연의 이치는 존재론적인 면에서 동질적이다. 따라서 홍익인간론(弘益人間論)에서는 기본적으로 우주 자연과 개체를 하나의 동질적 바탕의 속성을 지닌다. 이와 같은 이치는 지식과 그 실천의 근거가 된다. 그러므로 홍익인간론(弘益人間論)에서 지식은 내재적인 것이다. 즉, 지식을 가능하게 하는 이치가 마음속에 갖추어져 있는 것이다. 그것은 '명덕(明德)'으로 표현된다. 명덕(明德)이 내재하여 지식이 가능하고, 그 자체로서 교육적 사유(思惟)의 바탕이 형성된다.

명덕(明德)은 구속됨이 없는 영묘〈靈妙; 허령(虛靈)〉한 것으로, 어둡지 않은 보편적인 이치〈중리(衆理)〉를 갖추어 만사(萬事)에 응하는 것이다.[11] 이러한 명덕(明德)은 나의 인식과 행위, 지식과 실천의 근거가 된다. 따라서 명덕(明德)은 마음속에 성품으로 갖추어져 있고, 인간의 교육적 사유(思惟)의 구조이기도 하다.

홍익인간론(弘益人間論)의 인식론(認識論)의 지식은 '이치(理致)'이면서 성품이고 그것은 명덕(明德)과 관련하여 설명되는 것이다. 그것은 이치를 관념적 실제로 간주하는 구조상 인간의 심성의 내적인 곳에 구체적으로 갖추어져 있는 교육적 의미의 범주 안에 있다. 그러므로 홍익인간론(弘益人間論)의 인식론(認識論)에서 지식이란 마음속에 갖추어져 있는 교육적 사유(思惟)의 바탕에서 구성되는 것이고, 도덕 차원의 행위와 연계되어 있다. 따라서 지식은 필연적으로

---

道夫書.).

11) 明德者, 人之所得乎天, 而虛靈不昧, 以具衆理而應萬事者也〈朱熹(1130~1200, 중국 宋나라), 「大學集注)」, 明明德.〉.

도덕 행위의 원리로서 지식인 것이다. 만사(萬事)에 대응하는 능력의 이치는 주어진 지식이 아니라 자각(自覺)된 지식이다. 그것은 교육철학의 지식이다. 즉, 지식의 내용인 이치가 존재론적으로 갖추어져 있으며, 그 이치를 구현하는 능력이 교육적 사유(思惟)로 가능한 것이다. 다시 말해 지식이란 내적인 근거를 갖고 교육적 사유(思惟)를 통해 분석(分析)하여, 평가(評價)하고, 사변(思辨)하며, 통합(統合)하는 교육철학의 기능으로 탐구하여 완성된다.

홍익인간론(弘益人間論)의 지식의 내용은 논리적 차원에서 객관화된다. 그것은 우주 자연에 존재하는 이차와 마음속에 내재하는 이치에 놓여 있는 것이고, 관념적 실제이기 때문이다. 이러한 입장에서 홍익인간론(弘益人間論)의 지식은 마음속에 내용을 갖추고 있는 것이 되고, 대상의 사물 속에도 내용을 갖추고 있다. 만유(萬有) 속에 갖추어져 있는 이치는 지식의 대상이기 때문에 지식의 내용은 객관화가 되고, 개인의 교육적 사유(思惟)의 바탕이 되는 것이다.

홍익인간론(弘益人間論)의 인식론은 도덕과 수양의 실천론과 연계되었을 때 의미를 지닌다. 도덕과 실천은 지식의 완결이 아니라 지식의 구현 과정이기 때문이다. 홍익인간론(弘益人間論)에서 인식론의 목적은 인간을 널리 이롭게 하는 도덕의 구현에 있다. 인간의 성품은 도덕적이기 때문이다. 우주 자연의 이치로서 이상적인 인격인 성(誠)을 지향하는 홍익인간의 본성이 근본적으로 선(善)하다는 이치를 내포하고 있다는 점에 그 존재본질이 있다. 그러한 이치가 지식의 내용이 되며 교육적 사유(思惟)의 바탕이 된다. 홍익인간론(弘益人間論)에서 지식은 이러한 사유(思惟)로 말미암아 교육적 가치가 확보된다.

## 3. 홍익인간론(弘益人間論)의 지적성장(知的成長)

홍익인간론(弘益人間論)이 교육적 사유(思惟)로 일관해 온 것은 우주 자연의 이치로서 성(誠) 사상이다. 성(誠)은 우주 자연의 이치를 개인이 체현하게 한 것으로, 진심(盡心)에서 우러나오는 정성으로 본연(本然)의 성품을 이뤄 가는 것이다. 따라서 성(誠)은 천인합일(天人合一)의 관점에서 인성의 근본적인 지표가 되었다. 그것은 객관적인 필연성이자 주관적인 목적성이 되었다.

성(誠)은 인성(人性)의 최고의 구현이고 소종래(所從來)이다. 진심(盡心)에서 우러나오는 정성은 진실(眞實)·무망(無妄)한 마음이다. 진실(眞實)·무망(無妄)한 마음은 우주 자연의 이치로 사람이 지닌 본연의 도리(道理)이다. 그러므로 자기 몸을 성(誠) 되게 하는 방도는 선(善)에 밝지 못하면 자기 몸이 성(誠) 되지 못할 것이니, 그러므로 성(誠)은 하늘의 도(道)이며, 성(誠)을 생각하는 것은 사람의 도(道)이다. 성(誠)에 이르면 모두가 감동하고, 성(誠) 되지 않으면 감동하지 않는다[12]고 하였다. 성(誠)을 생각하는 사성(思誠)은 바로 주체의 내면을 향한 사유(思惟)가 되면서 자아 초월을 실현해서 천인합일(天人合一)의 경계에 도달한다. 즉, 성(誠)은 천인합일(天人合一)의 최고의 존재로서 일체의 인성(人性)의 내용을 내가 모두 구비(具備)하여 나의 마음 가운데 있는 것이 성(誠)이다. 즉, 성(誠)이 우주 자연의 섭리로서 도리인 이상 진리(眞理)는 모두 내 마음에 있는 것이다. 이것은 하늘이 하늘 된 까닭이며 사람이 사람 되는 까닭으로 천인합일(天人合一)이다.

이러한 입장은 성(誠)에 대한 지적성장을 통하여 객관적인 필연성과 주관적인 목적성의 통일로 나타났다. 즉, 성(誠)은 선천적(先天的)인 진리이고, 성(誠)을 실현하는 것이 인위적인 진리[13]이다. 그리하여 성(誠)은 선전적으로 부여된 성(性)이고, 성(誠) 되려고 하는 것은 본성에 따라 도(道)를 닦아 일체의 사물이 도(道)에 부합하도록 교육하는 것이다.[14]

하늘이 부여한 것을 성(性)이라고 한 것은 우주 자연의 존재 본체인 성(誠)을 사람에게 부여하여 인성(人性)이 되는 것이고, 인성(人性)은 사람의 존재 본체

---

12) 誠身有道, 不明乎善, 不誠其身矣. 是故, 誠者天之道也, 思誠者人之道也. 至誠而不動者未之有也, 不誠未有能動者也(「孟子」, 離婁章 上.).

13) 誠者天之道也, 誠之者人之道也(「中庸」, 第二十章.).

14) 天命之謂性, 率性之謂道, 修道之謂敎(「中庸」, 第一章.).

가 되므로 사람을 우주 자연의 존재 본체와 동등한 지위까지 끌어올렸다. 그래서 그 본성에 따르는 것을 도(道)라고 한 것은 인성의 교육에 따른 사회의 인륜(人倫) 도덕이다. 하여 성(性)은 외재적 객관적 존재일 뿐만 아니라 내재적 본질 존재이며, 외재적 필연성이고, 내재적인 목적성이 되는 것이다. 그것은 본체(本體)의 범주이면서, 또한 주체(主體)의 범주가 된다. 그러므로 도(道)는 사람에게 한순간이라도 떠날 수 없고, 떠날 수 있다면 도(道)가 아니라고 한 것[15]은 완전한 주체(主體)의 범주이다.

본성에 따라 도(道)를 실천하여 도(道)에 부합하도록 하는 것이 교육이다는 것[16]은 사회윤리 도덕의 교육과정을 말하는 것으로서, 그 목적은 선천적 품성을 회복하는 것이다. 그리하여 성(誠)을 지향하는 성(性)과 도(道)와 교(教)를 설정하여, 교(教)에서 도(道), 도(道)에서 본성에 이르는 지적성장(知的成長)의 교육과정을 제시한다. 따라서 성(誠)은 존재의 범주이면서 공능(功能)의 범주로서 존재와 활동과 우주 자연 섭리의 생성과 발전의 동력이 되었다. 그러므로 성은 동태적인 본체의 범주를 제기하면서 우주 자연의 일체를 설명하는 근원으로 삼아 본체론의 토대를 세운 것이다. 즉, 홍익인간론(弘益人間論)의 주체의식과 관념을 우주의 근본적인 존재를 끌어 올려놓아 우주 자연의 질서를 세워 사람의 특성을 갖게 한 것이다. 이는 사람을 널리 이롭게 하는 자연계(自然界)를 형성하면서 여기에 인간의 도덕 속성을 부여한 것이다. 그리하여 사람의 자아(自我)의 가치(價値)로서 성(誠)의 실현은 주체인격(主體人格)의 자아실현과 자아초월로서 성(誠)은 자기 인격을 완성하는 요건이고 도(道)는 자기가 당연히 해야 할 일로 이끄는 것이다.

성(誠)은 만물의 끝과 시작인 우주 자연의 도(道)로서 자기 인격의 완성을 통하여 만유(萬有)을 성취시키는 것이다. 그러므로 성(誠)하지 못하면 만물이 없다. 성(誠)은 스스로 자기 인격을 이루며 만물을 이루게 한다. 자기 인격을 이루는

15) 道也者, 不可須臾離也, 可離非道也(「中庸」, 第一章.).
16) 修道之謂教(「中庸」, 第一章.).

것은 인(仁)이며, 만유(萬有)를 이루는 것은 지혜(知慧)이니 모두가 성품의 덕(德)으로 인격의 완성과 만유(萬有)를 성취시키는 도(道)가 부합되므로 어느 때 어느 곳에서 시행해도 마땅한 것이라고 하여[17] 사람의 주체적인 활동으로 실현되어서 자기의 인격을 완성할 때 비로소 만유(萬有)가 성취될 수 있다고 하였다.

사람의 3달덕(三達德)인 지(知) · 인(仁) · 용(勇)은 성(誠)이다.[18] 보편적인 덕(德)의 도리인 달도(達道)는 천하(天下) 고금에(古今) 함께 따라야 하는 길이니 그것은 부자유친(父子有親), 군신유의(君臣有義), 부부유별(夫婦有別), 장유유서(長幼有序), 붕우유신(朋友有信)이다. 지는(知), 이것을 아는 것이다. 인은(仁), 이것을 몸소 실천하는 것이다. 용(勇)은, 이것을 힘쓰는 것이다. 이 3덕(三德)이 없으면 그것을 행할 수 없다. 달덕(達德)은 비록 사람의 공통적인 것이지만 하나의 성(誠)이 없으면 사람의 욕심이 끼어들어 그 덕(德)이 바르지 않다[19]고 하여 사람의 본체존재는 재세(在世)간의 관계 속에서 체현(體現)되는 것으로 인성(人性)은 곧 사회윤리 도덕이라는 지적성장(知的成長)을 이루었다.

이러한 지적성장(知的成長)은 더욱 발전하여 성(誠)과 심(心)이 연계되었다. 기쁨〈희(喜)〉 · 성냄〈노(怒)〉 · 슬픔〈애(哀)〉 · 즐거움〈락(樂)〉이 나타나지 않아 마음이 고요한 것이 중(中)이고, 그 정감(情感)이 나타나 모두 절도(節度)에 맞는 것이 화(和)이다. 중(中)은 만유(萬有)의 근본이며, 화(和)는 세상에서 맞게 행하는 도리(道理)이다. 중화(中和)에 이르면 천지가 제자리에 위치하여 만물을 성장하게 한다[20]고 하여 심리적 정감의식(情感意識)을 강조하였다. 따라서

---

17) 誠者, 物之終始, 不誠無物, 〈中略〉, 誠者, 非自成己而已也, 所以成物也, 成己仁也, 成物知也, 性之德也, 合內外之道也, 故時措之宜也(「中庸」, 第二十五章.).

18) 知仁勇三者, 天下之達德也, 所以行之者 一(誠)也(「中庸」, 第二十章.).

19) 達道者, 天下古今所共由之路,〈中略〉 孟子所謂, 父子有親, 君臣有義, 夫婦有別, 長幼有序, 朋友有信, 是也. 知, 所以知此也. 仁, 所以體此也. 勇, 所以强此也. 謂之達德者, 天下古今所同得之理也. 一 則誠而已矣. 達道雖人所共由, 然無是三德, 則無以行之. 達德雖人所同得, 然一有不誠, 則人欲間之, 而德非其德矣〈朱熹(1130~1200, 중국 宋나라), 「中庸章句集註」, 中庸 二十章.〉.

20) 喜怒哀樂之未發謂之中, 發而皆中節謂之和, 中也者天下之大本也, 和也者天下之

성(誠)은 진실하고 거짓 없는 정감의식(情感意識)으로서의 도덕정감(道德情感)이다. 이것은 진실한 정감(情感)을 사람의 사람다운 성정(性情)으로 삼아 보편성으로 끌어올려 사람의 진정한 존재로 상정한 것이다. 그리하여 성(誠)에 이르는 지성(至誠)이 보편적인 가치법칙이 되었다.

오직 천하(天下)의 지성(至誠)만이 그 본성(本性)을 실현할 수 있고, 본성(本性)을 실현하면 사람의 본성(本性)을 실현할 수 있고, 사람의 본성(本性)을 실현하면 만유(萬有)의 본성(本性)을 실현할 수 있으며, 만유(萬有)의 본성(本性)을 실현하면 천지(天地)의 만유(萬有)를 생성(生成)하고 발육(發育)하는 것에 참여하여 도울 수 있고, 그렇게 되면 천지(天地)와 함께 한다[21]고 하여 지성(至誠)으로 사람의 자아가치(自我價値)를 실현하는 것이다.

지성(至誠)의 도(道)는 예지총명(叡智聰明)에 이르는 것으로 나라의 흥망성쇠를 느껴 알 수 있어, 화(禍)와 복(福)에 있어 선(善)함과 불선(不善)을 미리 자각(自覺)하므로 지성(至誠)은 신명(神明)과 같다.[22] 사람의 예지총명(叡智聰明)의 성(性)은 본래의 고유한 것으로 인지이성(認知理性)과 도덕이성(道德理性)이 합해진 최고의 지혜인 것이다. 인지이성은 지(知)이며, 도덕이성은 인(仁)으로 인지이성과 도덕이성의 결합이 성(誠)이다. 지성(至誠)에 의한 선(善)의 자각(自覺)은 사람의 타고난 본성이다. 이러한 선(善)이 명백해져서 성(誠)에 이르는 것은 교육에 속한다. 즉, 성(誠)으로 말미암아 선(善)에 밝은 것이 본성이고, 그 성(誠)을 밝히는 것이 교육(敎育)으로서 성(誠) 된즉 이치에 밝아지고, 이치에 밝으면 성(誠)되는 것이라고[23] 하여 성(誠)은 인격을 완성하는 요건이며, 그

---

達道也, 致中和天地位焉萬物育焉(「中庸」, 第一章.).

21) 唯天下至誠, 爲能盡其性, 能盡其性則能盡人之性, 能盡人之性則能盡物之性, 能盡物之性則可以贊天地之化育, 可以贊天地之化育則可以與天地叄矣(「中庸」, 第二十二章.).

22) 至誠之道, 可以前知, 國家將興, 必有禎祥, 國家將亡, 必有妖孼, 見乎蓍龜, 動乎四體, 禍福將至, 善必先知之, 不善必先知之, 故至誠如神(「中庸」, 第二十四章.).

23) 自誠明謂之性, 自明誠謂之教, 誠則明矣, 明則誠矣(「中庸」, 第二十一章.).

에 따른 도(道)는 자기가 마땅히 행하는 것[24]임을 말하고 있다. 이것은 모두가 주체자신(主體自身)으로서 자아(自我)의 깨달음을 실현하는 것이다. 이에 대한 실천방법은 널리 두루 학습하여 상세하게 가르침을 구하고, 신중하게 사고하여 명백하게 판단하고, 절실하게 힘써 실천하는 것이다. 즉, 두루 학습하고, 가르침을 구하고, 신중하게 사고하고, 판단하여 선(善)을 가려내어 알도록 하는 배움의 지식이고, 이를 돈독하게 실천하는 것을 굳세게 하여 인(仁)에 이르도록 힘써 행하는[25] 경험적(經驗的) 인식과 이성적(理性的)인 사변(思辨)의 작용으로 나타났다. 따라서 그것은 선(善)을 지향하여 굳게 지키는[26] 인식(認識)의 활동이다.

유가(儒家)에 이르러 홍익(弘益)을 위한 성(誠) 사상은 사람이 사람 되는 까닭의 내재적인 본성일 뿐 아니라 자연계의 만물을 생성하고 변화시키는 도(道)가 되어 사람의 본체존재(本體存在)로 확립되었다. 이것은 사람의 이지(理智)의 마음이 사람의 자연 본성에 대해 주재(主宰)하고 규제(規制)하는 지적성장(知的成長)을 통하여 교육을 중시하였다. 이와 같은 교육적 사유(思惟)는 인지이성(認知理性)과 재세(在世)간의 사회적 경험에 대해 보편적으로 중요한 것으로 교육되어 교육철학으로 정립되었다.

성(誠)은 천덕(天德)으로서 사람의 심리상태(心理狀態)를 중점으로 설명하기도 한다.

마음을 수양(修養)하는 데는 성(誠)보다 더 좋은 것이 없다. 지성(至誠)이면 다른 사사로운 일이 없이 오직 인(仁)만을 지키고, 오직 의(義)만을 행한다. 성(誠) 된 마음으로 인(仁)을 지키면 그것이 겉으로 드러나, 신통하고 뛰어나서,

---

24) 誠者自成也, 而道自道也(「中庸」, 第二十五章.).

25) 博學之, 審問之, 愼思之, 明辨之, 篤行之. 此誠之之目也, 學 · 問 · 思 · 辨, 所以擇善而為知, 學而知也. 篤行所以固執而為仁, 利而行也〈朱熹(1130~1200, 중국 宋나라), 「中庸章句集註」, 中庸 二十章.〉.

26) 擇善而固執之者也. 擇善, 學知以下之事. 固執, 利行以下之事也〈朱熹(1130~1200, 중국 宋나라), 「中庸章句集註」, 中庸 二十章.〉.

사람들을 가르쳐 완성한다. 성(誠) 된 마음으로 의(義)를 행하면, 앞뒤가 들어맞고 체계가 세워지고, 모든 것이 분명해져 사람들을 훌륭하게 변화시킬 수 있다. 이 변화의 교육이 지속하게 일어나 즐겁고 좋은 정서의 인격으로 대체되는 것을 천덕(天德)이라고 한다. 천(天)은 아무 말이 없어도 사람들은 그것을 높다고 하고, 지(地) 아무 말이 없어도 사람들은 그것을 두텁다고 하며, 4계절은 아무런 말을 하지 않아도, 백성들은 기운(氣運)의 표준으로 삼는다. 이것들은 모두 불변의 도(道)를 지니고 있어 지극히 그 성(誠)을 다하고 있다. 지극한 덕(德)을 지니면 묵묵히 사람들을 깨우치며, 베풀지 않아도 사람들과 친(親)하게 되고, 성내지 않아도 위엄(威嚴)이 선다. 이것은 사람의 사명(使命)에 순응하여 홀로 삼가〈신독(愼獨)〉기 때문이라고[27] 하여 자연(自然)의 변화와 도(道)가 합해서 천인합일(天人合一)을 실현하는 천덕(天德)이라고 하였다. 즉, 천지(天地)와 4계절은 변하지 않는 도(道)를 가지고 있는 규율(規律)이다. 성(誠)은 이러한 자연규율을 최고의 원칙으로 삼아 실현하는 심리적인 상태이다. 이러한 자연규율의 심리상태에서 인간행동을 실천하는 예(禮)가 나온다. 이러한 예(禮)는 천지(天地)를 생명의 근본으로 하고많다, 조상(祖上)을 동족의 근본으로 하며, 임금과 스승은 다스림의 근본이므로[28] 자연(自然)은 도덕의 근원이고 도덕은 예의(禮儀)에서 유래하는 것으로 결국은 천(天)에서 유래한 마음작용이다.

도가(道家)에서는 도덕의 근원을 자연에 두어 자연주의(自然主義)의 홍익인간론(弘益人間論)을 계승하였다. 도(道)를 초월적인 본체존재로 생각하여 자연(自然)을 특징으로 삼았다. 사람은 도(道)를 본받고 도(道)는 자연을 본받는 인지이성(認知理性)으로 경험적 지식을 구하여 직관과 깨달음으로 자연계의 존

---

27) 養心莫善於誠, 致誠則無他事矣, 唯仁之爲守, 唯義之爲行. 誠心守仁則形, 形則神, 神則能化矣, 誠心行義則理, 理則明, 明則能變矣. 變化代興, 謂之天德. 天不言而人推其高焉, 地不言而人推其厚焉, 四時不言而百姓期焉, 夫此有常, 以至其誠者也. 君子至德, 黙然而喩, 未施而親, 不怒而威. 夫此順命, 以愼其獨者也(「荀子」. 不拘.).

28) 禮有三本, 天地者生之本也, 先祖者類之本也, 君師者治之本也(「荀子」. 禮論.).

재와 실질 이성인 인간의 본질을 파악하는 것으로, 자연(自然)을 종지(宗旨)로 삼아 도(道)를 체득하여 자연의 본성을 회복하는 개별적(個別的) 정신의 자유를 획득하는 데 있다. 자연은 본체론(本體論)의 근원이며 궁극적인 목적으로 존재하는 자연(自然)이다. 이것은 사람의 문제를 해결하는 것으로 개인을 중심으로 하는 자아발전(自我發展)과 자아해탈(自我解脫)의 정신 자유를 추구하는 성(誠) 사상으로서 홍익인간론(弘益人間論)의 본체론이 되어 예(禮)와 법(法)으로 발전하였다.

불가(佛家)의 성(誠)은 정신을 집중하여 마음을 고요하게 하는 지(止)와 진리의 실상을 찾아가는 관(觀)인 지관(止觀)과 관련된다. 지관(止觀)은 선정(禪定)과 지혜(智慧)이다.[29] 선정(禪定)은 잡다하고 어리석은 생각을 쉬는 것을 의미한다. 망념(妄念)과 사념(邪念)과 허영심과 분별심을 버리면 그것이 중도(中道)인 성(誠)에 이르는 것이므로 마음을 쉬는 공부인 선정(禪定)을 닦을 것이 요구된다. 지혜(智慧)에서 지(智)는 변화를 아는 것이며, 혜(慧)는 변하지 않는 것을 아는 힘으로 다른 점을 인정하고, 그 다른 점에서도 다르지 않은 것이 있음을 아는 힘으로 중도(中道)로서의 성(誠)이다. 지(止)와 관(觀)의 양자는 마치 수레의 두 바퀴 같은 상호의존 관계에 있으면서 성(誠)으로 수렴된다.

불가(佛家)에서는 홍익인간론(弘益人間論)과 상통하면서 반야〈般若; 지혜(智慧)〉로써 선정(禪定) 체험을 통하여 얻는 깨달음의 주체적인 의식으로서 반야(般若)에 대한 구체적인 내용은 모든 현상이 공(空)으로 파악해야 반야(般若)(般若)의 지혜를 체득할 수 있다. 그리하여 반야학(般若學)은 홍익인간(弘益人間)의 근본 사상과 결합하였다. 즉, 홍익인간론(弘益人間論)의 현실성과 초월성을 연결하고 통일하여 사람은 모두 불성(佛性)으로서의 성(誠)을 가지고 있다는 인본주의(人本主義)의 주장을 하게 되므로 홍익인간이 지위와 작용을 뚜렷하게 부각하였다. 경험적 진리(眞理) 제(諦)를 재세(在世)간의 일반 사람들에게

29) 定慧合修故合此二爲止觀門也〈元曉(617~686, 대한민국 新羅 시대), 「大乘起信論疏別記」, 修行信心分.〉.

알려진 홍익인간론(弘益人間論)의 진리의 깨우침인 속제(俗諦) 와 불가(佛家)의 깨우침의 진리인 진제(眞諦)의 조화를 통해 진리를 밝혀가는 속제(俗諦)와 진제(眞諦)의 합명중도설(合明中道說)을 세워 불가(佛家) 관점에서 지혜(智慧)의 교육으로 민중을 이화(理化)하는 교육철학을 정립하였다.

## 4. 창조교육(創造教育)의 함의(含意)

홍익인간론(弘益人間論)은 널리 인간을 이롭게 하기 위한 것으로 창조교육의 의미를 함의한다. 홍익인간론(弘益人間論)에서 창조교육의 함의는 세상을 다스리는 인간에 필요한 366사(三百六十六事)가 시원(始原)이다. 366사(三百六十六事)의 내용은 재세(在世)간에 인간의 삶에서 홍익인간으로서 인성(人性) 회복을 위한 가르침과 깨달음을 위한 창조교육의 사유(思惟)를 함의하고 있다. 366사(三百六十六事)에서 창조교육의 함의(含意)는 인간의 삶과 더불어 미래의 공영에 이바지하는 데 있다. 그것은 가르침에 의한 배움에 의해 관계적 존재를 형상하면서 이타적(利他的) 사랑의 정신이다. 사랑은 366사(三百六十六事)의 제96사(第九十六事) '愛(애)'의 사랑은 자비의 마음에서 자연히 일어나는 것으로 어진 성품의 가장 근본적인 성질이 되는 것[30]을 말한다. 이러한 사랑은 366사(三百六十六事)의 제98사(第九十八事) '幼我(유아)'로서 이타적(利他的)인 사랑이다. 유아(幼我)는 남을 나와 같이 생각하는 것으로 내가 춥고 더우면 남도 춥고 더운 줄 알고, 내가 배고프면 남도 또한 배고픈 줄 알며, 내가 어찌할 수 없는 일을 당할 때, 남도 또한 어찌할 수 없는 사정이 있음을 아는[31] 이타적(利他的) 사랑이다. 따라서 사랑은 어떤 대상을 매우 좋아해서 아끼고 즐기는 마음으로서 어떤 일이나 상대에 대하여 의욕과 관심을 가지는 것이다. 즉, 어느

30) 愛者慈心之自然仁性之本質(「叄佺戒經」, 愛理訓, 愛.).

31) 幼我者推人如我也, 我寒熱人亦寒熱, 我飢餓人亦飢餓, 我無奈人亦無奈(「叄佺戒經」, 愛理訓, 幼我.).

것에 대하여 계속해서 생각하는 것이기 때문에 사랑은 인간의 의식과 행동의 전반을 설명하는 것이고 의욕(意慾)과 관심(關心)을 수반한다.

인간에 대한 의욕과 관심으로서 사랑이 바로 '인(仁)'이다. 인(仁)은 인간관계에 있어서 서로를 이해하고 배려하고 존중해주는 사랑이다. 그것은 자기를 극복하여 예(禮)를 이루는 것으로 실천의 주체는 결국 인간 자신이라고 하여 사랑은 사람이 가지는 고유한 특성임을 말하고 있다.[32] 그러므로 사랑인 인(仁)을 완전하게 실천한 사람을 인격의 완성체인 성(誠)으로서 사랑을 실천하는 인(仁)의 존재이기 때문에 순선(純善)하여 악(惡)함이 없는[33] 창조적 인격체인 홍익인간(弘益人間)으로서의 교육적 자아(教育的 自我)이다.

창조(創造)의 創(창) 자는 병기(兵器)의 칼을 나타내는 刀(도)와 작은 창조를 나타내는 倉(창)이 합쳐진 형성자(形成字)로 칼을 사용하여 나무를 쪼개거나 다듬는 과정을 통해 새로운 것을 만들어낸다는 것을 의미하여 '비롯하다', '시작하다' 등을 뜻한다. 造(조) 자는 '집'을 나타내는 宀(면)이나 '배'를 나타내는 舟(주) 등을 만들 때 조상들에게 제사를 지내면서 그 사실을 알린다〈고(告)〉는 모습에서 주(舟) 대신 辶(착)이 첨가되어 '시작하다'. '바르게 하다', '만들다' 등의 뜻이다. 그러므로 창조(創造)는 인간의 이성적 사고 작용을 전제로 하는 교육적 자아에 의한 것이다. 즉, 인간은 가치지향의 출발 선상에서 교육으로 변화와 발전을 추구하는 창조(創造) 과정의 존재이다. 이와 같은 창조(創造)는 인간의 이성 능력이 고등정신(高等精神) 역량인 창조성(創造性)으로 인간의 전인격체(全人格體)이다. 이와 같은 전인격체(全人格體)를 교육을 통해 개발하는 것이 창조교육이다. 그것은 인간 존재의 가치를 인격의 창조와 문화 가치창조의 주체로서 발견하여 널리 인간을 이롭게 하는 전인적(全人的) 관점으로서 홍익인간론(弘益人間論)이 함의(含意)하고 있는 창조교육이다. 교육적 자아에 의해 진리에 대한 사랑으로 관심과 의욕으로 헌신적이며 공평한 사랑의 교육애(教育

---

32) 克己復禮爲仁, 一日克己復禮天下歸仁焉, 爲仁由己而由仁乎哉(「論語」, 子路篇.).
33) 苟志於仁矣無惡也(「論語」, 里仁篇.).

愛)를 통해 인간의 창조적 역량이 개발되고 발휘된다.

인(仁)으로서 사랑의 작용은 교육애(敎育愛)에 의해 교육적 자아를 실천하도록 한다. 자아(自我)는 사고, 감정, 의지, 체험, 행위 등의 여러 작용을 주관하며 통일하는 주체로서 인간의 생동적, 정신적, 사회적 요소로 구성된 통합적 구조이다. 사람은 누구나 통합된 구조로서 자아를 가지고 있으며, 자아를 가지고 있으므로 인간이 존재하는 이유가 된다. 자아는 인간 자신이 자기 자신을 바라보는 관점에서 출발하는 것으로 자아개념(自我概念)을 형성한다. 자아개념은 능력, 태도, 느낌을 포함한 자신에 대한 주관적 인식 개념으로 자신에 대한 긍정이나 부정의 양극으로 연결된 연속성의 성질이다. 자아개념의 자율적(自律的) 자아(自我)를 통하여 자기감정(自己感情)과 이성(理性)을 해석하여 지각(自覺)한다. 자율적 자아는 자기의 역할을 이해하고 잘 수행하며, 상대방의 입장까지를 염두에 두고 행동한다. 자율적 자아의 과정을 통해 창조적(創造的) 자아(自我)가 형성되어 자아가 실현된다. 자아실현(自我實現)은 자신의 잠재적 가능성을 실천하여 널리 인간을 이롭게 하는 것으로 귀결된다. 즉, 창조성 발휘로 홍익인간(弘益人間)적인 인격의 완성과 자주적 생활능력을 길러 인간의 궁극적인 목적인 행복을 구유(具有)하여 인류공영(人類共榮)에 이바지하는 것이 곧 창조교육이다.

홍익인간론(弘益人間論)의 366사(三百六十六事)에서 '교(敎)'는 윤리강상(倫理綱常)과 우주 자연의 이치인 도학(道學)으로 사람을 배우게 하는 것이며, 이러한 가르침이 사람의 모든 행위를 실천하는 창조력을 얻게 한다. 그러므로 가르치지 않으면 뛰어난 사람이어도 목공(木工)이 먹줄이 없는 것처럼 내 처지를 미루어 남을 배려하는 인간을 이롭게 하는 마음〈혈구의 도(絜矩之道)[34]〉이 없다고

34) 惡於上毋以使下所, 惡於下毋以事上所, 惡於前毋以先後所, 惡於後毋以從前所, 惡於右毋以交於左所, 惡於左毋以交於右, 此之謂絜矩之道[윗사람이 싫어하는 것을 아랫사람에게 부리지 말 것이며, 아랫사람이 싫어하는 것으로 윗사람을 섬기도록 하지 않는다. 앞선 어른이 싫어한 것을 그 뒤의 세대 사람의 앞에 놓지 말고, 뒤의 세대 사람이 싫어하는 것인데도 앞선 어른을 따르도록 하지 말아야 한다. 오른편이 싫

하였다. 따라서 사람은 가르쳐야 백 가지 행실의 근본 됨을 얻는다[35]는 것이다.

'育(육)'은 교화(敎化)로써 창조적 인간을 기르는 것으로 사람은 정한 가르침이 없으면, 그물에 벼리[36]를 달지 않은 것과 같아 사람의 기본적인 도덕과 규범을 이탈하므로 옷깃[37]을 달지 않은 것과 같아 마음을 바르게 할 수 없어, 제각기 주장만을 내세워 분잡(奔雜)을 이루니, 이로 말미암아 일정한 주된 가르침으로 사람들을 보호하여 기르는 것[38]이라고 하였다.

그러므로 홍익인간론(弘益人間論)에서 창조교육의 함의(含意)는 어린아이를 북돋아 기르는 것으로 '어린 새싹이 이슬에 젖지 않으면 비록 줄기가 있어도 반드시 시들게 된다'[39]는 것으로 교육이 없으면 어리석게 성장하므로 가지와 잎이 무성하게 창성(創成)하는 것처럼 교육이 이뤄져야 한다.[40] 이러한 교육에

---

어하는 것으로 왼편과 사귀지 말며, 왼편에서 싫어하는 것으로 오른편과 사귀지 말아야 한다. 이렇게 하는 것을 혈구의 도(絜矩之道)라고 이른다(「大學」, 傳文.].

35) 敎人以倫常道學也, 人有敎卽百行得體, 無敎卽雖良工無繩墨(「叅佺戒經」, 第三章 愛理訓, 敎.).

36) 벼리〈강(綱)〉는 그물의 코를 꿔어 그물을 잡아당길 수 있게 한 굵은 줄로 일의 중심이나 문장(文章)의 핵심줄거리에 비유된다. 그러므로 인간이 필수적으로 지켜야 할 기본적인 도덕과 규범이라는 뜻으로 쓰이며 그물의 벼리가 이탈할 수 없듯이 인간은 기본 핵심적인 도덕과 규범을 이탈할 수 없다는 의미를 지닌다. 따라서 사물을 총괄하여 규제하는 것의 의미가 되어 다스리고 통치한다는 뜻을 갖게 되었다.

37) 옷깃은 옷에서 목을 둘러싼 곳에 붙여져 있는 부분으로 옷깃의 모양, 색깔, 소재에 가치관이 반영되어있는 삶의 정신을 표현하고 있다. 그러므로 옷깃의 모양과 길이는 고대로부터 사람의 품격과 역할을 나타내는 중요한 요소였다. 옷깃이 있어 옷깃을 여미는 것은 마음의 자세를 바로잡는 것을 일컫는 말로 옷깃이 없음은 마음을 바르게 할 수 없다는 의미이다.

38) 育以敎化育人也, 人無定敎卽罟不綱, 衣不領, 各自樹門奔雜成焉, 因此一其主敎保育人衆(「叅佺戒經」, 愛理訓, 育.).

39) 어릴 때 교육하지 않으면 '어린싹이 이슬에 젖지 않으면 비록 줄기가 있어도 반드시 시든다(萌不霑露雖莖必萎)'는 비유는 「주역(周易)」에 이르러 산 아래에 험난함이 있어 갈 곳을 찾지 못하고 멈추어져 있는 형상으로의 무성하게 자란 어린 풀에 의하여 덮여 있는 모습을 뜻하는 의미가 되어 사물이 태어나 어린 몽매함으로 '어리다(稚)'는 뜻을 내포하여 몽(蒙) 자로 표현되어 '어둡다(昧)'라는 의미가 파생되어 몽매한 사람을 교육하여 교화(敎化)하는 방법을 설명하는 몽괘(蒙卦)를 형성하였다.

40) 培幼者培養幼穉也, 萌不霑露雖莖必萎, 童不服育雖長必頑, 培而植之, 養而成之,

서 가르침은 가르침의 결과보다 어려우며, 그 가르침에 통달하는 것은 열심히 가르치는 것을 넘어 서야 하는 것으로, 교육에 통달해야 만유(萬有)를 사랑하는 이치를 비로소 알게 된다[41]고 하여 교육의 중요성을 말하고 있다. 그리하여 널리 인간을 이롭게 하는 홍익인간의 사랑을 본질로 하는 창조교육의 의미를 함의(含意)하게 되었고, 이와 같은 창조교육은 인간교육의 가치를 구현하기 위한 것이다. 홍익인간론(弘益人間論)을 구성하고 있는 366사(三百六十六事)는 인간 세상의 1년의 날수이고 우주의 대연수(大衍數)[42]로서, 우주 자연의 조화(調和)를 바탕으로 교화(教化)하는 교육적 사유(思惟)의 작용으로 광명이세(光明理世)의 치화(治化)를 통해 사람을 널리 이롭게 하는 창조교육을 내포하고 있다.

## 5. 인류공영(人類共榮)의 교육이념(教育理念)

이념(理念)에서 理(이) 자는 구슬을 나타내는 玉(옥)과 길이 서로 통하고 사람이 사는 마을 속의 바름을 나타내는 里(리)가 합쳐진 형성자(形成字)로 옥(玉)을 결대로 바르게 다스린다는 뜻에서 일의 바른 처리로 사리(事理)를 의미한다. 念(념) 자는 '지금'을 나타내는 今(금)과 '마음'을 나타낸 心(심)이 합쳐진 형성자(形成字)로 '포함하다'의 뜻으로 언제나 그 일을 마음속에 머금어 잊지 않는 일을 나타낸다. 그러므로 이념(理念)은 가치관(價値觀)이나 신념(信念)을 바탕으로 형성된 사고체계(思考體系)로 개인이나 집단의 행동을 결정하는 것이다. 이념(理念)은 재세(在世)간의 모든 분야에서 나타난다. 홍익인간론(弘益人間論)

---

教化與枝葉相繁(「叅佺戒經」, 愛理訓, 培幼.).

41) 達勉者勉教而達教也, 行教難於知教, 勉教難於行教, 達教難於勉教, 達教卽能知愛物之理(「叅佺戒經」, 愛理訓, 達勉.).

42) 대연수(大衍數)는 하늘이 생긴 수를 3으로 잡고 땅이 생긴 수를 2로 잡아, 그 더한 수인 5가 각각 10까지 늘려 이루어진 수 50을 말한다. 이 대연수(大衍數)를 근거로 1년의 길이를 365.2444일로 정하였다.

의 이념(理念)은 정치 · 경제 · 사회 · 문화의 모든 제도와 질서와 문명의 전반에서 인간을 위한 신념체계로 발전해 왔다.

홍익인간론(弘益人間論)은 성(誠)을 교육의 궁극적 목적으로 삼아 인류공영으로 연결되어 그것은 인간에게 구체적인 이로움을 제공한다. 그리하여 타인(他人)과 공동체(共同體)에 대해 인(仁)마음으로 사랑하고 예(禮)의 실천으로 봉사하는 이타적(利他的) 삶을 촉구한다. 따라서 홍익인간론(弘益人間論)은 이기주의를 거부하고, 편협성과 독단성을 배척하며, 타인의 입장을 먼저 고려하는 관용(寬容)과 포용(包容)의 덕(德)의 체계를 형성하여 화합(和合)과 공존(共存)의 윤리를 지향한다.

교육이념(教育理念)의 시원(始原)으로서 홍익인간론(弘益人間論)은 교육적 사유(思惟)를 통해 교육이 지향해야 할 바를 갖추고 있다. 즉, 교육이념의 포괄성(包括性)으로서 인간을 널리 이롭게 하는 모순된 개념이 없는 총괄적인 것으로 보편성(普遍性)을 지니면서 모든 교육활동을 정당화하는 근거의 기본토대를 갖추고 있다. 이러한 교육활동은 홍익인간론(弘益人間論)의 이념에 따른 교육이념의 원리로 운영되어 왔기 때문에 시대와 장소에 따라 변하지 않는 일관성(一貫性)을 지니며 오랜 세기를 거친 지속적인 이성(理性)작용에 의한 공정성(公正性)과 모든 사상의 확고한 기초로서 긍정적인 항구성(恒久性)을 지닌다. 그러므로 홍익인간론(弘益人間論)의 교육이념은 교육의 가치체제(價値體制)가 되어 교육이념은 교육의 궁극적 목적이나 목표가 되면서 인간의 보편적 가치들을 포괄한다. 보편적 가치들은 사회적 삶의 의식 체제이다. 인간의 보편적 가치들은 사회적 가치체제를 포괄적으로 나타내는 것이라는 점에서 당위적 가치개념이고, 그러한 가치체제의 형성은 인간의 창조성(創造性)에 기반을 둔 것이다. 따라서 가치체제로서의 교육이념은 인간의 창조성으로 형성된 것이다. 인간의 창조성에 의한 다양한 가치의 수용과 널리 인간을 이롭게 하는 인본주의(人本主義)의 지향은 가치체제로서의 교육이념이 당연히 확립된다.

### 1) 교육실천으로서의 목적

교육목적은 교육실천의 기준이다. 그것은 교육의 의도로서 교육의 동기가 된다. 홍익인간론의 교육에 대한 사유(思惟)는 교육을 통해 널리 인간을 이롭게 하는 가치를 지향하는 의도와 동기가 있으므로 그 자체가 교육실천이다. 교육실천은 교육의 의도에 대응하는 것이고, 교육의 동기는 교육실천을 계속하고, 새롭게 시작하려는 교육실천의 의도에 영향을 미치는 조건이다. 이와 같은 교육 동기는 교육실천을 실제로 중개하는 내적 성향을 활성화하고 변화시키는 기능을 하도록 하는 방향을 결정하는 역할을 한다. 교육실천은 지식과 기술을 익히고, 태도를 형성하며, 의식의 내면화 등 체계적인 실천이다. 따라서 교육목적은 고정되어있는 것이 아니라 발전적 변화에 적응하면서 홍익인간의 가치를 추구하는 것이다.

홍익인간론(弘益人間論)의 교육목적에 대한 교육실천의 형이상학적 관점은 재세(在世)간의 초월적인 세계에서 찾는다. 형이상학은 우주 자연의 궁극적 실재가 무엇인가 하는 것에 대한 의문을 해결하고, 그 세계의 본질과 모습을 밝혀 거기에서 초현실적인 세계를 상정하여 교육목적을 도출한다. 교육목적에 대한 이러한 형이상학적인 입장은 인간의 신념과 관념과 의지는 교육목적의 결정에 작용한다.

홍익인간론(弘益人間論)의 사회 · 문화적 수준관점의 교육목적은 교육실천이 사회적 과정이라는 입장이다. 교육은 관계적 존재에서 이루어지는 데서 사회적 관계와 문화가치가 창조된다. 이러한 관점에 의하면, 교육에서 어떤 목적을 추구해야 할 것인가는 사회적 과정을 통하여 결정하고, 이러한 사회적 과정은 사회적 관계를 성립시키는 문화에 의해 영향을 받는다. 즉, 사회문화의 삶의 방식에 따라 교육의 실천이 결정되는 것이다. 사회 · 문화적 수준에서 교육실천의 목적은 주어진 문화를 계승하거나 재구성하며, 개조함으로써 사회의 필요에 따라 조정하여 성립된다. 더 나은 발전 상태로 변화를 추구하는 교육적인 노력은 그 사회의 문화를 성립시키는 요인들 속에 사회적 관계의 역동 속에서 교육의 가치를 창조하는 것이다.

홍익인간론(弘益人間論)의 인성적(人性的) 관점에서 교육목적은 인간의 생동적 · 정신적 특성의 변화이다. 그러므로 인성 자체의 특징에 따라 교육의 목적이 정해지는 것으로 인간을 관념의 존재인가, 실재의 존재인가에 따라 인성을 판별하는 기준도 달라지며 교육실천의 의도가 결정된다. 또한, 인간의 보편적인 특성을 중시할 것이냐 아니면 개별적인 특성을 중시하느냐에 따라서도 달라진다. 그러나 홍익인간론(弘益人間論)의 인성론적 관점은 인간의 존재와 특성을 어느 관점에서 인식하든 전인격체(全人格體)인 성(誠)을 지향하는 인간의 독창적인 특성이기 때문에 교육목적으로 교육실천의 기준이 된다.

## 2) 학교(學校)의 형성

### (1) 고조선(古朝鮮) 시대

**• 신단수(神檀樹)**

대한민국 고조선(古朝鮮) 시대 단군조선(檀君朝鮮)에서는 1세 단군왕검(檀君王儉) 원년〈元年; 기원전(紀元前) 2333〉부터 널리 인간을 이롭게 하기 위한 366사(三百六十六事)를 마련하여 그에 대한 교육을 위하여 교육담당인 참종(叅倧)과 참전(叅佺)을 두었는데, 참종(叅倧)은 나라에서 뽑았고, 참전(叅佺)은 백성들이 추천하였다.[43] 참종(叅倧)은 9환(九桓)을 담당하고, 참전(叅佺)은 3홀(三忽)을 담당하여 도(道)를 넓히고 무리를 이롭게 하여 본성을 잃은 사람이 한 명도 없었다.[44] 여기서 9환(九桓)은 9황(九皇)으로 단군(檀君)의 선조인 환인

43) 倧者國之所選也, 佺者民之所擧也〈李嵒(1297~1364, 대한민국 高麗 시대), 「檀君世紀」, 檀君 三世 嘉勒.〉.

44) 三忽爲佺, 九桓爲倧, 〈中略〉, 弘道益衆, 無一人失性〈李嵒(1297~1364, 대한민국 高麗 시대), 「檀君世紀」, 檀君 三世 嘉勒.〉.

(桓因)의 아홉 형제가 다스린 64개의 부족국가(部族國家)를 지칭하며,[45] 3홀(三忽)에서 홀(忽)은 성(城)을 지칭하는 말로 3홀(三忽)은 3개의 성(城)을 기준으로 분류한 지역 단위이다. 그러므로 참종(叄倧)은 교육 관련 등의 정책을 수립하였고, 참전(叄佺)은 부족국가 지역 단위별로 추천을 받은 교육담당자로서 실제 교육을 담당하였다.

최초의 교육 장소는 '신단수(神檀樹)' 아래였다. 즉, 홍익인간(弘益人間)을 목적으로 신단수(神檀樹) 아래에서 신시(神市)를 열고 곡식(穀) · 생명(命) · 질병(病) · 형벌 등 인간에게 필요한 360여 가지를 주관하여 세상을 다스려 사람들을 가르쳤다.[46] 신단수(神壇樹)는 하늘 섭리〈천신(天神)〉의 존중과 수목(樹木)이 결합한 것이다. 지도자가 있는 신시(神市)의 중심에 있는 것으로 우주 자연의 섭리인 366사(三百六十六事)를 가르치고 하늘에 제사를 올리는 중심지로서 천왕(天王)의 교화(敎化)를 상징하는 신성한 곳이었다. 신시(神市)의 신단수(神壇樹)에서 유래되어 하늘에 제사를 지낼 때마다 나라 안의 사람들이 모여 노래 부르고, 덕(德)을 찬양하고 서로 화합을 다졌다. 어아가(於阿歌)[47]를 부르며

---

45) 帝桓仁者出爲國人所愛, 〈中略〉, 自是桓仁(桓因)兄弟九人分國而治, 是爲九皇六十四民也〈李陌(1455~1528,대한민국 朝鮮 시대),「太白逸史」, 三神五帝本紀〉.

46) 古記云, 〈中略〉, 太伯山頂, 神壇樹下, 謂之神市, 是謂桓雄天王也, 將風伯雨師雲師, 而主穀主命主病主刑主善惡, 凡主人間三百六十餘事, 在世理化(「三國遺事」, 古朝鮮.).

47) 於阿, 於阿, 我等大祖神, 大恩德, 倍達國, 我等皆百百千千年勿忘, 於阿, 於阿, 善心大弓成, 惡心矢的成, 我等百百千千人, 皆大弓鉉同, 善心直矢一心同, 於阿, 於阿, 我等百百千千人, 皆大弓一, 衆多矢的貫破, 沸湯善心中, 一塊雪惡心, 於阿, 於阿, 我等百百千千, 人皆大弓堅勁同心, 倍達國光榮, 百百千千年, 大恩德, 我等大祖神, 我等大祖神[어~아! 어~아!, 우리 조상님네, 크신 은덕(恩德), 배달국(倍達國)이여! 우리 모두 천년만년 영원토록 잊지 마세, 어~아! 어~아! 선(善)한 마음 대궁(大弓)이요, 악(惡)한 마음 과녁이니, 우리 모두 대궁(大弓) 활줄 되어, 선(善)한 마음 곧은 화살, 한마음 하나 되세, 어~아! 어~아!, 우리의 천만(千萬) 민족, 모두 대궁(大弓)의 한 무리로 뭉쳐, 많은 화살 과녁 뚫듯, 선(善)한 마음 끓여 내어, 악(惡)한 마음 눈[설(雪)] 덩어리, 우리 모두 녹여 보세, 어~아! 어~아! 우리 천만(千萬) 민족, 모두 다 대궁(大弓)이니, 굳게 뭉친 같은 마음, 배달국(倍達國)의 영광일세, 천년만년 크신 은덕, 조상님네 덕(德)이로세, 조상님네 덕(德)이로세. 李嵒(1297~1364, 대한민

즐거워하였고, 나를 있게 한 본〈本; 조상(祖上)〉에 감사하였으며, 우주 자연의 무한한 정신〈신(神)〉과 사람〈인(人)〉이 함께 온 누리를 화합하는 의식을 거행하였는데 이것이 참전계(叅佺戒)라고 하여[48] 366사(三百六十六事)가 〈참전계(叅佺戒)〉로 성립된 것이다. 신단수(神壇樹)는 인간의 생명을 염원하는 신앙의 장소이면서 동시에 삶을 영위할 수 있도록 교육하는 장소로서 성역(聖域)이었다. 이후, 신단수(神壇樹)는 수목(樹木) 신앙으로 남아 서낭나무, 당산나무 신앙 등으로 이어져 사람들이 신(神)에 의존하려는 보호 공간으로 개인과 단체의 결속과 수호를 위한 공동체의 유대와 단결의 장소가 되었다.

**• 경당(扃堂)**

신단수(神壇樹)와 함께 별도의 교육기관인 학교는 단군왕검(檀君王儉) 67(기원전 2267)년 태자 부루(夫婁)를 도산회맹(塗山會盟)에 보내 홍익(弘益)을 위한 오행치수법(五行治水法)을 전해주면서,[49] 이때 부루태자(夫婁太子)가 고조선(古朝鮮)의 속방(屬邦)인 번한〈番韓; 발국(發國) · 람국(藍國)〉에 들러 보름간 머물면서 나라 안에 '경당(扃堂)'을 짓도록 하여 크게 일으켰다.[50]

**• 요(寮)**

단군(檀君) 2세 단군(檀君) 부루(夫婁; 재위 기원전 2240~기원전 2018) 원년(元年; 기원전 2240)에 '요〈寮; 학료(學寮): 학당(學堂)〉'를 설립하고 배움을 장려하여 문화를 크게 발전시켰으며 매일 글 읽는 소리가 울려 퍼졌다.[51] 3세 단

---

국 高麗 시대), 「檀君世紀」, 二世 檀君 夫婁.].

48) 神市以來, 每當祭天, 國中大會, 齊唱讚德諧, 和於阿爲樂, 感謝爲本, 神人以化, 四方爲式, 是爲叅佺戒〈李嵒(1297~1364, 대한민국 高麗 시대), 「檀君世紀」, 二世 檀君 夫婁.〉.

49) 帝遣太子夫婁,與虞司空會于塗山, 太子傳五行治水之法〈李嵒(1297~1364, 대한민국 高麗 시대), 「檀君世紀」, 一世 檀君 王儉.〉.

50) 太子夫婁以命往使, 路次琅邪留居半月, 聽聞民政, 〈中略〉, 大興<u>扃堂</u>〈李陌(1455~1528, 대한민국 朝鮮 시대), 「太白逸史」, 三韓管境本紀.〉.

51) 設寮興學, 文化大進, 聲聞日彰〈李嵒(1297~1364, 대한민국 高麗 시대), 「檀君世紀」, 二世 檀君 夫婁.〉.

군(檀君) 가륵(嘉勒; 재위 기원전 2182~기원전 2136) 2(기원전 2181)년 38자의 정음(正音)의 가림토(加臨土)[52]를 만들어 고조선(古朝鮮)의 문자(文字)를 통일하였다.[53]

• **소도(蘇塗)**

신단수(神壇樹)의 성역(聖域)이 '소도(蘇塗)'로 발전하여 교육의 중심이 되었다. 즉, 11세 단군(檀君) 도해(道亥; 재위 기원전 1890~기원전 1853) 1(기원전 1891)년 12개의 명산(名山)을 택하여 각 산의 승지(勝地)에 국자랑〈國子郎; 천지화랑(天指花郎)〉[54]을 국선(國仙)으로 양성하는 학교로 '소도(蘇塗)'를 짓도록 하여 주변을 둘러 박달나무를 심도록 하였고, 가장 큰 나무를 택하여 환웅상(桓雄像)으로 삼아 제(祭)를 지내고 늘 환웅이 함께 있는 웅상(雄像) 나무라고 명명(命名)하였다.[55] 이어, 그해 겨울, 웅상(雄像) 나무 대신에 황웅상(桓雄像)을 제작하여 모시고 그곳을 거발환(居發桓)[56]이라고 하였다.[57] 또, 제례(制禮)

---

52) 加臨土(가림토)에서 加臨(가림)은 사물을 '가린다'·'분별하다'의 뜻이고, 土(토)는 '토를 단다'는 뜻이다.

53) 十家之邑, 語多不通, 百里之國, 字難相解, 於是命三郎乙普勒, 譔正音三十八字, 是爲加臨土[열 집 사는 마을에도 말이 통하지 않는 경우가 많고, 100리나 되는 땅의 나라에서도 글을 서로 이해하기 어려웠다. 이에 삼랑을(三郎乙; 가르치는 직책) 보륵(普勒; 생몰년대 미상)에 명하여 정음(正音) 38자를 만들어 이를 '가림토(加臨土)'라고 하였다〈李嵒(1297~1364, 대한민국 高麗 시대), 「檀君世紀」, 三世 檀君 嘉勒.〉.

54) 多設蘇塗, 植天指花, 使未婚子弟, 讀書習射, 號爲**國子郎**, 國子郎出行頭揷天指花, 故時人爲稱, 天指花郎[〈기원전(紀元前) 1762년에〉 각 지역의 많은 소도(蘇塗)를 짓고 무궁화〈천지화(天指花); 환화(桓花)〉를 심었고, 소도(蘇塗)에서 결혼하지 않은 젊은이[미혼자제(未婚子弟)]들에게 글을 읽고 활쏘기를 익히도록 하였다. 그들을 **'국자랑(國子郎)'**이라고 일컬었다. 국자랑(國子郎)들이 밖으로 나갈 때는 머리에 천지화(天指花)를 꽂았다. 그러므로 이때 국자랑(國子郎)은 천지화랑(天指花郎)이라고 불렀다. 李嵒(1297~1364, 대한민국 高麗 시대), 「檀君世紀」, 十三世 檀君 屹達.].

55) 擇十二名山之最勝處, 設國仙蘇塗, 多環植檀樹, 擇最大樹, 封爲桓雄像而祭之, 名雄像〈李嵒(1297~1364, 대한민국 高麗 시대), 「檀君世紀」, 十一世 檀君 道亥.〉.

56) 居發桓(거발환)은 환웅(桓雄)의 홍익인간(弘益人間)의 이념이 '發(발)'하여 있는 곳이라는 의미를 지니고 있으므로 고조선(古朝鮮)의 다른 명칭은 '발국(發國)'이라고도 한다. 후에 발(發)의 의미나 지역별 발음을 음차(音借)하여 진한조선(辰韓朝鮮), 번한조선(番韓朝鮮), 마한조선(馬韓朝鮮) 등의 고조선(古朝鮮) 속방(屬邦)인 부족

를 행하기 위해 소도(蘇塗) 안에 큰 가르침이 시작되었다는 뜻의 대시전(大始展)을 세워 적극적으로 장려했다. 대시전(大始展)에서 3일간 근신(謹愼)한 다음 7일간 계율(戒律)을 강의하였는데, 그 가르침은 세상〈世上; 4해(四海)〉에 전파되었다. 그 염표문(念標文)에 이르기를 '하늘은 조용히 사색하여 깨달음에 이르게 한다. 그것이 도(道)이고, 그 원융(圓融)함을 널리 보급하는 일의 창조(創造)로서 참됨이 그 하나다. 땅의 원융(圓融)함을 본받는 것도 사람의 일로 모두 부지런함이 하나다. 그리하여 사람은 앎의 힘으로 깨달음에 이르게 된다. 그것이 사람의 길이고, 앎의 원융(圓融)한 깨달음을 택하는 것은 사람의 일이다. 사람은 서로 협력하여 앎의 원융(圓融)한 깨달음을 섭렵한다. 그러므로 본성에 충실하며, 진리를 터득하여 세상을 밝혀 세상을 다스려야 하며, 모든 사람을 이롭게 해야 한다'고 하였다.[58)]

---

국가(部族國家)들의 명칭이 나타났다. 발국(發國)은 「사기(史記)」〈우제기(虞帝紀)〉에 南撫交阯北發西戎析枝渠廋氐羌北山戎發息愼[남쪽으로 교지〈交趾; 중국 광동성(廣東省)·해남성(海南省)·향항(香港; 홍콩)·월남(越南; 베트남 북부)인 북발(北發)을, 서쪽으로 융〈戎; 중국 사천성(四川省·섬서성(陝西省) 서부·감숙성(甘肅省 일대)〉, 석지〈析枝; 중국 청해성(青海省) 석산현(石山縣), 귀덕현(貴德縣) 일대〉, 거수〈渠搜; 중국 감숙성(甘肅省) 주천(酒泉), 신강(新疆) 선선현(鄯善縣) 일대〉, 저족〈氐族; 중국 사천성(四川省) 서북부, 청해성(青海省)남부, 감숙성(甘肅省) 남부〉, 강족〈羌族; 사천성(四川省) 만강(岷江), 부강(涪江) 유역〉을, 북쪽으로 산융〈山戎; 중국 하북성(河北省) 북부 연산(燕山) 일대〉의 발(發), 식신〈息愼; 중국 흑룡강(黑龍江), 오소리강(烏蘇哩江) 유역, 백두산(白頭山) 일대〉을 위무하였다.]이라고 하여 강하고 단단한 센 나라여서 그 의미를 음차하여 조선(朝鮮)으로 표기하였다.

57) 奉天帝桓雄, 遺像而安之, 頭上光彩, 閃閃如大日, 有圓光照耀宇宙, 座於檀樹之下桓化之上, 如一眞神有圓心, 持天符印, 標揭大圓一之圖, 旗於樓展立, 號居發桓[천제(天帝) 환웅(桓雄)의 유상(遺像)을 편안히 모셨다. 머리 위는 빛나게 하여 태양과 같이 번쩍였다. 우주를 밝히는 밝은 빛으로 단수(檀樹) 아래 무궁화〈無窮花; 환화(桓花)〉 위에 앉아 있는 모습이 마치 진짜 환웅신(桓雄神)이 둥근 원(圓)의 중심에 앉아 있는 것 같았다. 천부경(天符經)을 지니고, 하늘의 큰 이치〈대원(大圓)〉를 요약한 그림〈천간도(天幹圖)〉을 걸어놓았다. 대시전(大始展)의 망루(望樓)에는 깃발을 걸어 큰 갖춤〈홍익(弘益)〉이 피어나 있는 곳〈거발환(居發桓)〉이라고 명명(命名)하였다. 李嵒(1297~1364, 대한민국 高麗 시대), 「檀君世紀」, 十一世 檀君 道奚.].

58) 冬十月, 命建大始展極壯麗, 〈中略〉, 三日而戒, 七日而講, 風動四海, 其念標之文曰, 天以玄默, 爲大其道也, 普圓其事也眞一. 地以蓄藏爲大其道也, 效圓其事也勤

• **교(校) · 서(序) · 상(庠)**

기원전 2070년 이후, 홍익인간 문화권에서는 신단수(神壇樹)의 아래에 모여 교육했던 의미를 담아 나무 아래 모여 배움으로 교유(交遊)하는 학교인 '교(校)'를 설립하였고, 교(校)는 '가르침〈교(敎)〉'을 의미하였다. 기원전 1600년경에는 교육기관으로 '서(序)'가 설립되었다. 서(序)는 활쏘기를 의미하는데 활쏘기는 교육받아 형성된 덕(德)이 외현적으로 표현되는 것을 평가하는 실마리가 되므로, 사리(事理)를 잘 서술하여 차례의 정연함이 마치 활쏘기와 같음을 말한 것이다. 기원전 1046년경 일정한 주된 가르침으로 사람들을 보호하여 기르는 양육(養育)에 역점을 두어 학교를 '상〈庠; 상상(上庠)은 우학(右學)으로 대학(大學)이며, 하상(下庠)은 좌학(左學)으로 소학(小學)이다〉'이라고 하여, 학생을 상사(庠士), 교사를 상노(庠老)라고 하였다. 이런 가르침의 학문은 공통되어, 모두 사람을 이롭게 하는 도리를 밝히기 위한 것이었다.[59]

### (2) 삼국(三國) 시대

#### ① 고구려(高句麗)

• **상서(庠序)**

대한민국의 고구려(高句麗)는 21세 단군(檀君) 소태(蘇台; 재위 기원전 1337~기원전 1285) 49(기원전 1289)년에 기원을 두고 있다. 즉, 소태(蘇台) 47(기원전 1291)년 중국 은(殷; 기원전 1600~기원전 1046)나라 무정왕(武丁王)[60]이 점령한 귀방〈鬼方; 현 중국 섬서성(陝西省) 서북지역〉을 개사원〈蓋斯原; 현

---

一, 人以知能爲大其道也, 擇圓其事也協一, 故一神降衷性通光明, 在世理化, 弘益人間〈李嵒(1297~1364, 대한민국 高麗 시대),「檀君世紀」, 十一世 檀君 道亥.〉.

59) 設為庠序學校以教之, 庠者養也, 校者教也, 序者射也. 夏曰校, 殷曰序, 周曰庠, 學則三代共之, 皆所以明人倫也(「孟子」, 滕文公 上.).

60) 무정왕(武丁王; 재위 기원전 1250~기원전 1192) 은〈殷; 상(商)〉의 제21대 국왕이다. 왕호(王號)는 무정(武丁), 묘호(廟號)는 고종(高宗), 휘(諱)는 소(昭; 생년 미상~기원전 119)이다.

중국 요녕성(遼寧省) 서부지역〉 출신인 고등(高等; 생몰연대 미상)이 귀방(鬼方)을 회복하여 유목제국(遊牧帝國)인 흉노(匈奴)의 우현왕〈右賢王; 우도기왕(右屠耆王)〉에 봉해져 두막루〈豆莫婁; 현 중국 송화강(松花江) 이북 내몽골 자치구)〉 지역을 다스렸고, 그의 손자가 22세 단군(檀君) 색불루(索弗婁; 재위 기원전 1285~기원전 1237)이며, 후손 고추모(高鄒牟)[61]가 부여(扶餘)와 고구려(高句麗)를 건국하였다.[62] 고구려(高句麗)의 원명은 고려(高麗) · 구려(句麗)로, 환웅(桓因)의 9형제가 다스렸던 나라인 구이족(九夷族) 의미와 발음이 음차(音借) 되어 고(구)려〈高(句)麗; 고리(高離)〉라고 한 것이다. 고구려(高句麗) 동명왕(東明王) 8(기원전 30)년 총명하고 뛰어난 젊은 낭도(郎徒)를 뽑아 6예(六藝)의 학문을 가르쳐 인재로 채용하는 방도로 삼도록 했으니 학교〈學校; 상서(庠序)〉의 시작이다.[63]

**• 경당(扃堂)**

고조선(古朝鮮)의 소도(蘇塗)와 경당(扃堂) 형태의 학교는 고구려(高句麗)의 '경당(扃堂)'[64]으로 계승되었다. 경당(扃堂)에서 경(扃) 자는 소도(蘇塗)에 있는

---

61) 高鄒牟(고추모; 기원전 58~기원전 19) 북부여(北扶餘) 해씨(解氏)를 계승하였고, 횡성(橫城) 고씨(高氏) 본관(本貫)의 시조(始祖)이다. 이름은 주몽(朱蒙) · 중모(中牟) · 중해(衆解) · 상해(象解) · 도모(都牟) · 도모(都慕) 등으로 기록되어 있다. 고구려(高句麗) 태조(太祖)로 동명(성)왕〈東明(聖)王; 재위 기원전 37~기원전 19)〉이며, 시호(諡號)는 동명성제황태제(東明聖帝皇太帝)이다.

62) 至癸亥春正月, 高鄒牟亦以天帝之子, 繼北扶餘而興, 祠解慕漱爲太祖, 始建元爲多勿, 是爲高(句)麗始祖也[계해(癸亥; 기원전 37)년 봄 정월에 이르러 고추모(高鄒牟; 기원전 58~기원전 19)가 또한 천제(天帝)의 아들로서 북부여(北扶餘)를 계승하여 일어났다. 해모수(解慕漱; 생몰년대 미상)를 태조(太祖)로 받들어 제사 지내며, 연호(年號)를 정하여 다물(多勿)이라고 하니 고(구)려〈高(句)麗〉의 시조(始祖)이다. 金安含(578~640, 대한민국 新羅 시대), 〈三聖紀〉 上(「桓檀古記」).].

63) 選聰俊子弟爲郎徒, 〈中略〉, 六禮(藝)之學以備選用之道, 是庠序之始(「芻牟鏡」, 本紀.)

64) 俗愛書籍, 至於衡門厮養之家, 各於街衢造大屋謂之扃堂, 子弟未婚之前, 晝夜於此讀書習射[풍속이 서적(書籍)을 사랑하여 미천한 일을 하는 집에 이르기까지 거리에 큰 집을 지어 놓고 이름하여 경당(扃堂)이라 하였다. 미혼(未婚)의 자제(子弟)들이 여기서 밤낮으로 글 읽기와 활쏘기를 익혔다(「舊唐書」, 列傳, 東夷, 高麗.).].

대시전(大始展)의 거발환(居發桓)처럼 집〈호(戶)〉에서 밝음이 빛나는〈경(冏)〉 곳으로 단수(檀樹)를 둘러 심어 놓은 것과 같은 빗장을 친 신성한 배움의 집[당(堂)]의 의미로 소도(蘇塗)의 의미를 담아 고조선(古朝鮮)의 경당(扃堂)을 교육적 기능으로 계승한 것이다.

**• 태학(太學)**

또한, 고조선(古朝鮮)의 참종(叅倧)과 참전(叅佺)의 가르침에 따라 하늘의 큰 깨달음인 대원(大圓)을 반영한 의미로 '태학(太學)'을 설립하였다.[65] 교육담당자는 박사(博士)였고, 학생은 조의선인〈早衣先(仙)人; 선배(先輩) · 선비)〉이었다.

**② 백제(百濟)**

**• 태학(太學)**

백제(百濟)는 고구려(高句麗)와 한 계통으로 부여(扶餘)에서 출발하여 건국하였다.[66] 따라서 고구려(高句麗)와 마찬가지로 예의(禮儀)와 교육을 담당하는 내법좌평(內法佐平)에 속한 중앙교육기관으로 '태학(太學)'이 있었으며[67] 교육담당으로 박사(博士)를 두고 이 태자(太子)교육과 관리양성 교육, 사서(史書) 편찬 등을 관장하였다. 이후, 사도부(司徒部)를 두어 문무일치(文武一致) 교육[68]과 학문을 담당하도록 하였다. 그리하여 백제인은 제자서(諸子書)와 사서

65) 小獸林王二年夏六月, 〈中略〉, 立太學敎育子弟(「三國史記」, 高句麗本紀, 小獸林王.).

66) 改號百濟, 其世系與高句麗同出扶餘, 故以扶餘爲氏(「三國史記」, 百濟本紀, 溫祚王.).

67) 사서(史書)에는 백제(百濟)의 태학(太學)에 대한 기록이 없지만, 2007년 중국 섬서성(陝西省) 서안시(西安市) 대당서시박물관(大唐西市博物館)이 소장하여 2012년 발간한 「大唐西市博物館藏墓誌(대당서시박물관장묘지)」에서 백제(百濟)의 은솔(恩率) 관등(官等)으로 사군(司軍) 관직을 역임하고 중국 당(唐)나라로 귀화한 백제인(百濟人) 진법자〈陳法子; 615~690, 자(字) 사평(士平), 중국 당(唐)나라 명위장군(明威將軍) 역임〉의 묘지명〈墓誌銘; 지석(誌石): 가로 44.8cm, 세로 45cm, 두께 8.7~9.6cm〉에서 진법자의 증조부(曾祖父)인 진춘(陳春; 생몰연대 미상)이 은솔(恩率) 관등(官等)으로 태학(太學)의 정〈正; 태학장(太學長)〉을 역임하였다〈曾祖, 春, 本邦(百濟), 太學正 · 恩率〉는 기록에서 백제에 태학(太學)이 설립되었음을 알 수 있다.

(史書)를 아울러 좋아하고 뛰어난 사람은 글을 잘 짓고 풀이한다[69]고 하였다.

### ③ 신라(新羅)

#### • 화랑 공동집회소(花郎 共同集會所)

고조선(古朝鮮) 시대 낭도〈郎徒; 국선(國仙)〉 양성은 대한민국 신라(新羅)의 화랑도(花郎徒) 교육이 되었다. 화랑(花郎)은 고조선(古朝鮮) 시대 기원전 1762년부터 소도(蘇塗)에서 미혼자제(未婚子弟)들이 독서(讀書)와 습사(習射)를 익힌 국자랑(國子郎)을 계승한 것이다. 이 국자랑(國子郎)들이 출행(出行)할 때는 머리에 무궁화〈無窮花; 천지화(天指花) · 환화(桓花)〉를 꽂아 장식해서 '천지화랑(天指花郎)'이라고 부른 데서 화랑(花郎)이 연유된 것이다. 신라(新羅)에서 화랑(花郎)은 진흥왕(眞興王)[70] 때 민가(民家)의 아름답고 예쁜 여자를 선발하여 남모(南毛; 생몰연대 미상) 랑(娘)과 교정(峧貞; 생몰연대 미상) 랑(娘)을 원화〈原花; 풍월주(風月主)〉로 받들어 그들이 무리를 모아서 나라를 다스리는 큰 요체(要諦)로 효(孝) · 제(弟) · 충(忠) · 신(信)을 가르쳐 무리 300~400명으로 시작하였다.[71] 이후, 나라를 흥(興)하게 하는 풍월도(風月道)를 위해 좋은 가문 출신의 남자로서 덕행이 있는 자를 뽑아 화랑(花郎)이라고 하였다. 처음 설원랑(薛原郎; 생몰연대 미상)을 받들어 풍월주(風月主)를 계승하게 하고, 국선(國仙)으로 삼았는데, 이것이 국선화랑(國仙花郎)이라고 불리는 시초이다. 이로부터 사람들로 하여 악(惡)을 고쳐 선(善)을 행하게 하고, 윗사람을 공경하고 아랫사람에게 온순하게 하니, 5상〈五常; 인(仁) · 의(義) · 예(禮) · 지(智) · 신(信)〉, 6예〈六藝; 예(禮) · 악(樂) · 사(射) · 어(御) · 서(書) · 수(數)〉, 3사〈三師; 태사(太

---

68) 俗重騎射(「周書」, 列傳, 百濟傳.).

69) 兼愛墳史, 其秀異者頗解屬文(「周書」, 列傳, 百濟傳.).

70) 眞興王(진흥왕; 재위 540~576) 대한민국 신라(新羅) 24대 국왕(國王)이다. 성(姓)은 김(金), 본관(本貫)은 경주(慶州), 이름은 삼맥종(三麥宗; 534~576), 시호(諡號)는 진흥(眞興), 법명(法名)은 법운(法雲)이다.

71) 擇人家娘子, 美艷者捧爲原花, 要聚徒選士, 敎之以孝弟忠信, 亦理國之大要也, 乃取南毛娘峧貞郎兩花, 聚徒三四百人(「三國遺事」, 塔像, 弥勒仙花 · 未尸郎·真慈師.).

師)·태부(太傅)·태보(太保): 제왕을 보좌하는 최고 관직)〉, 6정〈六正; 6정신(六正臣): 성신(聖臣)·양신(良臣)·충신(忠臣)·지신(智臣)·정신(貞臣)·직신(直臣)〉이 널리 행해졌다.[72] 화랑도〈花郞徒(道)〉는 고조선(古朝鮮) 시대 거발환(居發桓)의 '발(發)'의 의미와 지역별 발음의 변화 발전된 소리가 음차(音借)되어 풍류도〈風流徒; 풍월도(風月道)〉라고도 하였다.

화랑(花郞)의 조직은 총 책임자인 국선화랑〈仙花郞; 풍월주(풍월주(風月主)·화주(花主)〉, 화랑의 각급 지도자이며 교사(敎師)인 선랑화랑(仙郞花郞), 각 단문(團門)의 학생 대표인 문호화랑(門戶花郞), 일반 학생인 낭도화랑(郞徒花郞)으로 구성되었다. 화랑들은 그들의 공동집회소에서 교육을 받아 최종적으로는 행정과 군사조직인 6정(六停)[73]에 배치되어 교육과 훈련을 하였다.

---

72) 累年王又念欲興邦國須先風月道, 更下令選良家男子有德行者改爲花郞. 校勘始奉薛原郎爲國仙, 此花郞國仙之始.〈中略自此使人悛惡更善, 上敬下順, 五常·六藝·三師·六正廣行於代(「三國遺事」, 塔像, 弥勒仙花·未尸郎·真慈師.).

73) 六停. 一曰大幢. 眞興王五年始置, 衿色紫白. 二曰上州停. 眞興王十三年置. 至文武校勘王十三年, 改爲貴幢. 衿色青赤. 三曰漢山停. 本校勘新州停, 眞興王二十九年, 罷新州停, 置南川停. 眞平王二十六年, 罷 南川停, 置漢山停. 衿色黃青. 四曰牛首停. 本校勘比烈忽停, 文武校勘王十三年, 罷比烈忽停, 置牛首停. 衿色綠白. 五曰河西停. 本校勘悉直停, 太宗王五年, 罷悉直停, 置 河西停. 衿色綠白六曰皃校勘山停. 本校勘下州停, 神文王五年, 罷下州停, 置皃校勘山停. 衿色白紫[6정(六停), 첫째는 대당(大幢)이다. 진흥왕(眞興王; 재위 534~576) 5년(544)에 처음으로 설치하였다. 옷깃의 색깔은 자백(紫白)이다. 둘째는 상주정(上州停)이다. 진흥왕 13년(552)에 설치하였다. 문무왕(文武王; 재위 661~681) 13년(673)에 이르러 이름을 귀당(貴幢)으로 바꾸었다. 옷깃의 색깔은 청적(靑赤)이다. 셋째는 한산정(漢山停)이다. 본래 신주정(新州停)이었다. 진흥왕(眞興王; 재위 534~576) 29년(568)에 신주정을 없애고 남천정(南川停)을 설치하였다. 진평왕(眞平王) 26년(604)에 남천정을 없애고 한산정을 설치하였다. 금(衿)의 색깔은 황청(黃靑)이다. 넷째는 우수정(牛首停)이다. 본래 비열홀정(比烈忽停)이었다. 문무왕(文武王; 재위 661~681) 13년(673)에 비열홀정을 없애고 우수정을 설치하였다. 옷깃의 색깔은 녹백(綠白)이다. 다섯째는 하서정(河西停)이다. 본래 실직정(悉直停)이었으나 태종왕(太宗王; 재위 654~661) 5년(658)에 실직정을 없애고 하서정을 설치하였다. 옷깃의 색깔은 녹백(綠白)이다. 여섯째는 완산정(完山停)이다. 본래 하주정(下州停)이었다. 신문왕(神文王; 재위 681~692) 5년(685)에 하주정을 없애고 완산정을 설치하였다. 옷깃의 색깔은 백자(白紫)다. 「三國史記」, 雜志, 武官, 六停.].

화랑도의 교육은 원광(圓光; 542~640)[74]법사의 세속 5계(世俗 五戒)에 바탕을 둔 충(忠) · 효(孝) · 신(信) · 용(勇) · 인(仁)의 실천으로 정비되었다.[75] 무리가 구름처럼 몰려들어 도의(道義)로 서로 연마하고, 노래와 음악으로 서로 즐거워하였으며, 산과 물을 찾아 심신단련으로 노니니 멀리 가지 않은 곳이 없었다. 이를 통해 선(善)함과 사악(邪惡)함을 알게 되고, 선(善)한 자를 택하여 나라의 인재로 천거하였으니, 어진 자와 충성(忠誠)한 신하(臣下)와 현명(賢明)한 장수(將帥), 용감한 병사(兵士)가 화랑(花郞)으로부터 말미암았다. 이것은 나라의 현묘(玄妙)한 풍류의 도(道)로서 유가(儒家)와 불가(佛家)와 도가(道家)의 3교(三教)의 가르침으로 백성을 교화(教化)하니, 효(孝)와 충(忠)을 행하는 것은 공자〈孔子; 사구(司寇; 기원전 551~기원전 479)〉의 가르침이고, 무위자연(無爲自然)의 실천은 노자〈老子; 주사(柱史; 기원전 571~기원전 471)〉의 가르침이며 자비(慈悲)의 선(善)을 행하는 것은 석가〈釋迦; 축건태자(竺乾太子; 기원전 624~기원전 544)〉의 가르침이라고 하였다.[76]

---

74) 圓光(원광; 542~640) 대한민국 신라(新羅) 시대의 승려이자 학자이다. 성(姓)은 박(朴)이다. 유학(儒學)의 경전(經典)과 불경(佛經)을 공부하여 진흥왕(眞興王; 재위 540~576) 27(566)년 승려가 되었다. 중국에서 불경을 연구하고 강의하면서 이름이 높았다. 진평왕(眞平王; 567~632) 22(600)년에 신라로 돌아와 「여래장경사기(如來藏私記)」, 「대방등여래장경소(大方等如來藏經疏)」 등을 지어 신라에 불교 지식을 전하였다. 대승불교의 진호국가사상(鎭護國家思想)을 화랑도 및 근왕사상(勤王思想)과 연결하여 국가 이념으로 정립하였다.

75) 今有世俗五戒, 一曰事君以忠, 二曰事親以孝, 三曰交友有信, 四曰臨戰無退, 五曰殺生有擇, 若等行之無忽(「三國遺事」, 圓光西學.).

76) 徒衆雲集, 或相磨以道義, 或相悅以歌樂, 遊娛山水, 無遠不至. 因此知其人邪正, 擇其善者, 薦之於朝. 故金大問花郎世記曰, 賢佐忠臣, 從此而秀, 良將勇卒, 由是而生. 崔致遠鸞郎碑序曰. 國有玄妙之道, 曰風流. 設教之源, 備詳仙史, 實乃包含三教, 接化羣生. 且如入則孝於家, 出則忠於國, 魯司寇之旨也, 處無爲之事, 行不言之教, 周柱史之宗也, 諸惡莫作, 諸善奉行, 竺乾太子之化也(「三國史記」, 新羅本紀, 眞興王.).

### (3) 통일신라(統一新羅) 시대

**• 국학(國學)**

3국(三國)을 통일한 신라(新羅)는 종합교육기관으로 '국학(國學)'을 설립하여 경(卿)[77]을 책임자로 두었다.[78] 박사(博士)와 조교(助敎)를 두어 가르쳤으며, 수업 연한은 9년이었으나 미성취(未成就)한 자는 9년 이상 재학하도록 하였고, 독서(讀書)하는 정도를 3품(三品; 3등급)으로 정하여 평가〈독서 3품과(讀書三品科)〉하였다.[79] 국학(國學)은 공자(孔子)와 10철(十哲)[80]의 존영(尊影)을

---

77) 卿(경)은 대한민국 통일신라(統一新羅) 시대의 6관등(六官等)인 아찬(阿飡)으로 2등인 차관직(次官職)이다. 국학(國學)의 경우 경(卿)이 장관직(長官職)이다.

78) 神文王(在位 681~692) 二(682)年, 〈中略〉, 六月, 立國學, 置卿一人(「三國史記」, 新羅本紀, 新文王.).

79) 國學, 屬禮部. 〈中略〉, 惠恭王元年, 〈中略〉, 博士若干人, 數不定, 助教若干人, 數不定, 〈中略〉. 教授之法, 以「周易 · 「尚書」· 「毛詩」· 「禮記」· 「春秋左氏傳」· 「文選」, 分而爲之業. 博士若助教一人, 或以「禮記」· 「周易」· 「論語」· 「孝經」, 或以「春秋左傳」· 「毛詩」· 「論語」· 「孝經」, 或以「尚書」· 「論語」· 「孝經」· 「文選」, 教授之. 諸生讀書, 以三品出身, 讀「春秋左氏傳」, 若「禮記」, 若「文選」而能通其義, 兼明「論語」· 「孝經」者爲上; 讀「曲禮」· 「論語」· 「孝經」者爲中; 讀「曲禮」· 「孝經」者爲下. 若能兼通五經·三史·諸子百家書者, 超擢用之. 或差算學博士若助教一人, 以「綴經」· 「三開」· 「九章」· 「六章」, 教授之. 凡學生, 位自大舍以下至無位, 年自十五至三十, 皆充之. 限九年, 若朴魯不化者罷之. 若才器可成, 而未熟者, 雖踰九年, 許在學[국학(國學), 예부(禮部)에 속하였다. 〈중략(中略)〉, 진덕왕(眞德王; 재위 647~654) 5년에 〈중략(中略)〉 박사(博士) 약간명과 조교(助敎) 약간명을 두었다. 교수방법(敎授方法)은 「주역(周易)」· 「상서(尙書)」· 「모시(毛詩)」· 「예기(禮記)」· 「춘추좌씨전(春秋左氏傳)」· 「문선(文選)」으로 구분하여 과정으로 삼았으며, 박사(博士)와 조교(助敎) 1명이 「예기(禮記)」· 「주역(周易)」· 「논어(論語)」· 「효경(孝經)」을 가르쳤으며, 혹은 「춘추좌전(春秋左傳)」· 「모시(毛詩)」· 「논어(論語)」· 「효경(孝經)」을 가르쳤고, 혹은 「상서(尙書)」· 「논어(論語)」· 「효경(孝經)」· 「문선(文選)」을 가르쳤다. 모든 학생이 독서를 3품(삼품; 3등급)으로 나누어 평가하여 관리 등용을 위한 합격〈合格; 출신(出身)〉을 정하였다. 「춘추좌씨전(春秋左氏傳)」을 읽고, 「예기(禮記)」나 「문선(文選)」의 뜻에 능통하고, 아울러 「논어(論語)」· 「효경(孝經)」에 밝은 자는 상품(上品)이고, 「곡례(曲禮)」· 「논어(論語)」· 「효경(孝經)」를 읽은 자는 중품(中品)이고, 「곡례(曲禮)」· 「효경(孝經)」을 읽은 자는 하품(下品)이다. 5경(五經), 3사(三史), 제자백가서를 전부 통달한 자는 등급을 뛰어넘은 발탁으로 임용하였다. 산학박사(算學博士)와 조교(助敎) 1명이 「철경(綴經)」· 「3개(三開)」· 「9

두고 석전(釋奠)을 행하면서 교학(教學)의 지표로 삼았으며, 덕행(德行), 언어(言語), 정사(政事), 문학(文學). 수학(數學)[81] 분야의 교육을 통해 지행합일(知行合一)의 교육기관으로서 면모를 갖추며 발전하였다.

---

장(九章)」·「6장(六章)」을 가르쳤다. 대사(大舍) 관등의 이하부터 관등이 없는 자로서 나이가 15세~30세의 학생으로 충원하였다. 수업 연한은 9년이며, 학업 능력이 어리석고 부족하여 학문 할 수 없는 자는 퇴학시켰다. 재능이 있어 인재가 될 가능성이 있는 미성숙(未成熟)한 자는 9년이 넘어도 재학(在學)하도록 하였다(「三國史記」, 雜志, 官職 上.).].

80) 10철(十哲)은 공자의 제자 10인으로 덕행(德行)에 안회(顔回; 기원전 521~기원전 491)·민손(閔損; 기원전 536~기원전 487)·염경(冉耕; 기원전 544~몰년대 미상)·염옹(冉雍; 기원전 522~몰년대 미상), 언어(言語)에 재여(宰予; 기원전 522~기원전 458)·단목사(端木賜; 기원전 520~기원전 456), 정사(政事)에 염구(冉求; 기원전 522~몰년대 미상), 문학(文學)에 언언(言偃; 기원전 506~기원전 403)·복상(卜商; 기원전 507~기원전 420)이다.

81) 국학(國學)에서 산학박사(算學博士)와 조교(助教)가 가르친「철경(綴經)」*,「3개(三開)」**,「9장(九章)」***,「6장(六章」****의 수학(數學)을 말한다.

*「**綴經(철경)**」은 철술(綴術)이라고도 한다. 중국 남북조(南北朝; 386~589)시대의 수학자 조충지(祖沖之; 429~500)가 저술하였다. 현재 전해지지는 않는다. 원주율을 3.141592로 계산하였다. 철술(綴術)은 천문산법학(天文算法學)의 다른 표현으로 천문역법에 관한 것이다.

**「**三開(3개)**」는 측량술(測量術) 계산법에서 효율성과 오차를 방지하는 산학서(算學書)이다.

***「**九章(9장)**」은 구장산술(九章算術)을 말한다. 중국 선진(先秦; 기원전 2070~기원전 221)에서부터 전한(前漢; 기원전 202~기원후 8)에 이르는 수천 년 동안 이루어진 수학적 성취를 유휘(劉徽; 225~295, 중국 三國 시대 魏나라)가 편집한 것이다. 면적 또는 체적 계산을 증명하였으며 원주율을 3.1416으로 계산하였다. 모두 9장으로 되어있어 9장이라고 하며, 246개의 수학 문제가 실려 있다. 정수와 분수의 사칙 운용, 면적과 체적, 세금분배, 식량 교환 등의 계산과 아울러 1차 연립방정식의 해법과 측량을 담고 있다.

****「**六章(6장)**」은 9장산술(九章算術) 중 1장에서 6장까지의 실생활의 수리(數理)적 내용만을 편집한 것으로 토지면적 계산〈1장, 방전(方田), 38문제〉, 곡물 교환량 계산〈2장, 속미(粟米), 46문제〉, 세금계산법〈3장, 쇠분(衰分), 20문제〉, 면적과 부피 계산〈4장, 소광(少廣), 24문제〉, 토목공사 입방체의 부피 계산〈5장, 상공(商功), 28문제〉. 부역부과의 계산법〈제6장, 균륜(均輸), 28문제〉 등이다.

### (4) 발해(渤海)

**• 주자감(胄子監)**

고구려(高句麗) 멸망 후, 698년 대조영(大祚榮)[82]이 고구려(高句麗)를 계승한 발해국(渤海國)을 세웠다. 발해(渤海)는 자제(子弟)들을 중국 당(唐)에 유학(留學)을 보내 교육을 받게 하고, 교육기관으로 '주자감(胄子監)'을 세워 감장(監長)을 책임자로 두었다.[83] 수도〈首都; 경사(京師)〉의 태학(太學)인 주자감(胄子監)에 학생들을 보내 고금(古今)의 제도를 익히게 하므로, 이때 이르러 바다 동쪽의 번성한 나라〈해동성국(海東盛國)〉가 되었다.[84]

**• 학관(學館) · 학당(學堂)**

발해(渤海)는 5경(五京) 12부(十二府) 62주(六十二州)의 지방 제도를 두고 경(京)에는 '학관(學館)'을 두었다. '동관(東館)에 유생(儒生)이 많았다.'[85]는 기록과 발해 임금〈대인선(大諲譔)[86]〉의 조카로 발해(渤海)의 학당(學堂)을 관장〈학당친위(學堂親衛)〉하는 대원겸(大元謙; 생몰연대 미상)이 중국 당(唐)나라 조공사신(朝貢使臣)으로 왔을 때, 당(唐) 국자감(國子監)의 승(丞) 관직을 받은[87] 기록을 보면 발해(渤海)에 '학당(學堂)'이 설치되었음을 알 수 있다. 동관(東館)은 5경(五京) 중 동경(東京)에 있는 학관(學館)을 의미하므로, 5경(五京)에 학관(學館)을 설치하였고, 부(府) · 주(州)에는 학당(學堂)을 두었다. 교육담

---

82) 大祚榮(대조영; 생연대 미상~719) 왕호(王號)는 고(高王), 고구려(高句麗)의 후예(後裔), 698년 길림성(吉林省)에 나라를 건국하여 고려국(高麗國), 진국(震國)이라고 했다가 발해(渤海; 698~926)라고 하였다.

83) 胄子監有監長(「新唐書」, 列傳, 渤海.).

84) 數遣諸生詣京師太學, 習識古今制度, 至是遂為海東盛國(「新唐書」, 列傳, 渤海.).

85) 儒生盛于東館〈金毓黻(1887~1962, 중국 中華人民共和國 시대), 「渤海國志長編(1935)」, 前志.〉.

86) 大諲譔(대인선; 재위 906~926) 발해(渤海) 제15대 국왕으로 발해(渤海)의 마지막 임금이다.

87) 唐 莊宗 二(909)年, 八月, 渤海朝貢使, 王侄, 學堂親衛大元謙, 可試國子監丞(「冊府元龜」, 褒異.).

당자는 박사(博士)였으며, 학생을 유생(儒生)이라고 하였으므로 교육내용은 유학(儒學) 중심이었다.

**• 여성교육소(女性敎育所)**

발해(渤海)에는 여성 교육을 위한 '女師(여사)'가 있었다. 즉, 발해(渤海) 문왕〈文王; 대흠무(大欽茂)[88]〉의 딸인 정효공주(貞孝公主; 756~792)는 '일찍이 여사(女師)로부터 가르침을 받아 능히 사제(思齊)[89]에 비할 수 있으며, 조가(曺家)〈(조대가(曺大家) 반소(班昭)[90])〉의 풍모(風貌)를 흠모했고, 시〈詩; 시경(詩經)]를 독실하게 읽었으며, 예〈禮; 예기(禮記)〉 공부에 성심(誠心)을 다하였다.'[91]는 기록과 같이 여사(女師)는 여성 교육을 담당하는 교사였다. 그러므로 발해(渤海)에는 여성 교육기관이 있었다.

발해(渤海)에는 그들의 문자(文字) 및 「서기(書記)」가 있었다[92]는 기록은 발해 교육의 독창성을 말해준다.

---

88) 大欽茂(대흠무; 생년대 미상~793) 발해(渤海)의 3대 왕(王)이다. 시호(諡號)는 문왕(文王; 재위 737~793), 존호(尊號)는 대흥보력효감금륜성법대왕(大興寶曆孝感金輪聖法大王)이다.

89) 「시경(詩經)」의 〈대아(大雅)〉 문왕지십(文王之什)의 사제(思齊)를 말한다. 사제(思齊)는 '어진〈현(賢)〉 사람을 생각하여 그 같이 따르는 것'으로, 그 어진 사람은 문왕(文王)의 모친인 태임(太任)으로 思齊太任文王之母(사제태임문왕지모)에서 나온 의미이다.

90) 班昭(반소; 45~117) 중국 역사학자 반표(班彪; 3~54)의 딸로 중국 후한(後漢) 시대 사람이다. 14세에 조세숙(曺世叔; 생몰년대 미상)과 결혼했으나 일찍 남편이 죽었다. 재혼하지 않은 채 조대가(曺大家)라고 칭하며 문학과 자녀교육에 모든 정성을 쏟았다. 오빠인 반고(班固; 32~92)가 사관(史官)으로 임명되어 「한서(漢書)」를 편찬할 때 반고(班固)를 도왔고, 오빠가 죽자 황제의 명을 받아 사서(史書)를 완성하였다. 정숙함과 학자로서의 명성이 높았고, 여계(女誡)를 비롯하여 아름다운 시(詩)와 수필(隨筆)을 남겼다.

91) 早受女師之敎, 克比思齊, 每慕曹家之風, 敦詩悅禮〈貞孝公主墓誌幷序〉.

92) 頗有文字及書記(「冊府元龜」, 種族.).

### (5) 고려(高麗) 시대

**• 학원(學院) · 향교(鄕校)**

대한민국 고려(高麗) 시대에 학교(學校)의 형성은 태조(太祖; 재위 918~943) 왕건(王建)[93]이 서경〈西京; 현재 평안남도(平安南道) 평양시(平壤市)〉에 '학원(學院)'을 설치한 데서 시작한다. 즉, 학원(學院)을 설립하도록 하여 서경(西京)의 6부 생도(生徒)를 모아 가르쳤고, 이를 지원하면서 의과〈醫科; 의학과(醫學科)〉와 복과〈卜科; 천문학과(天文學科)〉도 증설하여 교육 진흥에 진력하였다.[94] 학원(學院) 형태의 지역 학교는 '향교(鄕校)'였다. 성종(成宗)[95] 6(987)년 전국의 12목(牧)에 박사(博士)를 파견한 것은 각 목(牧) 단위 지역에 향교(鄕校)가 있었음을 말해준다.[96] 인종(仁宗)[97] 5(1127)년 주(州) 단위 지역에까지 학

93) 王建(왕건; 877~943) 본관(本貫)은 개성(開城), 자(字)는 약천(若天), 고려를 건국한 태조(太祖)이다. 시호(諡號)는 응운원명광렬대정예덕장효위목인용신성대왕(應運元明光烈大定睿德章孝威穆仁勇神聖大王)이다.

94) 太祖 十三年, 夏五月,壬辰, 幸西京, 創置學校, 命秀才延顎, 爲書學博士, 別創學院, 聚六部生徒敎授, 六月 庚子 至自西京, 後太祖聞其興學, 賜綵帛勸之, 兼置醫卜二業, 又倉穀白石, 爲學寶[태조(太祖) 13(930)년 여름, 음력 5월 29[임진(壬辰)]일 서경(西京)에 행차하여 학교를 창설하고, 수재(秀才)인 정악(廷鶚; 생몰년대 미상)을 서학박사(書學博士)로 삼아 따로 학원(學院)을 창설하여 6부(部)의 생도(生徒)를 모아 가르치게 하였다. 6월 8 경자(庚子) 일에 서경(西京)에서 돌아왔다. 뒤에 태조(太祖)가 그 학업(學業)이 흥행(興行)한다는 보고를 듣고 비단〈채백(彩帛)〉을 하사하여 권면(勸勉)하였다. 겸하여 의업〈醫業; 의학(醫學)〉과 복업〈卜業; 천문학(天文學)〉의 두 학과를 설치하게 하고, 또한, 창고의 곡식 100석을 지원하여 학보〈學寶; 장학기금(奬學基金)〉로 삼게 하였다. 「高麗史」, 選擧二, 學校.].

95) 成宗(성종; 재위 981~997) 고려(高麗)의 제6대 국왕(國王), 성(姓)은 왕(王), 본관(本貫)은 개성(開城), 이름은 치(治), 자(字)는 온고(溫古), 시호(諡號)는 문의대왕(文懿大王)이다.

96) (成宗) 六年, 八月, 〈中略〉, 敎, 選通經閱籍者, 爲經學 · 醫學博士, 於十二牧, 各遣一人, 敦行敎諭[〈성종(成宗)〉 6년(987) 8월, 교지(敎旨)를 내리기를 '경전(經典)에 통하고 전적(典籍)을 널리 읽은 자들을 선발하여 경학박사(經學博士)와 의학박사(醫學搏士)로 삼아, 12목(牧)에 각각 1명씩 파견하여 돈독하게 가르치고 깨우치게 하라' 고 하였다. 「高麗史」, 選擧 二, 學校.].

97) 仁宗(인종; 재위 1122~1146) 고려(高麗) 제17대 국왕(國王), 성(姓)은 왕(王), 본관(本貫)은 개성(開城), 이름은 해(楷; 1109~1146), 자(字)는 인표(仁表), 시호(諡號)는

교를 확대하였다.[98] 각 지역에 향교(鄕校)의 교육담당자는 교수관(敎授官)이었다. 공민왕(恭愍王) 20년(1371)에 성균관(成均館)과 향교(鄕校)에 문학(文學)과 무학(武學)을 특별히 개설하여 인재를 양성하여 등용할 수 있게 하도록 했으며,[99] 공양왕(恭讓王) 3년(1391)에 각 도(道)의 목(牧)과 부(府)에 또 유학(儒學) 교수관(敎授官)을 두도록 하였다.[100]

**• 국자감(國子監)**

성종(成宗) 11년(992)에 국자감(國子監)을 설립하였다.[101] 초기부터 수도에 있었던 경학(京學)을 국립종합대학으로 승격한 국자감(國子監)을 설립한 것이다. '국자(國子)'는 나라의 공(公) · 경(卿) · 대부(大夫)의 자제를 의미하고, '감(監)'은 보살피다 는 의미이다. 그러므로 국자감(國子監)은 국가의 자제(子弟)를 길러 인재를 양성하는 국가의 최고 학교로 국학(國學)이라는 뜻이다. 나라의 자제(子弟)를 가르치는 국학(國學)은 나라의 균등(均等)함을 이루는 성균(成均)이다. 따라서 성균(成均)은 세상을 다스리는 법을 가르치는 것이다. 즉, 나라의

---

극안공효대왕(克安恭孝大王)이다.

98) (仁宗) 五年, 三月, 詔, 諸州立學, 以廣敎道[〈인종(仁宗)〉 5년(1127) 3월에 조서(詔書)를 내려 여러 주(州)에 학교(學校)를 세워서 가르침의 도(道)를 넓히게 하였다. 「高麗史」, 選擧 二, 學校.].

99) (恭愍王) 二十年, 十二月, 敎曰, "文武之用, 不可偏廢, 內自成均, 外至鄕校, 開設文武二學, 養成人才, 以備擢用"[공민왕(恭愍王) 20년(1371) 12월에 교서(敎書)를 내려 이르기를, "문(文)과 무(武)의 쓰임새는 한쪽을 폐할 수 없다. 중앙의 성균관(成均館)으로부터 지방의 향교(鄕校)에 이르기까지 문(文)과 무(武) 2학(學)을 개설하여 인재를 양성하여 발탁되거나 등용되는 데 대비하도록 하라"고 하였다. 「高麗史」, 選擧 二, 學校.].

100) (恭讓王) 三年, 正月, 各道牧府, 亦置(儒學敎授官)之[공양왕(恭讓王) 3(1391)년 정월에 각 도(道)의 목(牧)과 부(府)에, 또, 유학교수관(儒學敎授官)을 두었다. 「高麗史」, 選擧 二, 學校.].

101) (成宗) 十一年, 十二月, 敎, 有司相得勝地, 廣營書齋 · 學舍, 量給田庄, 以充學粮. 又創 國子監[〈성종(成宗)〉 11(992)년 12월에 교서(敎書)를 내려, 유사(有司)는 좋은 장소〈승지(勝地)〉를 가려서 널리 서재(書齋)와 학사(學舍)를 세우고 전장(田庄)을 지급하여 학량〈學粮; 학교의 재정(財政)〉에 충당하도록 하였다. 또 국자감(國子監)을 창설하였다(「高麗史」, 選擧 二, 學校.].

자제(子弟)를 가르치는 데는 도(道)와 덕(德)이 있는 자가 가르쳐서 조상(祖上)을 기리고 학교(國學) 예악(禮樂)의 기원인 고종(瞽宗)[102]을 숭상하여, 음악(音樂)과 덕(德)으로 나라의 자제(子弟)를 가르쳐 공경(恭敬)과 떳떳함과 효도(孝道)와 우애(友愛)를 조화롭게 하도록 하는 것이[103]라고 하였다. 따라서 국학(國學)을 성균(成均)이라 하였기 때문에 국자감(國子監)을 성균감(成均監), 성균관(成均館)이라고도 하였다.

종합대학으로서 국자감(國子監)은 자제(子弟)들의 사회적 신분에 따라 6학(六學)[104]이라고 하여 6개의 단과대학을 두었다. 예종(睿宗)[105] 4(1109)년 7월에 국학〈國學; 국자감(國子監)〉에 7개의 전공반(專攻班)으로 7재(七齋)를 설치하였다.[106] 교육담당자는 박사(博士)와 조교(助敎)였다. 예종(睿宗) 14년(1119)에 국학(國學)의 장학 재단으로 양현고(養賢庫)를 설치하였다.[107]

---

102) 殷人設右學爲大學, 左學爲小學, 而作樂于瞽宗[은〈殷; 상(商)〉나라(기원전 1600~1046) 사람들은 우학(右學)을 설립하여 대학(大學)이라고 하였고, 좌학(左學)을 소학(小學)이라고 하여 학교에 대한 예악(禮樂)의 제사를 고종(瞽宗)에서 하였다(「禮記」, 明堂位.].

103) 掌成均之法, 以治建國之學政而合國之子弟焉. 凡有道者有德者使敎焉, 死則以爲樂祖祭於瞽宗. 以樂德敎國子中和祗庸孝友(「禮記」, 大司樂.).

104) 6학(六學)은 ① 국자학(國子學), ② 태학(太學), ③ 사문학(四門學), ④ 율학(律學), ⑤ 서학(書學), ⑥ 산학(算學)이다.

105) 睿宗(예종; 재위 1105~1122) 고려(高麗) 제16대 국왕(國王), 성(姓)은 왕(王), 본관(本貫)은 개성(開城), 이름은 우(俁), 자(字)는 세민(世民), 시호(諡號)는 문효대왕(文孝大王)이다.

106) (睿宗)四年, 七月, 國學置七齋, 周易曰麗擇, 尙書曰待聘, 毛詩曰經德, 周禮曰求仁, 戴禮曰服膺, 春秋曰養正, 武學曰講藝[예종(睿宗) 4년(1109) 7월에 국학(國學)에 7재(七齋)를 설치하였다. 「주역(周易)」을 공부하는 곳은 이택재(麗澤齋), 「상서(尙書)」는 대빙재(待聘齋), 「모시(毛詩)」는 경덕재(經德齋), 「주례(周禮)」는 구인재(求仁齋), 「대례(戴禮)」는 복응재(服膺齋), 「춘추(春秋)」는 양정재(養正齋), 「무학(武學)」은 강예재(講藝齋)라고 하였다. 「高麗史」, 選擧 二, 學校.].

107) (睿宗)十四年, 七月, 國學始立養賢庫, 以養士. 自國初, 肇立文宣王廟于國子監, 建官置師, 至 宣宗, 將欲敎育, 而未遑. 睿宗銳意儒術, 詔有司, 廣設學舍, 置儒學六十人, 武學十七人, 以近臣, 管勾事務, 選名儒, 爲學官博士, 講論經義, 以敎導之[예종(睿宗) 14(1119)년 7월에 국학(國學)에서 처음으로 양현고(養賢庫)를 설치하고 선비를 양성하게 하였다. 국초(國初)부터 진작 국자감(國子監)에 문선왕묘(文宣王廟)

국자감(國子監)의 명칭은 충렬왕(忠烈王)[108] 1(1275)년에 '국학(國學)'으로 개칭되었으며, 충선왕(忠宣王)[109] 1(1298)년에 '성균감(成均監)'으로 고치고 명경학(明經學)의 단과대학을 설치하여 명경박사(明經博士)와 명경학유(明經學諭)를 새로 두어 종래의 유학(儒學) 학부 3학〈국자학(國子學) · 태학(太學) · 사문학(四門學)〉과 기술(技術) 학부 3학〈율학(律學) · 서학(書學) · 산학(算學)〉에 명경학(明經學)을 합해 7학(七學)이 성립되었다.

충선왕(忠宣王) 원년(1308)에 '성균관(成均館)'이라고 하였다. 공민왕(恭愍王)[110] 5(1356)년 다시 '국자감(國子監)'이라 하였다가, 공민왕(恭愍王) 12(1362)년에 또 '성균관(成均館)'으로 개칭하였다. 공민왕(恭愍王) 16년(1367)에 성균관(成均館)을 개조하여 5경재(五經齋)와 4서재(四書齋)로 나누었다.[111] 공양

---

를 세우고 관원(官員)과 스승을 두었으며, 선종(宣宗) 때에 이르러 장차 교육하려고 하였으나 미처 겨를이 없었다. 예종(睿宗) 때에 와서 유학[儒學; 유술(儒術)]에 깊은 관심을 가지고 유사(有司)에 조서(詔書)를 내려 널리 학사(學舍)를 짓고 유학(儒學) 60명과 무학(武學) 17명을 두고 근신(近臣)을 시켜 사무를 관장하게 하였으며, 이름 있는 선비를 선발하여 학관(學官)과 박사(博士)로 삼아 경의(經義)를 강론하여 그들을 가르치고 이끌게 하였다. 「高麗史」, 選擧 二, 學校.].

108) 忠烈王(충렬왕; 1274~1297) 고려(高麗) 제25대 국왕(國王), 성(姓)은 왕(王), 본관(本貫)은 개성(開城), 이름은 거(昛; 1236~1308), 자(字)는 태손(太孫), 시호(諡號)는 광문선덕경효대왕(光文宣德景孝大王)이다.

109) 忠宣王(충선왕; 재위 1298, 1308~1313) 고려(高麗) 제26대 국왕(國王), 성(姓)은 왕(王), 본관(本貫)은 개성(開城), 이름은 장(璋; 1275~1313), 자(字)는 중앙(仲昻), 시호(諡號)는 충선헌효대왕(忠宣憲孝大王)이다.

110) 恭愍王(공민왕; 재위 1351~1374) 고려(高麗) 제31대 국왕(國王), 성(姓)은 왕(王), 본관(本貫)은 개성(開城), 이름은 전(顓; 1330~1374), 호(號)는 이재(怡齋) · 익당(益堂), 시호(諡號)는 인문의무용지명열경효대왕(仁文義武勇智明烈敬孝大王)이다.

111) (恭愍王) 十六年, 成均祭酒 林樸上言, 請改造成均館. 命重營國學于崇文館舊址. 令中外儒官, 隨品出布, 以助其費, 增置生員, 常養一百, 始分五經四書齋[공민왕(恭愍王) 16년(1367)에 성균좨주(成均祭酒) 임박(林樸; 1327~1376)이 상언(上言)하여 성균관(成均館)을 개조(改造)하기를 요청하니, 국학(國學)을 숭문관(崇文館) 옛터에 다시 지으라고 명(命)하였다. 또, 중외(中外)의 유관(儒官)의 품계(品階)에 따라 베를 내어 그 비용을 돕도록 하고, 생원(生員)을 늘려서 늘 100명을 길러내라고 하였다. 처음으로 5경재(五經齋)와 4서재(四書齋)를 나누었다. 「高麗史」, 選擧 二, 學校.].

왕(恭讓王)[112] 1(1389)년에 기술학을 분리하여 유학(儒學)만을 교육하는 기관으로 개편되었다. 그 후, 기술교육은 율학(律學)은 전법사(典法司),[113] 산학(算學)은 판도사(版圖司),[114] 서학(書學)은 전교시(典校寺)[115]에서 그 교육을 담당하였다.

**• 5부학당(五部學堂)**

고려(高麗) 원종(元宗)[116] 2(1261)년에 '학당(學堂)'을 설치하였다.[117] 학당(學堂)의 형성은 몽고〈蒙古; 몽골(1206~1368)〉의 침략에 응전하면서 조정(朝庭)을 강화도(江華島)로 옮겨 국자감(國子監)의 수업이 불가하므로, 강도〈江都; 강화도(江華島) 수도(首都)〉의 동(東)과 서(西)에 학당(學堂)을 설립하여 강도(江都)의 학생들 교육을 담당하였다. 개경〈開京; 경기도(京畿道) 개성(開

---

112) 恭讓王(공양왕; 재위 1389~1392) 고려(高麗) 제34대 국왕(國王), 성(姓)은 왕(王), 이름은 요(瑤; 1345~1394)이며, 작호(爵號)는 정창부원군(定昌府院君)이다.

113) 典法司(전법사) 대한민국 고려(高麗) 시대 법률(法律) · 사송(詞訟) · 상언(詳讞)에 관한 일을 관장하던 중앙관서로 충렬왕(忠烈王) 1(1275)년에 상서6부(尙書六部)의 하나인 상서형부(尙書刑部)를 전법사(典法司)로 고치고, 관원으로 판서(判書) · 총랑(摠郞) · 정랑(正郞) · 좌랑(佐郞)을 두었다.

114) 版圖司(판도사) 대한민국 고려(高麗) 시대 호구(戶口) · 공부(貢賦) · 전량(錢粮)에 관한 일을 관장하던 중앙관서로 충렬왕(忠烈王) 1(1275)년에 상서6부(尙書六部)의 하나인 상서호부(尙書戶部)를 판도사(版圖司)로 고치고, 관원으로는 판서(判書), 총랑(摠郞) . 정랑(正郞) . 좌랑(佐郞)을 두었다.

115) 典校寺(전교시) 대한민국 고려(高麗) 시대 유학(儒學) 경전(經典)과 문적(文籍)을 관장하고, 종묘(宗廟) 및 초제(醮祭)의 축문(祝文)을 작성하던 내서성(內書省)으로 성종(成宗) 때 비서성(秘書省)으로 고쳐졌다가 충렬왕 24(1298)년에 비서감(秘書監), 1308년에 전교서(典校署)라고 했다가 전교시(典校寺)라고 하였다. 관원으로는 판사(判事) · 영(令) · 부령(副令) · 승(丞) · 낭(郞) · 주부(注簿) · 교감(校勘) · 정자(正字)를 두었다.

116) 元宗(원종; 재위 1235~1260) 대한민국 고려(高麗) 제24대 국왕(國王), 성(姓)은 왕(王), 본관(本貫)은 개성(開城), 이름은 식(植; 1219~1274), 자(字)는 일신(日新), 시호(諡號)는 순효대왕(順孝大王)이다.

117) 元宗二年, 三月, 置東西學堂, 各差別監 · 教學 · 教導[원종(元宗) 2(1261)년 3월에 동(東) · 서(西)에 학당(學堂)을 설치하고 각각 별감(別監)과 교학(教學) · 교도(教導)를 파견하였다. 「高麗史」, 選擧 二, 學校.].

城)〉으로 돌아온 후에 공양왕(恭讓王) 3(1392)년에 학문의 진작을 위하여 기존의 동서학당(東西學堂) 2개 학당(學堂)에 더하여 개경(開京)을 중심으로 중(中)·남(南)·북(北)에 3개 학당(學堂)을 설치하여 5부학당(五部學堂)이 되었다. 교육담당자는 교학(教學)과 교도(教導)였다.

• **12도(十二徒)**

고려(高麗) 시대 사학(私學)은 문종(文宗)[118] 대에 형성되어 최충(崔沖)[119]의 '시중최공도〈侍中崔公徒; 문헌공도(文憲公徒)〉'를 시작으로[120] 모두 11개의 사립학교가 세워졌는데, 이것을 '12도(十二徒)'라고 한다.[121] 최충(崔沖)의

---

118) 文宗(문종; 재위1046~1083) 고려(高麗) 제11대 국왕(國王), 성(姓)은 왕(王), 본관(本貫)은 개성(開城), 이름은 휘(徽; 1020~1083), 자(字)는 촉유(燭幽), 시호(諡號)는 강정명대장성인효대왕(剛定明大章聖仁孝大王)이다.

119) 崔沖(최충; 984~1068) 본관(本貫)은 해주(海州), 자(字)는 호연(浩然), 호(號)는 성재(惺齋)·월포(月圃)·방회재(放晦齋), 시호(諡號)는 문헌(文獻)이다. 목종(穆宗; 재위 997~1009) 8(1005)년 문과에 장원급제하여 우습유(右拾遺)를 시작으로, 국사수찬관(國史修撰官)으로 「칠대실록(七代實錄)」을 편찬하였고, 중추직학사(中樞直學事), 한림학사내사사인지제고(翰林學士內史舍人知制誥), 예부시랑간의대부(禮部侍郎諫議大夫), 우산기상시(右散騎常侍), 동지중추원사(同知中樞院事), 지공거(知貢擧)를 지냈고, 참지정사수국사(叅知政事修國史)로 「현종실록(顯宗實錄)」을 편찬하였으며, 상서좌복야참지정사판서북로병마사(尙書左僕射叅知政事判西北路兵馬使), 내사시랑평장사(內史侍郎平章事), 수사도수국사상주국(守司徒修國史上柱國), 문하시랑평장사(門下侍郎平章事), 문하시중(門下侍中), 개부의동삼사수태부(開府儀同三司守太傅) 등을 역임하였다. 추충찬도공신(推忠贊道功臣)·추충찬도협모동덕치리공신(推忠贊道恊謀同德治理功臣)·추충찬도좌리동덕홍문의유보정강제공신(推忠贊道佐理同德弘文懿儒保定康濟功臣)에 녹훈되고, 상주국(上柱國)의 훈작을 받았다.

120) 文宗朝, 大師·中書令 崔冲收召後進, 敎誨不倦, 靑衿白布, 塡溢門巷[문종(文宗; 1046~1083) 때에 태사(大師)·중서령(中書令) 최충(崔沖; 984~1068)이 후진(後進)을 불러 모아 부지런하게 열심히 가르치고 깨우치자, 푸른 깃옷을 입은 생도〈청금(靑衿)〉들과 흰옷을 입은 백성〈백포(白布)〉들이 그 집 문의 골목 거리를 가득 메우고 넘치게 되었다.「高麗史」, 選擧 二, 學校, 私學.].

121) 又有儒臣立徒者十一, 曰 弘文公徒, 侍中 鄭倍傑, 一稱熊川徒, 曰匡憲公徒, 叅政盧旦, 曰南山徒, 祭酒 金尙賓, 曰西園徒, 僕射金無滯, 曰文忠公徒, 侍中 殷鼎. 曰良愼公徒, 平章金義珍, 一云郎中朴明保. 曰貞敬公徒, 平章黃瑩, 曰忠平公徒, 柳監, 曰貞憲公徒, 侍中文正, 曰徐侍郎徒, 徐碩, 曰龜山徒, 未詳. 幷文憲公冲徒, 世稱十

문헌공도(文憲公徒)는 9개 반으로 나누어 9재(九齋)로 편성하였다.[122] 매년 여름에는 하계강습회(夏季講習會)인 하과(夏課)를 개최하여 문헌공도(文憲公徒) 출신의 우수한 급제자(及第者)를 교도(教導)로 삼아 9경〈九經; 「주역(周易)」·「시경(詩經)」·「서경(書痙)」·「예기(禮記)」·「춘추(春秋)」·「효경(孝經)」·「논어(論語)」·「맹지(孟子)」·「주례(周禮)」〉과 3사〈三史; 「사기(史記)」·「한서(漢書)」·「후한서(後漢書)」 또는 「동관한기(東觀漢記)」〉를 공부하였고, 선배들이 하계강습회에 방문할 때면 각촉부시(刻燭賦詩)로 시(詩) 짓기 경연대회를 하고 등급에 오른 자들을 중심으로 경연연(競演宴)을 예(禮)에 맞게 하여 교육의 모범을 보였다.[123] 공민왕(恭愍王) 원년(1352)에 학생들의 교육여건을 위해 12도

---

二徒[또, 유신(儒臣)으로서 도(徒)를 세운 이들이 11명이었다. 홍문공도(弘文公徒)는 시중(侍中) 정배걸(鄭倍傑; 생몰년대 미상)이 세웠는데, 일명 웅천도(熊川徒)라고 불렀다. 광헌공도(匡憲公徒)는 참지정사(叅知政事) 노단(盧旦; 생년대 미상~1091)이, 남산도(南山徒)는 것은 좨주(祭酒) 김상빈(金尙賓; 생몰년대 미상)이, 서원도(西園徒)는 복야(僕射) 김무체(金無滯; 생몰년대 미상)가, 문충공도(文忠公徒)는 시중(侍中) 은정(殷鼎; 생몰년대 미상)이 세운 것이다. 양신공도(良愼公徒)는 평장사(平章事) 김의진(金義珍; 생년대 미상~1070)이 세웠는데, 혹은 낭중(郎中) 박명보(朴明保; 생몰년대 미상)가 세운 것이라고도 한다. 정경공도(貞敬公徒)는 평장사 황영(黃瑩; 생몰년대 미상)이, 충평공도(忠平公徒)는 유감(柳監; 생몰년대 미상)이, 정헌공도(貞憲公徒)는 시중(侍中) 문정(文正; 생년대 미상~1093)이, 서시랑도(徐侍郎徒)는 서석(徐碩; 생몰년대 미상)이 세운 것이며, 구산도(龜山徒)는 누가 세웠는지 자세하지 않다. 문헌공(文憲公) 최충의 도(徒)를 합하여 세간에서 12도(徒)라고 불렀다. 「高麗史」, 選擧 二, 學校, 私學.].

122) 遂分九齋, 曰樂聖·大中·誠明·敬業·造道·率性·進德·大和·待聘, 謂之 侍中崔公徒[그리하여 9재(齋)로 나누었으니, 낙성재(樂聖齋)·대중재(大中齋)·성명재(誠明齋)·경업재(敬業齋)·조도재(造道齋)·솔성재(率性齋)·진덕재(進德齋)·대화재(大和齋)·대빙재(待聘齋)가 그것으로써 이를 일러 '시중최공도(侍中崔公徒)'라고 하였다. 「高麗史」, 選擧 二, 學校, 私學.].

123) 每歲暑月, 借僧房, 結夏課, 擇徒中及第, 學優才贍, 而未官者, 爲教導. 其學則九經三史也. 間或先進來過, 乃刻燭賦詩, 榜其次第, 呼名而入, 仍設酌. 童冠列左右, 奉樽俎, 進退有儀, 長幼有序, 竟日酬唱, 觀者莫不嘉嘆[해마다 여름철에는 승방(僧房)을 빌려 하과(夏課)를 열었는데, 도(徒) 출신으로 급제(及第)하여 학문이 우수하고 재능이 많은 아직 관직에 임명되지 않은 사람을 택하여 교도(教導)로 삼았다. 배우는 것은 9경(經)과 3사(史)였다. 간혹 선배[선진(先進)]가 찾아오면 초에 금을 그어 촛불이 그 금까지 탈 때까지 시간을 정하여 시(詩)를 지어 등급을 정하여 붙여놓

(十二徒)를 수리하도록 했다.[124] 공양왕(恭讓王) 3년(1391)에 12도(徒)를 혁파하였다.[125]

12도(十二徒)는 주자(周子)[126]와 정자(程子)[127] 등의 현인(賢人)들이 아직 나오지 않고, 세상에 공맹〈孔孟; 공자(孔子)·맹자(孟子)〉의 도(道)가 그렇게 알려지지 않았을 때, 정자(程子)보다 먼저 도(道)를 전한 공(功)이 있으니, 그것은 12도(十二徒)의 시초인 문헌공도(文憲公徒)의 9재(九齋)로 부터 비롯되어 사람의 본성(本性)을 쫓아 성(誠)을 밝히는 「중용(中庸)」의 가르침을 밝혀 드러낸 것이었다. 9재(九齋)의 현가〈絃歌; 예악(禮樂)의 도(道)〉는 널리 울려 펴져 있어 나라에서 필요한 것으로 그 가르침의 글〈장(章)〉 들이 무성(茂盛)하였다[128]고 하였다.

**• 경관(經館)·서사(書社)**

고려(高麗) 시대 지역의 사학(私學)은 경당(扃堂)을 계승하여 그 지역의 관학

---

고 그 이름들을 불러 들어오게 한 후 술자리〈경연연(競演宴)〉를 베풀어주었다. 아이와 어른〈동관(童冠)〉들이 좌우에 벌려있으면서 술잔과 안주를 받드는데, 나오고 물러나는데 예의가 있고 어른과 아이의 질서를 지키며, 해질녘 까지 시(詩)를 서로 주고받으며 읊으니〈수창(酬唱)〉, 보는 사람들이 모두 아름답다고 감탄하지 하지 않은 사람이 없었다.「高麗史」, 選擧 二, 學校, 私學.].

124) 恭愍王元年二月 敎曰, "學校庠序, 風化之源,〈中略〉, 十二徒〈中略〉, 頹圮不修. 宜令葺治, 養育生徒, 其有能通一經者, 錄名以聞"[공민왕(恭愍王) 원년(1352) 2월에 교서(敎書)를 내려 이르기를, "학교(學校)와 상서(庠序)란 풍속 교화(敎化)의 근원인데〈중략(中略)〉, 12도(徒) 〈중략(中略)〉도 무너졌으나 수리하지 못하였다. 마땅히 수리하여 생도(生徒)들을 보듬어 기르도록 하고, 하나의 경전(經典)이라도 능통한 자가 있으면 이름을 적어 보고하라."고 하였다.「高麗史」, 選擧 二, 學校.].

125) 恭讓王三年, 六月, 罷十二徒(「高麗史」, 選擧 二, 學校, 私學.).

126) 주자(周子)는 주돈이(周敦頤; 1017~1073)로 중국 宋(960~1279) 시대 유학자(儒學者)이다.

127) 정자(程子)는 이정자(二程子)를 지칭한다. 중국 宋(960~1279) 시대의 유학자(儒學者)로 정호(程顥; 1032~1085)·정이(程頤; 1033~1107)의 두 형제를 말한다.

128) 于時, 周程諸賢未出, 孔孟之道未明於天下, 而先生奮起海外, 獨以斯文爲任. 其名九齋, 如誠明·率性, 出於中庸之訓, 則表章中庸. 先於程子, 而傳道之功,〈中略〉, 九齋絃歌, 厥聲洋洋. 需于王國, 蔚然其章〈林孝憲(1784~몰연대 미상, 대한민국 朝鮮 시대),「松京廣攷」, 學校, 九齋.〉.

(官學)인 학원(學院), 향교(鄕校) 등에 입학하기 위한 교육기관이면서, 또한, 평민들을 가르치기 위한 마을 공동체의 사숙(私塾) 형태로 '경관 · 서사〈經館 · 書社; 서당(書堂)〉'가 있었다. 인종(仁宗) 1(1123)년에 중국 송(宋)나라의 사신인 서긍(徐兢)[129]이 고려(高麗)에 와서 당시의 사실을 기록한 「선화봉사고려도경(宣和奉使高麗圖經)」에서 평민의 미혼자제(未婚子弟)와 군(軍) 장정(壯丁)들인 졸오(卒伍)와 아동들의 교육을 기록하고 있다. 즉, '아래로는 민간 마을에 경관(經館)과 서사(書社)가 두셋씩 늘어서 있어서, 백성들의 자제로 결혼하지 않은 자들이 무리 지어 기거하면서 스승으로부터 경서(經書)를 배운다. 좀 장성하여서는 벗을 택해 각각 그 부류에 따라 불교의 사찰〈寺(사)〉이나 도교의 사원〈관(觀)〉에 가서 강습하고, 그 아래 졸오(卒伍)와 어린아이〈童穉(동치)〉들도 고을의 선생에게 가서 글을 배운다'[130]고 하였다.

공부를 마치면 사찰(寺刹)이나 도가(道家)의 사원(寺院)에서 강습한 것으로 보아 당시 지방 향시(鄕試)와 12도(十二徒)에서 행했던 하계강습회인 하과(夏課)를 실시하고, 사학(私學)의 인재를 선발하는 여름 과거(科擧) 시험인 하천도회(夏天都會)를 위한 교육이었다. 또한, '졸오(卒伍)'는 군대에 편성된 장정(壯丁) 무리로 마을 지역 단위에 배치되었거나 그 마을 거주자인 징장(壯丁)을 교육한 것이다. 이것은 경관 · 서사〈經館 · 書社; 서당(書堂)〉의 문무일치(文武一致) 교육의 일면을 보여준다.

---

129) 徐兢(서긍; 1091~1153) 중국 송(宋)나라의 사신으로 예종(睿宗; 재위 1105~1122)을 조문하기 위하여 정사(正使) 노윤적(路允迪; 생몰년대 미상), 묵경(墨卿; 생몰년대 미상)과 함께 고려에 왔다가 개성에서 1개월간 머물렀다. 이때 보고 들은 사실을 기록해 두었다가 귀국하여 이듬해에 「선화봉사고려도경(宣和奉使高麗圖經)」으로 편찬하였다. '선화(宣和)'는 송(宋)나라 휘종(徽宗; 재위 1119~1125)의 연호이다. 따라서 일반적으로 '고려도경'이라고 한다. 40권이다. 원래는 삽입된 그림이 있었으나 금(金)의 침입 때 훼손되어 없어지고 글만 남았다. 이 책은 당시 고려의 사회를 중국에 소개한 유일한 자료이다.

130) 下而閭閻陋巷間, 經館書社, 三兩相望. 其民之子弟未昏者, 則群居而從師授經, 既稍長, 則擇友, 各以其類, 講習于寺觀. 下逮卒伍童穉, 亦從鄕先生學(「宣和奉使高麗圖經」, 同文, 儒學.).

### (6) 조선(朝鮮) 시대

**• 성균관(成均館)**

대한민국 조선(朝鮮) 시대에 이르러 고려(高麗) 국자감(國子監)의 후기 명칭인 '성균관(成均館)'과 '5부학당(五部學堂)'을 그대로 계승하였고, 태조(太祖)[131] 3(1394)년 수도를 한양(漢陽; 현 서울특별시)으로 옮기면서, 태조(太祖) 7(1398)년에 한양(漢陽)에 국립 성균관(成均館)과 5부 학당(五部學堂)을 건립하면서 각 도(道) 학교의 교관(敎官)들에게 인재 양성에 힘쓰도록 하였다.[132]

아울러, 홍익인간(弘益人間)의 이념을 계승한 홍범〈洪範; 홍범 9주(洪範九疇)〉의 가르침을 밝히면서[133] 제위토〈祭位土; 제전(祭田)〉를 마련하여 홍익인간(弘益人間)의 풍화(風化)를 발전시킨 고조선〈古朝鮮, 기자(箕子)〉을 숭상하도록 하고,[134] 재세(在世)간에 인간을 이롭게 하는 인(仁)의 사유(思惟)를 제시

---

131) 太祖(태조; 재위 1392~1398) 대한민국 조선(朝鮮)의 제1대 국왕(國王), 성(姓)은 이(李), 본관(本貫)은 전주(全州), 이름은 성계(成桂; 1335~1408) , 자(字)는 단(旦), 호(號)는 송헌(松軒)이다. 고려(高麗) 금오위상장군(金吾衛上將軍), 동북면(東北面) 상만호(上萬戶)에 임명되고, 경성수복공신(京城修復功臣)에 녹훈, 삼도도순찰사(三道都巡察使), 동북면(東北面) 도원수문하찬성사(都元帥門下贊成事), 좌군도통사(左軍都統使), 수문하시중(守門下侍中)을 역임하였으며, 분충정난광복섭리좌명공신(奮忠定難匡復燮理佐命功臣)에 녹훈되고, 화령군 개국충의백(和寧郡 開國忠義伯)의 작위를 받았다. 조선(朝鮮)을 건국하였다.

132) 內自成均五部, 外至各道, 皆有敎官, 所以養成人材, 宜以時考察, 勿令或怠[서울 안의 성균관(成均館)과 5부학당(五部學堂)으로부터 서울 밖에서는 각 도(道)에 이르기까지 모두 교관(敎官)이 있는 것은 인재(人材)를 양성하기 위한 것이니, 마땅히 때때로 고찰(考察)하여 교관들이 혹시 게으르지 말게 할 것이다. 『朝鮮王朝實錄』, 「太祖實錄」, 太祖 七(1398)年, 九月, 十二日 甲申.].

133) 洪範一篇, 〈中略〉帝王之所範, 乞於經筵首講, 以明其敎["홍범(洪範) 1편은 〈중략(中略)〉 제왕들의 모범이 되는 바입니다. 바라옵건대, 경연(經筵)에서 먼저 이것을 강의하여 그 가르침을 밝히소서." 『朝鮮王朝實錄』, 「太祖實錄」, 太祖 三(1394)年, 八月, 二日 己巳.].

134) 箕子受封 朝鮮, 實基風化,〈中略〉, 宜置祭田, 以時致祀[기자(箕子)는 조선(朝鮮)에서 봉(封)를 받아 실제로 풍화(風化)의 기초를 닦아, 〈중략(中略)〉, 모두 동방(東方)의 백성에게 공로가 있으니, 마땅히 제전(祭田)을 두어 사시(四時)에 제사를 지내야 할 것이다. 『朝鮮王朝實錄』, 「太祖實錄」, 太祖 七(1398)年, 九月, 十二日 甲申.].

한 문선왕〈文宣王; 공자(孔子)〉 묘〈廟; 사당(祠堂); 문묘(文廟)〉를 성균관(成均館)에 두어 세대(世代)의 스승〈師(사)〉[135]으로 삼도록 하였다.[136]

이 성균관(成均館) 건물은 왕자의 난으로 정종(定宗)[137] 2(1399)년에 불에 타서 태종(太宗)[138] 7(1407)년에 복원되었고, 선조(宣祖)[139] 25(1592)년 임진왜란 때 불타버려 선조 34(1601)년에 대성전(大成殿)과 선조 39(1606)년에 명륜당(明倫堂)을 재건하였다. 성균관(成均館)은 조선(朝鮮) 시대의 최고의 국립교육기관으로서 반궁(泮宮),[140] 근궁(芹宮)[141]이라고도 불렀으며, 수선지지(首善之地)[142]라고 하였다.

---

135) 師也者, 教之以事而喩諸德者也[스승은 제반 현상의 일을 가르쳐 덕(德)을 깨우치게 하는 자이다. 「禮記」, 文王世子.].

136) 文宣王, 百王之師, 釋釆之禮, 當致精潔, 毋或不虔[문선왕〈文宣王; 공자(孔子; 기원전551~기원전 479)〉은 백대(百代) 제왕(帝王)의 스승이니, 석채〈釋菜; 간소한 채소(菜蔬)의 제사〉의 제례(祭禮)를 마땅히 정결하게 하고 혹시라도 삼감이 없어서는 안될 것이다. 『朝鮮王朝實錄』, 「太祖實錄」, 太祖 七(1398)年, 九月, 十二日 甲申.].

137) 定宗(정종; 재위 1398~1400) 대한민국 조선(朝鮮) 제2대 국왕(國王), 성(姓)은 이(李), 본관(本貫)은 전주(全州), 이름은 방과(芳果; 1357~1419) 또는 경(曔), 자(字)는 광원(光遠), 시호(諡號)는 정종공정의문장무온인순효대왕(定宗恭靖懿文莊武溫仁順孝大王)이다.

138) 太宗(태종; 재위 1400~1418) 대한민국 조선(朝鮮) 3대 국왕(國王), 성(姓)은 이(李), 본관(本貫)은 전주(全州), 이름은 방원(芳遠; 1367~1422), 자(字)는 유덕(遺德), 작호(爵號)는 정안군(靖安君), 정안공(靖安公)이다. 시호(諡號)는 공정성덕신공문무광효대왕(恭定聖德神功文武光孝大王)이다.

139) 宣祖(선조; 재위 1567~1608) 대한민국 조선(朝鮮) 제14대 국왕(國王), 성(姓)은 이(李), 본관(本貫)은 전주(全州), 이름은 연(昖; 1552~1608), 군호(君號)는 하성군(河城君), 시호(諡號)는 현문의무성예달효대왕(顯文毅武聖睿達孝大王)이다.

140) 泮宮(반궁)은 학교를 두르고 있는 연못이 반원(半圓)을 이루고 있기 때문이다. 반(泮)은 반원을 이룬 연못을 상징하고, 궁(宮)은 학생들이 기거하면서 교육을 받는 학궁(學宮)을 의미한다. 국학(國學) 기관에 연못을 두는 이유는 연못을 경계 삼아 외부의 접근을 경계하여 학업의 분위기를 조성하기 위한 것이며, 학생들이 붓으로 글을 쓰고 학문을 연마하는 과정에서 소요되는 물을 공급한다는 상징적 의미다.

141) 芹宮(근궁)은 반궁(泮宮)의 물인 반수(泮水)에 미나리〈근(芹)〉를 심었던 까닭에 생긴 별칭이다.

142) 首善之地(수선지지)는 「史記(사기)」에서 나온 말로 천자(天子)의 서울로 京師(경사)라고 한다. 한 나라의 서울은 문화적으로 가장 앞선 나라의 최고 교육기관이 있는

성균관(成均館)의 교육하는 곳은 명륜당(明倫堂)이다. 명륜당(明倫堂) 좌우에 학생의 기숙사인 동재(東齋)와 서재(西齋)가 있다. 학생 정원은 200명이었으며, 대사성(大司成)을 실제 책임자로 하여 교육담당자는 직강(直講), 박사(博士)였고, 교수(敎授), 훈도(訓導)를 두어 4학〈四學; 5부학당(五部學堂)의 개편〉의 교육을 겸하도록 하였다.[143] 고려(高麗) 공민왕(恭愍王) 16년(1367)에 성균관(成均館)에 두었던 5경재(五經齋)와 4서재(四書齋)의 9재(九齋)를 부활하여[144] 권학(勸學)의 방법으로 성균관(成均館)의 9재학규(九齋學規)를 마련하였다.[145] 학령(學令)을 제정하여 학생들의 일과(日課), 성적평가, 벌칙 등을 규

---

곳이다.

143) 東部儒學稱東學, 兼教授官改爲教授, 兼訓導官爲訓導, 竝作祿官[동부 유학(東部儒學)을 동학(東學)으로 일컫고, 겸교수관(兼教授官)을 고쳐서 교수(教授)로 하고, 겸훈도관(兼訓導官)을 훈도(訓導)로 하여서 모두 녹관을 만들었다. 남학(南學)·서학(西學)·중학(中學)도 같았다.『朝鮮王朝實錄』,「世祖實錄」, 世祖 十二(1466)年, 一月, 十五日 戊午.].

144) 御經筵, 侍講官梁誠之曰, "〈中略〉, 然四書五經浩繁, 學者間有未精於理學者. 前朝九齋之法, 〈中略〉, 可復行也, 〈中略〉, 如集賢殿, 三館儒生, 亦宜講習"[임금의 경연(經筵)에서 시강관(侍講官) 양성지(梁誠之; 1415~1482)가 말하기를, "〈중략(中略)〉, 4서(四書) 5경(五經)은 넓고 크게 번거로워 학자들 사이에도 그 배움의 이치에 정밀하고 자세하지 못한 자가 있습니다. 전조[前朝; 고려(高麗)]의 '구재(九齋)의 법'〈중략(中略)〉을 다시 행할 만하니, 〈중략(中略)〉, 집현전(集賢殿)이나 삼관 유생(三館儒生)도 구재(九齋)의 법(法)에 따라 강습(講習)함이 옳겠습니다."고 하였다.『朝鮮王朝實錄』,「世祖實錄」, 世祖 二(1456)年, 三月, 十八日 丁亥.).].

145) 禮曹進成均館九齋學規, 大學·論語·孟子·中庸·詩·書·春秋·禮記·易爲九齋, 每年春秋, 本館堂上二員, 藝文堂上一員, 臺諫各一員, 會座講所讀書三處, 精熟義理融貫, 方許以次陞齋, 若一時通數書, 許超陞陞至易齋者, 每式年直赴會試, 又於式年講擧于四書三經, 自願他經者及欲講, 左傳·綱目·宋元節要·歷代兵要·訓民正音·東國正音者聽[예조(禮曹)에서 성균관(成均館) 9재학규(九齋學規)를 올렸다.「대학(大學)」·「논어(論語)」·「맹자(孟子)」·「중용(中庸)」·「시경(詩經)」·「서경(書經)」·「춘추(春秋)」·「예기(禮記)」·「주역(周易)」을 9재(九齋) 라고 한다. 매년 봄과 가을에 성균관 당상관(堂上官) 2명, 예조(禮曹)의 당상관(堂上官) 2명, 예문관(藝文館) 당상관 1명, 대간〈臺諫; 사헌부(司憲府)·사간원(司諫院)〉 각 1명 등이 한데 모여, 세 곳에서 독서(讀書)한 것을 강(講)을 받아, 구두에 정숙(情熟)하고 글 뜻에 밝아야 한 계단씩 올려주되, 일시에 여러 책에 통한 자는 그 수대로 건너뛰게 한다.「주역(周易)」까지 오른 자는 회시(會試)에 응할 자격을 준다. 또, 식년강(式年

정하였다.[146)]

講)은 4서3경(四書三經)을 강(講)하게 하고, 다른 경(經)을 자원하는 자와 「좌전(左傳)」·「강목(綱目)」·「송원절요(宋元絶要)」·「역대병요(歷代兵要)」·「훈민정음(訓民正音)」 등의 강(講)을 원하는 자도 이를 허락한다(「增補文獻備考」, 學校考 二.).

146) ○ 每月朔,齋生其冠帶諸, 廟廷謁聖行四拜禮[○ 매달 초하룻날 학생들은 의관을 갖추고 문묘에 나가 알성(謁聖)하고 4배례(四拜禮)를 한다.].

○ 每日,學官諸生明倫堂儒生諸行揖禮, 鼓一聲, 諸生以次入庭行揖禮, 傑訖各就齋前相對揖遂就齋, 次儒生諸學官前請行日講, 上下齋各抽一人請所讀書, 通者歲抄通考晝數合計於科擧式年講書數,不通者罰楚. 鼓二聲諸生執所讀書各請師長,先將前授論難辨跮, 後承新授, 不務多要順硏精如, 或對卷昏瞌不留意承教者罰,諸生讀書先明義理通達萬變, 不順徒事章句旁制文義, 常讀四書五經及諸史等書,不挾莊·老·佛經雜流, 百家子集等書, 違者罰[○ 매일 학관(學官)이 명륜당(明倫堂)에 고루 앉아 유생들의 아침 인사를 청한다. 북소리가 한 번 울리면 차례로 뜰에 들어와 인사를 한다. 이것이 끝나면 각각 처소로 돌아가기 전에 학우끼리 인사한다. 대표 학생이 학관 앞에 나아가 일강(日講)하기를 청하고, 상하재(上下齋)에서 각각 한 사람씩 나가 강하게 한다. 이에 통한 자는 세초(歲抄)에 획수(劃數)를 통고(通考)하여 식년(式年; 3년에 한 번씩 드는 과거의 해)에 강서획수(講書劃數)에 합계하고, 통과하지 못한 자는 벌초(罰楚)를 받는다. 북이 두 번 울리면 학생들은 독서하던 것을 가지고 각기 스승에게 나아가 먼저 배운 것의 의문점을 밝힌 뒤 새것을 배운다. 독서는 많이 배우기를 힘쓰지 않고 깊이 연구하게 했다. 만약 책을 들고 졸거나 교수받는 데에 유의하지 않으면 벌을 준다. 독서할 때는 먼저 글의 뜻을 익히고, 변화 응용할 줄 알아야 하며, 장구(章句)에 얽매여 글의 대의(大義)를 그르치지 않아야 한다. 항상 4서5경과 제사(諸使)만 읽고, 장자·노자·불경·백가(百家)의 자집(子集) 등 잡서를 가까이하지 않아야 하며 위반자는 벌한다.].

○ 每月製述初旬疑義或論中旬賦表或頌終旬對策或記其體制要順簡嚴精切辭達而勿事陰僻奇怪如或變更時體倡率浮靡者黜書字不揩者亦罰[○매달 제술(製述)을 행하여 초순에는 의(疑)·의(義)·논(論)을 짓고 중순에는 부(賦)·표(表)·송(頌)을 짓고, 하순에는 대책(對策)과 기(記)를 짓는다. 문체는 간엄정교(簡嚴精巧)하여 말의 뜻을 명료하게 할 것이며, 기괴하고 편벽된 작문은 안 된다. 통용문체(通用文體)를 변경하거나, 야비한 내용을 드러내는 자는 퇴학(退學)시킨다. 또 글자가 바르지 않은 자도 벌한다.].

○ 諸生講經, 句讀詳明, 議論通豁, 該括一書綱領旨趣縱橫出入, 諸書融會貫通,到十分盡處爲大通, 雖不至十分盡處, 句讀詳明議論通豁, 該括一書綱領旨趣融會貫通者爲通, 雖不至融會貫通, 句讀詳明釋義通豁, 連上接下能得一章大旨者爲略通, 句讀明白釋意分曉, 雖得一章大旨而議論有未盡者爲粗通,下此者罰[○ 학생의 강경(講經)은 구두(句讀)에 밝고 설명이 분명하여 책의 강령(綱領)과 취지(趣旨)에 잘 통한 뒤 제서(諸書)까지도 아주 밝게 속속들이 알고 통한 자를 대통(大通)이라 하고, 대통은 못 되나 구두에 밝고 설명이 분명하며 책의

강령과 취지에 능히 통해 밝게 알고 철저히 터득한 자를 통(通), 잘 알거나 철저히 터득하지 못했으나 구두에 밝고 뜻을 잘 풀이하고 서장(一章)의 대의를 체계적으로 아는 자를 약통(略通), 구두에 밝고 뜻을 풀 줄 알아 비록 1장의 대의는 알지만, 설명이 명확하지 못한 자를 조통(趙通)이라고 하며, 조통 이하는 벌한다.].

○ 諸生不尙論聖賢, 或好爲高談異論非, 毁前修謗訕朝廷, 或商論財賂談說酒色或走多, 時附勢以謀仕進者罰[○ 학생으로 성현에 대하여 말하기를 싫어하는 자, 고담이론(高談異論)을 좋아하는 자, 전에 닦은 것을 헐뜯고 조정을 비난하는 자, 재물과 뇌물에 대해 상론(尙論)하고 주색을 즐겨 이야기하는 자, 권세에 아부하여 벼슬을 꾀하는 자는 벌한다.].

○ 諸生有罪犯五倫, 或虧失莭行玷身汚名者, 諸生通議鳴鼓攻之, 甚者或申報該曺, 終身不就於學[○ 학생으로 오륜(五倫)의 죄를 범하고 절행(節行)을 잃고 몸과 이름을 더럽힌 자는 여러 학생이 합의하여 일반에 알리고, 예조(禮曹)에 보고하여 종신 취학하지 못하게 한다.].

○ 諸生或特才自驕, 特勢自策特當自矜, 以少凌長以下凌上者, 或豪侈相尙服飾違衆者, 或巧言令色務悅於人者黜, 力學改行乃止[○ 학생으로 재주를 믿고 교만하거나, 세력을 믿고 스스로 귀한 체하며, 부를 믿고 자랑하며, 연소자로 어른을 업신여겨 욕보이는 자, 사치를 좋아하여 의복을 다른 사람과 달리하는 자, 간사한 말과 아첨하는 낮빛으로 잘 보이려고 애쓰는 자 등은 퇴학시키되 힘써 조심하여 고치면 용서한다.].

○ 諸生旅進旅退, 徒費國廩. 不受業不製述不喜讀書者, 行路騎馬者並通禁違者罰[○ 학생으로 여행할 때 양현고의 비용을 낭비하고, 수업을 듣지 않으며, 제술(製述)을 하지 않고 독서(讀書)를 즐기지 않는 자, 말을 타고 길을 가며 통행을 금지하는 곳을 위반한 자도 벌한다.].

○ 每月初八日, 二十三日, 許諸生請瀚濯衣服, 其日要順溫故, 毋事射佚博奕觀獵釣魚凡諸遊戱等事, 違者罰[○ 매월 초파일과 23일은 옷을 빠는 날로 정하고 이날은 휴가로 한다. 그날은 친척과 옛 벗을 만나보되 활쏘기 · 장기와 바둑 · 사냥 · 구경 · 낚시질 등 유희를 일삼아서는 안 되며, 위반자는 벌한다.].

○ 諸生道遇師長, 呈身拱手立道左, 師長騎馬過行, 諸生如或藏身掩面憚於行禮者罰[○ 학생으로서 길에서 스승을 만나면 공수(拱手)로 허리를 굽혀 스승이 탄 말이 지날 때까지 길 왼편에 서 있어야 한다. 학생이 몸을 감추거나 낯을 가리어 예(禮)를 행함을 꺼리는 자는 벌한다.].

○ 每日未明, 鼓一聲儒生起寢, 平明, 鼓二聲整衣冠坐讀書, 鼓三聲以次詣食堂東西相向坐食畢, 以次出失序或諠譁者罰[○ 매일 새벽에 북소리가 한 번 울리면 기침(起寢)하고, 날이 밝아 북이 두 번 울리면 의관을 갖춰 단정히 앉아 독서한 후, 세 번 울리면 차례로 식당에 나아가 동서로 마주 보고 앉아 식사하며, 마치고 나올 때 차례를 어기거나 떠들면 벌한다.].

○ 諸生有操行卓異才藝出衆, 通達時務者一二人, 每歲抄諸生同議, 薦擧告學

### • 4학(四學)

4학(四學)은 성균관(成均館)에 부속된 한성부(漢城府)에 한정한 중등교육기관이었다. 고려(高句麗)의 5부 학당을 계승하여 5부 학당의 학식(學式)을 마련하고 서울의 동서남북 지역과 중앙에 설치하였다.

북부학당(北部學堂)은 독립된 학사(學舍)가 없이 기존의 사찰(寺刹) 등을 학사(學舍)로 사용하면서 5부학당(五部學堂)을 운영해 오다가[147] 세조(世祖) 12(1466)년 관제개혁 때 북부학당을 폐지하고 동학(東學) · 서학(西學) · 남학(南學) · 중학(中學)으로 개편되어 이후 4학(四學)이라고 부르게 되었다.[148] 4학(四學)의 구조는 명륜당(明倫堂)과 동재(東齋)와 서재(西齋)를 가지며 문묘(文廟) 의례는 성균관에 와서 행하였기 때문에 문묘(文廟)를 설치하지 않았다.

교육담당자는 성균관(成均館)의 교수(教授)와 훈도(訓導)가 겸직하였다. 학생 정원은 각 100명으로 모두 400명이며, 입학자격은 10세 이상이었다. 15세 이상의 재학생으로 학문이 우수한 자는 성균관(成均館)에 승학(陞學)하여 입학할 수 있었다.[149] 4학(四學)의 학생 정원은 전란(戰亂) 등 시대의 상황에 따라

---

官申報該曹擧用[○ 학생 가운데 조행(操行)이 단정하여 일반의 모범이 되고, 재예(才藝)가 뛰어나고 시무(時務)에 통달한 한두 사람을 해마다 서로 의논하여 뽑아, 선생을 통해 예조에 보고하고 등용(登用)하도록 한다.].(「太學志」, 卷四, 學令.).

147) 又, 置東西南北中五部學堂, 聚秀才教訓[또, 동(東) · 서(西) · 남(南) · 북(北) · 중(中)의 5부학당(五部學堂)을 설치하여 수재(秀才)를 모아서 가르친다.『朝鮮王朝實錄』, 「端宗實錄」, 端宗 卽位(1452)年, 八月, 二十三日 癸未.].

148) 東部儒學稱東學, 兼教授官改爲教授, 兼訓導官爲訓導, 竝作祿官. 南 · 西 · 中學同[동부유학(東部儒學)을 동학(東學)으로 일컫고, 겸교수관(兼教授官)을 고쳐서 교수(教授)로 하고, 겸훈도관(兼訓導官)을 훈도(訓導)로 하여서 모두 녹관(祿官)을 만들었다. 남학(南學) · 서학(西學) · 중학(中學)도 같았다.『朝鮮王朝實錄』, 「世祖實錄」, 世祖 十二(1468)年, 一月, 十五日 戊午.].

149) 乞以十歲以上, 令赴學堂, 及其十五, 「小學」之功已就, 則以次升于成均. 成均常養百人, 如有其闕, 本曹官同成均館員詣學堂講所, 讀三處通者升補["10세 이상으로서 학당(學堂)에 나오게 하고 15세가 되어 「소학(小學)」의 공부가 성취되면 차례로 성균관(成均館)에 승진시키고, 성균관(成均館)에는 항상 100명의 사람을 양성하는데, 만일 정원이 부족하여 자리가 비면, 본조관(本曹官)이 성균관(成均館) 관원과 함께 학당(學堂)에 나가서 읽은 것을 강(講)하여 세 곳을 통하는 자는 승진 보충하게

변하여 각 학의 정원을 2~5명으로 정하기도 하였다.

**• 향교(鄕校)**

조선 시대 향교(鄕校)는 고려(高麗) 시대의 향교(鄕校)를 계승한 것으로 지방의 중등 국립교육기관이다. 지방에 있는 문묘라고 해서 교궁(校宮) · 재궁(齋宮)이라고도 부른다. 향교(鄕校)는 인재 자원의 확보와 널리 인간을 이롭게 하는 교화(教化)를 위한 지역의 중요한 교육기관이었다. 따라서 각 지방의 향교(鄕校)에 생도(生徒)를 증원하면서[150] 향교(鄕校)의 확장 관리 여부, 학생의 교육과 그 성취 정도를 수령(守令)의 고과(考課)로 삼아[151] 향교(鄕校)를 중심으로 한 교육의 부흥을 꾀하였다.

향교(鄕校)는 중앙정부 예조(禮曺)의 감독으로, 각 도의 관찰사(觀察使)가 각 고을의 수령을 통하여 향교(鄕校)에 교육방침을 전달하고 교육하도록 하였다. 교육담당자는 국가에서 임명한 교수(教授)와 훈도(訓導)를 두었다. 교육담당자인 학관(學官)의 연령은 40~70세로 대과(大科)의 초시에 입격(入格)자 이상으로 한 자로 한정하였다. 학관(學官)은 매년 1월에 4서3경(四書三經)을 시험하여 선발하였고, 문과복시강(文科覆試講) 입격자(入格者)는 선발시험을 면제해 주었다. 향교(鄕校)의 입학자격은 16세 이상 40세 미만을 원칙으로 하고, 16세 이하는 정원 외로 입학하기도 하였다. 학관의 발령 나이가 40세로 교생의 나이가 40세가 넘으면 향교(鄕校)에 재학할 수 없었다. 향교(鄕校) 교생(校生)의 정

---

하소서." 『朝鮮王朝實錄』, 「太宗實錄」, 太宗 十一(1411)年, 十一月, 十六日 癸酉.].

150) 內而國學, 外而鄕校, 增置生徒, 敦加講勸, 養育人才[중앙에는 국학(國學)과 지방에는 향교(鄕校)에 생도(生徒)를 더 두고 강학(講學)을 힘쓰게 하여 인재를 양육하게 할 것이다. 『朝鮮王朝實錄』, 「太祖實錄」, 太祖 一(1392)年, 七月, 二十八日 丁未.].

151) 司憲府〈中略〉守令褒貶之法, 從之. 〈中略〉, 一. 修明學校, 學校幾間內, 修治幾間, 生徒幾人內, 讀書幾人, 通幾經幾人[사헌부(司憲府)에서 〈중략(中略)〉 수령(守令)의 포폄법(褒貶法)을 올리니, 그대로 따랐다. 〈중략(中略)〉, 1. 학교(學校)를 수명(修明)한 것으로, 학교 몇 간(間) 내에서 수리(修理)한 것이 몇 간이며, 생도(生徒) 몇 사람 내에서 독서(讀書)하는 사람이 몇 명인데, 경서(經書)를 통한 사람은 몇 명인가. 『朝鮮王朝實錄』, 「太宗實錄」, 太宗 六(1406)年, 十二月, 二十日 乙巳.].

원은 부(府)·대도호부(大都護府)·목(牧) 90명, 도호부(都護府) 70명, 군(郡) 50명, 현(縣) 30명이었다.[152)]

향교(鄕校)는 지역 교육기관으로서 인재 양성과 예양(禮讓)을 존중하는 풍교(風敎)와 향풍(鄕風)을 수립하여 널리 인간을 이롭게 하는 지역 교화(敎化)의 중심이었다.

**· 서원(書院)**

서원(書院)은 중등 수준의 사학(私學)으로 국가의 차원에서 장려하였다. 즉, 세종(世宗)[153)] 즉위(卽位; 1418)년에 '학교는 풍속(風俗)과 교화(敎化)의 근원이니 유사(儒士)들이 사사로이 서원(書院)을 설치하여, 생도(生徒)를 가르친 자가 있으면, 위에 아뢰어 포상하게 할 것이다.'[154)]고 한 데서이다. 그리하여 김제(金堤; 현 전라북도 김제시)의 정곤(鄭坤)[155)]과 광주(光州; 현 전라남도 광주광역시)의 최보민〈崔保民; 생몰년대 미상. 생원(生員), 행적미상(行蹟未詳)〉이 서원(書院)을 세워 교육한 것을 포상하여 벼슬을 내렸으며,[156)] 함종(咸從; 현 평

---

152) 「經國大典」, 〈禮典〉, 生徒, 鄕校.

153) 世宗(세종; 재위 1418~1450) 대한민국 조선(朝鮮) 제4대 국왕(國王), 성(姓)은 이(李), 본관(本貫)은 전주(全州), 이름은 도(祹; 1397~1450), 군호(君號)는 충녕대군(忠寧大君), 시호(諡號)는 장헌영문예무인성명효대왕(莊憲英文睿武仁聖明孝大王)이다.

154) 學校, 風化之源, 〈中略〉, 有儒士私置<u>書院</u>, 敎誨生徒者, 啓聞褒賞[『朝鮮王朝實錄』, 「世宗實錄」, 世宗 卽位(1418)年, 十一月, 三日 己酉.].

155) 鄭坤(정곤; 생몰연대 미상) 본관(本貫)은 동래(東萊), 대한민국 고려(高麗) 우왕(禹王; 재위 1374~1388) 12(1386)년 사마시(司馬試) 진사(進士) 1등[一等; 장원(壯元)]하였다. 대한민국 조선(朝鮮 태종(太宗; 재위 1400~1418) 14(1414)년 전주교수관(全州敎授官)으로 있을 때, 생원(生員)의 한성시(漢城試)·향시(鄕試)의 법을 행하도록 건의한 것이 채택되어 태종(太宗) 14(1414)년 1월 20일 을미(乙未)일에 법으로 시행되었다. 그 후, 전북 김제(金堤)에서 서원(書院)을 세워 교육한 공효(功效)가 인정되어 성균관 직제학(直堤學), 성균관 대사성(大司成) 등을 역임하였다. 『고려사(高麗史)』를 편찬에 공이 있다. 은퇴 후에도 낙향하여 김제 벽골(碧骨)의 시골집에 사숙〈私塾; 서당(書堂)〉을 열어 후진을 양성하였다. 순조(純祖) 26(1826)년 창건된 학천서원(鶴川書院)과 철종 7(1856)년 세운 승방원(承芳院)에 배향되었다.

156) 金堤 前敎授官 鄭坤, 私置書院, 境內與他鄕自願來學者, 無不敎訓. 光州生員崔保民, 私置書院, 訓誨生徒. 上命 〈中略〉, 鄭坤, 崔保民, 〈中略〉等量宜注授[김제(金

남 증산군)의 강우량〈姜友諒; 생몰연대 미상, 생원(生員), 행적미상(行蹟未詳)〉도 주군(州郡)의 교도(校導)로 임명하였다.[157] 성종(成宗)[158] 연 간에 사찰(寺刹)의 자리에 주로 서원(書院)이 설립되었고, 이에 대해 학문을 장려하는 의미에서 국가에서 서원(書院)의 명칭을 편액(扁額)으로 내려주고 지원해 주는[159] 사액서원(賜額書院)이 형성되었다.

최초로 지방관리가 주도하여 세운 서원(書院)은 '백운동서원(白雲洞書院)'이다. 중종(中宗)[160] 36(1541)년 풍기군(豐基郡; 현 경상북도 영주시 서북지역)에 군수(郡守)로 부임한 주세붕(周世鵬)[161]은 '안향(安珦)[162]의 고향인 풍기

---

堤) 전 교수관(教授官) 정곤(鄭坤; 생몰년대 미상)은 사재(私財)로 서원(書院)을 세웠는데, 고을 사람들은 물론 다른 고을 사람들도 와서 배우기를 원하는 자이면 다 가르쳐 주었다. 광주(光州)의 생원(生員) 최보민(崔保民; 생몰연대 미상)이 사재(私財)로 서원(書院)을 세워 생도(生徒)를 가르치고 이끌었다. 임금이 명하여, 〈중략(中略)〉, 정곤(鄭坤)·최보민(崔保民)·〈중략(中略)〉 등은 요량하여서 벼슬을 주라고 하였다. 『朝鮮王朝實錄』, 「世宗實錄」, 世宗 二(1420)年, 一月, 二十一日 庚申.].

157) 平安道觀察使啓, '咸從縣人生員 姜友諒私置 書院, 教授學徒. 請依前日教旨, 除旁近州郡教導以褒之.' 命下吏曹[평안도 관찰사가 계(啓)를 올리기를, '함종현[咸從縣; 현재 평안남도(平安南道) 증산군(甑山郡) 함종리(咸從里)] 사람 생원(生員) 강우량(姜友諒; 생몰년대 미상)이 사재(私財)로 서원(書院)을 설립하고 학도(學徒)를 교수(教授)하니, 지난날의 교지(教旨)에 따라, 그 이웃 가까운 주군(州郡)의 교도(校導)로 임명하여 표창하소서.' 하므로, 이조(吏曹)에 그리 하라고 명(命)하였다. 『朝鮮王朝實錄』, 「世宗實錄」, 世宗 二(1420)年, 九月, 二十四日 己丑.].

158) 成宗(성종; 재위 1469~1494) 대한민국 조선(朝鮮) 제9대 국왕(國王), 성(姓)은 이(李), 본관(本貫)은 전주(全州), 이름은 혈(娎; 1457~1495), 시호(諡號)는 강정인문헌무흠성공효대왕(康靖仁文憲武欽聖恭孝大王)이다.

159) 革金地而建書院, 錫華扁而開 瓊筵, 顧惟劣能, 亦與盛事. 〈中略〉庶竭夙夜之勤; 不負素學[사찰〈寺刹; 금지(金地)〉을 바꾸어 서원(書院)을 세운 곳에, 훌륭한 편액(扁額)을 내리시고 아름다운 연회(宴會)를 베풀어주시니, 〈중략(中略)〉, 밤낮으로 근면하여 평소의 학문을 저버리지 않을 것입니다. 『朝鮮王朝實錄』, 「成宗實錄」, 成宗 二十四(1493)年, 五月, 十三日 丙子.].

160) 中宗(중종; 재위 1506~1544) 대한민국 조선(朝鮮) 제11대 국왕(國王), 본관(本貫)은 전주(全州), 이름은 역(懌), 자(字)는 낙천(樂天), 시호(諡號)는 공희휘문소무흠인성효대왕(恭僖徽文昭武欽仁誠孝大王)이다.

161) 周世鵬(주세붕; 1495~1554) 본관(本貫)은 상주(尙州), 자(字)는 경유(景游), 호(號)는 신재(愼齋)·남고(南皐)·무릉도인(武陵道人)·손옹(巽翁)이다. 중종(中宗; 재위

(豐基)의 안향(安珦)의 옛 집터에 사우(祠宇)를 세워 봄·가을에 제사하고 이름을 백운동서원(白雲洞書院)이라고 하였다. 좌우에 학교를 세워 유생(儒生)이 거처하는 곳으로 하고, 약간의 곡식을 저축하여 밑천은 간직하고 이식〈利息; 이자(利子)〉을 받아서, 고을 안의 모든 백성 가운데에서 준수한 자가 모여 먹고 배우게 하였다. 당초 터를 닦을 때 땅을 파다가 구리 그릇 3백여 근을 얻어 경사

---

1506~1544) 17(1522)년 별시문과(別試文科)에 급제하여 승문원(承文院) 부정자(副正字)·정자(正字), 홍문관(弘文館) 정자(正字)·수 찬(修撰), 공조좌랑(工曹佐郎), 병조좌랑(兵曹佐郎), 강원도도사(江原道都事), 사간원(司諫院) 헌납(獻納), 곤양군수(昆陽郡守), 승문원(承文院) 교리(校理), 예빈시(禮賓寺) 정(正), 풍기군수(豐基郡守), 성균관(成均館) 사성(司成), 홍문관(弘文館) 응교(應敎)·전한(典翰), 직제학(直提學), 도승지(都承旨)를 역임했으며, 명종(明宗; 재위 1545~1567) 4(1549)년 황해도관찰사(黃海道觀察使)가 되어 백운동서원(白雲洞書院)의 예와 같이 해주(海州)에 수양서원(首陽書院)을 건립하였다. 성균관(成均館) 대사성(大司成), 동지중추부사(同知中樞府事), 동지성균관사同知成均館事)를 역임하였다. 청백리(淸白吏)에 뽑혔다. 장가(長歌)와 단가(短歌) 8수가 전한다. 저서로 「죽계지(竹溪誌)」·「해동명신언행록(海東名臣言行錄)」·「진헌심도(進獻心圖)」가 있다. 문집으로 「무릉잡고(武陵雜稿)」가 있다. 예조판서(禮曹判書)에 추증(追贈)되었다. 덕연서원(德淵書院)과 백운동서원(白雲洞書院)에 배향되었다.

162) 安珦(안향; 1243~1306) 본관(本貫)은 순흥(順興), 자(字)는 사조(士藻), 호(號)는 회헌(晦軒), 시호(諡號)는 문성(文成)이다. 원종(元宗; 재위 1259~1274) 1(1260)년 문과에 급제하여 교서랑(校書郎), 직한림원(直翰林院), 감찰어사(監察侍御史), 상주판관(尙州判官), 판도사좌랑(版圖司佐郎), 국자사업(國子司業), 우사의대부(右司議大夫), 좌부승지(左副承旨), 좌승(左承旨)지·동지공거(同知貢擧), 정동행성(征東行省) 원외랑(員外郎), 좌우사낭중(左右司郎中), 고려유학제거(高麗儒學提擧), 동남도병마사(東南道兵馬使), 지공거(知貢擧), 밀직사사(密直司使), 삼사좌사(三司左使), 첨의참리세자이보(僉議叅理世子貳保), 집현전태학사(集賢殿太學士). 참지기무동경유수계림부윤(叅知機務東京留守鷄林府尹), 첨의참리수문전태학사감수국사(僉議叅理修文殿太學士監修國史), 집현전태학사(集賢殿太學士)·참지기무동경유수계림부윤(叅知機務東京留守鷄林府尹), 첨의참리수문전태학사감수국사(僉議叅理修文殿太學士監修國史), 광정대부찬성사(匡靖大夫贊成事), 벽상삼한삼중대광(壁上三韓三重大匡), 첨의시랑찬성사판판도사사감찰사사(僉議侍郎贊成事判版圖司事監察司事), 판밀직사사도첨의중찬(判密直司事都僉議中贊)을 역임하였다. 고려(高麗) 충렬왕(忠烈王; 재위 1274~1298) 16(1290)년 중국 원(元; 1271~1368)나라에서 주자전서(朱子全書)를 들여와 유가(儒家) 성리학(性理學)을 최초로 들여왔다. 문묘(文廟)에 배향되었으며, 백운동서원[白雲洞書院; 소수서원(紹修書院)]과 임강서원(臨江書院)에서 제향하였다.

(京師; 서울)에서 책을 사다 두었는데, 경서(經書)뿐만 아니라 무릇 정자〈程子; 2정자(二程子)〉와 주자〈(朱子); 주희(朱熹)[163]〉의 서적(西籍)도 없는 것이 없었으며, 권과(勸課)도 게을리하지 않았다.'[164]는 데서 지방관(地方官)이 최초로 직접 서원(書院)을 설립하였다. 명종(明宗)[165] 5(1550)년 이 백운동서원(白雲洞書院)에 서적(書籍)을 지원하면서,[166] 백운동서원(白雲洞書院)에 소수서원(紹修書院)이라고 임금의 어필(御筆)로 편액(扁額)을 내렸다. '소수(紹修)'는 '무너져가는 학문(學問)을 다시 이어 닦게 한다〈旣廢之學, 紹而修之(기폐지학, 소이수지)〉'는 의미이다.

서원(書院)에 대한 국가의 지원은 기존의 교육의 공효(功效)에 따른 개인 설립자에 대한 포상(褒賞)과 함께 편액(扁額) 하사와 그에 대한 연회(宴會)만을 베풀어 줬던 것에 비해, 소수서원(紹修書院) 이후, 전국 곳곳에서 서원(書院)을

---

163) 朱熹(주희; 1130~1200) 자(字)는 원회(元晦) · 중 회(仲晦), 호(號)는 회암(晦庵) · 회옹(晦翁) · 운곡노인(雲谷老人) · 둔옹(遯翁)이며, 시호(諡號) 문공(文公)이다. 유가(儒家)의 성리학(性理學)을 체계화했다. 존칭하여 주자(朱子)라고 한다. 18세 때 대과(大科)에 급제하여 주부(主簿), 지사(知事) 등을 역임하였다. 주희는 유학자인 이동[李侗; 1093~1163, 자(字)는 원중(願中), 호(號)는 연평(延平), 시호(諡號) 문정(文靖)]을 스승으로 삼아 배웠다. 이동의 영향을 받아 주희는 유학(儒學)에 전념하였다. 여조겸(呂祖謙; 1137~1181)과 「근사록(近思錄)」을 편찬했다. 「자치통감강목(資治通鑑綱目)」을 완성했다. 중국 강서성(江西省) 남강(南康)에 백록동서원(白鹿洞書院)을 재건했다. 저서로는 「사서장구집주(四書章句集注)」, 「주역본의(周易本義)」, 「서명해(西銘解)」, 「태극도설해(太極圖說解)」, 「시집전(詩集傳)」, 「초사집주(楚辭集注)」 등이 있다. 태사(太師)로 추증되어 신국공(信國公), 휘국공(徽國公)으로 봉해지고 문묘(文廟)에 배향되었다.

164) 豐基, 安珦之鄕. 世鵬, 於珦之舊居, 爲建祠宇, 春秋享之, 名曰, 白雲洞 書院. 左右有序, 以爲儒生棲息之所, 儲穀若干, 存本取利, 使郡中凡民俊秀者, 聚食而學焉. 當初開基時, 掘地得銅器三百餘斤, 貿書冊於京師, 而藏之, 非徒經書, 凡程 · 朱之書, 無不在焉, 勸課不怠[『朝鮮王朝實錄』, 「中宗實錄」, 中宗 三十六(1541)年, 五月, 二十二日 丁未.].

165) 明宗(명종; 재위 1545~1567) 대한민국 조선(朝鮮) 제13대 국왕(國王), 성(姓)은 이(李), 본관(本貫)은 전주(全州), 이름은 환(峘; 1534~1567), 자(字)는 대양(對陽), 시호(諡號)는 공헌헌의소문광숙경효대왕(恭憲獻毅昭文光肅敬孝大王)이다.

166) 命加給白雲洞 書院書籍[『朝鮮王朝實錄』, 「明宗實錄」, 明宗 五(1550)年, 三月, 十五日 己卯.].

세워 소수서원(紹修書院)의 예(例)에 따른 사액(賜額)을 요청하는 것에 대한 승인과 함께, 선현존숭(先賢尊崇)과 후진장학(後進奬學)을 더욱 장려하여 서적(書籍)은 물론, 노복(奴僕), 전답(田畓) 등을 체계적으로 지원하였다.

서원(書院)의 운영자는 원장(院長)이었고, 교육담당자는 강장(講長)과 훈장(訓長)이었다. 강장(講長)과 훈장(訓長)은 학식과 덕망(德望)이 뛰어나고 예(禮)에 밝은 60세 이상인 자로서 한 고을을 넘어 지역 내에서 명망 있는 인사를 찾아 위촉하였다. 강장(講長)은 원생(院生)의 경학(經學)과 예학(禮學)의 강의, 훈장(訓長)은 원생(院生)의 실질적인 학업성취를 지도하였다. 선현존중(先賢尊重)의 향사(享祀)는 매월 초하루와 보름에 알묘(謁廟)하는 향알례(香謁禮)와 정월 초닷새(5일)에 행하는 정알례(正謁禮) 및 봄 · 가을의 향사(享祀)가 있었다. 봄 · 가을 향사는 중춘(仲春; 음력 2월) · 중추(仲秋; 음력 8월)의 중정일〈中丁日; 그달의 두 번째 정(丁)일〉, 또는 봄 · 가을 계월(季月; 음력 3월 · 9월)의 상정일〈上丁日; 그달의 첫 번째 정(丁)일〉이나 중정일(中丁日)로 정하였다. 서원(書院)은 교육과 선현(先賢)에 대한 추모를 통하여 인(仁)과 예(禮)를 진작(振作)하여 인간을 이롭게 하는 민풍(民風) 순화(純化)의 교화(敎化)였다.

**• 서당(書堂)**

사립학교인 초 · 중등 수준의 서당(書堂)은 가숙〈家塾);[167]사숙(私塾)〉에서 출발하여 형성되었다. 취학 전 아동 · 청소년〈4학(四學): 10세 이상 입학, 향교

---

167) 가숙(家塾)은 「예기(禮記)」, 〈학기(學記)〉에서 유래한다. 즉, 古之敎者, 家有塾, 黨有庠, 術有序, 國有學[옛〈중국 주(周; 기원전 1046~기원전 256)〉의 교육제도는 리(里; 마을) 단위 가(家)에는 〈숙(塾)〉이 있었고, 군(郡) 단위 향(鄕)에는 〈상(庠)〉이 있었고, 도(道) 단위 술(術)에 〈서(序)〉가 있고, 나라의 수도(首都)에는 〈학(學)〉이 있었다]의 '家有塾(가유숙)'을 말한다. 중국 주(周) 시대에는 스물다섯 집〈가(家)〉의 단위 마을을 여(閭)라 하였고, 이 여(閭)의 어귀에 세운 문(門)을 세워 여문(閭門)이라고 하였다. 여문(閭門) 곁에 당(堂; 대청이 있는 집)을 두어 덕(德)이 있는 사람을 가려 이 당(堂)에서 마을 사람들을 가르치는 스승으로 삼게 하였는데, 이 당(堂)을 가숙(家塾)이라고 하였다. 곧, 마을 공동체의 학당(學堂)인 서당(書堂)이며, 이후, 개인이 운영하는 서당(書堂)을 의미하였다.

(鄕校) 16세 이상 입학〉과 각 학교의 입학정원〈入學定員; 액수(額數)〉이 정해져 있어 항간(巷間)의 사람들이 다 배우지 못하므로, 세조(世祖) 12(1466)년 각 마을에 학문과 덕행이 있는 사람들로 하여 가숙(家塾)으로 서당(書堂)을 열어 자제(子弟)들을 가르치도록 장려하여 그 공효(功效)에 따라 신역[身役; 직역〈職役; 공공기관 잡역(雜役)〉· 군역〈軍役; 병역(兵役)〉· 〈요역(徭役; 토목(土木)공사 노역(勞役)〉]의 면제와 산관〈散官; 관직품계(官職品階)〉을 주어 대우하도록 했다.[168] 인종(仁宗)[169] 1(1545)년, 소홀해진 아동교육에, 가숙(家塾) 교육의 의미를 살려 교화(敎化)와 풍속순화(風俗純化)를 위해 귀천(貴賤)을 막론하고 학업이 있는 자를 널리 뽑아 나라에서 봉료〈俸料; 봉급(俸給)〉를 지급해서 서당(書堂)의 아동이 학업을 성취할 수 있도록 하는 아동교육을 강조하였다.[170]

---

168) 古者家塾, 〈中略〉, 無一地非學. 後世 家塾之法廢, 故窮村僻巷後生年少, 雖有良才美質, 安能自發其蒙. 〈中略〉州郡各里, 擇有學行者爲之師, 俾敎近居子弟. 書其姓名, 以次而報, 轉聞于上. 如有効益, 命除身役, 其尤良者, 則或授散官之職, 則朝耕夜讀之風, 興於里巷. 〈中略〉親上之道矣[옛날에 가숙(家塾), 〈중략(中略)〉,은 학문을 위한 것이 아님이 없었습니다. 〈중략(中略)〉, 후세(後世)에 와서 가숙(家塾)의 법이 폐지된 까닭으로 궁벽한 마을의 후생(後生) 연소(年少)는 비록 훌륭한 재주와 아름다운 자질이 있더라도 어찌 능히 스스로 그 몽매한 것을 깨우칠 수가 있겠습니까? 〈중략(中略)〉 주군(州郡)의 각 마을에 학문과 덕행(德行)이 있는 사람을 가려서 스승으로 삼아 가까운 곳에 거주하는 자제(子弟)를 가르치도록 하고, 그 성명(姓名)을 써서 차례대로 보고하여 임금에게 아뢰도록 하되, 만약 효과와 이익이 있으면 신역(身役)을 면제해주도록 명하고, 그중에 더욱 훌륭한 사람은 혹은 산관(散官)의 관직을 임명한다면 낮에는 농사짓고 밤에는 공부하는 기풍(氣風)이 마을에서 일어나게 되어, 〈중략(中略)〉 윗사람을 사랑하는 도리를 알게 될 것입니다. 『朝鮮王朝實錄』, 「世祖實錄」, 世祖 十二(1466)年, 七月, 七日 丙子.].

169) 仁宗(인종; 재위 1544~1542) 대한민국 조선(朝鮮) 제12대 국왕(國王), 성(姓)은 이(李), 본관(本貫)은 전주(全州), 이름은 호(峼; 1515~1545), 자(字)는 천윤(天胤), 시호(諡號)는 영정헌문의무장숙흠효대왕(榮靖獻文懿武章肅欽孝大王)이다.

170) 大司諫 李潤慶等上疏曰, 〈中略〉. 至於童蒙之學, 廢弛尤甚, 亦必博選有學業者, 不拘貴賤, 厚資廩給, 俾專其敎, 令幼稚之輩, 得遂講習. 此則古人家塾之法也. 如此而敎化不興, 風俗不美者, 無是理也[대사간(大司諫) 이윤경(李潤慶; 1498~1562) 등이 상소하기를, 〈중략(中略)〉. 어린이를 가르치는 일은 퇴폐가 더욱 심하니, 또한 반드시 학업이 있는 자를 널리 가려서 귀천에 얽매이지 말고 늠급〈廩給; 관창(官倉)의 곡식으로 봉료(俸料)를 주는 것〉을 후하게 내어 가르치는 데에 전념시켜서 어린

이와 같은 당시의 사회적 인식으로 인하여 교육에 뜻을 둔 자라면 누구나 서당(書堂)을 설립할 수 있었다. 서당(書堂)은 설립자의 동기나 의지에 따라서 대규모 또는 소규모로 운영되었기 때문에 그 규모는 다양하였다. 서당(書堂)의 설립은 인가나 기본자산이 필요한 것이 아니었으므로, 뜻있는 사람이면 훈장(訓長) 한 사람과 방 한 칸만을 가지고도 설치할 수 있었다. 그러므로 서당의 조직은 대체로 공부하는 학생 수의 많고 적음에 따라 그 규모가 결정되었다. 훈장(訓長) 한 사람에 7~8명 정도의 소규모 서당에서부터 40~50명의 대규모 서당인 경우도 있었다. 교육담당자는 훈장(訓長)과 접장(接長)이었다. 훈장(訓長)의 연령은 40~70대까지이고, 학식과 덕망이 있는 선비이다. 접장(接長)은 조교(助教)와 같은 역할을 하는 자로서 학도(學徒) 중 나이가 많고 학력이 우수한 자를 뽑아 가르치는 일과 서당(書堂) 학도(學徒)들의 생활지도를 하였다.

서당(書堂)은 효종(孝宗)[171] 10(1695)년 송준길(宋浚吉)[172]에 의해 서당교육(書堂教育)의 장려책을 건의하여 시행함으로써[173] 서당(書堂)은 대중교육의

---

이들이 강습(講習)을 성취하게 해야 합니다. 이것은 옛사람의 가숙〈家塾; 서당(書堂)〉을 본 받는 것입니다. 이렇게 하면 교화(教化)가 일어나지 않고 풍속(風俗)이 아름다워지지 않을 리가 없습니다. 『朝鮮王朝實錄』, 「仁宗實錄」, 仁宗 一(1545)年, 四月, 十五日 丁未.].

171) 孝宗(효종; 재위 1649~1659) 대한민국 조선(朝鮮) 제17대 국왕(國王), 성(姓)은 이(李), 본관(本貫)은 전주(全州), 이름은 호(淏; 1619~1159), 자(字)는 정연(靜淵), 호(號) 죽오(竹梧), 군호(君號) 봉림대군(鳳林大君), 시호(諡號)는 선문장무신성현인명의정덕대왕(宣文章武神聖顯仁明義正德大王) 이다.

172) 宋浚吉(송준길; 1606~1672) 본관(本貫)은 은진(恩津), 자(字)는 명보(明甫), 호(號)는 동춘당(同春堂), 시호(諡號)는 문정(文正)이다. 인조(仁祖; 재위 1623~1649) 2(1624)년 진사시(進士試)에 합격하고, 학행(學行)으로 천거되어 세마(洗馬), 동몽교관(童蒙教官), 부사직(副司直), 진선(進善), 사헌부장령(司憲府掌令), 사헌(司憲), 집의(執義), 대사헌(大司憲), 이조참판(吏曹參判) · 좨주(祭酒), 병조판서(兵曹判書), 지중추원사(知中樞院事), 우참찬(右參贊), 원자보양관(元子輔養官)을 역임하였다. 영의정(領議政)에 추증되었다. 예학(禮學)에 밝아 예학의 종장(宗匠)으로 불린다. 문묘에 제향되었다. 저서로「어록해(語錄解)」,「동춘당집(同春堂集)」이 있다.

173) 兼成均館祭酒 宋浚吉上箚曰, 〈中略〉, "頃年因朝家分付, 外方鄕村, 各建書堂, 各定訓長, 不無其效, 而近來還爲廢壞, 良可歎也. 今宜遵承前日事目, 申飭修學, 而其訓長, 令其一鄕, 從公論擇差告官, 一如太學掌議之例, 而分定於各村, 以便就學,

사학(私學)으로서 위상을 확고히 하였다. 서당(書堂)은 초·중등교육기관으로서 일반 민중 교육에서 시작하여 예양적(禮讓的) 향풍을 수립하고 도덕을 순화하여 재세간(在世間)의 인간을 이롭게 하는 데 가장 큰 공헌을 하며, 근대학교 설립의 바탕이 되었다.

### 3) 교육이념의 확립

대한민국 조선(朝鮮) 시대 고종(高宗; 재위 1864~1907) 31(1894)년 홍익인간론(弘益人間)의 의미를 담아 '홍범(洪範) 14조(條)'[174]의 선포[175]를 통해 인

---

官家十分隨便顧助, 守令公餘, 時時親自往審, 考講其學徒, 監司及都事敎養官, 亦於巡行時, 或親歷, 或使聚會於鄕校書院, 考講或製述, 如有實效表著者, 依大典, 其師長量減戶役, 其學徒量施賞格, 其不能者施楚撻以警之, 其中最表著者, 則參詳啓聞, 其師長陞爲童蒙敎官, 或除他職, 以示勸奬之道." 禮曹請依此行之, 從之[겸성균관(兼成均館) 좨주(祭主) 송준길(宋浚吉)이 차자(箚子; 간단한 상소문)를 올려 말하기를, 〈중략(中略)〉. "지난해 조정의 분부로 인하여 지방의 향촌이 각기 서당(書堂)을 세우고 훈장(訓長)을 두어 가르치니, 그 효과가 없지 않았는데 근래에는 도리어 허물어지니 탄식할 일입니다. 그러므로 지금 마땅히 전날의 사목(事目)을 따라 타일러 경계하고 시행하되, 그 훈장(訓長)을 고을에서 공론에 따라 뽑아 임명하고, 관청에 알려서 태학(太學)의 장의〈掌議; 임원(任員)〉의 예(例)같이 하고, 각 마을에 나눠 정해서 취학(就學)에 편리하게 해야 합니다. 관가에서도 편리에 따라 충분히 지원해주며, 수령(守令)은 공무(公務)의 겨를에 때때로 직접 찾아가 살피고 그 학도(學徒)들을 고강(考講)하도록 하소서. 또, 감사(監司) 및 도사(都事), 교양관(敎養官)도 순행할 때에 친히 차례로 방문하거나 향교(鄕校)나 서원(書院)에 학도(學徒)들을 모이게 하여 고강(考講)하거나 제술(製述)을 시험하고, 만일 실제 효과가 두드러지게 나타난 자는 「대전(大典)」에 따라 그 스승에게는 호역(戶役)을 감해 주고 학도(學徒)에게는 헤아려 상을 베풀고, 그 성적이 미달하는 자는 회초리로 때려 경계하고, 그중에 가장 뛰어난 자에 대해서는 자세히 참고하여 계문(啓聞; 임금께 보고)하되, 해당 스승은 승급하여 동몽교관(童蒙敎官)으로 삼거나 다른 직위에 친히 임명[任命; 제수(除授)]하셔서 장려하는 도리를 보여야 합니다." 예조(禮曹)에서 이에 따라 시행하기를 청하니, 따랐다. 『朝鮮王朝實錄』, 「孝宗實錄」, 孝宗十(1659)年, 二月, 十六日 丁丑.].

174) 〈洪範〉

一, 割斷附依淸國慮念, 確建自主獨立基礎.

一, 制定王室典範, 以昭大位繼承暨宗戚分義.

재(人才)를 널리 구하여 등용하고, 백성의 복리를 증진할 것을 천명하였다. 이

一, 大君主御正殿視事, 政務親詢大臣裁決, 后嬪宗戚, 不容干豫.
一, 王室事務與國政事務, 須卽分離, 毋相混合.
一, 議政府及各衙門職務權限, 明行制定.
一, 人民出稅, 總由法令定率, 不可妄加名目, 濫行徵收.
一, 租稅課稅及經費支出, 總由度支衙門管轄.
一, 王室費用, 率先減節, 以爲各衙門及地方官模範.
一, 王室費及各官府費用, 豫定一年額算, 確立財政基礎.
一, 地方官制, 亟行改定, 以限節地方官吏職權.
一, 國中聰俊子弟, 廣行派遣, 以傳習外國學術技藝.
一, 教育將官, 用徵兵法, 確定軍制基礎.
一, 民法, 刑法嚴明制定, 不可濫行監禁懲罰, 以保全人民生命及財産.
一, 用人不拘門地, 求士遍及朝野, 以廣人才登庸.

〈홍범(洪範)〉

(1) 청(淸)나라에 의존하는 생각을 끊어버리고 자주독립(自主獨立)의 터전을 튼튼히 세운다.
(2) 왕실의 규범을 제정하여 왕위 계승 및 종친(宗親)과 외척(外戚)의 본분과 의리를 밝힌다.
(3) 임금은 정전(正殿)에 나와서 시사(視事)를 보되 정무(政務)는 직접 대신(大臣)들과 의논하여 재결(裁決)하며 왕비나 후궁, 종친이나 외척은 정사에 관여하지 못한다.
(4) 왕실에 관한 사무와 나라 정사에 관한 사무는 반드시 분리시키고 서로 뒤섞지 않는다.
(5) 의정부(議政府)와 각 아문(衙門)의 직무와 권한을 명백히 제정한다.
(6) 백성들이 내는 세금은 모두 법령(法令)으로 정한 비율에 의하고 함부로 명목을 더 만들어 불법적으로 징수할 수 없다.
(7) 조세나 세금을 부과하는 것과 경비를 지출하는 것은 모두 탁지아문(度支衙門)에서 관할한다.
(8) 왕실의 비용을 솔선하여 줄이고 절약함으로써 각 아문과 지방 관청의 모범이 되도록 한다.
(9) 왕실 비용과 각 관청 비용은 1년 예산을 미리 정하여 재정 기초를 튼튼히 세운다.
(10) 지방 관제를 빨리 개정하여 지방관리의 직권을 제한한다.
(11) 나라 안의 총명하고 재주 있는 젊은이들을 널리 파견하여 외국의 학문과 기술을 전습받는다.
(12) 장관(將官)을 교육하고 징병법(徵兵法)을 적용하여 군사 제도의 기초를 확정한다.
(13) 민법(民法)과 형법(刑法)을 엄격하고 명백히 제정하여 함부로 감금하거나 징벌하지 못하게 하여 백성들의 생명과 재산을 보호한다.
(14) 인재 등용에서 문벌에 구애되지 말고 관리들을 조정과 민간에서 널리 구함으로

에 따라 고종(高宗) 32(1895)년 교육에 대한 조령(詔令)을 발표하여,[176] 교육은

써 인재 등용의 길을 넓힌다〈『朝鮮王朝實錄』, 「高宗實錄」, 高宗 三十一(1894)年, 十二月, 十二日 甲寅.〉.

175) 詣宗廟, 永寧殿, 展謁. 王世子隨詣, 行禮. 仍行誓告. 其文曰, "敢昭告于皇祖列聖之靈. 惟朕小子, 粤自沖年, 嗣守我祖宗丕丕基, 迄今三十有一載, 惟敬畏于天, 亦惟我祖宗, 時式時依, 屢遭多艱, 不荒墜厥緖. 朕小子其敢曰克享天心. 亶由我祖宗眷顧騭佑. 惟皇我祖, 肇造我王家, 啓我后人, 歷有五百三年, 逮朕之世, 時運丕變, 人文開暢, 友邦謀忠, 廷議協同, 惟自主獨立迺厥鞏固我國家, 朕小子曷不奉若天時, 以保我祖宗遺業. 曷敢不奮發淬礪, 以增光我前人烈. 繼時自今, 毋他邦是恃, 恢國步于隆昌, 造生民之福祉, 以鞏固自主獨立之基. 念厥道, 毋或泥于舊, 毋忸于恬嬉, 惠迪我祖宗宏謨, 監察宇內形勢, 釐革內政, 矯厥積弊. 朕小子玆將十四條洪範, 誓告我祖宗在天之靈, 仰玆祖宗之遺烈, 克底于績. 罔或敢違, 惟明靈降鑑."[종묘(宗廟), 영녕전(永寧殿)에 나아가 전알(展謁)하였다. 왕세자도 따라가 예를 행하였다. 이어 서고(誓告)를 행하였다. 그 글에 이르기를, "감히 황조(皇祖)와 열성(列聖)의 신령 앞에 고합니다. 생각건대 짐(朕)은 어린 나이로 우리 조종(祖宗)의 큰 왕업을 이어 지켜온 지 오늘까지 31년이 되는 동안 오직 하늘을 공경하고 두려워하면서 우리 조종들의 제도를 그대로 지켜 간고한 형편을 여러 번 겪으면서도 그 남긴 위업을 그르치지 않았습니다. 이것이 어찌 짐이 하늘의 마음을 잘 받들었기 때문이라고 감히 말하겠습니까. 실로 우리 조종(朝宗)께서 돌보아주고 도와주었기 때문입니다. 우리 황조가 우리 왕조를 세우고 우리 후손들에게 물려준 지도 503년이 되는데 짐의 대에 와서 시운(時運)이 크게 변하고 문화가 개화하였으며 우방(友邦)이 진심으로 도와주고 조정의 의견이 일치하여 자주독립(自主獨立)을 이뤄야만 우리나라를 튼튼히 할 수 있는 것입니다. 짐이 어찌 감히 하늘의 시운을 받들어 우리 조종께서 남긴 왕업을 보전하지 않으며 어찌 감히 분발하고 가다듬어 선대의 업적을 더욱 빛내지 않겠습니까. 이제부터는 다른 나라에 의존하지 않고 국운을 융성하게 하여 백성의 복리를 증진함으로써 자주독립의 터전을 튼튼히 할 것입니다. 생각건대, 그 방도는 혹시라도 낡은 습관에 얽매이지 말고 안일한 버릇에 파묻히지 말며 우리 조종의 큰 계책을 공손히 따르고 세상 형편을 살펴 내정(內政)을 개혁하여 오래 쌓인 폐단을 바로잡을 것입니다. 짐은 이에 14개 조목의 큰 규범을 하늘에 있는 우리 조종의 신령 앞에 고하면서 조종이 남긴 업적을 우러러 능히 공적을 이룩하고 감히 어기지 않을 것이니 밝은 신령은 굽어살피시기 바랍니다." 『朝鮮王朝實錄』, 「高宗實錄」, 高宗 三十一(1894)年, 十二月, 十二日 甲寅.].

176) 詔曰, "朕惟我祖宗이 業을 創ᄒᆞ사 統을 垂ᄒᆞ심이 玆에 五百四年을 歷有ᄒᆞ시니 實我列朝의 敎化와 德澤이 人心에 浹洽ᄒᆞ심이며 亦我臣民이 厥忠愛ᄅᆞᆯ 克殫홈을 由홈이라. 이러하므로 朕이 無疆ᄒᆞᆫ 大歷服을 嗣ᄒᆞ야 夙夜에 祗懼ᄒᆞ야오작 祖宗의 遺訓을 是承ᄒᆞ노니 爾臣民은 朕衷을 體ᄒᆞᆯ지어다. 오작 爾臣民의 祖先이 我祖宗의 保育ᄒᆞ신 良臣民이니 爾臣民도 亦爾祖先의 忠愛ᄅᆞᆯ 克紹ᄒᆞ야 朕의 保育ᄒᆞᄂᆞᆫ 良臣民이라. 朕이 爾臣民으로 더부러 祖宗의 丕基ᄅᆞᆯ 守ᄒᆞ야 萬億年의 休命을 迓續ᄒᆞ노니

嗚呼라 民을 敎치 아니면 國家ᄅᆞᆯ 鞏固케ᄒᆞ기 甚難ᄒᆞ니 宇內의 形勢ᄅᆞᆯ 環顧ᄒᆞ건ᄃᆡ 克富ᄒᆞ며 克强ᄒᆞ야 獨立雄視ᄒᆞᄂᆞᆫ 諸國은 皆其人民의 知識이 開明ᄒᆞ고 知識의 開明ᄒᆞᆷ은 敎育의 善美ᄒᆞᆷ으로 以ᄒᆞᆷ인 則敎育이 實로 國家保存ᄒᆞᄂᆞᆫ 根本이라. 是以로 朕이 君師의 位에 在ᄒᆞ야 敎育ᄒᆞᄂᆞᆫ 責을 自擔ᄒᆞ노니 敎育도 ᄯᅩᄒᆞᆫ 其道가 有ᄒᆞᆫ지라. 虛名과 實用의 分別을 先立ᄒᆞᆷ이 可ᄒᆞ니 書ᄅᆞᆯ 讀ᄒᆞ고 字ᄅᆞᆯ 習ᄒᆞ야 古人의 糟粕만 掇拾ᄒᆞ고 時勢의 大局에 矇昧ᄒᆞᆫ 者ᄂᆞᆫ 文章이 古今을 凌駕ᄒᆞ야도 一無用ᄒᆞᆫ 書生이라. 今에 朕이 敎育ᄒᆞᄂᆞᆫ 綱領을 示ᄒᆞ야 虛名을 是祛ᄒᆞ고 實用을 是崇ᄒᆞ노니 曰'德養'은 五倫의 行實을 修ᄒᆞ야 俗綱을 紊亂치 勿ᄒᆞ며 風敎ᄅᆞᆯ 扶植ᄒᆞ야ᄡᅥ 人世의 秩序ᄅᆞᆯ 維持ᄒᆞ고 社會의 幸福을 增進ᄒᆞ라. 曰'體養'은 動作에 常이 有ᄒᆞ야 勤勵ᄒᆞᆷ으로 主ᄒᆞ고 惰逸을 貪치 勿ᄒᆞ며 苦難을 避치 勿ᄒᆞ야 爾筋을 固케 ᄒᆞ며 爾骨을 健케 ᄒᆞ야 康壯無病ᄒᆞᆫ 樂을 享受ᄒᆞ라. 曰'智養'은 物을 格ᄒᆞᄆᆡ 知ᄅᆞᆯ 致하고 理ᄅᆞᆯ 窮ᄒᆞᄆᆡ 性을 盡ᄒᆞ야 好惡, 是非, 長短에 自他의 區域을 不立ᄒᆞ고 詳究博通ᄒᆞ야 一己의 私ᄅᆞᆯ 經營치 勿ᄒᆞ며 公衆의 利益을 跂圖ᄒᆞ라. 曰此三者ᄂᆞᆫ 敎育ᄒᆞᄂᆞᆫ 綱紀니 朕이 政府ᄅᆞᆯ 命ᄒᆞ야 學校ᄅᆞᆯ 廣設ᄒᆞ고 人材ᄅᆞᆯ 養成ᄒᆞᆷ은 爾臣民의 學識으로 國家의 中興大功을 贊成ᄒᆞ기 爲ᄒᆞᆷ이라. 爾臣民은 忠君, 愛國ᄒᆞᄂᆞᆫ 心性으로 爾德, 爾體, 爾智ᄅᆞᆯ 養ᄒᆞ라. 王室의 安全ᄒᆞᆷ도 爾臣民의 敎育에 在ᄒᆞ고 國家의 富强ᄒᆞᆷ도 爾臣民의 敎育에 在ᄒᆞ니 爾臣民의 敎育이 善美ᄒᆞᆫ 境에 抵치 못ᄒᆞ면 朕이 엇지 ᄀᆞᆯᄋᆞᄃᆡ'朕의 治가 成ᄒᆞ다'ᄒᆞ며 朕의 政府가 엇지 敢히 ᄀᆞᆯᄋᆞᄃᆡ'其責을 盡ᄒᆞ다'ᄒᆞ리오. 爾臣民도 敎育ᄒᆞᄂᆞᆫ 道에 心을 盡ᄒᆞ며 力을 協ᄒᆞ야 父가 是로ᄡᅥ 其子에게 提誘ᄒᆞ고 兄이 是로ᄡᅥ 其弟에게 勸勉ᄒᆞ며 朋友가 是로ᄡᅥ 輔翼ᄒᆞᄂᆞᆫ 道ᄅᆞᆯ 行ᄒᆞ야 奮發不已ᄒᆞᆯ지어다. 國家의 愾ᄅᆞᆯ 敵ᄒᆞᆯ 이 惟爾臣民이며 國家의 侮ᄅᆞᆯ 禦ᄒᆞᆯ 이 惟爾臣民이며 國家의 政治制度ᄅᆞᆯ 修述ᄒᆞᆯ 이 亦惟爾臣民이니 此皆爾臣民의 當然ᄒᆞᆫ 職分이어니와 學識의 等級으로 其功效의 高下ᄅᆞᆯ 奏ᄒᆞᄂᆞ니 此等事爲上에 些少ᄒᆞᆫ 欠端이라도 有ᄒᆞ거든 爾臣民도 亦惟曰호ᄃᆡ'我等의 敎育이 不明ᄒᆞᆫ 然故라'ᄒᆞ야 上下同心ᄒᆞ기ᄅᆞᆯ 務ᄒᆞ라. 爾臣民의 心은 ᄯᅩᄒᆞᆫ 朕의 心이니 勖ᄒᆞᆯ지어다. 若玆ᄒᆞᆯ진ᄃᆡ 朕이 祖宗의 德을 揚ᄒᆞ야 四表에 光ᄒᆞᆯ지며 爾臣民도 亦惟爾祖先의 肖子孝孫이 되리니 勖ᄒᆞᆯ지어다. 爾臣民이여 惟朕此言.[조령(詔令)을 내려 이르기를, "짐(朕)이 생각해 보면 우리 조종(祖宗)이 나라를 세우고 정통(正統)을 물려준 것이 이제는 504년이 지났으니, 실로 우리 열성조(列聖朝)의 교화(敎化)와 은덕(恩德)이 사람들의 마음속에 깊이 스며들고 또 우리 신하와 백성들이 충성과 사랑을 능히 다한 것에 말미암는 것이다. 그래서 짐(朕)은 한없는 대운(大運)을 물려받고 밤낮으로 공경하고 두려워하면서 오직 조종(祖宗)의 가르침을 이어 나갈 뿐이다. 너희들 신하와 백성은 짐(朕)의 마음을 깊이 생각하라. 오직 너희들 신하와 백성의 선조는 우리 조종(祖宗)이 돌보고 키워준 어진 신하와 백성이었으니, 너희들 신하와 백성들도 너희 선조의 충성과 사랑을 능히 이어서 짐(朕)의 돌봄과 키움을 받는 어진 신하와 백성들이다. 짐(朕)은 너희들 신하와 백성들과 함께 조종(祖宗)의 큰 기반을 지켜 억만년의 아름다운 운수를 이어 나갈 것이다. 아! 백성을 가르치지 않으면 나라를 굳건히 하기가 매우 어렵다. 세상 형편을 돌아보면 부유하고 강성하여

의 교육에 힘쓸 것을 강조하였다.

---

독립하여 웅시(雄視)하는 여러 나라는 모두 그 나라 백성들의 지식이 개명(開明)하고 지식이 개명함은 교육이 잘됨으로써 말미암은 것이니, 교육(敎育)은 실로 나라를 보존하는 근본이다. 그러므로 짐(朕)이 임금과 스승의 자리에 있으면서 교육(敎育)하는 책임을 스스로 떠맡고 있다. 교육(敎育)에는 또한 그 방도(方道)가 있으니, 허명(虛名)과 실용(實用)의 분별을 먼저 세워야 할 것이다. 책을 읽고 글자를 익히어 고인(古人)의 찌꺼기만 주워 모으고 시대의 큰 형국에 어두운 자는 문장(文章)이 고금(古今)보다 뛰어나더라도 쓸모가 전혀 없는 서생(書生)이다. 이제 짐(朕)은 교육(敎育)하는 강령(綱領)을 제시하여 헛됨을 제거하고 실용(實用)을 높인다. 덕양(德養)은 5륜(五倫)의 행실을 닦아 풍속의 기강을 문란하도록 하지 말며, 풍속(風俗)을 세우고 교화(敎化)를 이뤄 인간 세상의 질서를 유지하고 사회의 행복을 증진할 것이다. 체양(體養)은 동작에는 일정함이 있어서 부지런함을 위주로 하고 안일을 탐내지 말며 고난을 피하지 말아서 너의 근육을 튼튼히 하며 너의 뼈를 건장하게 하여 병이 없이 건장한 기쁨을 누릴 것이다. 지양(智養)은 사물의 이치를 연구하는 데서 지식을 지극히 하고 도리를 궁리하는 데서 본성을 다하여 좋아하고 싫어하며 옳고 그르며 길고 짧은 데 대하여 나와 너의 구별을 두지 말고 상세히 연구하고 널리 통달하여 한 개인의 욕심을 꾀하지 말며 대중의 이익을 도모하라. 이 세 가지가 교육(敎育)하는 강령이다. 짐(朕)이 정부(政府)에 명하여 학교(學校)를 널리 세우고 인재를 양성하는 것은 너희들 신하와 백성의 학문(學問)과 식견(識見)으로 나라를 중흥(中興)시키는 큰 공로를 이룩하기 위해서이다. 너희들 신하와 백성은 임금에게 충성하고 나라를 사랑하는 심정으로 너의 덕성(德性), 너의 체력(體力), 너의 지혜(智慧)를 기르라. 왕실의 안전도 너희들 신하와 백성의 교육(敎育)에 달려 있고 나라의 부강도 너희들 신하와 백성의 교육(敎育)에 달려 있다. 너희들 신하와 백성에 대한 교육(敎育)이 훌륭한 경지에 이르지 못하면 짐이 어찌 나의 정치(政治)가 성공했다고 하며 짐(朕)의 정부가 어찌 감히 그 책임을 다하였다고 말할 수 있겠는가. 너희들 신하와 백성들도 교육(敎育)하는 방도(方道)에 마음을 다하고 힘을 협조하여 아버지는 이것으로 그 아들을 이끌어 주고, 형은 이것으로 그 동생을 권하며, 벗은 이것으로 도와주는 도리를 실행하여 그치지 않고 분발해야 할 것이다. 나라의 한(恨)에 대적할 사람은 오직 너희들 신하와 백성이요, 나라의 모욕을 막을 사람도 너희들 신하와 백성이며, 나라의 정치제도를 닦아나갈 사람도 너희들 신하와 백성이다. 이것은 다 너희들 신하와 백성의 당연한 직분이지만 학문(學問)과 식견(識見의 등급에 따라 그 효과의 크기가 결정된다. 이러한 일을 하는 데서 조그마한 결함이라도 있으면 너희들 신하와 백성들도 오직 우리들의 교육(敎育)이 밝지 않기 때문이라고 말하면서 상하가 마음을 합치기에 힘쓰라. 너희들 신하와 백성의 마음은 또한 짐(朕)의 마음인 만큼 힘써야 할 것이다. 이러해야 짐(朕)은 조종(祖宗)의 덕(德)을 드러내어 천하에 빛내고 너희들 신하와 백성들도 너희 조상의 효성스러운 자손으로 될 것이니, 힘써야 할 것이다. 너희들 신하와 백성들이여, 짐(朕)의 이 말대로 하라." 『朝鮮王朝實錄』, 「高宗實錄」, 高宗 三十二(1895)年, 二月, 二日 甲辰.].

홍익인간론(弘益人間論)의 본체존재(本體存在)인 성(誠)과 그 가치(價値)와 인식(認識)에 대한 교육적 사유(思惟)는 천(天) · 지(地) · 인(人)의 조화를 담은 3태극(三太極; ☯)이 형상(形象)으로 나타난 후, 만유(萬有)의 본성(本性)의 이치(理致)를 사유(思惟)해 온 유가(儒家) 성리학(性理學)에서는 모든 생명의 시원(始原)을 교육과 학문으로 궁구(窮究)해오면서 우주 형성의 기본 관념인 음양(陰陽) 출발로 태극(太極; ☯)을 형상(形像)하여 만유(萬有)의 요소를 기호로 나타낸 8괘(八卦)와 함께 홍익인간론(弘益人間論)의 사유체계(思惟體系)를 완성하였다. 이것은 교육용 계몽서(啓蒙書)인 「계몽도설(啓蒙圖說)」[177]의 그림 중의 하나인 〈선천변위후천도(先天變爲後天圖)〉[178]로 나타나 이를 기반으로 대한민국 조선(朝鮮)의 나라를 대표하는 임금 깃발인 어기(御旗)[179]로 태극팔괘도(太極八卦圖)를 제작하였으며, 이를 근거로 고종(高宗) 20(1883)년 국기(國旗)로 제작하여 사용하도록 하므로 태극기(太極旗)를 제정하였다.[180] 태극

---

177) **「啓蒙圖說(계몽도설)」** 중국 송(宋; 860~1279) 시대 주희(朱熹; 1130~1200)가 홍익인간론(弘益人間論)의 유가(儒家) 성리학(性理學)의 우주론적 상호관계를 규명하여 1187년 저술한 「역학계몽(易學啟蒙)」을 대한민국 조선(朝鮮) 시대 서명응(徐命膺; 1716~1787)이 그림으로 해설하여 영조(英祖; 재위 1724~1776) 48(1772)년 6권 3책으로 간행하였다. 권1에 하도선모진체도(河圖旋毛眞體圖) 등 21편, 권2에 선천사도(先天四圖) 등 26편, 권3에 방위내외사정도(方位內外四正圖) 등 25편, 권4에 선천변위후천도(先天變爲後天圖) 등 12편, 권5에 유찬생시도(幽贊生蓍圖) 등 8편이 수록되어 있다.

178) 「啓蒙圖說(계몽도설)」 권4에 있는 것으로, 〈先天變爲後天圖(선천변위후천도)〉는 선천(先天)인 기원전 2800년경 복희씨(伏羲氏; 생몰연대 미상) 때 정해진 8괘(八卦)의 방위가 후천(後天)인 주(周; 기원전 1046~기원전 256)나라 문왕(文王‘ 기원전 1151~기원전 1056) 때에 이르러 바뀌지는 과정을 설명하고 이유를 밝힌 것이다.

179) 御旗〈어기; 태극팔괘도(太極八卦圖), 규장각(奎章閣) 분류번호 26192. 가로 31.5㎝, 세로 24㎝〉 홍색(紅色) 바탕에 흰색과 노란색 태극(太極)을 가운데 두고 노란색 8괘(八卦)를 둘러놓았다. 고종(高宗) 21(1884)년 발행된 최초 우표 도안(圖案)으로 사용하였다.

180) 統理交涉通商事務衙門啓, “國旗今旣製造, 行會八道四都, 使之認驗擧行何如.” 允之 [통리교섭통상사무아문(統理交涉通商事務衙門)에서 아뢰기를, “국기(國旗)를 이미 제정하였으니 8도(八道)와 4도(四都)에 각 관청에서 실행할 수 있도록 널리 알려 행회(行會)서 사용하도록 하는 것이 어떻겠습니까?” 하니, 윤허하였다. 『朝鮮王朝實

기(太極旗)는 만유(萬有)가 생생변화(生生變化)하는 우주의 섭리를 담은 인간 본성의 자유스러움으로 재세(在世)의 현실에 참여하는 홍익인간론(弘益人間論)의 주체성을 축약해 놓은 것이다. 고조선(古朝鮮) 시대 홍익인간(弘益人間)의 이념을 가르쳤던 소도(蘇塗)의 대시전(大始展)에 세웠던 '거발환(居發桓)' 깃발의 의미가 계승된 것이다. 태극기(太極旗)는 대한민국(大韓民國) 원(元; 1948)년 제헌국회(制憲國會)에서 대한민국(大韓民國) 국기(國旗)로 공식 제정 되었다.

대한민국 대한제국(大韓帝國) 광무(光武) 2〈고종(高宗) 35(1898)〉년 홍익인간(弘益人間)의 이념의 시작인 환인(桓因)을 상제(上帝)로 표현한 국가(國歌)를 작사(作詞)하였고[181] 광무(光武) 6〈고종(高宗) 39(1902)〉년 프란츠 폰 에케르트〈Franz von Eckert; 액거다(扼巨多)〉[182]가 애국가(愛國歌)로 작곡(作曲)하

---

錄』, 「高宗實錄」, 高宗 二十(1883)年, 一月, 二十七日 己酉.].

181) 상뎨(上帝)는 우리 황뎨(皇帝)를 도으ᄉᆞ[상제〈上帝; 환인(桓因: 하느님)〉는 우리 황제를 도우사]
셩슈무강(聖壽無疆)ᄒᆞᄉᆞ[성수(聖壽) 무강(無疆)하사]
ᄒᆡ옥듀(海屋籌)를 산(山)갓치 ᄡᆞ으시고[해옥주(海屋籌)를 산같이 쌓으시고]
위권(威權)이 환영(環瀛)에 뜰치ᄉᆞ[위엄(威嚴)과 권세(權勢)가 천하(天下)에 떨치사]
오, 쳔만셰(於千萬歲)[A]에 복녹(福祿)이[오! 천만세에 복록(福祿)이]
일신(日新)케 ᄒᆞ소셔[날마다 새롭게 하소서]
상뎨(上帝)는 우리 황뎨(皇帝)를 도으소셔[상제〈上帝; 환인(桓因: 하느님)〉는 우리 황제를 도우소서].

182) Franz von Eckert(프란츠 폰 에케르트; 1852~1916) 한국 이름은 액거다(扼巨多)이다. 1852년 독일(獨逸) 프로이센 왕국(Königreich Preußen; Kingdom of Prussia; 1701~1918)에서 태어났다. 음악 학교에서 음악을 전공하고, 군악대에서 의무 병역을 하였다. 1879년 일본에 파견되어 해군 군악대 교수를 역임하면서 일본 국가인 기미가요(きみがよ)를 편곡했다. 1892년부터 1894년까지는 육군토야마학교(陸軍戸山学校) 군악대에서 독일의 군악(軍樂)을 가르치며 일본에 서양 음악을 대중화하였다. 1899년 독일 프로이센 왕립악단의 단장을 역임하였다. 대한제국(大韓帝國)의 요청으로 1901년 한국에 와서 육군 군악대 악사(樂師)로 임용되었다. 1902년 7월 1일 대한제국(大韓帝國) 애국가(愛國歌)를 작곡하였고, 그 공로로 3등 태극훈장(太極勳章)을 받았다. 1907년 대한제국 군대(軍隊)가 해산되자 음악 학교를 설립하여 학생들을 가르쳐 서양 음악을 보급하였다. 1916년 한국에서 사망하여 양화진 외국인 선교사 묘역에 안장되었다.

여, 그 공로로 3등 태극훈장(太極勳章)을 서훈(敍勳)하였다.[183)]

대한제국의 애국가(愛國歌)는 일제의 간섭으로 1909년 금지곡(禁止曲)이 되었으며, 이후, 환웅(桓雄)의 366사(三百六十六事)의 홍익인간(弘益人間)의 이념을 계승한 민족이라는 의미의 '배달민족(붉돌民族)'[184)]이 동방문화(東方文化)의 원류임을 강조하는 내용으로 바뀌었고[185)] 독립운동가사(獨立運動歌詞)[186)]로 변하여 노래하였다.

홍익인간(弘益人間)을 상징하는 꽃은 무궁화(無窮花)로 상징되었다. 무궁화의 기원은 5세 단군 구을(丘乙; 재위 기원전 2099~기원전 2084) 16(기원전

---

183) 詔曰, "樂師 德國人 扼巨多(Franz Eckert);, 有審定節奏, 實心敎習之勞, 特敍勳三等, 賜 太極章[조령(詔令)을 내려, "악사(樂師)인 독일 사람 액거다[扼巨多: Franz Eckert(에케르트)]는 악보를 살펴 만들어 성의껏 교습(敎習)한 공로가 있으니 특별히 훈3등에 서훈하고 태극훈장(太極勳章)을 하사하라" 하였다. 『朝鮮王朝實錄』, 「高宗實錄」, 高宗 三十九(1902)年, 十二月, 二十日 陽曆.].

184) 배달민족(붉돌民族)에서 '배달'은 단군(檀君)을 지칭하는 고유의 소리 말로 한자 음차로 倍達(배달)로 표기하며, '단군민족(檀君民族)'이라는 뜻이다. 단군(檀君)은 '박달 나라의 임금〈단국지군(檀國之君)〉'을 말하는 것으로, 단(檀)을 '박달' 혹은 '백달'이라고 하며, 여기에서 '배달'이라는 말이 유래 되었다〈北崖子(생몰연대 미상, 대한민국 朝鮮 시대), 「揆園史話(1675)」, 檀君記.〉. 단(檀)은 '배달(倍達)'이요 국(國)은 '나라(那羅)'이며 군(君)은 '임검(壬儉)'이라 한다. 이것을 살피건대 단군(檀君)은 곧 '단국군(檀國君)'으로, 속칭 '배달 나라 임금'이다〈魚允迪(1868~1935, 대한민국 大韓帝國 · 日帝强占期 시대), 「東史年表(1915)」, 歷代韻編.〉.

185) 상뎨(上帝)여 우리나라를 도으쇼셔[상제〈上帝; 환인(桓因: 하느님)〉여 우리나라를 도우소서]
반만년(半萬年)의 역사(歷史) 배달민족(倍達民族)[반만년의 역사 배달민족]
영원(永遠)한 번영(繁榮)[영원한 번영]
해와 달이 무궁(無窮)토록[해와 달이 무궁토록]
셩디동방(聖地東方)의 문명(文明)과 원류(源流)[성지동방의 문명의 원류(源流)]
상뎨(上帝)여 우리나라를 도으쇼셔[상제〈上帝; 환인(桓因: 하느님)〉여 우리나라를 도우소서].

186) 상제(上帝; 환인: 하느님)는 우리 대한(大韓)을 도우소서
독립부강(獨立富强)하여 태극기(太極旗)를 빛나게 하옵시고
권(權)이 환영(環瀛)에 떨치어 오! 천만세(千萬世)에
자유(自由)가 영구(永久)케 하소서
상제(上帝; 환인: 하느님)는 우리 대한(大韓)을 도우소서.

2084)년에 환인(桓因) · 환웅(桓雄) · 단군왕검(檀君王儉)의 제단(祭壇)인 3신단(三神壇)을 쌓고 환화(桓花)를 심은 데서[187] 비롯된다. 그리하여 환웅 유상(桓雄遺像)의 받침 좌(坐)를 환화(桓花)의 꽃모양으로 만들었다.[188] 13세 단군 흘달(屹達; 재위 기원전 1782~기원전 1720) 20(기원전 1762)년에 각 소도(蘇塗)를 짓고 환화(桓花)를 심었으며, 이 소도(蘇塗)에서 독서(讀書)와 습사(習射)를 익히는 국자랑(國子郎)들이 출행(出行)할 때 이 환화(桓花)를 머리에 꽂았다. 한화(桓花)는 천신(天神)으로 존숭(尊崇)하는 환인(桓因) · 환웅(桓雄) 단군(檀君)을 상징하는 꽃을 지칭한다는 의미로 천지화(天指花)라고 하였다. 국자랑(國子郎)들이 출행(出行)할 때는 천지화(天指花)를 머리에 꽂았기 때문에 국자랑(國子郎)을 천지화랑(天指花郎)이라고 불렀다.[189] 고조선(古朝鮮)의 사람들은 의관을 갖추고 양보하기를 좋아하여 다투지 않고 무궁화의 나라라고 표현하였다.[190]

무궁화(無窮花)인 천지화(天指花)의 장식을 한 천지화랑(天指花郎)은 조의선인(皂衣先人), 원화(原花) · 화랑(花郎) 등으로 계승되었다. 대한민국 신라(新羅)에서는 나라를 무궁화 나라〈근화향(槿花鄕)〉라고 하였다.[191] 대한민국 고

---

187) 親幸藏唐京, 封築三神壇, 多植桓花[장당경〈藏唐京: 현 중국 하북성(河北省) 난하(灤河) 지역〉에 직접 행차하여 삼신단(三神壇)을 쌓고 환화(桓花)를 많이 심었다. 李嵒(1297~1364, 대한민국 高麗 시대), 「檀君世紀」, 五世 檀君 丘乙.].

188) 座於檀樹之下桓化之上, 如一眞神有圓心[단수(檀樹) 아래에 둥근 환화[桓花; 무궁화(無窮花) 위에 앉아 있는 모습이 진짜 환웅신(桓雄神)이 둥근 꽃 가운데 있는 것과 같았다. 李嵒(1297~1364, 대한민국 高麗 시대), 「檀君世紀」, 十一世 檀君 道亥.].

189) 國子郎出行頭揷天指花, 故時人爲稱, 天指花郎[국자랑(國子郎)들이 밖으로 나갈 때는 머리에 천지화(天指花)를 꽂았다. 그러므로 이때 국자랑(國子郎)은 천지화랑(天指花郎)이라고 불렀다. 李嵒(1297~1364, 대한민국 高麗 시대), 「檀君世紀」, 十三世 檀君 屹達.].

190) 君子國在其北, 衣冠帶劍, 〈中略〉, 其人好讓不爭. 有薰華草, 朝生夕死[군자국(君子國); 〈고조선(古朝鮮)〉이 그 북쪽에 있는데, 사람들은 의관(衣冠)을 갖추고 칼을 차고 있으며, 〈중략(中略〉, 그 사람들은 양보하기를 좋아하여 다투지 않는다. 훈화초(薰華草; 무궁화)라는 식물이 있는데, 아침에 피고 저녁에 진다(「山海經」. 海外東經.).].

191) 則必槿花鄕廉讓自沉, 楉矢國毒痛愈盛[근화향(槿花鄕; 신라〈新羅〉)은 겸양하고 자

려(高麗) 시대에 무궁화(無窮花)로 불렸다. 즉, 꽃이 끝없이 피고 지니 무궁화(無窮花)라고 한 것이다.[192] 대한민국 조선(朝鮮) 시대에 과거(科擧) 급제자에게 임금이 내리는 어사화(御賜花)는 무궁화(無窮花)로 장식하였고, 대한제국(大韓帝國) 광무(光武) 4〈고종(高宗) 37(1900)〉년 문관대례복제식(文官大禮服製式)[193]의 반포에서 최고의 관직인 칙임관(勅任官)은 깃, 소매 끝, 주머니, 앞길 전면(全面)에 국가 상징 무늬로 무궁화(無窮花)를 표현하면서 무궁화(無窮花)는 나라를 상징하는 문양으로 자리 잡았다. 일제(日帝) 강점기(强占期)에는 남궁억(南宮檍)[194]에 의해 교육을 통해 무궁화(無窮花) 정신을 선양하고 보급

---

중하지만, 호시국(楛矢國; 일본의 월국(越國: こしのくに)은 강폭(强暴)함이 날로 더해간다. 崔致遠(857~몰연대 미상, 대한민국 新羅 시대), 〈謝不許北國居上表〉].

192) 各論槿花名, 或云, 無窮無窮之[근화(槿花)의 이름을 두고 논하기를 무궁(無窮)은 곧 무궁(無窮; 꽃이 끝없이 피고 짐)을 뜻한다고 하였다. 李奎報(1168~1241, 대한민국 高麗시대), 「東國李相國集」, 古律詩.].

193) 勅令第十四號, 文官服裝規則, 第十五號, 文官大禮服 製式. 裁可頒布〈칙령(勅令) 제14호, 〈문관 복장 규칙(文官服裝規則)〉과 제15호, 〈문관 대례복 제식(文官 大禮服 製式)〉을 재가(裁可)하여 반포하였다. [文官服裝은 大禮服, 小禮服, 常服三種으로 定ᄒᆞ니 大禮服은 勅, 奏任官이 着用ᄒᆞ고 小禮服, 常服은 勅, 奏, 判任官이 通共着用ᄒᆞ나니 大禮服은 問安, 動駕動與因公陛見, 宮中賜宴時; 小禮服은 宮內進見, 公式宴會, 禮拜上官, 私相賀慰時; 常服은 仕進, 燕居, 執務時着用홈. 大禮服 은 大禮帽, 大禮衣; 小禮服은 眞絲高帽, 燕尾服; 常服은 通常帽、通常衣니 竝用歐制홈. 細項省略〈문관 복장은 대례복(大禮服), 소례복(小禮服), 상복(常服) 3종으로 정한다. 대례복은 칙임관(勅任官), 주임관(奏任官)이 착용하고 소례복과 상복은 칙임관, 주임관, 판임관(判任官)이 공통으로 착용하는데 대례복은 임금께 문안하거나 임금의 거동, 황태자의 거동과 공적으로 임금을 알현할 때, 궁중 연회에 참가할 때에 착용한다. 소례복은 궁궐 안에서 임금을 진현(進見)하거나 공식 연회에 참가할 때, 상관에게 인사를 하거나 사적으로 서로 축하하고 위로할 때에 착용하며, 상복은 출근할 때나 한가로이 있을 때, 집무(執務)할 때 착용한다. 대례복은 대례모(大禮帽)와 대례의(大禮衣)로 되어있고, 소례복은 진사(眞絲)의 고모(高帽)와 연미복(燕尾服)으로 되어 있으며, 상복은 통상의 모자와 통상의 옷으로 되어 있으며 모두 구라파 복제(服制)를 병용한다. 자세한 항목은 생략한다.〉. 『朝鮮王朝實錄』, 「高宗實錄」, 高宗 三十七(1900)年, 四月, 十七日 陽曆.].

194) 南宮檍(남궁억; 1863~1939) 본관(本貫)은 함열(咸悅), 자(字)는 치만(致萬)이고 호(號)는 한서(翰西)이다. 고종(高宗; 재위 1864~1907) 21(1884)년에 관립영어학교인 동문학(同文學)에 입학하여 재학 중 내부주사(內部主事)로 특채되었다. 동문학(同

하여 홍익인간(弘益人間) 민족의 자긍심을 일깨우는 독립운동을 전개하였다. 대한민국(大韓民國) 정부수립 후, 태극기(太極旗)의 국기봉(國旗棒)의 머리를 무궁화 봉오리로 사용할 것을 규정하였고, 정부와 국회의 표장(標章)도 무궁화(無窮花) 도안을 사용하고 대한민국(大韓民國)의 최고훈장을 무궁화대훈장(無窮花大勳章)으로 정하여 관습법(慣習法)으로서 나라꽃으로서 무궁화(無窮花)의 위상을 갖게 되었다.

대한제국 융희(隆熙) 3〈순종(純宗) 3(1909)〉년 홍익인간(弘益人間) 민족이념(民族理念)을 숭상하기 위해 나철(羅喆)[195]이 결사체(結社體)를 중광(重光)하였다. 홍익(弘益)의 대종(大倧)인 환인(桓因), 환웅(桓雄), 단군(檀君)의 정신

文學)을 졸업하고, 고종(高宗) 24(1887)년 어전통역관(御前通譯官)을 시작으로 특명전권공사(特命全權公使) 수행서기관(隨行書記官), 궁내부별군직(宮內府別軍職), 칠곡부사(漆谷府使), 내무부토목국장(內務部土木局長), 성주목사(星州牧使), 양양군수(襄陽郡守)를 역임하였다. 흥화학교(興化學校) 교사(敎師), 독립협회(獨立協會) 중앙위원 서기, 사법위원, 평의원, 황성신문(皇城新聞) 사장, 1907년 현산학교(峴山學校)를 설립, 대한협회(大韓協會) 회장, 배화학당(培花學堂) 교사(敎師) 때부터 무궁화를 수놓게 하여 무궁화 정신을 선양하였고, 한글 서예체를 최초로 지도하였다. 상동청년학원(尙洞靑年學院) 원장, 1919년 9월 모곡학교(牟谷學校)를 설립하여 본격적으로 무궁화 보급 운동으로 홍익인간(弘益人間)의 민족교육의 전형을 확립하였다. 비밀결사 단체를 조직하여 독립운동 활동을 하다 투옥되어 석방되었으나 일제의 경찰로부터 받은 잔혹한 고문의 여독으로 1939년 사망하였다. 저서로 「동사략(東史略)」, 「조선 이야기」가 있다. 대한민국 1977년에 건국훈장 독립장이 추서되었다.

195) 羅鐵(나철; 1863~1916) 본관(本貫)은 나주(羅州), 본명(本名)은 나인영(羅寅永)으로 나철(羅喆)은 개명(改名)이다. 자(字)는 문향(文鄕), 호(號)는 홍암(弘巖), 단군교〈檀君敎; 대종교(大倧敎)〉 결사체(結社體)를 결성했으며, 항일 민족독립 운동가이다. 고종(高宗) 28(1881)년 문과(文科) 급제하여 홍문관(弘文館) 부정자(副正字)·가주서(假注書), 탁지부(度支部) 징세서장(徵稅署長)을 역임하였다. 1904년에 유신회(維新會)를 조직하여 을사늑약(乙巳勒約) 직전인 1905년 6월 일본에 건너가 동양 평화를 위하여 한국·청나라·일본 3국은 상호 친선 동맹을 체결하고 한국에 대해서는 선린(善隣)의 교의(交誼)로써 협조할 것을 제의하며 단식 농성을 하였다. 을사늑약이 체결된 뒤 을사5적(乙巳五賊) 암살에 실패하여 1907년 자수하여 전남 신안군의 지도(智島)에 10년 유배형에 처해졌으나 1908년에 특별사면으로 풀려났다. 1916년 9월 12일에 일제의 강점과 탄압에 민족과 인류를 위해 순명(殉名)하였다. 저서로 「신단실기(神檀實紀)」, 「삼일신고(三一神誥)」, 「신리대전(神理大全)」이 있다.

을 가르침으로 선양하기 위한 결사체(結社體)인 단군교〈檀君敎; 대종교(大倧敎)〉를 만들어 홍익인간(弘益人間)의 이념을 선양(宣揚)하였다.

단군교〈檀君敎; 대종교(大倧敎)〉의 결사체(結社體)는 우주의 섭리를 상징하는 '환인(桓因)', 재세(在世)간에 인간을 가르쳐 깨우쳐 교화(敎化)한 '환웅(桓雄)', 그 가르침으로 나라를 세우고 널리 인간을 이롭게 다스림을 시작한 '단군왕검(檀君王儉)'을 홍익인간(弘益人間) 정신의 시원(始原)으로 삼아 존숭(尊崇)하였다. 일제 강점기 때 홍익인간(弘益人間) 문화를 다시 발전시킨다는 기치(旗幟) 아래, 홍익인간(弘益人間) 이념(理念)을 배양하고 민족자결의식(民族自決意識)을 고양하여 나라의 독립을 목적으로 삼아 일제의 탄압에 대응하면서 중국(中國)으로 결사체(結社體)를 옮겨 항일 독립투쟁을 주도하였다. 해방 후, 미군정기(美軍政期)인 1946년, 대종교(大倧敎) 결사체의 중심인물들이 홍익인간(弘益人間)의 이념을 기반으로 홍문대학관(弘文大學館),[196] 국학전문학교(國學專門學校)[197] 1947년 단국대학(檀國大學),[198] 1911년 중국 요녕성(遼寧省)에 세웠던 신흥강습소(新興講習所)와 1912년 설립한 신흥무관학교(新興武官學校)의 정신을 이어서 1947년 신흥전문학원(新興專門學院)[199]을 설립하였다.

단군기원(檀君紀元; 기원전 2333년)을 시원(始原)으로 하는 홍익인간론(弘益人間論)은 단기〈檀紀; 4281(1948)년〉를 국가의 공식 연호(年號)로 법체화한

---

196) 1947년 교명(校名)을 홍익대학(弘益大學)으로 변경하였다. 대한민국(大韓民國) 1(1948)년 재단법인 홍익학원(弘益學院) 및 홍익대학관(弘益大學館)으로 설립인가를 받아 대한민국(大韓民國) 2(1949) 4년제 홍익대학(弘益大學)으로 개편하여 현재의 홍익대학교(弘益大學校)이다.

197) 1947년 국학대학(國學大學)으로 승격되었으며, 대한민국(大韓民國) 18(1966)년 우석대학교(友石大學校)로 통합되었고, 대한민국(大韓民國) 24(1971)년 우석대학교(友石大學校)는 현재의 고려대학교(高麗大學校)에서 합병하였다.

198) 1947년 설립하였으며, 대한민국(大韓民國) 19(1967)년 종합대학교로 승격하여 현재의 단국대학교(檀國大學校)이다.

199) 1949년 2월 15일 재단법인 성재학원 신흥대학(新興大學)으로 인가받고, 대한민국 22(1960)년 현재의 경희대학교(慶熙大學校)로 교명을 바꾸었다.

대한민국(大韓民國) 정부가 수립되면서[200] 홍익인간론(弘益人間論)의 정신에 함의된 홍익인간(弘益人間)을 헌법전문(憲法前文)에 '유구한 역사와 전통에 빛나는 대한국민(大韓國民)'이라고 수록하였고, 대한민국의 헌법을 제정 · 공포한 기념일인 제헌절(制憲節; 7월 17일)을 정하여, 그 기념 가사(歌詞)[201]에 홍익인간론(弘益人間論)의 366사(三百六十六事)를 대한민국 건국 제헌헌법(制憲憲法)의 정신으로 삼았음을 밝히고 있다. 따라서 단군기원(檀君紀元)으로부터 시작되는 역사(歷史)와 전통(傳統)을 담아 대한민국(大韓民國)의 건국이념(建國理念)이 된 것이다.

국호(國號) 대한민국(大韓民國)의 '대한(大韓)'은 대한제국(大韓帝國)에서 사용한 것을 계승한 것으로, 우리나라는 고조선(古朝鮮) 시대에 단군왕검(檀君王儉)이 나라를 진한(眞韓), 번한(番韓), 마한(馬韓)으로 나누어 다스린 본래 삼한(三韓)이었으므로, 그 '한(韓)'의 의미를 담아 국호(國號)를 대한으로 정한 것[202]

---

200) 서기(西紀) 1948년 9월 25일 대한민국 정부수립 후 공포된 〈연호(年號)에 관한 법률〉에서 '대한민국(大韓民國)의 공용연호(公用年號)는 단군기원(檀君紀元; 2333년)으로 한다'고 하여 단기(檀紀)가 국가 연호(年號)가 되었다. 1961년 12월 2일 개정 공포된 〈연호(年號)에 관한 법률〉에서 "대한민국(大韓民國)의 공용연호(公用年號)는 서력기원(西曆紀元)으로 한다"고 하여 서기(西紀) 1962년 1월 1일부터 서기(西紀)을 국가 연호(年號)로 사용하였다.

201) / 비구름 바람 거느리고 / 인간을 도우셨다는 우리 옛적 / 삼백예순 남은 일이 하늘 뜻 그대로였다 / 삼천만 한결같이 지킬 언약 이루니 / 옛길에 새 걸음으로 발맞추리라 / 이날은 대한민국 억만년의 터다 / 대한민국 억만년의 터 / 〈제헌절(制憲節) 노래가사 1절〉. 여기서 "삼백예순 남은 일이 하늘 뜻 그대로였다"는 고조선(古朝鮮)을 건국하여 366가지 일로 세상을 다스렸다는 '凡主人間三百六十餘事在世理化(「三國遺事」, 紀異, 古朝鮮)'의 내용이다.

202) 我邦乃三韓之地, 而國初受命, 統合爲一. 今定有天下之號曰大韓, 未爲不可. 且每嘗見各國文字, 不曰朝鮮, 而曰韓者, 抑有符驗於前, 而有竢於今日, 無待聲明於天下, 而天下皆知大韓之號矣[우리나라는 곧 삼한(三韓)의 땅인데, 국초(國初)에 천명을 받고 하나의 나라로 통합되었다. 지금 국호를 '대한(大韓)'이라고 정한다고 해서 안 될 것이 없다. 또한, 매번 각국의 문자를 보면 조선이라고 하지 않고 한(韓)이라 하였다. 이는 아마 미리 징표를 보이고 오늘이 있기를 기다린 것이니, 세상에 공표하지 않아도 세상이 모두 다 '대한(大韓)'이라는 칭호를 알고 있을 것이다. 『朝鮮王朝實錄』, 「高宗實錄」, 高宗 三十四(1897)年, 十月, 十一日 陽曆.].

으로 홍익인간이념(弘益人間理念)을 담고 있다. 그러므로 홍익인간론(弘益人間論)으로 면면히 이어져 내려온 고유한 사상체계인 홍익인간(弘益人間)을 건국이념으로 하여 대한민국(大韓民國)을 세운 것이다. 홍익인간(弘益人間)은 인류의 공동번영에 이바지하여 인류공영(人類共榮)의 이상을 실현하는 것이다. 조선(朝鮮) 성종(成宗) 7(1476)년 편찬된 「삼국사절요(三國史節要)」[203]에서 홍익인간(弘益人間)이 시작된 고조선(古朝鮮)의 건국 연도를 기원전 2333년 음력(陰曆) 10월 3일로 고증(考證)한 것을 참고하여 대한민국 2(1949)년에 양력(陽曆) 10월 3일을 '개천절(開天節)'로 정하였다. 그리하여 대한민국(大韓民國) 2(1949)년 법률 제86호로 제정 · 공포된 교육법(教育法)에서 홍익인간론(弘益人間論)은 대한민국의 교육이념(教育理念)이 되었다.

'교육(教育)은 홍익인간(弘益人間)의 이념(理念) 아래 모든 국민(國民)으로 하여금 인격(人格)을 완성하고 자주적 생활능력과 공민(公民)으로서의 자질을 구유(具有)하게 하여 민주국가(民主國家) 발전에 봉사하며, 인류공영(人類共榮)의 이념실현에 기여하게 함을 목적으로 한다〈교육법 제1조〉'

홍익인간이념(弘益人間理念)을 교육이념으로 채택한 것은 민족 정체성으로 번영된 자주 국가를 건설하고 나아가 인류공영(人類共榮)에 기여 하는 홍익인간론(弘益人間論)의 지향(指向)을 반영한 것이다. 홍익인간은 우리 민족정신의 정수로서 인(仁)과 자비(慈悲)와 박애(博愛)를 바탕으로 하는 인류(人類)의 이상(理想)이다.

---

203) **「三國史節要(삼국사절요)」** 대한민국 조선(朝鮮) 시대 서거정(徐居正; 1420~1488) · 노사신(盧思愼; 1427~1498) 등이 단군조선(檀君朝鮮)부터 삼국〈三國; 고구려(高句麗)·백제(百濟)·신라(新羅)〉의 멸망까지를 서술하여 성종(成宗; 재위 1469~1494) 7(1476)년에 편찬한 역사서(歷史書)다. 총 14권으로, 삼국(三國) 시대 이전의 상고사(上古史)는 외기(外紀)로서 권수 안에 넣지 않고 별도로 쓰였다. 그러므로 실제 내용은 15권으로 편찬되어 있다. 역사를 연대순으로 서술하여 민족사의 체계를 잡아 객관적으로 서술하였다.

대한민국(大韓民國) 57(2007)년 전문이 개정되어 교육기본법 제2조(교육이념)로 되었다.

'교육(教育)은 홍익인간(弘益人間)의 이념 아래 모든 국민으로 하여금 인격(人格)을 도야(陶冶)하고 자주적 생활능력과 민주시민으로서 필요한 자질을 갖추게 함으로써 인간다운 삶을 영위하게 하고 민주국가의 발전과 인류공영(人類共榮)의 이상을 실현하는 데에 이바지하게 함을 목적으로 한다.'

이러한 홍익인간(弘益人間)은 신체적 건강과 유지를 위한 지식과 습성을 길러 의지(意志)와 인내(忍耐)와 용기(勇氣)의 정신으로 이웃과 사회와 나라의 제세(在世)간에 서로 사랑하여 세계평화에 공헌하게 한다. 나아가 만족의 고유문화를 계승하고, 진리탐구의 정신으로 창조적 사고를 함양하여 합리적 생활을 하게 하여 자유(自由)를 사랑하고 책임(責任)을 존중하며 신의(信義)와 협동(協同)과 경애(敬愛)의 정신이 조화될 수 있도록 한다. 심미적 정서를 함양하여 숭고한 예술을 감상 창작하고 자연의 미(美)를 즐기며 여유의 시간을 유효히 사용하여 명랑(明亮)한 생활을 하게 한다. 근면(勤勉)·성실(誠實)하고 실질(實質)을 숭상하여 부강한 나라와 복지사회를 이루어 인류공영(人類共榮)을 지향하는 교육이념(教育理念)이다.

홍익인간론(弘益人間論)은 대한민국(大韓民國)의 전통교육(傳統教育)에서 교육에 대한 사유(思惟)를 통해 교육이 길러야 할 인간상을 제시하고, 교육(教育)이 추구해야 할 가치(價值)를 함의(含意)하여 한국교육철학(韓國教育哲學)의 시원(始原)으로서 교육이념(教育理念)이 되어 교육철학(教育哲學)을 확립하였다.

# 참고문헌

## ■ 문헌 · 자료(文獻 · 資料)


**「經國大典」**, 조선(朝鮮) 成宗(성종; 재위 1469~1494), 대한민국 朝鮮(조선) 시대.

**「啓蒙圖說(계몽도설)」**, 徐命膺(서명응; 1716~1787), 대한민국 朝鮮(조선) 시대.

**「高麗史(고려사)」**, 조선(朝鮮) 文宗(문종; 재위 1450~1452), 대한민국 朝鮮(조선) 시대.

**「穀梁傳(곡량전)」**, 穀梁赤(곡량적; 생몰연대 미상), 중국 魯(노) 나라.

**「公羊傳(공양전)」**, 公羊高(공양고; 생몰연대 미상), 중국 齊(제) 나라.

**「舊唐書(구당서)」**, 唐(당; 618~907), 중국 唐(당) 시대.

**「國語(국어)」**, 左丘明(좌구명; 기원전 556~기원전 45), 중국 春秋(춘추) 시대.

**「國朝五禮儀(국조오례의)」**, 조선(朝鮮) 成宗(성종; 재위 1469~1494), 대한민국 朝鮮(조선) 시대.

**「國朝續五禮儀補(국조속오례의보)」**, 조선(朝鮮), 英祖(영조; 재위 1724~1776), 대한민국 朝鮮(조선) 시대.

**「國朝五禮通編(국조오례통편)」**, 李祉永(이지영; 1730~몰연대 미상), 대한민국 朝鮮(조선) 시대.

**「近思錄(근사록)」**, 朱熹 · 呂祖謙(주희; 1130~2000 · 여조겸; 1137~1151), 중국 宋(송) 시대.

**「論語(논어)」**, 孔子(공자; 기원전 551~기원전 479), 중국 前漢(전한) 시대.

**「論語集解(논어집해)」**, 何晏(하안; 193~249), 중국 魏(위) 나라.

**「論語集解義疏(논어집해의소」**, 皇侃(황간; 488~545), 중국 梁(양) 시대.

**「論語集註大全(논어집주대전)」**, 游酢(유초; 1053~1123) · 胡廣(1370~1418), 중국 宋(송) · 明(명) 시대.

**「論語集註大全(논어집주대전)」**, 程明道(정명도; 1032~1085) · 程伊川(정이천; 1033~1107) · 胡廣(호광; 1370~1418), 중국 宋(송) · 明(명) 시대.

**「論語集註(논어집주)」**, 朱熹(주희; 1130~1200), 중국 宋(송) 시대.

**「論衡(논형)」**, 王充(왕충; 27~몰년대 미상), 중국 後漢(후한) 시대.

**「檀君世紀(단군세기」**, 李嵒(이암; 1297~1364), 대한민국 高麗(고려) 시대.

**「大乘起信論疏(대승기신론소)」**, 元曉(원효; 617~686), 대한민국 新羅(신라) 시대.

**「大學(대학)」**, 孔伋(공급; 기원전 483~기원전 402), 중국 魯(노) 나라.

**「大學注(대학주)」**, 鄭玄(정현; 127~200), 중국 後漢(후한) 시대.

**「大學集註(대학집주)」**, 朱熹(주희; 1130~1200), 중국 宋(송) 시대.
**「道德經(도덕경)」**, 李耳(이이; 기원전 604~몰년대 미상), 중국 楚(초) 나라.
**「東國史略(동국사략)」**, 조선(朝鮮) 太宗(태종; 재위 1400~1418), 대한민국 朝鮮(조선) 시대.
**「東國李相國集(동국이상국집」**, 李奎報(이규보; 1168~1241), 대한민국 高麗(고려) 시대.
**「東國通鑑(동국통감)」**, 조선(朝鮮) 成宗(성종; 재위 1469~1494), 대한민국 朝鮮(조선) 시대.
**「東文選」**, 成宗(성종; 재위 1469~1494), 대한민국 朝鮮(조선) 시대.
**「東史(동사)」**, 이종휘(李鍾徽; 1731~1797), 대한민국 朝鮮(조선) 시대.
**「東史綱目(동사강목)」**, 安鼎福(안정복; 1712~1791), 대한민국 朝鮮(조선) 시대.
**「東明王篇(동명왕편)」**, 李奎報(이규보; 1168~1241), 대한민국 高麗(고려) 시대.
**「孟子(맹자)」**, 孟子(맹자; 기원전 340~기원전 250), 중국 추(鄒) 나라.
**「孟子集註(맹자집주)」**, 朱熹(주희; 1130~1200), 중국 宋(송) 시대.
**「渤海國志長編」**, 金毓黻(김육불; 1887~1962), 중국 中華人民共和國(중화인민공화국) 시대.
**「史記(사기)」**, 司馬遷(사마천; 기원전 145~기원전 86), 중국 前漢(전한) 시대.
**「山海經(산해경」**. 郭璞(곽박; 276~324), 중국 晉(진) 시대.
**「四禮便覽(사례편람)」**, 李縡(이재; 1680~1746), 대한민국 朝鮮(조선) 시대.
**〈謝不許北國居上表(사불허북국거상표)〉**, 崔致遠(최치원; 857~몰연대 미상), 대한민국 新羅(신라) 시대.
**「三綱行實圖諺解本(삼강행실도언해본)」**, 조선(朝鮮) 成宗(성종; 재위 1469~1494), 대한민국 朝鮮(조선) 시대.
**「三國史記(삼국사기)」**, 고려(高麗) 仁宗(인종; 재위 1122~1146), 대한민국 高麗(고려) 시대.
**「三國史節要(삼국사절요)」**, 조선(朝鮮) 成宗(성종; 재위 1469~1494), 대한민국 朝鮮(조선) 시대.
**「三國遺事(삼국유사)」**, 一然(일연; 1206~1289), 대한민국 高麗(고려) 시대.
**「三國志(삼국지)」**, 陳壽(진수; 233~297), 중국 西晉(서진) 시대.
**「三聖紀(삼성기」**, 金安含(578~640), 대한민국 新羅(신라) 시대.
**「尙書正義(상서정의)」**, 孔穎達(공영달; 574~648), 중국 唐(당) 시대.
**「書經(서경)」**, 기원전 2356~기원전 256, 중국 堯(요) · 夏(하) · 殷(은) · 周(주) 시대.
**「書集傳(서집전)」**, 蔡沈(채침; 1167~1230), 중국 宋(송) 시대.

「宣和奉使高麗圖經(선화봉사고려도경」, 徐兢(서긍; 1091~1153년), 중국 宋(송) 시대.
「說文解字(설문해자)」, 許愼(허신; 紀元前 58~149), 중국 後漢(후한) 시대.
「說文解字注(설문해자주)」, 徐鉉(서현; 917~992, 중국 宋(송) 시대.
「聖學十圖(성학십도)」, 李滉(이황; 1502~1571), 대한민국 朝鮮(조선) 시대.
「聖學輯要(성학집요)」, 李珥(이이; 1536~1584) 대한민국 朝鮮(조선) 시대.
「小學集註」, 陳選(진선; 1429~1486), 중국 明(명) 시대.
「松京廣攷(송경광고)」, 林孝憲(임효헌; 1784~몰연대 미상), 대한민국 朝鮮(조선) 시대.
「授時曆捷法立成(수시력첩법립성)」, 姜保(강보; 생몰연대 미상), 대한민국 高麗(고려) 시대.
「荀子(순자)」, 荀子(순자; 기원전 298~기원전 238), 중국 戰國(전국) 시대.
「시경(詩經)」, 孔丘(공구: 孔子; 기원전 551~기원전 479), 중국 周(주) 시대.
〈詩大序正義(시대서정의)〉, 孔穎達(공영달; 574~648), 중국 唐(당) 시대.
〈時務二十八條(시무28조)〉, 崔承老(최승로; 927~989), 대한민국 高麗(고려) 시대.
「詩集傳(시집전)」. 孔穎達(공영달; 574~648, 중국 唐(당) 시대.
「詩集傳(시집전)」. 朱熹(주희; 1130~1200, 중국 宋(송) 시대.
「詩品(시품)」. 鍾嶸(종영; 468~518), 중국 南北朝 시대.
「樂學軌範(악학궤범)」, 조선(朝鮮) 成宗(성종; 재위 1469~1494), 대한민국 朝鮮(조선) 시대.
「呂氏春秋(여씨춘추)」, 呂不韋(여불위; 생년 미상~기원전 235), 중국 秦(진) 시대.
「易傳序(역전서)」, 程伊川(정이천; 1033~1107), 중국 宋(송) 시대.
「易傳注(역전주)」, 王弼(왕필; 226~249), 중국 魏(위) 나라.
「禮記(예기)」, 鄭玄(정현; 127~200), 중국 後漢(후한) 시대.
「王文成公全書(왕문성공전서)」, 王守仁(왕수인; 1472~1528), 중국 明(명) 시대.
「陸象山全集(육상산전집)」, 陸九淵(육구연; 1139~1192), 중국 宋(송) 시대.
「毉山問答(의산문답)」. 洪大容(홍대용; 1731~1784), 대한민국 朝鮮(조선) 시대.
〈壬申誓記石〉, 대한민국 新羅(신라) 시대.
「二程全書(이정전서)」, 程顥(정호; 1032~1085) · 程頤(정이; 1033~1107), 중국 宋(송) 시대.
「日本書紀」, ドネリシンノ(도네리신노, 舎人親王; 676~735), 일본 天武(천무) 시대.
「入學圖說(입학도설)」, 權近(권근; 1352~1409), 대한민국 高麗(고려) · 朝鮮(조선) 시대.
「莊子(장자)」, 莊子(장자; 기원전 369~기원전 286), 중국 戰國(전국) 시대.
「長子全書(장자전서)」, 張載(장재; 1020~1077), 중국 宋(송) 시대.

**「正蒙(정몽)」**, 張載(장재; 1010~1077), 중국 宋(송) 시대.

**〈貞孝公主墓誌幷序〉**, 발해(渤海) 文王(문왕; 재위 737~793), 대한민국 渤海(발해) 시대.

**「帝王韻紀(제왕운기)」**, 李承休(이승휴; 1224~1300), 대한민국 高麗(고려) 시대.

**『朝鮮王朝實錄(조선왕조실록)』**:

**「太祖實錄(태조실록; 1392~1399)」**, **「太宗實錄(태종실록; 1401~1418)」**,

**「世宗實錄(세종실록(1418~1450)」**, **「端宗實錄(단종실록; 1452~1455)」**,

**「世祖實錄(세조실록;1455~1468)」**, **「成宗實錄(성종실록; 1469~1494)」**,

**「中宗實錄(중종실록; 1506~1545)」**, **「明宗實錄(명종실록; 1545~1567)」**,

**「仁祖實錄(인조실록; 1623~1649)」**, **「孝宗實錄(효종실록; 1649~1659)」**,

**「英祖實錄(영조실록; 1724~1776)」**, **「正祖實錄(정조실록; 1776~1800)」**,

**「高宗實錄(고종실록; 1863~1907)」**, 대한민국 朝鮮(조선) 시대.

**「周禮(주례)」**, 기원전 202~기원후 8, 중국 前漢(전한) 시대.

**「周書(주서)」**, 令狐德棻(영호덕분; 583년~666년), 중국 唐(당) 시대.

**「周易(주역)」**, 周(주; 기원전 1046~기원전 256) 나라, 중국 周(주) 시대.

**「周易四箋(주역사전)」**, 丁若鏞(정약용; 1762~1836), 대한민국 朝鮮(조선) 시대.

**「周易正義(주역정의)」**, 王弼(왕필; 226~249), 중국 魏(위) 나라.

**「周易正義注(주역정의주)」**, 孔穎達(공영달; 574~648), 중국 唐(당) 시대.

**「周易折衷(주역절충)」**, 李光地(이광지; 1642~1718), 중국 靑(청) 시대.

**「周易淺見錄(주역천견록)」**, 權近(권근; 1352~1409), 대한민국 朝鮮(조선) 시대.

**「朱子大全(주자대전)」**, 朱在(주재; 1169~1229), 중국 宋(송) 시대.

**「註解語錄總覽(註解語錄總覽)」**, 白斗鏞(백두용; 1872~1935), 대한민국 日帝强占期(일제강점기) 시대.

**「주해 한국교육사〈註解 韓國教育史(2023)〉」**, 이용길(李容吉; 1961~2025년 현재), 대한민국 시대.

**「中庸(중용)」**, 孔伋(공급; 기원전 483~기원전 402), 중국 魯(노) 나라.

**「中庸章句集註(중용장구집주)」**, 朱熹(주희; 1130~1200), 중국 宋(송) 시대.

**「朱子語類(자자어류)」**, 黎靖德(여정덕; 생몰년대 미상), 중국 宋(송) 시대.

**「增補文獻備考(증보문헌비고)」**, 융희(隆熙) 2년(1908), 대한민국 大韓帝國(대한제국) 시대.

**「太極圖說(태극도설)」**, 周敦頤(주돈이; 1017~1073), 중국 宋(송) 시대.

**「太白逸史(태백일사)」**, 李陌(이암; 1455~1528), 대한민국 朝鮮(조선) 시대.

**「太學志(태학지)」**, 閔鍾顯(민종현; 1735~1798), 대한민국 朝鮮(조선) 시대.

「**參佺戒經(참전계경)**」, 乙巴素(을파소; 생년 미상~203), 대한민국 高句麗(고구려) 시대.

「**天符經(천부경)**」, 桂延壽(계연수; 생년 미상~1920), 대한민국 대한제국 · 일제 강점기 시대.

「**春秋左氏傳(춘추좌씨전)**」, 孔子(공자; 기원전 551~기원전 479), 중국 魯(노) 나라.

「**忠經(충경)**」, 마융(馬融; 79~166), 중국 東漢(동한) 시대.

「**孝行錄(효행록)**」, 權溥(권보; 1262~1346) · 權準(권준; 1281~1352), 대한민국 高麗(고려) 시대.

「**海東繹史(해동역사)**」, 韓致奫(한치윤; 1765~1814) · 韓鎭書(한진서; 1777~몰년대 미상), 대한민국 朝鮮(조선) 시대.

「**淮南子(회남자)**」, 劉安(유안; 179~122), 중국 前漢(전한) 시대.

「**晦軒先生實紀(회헌선생실기)**」, 安珦(안향; 1243~1306), 대한민국 高麗(고려) 시대.

「**孝經(효경)**」, 劉餘(유여; 생년 미상~기원전 129), 중국 前漢(전한) 시대.

「**孝忠全經(효충전경)**」, 金堉(김육; 1580~1658), 대한민국 朝鮮(조선) 시대.

「**孝經諺解(효경언해)**」, 조선(朝鮮) 宣祖(선조; 재위 1567~1608), 대한민국 朝鮮(조선) 시대.

「**漢書(한서)**」, 班固(반고; 32~92), 중국 後漢(후한) 시대.

「**後漢書(후한서)**」, 范曄(범엽; 398~445), 중국 南北朝(남북조) 시대.

「**后氏曲臺記(후씨곡대기)**」, 后蒼(후창; 생몰연대 미상), 중국 前漢(전한) 시대.

「**冊府元龜(책부원귀)**」, 중국(中國), 眞宗(진종; 재위 997~1022), 중국 宋(송) 시대.

「**推句集(추구집)**」. 작자 미상, 대한민국 朝鮮(조선) 시대.

「**春官通考(춘관통고)**」, 柳義養(유의양; 1718~몰년대 미상), 대한민국 朝鮮(조선) 시대.

「**芻牟鏡(추모경)**」, 朴昌和(박창화; 1889~1962), 대한민국 일제 강점기 · 제1공화국 시대.

「**春秋繁露(춘추번로)**」, 董仲舒(동중서; 기원전 176~기원전 104), 중국 前漢 시대.

「**七政算內篇(칠정산내편)**」, 조선(朝鮮) 世宗(세종; 재위 1418~1450), 대한민국 朝鮮(조선) 시대.

「**七政算外篇(칠정산외편)**」, 조선(朝鮮) 世宗(세종; 재위 1418~1450), 대한민국 朝鮮(조선) 시대.

### ■ 인명 · 자료검색(人名 · 資料檢索)

동북아역사넷(http: //contents.nahf.or.kr)

中國哲學書電子化計劃(https: //ctext.org/zhs)
위키백과(https: //ko.wikipedia.org/wiki/)
한국역대인물 종합정보 시스템 - 한국학중앙연구원(aks.ac.kr)
한국민족문화대백과사전(https: //encykorea.aks.ac.kr/Article/)

[발문(跋文)]

# 교육(敎育)은 인간(人間)을 이롭게 하는 사유(思惟)이다

국민학교(초등학교) 입학 전, 큰댁 사랑채 서당(書堂) 운산숙(雲山塾)에서 조부(祖父)님[1]께서 필사(筆寫)하여 만들어 놓으신 유책(遺冊) 「동몽선습(童蒙先習)」[2]을 공부할 때 동국(東國)의 역사 부분의 우리나라의 시작인 단군(檀君)의 내용 속에서 '弘益人間(홍익인간)'이라는 글자를 처음 보았다. 아버님[3]께서는 홍익인간은 큰 이로움을 주는 사람이 되는 것으로 서로 간에 이해하고 존중하는 것이라며 그것은 앞에서 배운 3강 5륜(三綱 五倫)[4]을 잘 실천하는 것이라고

---

1) 이병수(李秉壽; 1883~1960) 본관(本貫)은 광주(廣州), 자(字)는 경욱(景昱), 호(號)는 동은(東隱)이다. 유학자(儒學者)로 경학(經學)과 시문(詩文)에 뛰어났다. 서당(書堂) 운산숙(雲山塾)을 세워 교육으로 평생을 일관하였다. 선조(先祖) 이집(李集; 1327~1387)의 「둔촌유고(遁村遺稿)」를 간행하였으며, 문집으로 「동은유고(東隱遺稿)」가 남아 있다. 동은거사(東隱居士)로 불렸다.

2) **「童蒙先習(동몽선습)」** 대한민국 조선(朝鮮) 시대 박세무(朴世茂; 1487~1564)와 민제인(閔齊仁; 1493~1549) 등이 아동(兒童)들의 학습을 위하여 저술한 아동학습서이다. 조선(朝鮮) 영조(英祖; 재위 1724~1776) 35(1759)년 영조(英祖) 임금이 직접 어제서문(御製序文)을 써서 중간(重刊)하였다. 조선(朝鮮) 시대 초등교육교재로 사용하였다. 내용은 5륜(五倫)과 한국역사(韓國歷史)로 구성되어 있다. 5륜(五倫)의 중요성에 대해 자세하게 설명하여 5륜(五倫)은 하늘이 인간에 부여한 가장 기본적인 도덕적 품성으로서 그 근원이 효행(孝行)에 있음을 강조하고 있다. 특히, 한국의 역사를 단군(檀君)으로부터 시작하여 삼한(三韓)ㆍ삼국(三國)ㆍ고려(高麗)ㆍ조선(朝鮮)에 이르기까지 간명하고 체계적으로 서술하면서 우리의 예악(禮樂)과 문물이 중국(中國)에 뒤지지 않는다는 점을 강조하는 주체적인 사유(思惟)의 관점을 제시해 주고 있다.

3) 이후래(李後來; 1929~1992), 본관(本貫)은 광주(廣州), 자(字)는 춘석(春錫), 호(號)는 농은(農隱)이다. 서당(書堂)에서 한학(漢學)을 수학하였다. 군수사령부 부사관(副士官), 새마을지도자, 이장(里長), 남원시 방위협회위원(防衛協會委員) 등을 지냈으며, 벼 다수확 왕에 선발되기도 하였다. 「대학(大學)」 경전(經典)에 조예가 깊었으며, 부친의 유고(遺稿) 「동은유고(東隱遺稿)」를 간행하였다.

4) 3강 5륜(三綱 五倫)은 유학(儒學)에서 가르치는 세 가지 강령(綱領)과 다섯 가지 인간관계를 말한다. 3강(三綱)은 군위신강(君爲臣綱), 부위자강(父爲子綱), 부위부강(夫

일러 주셨다.

학교에 입학하면서 단군 할아버지께서 홍익인간의 이념으로 나라를 세운 날이 개천절(開天節)이고 태극기(太極旗)를 다는 날이라는 것을 알게 되었다. 긴 대나무 장대에 광목천으로 된 태극기를 매시면서 아버님께서는 태극(太極)에 대해서도 쉽게 알려 주었다. 태극기의 빨강 파랑으로 된 둥근 모양은 태극(太極)이라고 하여 세상 만물이 시작되는 근원을 나타낸 것이고, 태극기 네 모서리에 나란히 자리한 윷 같은 막대기 모양은 하늘과 땅, 물과 불을 표시한 것으로 우리가 사는 세상의 모든 바른 이치의 자연현상을 요약한 것이라며 그것이 곧 단군 할아버지의 할아버지인 하늘님〈환인(桓因)〉이 가르쳐 준 이치이니 나중에 크면 윷 같은 막대기〈괘(卦)〉를 공부해 보면 알게 될 것이라고 하셨다.

초등학교에 입학하고, 제헌절(制憲節) 노래를 배우면서 "삼백예순 남은 일이 하늘 뜻 그대로였다" 가사(歌詞)가 '三百六十餘事在世理化(삼백육십여사재세이화)'를 우리말로 옮긴 것이고, 그래서 대한민국 헌법(憲法) 제정의 의미가 담긴 홍익인간이 대한민국의 건국이념이라는 것도 알게 되었다. '교육이 잘되어야 부강(富强)한 나라가 된다.'고 하면서 나라의 건국이념과 교육이념을 같이 홍익인간이라고 했으니 열심히들 공부하라는 중학교 때 선생님 말씀에서 건국이념과 교육이념이 같다는 것도 알게 되었다.

교육사와 교육철학을 전공(專攻)하여 강단(講壇)에서 섰을 때 "홍익인간을

---

爲婦綱)이다. 군위신강(君爲臣綱)은 임금은 신하의 모범이 되며, 부위자강(父爲子綱)은 아버지는 자식의 모범 되고, 부위부강(夫爲婦綱)은 남편은 아내의 모범이 된다는 것이다. 5륜은 부자유친(父子有親), 군신유의(君臣有義), 부부유별(夫婦有別), 장유유서(長幼有序), 붕우유신(朋友有信)이다. 부자유친(父子有親)은 부모와 자식 사이에는 친(親)함이 있어야 하고, 군신유의(君臣有義)는 임금(나라)과 신하(국민) 사이에는 의(義)로움이 있어야 하며, 부부유별(夫婦有別)은 부부 사이에는 서로의 역할(役割)을 존중하는 것이다. 장유유서(長幼有序)는 어른과 어린이 사이에는 예(禮)와 질서(秩序)가 있어야 하며, 붕우유신(朋友有信)은 친구 사이는 믿음〈신(信)〉이 있어야 한다는 것이다.

교육이념으로 하는 우리 고유의 교육철학(教育哲學)은 무엇이냐"고 질문했던 학생들에게 그 궁금증을 속 시원히 해소해주지 못한 부족함을 느꼈던 때가 벌써 30여 년의 세월이 흘렀다. 학생 졸업여행을 인솔하고 일본(日本)에 갔을 때 일본의 한 교육학자가 "한국의 교육철학은 무엇으로 설명할 수 있습니까?"라는 질문에, 홍익인간 사상으로서 인본주의 교육철학(教育哲學)이라고 통역(通譯)을 통해 이야기했으나, 통역사(通譯士)가 홍익인간에 대한 이해의 식견이 부족하여 제대로 의미를 전달하지 못했다는 느낌이 들어 아쉬움이 남았었다. 어느 유명 일간지(日刊紙) 기자(記者)가 "과연 우리 한국에 교육철학이 있기나 한 것입니까?"라는 민족 자학성(自虐性) 같은 물음에 그 기자에게 설명하며 설득했던 기억도 자괴감(自愧感)으로 남아 있다.

충격적인 일은 2021년 3월 24일, 삼백예순 남은 일이 하늘 뜻 그대로인 366사(三百六十六事)의 교육이념을 헌법의 기원으로 삼은 대한민국 제헌국회(制憲國會)를 계승한 대한민국 국회의원 중 12명이 홍익인간의 이념을 삭제하자는 교육기본법 개정안을 발의한 것이었다. 홍익인간의 이념이 너무 추상적이라는 이유였다. 다행히 대다수 국민의 반대 여론에 없던 일로 되었다. 이념(理念)은 이치에 대한 관념(觀念)이기 때문에 어떤 이념이든 추상적인 표현일 수밖에 없다. 인간은 정신적 존재로서 그에 따른 사유(思惟)를 통하여 교육을 통한 삶을 영위하기 때문이다. 추상(抽象)은 구체(具體)로 말미암아 생겨난다. 홍익인간의 삼백예순 남은 일인 366사를 기록한 「참전계경(參佺戒經)」을 한번 살펴보라! 모두가 구체적이고 실천적인 내용으로 재세(在世)간의 인간이 일용(日用)에서 실천해야 할 것들이다.

366사(三百六十六事)가 담고 있는 홍익인간론(弘益人間論)은 모두가 실천적인 교훈으로 사람을 가르치는 교육적 사유(思惟)로 일관하고 있어 그 자체가 교육철학이 된다. 구체적 실천을 통해 사람을 널리 이롭게 하라는 우주 자연의 섭리를 담아 그 교육의 본성인 '성(誠)'을 관념의 완성체로 삼아, 교육의 주체와 가치의 사유(思惟)를 통해 경험의 지적성장(知的成長)으로 신념(信念)과 사상(思想)과 철학(哲學)을 구가해 오면서 민족의 반만년(半萬年) 문화를 창조한 것이다.

홍익인간론(弘益人間論)이 우리 한민족(韓民族)의 교육적 사유(思惟)이며, 교육 정체성(正體性)을 지녔다고 믿어 오면서, 일부에서 한국 교육철학의 부재론, 또는 홍익인간의 이념을 폄훼한 쟁론(爭論)에 대해 현학적(衒學的)인 무지의 소이(所以)로만 여겼던 마음 한구석의 생각은 교육자로서 교육학자로서 교육적이지 못하고, 홍익인간답지 않은 것을 깨달은 데는 오래 걸리지 않았다.

책명(冊名)을 홍익인간론(弘益人間論)의 「한국교육철학 시원(韓國教育哲學始原)」으로 정하고, 정리해 두었던 내용과 관련 문헌(文獻)의 원자료(原資料)를 열람하여 공부하면서, 그에 대한 교육적 사유(思惟)의 관점들이 어떻게 전개되었는지를 궁구(窮究)하였다. 봄꽃의 화사함도, 여름 푸르름의 풍성함도, 가을 단풍의 여문 햇볕도, 겨울 눈 쌓임의 포근함도 서너 해를 그냥 넘겨 보냈다. 마음은 고조선(古朝鮮) 환웅(桓雄)의 신단수(神檀樹) 아래서부터 인공지능(人工知能; artificial intelligence:AI)이 이로움을 창출하는 대한민국(大韓民國)의 광장까지 반만년(半萬年)의 역사의 길을 힘껏 달려 보고 싶었다. 마음만 앞섰을 뿐, 숨 가쁠 때도 있었고, 그만두고 싶을 때도 많았지만, 완주했다는 것으로 위안 삼는다.

한 권의 책으로 상재(上梓)를 보게 된 것은 정보화 시대의 편리함도 일조(一助)하였다. 더 많은 문헌 자료의 확인은 전자 통신망의 구축자료들을 통해 열람할 수 있어서 시간을 효율적으로 활용할 수 있었다. 일부 근거 없는 주장이라고 치부 받았던 교육을 위한 학교설립과 교육적 사실(史實)을 찾아 홍익인간 이념의 교육적 실천을 확인했다는 희열과 함께, 그 내용을 늦게야 발견한 게으름에 대한 부끄러움도 있었다.

적지 않은 양의 사료(史料)와 문헌(文獻)들을 열람하면서 시대에 따른 교육적 사유(思惟)를 통해 바람직한 교육을 위해 숙고한 흔적들에서 역사 속의 많은 교육자와 학자들이 교육문제를 고민하고, 방향을 제시하여 인간을 널리 이롭게 하기 위한 교육을 다듬어 가는 백년지계(百年之計)의 숭고하고 거룩한 사명의식이 담겨있음에 인류애(人類愛)의 경건함이 느껴졌다.

"사람은 되어야〈化(화)〉 사람 사이〈人間(인간)〉에 살 수 있으니, 그것은 열심히 배우고 익혀서 서로를 배려하고 존중하여 크게 이롭게 하는 것에 있다."고 일러주셨던 50여 년 전 아버님의 말씀은 곧 홍익인간의 정신이었다. 홍익인간론(弘益人間論)은 널리 인간을 이롭게 하는 교육(教育)의 사유(思惟)로서 한국교육철학(韓國教育哲學)의 시원(始原)이다.

단기(檀紀) 4358〈2025; 을사(乙巳)〉년 5월 계춘(季春)
전북 익산 팔봉 우거(寓居)의 서재(書齋)에서
저자 이용길(李容吉)

# 찾아보기


**가**림토(加臨土) ························ 374
각촉부시(刻燭賦詩) ························ 392
강극(剛克) ························ 158
강녕(康寧) ························ 167
거발환(居發桓) ························ 374
격물치지(格物致知) ························ 219
경관(經館) ························ 393
경당(扃堂) ························ 373
계신(戒愼) ························ 234
계의(稽疑) ························ 160
고종명(考終命) ························ 173
공구(恐懼) ························ 234
광명이세(光明理世) ························ 185
교(校) ························ 376
교육애(敎育愛) ························ 365
국자감(國子監) ························ 387
국학(國學) ························ 382
근궁(芹宮) ························ 396
근화향(槿花鄕) ························ 417

**낙**서(洛書) ························ 189
낙학(洛學) ························ 205
남당(南唐) ························ 122

**달**도(達道) ························ 359
대기심(大其心) ························ 201
대사례(大射禮) ························ 325
도가(道家) ························ 186
도덕이성주의(道德理性主義) ························ 200
도덕정감(道德情感) ························ 200
도문학(道問學) ························ 232
독행(篤行) ························ 236

**명**변(明辨) ························ 236
명유법(明喩法) ························ 246
모(貌) ························ 119
몽괘(蒙卦) ························ 192
무궁화(無窮花) ························ 416

**박**학(博學) ························ 236
반궁(泮宮) ························ 396
반야학(般若學) ························ 186
법자연(法自然) ························ 208
복척건(卜陟乾) ························ 14
본체존재(本體存在) ························ 196
부(富) ························ 166
부(賦) ························ 245
불가(佛家) ························ 186
비(比) ························ 245
빈(賓) ························ 136

**사**(師) ························ 138, 396
사(思) ························ 124
사(祀) ························ 128
사공(司空) ························ 130
사구(司寇) ························ 134
사도(司徒) ························ 132
상(庠) ························ 376
상서(庠序) ························ 376
서(序) ························ 376
서(書) ························ 254
서당(書堂) ························ 406
서사(書社) ························ 393
서원(書院) ························ 402
성(誠) ························ 18, 222, 223
성균관(成均館) ························ 395
성신(星辰) ························ 147
성지(誠之) ························ 18, 222
성찰(省察) ························ 233
세(歲) ························ 140
소도(蘇塗) ························ 374
속제(俗諦) ························ 187
송(頌) ························ 244
수(壽) ························ 166

수신(修身) ········ 221
시(視) ········ 120
시(詩) ········ 244
식(食) ········ 126
신(信) ········ 230
신단수(神檀樹) ········ 371
신독(愼獨) ········ 233
신사(愼思) ········ 236
실천이성주의(實踐理性主義) ········ 200
심문(審問) ········ 236
심체용설(心體用說) ········ 202

**아**(雅) ········ 244
악(樂) ········ 282
애국가(愛國歌) ········ 415
어기(御旗) ········ 414
언(言) ········ 119
여사(女師) ········ 385
역(易) ········ 259
역수(曆數) ········ 149
예송논쟁(禮訟論爭) ········ 343
요(寮) ········ 373
우봉섭리(遇逢攝理) ········ 192
우사(右史) ········ 254
울창주(鬱鬯酒) ········ 128
월(月) ········ 142
유가(儒家) ········ 186
유극(柔克) ········ 158
유호덕(攸好德) ········ 171
육아일(六衙日) ········ 321
은유법(隱喩法) ········ 246
이기호발설(理氣互發說) ········ 205
이지작용(理智作用) ········ 199
인본주의철학(人本主義哲學) ········ 185
일(日) ········ 145

**자**성(粢盛) ········ 128
자아개념(自我概念) ········ 366
자아실현(自我實現) ········ 366
전통(傳統) ········ 345
절대초월론(絶對超越論) ········ 184
정감경험(情感經驗) ········ 200
정직(正直) ········ 157
제가(濟家) ········ 221
제가회의(諸加會議) ········ 121
존덕성(尊德性) ········ 232
존심(存心) ········ 196
존양(存養) ········ 232
좨주 ········ 129
주자감(胄子監) ········ 384
주체인격(主體人格) ········ 358
주체인식(主體認識) ········ 221
중도(中道) ········ 32
중정(中正) ········ 133, 260
중화(中和) ········ 226
지선(至善) ········ 219
지성(至誠) ········ 223
진기심(盡其心) ········ 201
진심(盡心) ········ 196
진제(眞諦) ········ 187

**참**전(參佺) ········ 10
참종(參倧) ········ 371
창조(創造) ········ 365
창조교육(創造教育) ········ 133
창조성(創造性) ········ 133
천계(天界) ········ 16
천공(天工) ········ 12
천도(天道) ········ 12
천리(天理) ········ 23
천명(天命) ········ 23
천심(天心) ········ 15
천지지성(天地之性) ········ 201
천지화(天指花) ········ 379
천지화랑(天指花郎) ········ 379
천행건(天行健) ········ 150
청(廳) ········ 123
춘추(春秋) ········ 308
춘추대의(春秋大義) ········ 314
취재(取才) ········ 321

치국(治國) ························ 221
치지(致知) ························ 235

**태**극 ························ 190
태극기(太極旗) ························ 414
태학(太學) ························ 249, 378

**평**천하(平天下) ························ 221
풍(風) ························ 244
풍월주(風月主) ························ 379
풍화(風化) ························ 244

**하**도(河圖) ························ 189
하천도회(夏天都會) ························ 394
학관(學館) ························ 384
학당(學堂) ························ 384
학원(學院) ························ 386
학지이행(學知利行) ························ 235
향교(鄕校) ························ 386, 401
향사례(鄕射禮) ························ 325
형이상(形而上) ························ 213
형이하(形而下) ························ 213
호락논쟁(湖洛論爭) ························ 206
호련(瑚璉) ························ 129
호학(湖學) ························ 205
화(貨) ························ 127
화랑(花郞) ························ 379
환화(桓花) ························ 379
효사(爻辭) ························ 260
훈민정음(訓民正音) ························ 322
흥(興) ························ 245

**1**2도(十二徒) ························ 391

**2**제합명중도설(二諦合明中道說) ························ 187

**3**태극(三太極) ························ 271

**4**단(四端) ························ 204
4상(四象) ························ 191
4학(四學) ························ 400

**5**각(五覺) ························ 117
5곡(五穀) ························ 117
5관(五官) ························ 117
5기(五氣) ························ 117
5미(五味) ························ 117
5방(五方) ························ 116
5부(五腑) ························ 117
5상(五常) ························ 331
5색(五色) ························ 116
5성(五星) ························ 116
5성(五聲) ························ 117
5액(五液) ························ 117
5음(五音) ························ 117
5장(五臟) ························ 117
5재(五材) ························ 116
5정(五政) ························ 117
5지(五志) ························ 117
5채(五菜) ························ 117
5체(五體) ························ 117
5축(五畜) ························ 116
5충(五蟲) ························ 116
5취(五臭) ························ 116
5화(五化) ························ 117

**6**극(六極) ························ 179
6예(六藝) ························ 319
6일각(六一閣) ························ 325
6정(六正) ························ 380
6친(六親) ························ 105

**7**재(七齋) ························ 273
7정(七情) ························ 204

**8**괘(八卦) ························ 191
8조금법(八條禁法) ························ 135

**9**재(九齋) ························ 314

저자 **이용길**〈李容吉; 1961~현재(2025)〉

전북(全北) 남원(南原) 출생, 본관(本貫)은 광주(廣州), 자(字)는 세욱(世旭), 호(號)는 성곡(誠谷), 교육학박사(教育學博士)로 교수(教授)이다. 5세 때부터 전북 남원시 보절면 성시리 756번지의 가숙(家塾)인 서당(書堂) 운산숙(雲山塾)에서 한학(漢學)을 배웠다. 원광대학교 대학원 교육학과에서 교육사철학(教育史哲學)을 전공(專攻)하여 1995학년도에 교육학박사 학위를 받았다.

원광대학교, 원광대학교 교육대학원, 원광보건대학교, 전주교육대학교, 전주교육대학교 대학원, 전주비전대학교, 호원대학교, 군산중앙고등학교, 전북교원 연수원 등에서 교육학을 강의하였다.

육군 정치훈련 장교(석사특임 7기, 중위 임관), 한국교육사학회 이사, 한국교육철학학회 이사, 사단법인 창조교육학회 이사, 한국학중앙연구원 한민족대백과사전 교열위원 · 과제평가위원, 전북 교원단체 총연합회 대의원, 전주교육대학교 생명윤리 연구위원, 한국교육학회 이사 · 기획조직위원장, 대한민국 국회 정강 정책(교육부문)위원, 원광대학교 대학원 교육학과 박사학위 논문심사위원, 고려대학교 대학원 고전번역협동과정 · 교육학과 박사학위 논문심사위원, 국방부 국방정신전력원 발전자문위원, 한국교육사학회장, 한국교원단체 총연합회 대학교수 위원, 삼정복지재단 이사 등을 역임하였다.

2025년 현재, 군장대학교 청소년 교육지도과 교수, 사단법인 창조교육학회 이사장, 대한사랑학회 학술위원, 한국교육학회 부회장 등으로 활동하고 있다.

논문(論文)은 〈성(誠) 사상의 한국교육사적 전개와 지적성장(2017)〉 외 70여 편이 있고, 저서(著書)로는 「창조교육 교수-학습의 이론과 실제(2011)」, 「인간과 창조(2013)」, 「창조교육론(2017)」, 「창조교육사상(2019)」 등이 있으며, 「주해 한국교육사(2023)」가 대한민국 학술원 선정 교육부 우수 도서로 2024년 선정되었다.

시집(詩集)으로 〈덕화 향기 그윽하시니(2008)〉, 〈고은뜻 이어가리(2017)〉, 시조집(時調集) 〈그러하니 然 마음을 따라 因 만났던가 緣(2022)〉이 있고, 광주 민주항쟁 5.18 증언기록소설 〈그렇게 스러져 간 달맞이꽃 첫사랑(2020)〉, 춘향전 실록 교육소설 〈남원 광한루 애수(2024)〉가 있다.

「21세기 한국인물사(2005)」에 교육 분야의 권위자로, 「한국인물사(2011)」에 창조교육 이론의 권위자로 등재되었다. 2003년 한국교육사학회 학술상, 2009년 창조성 국제연합 우수 논문상, 2014년 대한민국 교육대상, 2017년 대한민국 무궁화 평화대상, 2018년 창조혁신 한국인 대상 등을 수상하였다.

- **표지 한자(漢字) 글씨: 이용길(저자)**
- **표지 구성: 박선미(디자이너)**

# 한국교육철학 시원
韓國敎育哲學 始原

洪益人間論
## - 홍익인간론 -

2025년 8월 10일 1판 1쇄 인쇄
2025년 8월 15일 1판 1쇄 발행

저 자 : 이 용 길
발행인 : 한 정 주
발행처 : 교육과학사

저자와의
협의하에
인지생략

경기도 파주시 광인사길 71
전화 (031)955-6956~8 / 팩스 (031)955-6037
Home-page : www.kyoyookbook.co.kr
E-mail : kyoyookbook@daum.net
등록 : 1970년 5월 18일 제2-73호

낙장·파본은 교환해 드립니다.
정가 28,000원
Printed in Korea.
ISBN 978-89-254-1925-1